国家社科基金重大课题项目（18ZDA056）
国家自然科学基金重点项目（71332007） 研究成果

新发展格局下
中国中小企业高质量发展

若干问题的理论与实践

刘淑春　林汉川　刘　斌
邢小强　陈畴镛　◎等著

xinfazhangejuxia
zhongguozhongxiaoqiye gaoziliangfazhan
ruoganwenti de lilunyushijian

企业管理出版社
ENTERPRISE MANAGEMENT PUBLISHING HOUSE

图书在版编目（CIP）数据

新发展格局下中国中小企业高质量发展若干问题的理论与实践 / 刘淑春等著. —北京：企业管理出版社，2021.4

ISBN 978-7-5164-2357-8

Ⅰ. ①新… Ⅱ. ①刘… Ⅲ. ①中小企业—企业发展—研究—中国 Ⅳ. ①F279.243

中国版本图书馆 CIP 数据核字（2021）第 057044 号

书　　名：	新发展格局下中国中小企业高质量发展若干问题的理论与实践
作　　者：	刘淑春　林汉川　刘斌　邢小强　陈畴镛　等著
策划编辑：	刘一玲
责任编辑：	徐金凤　郑亮　赵喜勤
书　　号：	ISBN 978-7-5164-2357-8
出版发行：	企业管理出版社
地　　址：	北京市海淀区紫竹院南路 17 号　　邮　编：100048
网　　址：	http：//www.emph.cn
电　　话：	编辑部 68701322　发行部 68414644
电子信箱：	LiuYiLing0434@163.com
印　　刷：	北京市青云兴业印刷有限公司
经　　销：	新华书店
规　　格：	787 毫米×1092 毫米　16 开本　39.75 印张　750 千字
版　　次：	2021 年 4 月第 1 版　2021 年 4 月第 1 次印刷
定　　价：	138.00 元

版权所有　翻印必究·印装有误　负责调换

本调研报告系以下项目的研究成果

国家社科基金重大项目《新时代加强中国中小微企业国际竞争力的模式与路径研究》（批准号 18ZDA056）

国家自然基金重点项目《中国企业转型升级战略及其竞争优势研究》（批准号 71332007）

浙江省新型重点专业智库杭州电子科技大学浙江省信息化发展研究院资助项目

浙江省新型重点专业智库浙江工业大学中国中小企业研究院资助项目

前　言

本书是国家社科基金重大课题项目《新时代加强中国中小微企业国际竞争力的模式与路径研究》（批准号：18ZDA056）、国家自然科学基金重点项目《中国企业转型升级战略及其竞争优势研究》（批准号：71332007）阶段性研究成果，也是浙江省新型重点专业智库杭州电子科技大学浙江省信息化发展研究院、浙江省新型重点专业智库浙江工业大学中国中小企业研究院资助的研究成果。

综观全球，面对百年未有之大变局，中国中小企业所处的发展环境正在发生天翻地覆的变化，中小企业所面临的外部变量和不可预测性的冲击因素不断增多，这对中小企业高质量发展提出了新要求。从国际环境看，党中央、国务院明确提出"以国内大循环为主体、国内国际双循环相互促进"的新发展格局，这是党中央在国内外环境发生显著变化的大背景下，推动中国开放型经济向更高层次发展的重大战略部署，也是中小企业进入高质量发展轨道不得不重新审视和思考的重大战略基点；从国内环境看，在经济下行压力加大的背景下，中小企业上下游产业链配套难、资金支撑难、外贸出口订单难等问题依然比较突出，部分中小企业甚至面临付薪难、付费付息难、数字化转型难等多重挑战，针对性帮助中小企业解决困难问题，推动中小企业全面复工复产，实施放水救鱼和抢救式扶持迫在眉睫。量大面广的中小企业是中国经济这座巨大"金字塔"的塔基，也是中国现代产业体系和现代经济体系的基本"细胞"，他们的高质量发展对中国经济发展迈向"双中高"特别是"六稳""六保"具有至关重要的战略支撑作用。

（一）在全球产业链、供应链加速重构背景下，"国内大循环为主体、国内国际双循环"的新发展格局对中小企业高质量发展带来了新命题

当前，全球产业链、供应链正面临前所未有的冲击和挑战，全球经济体系的供给端和需求端均发生根本性变化，部分国家、局部区域、部分行业的产业链、供应链、创新链、资金链、要素链等出现不同程度的断裂现象，全球制造业版图面临新一轮的大洗牌和大调整，这对包括中小企业在内的中国经济造成不可低估的综合性影响。2020年5月，中共中央政治局常委会会议首次提出"构建国内国际双循环相互促进的新发展格局"。2020年5月全国"两会"期间，习近平总书记再次强调"逐步形成以国内大循环为主体、国内国际双循环相互促进的新发展格局"。基于"双循环"的新发展格局是党中央在国内外环境发生显著变化的大背景下，推动中国经济迈向更高层次发展的重大战略部署。2020年7月，习近平总书记在企业家座谈会上再次强调，以国内大循环为主体，绝不是关起门来封闭运行，而是要通过发挥内需潜力，使国内市场和国际市场更好联通，更好利用国际国内两个市场、两种资源，实现更加强劲可持续的发展。习近平总书记的这一论述为如何构建以国内大循环为主体、国内国际双循环相互促进的新发展格局指明了方向，也为中国经济行稳致远、实现高质量发展提供了根本遵循。在全球产业链、供应链重构背景下的"国内国际双循环"战略对中小企业高质量发展带来了新的命题，至少包括三个方面：一是在全球贸易价值链遭受巨大冲击的背景下，中国加速构建国内国际"双循环"为探寻中小企业的市场拓展行为提供了战略思路。值得探究的问题是，中小企业如何更深度地嵌入国内国际"双循环"体系，如何更充分地利用国内大循环实现自身更好、更快地发展。二是根据WTO组织2020年4月8日发布的《全球贸易数据与展望》，预计全球生产性需求和消费性需求出现断崖式下滑，2020年全球商品贸易将下降13%~32%。那么对中小企业而言，带来的首要冲击就是如何实现出口转内销，以及转型中需要解决的问题。三是受国际国内环境影响，出现产业功能失调乃至产业链局部中断，且相互之间负面传导可能陷入恶性循环，特别是叠加中美经贸摩擦带来的实体清单、出口管制等冲击，中小企业如何在产业链、供应链重构过程中找到自己的立足点和增长点。

（二）联合国中小企业联盟、联合国贸发会议与经合组织、全球中小企业联盟、APEC（亚太经合组织）等国际组织始终把激发中小企业内生发展动能作为全球经济增长的核心议题

从全球看，中小企业数量占全世界企业总数的95%以上，如何持续提升中小企业内生发展动能和创新创造活力是国际组织始终聚焦的重大议题。2017年4月，联合国第74次全体会议决定将每年的6月27日设定为"中小微企业日"。联合国设立"中小微企业日"彰显了世界各国对于中小微企业发展的高度重视。中小微企业在促进创新、创造力和人人享有体面工作等方面发挥着越来越重要的作用。2011年10月，联合国贸易和发展会议在日内瓦呼吁发展中国家利用信息通信技术促进中小企业发展，发布《2011年全球信息经济报告：信息通信技术促进私营经济发展》，支持中小企业利用新一代信息和通信技术创造就业机会、促进企业成长，进而推动经济增长。2018年8月，在2018世界制造业大会上，全球中小企业联盟全球主席、德国前总统武尔夫宣布全球中小企业联盟启动"全球商会合作网"建设，计划在5年时间内把世界各国100多万个商会、协会连接在一起，打造全球商协会的互联互通平台，助力中小企业跨国发展。2017年11月，APEC第25次领导人非正式会议的越南"岘港宣言"再次号召与承诺，通过行动"增强中小微企业在国际市场的竞争力，以及参与全球价值链的能力""增强中小微企业，特别是妇女和青年企业家的创新能力，包括帮助其获得融资、技术和开展能力建设""帮助中小微企业更多利用互联网和数字基础设施；增强中小微企业数字能力、竞争力和韧性"；"鼓励各经济体增强竞争力，帮助这些产业参与全球价值链"。由此可见，支持中小企业提升竞争力已成为备受全球瞩目的焦点问题。从未来趋势看，国际组织对中小企业发展关注的重点领域包括：一是在经济全球化时代，中小企业仍然是弱势群体，大部分中小企业存在着资金短缺、信息和渠道不畅、管理手段和技能落后、融资难、市场开拓能力不强、人才匮乏等难题，必须加大对中小企业的支持，使中小企业能够得到与大企业同等的待遇或优惠于大企业的待遇。二是中小企业进入国际市场仍面临许许多多的困难，需要帮助中小企业提升国际化经营的能力，构建需求与资源之间、买家与卖家之间、意愿与能力之间的快速对接渠道，解决中小企业国际化和融入全球价值链的障碍，使中小企业能够拓展国际市场，加入全球供应链体系。三是中小企业是数字经济时代的参与者和受益者，需要利用新一代信息技术特别是数字经济与实体经济深度融合来打开新的发展空间，通过新商业模式创造出真正的全球市场,为中小企业提供实现创新、可持续及包容增长的机遇。四是中小企业作为创新潜力的群体,应当改善中小企业的创新环境,鼓励中小企业进行研发和创新活动,帮助中小企业推行技术标准化战略,重视知识产权保护和内生能力建设,提升技术标准水平和产品质量。

(三)党中央、国务院审时度势始终把中小企业的复工复产、复商复市作为支撑"六稳""六保"的重大战略着眼点和落脚点

2020年4月,习近平总书记在中央政治局常委会上明确指出,要加快恢复生产生活正常秩序,扎实做好"六稳"工作,落实"六保"任务。保市场主体是"六保"之基,保住市场主体就能稳住经济基本盘。中小企业是经济运行最基本的细胞和单元,量大面广、铺天盖地,是复工复产的重要有生力量,如何推动中小企业全面恢复产能是"六稳""六保"背景下复工复产的难中之难、重中之重。亟须高度关注当前国内外经济形势下中小企业面临的"付薪难、付费难、应税难、借贷难、复工难、物流难"和"无订单、无储备、无流水"问题。从实地调研情况看,中小企业复工复产至少面临以下难题:一是中小企业上下游产业链配套出现困难。受原材料供应及库存不足、关键零部件缺货断货、上下游产业配套不够等影响,部分供应链出现断链或停摆,上下游企业复工复产不同步、不及时对中小企业发展带来一定影响。特别是国际经济形势的低迷不振,国内对海外原材料、零部件、机器设备等依存度比较大的行业受到的冲击加大,芯片、关键元器件、半导体材料等已出现涨价迹象,沿着产业链上下游传导扩散,影响中小企业的生存发展。二是中小企业资金链紧绷。中小企业受订单"断崖式"下降、客源流失甚至断流等因素影响,经营收入来源骤降,原本处于紧绷状态的资金链容易出现贫血甚至断裂。三是中小企业复产后产能恢复不快。部分国家对出境商品设置壁垒或限制,导致加工制造、外贸出口、物流运输等领域的中小企业订单骤降,甚至出现退单现象。大量国际性展销展会活动取消,中小企业获取新订单的难度加大。四是中小企业经营负担重。生产费用包括租房、用水、用电、用网、用气、通信等费用支付压力大,餐饮、旅游、娱乐、交通、教育培训等众多服务业行业中小企业受冲击最明显。针对上述突出问题,必须采取"短期、中期、长期"组合拳式政策,实施输血型的金融供给政策，开展"中小企业应急保育计划"联护联助措施，全过程实施"大数据+人工智能精准帮扶计划"精准服务，实施强心针式的复工应急激励政策，采取更有力度的降费去成本举措，运用团体辅导式的转化政策，帮助中小企业渡过难关。

（四）新一轮科技革命和产业变革，特别是数字化的浪潮推动数字经济驶入快车道，对量大面广的中小企业全方位对接数字经济和加速融入全球经济体系提出了新命题

在大数据、人工智能、工业互联网等为代表的第四次工业革命浪潮下，中小企业与数字经济深度融合已成为中国经济乃至全球经济高度聚焦的重大现实问题。2016年9月，G20杭州峰会各国领导人签署的《G20数字经济发展与合作倡议》将中小微企业的数字化融合发展列入关键优先领域；2017年11月举办的亚太经合组织（APEC）领导人会议将"加强中小微企业在数字时代的竞争力和创新"作为核心议题，凸显了数字经济与中小微企业深度融合的迫切性和战略性。党的十九大报告强调，加快建设制造强国，加快发展先进制造业，推动互联网、大数据、人工智能和实体经济深度融合。国务院大力实施《关于深化"互联网+先进制造业"发展工业互联网的指导意见》，加快构建数字驱动的工业新生态，推动数字经济与中小微企业的深度融合。中小企业是中国经济"金字塔"的塔基，是产业转型和跃升的微观基础，中小企业与数字经济深度融合事关中国制造从中低端迈向中高端，也事关中国经济高质量发展。2020年3月，工业和信息化部印发《中小企业数字化赋能专项行动方案》，以数字化、网络化、智能化赋能中小企业，助推中小企业通过数字化、网络化、智能化赋能实现复工复产，增添发展后劲，提高发展质量。深入研究数字经济与中小微企业深度融合的内在机制和有效的公共政策供给，探索广大中小微企业数字融合的实施战略与操作路径，构建全方位加强中小微企业数字融合的创业创新生态系统，推动中小微企业从传统的要素驱动型实体经济向更具活力的数字驱动型创新经济转型，是值得深入研究和探索的重要命题。从实际情况看，中国对中小企业数字化转型的政策环境和保障政策还不够完善，导致中小企业与数字经济深度融合困难突出。受传统发展模式、运营思维和投入产出等因素影响，不少中小企业认为，软件应用、智能改造等投入产出周期过长，基础设备数字化改造前期投入较多、回报不确定，中小企业数字化转型的动力不强。工业互联网对中小企业的支撑也不够，核心工业软硬件、工业云和大数据平台、系统解决方案供给能力不足，现有的信息工程服务公司和智能制造系统解决方案供应商还不能满足各行各业量大面广的中小企业数字化转型需求。中小企业数字化转型的政策环境和保障不够。对此，几个问题值得进一步探讨：一是如何加速助推中小企业上云用云，帮助中小企业从云上获取资源和服务，满足中小企业研发设计、生产制造、经营管理等全过程业务的数字化需求，提升中小企业二次开发能力和转型发展的能力。二是如何帮助中小企业搭建更加有效的数字化平台，应用物联网、大数据、5G、人工智能等新兴技术，促进中小企业生产要素数字化、生产过程柔性化、系统服务集成化。三是如何提升中小制造企业的智能制造水平，鼓励企业运用工业互联网、人工智能、工业APP融合技术，引导有基础、有条件的中小企业加快关键工序和设备数字化改造，优化工艺流程与装备技术，最大限度地实现精益生产、敏捷制造、精细管理。四是如何优化中小企业数字化的扶持政策，促进中小企业与数字经济融合的新模式、新业态、新企业发展，打造更加开放的中小企业数字化共享平台，搭建中小企业资源库和需求池，为中小企业数字化提供更加坚实的支撑。

作为国家社科基金重大课题项目和国家自然科学基金重点项目的重要研究成果，本书聚焦新发展格局下中国中小企业高质量发展过程中的若干重大问题进行研究，通过深入实际、求真务实地调查研究，撰写了一系列具有前瞻性战略性和针对性可操作性的研究报告，具体有四个鲜明特点：一是坚持问题导向、需求导向。把聚焦现实问题、剖析现实问题、解决现实问题、服务发展大局作为出发点和落脚点，通过实实在在的理论分析和实地调研，为中国中小企业高质量发展找出更多的突破口和可行路径。甚感欣慰的是，本书的一系列研究成果和政策建议已经得到国家领导人、浙江省委省政府领导的数十次重要批示，相关政策建议被国家部委和省级相关部门采纳，产生了较大的学术价值、政策价值、社会价值。二是践行理论与实践无缝隙对接。针对新发展格局下中小企业高质量发展的若干重大问题，不简单进行泛泛而谈，而是进行必要的理论分析，力求从理论的层面进行探索，为政策实践提供理论支撑。书中数十篇理论篇章已经在权威期刊、核心期刊发表，被学术界同仁引用。三是力争把研究成果写在大地上。更加注重研究成果的现实转化，相关篇章是一系列研究成果的系统集成，这些研究成果都基于大量的走访调研和学术研讨，力争提出务实、管用的政策建议。可喜的是，本书提出上百条政策建议，得到了国家工信部、中央党校（国家行政学院）、省发改委、省经信厅、省科技厅、省商务厅、省市场监管局、省地方金融发展局等省级政府相关部门高度重视，转化为了政府的政策措施和工作抓手。国内一些高水平智库、省级政府部门、省级科研机构等专门发来政策建议的采纳证明，对相关报告的研究者给予了充分肯定。四是服务国家迫切战略需要。紧扣当前经济社会新形势、新变化，特别是深入分析了中美贸易摩擦、"六稳""六保"、中国加入CPTPP及数字经济浪潮等新变化、新趋势、新动态对中小企业发展的影响，力争为中国中小企业高质量发展提供高质量的智力支持。

本书由六篇、43章组成。第一篇，"六稳""六保"背景下中国中小企业高质量发展的理论与实践，包括："六稳""六保"背景下制造业"稳投资"面临问题的研究报告；"六稳""六保"背景下中小企业高质量发展的研究报告；"六稳""六保"背景下浙江省加快培育"隐形冠军"企业的研究报告；"六稳""六保"背景下数字化赋能稳企业的研究报告；"六稳""六保"背景下精准破解中小企业"六难三无"问题的研究报告；"六稳""六保"背景下中国产业链、供应链稳定性的研究报告；"六稳""六保"背景下共享用工面临困难和问题的研究报告。"六稳""六保"背景下清理废除与企业性质挂钩不合理规定的研究报告。第二篇，逆全球化背景下中国中小企业高质量发展的理论与实践，包括：制造业投入服务化、服务贸易壁垒与全球价值链分工的研究报告；中国加入CPTPP的可行性与路径选择的研究报告；中美贸易摩擦背景下涉美实体清单企业发展的研究报告；制造业服务化与企业价值链升级的研究报告；政府采购影响中国制造企业产能利用率的研究报告；中国企业在国内市场扩张对产能过剩影响的研究；中国企业职业伤害成本低估问题研究。第三篇，数字技术推动中国中小企业高质量发展的理论与实践，包括：企业管理数字化变革与投入产出效率的研究报告；数字技术、BOP商业模式创新与包容性市场构建的理论研究；中国数字经济高质量发展的靶向路径与政策的研究报告；互联网知识付费商业模式研究；中国工业互联网支撑制造业高质量发展的研究报告；中国中小企业数字化转型问题与建议的研究报告；中国数字经济独角兽和超级独角兽企业发展的研究报告；民营企业数字化转型的研究报告；浙江省工业互联网发展战略的研究报告。第四篇，标准化战略驱动中国中小企业高质量发展的理论与实践，包括：中国制造业标准国际化战略的研究报告；中国制造"走出去"背景下的标准"质量信号"与企业出口绩效的研究报告；建设国家人工智能技术标准高地的研究报告；"高标准"推动中国制造"高质量"发展战略的研究报告；基于电力技术标准的浙江制造标准国际差距问题的研究报告；"一带一路"背景下以高水平标准走出去推动浙江制造高质量走出去的研究报告；海尔"四次变革"对制造高质量发展启示的研究报告。第五篇，数字化营商环境助推中国中小企业高质量发展的理论与实践，包括：国家数字经济创新发展试验区的"两省一市"比较研究报告；基于淘宝村的数字技术赋权与包容性创业的研究报告；信用数字化逻辑、路径与融合的研究报告；开发区（园区）数字化改造的研究报告；市县政府数字化转型的研究报告；基于经济运行监测数字化平台"三元融合"全链路数字化的研究报告。第六篇，技术创新驱动中国中小企业高质量发展的理论与实践，包括：英国打造世界级"弹射中心"对企业科技创新启示的研究报告；建设全球先进制造业基地的研究报告；着力打造全球新材料产业高地的研究报告；组织与技术双重嵌入视角下的液晶产业自主创新能力提升的研究报告；出口贸易对中国制造业企业创新影响的研究报告；基于演化经济学分析框架的技术选择"格雷欣法则"研究。

本书由刘淑春、林汉川负责全书的设计、组织与统撰工作。具体参加本报告撰写的成员有（以章节为序）：前言林汉川、刘淑春，第1章刘淑春、林汉川，第2章林汉川、刘淑春、辛金国等，第3章林汉川、刘泽岩、刘淑春，第4章陈畴镛、刘淑春，第5章程宣梅、刘淑春、林汉川等，第6章刘淑春、辛金国、赵全芝、陈玮、林汉川，第7

章林汉川、刘淑春，第 8 章刘淑春、林汉川，第 9 章刘斌、赵晓斐，第 10 章刘斌、于济民，第 11 章刘淑春、林汉川、陈畴镛、辛金国，第 12 章刘斌、魏倩等，第 13 章张国胜、匡慧姝等，第 14 章张国胜、刘政，第 15 章张国胜、陈瑛等，第 16 章刘淑春、闫津臣、张思雪、林汉川，第 17 章邢小强、周平录等，第 18 章刘淑春，第 19 章邢小强、周平录，第 20 章刘淑春、周青、林汉川等，第 21 章林汉川、刘淑春，第 22 章刘淑春、陈畴镛、林汉川等，第 23 章陈畴镛、刘淑春，第 24 章刘淑春，第 25 章刘淑春、林汉川，第 26 章刘淑春、林汉川，第 27 章刘淑春、林汉川，第 28 章林汉川、刘淑春，第 29 章张朋越、陈辉、刘淑春等，第 30 章刘淑春、林汉川，第 31 章刘淑春、林汉川、陈畴镛等，第 32 章刘淑春、张国胜、林汉川等，第 33 章彭瑞梅、邢小强，第 34 章刘淑春，第 35 章陈畴镛、刘淑春等，第 36 章刘淑春、陈畴镛、林汉川等，第 37 章刘淑春，第 38 章刘淑春、林汉川、陈畴镛等，第 39 章刘淑春、林汉川，第 40 章陈耀、林汉川等，第 41 章蔡悦灵、林汉川，第 42 章蔡悦灵、林汉川，第 43 章陈明明、张国胜等。

本书在调查、访谈、研讨、撰写、征集意见等过程中，得到了教育部社会科学司、工信部中小企业司、国家哲学社会科学基金规划办公室、国家自然科学基金委员会管理科学部、中国中小企业国际促进协会、浙江省哲学社会科学规划办公室、浙江省社科联、浙江省科技厅、浙江省经信厅、浙江省教育厅、浙江省市场监管局、杭州电子科技大学浙江省信息化发展研究院、浙江工业大学中国中小企业研究院等有关部门及高校领导的指导、关怀和帮助，使得本报告内容充实、数据准确、资料丰富，相关部门及领导的高度评价和鼓励使本书得以顺利成稿，在此表示最诚挚的感谢！撰写本书的专家、学者及实际工作者对自己撰写的内容进行了专门研究和必要的核校，但由于新发展阶段背景下我们面临的新情况、新问题、新现象层出不穷，加之时间紧，能力水平有限，本书在编写过程中难免出现不妥与纰漏，敬请各位同人和读者批评指正！

林汉川　刘淑春

2020 年 11 月

目 录

第一篇 "六稳""六保"背景下中国中小企业高质量发展的理论与实践

第1章 "六稳""六保"背景下制造业"稳投资"面临问题的研究报告 / 1
  第一节 制造业"稳投资"对"稳动能"至关重要 …………………（2）
  第二节 制造业"稳投资"的浙江省创新与实践 …………………（2）
  第三节 制造业"稳投资"存在的主要困难和问题 ………………（5）
  第四节 制造业"稳投资"需要聚焦的靶向 ………………………（12）
  第五节 对策与建议 …………………………………………………（14）

第2章 "六稳""六保"背景下中小企业高质量发展的研究报告 / 16
  第一节 "六稳""六保"背景下中小企业面临的突出难题 ………（16）
  第二节 "六稳""六保"背景下中小企业高质量发展的基本原则 …（18）
  第三节 对策与建议 …………………………………………………（19）

第3章 "六稳""六保"背景下浙江省加快培育"隐形冠军"企业的研究报告 / 22
  第一节 浙江省"隐形冠军"企业基本情况 ………………………（22）
  第二节 "隐形冠军"四种模式 ……………………………………（24）
  第三节 "隐形冠军"企业发展面临的突出瓶颈 …………………（25）
  第四节 对策与建议 …………………………………………………（27）

第4章 "六稳""六保"背景下数字化赋能稳企业的研究报告 / 30
  第一节 数字化赋能稳企业的战略思考 ……………………………（30）
  第二节 数字化赋能稳企业新模式 …………………………………（31）
  第三节 数字化赋能提高中小企业抗风险能力 ……………………（32）
  第四节 对策与建议 …………………………………………………（34）

第5章 "六稳""六保"背景下精准破解中小企业"六难三无"问题的研究报告 / 36
  第一节 "六稳""六保"背景下对中小企业实施精准扶持的迫切性 …（36）

第二节　中小企业面临"六难三无"险境难关 ……………………… (37)
　　第三节　对策与建议 …………………………………………………… (38)

第6章　"六稳""六保"背景下中国产业链、供应链稳定性的
　　　　研究报告／41
　　第一节　问题的提出 …………………………………………………… (41)
　　第二节　中国产业链、供应链面临的冲击和影响 …………………… (42)
　　第三节　全球产业链、供应链重构带来的历史性机遇 ……………… (51)
　　第四节　增强中国产业链、供应链稳定性的路径 …………………… (53)
　　第五节　对策与建议 …………………………………………………… (57)

第7章　"六稳""六保"背景下共享用工面临困难和问题的
　　　　研究报告／62
　　第一节　共享用工平台不完善 ………………………………………… (62)
　　第二节　共享用工企业动力不足 ……………………………………… (63)
　　第三节　共享用工员工不适应 ………………………………………… (64)
　　第四节　共享用工法规政策不健全 …………………………………… (65)
　　第五节　对策与建议 …………………………………………………… (66)

第8章　"六稳""六保"背景下清理废除与企业性质挂钩
　　　　不合理规定的研究报告／68
　　第一节　清理废除与企业性质挂钩不合理规定的浙江省模式 ……… (68)
　　第二节　清理废除与企业性质挂钩不合理规定面临的突出问题 …… (69)
　　第三节　对策与建议 …………………………………………………… (73)

第二篇　逆全球化背景下中国中小企业
　　　　高质量发展的理论与实践

第9章　制造业投入服务化、服务贸易壁垒与全球价值链分工的
　　　　研究报告／75
　　第一节　文献综述 ……………………………………………………… (76)
　　第二节　理论模型 ……………………………………………………… (78)
　　第三节　计量模型 ……………………………………………………… (83)
　　第四节　基准回归结果及分析 ………………………………………… (88)
　　第五节　机制检验 ……………………………………………………… (91)
　　第六节　结论与建议 …………………………………………………… (93)

第10章 中国加入CPTPP的可行性与路径选择的研究报告 / 95

- 第一节 CPTPP核心条款与其他协议的比较 ……………………（96）
- 第二节 CPTPP生效导致中国面临的三重压力 …………………（101）
- 第三节 中国加入CPTPP的有利影响 ……………………………（103）
- 第四节 中国加入CPTPP的可能性 ………………………………（105）
- 第五节 中国加入CPTPP面临的阻力 ……………………………（107）
- 第六节 对策与建议 …………………………………………………（108）

第11章 中美贸易摩擦背景下涉美实体清单企业发展问题的研究报告 / 111

- 第一节 中国外贸大省的战略应对措施 ……………………………（111）
- 第二节 当前面临的挑战和问题 ……………………………………（114）
- 第三节 对策与建议 …………………………………………………（116）

第12章 制造业服务化与企业价值链升级的研究报告 / 120

- 第一节 机制分析 ……………………………………………………（121）
- 第二节 典型事实 ……………………………………………………（122）
- 第三节 计量模型的建立 ……………………………………………（124）
- 第四节 制造业服务化与全球价值链：参与程度与分工地位 ……（128）
- 第五节 扩展分析 ……………………………………………………（130）
- 第六节 结论与建议 …………………………………………………（134）

第13章 政府采购影响中国制造企业产能利用率的研究报告 / 135

- 第一节 引言 …………………………………………………………（135）
- 第二节 文献回顾与研究假设 ………………………………………（136）
- 第三节 实证设计 ……………………………………………………（139）
- 第四节 实证分析与结果说明 ………………………………………（141）
- 第五节 作用机理分析 ………………………………………………（149）
- 第六节 对策与建议 …………………………………………………（154）

第14章 中国企业在国内市场扩张对产能过剩影响的研究 / 156

- 第一节 引言 …………………………………………………………（156）
- 第二节 文献回顾与中国现实 ………………………………………（157）
- 第三节 研究设计 ……………………………………………………（161）
- 第四节 实证分析 ……………………………………………………（164）
- 第五节 属地经营、省际市场扩张影响产能过剩的作用机理 ……（170）
- 第六节 对策与建议 …………………………………………………（174）

第15章　中国企业职业伤害成本低估问题研究 / 176
　　第一节　引言……………………………………………………（176）
　　第二节　文献回顾与职业伤害成本的测算方法选择……………（178）
　　第三节　职业伤害成本测算……………………………………（180）
　　第四节　实证研究的进一步拓展………………………………（190）
　　第五节　职业伤害成本低估与不可承受之重…………………（193）
　　第六节　结论与建议……………………………………………（196）

第三篇　数字技术推动中国中小企业高质量发展的理论与实践

第16章　企业管理数字化变革与投入产出效率的研究报告 / 199
　　第一节　引言……………………………………………………（199）
　　第二节　文献综述………………………………………………（203）
　　第三节　理论模型………………………………………………（207）
　　第四节　研究设计………………………………………………（212）
　　第五节　实证检验………………………………………………（217）
　　第六节　结论和政策启示………………………………………（226）

第17章　数字技术、BOP商业模式创新与包容性市场构建的理论研究 / 231
　　第一节　文献回顾………………………………………………（232）
　　第二节　研究设计………………………………………………（237）
　　第三节　研究发现………………………………………………（243）
　　第四节　结论与建议……………………………………………（255）

第18章　中国数字经济高质量发展的靶向路径与政策的研究报告 / 262
　　第一节　数字经济：驱动中国经济高质量发展的新动能……（263）
　　第二节　从"技术—经济范式"透析中国数字经济发展短板…（264）
　　第三节　高质量发展数字经济的着力点与突破口……………（268）
　　第四节　结论与建议……………………………………………（273）

第19章　互联网知识付费商业模式研究 / 277
　　第一节　文献回顾………………………………………………（277）
　　第二节　研究设计………………………………………………（281）
　　第三节　研究分析结果…………………………………………（282）

第四节　结论与建议……………………………………………………（292）
第20章　中国工业互联网支撑制造业高质量发展的研究报告 / 294
　　第一节　工业互联网嵌入制造的"三维"逻辑 ………………………（294）
　　第二节　工业互联网嵌入制造的演进方向………………………………（295）
　　第三节　中国工业互联网嵌入制造的路径………………………………（299）
第21章　中国中小企业数字化转型问题与建议的研究报告 / 304
　　第一节　中小企业数字化转型需要破解的突出问题……………………（304）
　　第二节　深度数字化转型的维度考量……………………………………（307）
　　第三节　对策与建议………………………………………………………（308）
第22章　中国数字经济独角兽和超级独角兽企业发展的
　　　　　研究报告 / 312
　　第一节　数字经济独角兽企业的四大趋势性特征………………………（312）
　　第二节　中国数字经济领域独角兽企业发展面临的主要问题…………（315）
　　第三节　对策与建议………………………………………………………（316）
第23章　民营企业数字化转型的研究报告 / 319
　　第一节　数字化转型是民营企业高质量发展的关键路径………………（319）
　　第二节　民营企业实施数字化转型的短板与不足………………………（320）
　　第三节　对策与建议………………………………………………………（321）
第24章　浙江省工业互联网发展战略的研究报告 / 325
　　第一节　浙江省发展工业互联网的基础…………………………………（325）
　　第二节　工业互联网发展的典型样本剖析………………………………（327）
　　第三节　工业互联网面临的挑战和存在的问题…………………………（334）
　　第四节　对策与建议………………………………………………………（340）

第四篇　标准化战略驱动中国中小企业高质量发展的理论与实践

第25章　中国制造业标准国际化战略的研究报告 / 353
　　第一节　文献梳理及评述…………………………………………………（354）
　　第二节　制造业标准在智能化趋势下的信号效应………………………（356）
　　第三节　中国制造业标准国际化问题……………………………………（358）
　　第四节　国际先进标准门限：基于LED标准的案例解析 ……………（365）
　　第五节　全球"制造强国"标准国际化路线与战略重心 ……………（370）
　　第六节　对策与建议………………………………………………………（374）

第26章 中国制造"走出去"背景下的标准"质量信号"与企业出口绩效的研究报告 / 380

- 第一节 传导机理简析 (381)
- 第二节 研究设计 (384)
- 第三节 面板实证结果与分析 (386)
- 第四节 "质量信号"在不同条件下的异质性影响 (388)
- 第五节 进一步深化分析 (392)
- 第六节 结论与建议 (395)

第27章 建设国家人工智能技术标准高地的研究报告 / 397

- 第一节 建设国家人工智能技术标准高地的意蕴 (397)
- 第二节 建设国家人工智能技术标准高地的集成优势 (400)
- 第三节 建设国家人工智能技术标准高地的靶向 (403)
- 第四节 建设国家人工智能技术标准高地的战略措施 (404)
- 第五节 启示与建议 (406)

第28章 "高标准"推动中国制造高质量发展战略的研究报告 / 408

- 第一节 "高标准"是中国制造高质量的基石 (408)
- 第二节 全力应对标准等技术性贸易措施的路径 (409)
- 第三节 中国企业出口面临的"标准困境" (411)
- 第四节 建立中国制造高质量发展的标准体系 (412)
- 第五节 对策与建议 (414)

第29章 基于电力技术标准的浙江制造标准国际化差距的研究报告 / 416

- 第一节 浙江省缺乏国际标准话语权 (416)
- 第二节 浙江省电力国际标准的主要问题 (417)
- 第三节 对策与建议 (418)

第30章 "一带一路"背景下以"高标准"推动浙江制造高质量"走出去"的研究报告 / 423

- 第一节 实施"一带一路"标准化重点行业、重点项目、重点工程 (423)
- 第二节 联盟"一带一路"沿线重点国家主攻国际标准 (424)
- 第三节 以浙江制造标准国际化带动制造全链条"走出去" (424)
- 第四节 实施浙江制造标准 对接"一带一路"专项行动 (425)
- 第五节 对策与建议 (425)

第 31 章 海尔"四次变革"对制造高质量发展启示的研究报告 / 427
- 第一节 海尔"四次变革" ……………………………………………… (427)
- 第二节 海尔变革的精髓 ………………………………………………… (429)
- 第三节 对策与建议 ……………………………………………………… (430)

第五篇 数字化营商环境助推中国中小企业高质量发展的理论与实践

第 32 章 国家数字经济创新发展试验区的"两省一市"比较研究报告 / 435
- 第一节 四大国家级数字经济创新发展试验区的指标比较 …………… (436)
- 第二节 广东省数字经济的战略布局和发展重心 ……………………… (436)
- 第三节 福建省数字经济的重点布局和发展重心 ……………………… (438)
- 第四节 重庆市数字经济的重点布局和发展重心 ……………………… (439)
- 第五节 省域比较及启示 ………………………………………………… (441)
- 第六节 对策与建议 ……………………………………………………… (442)

第 33 章 基于淘宝村的数字技术赋权与包容性创业的研究报告 / 445
- 第一节 文献综述 ………………………………………………………… (445)
- 第二节 研究方法 ………………………………………………………… (447)
- 第三节 研究发现 ………………………………………………………… (449)
- 第四节 结论与建议 ……………………………………………………… (456)

第 34 章 信用数字化逻辑、路径与融合的研究报告 / 457
- 第一节 问题提出及文献评述 …………………………………………… (457)
- 第二节 信用数字化靶向：基于相关理论嵌入现实问题的逻辑阐释 … (459)
- 第三节 信用数字化路径：业务协同与数据共享 ……………………… (461)
- 第四节 信用数字化规则：制度供给与标准构建 ……………………… (464)
- 第五节 信用数字化融合：多元嵌入与价值扩散 ……………………… (468)
- 第六节 对策与建议 ……………………………………………………… (470)

第 35 章 开发区（园区）数字化改造的研究报告 / 472
- 第一节 开发区（园区）数字化改造的战略必然 ……………………… (472)
- 第二节 开发区（园区）数字化改造存在的症结 ……………………… (473)
- 第三节 对策与建议 ……………………………………………………… (475)

第 36 章 市县政府数字化转型的研究报告 / 478
- 第一节 市县政府数字化转型的实践样本 ……………………………… (478)

第二节　政府数字化转型的场景应用：以杭州为例……………（482）
　　第三节　市县政府数字化转型面临的瓶颈………………………（483）
　　第四节　市县政府数字化转型的案例剖析………………………（485）
　　第五节　对策与建议………………………………………………（487）

第37章　基于经济运行监测数字化平台"三元融合"全链路数字化的研究报告 / 492

　　第一节　基于大数据要素的经济治理变革靶向……………………（493）
　　第二节　"三元融合"机理与施工图………………………………（495）
　　第三节　标准规范与深度运用………………………………………（502）
　　第四节　政策集成与机制协同………………………………………（504）
　　第五节　对策与建议…………………………………………………（507）

第六篇　技术创新驱动中国中小企业高质量发展的理论与实践

第38章　英国打造世界级"弹射中心"对企业科技创新启示的研究报告 / 509

　　第一节　英国打造"弹射中心"的靶向……………………………（509）
　　第二节　英国打造"弹射中心"的核心举措………………………（510）
　　第三节　启示与建议…………………………………………………（514）

第39章　建设全球先进制造业基地的研究报告 / 517

　　第一节　先进制造业差距：基于制造业创新中心的比较…………（517）
　　第二节　北京市、广东省、江苏省的建设经验……………………（519）
　　第三节　对策与建议…………………………………………………（520）

第40章　着力打造全球新材料产业高地的研究报告 / 524

　　第一节　美国、日本、德国、韩国新材料产业战略布局…………（524）
　　第二节　中国新材料产业发展分析…………………………………（530）
　　第三节　浙江省新材料产业发展现状及优劣分析…………………（533）
　　第四节　对策与建议…………………………………………………（537）

第41章　组织与技术双重嵌入视角下的液晶产业自主创新能力提升的研究报告 / 540

　　第一节　京东方科技集团发展历程…………………………………（541）
　　第二节　京东方自主创新能力提升的关键因素……………………（542）
　　第三节　结论与建议…………………………………………………（545）

第42章 出口贸易对中国制造业企业创新影响的研究报告 / 547

  第一节 理论分析……………………………………………（548）
  第二节 研究方法……………………………………………（552）
  第三节 实证结果……………………………………………（554）
  第四节 作用机制检验………………………………………（559）
  第五节 结论与建议…………………………………………（561）

第43章 基于演化经济学分析框架的技术选择"格雷欣法则"研究 / 563

  第一节 引言…………………………………………………（563）
  第二节 文献回顾与评述……………………………………（564）
  第三节 技术选择的理论分析………………………………（566）
  第四节 "优胜劣汰"与"劣胜优汰"的技术选择仿真分析 ………（572）
  第五节 结论与建议…………………………………………（579）

参考文献 / 581

图目录

图 3-1　企业行业分布情况 ……………………………………（23）
图 3-2　"隐形冠军"企业地域分布情况 ……………………（23）
图 3-3　"隐形冠军"培育企业地域分布情况 ………………（23）
图 9-1　服务贸易壁垒上升对均衡的影响 ……………………（82）
图 10-1　2017年中国对主要贸易伙伴进出口金额及占比 …（102）
图 10-2　亚太部分生产网络重构图 …………………………（104）
图 12-1　2011年各行业的制造业服务化水平 ………………（122）
图 12-2　制造业服务化与价值链参与程度和价值链分工
　　　　 地位之间的散点图 …………………………………（124）
图 15-1　安全生产事故频发的中国逻辑：成本外溢与过渡需求 …（195）
图 16-1　ERP项目企业投资规模、投资时间和企业数量 …（201）
图 16-2　企业管理数字化变革的嵌入路径 …………………（204）
图 17-1　短视频头部企业的编码结果与核心范畴关系 ……（243）
图 17-2　用户视频推荐原理 …………………………………（248）
图 17-3　数字技术、BOP商业模式创新与包容性
　　　　 市场构建概念模型 …………………………………（255）
图 18-1　全球主要国家（地区）数字经济战略图谱 ………（265）
图 18-2　全球各国数字经济创新竞争力指数 ………………（267）
图 19-1　知识付费商业模式分析框架 ………………………（292）
图 20-1　工业4.0背景下的工业互联网标准体系 ……………（302）
图 25-1　ISO常任理事国GDP与ISO出版物和国际标准
　　　　 组织秘书处数量关系 ………………………………（359）
图 25-2　ISO 6个常任理事国承担TC/SC主席数量比较 …（364）
图 25-3　日本"开发新市场的标准化制度"支撑标准
　　　　 国际化战略 …………………………………………（373）
图 26-1　标准"质量信号"影响企业出口的传导机理 ……（382）

图 27-1	中国人工智能产业发展趋势	(400)
图 33-1	包容性创业赋权模型	(454)
图 34-1	信用业务协同逻辑与路径	(462)
图 34-2	信用数据集成和开发的逻辑与路径	(463)
图 34-3	协同监管与信用监管运行机制	(466)
图 34-4	企业公共信用评级及画像要素	(467)
图 37-1	宏观经济运行质量监测Ⅰ~Ⅲ层指标体系（Ⅳ层以下略）	(496)
图 37-2	业务协同与流程再造模型	(497)
图 37-3	"V"字迭代路径	(499)
图 37-4	数据共享、分析一体化开发流程	(500)
图 37-5	数据共享四层体系构架	(503)
图 37-6	全链路数字化平台建构图谱	(505)
图 38-1	"弹射中心"的功能定位	(510)
图 40-1	2011—2019年中国新材料产业市场规模	(531)
图 43-1	净收益为正时的技术个体群结构变迁	(573)
图 43-2	净收益为零时的技术个体群结构变迁	(574)
图 43-3	净收益为负时的技术个体群结构变迁	(575)
图 43-4	不同技术市场完善程度（λ）下的技术市场选择	(576)
图 43-5	不同产品市场完善状态（η）下的技术市场选择	(578)

表目录

表 1-1　部分产业链关键核心技术（产品）断链断供风险点 ……… (4)
表 1-2　关键核心技术攻关对标靶心：以浙江省为例 …………… (7)
表 6-1　浙江省对高风险国家出口情况 ……………………………… (43)
表 6-2　浙江省与高风险国家的双向投资情况 …………………… (44)
表 6-3　美国、日本企业撤资因素分析：基于 86 家美国、
　　　　日本企业的调查 …………………………………………… (45)
表 6-4　境外投资项目建设遭受的冲击 ……………………………… (46)
表 6-5　重点产业链、供应链影响：以浙江省为例 ……………… (48)
表 6-6　货运贸易变动比较 …………………………………………… (49)
表 9-1　基准检验回归结果 …………………………………………… (89)
表 9-2　稳健性检验回归结果 ………………………………………… (91)
表 9-3　机制检验回归结果 …………………………………………… (93)
表 10-1　CPTPP 冻结条款 …………………………………………… (95)
表 12-1　普通最小二乘回归 ………………………………………… (128)
表 12-2　系统 GMM 估计结果 ……………………………………… (129)
表 12-3　制造业服务投入异质性的估计结果 …………………… (130)
表 12-4　Heckman 模型回归结果 ………………………………… (131)
表 12-5　Heckman 第二阶段回归结果——资产专用性 ………… (133)
表 12-6　Heckman 第二阶段回归结果——省内、
　　　　　省外服务投入的差异性 ………………………………… (134)
表 13-1　主要变量名称、定义及基本统计特征 ………………… (140)
表 13-2　企业产能利用率与政府采购的基准检验结果 ………… (141)
表 13-3　控制模型内生性的工具变量检验 ……………………… (143)
表 13-4　控制样本选择性的处理效应模型（TEM）和
　　　　　内生转换模型（ESM）检验 ………………………… (145)
表 13-5　控制遗漏变量可能诱致的内生性检验 ………………… (146)

表13-6	按倾向值匹配方法对应的分组检验	(147)
表13-7	替换政府采购测度指标的工具变量（IV-Tobit）检验	(148)
表13-8	更换ICS12数据的稳健性检验	(149)
表13-9	政府采购对个体投资扩张与群体投资潮涌的作用机制检验	(150)
表13-10	政府采购抑制企业需求出清的中介效应检验	(152)
表13-11	政府采购诱致企业"供需失衡"的机制检验	(153)
表14-1	变量、变量符号及定义	(162)
表14-2	分区域市场扩张下企业产能过剩的分组比较	(163)
表14-3	基准估计	(165)
表14-4	多变量估计结果	(166)
表14-5	工具变量估计结果	(168)
表14-6	其他稳健性估计	(169)
表14-7	地方政府保护影响企业产能过剩的调节机制	(171)
表14-8	金融与土地要素获取影响企业产能过剩的调节机制	(172)
表14-9	省内、省外契约效率差异影响企业产能过剩的调节机制	(173)
表15-1	安全生产事故死亡率的享乐主义工资方程估计结果	(183)
表15-2	生命价值的估计结果	(186)
表15-3	安全生产事故死亡率的享乐主义工资方程：分位数回归	(187)
表15-4	分位数回归生命价值估计结果	(188)
表15-5	安全生产事故死亡率的享乐主义工资方程：分位数回归的控制函数法	(189)
表15-6	分位数回归生命价值估算：控制函数方法	(190)
表15-7	致命性风险水平下的工资水平平均处理效应 $[\Delta(s, t)]$：非参边界分析	(192)
表15-8	生命价值的区间估算：非参边界分析	(193)
表15-9	不同估计方法测算的2010年统计学生命价值	(195)
表16-1	随机前沿分析回归结果	(214)
表16-2	企业推行数字化管理的投入产出效率（前10名和后10名）	(215)

表16-3	描述性统计结果	(218)
表16-4	基准回归——Tobit模型	(219)
表16-5	内生性检验	(221)
表16-6	不同企业规模与数字化投入产出效率	(222)
表16-7	行业描述性统计	(223)
表16-8	分行业回归	(225)
表16-9	进一步分析——项目投资额	(226)
表17-1	两家案例企业的基本信息	(238)
表17-2	访谈对象基本信息	(239)
表17-3	开放式编码示例	(240)
表17-4	轴心编码结果	(242)
表17-5	案例企业数字内容技术示例	(244)
表17-6	案例企业数字连接技术示例	(245)
表17-7	数字技术与BOP商业模式创新的对应关系	(251)
表17-8	快手与字节跳动的比较	(257)
表18-1	全球数字经济竞争力Top10	(264)
表18-2	全球领先企业的工业云平台布局	(269)
表18-3	国际机构对数字经济的统计指数比较	(276)
表19-1	商业模式的典型定义	(279)
表19-2	案例基本信息	(281)
表19-3	知识付费商业模式的价值主张	(283)
表19-4	知识付费商业模式的价值网络	(285)
表19-5	知识付费商业模式的盈利模式	(290)
表20-1	主要省市工业互联网政策比较	(297)
表22-1	2020中国独角兽企业TOP50	(313)
表24-1	全国优秀工业互联网APP	(337)
表25-1	国际标准竞争解锁案例	(360)
表25-2	新兴制造领域的国际标准话语权	(361)
表25-3	IEC国际标准和中国标准的制定程序对比	(362)
表25-4	LED产品的IEC国际标准与GB国家标准的比较	(365)
表25-5	2019年欧盟RAPEX部分LED产品通报及责令措施	(367)
表25-6	"三大制造强国"标准国际化战略重心与政策供给	(370)

表 25-7	美国标准国际化的目标定位和主要路径	(371)
表 25-8	中国台州"智能马桶"标准突围策略	(376)
表 26-1	基准回归结果	(386)
表 26-2	稳健性检验结果	(388)
表 26-3	"质量信号"在不同条件下的异质性影响Ⅰ	(389)
表 26-4	"质量信号"在不同条件下的异质性影响Ⅱ	(391)
表 26-5	制度环境对"质量信号"影响企业出口绩效的效应	(393)
表 26-6	"质量信号"对企业外向度的影响	(394)
表 27-1	人工智能相关政策清单	(398)
表 31-1	海尔凤凰涅槃的历史轨迹（五个战略阶段）	(427)
表 33-1	包容性创业的相关定义	(446)
表 33-2	本章淘宝村案例简介	(448)
表 33-3	包容性创业赋权结果	(455)
表 35-1	浙江省开发区（园区）区域分布	(474)
表 38-1	英国10大"弹射中心"的基本情况	(511)
表 39-1	中国16家国家制造业创新中心建设概况	(517)
表 39-2	全国各省制造业创新中心建设情况	(519)
表 40-1	美国新材料产业相关政策	(525)
表 40-2	日本新材料产业相关政策	(527)
表 40-3	韩国新材料产业相关政策	(527)
表 40-4	德国新材料产业相关政策	(529)
表 40-5	中国近五年新材料产业相关政策及规划	(532)
表 40-6	浙江省近五年新材料产业相关政策及规划	(533)
表 42-1	定义、数据源和主要变量的描述	(552)
表 42-2	主要变量的描述性统计	(553)
表 42-3	基准回归结果	(554)
表 42-4	处理内生性问题后的结果	(556)
表 42-5	异质性检验1（按区域分类）	(557)
表 42-6	异质性检验2（按行业水平和企业性质分类）	(558)
表 42-7	稳健性检验	(559)
表 42-8	出口对企业创新影响的机制检验结果（中介效应模型）	(561)

第一篇 "六稳""六保"背景下中国中小企业高质量发展的理论与实践

第1章 "六稳""六保"背景下制造业"稳投资"面临问题的研究报告

随着中国经济社会发展进入新发展阶段,聚焦高质量发展主题和稳中求进工作总基调,党中央、国务院审时度势做出"六稳""六保"的重大决策部署,要求坚持稳中求进工作总基调,坚持新发展理念,扎实做好"稳就业、稳金融、稳外贸、稳外资、稳投资、稳预期",全面落实"保居民就业、保基本民生、保市场主体、保粮食能源安全、保产业链供应链稳定、保基层运转"任务。制造业在现代经济体系和现代产业体系中的地位和作用不言而喻,制造业"稳投资"是"六稳""六保"的重中之重、难中之难,在全球产业链供应链深度调整的宏观背景下,制造业有效投资对提升中国制造业创新策源能力、提升制造业国际竞争力、提升制造业在全球价值链中的地位至关重要。制造业发展的轮子转得更快,整个产业体系的动力才能更强劲,经济发展方式才能更持续,才能快速推动质量变革、效率变革、动力变革。中国经济按照新发展理念要求,加快构建新发展格局,打出高质量发展组合拳,以深化供给侧结构性改革为战略方向持续实施投资新政,推动一系列稳投资政策落地,制造业投资总体呈现向好态势,但受外部发展环境和国内经济下行压力影响,制造业投资特别是民间制造业投资增速下滑,成为亟待关注的重大现实问题。

第一节 制造业"稳投资"对"稳动能"至关重要

稳投资就是稳动能、稳经济、稳发展,是"六稳""六保"的关键所在,有效应对外部环境变化和中美经贸摩擦的冲击,必须把稳投资摆在首位,通过更加有效的制造业投资,打好产业链现代化攻坚战,推动制造业质量变革、效率变革、动力变革,巩固制造业在国民经济中的支柱地位和辐射带动作用,最终形成以实体经济为核心的现代产业体系和现代经济体系。

(1)浙江省稳投资对提升制造业创新能力至关重要。只有持续不断地加大新增投资、有效投资,组织力量和资源进行关键核心技术攻关,把更多的投资放在制造业的关键领域和重要节点上,着重解决跨行业、跨领域关键共性技术问题,打通基础研究、技术开发、成果转化、产业创新全流程,才能真正提升制造业的创新力。

(2)稳投资对提升制造业基础能力至关重要。鼓励企业和行业加大制造业投资,围绕核心基础零部件、先进基础工艺、关键基础材料和产业技术基础,开发填补国内空白的关键产品,推进科技含量高、带动能力强的关键基础材料产业化,对制造业基础能力提升十分重要。

(3)稳投资对推进产业链现代化至关重要。实施产业链协同创新工程,超前布局前沿科技研究及产业化运用,支持大中小企业构建协同制造体系,推动传统制造改造提升,推进制造业数字化、资本化、集群化转型,对于打赢产业链现代化攻坚战至关重要。

(4)稳投资对增强企业竞争力至关重要。支持制造业企业加足马力投资,引导企业向高端领域、高端环节、高端产业投资,围绕供应链整合、创新链协同、产业链耦合等,增强企业资源配置能力和创新发展能力,培育企业的市场竞争力,对企业赢得市场话语权和行业地位具有重要促进作用。

第二节 制造业"稳投资"的浙江省创新与实践

浙江作为制造业大省和数字经济大省,在中美贸易摩擦和国内经济下行压力加大的叠加影响下,稳投资难度加大。浙江省制造业"稳投资"在全国具有典型性和代表性,坚决打好产业基础高级化、产业链现代化攻坚战要求,实施产业基础再造和产业链提升工程,启动重点产业链关键核心技术产品进口替代行动计划,[①] 切实提升产业链供应链的稳定性和安全性,进一步加大稳投资力度和速度。

---

① 全面排摸从美国进口的"卡脖子"关键核心技术产品清单,制订了《实施制造业产业基础再造和产业链提升工程行动方案》和《重点产业链关键核心技术产品进口替代行动计划》。

一、起底式梳理断供断链风险点

围绕提升核心领域技术产品自主可控目标，重点瞄准从美国进口高科技产品和技术清单，全面梳理排查存在高技术封锁和隔离的断供断链风险点，按照省内、长三角、国内可供及依赖进口等层次，滚动梳理产业链关键核心技术（产品）断供断链风险清单。截至 2020 年 7 月底，全省共排摸确定产业链供应链断链断供风险 870 项，排摸出严重依赖美国的 90 项极易被"卡脖子"的关键核心技术和产品清单。针对"卡脖子"关键核心技术产品，建立核心领域技术产品需求清单和国产可供给目录。实施重点产业链关键核心技术产品进口替代行动计划，形成重点产业链关键核心技术和产品进口替代清单 301 项。建立产业链供应链数据库，持续迭代断供断链风险清单，开展运行监测和风险评估。

二、点穴式实施产业链提升工程

制订《实施制造业产业基础再造和产业链提升工程行动方案》，以"一链一方案"的方式启动实施十大标志性产业链提升工程，建立省领导一对一联系十大标志性产业链工作机制，由省级部门负责人担任产业链"链长"，组织实施 60 项产业链协同创新项目，着力打造数字安防、集成电路、新材料等十大标志性产业链。广泛开展以点带链、以链带面的产业链协同复工复产，制订省内、省外、境外产业链配套企业三张清单，推动 4000 多家产业链配套企业协同复工复产。构建十大产业链重大投资项目管理系统，建立重大制造业项目落地全周期服务机制，"一企一策"解决项目实施中的堵点卡点问题，给予项目用地、耗能、排污、信贷等指标支持，重大产业投资项目允许提前预支新增建设用地计划指标。创新推出"企业码"，启动建设企业码"直达基层、直惠企业"政策直兑专区，领码企业数量达 258.9 万家，企业诉求受理率 98.9%，重点问题办结率 93.2%。实施"融资畅通工程"，设立支持十大标志性产业链的主题基金和定向基金，将产业链龙头企业优先纳入上市培育企业库，支持其上市融资和发行标准化票据。

三、清单式攻关断链断供核心技术

成立制造业高质量发展领导小组，印发关于打造高能级战略平台的指导意见，建立"企业出题、政府立题、协同破题"机制，采用揭榜挂帅、比武打擂等方式，实施产业链协同创新项目计划，首批安排 4.4 亿元省级专项资金，支持 63 项产业链协同创新项目，支持 150 家龙头骨干企业协同攻关卡脖子技术难题。动态跟踪 30 个重点项目攻关进展并加强技术研判，落实 42 项应急攻关项目清单，增补 58 项重大项目成果清单。建立产业链核心人才"雁头"机制，实施紧缺人才"鲲鹏行动"，畅通高校、科研院所与企业人才流动渠道，鼓励科研院所人才到省实验室、省级制造业创新中心从事科技研发活动，落实职务科技成果转化现金和股份奖励的个人所得税优惠政策。

部分产业链关键核心技术（产品）断链断供风险点如表1-1所示。

表1-1 部分产业链关键核心技术（产品）断链断供风险点

产业链	核心技术和产品	省内替代	区域替代	国内替代	主要进口国家
集成电路产业链	MOSFET功率器件	士兰微	上海光宇睿芯、上海先进、华润华晶、江苏长晶等	安世半导、比亚迪半导体、吉林华微	Fairchild（美国）、Infineon（德国）、ST（法国）、POHM（日本）
网络通信产业链	数据通信终端	新华三	迈普技术（江苏）、剑桥通讯（上海）	华为、中兴通讯、星网锐捷、烽火通信、神州数码	诺基亚、爱立信、思科、Arista（美国）、Juniper（美国）、西门子（德国）
网络通信产业链	射频放大器	嘉科电子、立昂微电子	卓胜微、中普微、中电55所英诺迅	海思半导体、唯捷创芯、紫光展锐、中科汉天下	住友（日本）、Macom（美国）、NXP（荷兰）、IFX（美国）
智能计算产业链	操作系统	华为OpenEular、阿里云OS	中标麒麟	银河麒麟、普华软件、东方通、金蝶天燕	Microsoft（美国）、苹果（美国）
新材料产业链	缓释氧化硅蚀刻液	格林达、中巨芯	—	—	巴斯夫（德国）、关东化学（日本）、安斯泰来（日本）
智能家居产业链	蓝牙通讯模组芯片	—	泰凌微、卓胜微	—	TI（美国）、Nordic（瑞士）
生物医药产业链	微晶纤维素	展望药业	瑞登梅尔、山河药用辅料	曲阜药用、六佳药用、九典制药	Microcellulose（美国）、DFE（荷兰）、JRS（德国）

数据来源：笔者根据有关调研搜集资料整理。

第三节　制造业"稳投资"存在的主要困难和问题

一、外部环境不确定影响企业投资意愿

（1）受中美贸易摩擦影响，部分企业对扩大投资持审慎态度。中美贸易摩擦持续升级，投资领域市场预期普遍下降，企业风险防范意识不断增强。据浙江万家企业监测平台监测数据统计显示，2020年二季度制造业企业投资信心总体偏弱，未来3个月有投资意愿的企业数量占比仅18.3%，环比、同比分别下降2和0.4个百分点，与2019年同期相比，85.8%的企业反映投资总额保持不变或有所减少，其中，反映有所减少的企业占比为23.6%。如浙江君悦标准件制造有限公司，受美国对中国的碳钢及合金钢螺杆产品"双反"调查影响，加上30%的税收，美国订单（占总额35%）全部流失，年损失达2200多万元，2020年实施的产能增长再投资500万元的计划被迫取消。浙江某电缆有限公司长期从事电线电缆进出口贸易，受美国加征关税与中美贸易形势影响，2020年1—6月产值为16151万元，同比下降29.6%；利润226万元，同比下降30.7%，导致企业对市场预期下降，目前已基本放弃美国市场，原计划投资2000万元引进3条生产线的扩建改造项目也暂且搁置。宁波某电子有限公司供应华为、三星等知名手机生产商，受中美贸易摩擦影响，三星取消了给该电子有限公司的配件订单，损失约1.2亿元，加之华为遭美国制裁，该公司未来3个月的华为订单量情况也将大幅减少，2020年预计产值下降2亿元。该公司负责人蔡成苗表示，因为华为的相关产品遭美国制裁等原因使出口受到较大限制，该企业原计划在国内增加生产线的计划被迫取消，减少投资约4000万元。

（2）考虑到国外需求下降及现有产能过剩，部分制造企业扩大生产意愿降低。国内外消费市场趋于萎靡，制造业企业普遍面临产能过剩问题，扩大投资动力下降，部分企业搁置原有扩产计划。以宁波市经信部门定期跟踪的1000万元以上技改投资项目库为例，2020年入库项目数比2019年减少371个，当年计划固定资产投资减少47.6亿元。比如宁波某洁具有限公司，受海外市场需求锐减影响，国外客户取消近300万美元的订单，1—7月份总产值比2019年同期下降33%，原计划于2020年7月启动的年产400万套水龙头及配件生产项目因此暂停。浙江某电器有限公司是一家专业研发、生产、销售家庭自动化产品的高新技术企业，全球市场份额占35%，出口额名列全国行业首位，2019年准备投产2500万个智能家居产品的高智能家居项目，总投资36000万元，但年初以来国外订单取消或延迟已超过470万美元，导致对市场产生较大担忧，到目前为止项目

没有实质性进展。

（3）部分投资流向综合成本低于国内的国家。一些企业在国外低廉的人工、土地、税费等吸引下，"走出去"到国外投资。越南浙江商会负责人表示，越南对中国投资吸引力提升，鞋服行业越南工人工资一般 2000 元/月，国内温州一般为 5000 元/月，越南加入了 CPTPP，而且与欧盟签订的自由贸易协已于 7 月生效，未来 7 年内双方将削减或取消双方 99% 的货物贸易进出口费用，还出台了减免企业所得税等大量优惠政策，近年来吸引 100 多家温州企业家在越南投资。温州某鞋业有限公司已在俄罗斯、美国、意大利、法国、阿联酋、巴拿马等 100 多个国家注册商标，为规避中美贸易摩擦影响，自 2019 年开始该企业已经在缅甸投资设厂，目前投资金额为 270 万美元。

（4）出口转内销形势不明导致转型投资较为犹豫。受海外市场低迷影响，部分企业寻求出口转内销减轻企业发展压力，但对于转内销，部分外贸企业较为犹豫。一方面，国内外标准差异较大，转型需涉及生产线改造、设备添置及产品认证等，转型成本高。另一方面，国内外市场营销模式不同，部分出口企业缺少国内销售渠道和推广平台，担忧产品在国内出现滞销。如浙江某机电科技有限公司于 2019 年年底引入一条外贸产品生产线，成本 300 万元，而内销生产线成本仅 100 万元，若将外贸生产线改造为内销生产线，间接损失约 200 万元。浙江某洁具股份有限公司负责人反映，企业作为卫浴的 OEM 类企业（贴牌生产及原始设备制造商），1—8 月份的 OEM 销售额仅 263 万元，较 2019 年同期下降 33%，虽已着手开拓国内全屋定制的相关市场，但由于消费者对费用高昂的全屋定制购买意愿较低，暂不考虑进一步增加全屋定制项目的投资金额。

二、企业创新能力整体偏弱制约投资效能

（1）部分关键技术、高端装备及核心零部件和元器件"卡脖子"问题比较突出。中美贸易摩擦逐渐向科技战、金融战蔓延，对制造业冲击影响持续释放，尤其集成电路、数字安防、网络通信、智能计算、新材料等高端制造领域面临核心技术断供的较大风险，中国企业无法引进相关技术设备，短期内也难以实现国产替代，导致后续产业投资难以进行。以浙江省为例，全省十大产业链关键核心技术（产品）存在断链断供风险 406 项，其中，已实现同准备份 96 项、降准备份 207 项、国际备份 44 项、暂无备份 59 项。如绍兴市 2019 年集成电路骨干企业的进口额为 15 亿元商品，其中美国占比为 30.8%，尤其是制造半导体器件或集成电路用的离子注入机、制造单晶柱或晶圆用的化学机械抛光设备等依赖美国进口，如果美国进一步加大遏制措施限制，企业将面临断链风险。浙江某机电电梯有限公司负责人反映，企业目前原材采购国产化比例超过 90%，但是集成电路

元件大部分依赖进口,其中电梯变频器最核心的器件之一的 IGBT(绝缘栅双极型晶体管)模块属于典型"卡脖子"器件,该器件的核心技术掌控在英飞凌、东芝、富士通等德国及日本厂商手中,进口替代难度极大。又如,杭州某电子有限公司是一家致力于广播电视技术与光电通信设备开发、生产及系统集成的高新技术企业,其外贸已销售至全球近 30 个国家和地区,但企业生产的 5G 设备中一些关键核心零部件还依赖进口,特别是核心器件泵浦激光器芯片、控制软件芯片等价格占整机成本的 60% 左右,目前由美国、日本企业垄断,且管制加税。

以浙江省为例的关键技术攻关对标靶心如表 1-2 所示。

表 1-2 关键核心技术攻关对标靶心:以浙江省为例

编号	产业链	靶向	目标技术	本土单位	对标企业
1	集成电路	人工智能专用芯片	自主可控的神经元网络芯片	浙江大学、阿里达摩院等	英伟达、谷歌
2	数字安防	新一代存储芯片	新一代 MRAM 自主可控存储芯片,自主硬盘阵列和固态硬盘控制器芯片	中电海康、华澜微、爱普、杭州电子科技大学	IBM、Eversipin、三星
3	集成电路	半导体检测与分选设备	半导体晶圆表面缺陷全自动检测技术	长川科技、浙江海纳	KLA-tencor、Rudolph、UnitySC
4	网络通信	计算机辅助制造 CAM 软件	高性能、高通用性计算机辅助制造 CAM 软件	浙江大学、北航	西门子 NX、法国 CATIA、日本 UNISYS、美国 HYPER-MILL
5	新材料	新一代信息材料	高导热柔性基板与封装材料、印刷 OLED 材料、量子点显示材料	华显光电、福莱、恒耀电子、浙江大学、宁波新材料研究所	三星、LG、京东方、日本 Murata、UDC、默克、天通等
6	智能计算	智能操作系统	自主知识产权的通用性人工智能操作系统和控制软件	阿里云	苹果、谷歌、微软

续表

编号	产业链	靶向	目标技术	本土单位	对标企业
7	智能计算	边缘计算控制	云可编程开发环境、云编译系统、基于可编程与设备ID的物联网技术、边缘计算网关	涂鸦、新华社、杭州电子科技大学	洛克威尔、倍福、HMS工业网络公司
8	生物医药	数字化成套医疗装备	扫频光相干断层扫描仪,可智能调节输出功率高频电刀	聚光科技、执鼎医疗、诺尔康神经电子	AB SCIEX、Bio-Rad、Agilent Technologies、Alcon等
9	新材料	新型材料成型及加工装备	大幅面石墨烯制造成套装备、纤维复合材料、蜂窝材料制造工艺及装备	中科院宁波新材料研究所、浙江大学	德国BSD公司、美国ENTEC
10	新材料	先进金属材料	先进电机驱动用高性能磁性材料、高端仪器仪表用铝镍钴永磁材料	横店东磁、宁波韵升、浙江大学、宁波新材料研究所等	德国VAC、日本NDK、日本日立金属、日本住友特殊金属等
11	智能装备	高精度立式复合磨床	低工作台径向跳动,工作台轴向跳动、高直线运动轴定位精度的立式复合磨床	杭机股份有限公司	日本太阳工机TAIYO KOKI机械公司
12	智能装备	核心装备设计与制造技术研究	激光/电子束选区融化、激光选区烧结、高能束金属沉淀成形	先临三维、捷诺飞生物科技	3D System、Stratasys 3D、德国EOS
13	传感器	高精度环境感知与定位导航传感器	高精度激光导航传感器、障碍物传感器、二维码读码器、视觉导航传感器	国自、中智、海康威视	德国西克SICK、瑞士NDC、日本松下、美国COGNEX

续表

编号	产业链	靶向	目标技术	本土单位	对标企业
14	新材料	特种无机非金属材料	高润滑碳化硅密封材料、高端耐火材料	云峰炉料、东新密封等	圣戈班、NOK

资料来源：笔者根据相关调研资料和公开资料整理。

(2) 技改服务平台缺乏制约企业技改投资计划落实。目前，国家鼓励企业加大技术改造投资，但制造业企业往往存在研发能力弱、研发设计缺乏竞争力等问题，需要专业平台和服务商提供强有力的技改服务支撑，而当前国内部分制造业领域仍然缺乏相应服务平台，导致企业的技改投资计划难以得到有效落实。以浙江省临海市为例，2020 年，160 家企业在平台上填报数字化改造，通过评价标准评估，只有 43 家企业完成数字化改造，仅占样本数量的 27%，预计 2020 年新增进行数字化改造的企业不到 50 家。浙江某科技股份有限公司是一家从事精密模具和汽配件研发、制造、加工的企业，2020 年原计划对既有车间进行数字化改造，希望实现可柔性生产 10 余种不同型号和规格设备，但当前在车间数字化技改领域，国内暂无可满足其技改要求的集成服务商，最终企业下调技改要求、减少投资规模。

(3) 科研成果转化周期漫长制约技改投资效益。制造业企业技改前期投入资金较大，从技术研发到成果转化周期较长，导致投资效益降低。如宁波某生物科技有限公司是一家设立于 2014 年 12 月的生物医药类初创型企业，主要经营生物工程技术开发、技术服务和技术咨询，该公司于 2014 年启动"高效低成本全自动免疫检测分析系统及配套试剂的产业化"技改项目，目前该项目仍在研发生产中，而该公司仍处于销售规模相对较低、尚未进入稳定盈利的发展初期。

三、企业资金链紧绷制约投资进度

(1) 知识产权质押难影响企业融资。目前，知识产权质押融资主要存在四大堵点。①银行参与度不高。在中国现阶段普遍缺乏相应风险分担和补偿机制的情况下，知识产权质押融资的风险一旦发生，由于缺少有形抵押物，放款银行几乎需要承担全部损失，导致银行在推进该项业务时极其谨慎。②融资门槛过高。银行在开展知识产权质押融资业务时往往会提高隐形门槛，加大对企业资金流动性、年度纳税额、综合信用的审核力度，除质押的知识产权以外，还需要有担保品/人。此外，根据知识产权的评估值，银行一般的授信额度控制在 20% 左右。如浙江某减震科技公司是一家科技型中小企业，在新型阻尼器研发生产方面拥有 30 余项国家级发明专利，该企业负责人希望通过专利质押进行融资，但银行根据其知识产权情况最多只愿质押放款 200 万元，难以满足其资金需求。③处置变现难以破解。作为质押物，知识产权变现领域狭窄。如浙江省新昌某机械于 2019 年 9 月通过知识产权质押融资，获得贷款 300 万元，2020 年 4 月起开始出现偿贷困难，由于该笔贷款是纯专利质押，没有任何房产、设备等有形物担保，所质押的专利由于一直未能找到合适的交易方而无法处置，财政也未对该笔贷款予以代偿。④风险补偿运行缺位。实际的风险补偿始终以财政贴息为主，担保、专利保险等其他补偿机制并未真正发挥作用。

（2）回款周期拉长导致企业放缓实施投资计划。受海外因素影响，已收货下游客户因经济形势不佳而放慢回款速度，造成部分制造业企业现金流锐减，资金链趋于紧绷，不得不放缓实施投资项目。如浙江省慈溪市某食品集团，其番茄酱罐头出口主要面向尼日利亚等地客户，当地客户无法及时缴纳货款，至今仍拖欠 4 月份订单货款近 170 万美元。受此影响，该企业原计划 2020 年投资 3000 万元建成全自动炒饭机生产线的计划被搁置。又如宁波某模具科技有限公司因下游企业支付货款慢，造成该企业回笼资金困难，短期现金流紧张。目前，该公司应收账款达到了 1350 万元，超企业总资产的 28%，现金流压力较大，导致年初计划采购总价约 300 万元的模具注塑机等新设备推迟到 2020 年 8 月。

（3）制造业企业生产经营压力加大，再投资资金压力剧增。市场需求低迷导致订单不足是企业面临的普遍困难，根据二季度浙江万家企业监测平台监测数据显示，85.4%的企业在手订单可供生产时间在 3 个月内，33.7%的企业仅供 1 个月生产，其中小微企业订单情况更不容乐观，近一半企业的在手订单仅供 1 个月生产。监测同时还显示，2020 年二季度，浙江省近四成的企业产能利用率不足 70%，高于 2019 年年底 5.7 个百分点，11%的企业的产能利用率在 50%以下。如浙江圣力锁业公司反映，2020 年上半年整体销售收入 260 万元，同比下滑 30%以上，原计划投资 400 万元、新增 3 条国内锁具生产线的扩产计划只能搁置。

（4）技改补贴发放不合理导致企业资金链紧张。现行的企业技术改造补贴发放，一般需要全部项目完工后才进行一次性发放，但技术改造研发周期往往较长，这种发放模式造成企业资金紧张。如杭州某新材料有限公司响应杭州市"新制造业计划"，投入 1000 万元用于加大研发与设备投入，并向上级发改委提交技改项目书，但随着企业技改规模不断扩大，技改方案也随之更改，而上级发改委规定只有企业技改完全结束后，才给予一次性 15%补贴。目前，该项目已持续开展 1 年，但 150 万元技改补贴尚未发放到位，导致企业资金链紧张。

（5）原材料价格上涨导致企业放缓投资进度。受美元持续贬值、海外原材料出口国经济低迷等因素影响，原材料继续保持涨势。从浙江省重点监测企业成本指数看，2020年7月，全省重点工业企业原材料成本指数为60.0，环比提高0.5个百分点，连续3个月上涨。以铜价为例，已从2020年年初的3.2万元/吨上涨到2020年9月底的4万元/吨，涨幅高达25%。比如，浙江省玉环县某安全设备有限公司反映，其生产的安防器材每月消耗铜棒约20吨，由于下游供货合同已签订，无法通过涨价转移成本，目前因铜价上涨带来的利润损失已达16万元，公司经营压力较重导致无力进行再投资。浙江省仙居县某工艺品厂负责人反映，2020年原材料成本上涨明显，油漆、纸箱等原材料成本上涨10%左右，企业利润由往年的10%下降至5%左右，企业利润微薄，暂不考虑扩大投资。

四、国家相关政策变动影响企业投资力度

（1）产业政策调整对企业生产投资项目造成一定影响，导致原计划投资项目进度受阻。如慈溪市某汽车电器有限公司，2020年原计划总投资1550万元，完成年产200万套汽车发动机点火线圈芯柱生产线技改项目，但2020年7月份国六排放标准出台后，对点火线圈芯柱燃烧效率提出更高要求，需要对生产线进一步升级，技改升级成本也随之上升，企业需要对于项目投资额、市场前景等情况进行重新评估，导致该技改投资项目进展缓慢，2020年9月底仅完成投资380万元。

（2）《外商投资法》政策改变对原投资方案落地产生影响。2020年1月1日开始实施的《外商投资法》对外国投资者的持股比例未做任何限制或要求，部分外国投资者因此提出投资降比。以浙江某电池股份有限公司为例，企业于2019年年底和德国企业洽谈投资合作事宜，按照原"投资三法"规定达成德国企业初步投资比例为25%的合作方案，中国企业已按照德方此比例进行了企业投资规划和整体调整。随着2020年《外商投资法》实施，德国企业以"投资比例不再受限"为由，提出投资比例降到10%的要求，投资额大大降低，导致双方企业多次谈判仍未达成一致，合作进程受阻。

（3）审批标准变化导致企业投资进展缓慢。部分企业反映，投资项目落地过程中遭遇标准变更，致使投资进程放缓。如浙江某制药股份有限公司因发展需要新建厂房，目前土建部分已完成前期所有手续并办理施工许可证，但住建部新出台的《精细化工企业工程设计防火标准》于2020年10月1日正式实施，许多标准发生改变，比如某些厂房的间距要求从原先的15米变到25米、25米变成35米。该企业为符合现有要求，只能重新修改设计方案再施工，技改进度因此受到影响。浙江省台州市椒江区反映，土壤污染防治有关规定出台以来，该区普济生物、乐普药业、四维医药3个项目受疑似环保污染地块影响项目未能启动建设，总投资约3亿元。

（4）申报国家、省、市级制造业重点项目的投资额度门槛高，即使企业投资项目的创新层次高，依然无法申报相应政策补助。如杭州某磁业有限公司年产150吨稀土钐钴永磁项目，计划总投资1250万元，其产品是传感器、电机等高新产品的核心部件，但因总投资未达到2亿元申报门槛，无法享受相关政策，影响企业后续投资计划。

五、统计机制不健全影响制造业投资数据准确度

（1）制造业投资数据反映不全面。以杭州市为例，近年来随着供给侧结构性改革的深入推进，全市制造业加快转型升级，新旧动能加速转换，制造业投资结构发生了显著变化，传统的以土地、设备、厂房等要素驱动的固定资产投资增速明显放缓，而以技术研发、人才引进、品牌建设等代表制造业高质量发展方向的创新投入却逐年增加，成为驱动制造业投资增长的新动能。据初步统计，2018年、2019年杭州市不列入统计口径的制造业"软投入"总额分别达到502.95亿元、550亿元，与当年列入统计口径的制造业"硬投入"总额已经相当接近，迫切需要完善制造业投资统计体系，建立制造业有效投资统计新机制，支持企业开展"软、硬"并举投入。

（2）归口数据出报不合理。2020年投资入库统计规则发生较大变化，由2019年执行"设备安装到位且已支付"标准调整为执行"当年财务账"标准，即按照固定资产或在建工程本年借方发生额取数，导致不少投资项目因上年度实际设备到位、财务入账但实际在本年度安装的设备投资无法一次统计入库。以杭州市为例，2020年前7个月全市多个区（县、市）的多个项目投资额被大幅核减或不予入库，据初步测算因此减少的投资额直接拉低了全市工业投资增幅的6~8个百分点。如杭州某科技有限责任公司，因统计制度调整，"年产65万台智能配电与新能源设备"等22个制造业投资项目统计数据被核减，涉及资金0.99亿元。杭州某集团的云计算数据中心项目，总投资22.34亿元，因统计规则原因，如在工业用地上实施的数据中心等新基建项目无法列入工业投资库，导致该项目在统计上该投资归入第三产业。

第四节 制造业"稳投资"需要聚焦的靶向

一、制造业"稳投资"需要形成国际先进、安全可控的产业基础

坚持国内大循环和国际国内双循环相互促进，聚焦"稳投资"全方位推进产业基础再造和产业链提升，打造全球先进制造业基地。大力实施工业强基2.0

版，拓展深化工业基础领域，滚动建设工业强基项目储备库，打造推广一批先进工艺示范工厂，确保核心基础零部件、核心电子元器件、基础软件、关键基础材料、先进基础工艺、产业技术基础实现多源可供，数字经济、生命健康、新材料等重点领域产业基础再造实现重大突破，工业基础"卡脖子"领域实现备份系统全覆盖。聚焦产业安全可控，实施品质质量提升行动，优化完善试验验证、质量检验、计量检测、认证认可等基础服务体系，加快建立与国际接轨的产业基础标准制定执行机制，补齐智能化改造、信息工程服务、绿色制造、工业设计等基础服务短板，形成市场化长效服务机制。实施制造业首台（套）提升工程，完善首台（套）产品认定评价标准与机制，建设一批引领性的重大短板装备和首台（套）工程化攻关项目，打造一批解决重点产业链"卡脖子"技术难题的首台（套）产品。

二、制造业"稳投资"需要打造具有全球竞争力的标志性产业链

聚焦重大标志性产业链，招引一批投资规模大、产业带动强、科技含量高、经济效益好的重大项目，以此撬动全面投资。根据全产业链供应、关键环节掌控、关键共性技术突破等需求，分类组建产业链上下游企业共同体，加快拓展龙头企业供应，推动龙头企业开展产业链国际并购。面向重点产业链领域建设重点实验室、技术创新中心及工程性技术中心，打造一批具有产业科技领先优势、产业链供应链主导能力的"杀手锏"技术和核心产品，培育能够引领行业发展的世界级龙头企业和"单项冠军"企业，实现标志性产业链的重点实验室或制造业创新中心、技术创新中心全覆盖。实施产业链协同创新工程，以断链断供风险清单为核心，采取目录引导、揭榜挂帅方式，支持企业加强产业协同和技术合作攻关，推动一批关键核心技术产品的产业化及应用。滚动制订产业链协同创新项目目录，围绕制造业核心领域，支持龙头企业、"单项冠军"企业与配套企业协同，打造一批具有行业话语权的"杀手锏"技术产品。滚动编制关键核心技术与进口替代科技攻关清单，引入"赛马机制"，组织有条件的企业、高校、科研院所联动实施科技应急攻关项目。

三、制造业"稳投资"需要瞄准短板领域建立联动机制和协同机制

投资有效性取决于投资的领域，必须加大对"短板"领域的投资，就当前而言，必须加快构建以进口替代为核心，产业链协同创新、全球精准合作、关键核心技术攻关一体推进的系统集成风险处置体系，全面建立及时响应、多级联动的常态化风险处置闭环工作机制。产业链的柔性、韧性和黏性持续增强，标志性产业链重点领域基本建立安全可控的技术体系。全方位联动开展规模以上企业配

套供应商排查，优先协调落实国内保供，推动龙头企业聚焦关键材料、软件、芯片等核心领域，建立同准备份、降准备份长效机制。建立产业链安全联动协调机制，推动自主可控产业链共建共享。落实国内可替代技术产品供给，深化与日本、韩国、新加坡等近邻国家产业链合作，支持企业海外并购和开展国际技术合作，进一步拓展国际进口渠道。

四、制造业"稳投资"需要针对产业风险建立常态化监测预警机制

针对美国等国家对中国实施的"卡脖子"问题，实施产业链断链断供风险清单管理，联动摸排十大标志性产业链，按照市域、省域、区域、国域可供及仍依赖进口等层次，滚动梳理产业链关键核心技术（产品）断链断供风险清单。建立风险识别管理机制，以断链断供风险清单为基础，对接海关、税务、工商、经信、金融机构等多渠道数据，加强风险甄别和分类处置。建立标志性产业链统计监测体系，建设产业链数据库，持续迭代断链断供风险清单，集成产业链上下游企业、技术产品、投资、税务、进出口等数据信息，开展运行监测、跟踪评估，为产业链供应链稳定提供信息支撑。

第五节　对策与建议

一、简化制造业核心关键领域产品技术的进口采购程序

制订符合当前形势的关键技术、零部件、设备的进口贴息支持目录，对唯一来源美国的高技术产品，建立供应链备份机制。围绕"延链""强链""补链"，鼓励重点企业延伸上下游，发展区域内产业链，提升应对抗风险能力。加强出口退税，对重点出口企业在符合规定的条件下实行优先流转、优先审核、预先核准、优先退税。优化贸易外汇收支单证审核，贸易外汇收入免入待核查账户，取消特殊退汇业务登记手续，简化进口报关核验。扩大企业出口信用保险覆盖面，做到短期限应保尽保。

二、搭建智能化投资促进平台

深入推进制造业领域投资的"最多跑一次"改革，推进一般企业投资项目从赋码到竣工验收审批改革，激发制造业投资内生动能。搭建由政府主导运营的智能化投资促进平台，优化制造业投资项目线上服务，为投资者提供全方位一站式保障，实现政府与投资者之间资源和信息的快速匹配，为投资者提供定制的投资分析报告，增强投资者的投资意愿和投资能力。支持制造业龙头企业并购海外

技术、品牌、渠道，引导企业参与"一带一路"建设，推动企业全球化布局和开放合作。

三、针对性实施重大科技攻关专项

实施产业链协同创新工程，重点瞄准国内暂无备份的关键核心技术，加快技术攻关。对补链需求突出的核心技术，实施"政产研企"联合攻关，抢建一批"短平快"产业化项目。瞄准国家战略目标和国际学术前沿，建设具有重大引领作用的跨学科、大协同的创新基地。聚焦重点产业集群和标志性产业链，编制关键核心技术攻关清单，按照重点突破、系统推进的要求，制订重大科技攻关方案。支持产业链龙头企业及隐形冠军企业整合国际人才、技术、资本、资源，通过并购、重组、新设等方式建设海外研发中心。

四、疏通制造业融资难、融资贵解决渠道

建立健全新型银担合作机制、再担保机制与政策性融资担保风险补偿机制。创新开展适合小微企业融资特点的信用贷款、小额循环贷款、租金收入质押贷款等业务。积极探索"银行+知识产权质押""银行+知识产权质押+风险基金担保""银行+知识产权质押+担保公司"等多种模式，强化知识产权质押融资对制造业的支撑。加大金融活水进入制造业的力度，降低制造业企业贷款平均成本，确保制造业中长期贷款增速不低于各项贷款平均增速，对产业链协同创新和科技攻关项目承担企业的贷款，给予阶段性延期还本付息支持。

五、制定出台针对性的制造业投资政策

研究出台企业抱团招标用地、跨区域调剂土地指标等措施，实施"亩均效益论英雄"的差别化要素资源配置政策。放宽制造业企业在股权、并购或破产等方面的限制条件。对符合产业政策、规划、环保、安全、能耗等约束性条件的制造项目加大用能、用地等要素支持。探索多次验收、分批发放技改补贴方式，降低企业技改沉淀成本。统计口径上，进一步厘清制造业投资范围。全面落实制造业稳投资的相关政策，严格执行企业所得税、社保费减负、城镇土地使用税等应急政策，支持制造业企业渡过难关。

第 2 章 "六稳""六保"背景下中小企业高质量发展的研究报告

"保市场主体"是中央部署的"六保"的重点内容，推动中小企业高质量发展是"六稳""六保"的重要任务。党中央、国务院近年来多次召开会议部署推动中小企业加快发展，以及加大金融支持保障等有关工作，出台阶段性减免企业社保费和实施企业缓缴住房公积金、降低小规模纳税人增值税征收率、完善创业担保贷款贴息和融资担保及新增阶段性优惠利率贷款等一系列政策，在一定程度上帮助中小企业解决了部分难题。量大面广的中小企业是中国经济这座巨大"金字塔"的塔基，他们的稳定健康发展对中国经济长远可持续发展特别是"六稳"具有十分重要的支撑作用，针对性帮助中小企业解决困难问题，推动中小企业有序复工复产，实施放水救鱼迫在眉睫，这对"六稳""六保"至关重要。

第一节 "六稳""六保"背景下中小企业面临的突出难题

（1）中小企业上下游产业链配套出现困难。受原材料供应及库存不足、关键零部件缺货断货、上下游产业配套不够等影响，部分供应链出现断链或停摆，上下游企业复工复产不同步，对中小企业带来较大影响。特别是随着意大利、日本、韩国、法国、德国、西班牙等国家经济形势趋于恶化，国内对海外原材料、零部件、机器设备等依存度比较大的行业受到的冲击加大，芯片、关键元器件、半导体材料等已出现涨价迹象，沿着产业链上下游传导扩散，影响中小企业的生存发展。调研组 2020 年对浙江省 544 家中小企业的调查发现，受到上游供应链断裂等影响，中小企业普遍面临物资储备短缺的困境，34.2%的制造业中小企业存在上游供应链断裂的风险。

（2）中小企业资金链紧绷。部分中小企业受订单"断崖式"下降、客源流失甚至断流等因素影响，经营收入来源骤降。同时大量采购防疫物资，安置外地和本地员工，支付额外费用增加了企业生产经营负担，原本处于紧绷状态的资金链容易出现贫血甚至断裂。调研发现，47.4%的中小企业面临资金周转和融资困境，58.6%的中小企业存在较大的资金缺口、急需融资，32.6%的中小企业存在中长期贷款需求，33.8%的中小企业账面资金维持不足 3 个月。

（3）中小企业复产后产能恢复不快。在复工复产的大背景下，中小企业逐步解决了员工返岗难问题，但复产率恢复周期较长。一是外贸订单受国际市场影响较大。部分国家对出境商品设置壁垒或限制，导致加工制造、外贸出口、物流运输等领域的中小企业订单骤降，甚至出现退单现象。大量国际性展销展会活动取消，中小企业获取新订单的难度加大。二是受"复工延期"等因素影响，汽车制造业、纺织服装等传统行业，电子信息领域的电路板、手机组装等用工需求大的高新技术产业，以及房地产开发等行业领域不少中小企业仍处于停工状态或半开工状态。三是受隔离影响，中小企业生产线难以全员上岗，不少企业全面恢复产能仍有困难。调研显示，59.6%的企业认为员工复工率低是当前主要困难，46.8%的企业面临雇员减少的困境，45.7%的企业虽有订单但无法正常经营，59.4%的企业年度销售计划难以落实。四是中小企业受到严重冲击，在逐步复工达产的情况下海外订单大幅减少，不得不又开始压减产能。

（4）中小企业疫后经营负担重。一是刚性支付员工工资、"五险一金"等成本费用压力大。调研显示，10.2%的中小企业支付员工社保费用困难，25.4%的中小企业面临付薪压力，43.9%的中小企业面临人力成本急剧攀升。二是生产费用包括租房、用水、用电、用网、用气、通信等费用支付压力大。调研显示，分别有39.8%、23.3%的中小企业面临租金成本和要素成本压力，14.8%的中小企业为降成本计划关停部分生产线。三是餐饮、旅游、娱乐、交通、教育培训等众多服务业行业中小企业受冲击最明显，大量仍处于停业和半停业状态。调研发现，72.2%的服务业中小企业预计存在营业收入下降，74.5%的服务业中小企业企业营业收入较2019年同期下降50%以上。

（5）中小企业贷款出现困难。一是利率优惠政策传导有限，企业融资成本仍然较高。对中小企业来说，商业银行、村镇银行等仍是贷款主渠道，其利率并未明显降低，国有银行利率优惠并未降低企业融资成本。浙江某缝纫机有限公司反映，向台州银行信用贷款300万元，年利率为8.96%，明显高于其之前在工商银行5.19%的贷款利率。同时，受限于银行对申请企业的资信评估，困难企业无法申请享受优惠贷款利率。如某贸易有限公司反映，其向民泰银行申请贷款100万元，银行评估公司资金链紧张，给予9.6%的贷款利率，而给予其他资信较好的公司4.2%的贷款利率。二是贷款门槛仍然较高，企业获贷难度大。一方面，抵押贷款仍是银行放贷的主要方式，而中小企业特别是小微企业规模较小，可用作抵押的资产偏少，获贷难度较大。临海市某有限公司反映，因公司生产厂房是租赁的，无法获得银行贷款，只能通过抵押自有住房的方式获贷100万元维持经营。另一方面，不少银行虽设立了无形资产抵押产品，但操作起来存在诸多限制。宁波某通信科技有限公司反映，2020年已拿出16项专利权益去银行抵押，评估价值3800万元，但银行考虑其公司规模较小，仅放贷700万元，且是以承兑汇票的形式发放。三是审批时间仍然较长，企业当前需求难以满足。部分银行对风险控制要求较高，贷款审核并未简化，导致中小企业首次贷款周期仍然较长，不利于企业缓解经营困难。台州市某机械股份有限公司反映，其向省农商行贷款100万元，但相关办理材料全部递交银行后，银行又要求提供关联单位情况说明，从申请到成功获贷耗费近一个月。此外，部分小微企业反映续贷审核较为烦琐，审批时间过长，企业在不得已情况下只能选择"过桥""倒贷"等行为，加重企业经营负担。四是后续融资政策不确定。目前低息贷款主要得益于专项再贷款政策，企业担忧后续融资成本提高，经营将陷入困境。某玩具有限公司反映，得益于支农支小再贷款政策，公司获得了利率3.8%的100万元贷款，如果不久后利率回升到7%甚至更高，企业将难以持续经营。此外，银行为控制风险，对中小企业发放的大多为短期贷款，企业担忧无法续贷，不利于长远谋划。台州市路桥区对辖内民营中小企业调查显示，小微企业半年至一年的短期贷款占到90%左右，不敢将资金用于设备购买、研发投入等周期较长的开支。

第二节 "六稳""六保"背景下中小企业高质量发展的基本原则

"六稳""六保"特别是稳市场主体，要求中小企业必须首先处理好安全与发展的关系。中小企业复工复产需要把握好安全生产与风险可控的刚性要求，具体而言，需要把握以下4条基本原则。

（1）突出因地制宜、因时制宜，对中小企业复工复产进行分类指导。按照"六稳"和"六保"要求，精准对接中小企业需求，采取更加有力的措施、更加有效的手段，分区域、分行业、分时段逐步有序恢复中小企业的生产秩序，不搞一刀切，帮助中小企业渡过难关。

（2）确保风险受控，积极稳妥推进恢复产能。统筹考虑复工复产和经济社会发展实际，加大政策协同力度，支持和推动中小企业严格落实防控措施和风险受控要求，根据实际情况和中小企业的发展情况，稳妥有序推进中小企业复工复产，稳步提升中小企业生产产能。

（3）压实企业主体责任，把安全生产摆在突出位置。引导中小企业严格落实主体责任，指导中小企业制订工作方案，督促企业建立自控机制，实行复工复产备案制度，在落实防控措施的前提下稳步生产经营，切实保障员工生命安全和身体健康。坚决防止因赶工、抢工导致安全生产事故发生。

（4）坚持一企一策，地方政府履行属地责任。坚持问题导向、目标导向、结果导向，根据不同产业和中小企业的特点，依托"企业码"深化服务中小企业活动，掌握中小企业发展困难和实际需求，对重点中小企业、重点生产项目实施"一企一策""一项一策"，落实属地政府责任，实施减税减费减息减租政策，确保各项政策措施落实到位。

第三节 对策与建议

（1）聚焦中小企业"复产率不高"问题，加快推进分区域、分产业复工复产。在复工复产的大背景下，中小企业逐步解决了员工返岗难问题，但受制于上下游产业链影响，复产率还不高，产能难以释放。对此，一是分区域、分产业加快推进中小企业复工复产，开展中小企业用工供需对接，全面排摸中小企业员工返岗集中需求，加强低风险劳务输出地区与劳务输入地区的用工协作，保障中小企业核心员工、管理人员、技术骨干人员尽快到岗。二是结合意大利、日本、韩国、法国、德国等国家实际情况，抓紧梳理这些重点风险国家与浙江省相关的产业链配套清单，加快制订从这些国家进口原材料、元器件等产品的替代方案，防止部分产业链断裂或向其他国家转移。三是加快推动上下游重点产业链和重点中小企业恢复产能，着力破解原材料供应、上下游协作、物流通畅等突出难题，推进产业链全链条恢复正常生产，尤其是充分发挥行业龙头骨干企业、规模以上工业企业、国有大型企业等带动作用，通过供应链配套、供应链金融等方式帮助上下游中小企业解决产能问题。在纺织服装、化工化纤、食品加工、汽车零部件等中小企业比较密集的行业领域，推动龙头骨干企业为中小企业提供订单支持，实现同步复产、互助共济、共渡难关。四是对中小企业新上投资建设项目，加强用地、用能等要素保障，开辟限时审批、限时办结、环评能评、费用减免等绿色通道。

（2）聚焦中小企业"短期融资贫血"问题，加快实施输血式的金融支持。短期贫血是不少中小企业的突出痛点所在，加大对中小企业生产经营的金融支持，稳妥有序做好金融服务保障，减轻中小企业负担，是当前浙江省经济稳中求进必须破解的难题。对此，一是抓住复工复产的时间窗口，加大逆周期调节力度，统筹金融、财政、税务等政策举措，尽快为保障就业、有发展前景的中小企业提供"输血型"的金融支持，落实阶段性减免企业社保费、降低小规模纳税人增值税征收率、完善创业担保贷款贴息和融资担保及新增阶段性优惠利率贷款等政策，确保不出现中小企业大面积休克或死亡。二是实施中小企业金融救助计划，发挥政策性银行保障性支撑作用，动员大型商业银行参与面向中小企业的低息贷款和无息贷款援助计划。发展供应链金融，鼓励龙头骨干企业带动上下游中小企业加入"中征应收账款融资服务平台",扩大应收账款抵押融资规模。建立政银企抽贷压贷会商机制,防止对中小企业盲目采取抽贷压贷等措施。三是加强对餐饮、旅游、娱乐等行业中小企业,以及拥有重点疫区雇员的中小企业的救助,实施临时性延期还本付息的措施,提供优惠贷款和过渡性贷款等信贷扶持。四是通过保险增信方式为中小企业提供融资担保,并适当提升无形抵押物额度,为符合条件企业提供融资便利。简化贷款审批流程,进一步缩短企业获贷周期,并积极推进"无还本续贷"落地。保持后续金融惠企政策的连续性,避免政策波动造成中小企业资金链受到负面冲击。

(3)聚焦中小企业"生产经营负担重"问题,强化对中小企业渡过难关的精准扶持。"病来如山倒、病去如抽丝",当前形势下的生产断档、订单断档、销路断档、收入断档等对中小企业的影响不容忽视。对此,一是实施"创后补救"的中小企业扶持政策。设立中小企业扶持专项基金,整合政府、金融机构、行业协会等各类资源,帮助中小企业尽快恢复生产经营。二是实施企业社保费减免政策、应急转贷支持政策、科技创新券补助、缓缴住房公积金等全方位扶持中小企业生存发展的政策,加大政府对特定行业中小企业的政府采购和技改支持力度。对生产防控物资的中小企业,给予"减税免费惠贷补贴"激励政策,以及用水、用电、用气、用网等费用部分减免的优惠政策。三是加强对中小企业的法律服务。运用法治思维和法治手段帮助中小企业解决合同履行、劳资关系、厂房租约、信贷金融等法律纠纷问题。发挥企业服务综合平台的作用,帮助广大中小企业解决实际困难和问题,引导各类社会机构为小微企业提供相关服务。四是依托政务服务网等平台,及时发布惠企政策措施,全面推进线上审批服务,及时解决企业复工复产过程中遇到的困难和问题。

(4)聚焦中小企业"数字化需求"问题,实施"大数据+上云"帮扶。数字化转型对中小企业抗风险冲击以及内生性、长远性提质增效具有重要作用,中小企业面临的创新能力不足、生产成本上升、产业链协同不够等问题,迫切需要通过数字化改造提质降本增效,形成新的竞争优势。一是基于全国一体化在线政务服务网平台,整合发改、财税、国土、经信、市场监管等部门的中小企业数据,结合中小企业征信数据和商业平台的大数据,对中小企业生产经营、市场潜力、征信、现金流等情况进行动态监测评估,及时掌握中小企业面临的困难和需求,针对性地给予征信、减税、降费、减租、续贷等政策扶持。二是促进中小企业与数字技术资源对接,整合各类数字化技术、人才、资本信息和资源,面向中小企业提供服务支撑,有效解决中小企业数字化转型"找得到、用得起、精准化、有保障"等问题。加快面向中小企业的工业系统软件研发,构建以新型工业操作系统和工业APP架构为重点的智能服务生态,为中小企业提供制造场景、生产组织与资源配置优化、提高生产效率与产品质量等一系列在线服务，提升中小企业数字化管理水平、生产效率和市场竞争力。三是加快培育数字经济新热点、新模式、新业态，推动中小企业上云用云，以打造"1+N"工业互联网平台体系和行业联盟为抓手，面向中小企业智能制造单元、智能生产线、智能车间、智能工厂建设，通过数字化技术、产业链协同和平台化服务为民营中小企业技术赋能与管理赋能，增强中小企业数字能力、竞争力和生存韧性。鼓励大型互联网平台为中小企业免费开放服务外包、原材料采购、跨境电商、供应链管理等线上服务。四是加快建设智慧工业园、智慧小微企业园，推进园区和供应链间的数字制造资源协调共享，提升园区信息基础设施、智慧管控和服务水平，打造智慧园区和智慧集群，逐步实现大中小企业协同创新、协同制造、协同发展。

第3章 "六稳""六保"背景下浙江省加快培育"隐形冠军"企业的研究报告

"隐形冠军"是创新能力强、成长性好、发展潜力大的优质企业，培育"隐形冠军"企业事关"六稳""六保"大局，不仅是破解"卡脖子"难题、拉长产业竞争长板的重要突破口，也是培育产业发展新动能、推动经济高质量发展的重要支撑力量，特别是事关产业链供应链的稳定。本章分析了浙江省"隐形冠军"企业发展的基本情况及存在的突出问题，提出了加快推动"隐形冠军"企业上云用云、实施名企名校名院名所"隐形冠军"培育工程、搭建国际性的"隐形冠军"窗口、打造"数字经济+隐形冠军"生态圈、完善全球金融对接"隐形冠军"服务网络等相关对策建议。

第一节 浙江省"隐形冠军"企业基本情况

从加快企业高质量发展的战略审视，浙江省按照国家工信部制造业单项冠军企业培育提升专项行动，将中小微企业发展重点聚焦到"隐形冠军"上来，明确将"隐形冠军"作为中小微企业发展的主攻方向，将"隐形冠军"企业培育作为当前和今后一个时期中小微企业工作的重点。在全国率先探索开展"隐形冠军"企业培育，积极开展企业选树培育，形成一批标杆示范企业。根据浙江省经信厅提供的有关数据和资料，截至2018年年底，浙江省共评定70家"隐形冠军"企业和655家"隐形冠军"培育企业。具体统计分析如下。

（1）从行业来看，浙江省"隐形冠军"企业和培育企业分布于30个行业、97个细分领域。80%的企业集中在12个行业，其中，通用设备制造业（14%）、电气机械和器材制造业（11%）、专用设备制造业（10%）、化学原料和化学制品制造业（8%）、金属制品业（8%）、汽车制造业（7%）等行业的企业分布相对较多，而新一代信息技术、新材料、新能源等战略性新兴产业和高技术产业分布相对比较少，不到总数的8%（见图3-1）。

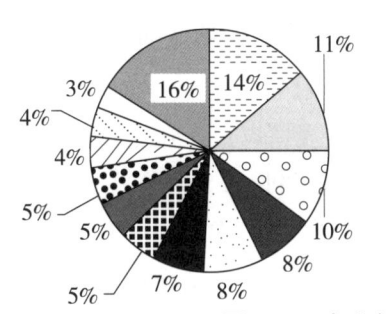

图 3-1　企业行业分布情况

（2）从地域来看，"隐形冠军"企业主要集中在杭州市（28%）、温州市（10.0%）、金华市（10.0%）（见图3-2）。"隐形冠军"培育企业分布则相对均匀，除杭州市（18%）、温州市（17%）、金华市（11%）、宁波市（10%）外，嘉兴市（10%）、湖州市（9%）、台州市（8%）和绍兴市（8%）均占有较高比例企业数（见图3-3），说明各地对"隐形冠军"企业发展的重视程度在不断提升。

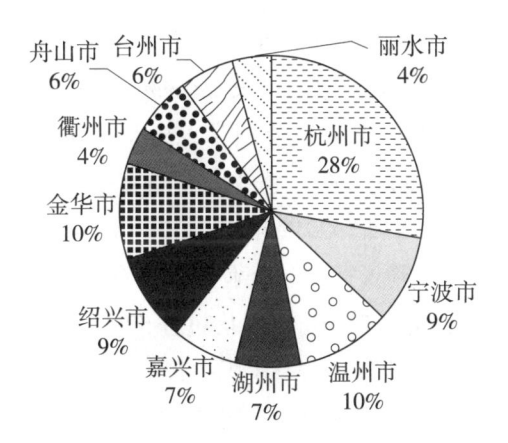

图 3-2　"隐形冠军"企业地域分布情况

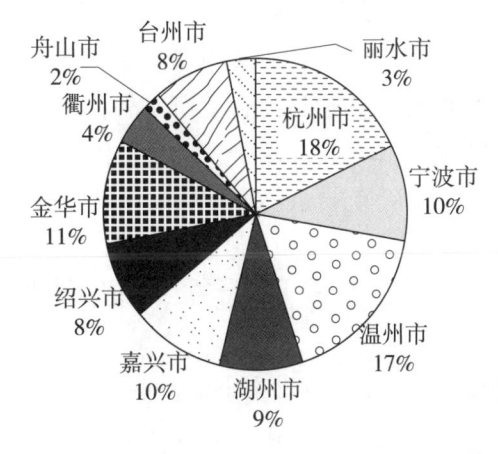

图 3-3　"隐形冠军"培育企业地域分布情况

（3）从资产质量看，"隐形冠军"企业和培育企业的质量效益普遍较好，发展优势较为明显。一是资产总额高。"隐形冠军"企业（含培育企业）的平均资产总额为 2.3 亿元，平均资产总额是全省规模以上工业企业平均资产总额的 1.3 倍。其中，湖州市企业平均资产总额增速最快（59.3%），绍兴市企业平均资产总额最高（3.04 亿元）。二是资产负债率低。"隐形冠军"企业（含培育企业）近 3 年平均资产负债率分别为 45.0%、42.6%、41.9%，呈逐年下降趋势，均低于全省规模以上工业企业平均负债率水平（54.8%）。三是净资产收益率高。"隐形冠军"企业（含培育企业）近三年平均净资产收益率分别为 12.0%、14.9%、16.2%。24 家企业连续三年净资产收益率高于 30%，其中 15 家企业同时实现连续三年负债率低于 50%。

（4）从盈利来看，"隐形冠军"企业（含培育企业）平均主营业务收入、平均利润总额分别达到 1.7 亿元和 2042 万元，分别同比增长 28.0%、41.5%，分别高出规模以上工业企业增速 16.2 个、24.9 个百分点。从社会贡献看，"隐形冠军"企业（含培育企业）纳税额逐年递增，近三年平均每家企业缴纳 331.8 万元、423.8 万元、554.9 万元，年均增长 29.3%，增速远高于规模以上工业企业平均水平；平均吸纳社会就业人数分别为 229 人、246 人、270 人，年均增长 8.6%。从生产效率看，"隐形冠军"企业（含培育企业）平均全员劳动生产率从 2015 年的 66.5 万元/人增加至 2017 年的 77.7 万元/人，年均增速 8.4%。

（5）从市场份额看，"隐形冠军"企业（含培育企业）主导产品销售收入占主营收入比重达 77.1%，省内市场份额平均超过 50%，34.2%的企业国内市场份额在 40%以上，27.9%的企业市场占有率国内排名第一。大部分企业在同类产品的竞争中已占据绝对优势，24.2%的企业获得国家或省级名牌、驰名商标。

（6）从创新能力看，"隐形冠军"企业（含培育企业）近三年研发经费投入分别达到 607.1 万元、716.3 万元、848.7 万元，远高于全省规模以上工业企业平均水平（288.3 万元）；平均获得发明专利数分别为 5.9、7.5、9.6 个，增长极为明显。企业获取发明专利的途径除自主研发外，26.0%的企业通过联合开发，6.7%的企业通过技术合作、技术转让。平均每家企业与 1.26 家世界 500 强企业、国企、央企、科研院所等开展研发合作。

第二节 "隐形冠军"四种模式

通过实施企业梯度培育发展，推动中小微企业沿着"专精特新"、省"隐形冠军"培育企业、省"隐形冠军"企业、全国"小巨人"企业及世界级"隐形冠军"企业的路径梯度发展。总体看，浙江省"隐形冠军"企业（培育企业）

呈现出创新驱动、自主发展、切合实际、多元多样的发展模式，大概分为四种类型。

第一种类型：成本领先型。此类企业（数量占比 12.1%）规模优势明显，通过规模化生产寻求较低的边际生产成本，处于从规模优势向创新优势转化的阶段，主要分布在专用设备制造业，金属制品业，铁路、船舶、航空航天和其他运输设备制造业等行业。如浙江特种电机股份有限公司，近年来通过持续创新和机器换人，实现了制造自动化和产品提档升级，形成了高端电机为主的产品格局，建立起以日本、美国、德国等国世界五百强企业为主要客户的销售网络。

第二种类型：创新引领型。此类企业（数量占比 5.4%）是典型的轻资产企业，发展动力主要源于自主创新，建有较为完善的技术研发体系，创新型人才比重较高，主要分布在专用设备制造业、电气机械和器材制造业等行业。如杭州晟元数据安全技术股份有限公司，是国内唯一能同时提供生物识别芯片、数据加解密芯片、通用 32 位 MCU 的企业，通过不断创新和技术交叉应用，产品获得全球市场认同，在国内行业中"坐三望二"，特别是指纹识别芯片在全国市场占比超过 2/3。

第三种类型：市场引领型。此类企业（数量占比 60.4%）经历了规模扩张和技术更新，核心产品在细分市场占有较大份额，有一定技术创新能力，但尚未形成核心技术上的完全优势，产品和技术存在被模仿的风险，主要分布在通用设备制造业、专用设备制造业、电气机械和器材制造业、纺织服装服饰与纺织业等行业。如海盐宇星螺帽有限责任公司，可生产符合中国、德国、美国、英国、意大利等多国标准的异形螺帽，是世界众多知名企业的指定配套供货商，主要产品在国内市场占有率排名前三。

第四种类型：资源整合型。此类企业（数量占比 22.1%）技术创新能力较强，在某领域或某类产品上形成了技术优势，正进入将技术优势转化为产品优势的快速发展阶段，主要分布在医药制造业、化学原料和化学制品制造业、电气机械和器材制造业等行业。如杭州新坐标科技股份有限公司，近几年新产品产值率均在 90% 以上，拥有发明专利 11 项、实用新型专利 29 项，部分技术已处于国内外领先水平。

第三节　"隐形冠军"企业发展面临的突出瓶颈

一、数字经济和"隐形冠军"企业融合速度和深度不够，关键核心技术与国际先进水平存在差距

（1）"隐形冠军"企业多为中小企业，受限于资本、人才、技术、管理的要求，难以在短期内通过自主研发或者通过引入国外先进技术和设备实现智能化改造。近3年，浙江省"隐形冠军"企业与培育企业差距从4963.4万元扩大到12759.1万元；从研发投入看，两者差距从420.6万元扩大到583.9万元，主要问题在于数字化转型和应用方面差距拉大。

（2）数字经济对中小微企业的支撑更多地集中在"应用端"和"模式端"，"创新端"和"技术端"较为薄弱，基础研究、原始创新、基础产业与国际先进水平相比差距巨大，在核心技术、关键技术、前沿引领技术等硬科技、黑科技方面创新明显不足，对产业链补链、延链挖掘不够深，没有从根本上提高隐形冠军企业的数字创造能力和国际竞争力。

（3）核心技术"卡脖子"问题愈发凸显。中美贸易摩擦发生以来，美国频频对中国企业发布实体清单和出口管制，技术封锁和核心部件出口管制越来越严，集成电路、人工智能等高精尖隐形冠军企业培育困难加大，特别是浙江省高端装备自主化配套能力不强，不少装备进口依存度超过80%。比如纺丝卷绕机，浙江省化纤龙头企业大量采购德国巴马格和日本TMT等厂家装备。

二、创新转化机制和渠道仍不够通畅

（1）"微笑曲线"两端的研发设计和终端消费品市场拓展能力不强。以绍兴市印染产业为例，虽占全国1/3以上的产能，但与江苏省、山东省等龙头企业相比，单体规模普遍偏小，过多集中于来料和贴牌加工。

（2）科技成果转化链条仍不完整。缺乏对新的科技成果技术进行成熟度评估、样品样机试制、应用场景实测、商业价值评估、市场前景论证的高端平台，无法实现技术高效快速向现实生产力转换。

（3）兼具技术知识和实体经济知识技能的跨界复合人才十分短缺。面对上海、北京、深圳等一线城市的竞争，浙江省生物制药、高端制造、新能源汽车、金融科技等领域顶尖人才集聚效应不够。比如生物制药领域，浙江省顶尖人才迫切需要从美国波士顿剑桥地区引进，与国内苏州生物纳米园、上海张江药谷、中关村科技园等相比差距较大。

三、企业国际化受中美贸易摩擦困难加剧

（1）受中美贸易摩擦、逆全球化等问题困扰，浙江省许多制造型"隐形冠军"企业的全球化网络受到冲击，延缓了国际化进程。截至目前，浙江省29.7%的"隐形冠军"企业尚未开拓海外市场业务，出口额占产品销量的比重仅为16.1%，只有18%的企业表示自身产品执行了国际标准，大量"隐形冠军"企业尚未建立海外办事处或开展跨国研发合作。

（2）"融资难、融资贵、融资慢、融资繁"是浙江省"隐形冠军"走出去面临的突出问题。尤其是在国际市场开拓过程中，由于没有完善的国际金融服务网络，"隐形冠军"企业很难在国际市场中实现快速成长。调研发现，浙江省52.7%的"隐形冠军"企业用工成本年均增加10%以上，78.5%的企业原材料成本同比增长5%以上。企业难以获取贷款、审批时间过长、贷款期限过短，短贷长用、转贷续贷不确定等现象依然存在，11.8%的"隐形冠军"企业遇到较大的融资困难。

（3）知识产权作为"隐形冠军"企业在国际化发展过程中开疆扩土的关键利器存在管理制度障碍，尤其是数字知识产权和数据安全缺乏制度保障，许多"隐形冠军"企业在"走出去"的过程中面临知识产权纠纷缺乏有效诉讼渠道和应急机制，国际知识产权保护机制仍不完善。

第四节 对策与建议

"隐形冠军"企业培育是推动中小微企业发展的重要抓手，从实践层面看，应当聚焦"隐形冠军"企业培育，加强精准施策，[①] 加快中小微企业转型升级，为经济高质量发展不断提供新动力。

一、打造数字经济"隐形冠军"群栖地

（1）加快推动"隐形冠军"企业上云用云。借鉴德国、日本等发达国家中小企业数字化转型做法，加强工业互联网平台基础建设并推动工业云平台建设，对相关产业链上下游厂商和客户优质资源进行整合，建设共性技术设计研发、测试验证、数据利用、咨询评估、创业孵化等一体化创新服务平台。改变现行的对重点项目以固定资产投资额评判的政策扶持标准，把工业互联网项目应用作为重点改造项目给予支持，降低"隐形冠军"企业数字化转型成本，推动"隐形冠军"企业数字化转型从内部信息化向外部一体化发展。

（2）实施名企名校名院名所"隐形冠军"培育工程。鼓励浙江大学等省内高校院所与阿里巴巴等龙头企业合作，针对计算芯片、高性能材料、人工智能、生物制药等产业链核心领域，培育领域广泛、动能强劲、特色鲜明的行业"隐形冠军"群落。深入研究中小微企业与大企业协作配套的政策措施，分行业建立大中小微企业协作配套产业联盟，引导一批"隐形冠军"企业与龙头骨干企业形

[①] 必须改变"天女散花式"的扶持方式，将政策扶持向"隐形冠军"企业（培育企业）倾斜，优先安排"隐形冠军"企业入园发展，深化"亩均论英雄"改革，实施差别化资源要素配置，真正发挥出改革的正向激励和反向倒逼作用。

成专业化协作配套关系，按照产业链建立联盟体。

（3）搭建国际性的"隐形冠军"窗口。在复工复产背景下，要积极举办"全球隐形冠军企业峰会"，建立"隐形冠军"企业国际高端合作平台，每年举办具有重大影响力的数字经济"隐形冠军"企业大会，定期分行业、分类型发布全球、全国和浙江"'隐形冠军'企业榜单"。深入开展"浙江制造"全球推广活动，实施"品质浙货，行销天下"工程和"一带一路"贸易畅通计划，加快推进"产业集群跨境电商"试点工作，引导"隐形冠军"企业运用跨境电子商务平台开拓国际市场。

（4）打造"数字经济+隐形冠军"生态圈。利用大湾区大花园大通道大都市区，城西科创大走廊、城东智造大走廊、临江/宁波/温州国家高新区等重大平台的集聚效应和辐射效应，依托西湖大学、之江实验室等知名研发中心和教学中心，加速构建"数字经济+隐形冠军"企业良性发展的生态系统，打造"企业发展+平台服务+教学中心"的生态圈，实现数字经济和隐形冠军深度融合，协同发展。

二、健全创新成果快速转化机制

（1）创新技术中介机构服务内容和服务模式。由政府牵头，中小企业出资共同成立股份制的技术服务中介组织，创新科技成果转化工作模式，针对"隐形冠军"企业创新的不同环节，即从创意评估阶段到样品的设计与开发、试生产、批量生产及应用实测、商业价值评估各个阶段为其提供个性化、定制化服务，并在此基础上开展培训、推销等一系列服务。

（2）探索专业技术转化人才培养机制。引入国内外专业的技术成果转化人才和团队，开展科技成果转化复合型人才培训，对符合条件的才人授予专业证书；鼓励高校开设技术转化经纪专业试点，探索技术转化专业人才培养体系；借鉴国外发达国家培养技术经理人的先进经验，探索建立国内转化技术转化人才职称评价体系；帮助"隐形冠军"企业建立双向人才培养机制，将储备人才送到同行业大公司进行培训，与科研院所建立长期培养渠道。

（3）创新科技成果转化政策。创新高校和科研院所的科技成果收益分配方式，设立专业技术转移办公室，完善"隐形冠军"企业和高校科技成果转化渠道，加速创新要素的价值再造和转化的机制。针对浙江省首台套政策"短板"，创新首台套遴选机制，对率先达到"卡脖子"和关键短板装备重点领域产品关键技术指标要求的可直接认定为首台套，采用"技术攻关悬赏"的机制支持"隐形冠军"企业攻克关键技术、前沿技术难题，研究制订首台套保费分阶段缴纳制度。

三、构建"隐形冠军"企业国际化发展平台

（1）搭建"互联网+国际化运营"平台。联合阿里巴巴、亿赞普和腾讯等大数据平台企业，建立中小企业海外发展服务平台，利用平台大数据预测海外市场需求，为"隐形冠军"企业海外发展，提供东道国市场拓展、跨境结算及云计算、知识产权信息等服务，帮助培育企业搭建海外营销网络，助力浙江省"隐形冠军"企业全球化发展。

（2）完善全球金融对接"隐形冠军"服务网络。落实浙江省"凤凰行动"举措，对符合国内上市的"隐形冠军"开辟绿色通道，积极做好与证监会、两大交易所的协调沟通，加快在省证监局备案辅导，加快"隐性冠军"企业国内上市步伐。设立做强生物制药、人工智能、智能硬件、高端制造领域的专项引导基金，积极参与大型企业主导的专业性产业基金，尤其是设立"'隐形冠军'国际化发展基金"，重点支持"隐形冠军"企业开拓国际市场。鼓励政策性银行和浙江省商业银行加快"走出去"的步伐，为"走出去"的"隐形冠军"企业在国际市场提供海外并购、资本运作、资产保值等金融服务。

（3）完善"隐形冠军"企业国际化发展支撑保障机制。创建国际知识产权服务体系，为"隐形冠军"企业提供国际商标、专利、版权等跨国知识产权信息服务，健全海外维权工作机制，畅通维权渠道。推动政府和企业共同建立知识产权战略协会，以更严密主动的方式创造、扩大和使用知识产权资产，使知识产权保护从"被动"走向"主动"。

第4章 "六稳""六保"背景下数字化赋能稳企业的研究报告

面对百年未有之大变局,中国经济已进入新发展阶段,必须把激发市场主体活力摆在更加重要的位置,把稳企业稳经济作为"六稳""六保"的重心,利用新一代信息技术带来的新一轮技术革命和产业变革,发挥数字化的赋能作用,进一步加强经济运行大数据联动共享与开放应用,建立"长三角"数据共享试验区,以产业园区数字化平台助力"两手抓",加快推进中小企业数字化转型提高抵御风险能力,培育壮大数字经济新产业新业态新模式。

第一节 数字化赋能稳企业的战略思考

一、以"长三角"高质量一体化为抓手,建立"长三角"数据共享试验区

"长三角"针对重大防御举措的相互通报机制、恢复生产人员物资运输和保障通行便利化的机制等达成了一系列共识。建议长三角"三省一市"紧密合作,着眼于全球竞争的需要,共建长三角区域大脑,打造数字长三角的神经中枢,推进数据整合、共享、开放和运用。长三角地区要率先打破数字空间与现实空间分离的状态,全方位整合路网数据、医疗数据、人口数据、教育数据、交通数据等,构建跨城市、跨行业、跨地域的长三角统一公共数据池和长三角地区数字共享网络平台,逐步形成一体化的"长三角城市大脑"。以数据流引领技术流、物资流、资金流、人才流,促进"长三角"经济结构转型升级和一体化高质量发展,打造具有全球竞争优势的跨区域综合试验区。

二、以产业园区数字化平台助力"两手抓"

进一步提升产业园区(小微企业园)提高数字化管理与服务能力,建设和完善作为数字化治理综合基础设施的园区大脑(大数据管理平台),发挥其作为"两手抓"的信息枢纽作用。

(1)把园区复工企业作为防控管理的重点单元,根据复工企业的不同种类与时间加强系统管理,实现园区内部与外部的信息互联互通,提升园区智慧管控

水平，助力园区企业精准排查、精准救助、辅助联防联控、精准施策、精准调度。

（2）通过园区大脑帮助解决原材料供应、上下游协作、物流畅通等问题，开展应急资源大数据协同分析，开展原材料、零部件协同寻源和采购，协同供应商管理，协同集中化/共享化的物流配送和服务，在现有供应链基础上拓展大电商模式等，助力解决供应商原材料、零部件进不来，复工生产后产品运不出去的问题。

（3）通过园区大脑帮助企业与数字技术资源对接，精准提供公共标准、检验、测试、实验、专利事务等科技服务，推动产品研发设计工具、生产设备及零配件等资源共享，利用大数据分析提高企业对市场预测和经营管理水平，为园区企业提高运营效率、管控风险起到保障作用。

三、推动数字化供应链金融，助力中小企业融资

在全力加强对企业财政金融支持的同时，鼓励供应链上下游企业提供互帮互助，上下游企业之间在资金、商品价格、货款支付等方面提供的优惠帮助，特别是需要重点支持为供应链中小企业融资的供应链金融模式。鼓励有资金实力的供应链龙头企业搭建合规化管理的数字化供应链金融平台，通过大数据、人工智能和区块链等数字化技术手段，快速分析和评价授信对象企业，清理、分析和处理质押票据数据，对质押库存资产及时准确地核定和可视性保障，帮助供应链上中小企业化解融资难问题，并强化金融风险和社会责任风险管控。税务机关在供应链金融监管中对交易价格是否公允、是否需要纳税调整等方面的认定给予相应支持，防止简单以交易价格明显偏低为由按照公允价格进行纳税调整并要求企业补缴税款。

第二节 数字化赋能稳企业新模式

一、做大做强大数据和人工智能产业

（1）扩大数据应用市场。制定出台政府数据开放应用的规范与政策，改善政府数据开放的数量与质量，以政府大数据开放应用带动企业、社会大数据汇聚融合，在融合创新中激活数据价值，为企业和社会提供增值服务，促进数据资源资产化、数据资产服务化、数据服务价值化。

（2）在特色块状经济产业带和专业市场建设行业大数据中心，推动面向企业的产业、财税、商务、金融、科技、人才等领域大数据的挖掘利用，为企业转

型升级提供数据服务,培育数据交易市场,做大以工业大数据为重点的大数据产业。

(3)推动"5G+人工智能"产业发展。"大数据+智能信息沟通"系统和智能机器人发挥了重要作用,要支持做大做强智能硬件产业,在基于3D激光导航系统和视觉分析的智能服务机器人、高端智能穿戴、智能医疗健康、智能家居及工业级智能硬件产品等领域实现技术突破和产品创新。

二、加快发展以"可视化电商"为代表的服务经济新模式

被"可视化电商平台"赋能的、线上线下结合的新业态重塑了零售业的价值创造和价值获取的商业模式。加大对"线上下单、无接触配送""生鲜电商+冷链宅配""体验+零售""品牌+场景"等新商业模式的扶持,推进生活性服务业向智能化、在线化、清洁化方向发展,提高服务效率,加快释放新兴消费潜力。近期,针对外卖平台人手紧缺、无法派送订单的现象,鼓励相关平台借鉴盒马向餐饮企业借调员工的做法,解决双方之间的困难,通过弹性人员派遣、即插即用式人员培训等新模式发展,共享服务业人力资源。建议在平台公司规范运行和实现有效监管的前提下,由平台公司支付劳务报酬时代开发票并代扣代缴税款,简化相应流程管理。

三、构建数字经济新型劳动用工制度及灵活就业社会保障制度

科学界定电子商务、网络约车、网络送餐、快递物流等数字经济新业态劳动用工的不同类型,分类规范引导。对适用现行劳动保障法律法规的劳动用工,依法予以规范。对难以直接适用现行劳动保障法律法规的新业态从业人员,引导企业积极履行社会责任,通过与当事人协商签订书面协议,明确企业和从业人员及关联单位的权利和义务。鼓励劳资双方利益兼顾、风险共担,维护员工带薪休假权益的同时,不搞一刀切,允许困难企业与员工协商带薪休假的具体方式和工资支付方法,稳定企业生存。加大稳岗补贴支持力度,对不裁员或者少裁员的企业发放稳岗补贴,建议在原来稳岗补贴政策基础上适当提高补贴标准。组织人力资源服务机构为企业紧缺用工提供免费服务,政府给予相应补贴。

第三节 数字化赋能提高中小企业抗风险能力

一、加快推进工业互联网在中小企业落地应用

工业互联网对优化企业供应链管理有着重要作用。对此,一要推动中小企业

积极利用 supET 平台等成熟的工业互联网平台，或者参与行业龙头企业牵头打造的工业互联网平台，鼓励企业依托工业互联网服务平台和技术积极进行产品、业务、模式创新，结合深度实施"企业上云"，着力打通中小企业生产经营各环节的数据链。二要支持工业互联网平台开发商和服务商，增强数字技术的易用性，通过研发适应中小企业特点和需求的工业软件、工业 APP 和数字化解决方案，推动中小企业深度应用。三要依托现有产业平台和创新载体成立中小企业数字化转型的服务中心，提供更丰富、更专业的工业互联网平台服务内容，加强数据中台等适合中小企业数字化转型的数据服务与技术扩散，着力突破中小企业数字化转型技术服务瓶颈。

二、鼓励在线培训增强员工数字化能力

数字化人才短缺是制约中小企业数字化转型的主要障碍之一，需要通过政府补贴或购买服务的方式为中小企业员工提供数字化能力培训。目前，国家工业和信息化部发文组织开展"企业微课"线上培训，免费开放培训资源，为中小企业送政策、送技术、送管理。要积极组织引导浙江省中小企业积极参加线上学习，保障培训参与度和培训效果。实施"中小企业分享计划"，通过专精特新中小企业经验线上分享，行业数字资源共享，中小企业联产联销线上平台联合互助等方式推动中小企业自助自救。组织资质合法、信誉良好且可以为企业提供线上培训服务的平台机构为企业提供咨询服务，同时积极制作适合浙江省企业需求的精品课程视频等数字资源。也可利用此机会，通过视频解读积极宣传浙江省出台的惠企政策。

三、实施更加积极的中小企业数字化转型资金扶持政策

资金短缺、扶持不够、投入不足是中小企业数字化转型的难点和痛点。

（1）实施"中小企业上云学习计划"。组织开展中小企业上云培训、线上辅导，积极推动中小企业上云。给中小企业发放"培训券""学习券"。引导中小企业运用"数字经济手段"转变发展方式，转危为机，借势取力，主动融入"行业生态""智造生态""数字经济生态"。

（2）实施"中小企业抢鲜试用计划"，由政府补助推动中小企业短期试用 SaaS 服务、在线任务管理、项目管理、工作流管理服务、云服务、数据资源挖掘等前沿数字服务和数字技术，加快中小数字化成长，增强中小企业数字能力、竞争力和生存韧性。

（3）扩大政府购买中小企业数字化服务范围。对数字化转型软件和解决方案在民营企业首试先用给予奖励。进一步推动民营中小企业专网降费用、提速

率，努力降低企业数字化转型成本。发挥政府产业基金的作用，工业与信息化发展及振兴实体经济（传统产业改造）等专项资金，重点支持企业数字化改造，引导企业主动投资实施数字化改造。

（4）小微企业信贷"增氧"计划要把数字化改造作为重点任务，拓展小微企业数字化转型的融资渠道，鼓励引导金融机构针对中小企业数字化转型提供专项授信政策，提出"融资、融物、融服务"的金融解决方案，拉动中小企业加大数字化投资。

第四节　对策与建议

一、加强企业数字化和信息化改造提升

推动企业信息化从单向应用向综合集成、协同创新阶段登高，提升重点行业典型企业企业资源计划（ERP）、供应链管理（SCM）、产品全生命周期管理（PLM）应用率，提升装备数控化率、机器联网率、制造执行系统（MES）应用率。支持企业开展两化融合水平自评估、自诊断、自对标。加快推进软件和信息服务业示范基地、特色基地和创业基地建设，在互联网、物联网、云计算、大数据、移动支付、跨境电商、智慧物流、自动化控制、信息安全等优势领域保持领先优势。

二、深入推进互联网、大数据、人工智能等的融合应用

加快推进"企业上云"向"深度用云"转化，鼓励中小企业充分利用云化研发设计、生产管理和运营优化等软件，实现业务系统向云端迁移。鼓励工业互联网在工业现场的应用，强化复杂生产过程中设备联网与数据采集能力，形成基于数据分析与反馈的工艺优化、流程优化、设备维护与事故风险预警能力和智能决策能力。鼓励企业通过工业互联网平台整合资源，构建设计、生产与供应链资源有效组织的协同制造体系，开展用户需求与产品设计、生产制造精准对接的规模化定制，推动面向质量追溯、设备健康管理、产品增值服务的服务化转型。

三、进一步推动工业互联网平台建设

强化工业互联网平台建设并提升资源集聚能力，集成共享设计能力、生产能力、软件资源、知识模型等制造资源，开展包括设备健康维护、生产管理优化、协同设计制造、制造资源租用等各类创新应用。高水平建设具有国际水准的工业互联网平台，结合浙江省块状经济和产业集聚的特色优势，围绕智慧安防、新能

源汽车、供应链物流、纺织服装、医药化工等重点行业，培育建设一批面向行业和产业集群的工业互联平台；推动大企业工业互联网平台与中小微企业需求精准对接，打造一批基于工业互联网的制造业"双创"平台和工业大数据平台，促进"大众创业、万众创新"和大中小企业融通发展。

四、加强信息技术前沿攻关

大力开展时间敏感网络、工业无线网络、5G软件定义网络等技术研究，加快IPv6等核心技术攻关；推进边缘计算、人工智能、增强现实、虚拟现实、区块链等前沿技术的应用研究和探索。加快构建工业"新四基"技术体系，开发一批面向特定行业、特定场景的工业APP，建立一批分行业工业知识库，突破一批智能联网设备，形成一批面向不同工业场景的工业大数据分析软件与系统，以及具有深度学习等人工智能技术的工业智能软件和解决方案，培育一批工业互联网服务商和提供行业系统解决方案的工业信息工程公司。

五、加大"新基建"设施建设力度

支持工业企业以IPv6、工业无源光网络（PON）、窄带物联网（NB-loT）、工业过程/工业自动化无线网络（WIA-PA/FA）等技术改造工业企业内网，推进工业企业内网的IP（互联网协议）化、扁平化、柔性化技术改造和建设部署，推动新型智能网关应用；以IPv6、软件定义网络（SDN）及新型蜂窝移动通信技术对工业企业外网进行升级改造，实现窄带物联网（NB-loT）全省覆盖。打造人、机、物全面互联的新型网络基础设施。强化城镇光网覆盖，城市全面具备100M以上接入能力。实施IPv6规模部署行动计划，进一步推进网络、应用、终端等向IPv6演进升级。

第5章 "六稳""六保"背景下精准破解中小企业"六难三无"问题的研究报告

中美贸易摩擦及国内经济下行压力加大,对广大企业特别是量大面广的中小企业生产经营造成了不可低估的冲击,[①] 亟须高度关注中小企业"付薪难、付费难、应税难、借贷难、复工难、物流难"和"无订单、无储备、无流水"问题,针对"短期、中期、长期"采取组合拳式政策,实施输血型的金融供给政策,开展"中小企业应急保育计划"联护联助措施,全过程实施"大数据+人工智能精准帮扶计划"精准服务,实施强心针式的抗疫复工应急激励政策,采取"外科手术式"的降费去成本举措,运用团体辅导式的转化政策,帮助企业渡过难关。

第一节 "六稳""六保"背景下对中小企业实施精准扶持的迫切性

一、中小企业生存能力不强,易导致就业"双源"打击

(1) 中小企业自有资金少,抗风险能力差,疫情暴发后受到订单"断崖式"下降、客源断流等因素影响,断绝现金来源后,仍需照常支付房租、员工工资等成本费用,加剧了生存困境。部分企业因无法按时履行交易合同需支付违约金也进一步增加了企业的运营负担,从而遭遇现金流短缺甚至中断。

(2) 疫情暴发后人力资源等核心要素供给不足。春节后3~4个月间既是关键的农民工返工窗口期,也是中小企业用工高峰期。受到"复工延期"等因素影响,将直接导致中小企业"用工荒、用工难、用工贵"。

(3) 就业下降向贫困和农村地区反向传导效应凸显。贫困地区和农村务工人员是家庭经济支柱,就业下降反向传导效应导致大量贫困地区和农村务工人员家庭"因疫返贫"。

---

① 四大类中小企业仍将深陷经济严冬:①被人工、房租等固定成本挤占生存空间的中小企业,包括制造、教育培训、商业租赁和贸易、外贸等行业中小企业;②依托散户现金流水存续,顾客聚集型业态,包括旅游、餐饮、娱乐、文创等行业中小企业;③已订立合同,面临合同履约压力的劳动密集型中小企业,包括建筑、物流等行业中小企业;④同时受到上述三种因素影响的服务、消费和制造行业中小企业。

二、中小企业疫情暴发后恢复能力弱,易导致经济生态局部坏死

中小企业往往具有集群式、网络化、生态化发展的鲜明特征,中小企业上下游产业链长,生态复杂。

(1)疫情暴发后不能排除由于部分中小企业倒闭,引发生态连锁效应,形成企业破产潮、倒闭潮集中暴发的风险,并进一步发生交叉传染、混合传染现象。

(2)还可能沿着产业链、价值链上下及横向传导,由此对经济生态中的金融、供应链等行业企业进行传导性感染,进而导致破坏中小企业发展生态,影响经济高质量增长态势。中小企业生态一旦破坏,一部分中小企业主需要经年才能恢复,甚至退出产业生态圈,从而导致创业创新生态难以修复,影响社会经济预期。

第二节 中小企业面临"六难三无"险境难关

与大企业相比,中小企业面对重大危机考验后的恢复需要更长的时间周期,从目前的调研情况看,主要面临"六难三无"的困境。

一、"六难"险境

(1)付薪难。人力成本支出困难,包括员工工资,五险一金等社保福利。调研显示,60%的企业支付员工社保费用困难,55%的企业面临付薪压力,54%的企业存在阶段性用工补贴需求,43%的企业面临人力成本急剧攀升,32%的企业计划裁减用工人数,24%的企业计划降薪。

(2)付费难。支付房租等各类隐性成本费用困难,包括办公室场地租金、水、电、网络、通信、广告、物料等费用。调研显示,56%的企业由于停工停产造成亏损,46%的企业停工一天产生10万元以上产值或营收损失,付费压力陡增。分别有29%和23%的企业面临能源成本和物流费用压力,另有14%的企业为降成本计划关停生产线。

(3)应税难。各种税费使中小企业现金流存在较大压力。调研显示,72%的企业存在税费减免需求,45%的企业面临税费资金压力,其中,制造业、信息服务等行业税费压力突出。

(4)借贷难。刚性债务兑付困难,包括贷款和续贷。调研显示,47%的企业面临资金周转和融资困境,58%的企业存在较大的资金缺口(10%以上),急需融资。54%的企业存在贷款利息补贴诉求,32%的企业存在中长期贷款需求,

29%的企业存在短期纾困资金扶持需求。

（5）复工难。隔离措施导致部分外地员工无法正常到岗，企业复工复产困难。包括纺织服装等传统行业，电子信息领域的电路板、手机组装等用工需求大的高新技术产业企业，以及基础设施建设、房地产开发等行业企业短期内可能处于停工状态或者零用工状态。对于小微企业和创业型企业，本来处于微利和非盈利状态，非常时期的冲击增加了企业的生存压力，个别企业直接面临人员隔离和企业停产。调研显示，59%的企业认为员工复工率低是当前主要困难，46%的企业面临雇员减少的困境，45%的企业虽有订单但无法正常经营，59%的企业年度销售计划难以落实。

（6）物流难。特殊时期，全国大多数省份对部分高速公路卡口进行了封闭，设置了很多检查站，湖北省、浙江省、广东省等部分省份甚至关闭了部分国道、省道，短期内交通物流停滞严重，影响中小企业物流运输和生产经营。调研显示，29%的企业复工面临交通物流受限。14%的企业面临物流成本攀升的压力。

二、"三无"难关

（1）无订单。国际市场贸易保守主义盛行的其他国家存在进一步对中国出境商品和人员设置壁垒和限制的风险，导致制造、贸易、运输、物流等中小企业订单骤降，而且影响甚至可能持续较长一段时间。调研显示，59%的企业市场需求受到抑制，23%的企业面临出口订单违约。

（2）无储备。制造业中小企业，受到上游供应链断裂、复工复产不及时等影响，面临物资储备短缺的生产经营困境。34%的企业存在原材料上游供应链断裂窘境，66%的企业应对生产经营所需物品的储备不足或没有储备。

（3）无流水。餐饮、旅游、娱乐、交通、教育培训等众多行业中小企业冲击巨大，受广大社会人群恐慌情绪迟滞影响，疫情暴发后3~6个月仍将处于停业和半停业状态，没有任何营业收入，甚至发生现金断流现象。92%的企业预计存在营业收入下降，其中，54%的企业营业收入较2019年同期下降30%以上。

第三节 对策与建议

一、实施输血型的金融供给政策

引导金融机构加大对中小企业的信贷扶持，通过适当下调贷款利率、增加信用贷款、中长期贷款，以及对现有贷款进行展期、续贷等灵活方式缓解中小企业的流动性危机，确保不出现大面积"死亡"现象。实施"中小企业金融紧急救援计划",发挥政策性银行保障性金融支撑作用,支持大型商业银行参与面向中小企业的低息贷款和有上限的无息贷款计划,重点救助餐饮、旅游、娱乐等行业中小企业,以及拥有湖北省武汉市、浙江省温州市、安徽省、河南省等疫区重点地区雇员的中小企业。对中小企业提供优惠贷款、贷款延期和过渡性贷款等信贷扶持。

二、实施保育式的组合扶持政策

实施"中小企业应急保育计划""创后补救"和"预病施治"并举的中小企业治理策略,注重对中小企业实施"联护联助"措施。设立中小企业振兴基金,以龙头企业为核心,政府信用背书,整合行业金融资源,扶助企业恢复经营。通过组合式的财政货币政策,包括财税减免(出台全年财税减免政策)、信贷对接(无还本续贷政策性担保、应急转贷等)、鼓励创新(创新券补助)、补助补贴(专项补贴)等多个方面立体、复合举措全方位扶持中小企业生存和发展。通过政府采购等市场手段让中小企业进入自救机制,临时性(3~12个月)加大政府对于特定行业中小企业政府采购力度。

三、实施输液式的精准服务政策

实施"线上大数据+线下网格化"精准帮扶计划,对面临突出困境的中小企业给予点对点"输液式"的精准对接扶持。基于政府公共服务平台整合财税、国土、经信、市场监管等部门相关的各类中小企业大数据,充分利用中小企业征信和商业运营海量数据,结合数字挖掘技术对中小企业实际经营状态、发展潜力、征信、现金流情况进行"一查一比一判"深度探查。"一查"即通过数字看企业现金流水、水表、电表、海关报表等动态信息查企业实际经营能力;"一比"即比对企业历史交易数据;"一判"即利用沉淀数据预估企业3~12个月短期收入,锁定一批受损严重、面临困境的中小企业,给予征信、减税、降费、减租、续贷等针对性扶持,缩短服务流程,提升服务效率。

四、实施强心针式的应急激励政策

对积极参与复工复产的中小企业,给予强有力的政策激励。一是对中小企业给予"减税免费惠贷补贴"多管齐下的激励政策。遭受严重损失的地区和存在资金支付困难企业,采用包括减免税款、延期缴纳(企业所得税、增值税)等方式,加大对中小企业的税收减免力度。对中小企业生产经营所需的用电、用气、用水等,可以采用适当减免降低企业生产成本和延期补缴措施。向直接参与重点生活物资的生产、运输和销售的企业提供优惠利率信贷支持,信贷延期或展期。二是对积极复工复产的中小企业，给予"复工服务+降低成本+抵税减费延贷补助"组合式的激励政策。实施开展"一对一复工复产联动服务计划"，加强企业复工复产防控指导，建立员工返岗全过程处置机制，为企业免费提供防控物资，建立绿色通道，保障复工企业物资运输畅通。

五、实施外科手术式的清障政策

第一时间采取"外科手术式"措施，对不适合的"税费"政策进行暂时性清理，降低生态内中小企业的生存压力。尽可能减少中小企业损失，不加重疫情暴发后中小企业负担，减少中小企业生产成本，助其渡过难关。建议对四类中小企业减免疫情暴发后3~6个月的水、电、网络费、通信费。建议对承租国有资产经营，以及小微企业园、特色小镇、科技企业孵化器、创新创业园区的中小企业疫情暴发后3~6个月房租等费用实施适当减免。

六、实施团体辅导式的转化政策

依托行业协会，鼓励并扶持中小企业"疫后自救""抱团取暖"，实施"中小企业分享计划"，通过专精特新中小企业经验线上分享，行业数字资源共享，中小企业联产联销线上平台联合互助等方式推动中小企业自助自救。实施"中小企业学习计划"。组织开展中小企业上云培训、线上辅导，推动中小企业上云。给中小企业发放"培训券""学习券"。引导中小企业运用"数字技术"转变发展方式，主动融入"行业生态""智造生态""数字经济生态"。实施"中小企业抢鲜试用计划"，由政府补助推动中小企业短期试用SaaS服务、在线任务管理、项目管理、工作流管理服务、云服务、数据资源挖掘等前沿数字服务和数字技术，加快中小数字化成长，增强中小企业数字能力、竞争力和生存韧性。

第6章 "六稳""六保"背景下中国产业链、供应链稳定性的研究报告

产业链现代化是经济体系现代化和治理体系现代化的重要支撑，也是中国经济安全和"六稳""六保"的核心。2019年8月，习近平总书记在中央财经委员会第五次会议上指出，充分发挥集中力量办大事的制度优势和超大规模的市场优势，打好产业基础高级化、产业链现代化的攻坚战，打造具有战略性和全局性的产业链。抓住全球产业链、供应链调整的窗口机遇，将增强产业链韧性、提升产业链国际竞争力作为重要靶心，打赢产业链现代化攻坚战，健全产业链、供应链、创新链、要素链、数据流等链式和流式循环体系，提升中国在全球经济体系中的地位。作为全球三大产业链中心之一，中国应抓住全球产业链、供应链大变革大调整的历史机遇，深度参与新一轮国际产业链分工体系，在全球产业链、供应链重构过程中赢得先机。结合实际，制订产业链、供应链自主建设行动计划，实施国产替代战略，加强产业链、供应链的数字化协同集成，实施强链延链补链重点项目，大力发展数字贸易和跨境电商，构建富有磁场力和辐射力的产业链生态体系。

第一节 问题的提出

中国是国际产业链分工中的重要"枢纽国"及供应链竞争中的"居重国"[①]，根据WTO发布的《世界贸易统计评论2019》统计数据，中国占世界货物出口份额达13.1%，进口份额占全世界的11.0%，是全球生产网络的重要节点和基地，也是亚太地区生产网络的核心枢纽，已全面融入全球生产网络和供应网络之中。中国嵌入经济全球化网络的程度很深、外向度很高，又正在经历经济下行压力很大的特殊时期，当前，对外贸易从供给不足转向需求下降，国际投资从观望止步转向整体收缩，全球产业链、供应链面临极大的不确定性，特别是逆全球化和贸易保护主义抬头，美国、日本等实施中国企业撤离或回迁计划，对中国产业链、供应链带来了前所未有的冲击和史无前例的考验。[②] 从外部环境看，全球贸易格局

[①] 洪俊杰，商辉. 中国开放型经济发展四十年回顾与展望[J]. 管理世界，2018 (10)：33-42.

[②] 刘志彪. 列入国际公共卫生紧急事件会怎样影响中国经济[N]. 南京日报，2020-02-05.

在贸易保护主义浪潮中又进一步遭遇外生性变量，贸易活跃度和规模可能降至历史冰点，中间品和资本品出口严重受挫，进而导致部分产品国际生产线停摆，外国企业可能将使用备用生产基地来代替中国的供应缺失，中国制造在全球供应链中的地位遭受冲击。2020年4月，中央政治局会议强调扎实做好"六稳"和"六保"，特别提出要"保产业链供应链稳定"，能否实现产业链、供应链的稳定和安全是全面恢复生产系统的重要检验，也是中国制造竞争优势和国际竞争力的重要体现。

第二节　中国产业链、供应链面临的冲击和影响

产业链、供应链是经济动态良性循环的重要支撑，也是连接世界经济和社会发展的核心纽带，[①] 全球经济运行从供给侧和需求侧两端遭受"硬脱钩"[②]，导致产业链、供应链、创新链、资金链、要素链等受到冲击，部分产业链加速衰退和转移，全球制造业版图面临新的调整，这是对全球资源乃至世界经济体系的大洗牌。

一、产业链"终端"需求阻滞

根据WTO组织2020年4月发布的《全球贸易数据与展望》，全球生产性需求和消费性需求出现断崖式下滑，预计2020年全球商品贸易将下降13%~32%。美国、英国、日本、德国、法国、韩国等是中国的主要出口市场，这些国家经济恶化导致中国外贸企业订单大幅下降，特别是对服装、纺织、家具、五金、汽车零部件等产业出口影响较大。国际市场需求短期内快速下降，外贸企业订单持续萎缩，并通过链条传导到产业链上游企业。从浙江省的出口情况看（见表6-1），据对浙江省2500家重点工业企业的调查，2020年1季度新签出口订货量下降的企业占41.9%，与2019年同期相比出口订单增长的重点工业企业仅占4.5%，40%的重点工业企业遭遇客户暂缓或取消订单；重点出口企业在手订单履约率为55.4%，未履约率44.6%，订单延期企业占23.6%，12.3%的重点出口企业订单被取消。与此同时，国外边境关闭、需求下降导致拒收、退运、拖欠货款等，使外贸企业履行订单的风险增加，根据中国信用保险公司统计，2020年3月报损案件数、报损金额分别环比上升133.9%和62.70%。

[①] 鞠建东，余心玎. 全球价值链研究及国际贸易格局分析[J]. 经济学报，2014（2）：126-149.

[②] 2020年1—3月，中国进出口总额65742.3亿元，同比下降6.4%；其中，出口33362.8亿元，同比下降11.4%，这在一定程度上导致中国GDP下降6.8%，是自1992年开始GDP统计以来首次负增长。

表 6-1　浙江省对高风险国家出口情况

国家/地区		2019年出口额（亿元）	占浙江省出口份额比重（%）
欧洲（30个国家）		5816.1	25.2
重点出口国	西班牙	420.7	1.82
	意大利	483.2	2.09
	德　国	901.5	3.91
	法　国	436.0	1.89
	英　国	725.1	3.14
	比利时	228.3	0.99
	荷　兰	499.8	2.17
	俄罗斯	652.9	2.83
	波　兰	311.2	1.35
北美洲（2个国家）		4320.4	18.73
重点出口国	美　国	3947.2	17.11
	加拿大	373.2	1.62
亚洲（16个国家）		5907.9	25.60
重点出口国	韩　国	608.1	2.64
	印　度	924.6	4.01
	日　本	873.9	3.78
	泰　国	388.7	1.69
	新加坡	172.8	0.75
拉丁美洲（9个国家）		1872.0	8.12
重点出口国	巴　西	531.8	2.30
	墨西哥	484.4	2.10
非洲（5个国家）		720.6	3.12
重点出口国	南　非	233.5	1.01
	埃　及	238.8	1.03
大洋洲（2个国家）		522.1	2.26
重点出口国	澳大利亚	457.8	1.98
	新西兰	64.3	0.28
合计		19159.1	83.03

注：合计数不仅包括重点出口国，还包括六大洲括号内的其他国家。

二、产业链、供应链出现外移现象

2020 年以来，美国、日本、法国、英国等不少国家纷纷鼓励境外跨国企业将产业链转移回国。2020 年 4 月，美国白宫国家经济委员会、日本经济产业省启动实施中国企业撤离和回迁计划，① 推进生产基地多元化，防止供应链过于依赖海外特别是中国，导致外国企业和境外投资出现返流现象。以浙江省为例，2020年 1—4 月来源于欧盟的实际外资大幅下降 81.4%；来自日本的实际外资大幅下降 44.0%，来自法国、德国的实际外资也分别下降 83.0%、97.4%。可以预计，部分国家和地区将会把产业链供应链安全问题上升为重大系统性风险防范战略对待，进一步审视对中国产业链、供应链的依赖程度，重新考虑战略性产业链在全球的布局调整，鼓励本国重点企业回归投资，欧洲及美国、日本、韩国等中国主要外资来源地的产业投资将继续下滑（见表 6-2）。

表 6-2 浙江省与高风险国家的双向投资情况

序号	国家	外资（万美元）	境外投资（万美元）	外资占比（%）	境外投资占比（%）
1	美国	769421	1626072	3.3	19.7
2	意大利	161674	61505	0.7	0.7
3	西班牙	69957	51262	0.3	0.6
4	德国	265786	611591	1.2	7.4
5	伊朗	2401	996	0.0	0.0
6	法国	232652	48922	1.0	0.6
7	韩国	309104	3340	1.3	0.0
8	瑞士	74701	36719	0.3	0.4
9	英国	276695	110362	1.2	1.3
10	荷兰	134825	58819	0.6	0.7
11	比利时	12858	15891	0.1	0.2
12	奥地利	49187	55072	0.2	0.7
13	挪威	8706	1014	0.0	0.0

---

① 美国对从中国迁回的企业给予厂房、设备、知识产权、基建、装修等所有费用的 100% 直接报销，日本预算 2435 亿日元资助制造商将生产线从国外撤回，法国准备动用国有化等干预措施，保护受威胁的大型企业或重要经济资产。

续表

序号	国家	外资（万美元）	境外投资（万美元）	外资占比（%）	境外投资占比（%）
14	瑞典	27796	634475	0.1	7.7
15	日本	817523	363921	3.5	4.4
16	加拿大	85507	68247	0.4	0.8
17	丹麦	59256	1501	0.3	0.0
合计		3358049	3749715	14.5	45.2

注：双向投资为2019年全年情况。

特别是美国致力重构全球产业链和打造新的经济发展体，推动制造业回归美国本土或布局在以美国、英国、加拿大、澳大利亚、新西兰"五眼联盟"为核心，新加坡、印度等英联邦国家及日本、韩国等军事同盟国家为紧密层的新经济发展体。美国等对中国高端并购项目严加审查限制，高科技领域跨国并购受阻，部分跨国公司逐渐调整产业链布局，从原来的"中国+1"模式转变为"中国+n"模式，通过上下游传导效应和连带效应加剧中国产业空心化的风险。[①] 特别是日本开始实施"中国+1"模式转变为"中国-1"模式，通过资本回归、人才回归、企业回迁等方式逐步减少对中国的投资，[②] 中国来自高风险国家的在谈投资项目、新增投资项目、在建投资项目面临二次延期，甚至被迫中止的风险（见表6-3）。

表6-3 美国、日本企业撤资因素分析：基于86家美国、日本企业的调查

美日资企业存在外迁基础和动机	调查显示，86家美国、日本外资企业中有24.4%的企业在东南亚设有生产基地，外迁有基础。如日本丰田、本田等车企将部分生产基地放在东南亚，实现"中国+1"的布局，以保证特殊情况下生产供应的安全性。同时，随着浙江省人力、土地等要素成本上升，美国、日本外资企业存在外迁东南亚等国的动机。如中国、美国商会2020年3月份的调查显示，超1/4企业有意"分散投资风险"，16%的企业计划将部分或全部生产线撤离，从而改变供应链依赖中国的现状。从回迁企业所在的产业领域看，主要集中在生产防疫产品、通用机械、电器服装等行业

---

① 供应链布局调整主要存在本地化、近邻区域化、全球化配置三种方式，以往更多的国家关注的是在要素低成本的地方布局，但未来会更加重视供应链布局的整体安全性。

② 从调研情况看，也有部分日资企业反映，中国市场的强大黏性和产业链的完整、供应链的系统已经将日资企业锁定，日本政府实施的"中国-1"去中国化战略难以改变企业的市场选择和投资决策。

续表

部分美国、日本外资企业出现短期经营困难	参与调查的86家美国、日本外资企业实现利润1.03亿元，同比下降9%，投资回报远不及预期，撤资苗头显现。日本在中国投资的滴滴出行、车好多、满帮集团（货车网约）、瓜子二手车等，2020年1—4月业绩遭受重创。浙江某工艺品有限公司反映，2020年1季度营业收入、利润、产能利用率同比分别下滑15.3%、11.3%、20.0%，其日方股东德岛金茂有限公司表示，因在华投资回报率不及预期，决定撤资其持有的27%股份，转向投资东南亚
美日政府推动企业回流驱动力持续加强	美国、日本加大举措引导企业回流，驱动企业回流的需求越来越迫切，后续采取政府补助、贴息贷款等举措"协同作战"的可能性上升。以美国政府为例，从2009年以来先后9次出台政策支持企业回流，包括发布《重振美国制造业框架》、出台《制造业促进法案》、宣布制造业就业主动性计划等。此外，在政治压力下，战略物资产业可能加速转移，如2020年4月大型日本企业Iris Ohyama将在华6000万只/月的口罩生产线及无纺布生产线迁回日本宫城县
东南亚等国营商环境不断优化	近年来，东南亚等国逐步重视外商投资，出台一系列政策举措吸引外资。如越南建成320个工业园区，园区企业享受20%优惠税率，年营业额低于1000亿越南盾的企业免税，缅甸政府每月发放工资补贴40美元/人用以扶持服装行业。受此影响，浙江省招引美国、日本外资企业日趋困难，部分在谈项目落地风险增大，如浙江某商贸有限公司反映，日方股东硝子株式会社原定4月来华考察项目，现延期推迟，考虑其在马来西亚同时设有生产基地，存在被马方"截胡"的可能

资料来源：笔者根据调查整理。

与此同时，对中国企业境外投资情况的调查发现，境外投资也不断"紧缩"（见表6-4）。

表6-4 境外投资项目建设遭受的冲击

新备案项目数量金额双下滑	2020年一季度，浙江省备案境外投资项目85个，同比减少11个，下降11.5%；中方投资额9.3亿美元，同比减少3.4亿美元，下降26.8%。从投资领域来看，制造加工、科技研发类投资下滑明显，制造加工业项目同比减少11个，科技研发领域投资额同比下降27.7%。从投资区域看，对美投资明显减少，由2019年同期的22个降为2020年的15个。从投资类型看，绿地投资比重大幅下降，项目数较2019年同期下降25个，投资额同比减少69.8%

续表

筹备期项目被迫短期停滞	处于筹备阶段的境外投资项目，需开展项目考察、现场尽职调查、谈判磋商、合同签署等流程。由于各国卫生健康管控政策阻碍人员出入境，进而影响筹备期项目正常推进。调研显示，在筹备境外投资的 51 家企业中，有 47.1% 的企业取消了境外考察计划，16.5% 的企业决定暂缓因中美经贸摩擦影响向外转移工厂计划，15.9% 的企业取消在谈拟签约的海外商务谈判计划
已落地项目进度受到影响	边境封闭、限制出入境、人员物资紧缺、所在国发布停工停业通知等，对在建项目实施进度造成不利影响，增加了项目沟通和投资成本。调研显示，在已落地境外项目的 131 家企业中，有 35.1% 的企业反映项目处于停工状态，26.0% 的企业反映项目处于间歇性开工状态
已投产项目运营风险加大	主要表现在海外公司营收大幅下滑、产业链供应链中断、海外公司内部风险加大等。但这部分企业境外投资预期仍保持总体稳定，其中 34.7% 的企业称暂未考虑调整投资计划，31.8% 的企业称将继续做好海外现有项目，仅 3.5% 的企业称会缩减国外产能

资料来源：笔者根据调查资料进行整理。

三、关键原材料和核心零部件"削供"，甚至"断供"

根据联合国商品贸易数据库（UN Comtrade）数据统计，中国中间品进口占总进口比重达 80% 左右，国际形势变化对中国的影响不仅局限在终端需求上，值得密切关注的是中间品进口对中国产业链的冲击。日本、韩国、美国、德国等是中国装备制造、集成电路、新能源、汽车零部件、化工等重点产业链的上游供应方，这些国家不少企业"停摆"或"休眠"，不可避免地阻碍了中国对关键原材料和零部件的进口，特别是对欧美依存度较高的装备制造、集成电路、化工等行业影响较大，导致产业链、供应链循环受阻甚至"断链"。抽样调查显示，66.5% 的化工企业、62.6% 的电子及通信设备制造企业、52% 的汽车制造企业认为，产业链、供应链严重受阻。比如汽车产业链中的发动机和变速器、集成电路产业链中的硅晶圆、光刻胶和 ITO 靶材、高端装备制造产业链中的芯片和控制系统，对日本、韩国等依存度比较高。电子器材和光学制造等为主的半导体材料很大程度上被日本三菱住友、日立化学、住友电木等企业控制；存储器、显示面板对韩国等国家的依存度比较高，显示面板基本上被韩国三星、LG、夏普等企业掌控。这些国家大量企业停工停产对相关产业链原材料和关键零部件供应造成压力（见表 6-5）。

表 6-5 重点产业链、供应链影响：以浙江省为例

重点产业链	疫情影响基本判断	疫情影响效应
汽车产业链	进口配件受阻，产业链国产化替代的空间打开	汽车产业链对外依存度较高，特别是汽车芯片严重依赖进口。中国汽车芯片市场规模约占全球 20%，但市场长期被荷兰恩智浦、德国英飞凌、意大利和法国等国外半导体厂商垄断，国内芯片占比不到 1%。以吉利汽车为例，向国外或外资零部件企业采购额占比达 40% 左右。汽车零部件进口难度加大，生产商已加快推动汽车零部件国产化进程，目前有希望取得突破的有空调控制器、发动机控制器、主控芯片、毫米波雷达、BBM 电子制动助力器、高低压连接器等。这些技术主要来源于美国、德国、日本、意大利、韩国、荷兰等国家
集成电路产业链	需求上升但原料短缺，短期运行风险较大	一是国内市场需求上升。配套测温设备的红外技术芯片市场需求上升，推动了大立科技、晶华微电子、大华股份、万高科技等企业迅速恢复产能。二是加快了部分装备设备的国产化进程，比如士兰微近期采购了中硅电子的 8 英寸化学机械抛光设备（CMP）。三是进口原料短缺问题迫在眉睫。芯片制造封测企业生产需用到 30 多种材料，主要进口自美国、欧洲，其中任何一种原料断供都将导致全线停产。企业反映，目前库存量最多能维持 2~3 个月的生产
数字安防产业链	配件进口与销售出口双线受阻，产业发展承压	欧美及马来西亚、泰国、菲律宾等东南亚国家（地区）电子元器件企业陆续停工，造成全球电子元器件及材料供应紧张，订单履约率不足 2/3。安防企业核心芯片、电子件如电容电阻等严重依赖进口，但国外企业陆续停工停产，配件供应紧张。企业反映，国外厂商配件发货普遍延迟 1 个月左右，订单履约率不足 2/3，且价格较 2019 年年底相比上涨 20%~40%。受人员隔离管控、工商业停摆、物流受阻等影响，海外销售网络陷入瘫痪状态，出口订单量急剧减少。如大华股份反映，其海外销售人员均被隔离在家，无法正常开展销售业务
新材料产业链	前期发展趋于成熟，迎来较好的产业链国产化替代时机	加大数字经济、高端装备等关键领域新材料的扶持力度，实施重点品种、共性关键技术等攻关工程，新材料产业逐渐趋于成熟，湿电子化学品、大尺寸单晶硅片等领域已取得突破。国外新材料进口难度加大，新材料产业国产化替代迎来较好时机。如湿电子化学品领域，巨化集团高纯氢氟酸有望替代日本产品并进入韩国市场；金属材料领域，久立特材正加快推动进口自德国、奥地利、意大利等欧洲国家的部分高端板材、圆棒等原材料，以及挤压机部件的国产化步伐

续表

重点产业链	疫情影响基本判断	疫情影响效应
纺织服装产业链	出口大幅度回落，产业亟待转型升级	调查显示，78.4%的服装企业订单减少，64.8%的出口服装订单被取消，尽管企业复工率高达90%以上，但产能得到有效释放的只占30%左右。服装订单大幅收缩的影响已快速传导到印染、纺织及更为上游的化纤等行业。受中美贸易摩擦影响，以出口、代加工为主的纺织行业已经如履薄冰，将进一步倒逼纺织服装产业转型升级，通过"破茧重生"提升产业竞争力

资料来源：笔者根据调查访谈资料整理而得。

根据浙江省对186家龙头企业的调查，截至2020年4月底，186家"雄鹰企业""单打冠军企业"共有7274家配套企业，属于产业链核心配套的1572家，占全部配套企业的21.6%；位于境外的核心配套企业224家，占核心配套企业的14.2%，其中替代性较强的境外核心配套企业仅91家，占境外核心配套企业的比重为40.6%，不少企业反映无法及时得到原材料和零部件供应。

四、供应链国际物流受阻甚至"停摆"

截至2020年4月底，全球近40亿人口受到封锁令限制，30多个国家和地区对中国实行货物管制措施或取消部分货运航线，194个国家和地区对入境货物进行严格管控，美国等50多个国家明确限制中国公民入境或暂停签证，49个国家和地区的79个航空公司停飞往返中国的航班，意大利、西班牙、德国等国家宣布进入紧急状态后港口码头出现集装箱"滞箱"现象。根据对外贸企业的抽样调查，66.9%的出口企业反映国际市场渠道收窄，43.0%的出口企业反映国际物流中断，37.5%的出口企业反映通关不畅，25.7%的出口企业反映供应链中断。货物运输拥堵滞留大幅提升出口成本和出口风险，国际邮政快递物流时间大幅延长，打乱了产业链上下游企业的生产节奏和生产计划（见表6-6）。从调查情况看，从工厂到卖家采购环节物流运输时间从正常情况下的2~3天拉长到了7~9天，从卖家到国外消费者的运输时间平均由21天延长到30天以上。

表6-6 货运贸易变动比较

调查公司	调查项目	单位	2019年2月	2020年2月
货方贸易数据变化				
A公司	订舱箱量	百TEU	35.5	8.7
B公司	营业额	万元	14.4	9.0

续表

调查公司	调查项目	单位	2019年2月	2020年2月
C公司	箱量	百TEU	36.3	12.6
D公司	堆场	百TEU	29.0	19.2
E公司	仓库	千TEU	6.1	4.4
F公司	出货量	基数比值	10.0	5.0
船方贸易数据变化				
G公司	每条船产值	10万元	11.0	5.0
H公司	煤运船每月航次	航次/船	5.0	2.0
I公司	成品油平均价格	十元/吨	18.0	8.0
J公司	货运量	基数比值	10.0	7.0
K公司	运价	基数比值	10.0	5.0
L公司	成品油运输量	万吨	5.7	4.1
M公司	月营业收入	百万元	10.0	7.0
N公司	集装箱运输量	十万	5.2	4.4
O公司	船舶代理	百艘次	9.9	8.4

资料来源：笔者根据对航运企业、货运代理企业、港口经营企业及航运保险公司的调研资料整理而得。

五、产业链上游成本上升

北美、欧洲、亚洲作为世界三大经济系统的重镇，产业功能失调乃至产业链局部中断，相互之间负面传导可能陷入恶性循环。根据世界贸易组织（WTO）发布的世界货物贸易晴雨表，2020年1季度全球货物贸易进一步疲软，出口订单指数（98.5）、航空货运指数（94.6）、电子零件指数（92.8）均低于基准水平。与中国贸易量较大的美国、意大利、德国、法国、英国、日本等发达国家大量企业停工、停产、停业、停运，对物资供应和原材料运输带来直接冲击和阻碍，造成重要原材料短缺、关键零部件出口紧张，推高了中国产业链相关企业生产成本，并通过供应链传导效应、扩散效应、叠加效应等提升上下游相关行业的生产成本。尤其是日本、韩国、德国等是中国机电、集成电路、化工产品等重要供应国，占中国进口总额的20%以上，企业开工不足引发中国下游相关企业的原材料进口涨价。

第三节 全球产业链、供应链重构带来的历史性机遇

百年未有之大变局的宏观形势下，中国面临的挑战和考验前所未有，但危中有机、危可转机。中国作为全球三大产业链的中心之一，深度参与国际竞争仍然存在重要的机会窗口。抓住全球产业链、供应链大调整的历史机遇，加快构建新发展格局，深度参与全球新一轮经济体系分工调整，坚持畅通国内大循环和促进国内国际双循环"两条腿走路"，在这场百年不遇的大变革中化危为机，在全球产业链、供应链重构中赢得先机。

一、补链强链的历史性窗口机遇

海外供应链一时受阻或中断，应当一分为二辩证地看，这也有助于倒逼中国相关产业链减轻对日本、韩国、美欧等上游产业链的过度依赖，促使本土产业链结构加快调整步伐，推动制造业向全球价值链"微笑曲线"两端跃升。中国围绕产业链建立的供应链、服务链、要素链是全球最为完整的国家之一，加上产业链供应链及价值链逐渐向东亚地区转移，使得东亚地区可能成为未来一个时期全球经济增长的重要引擎，对中国而言，补链强链迎来极其宝贵的区位优势和发展机遇。以半导体产业为例，全球有涉半导体产品生产线32条，其中，18条生产线中至少有一家全球市场份额为10%或以上的非美国企业。尽管美国企业在中央处理器（CPU）、图形处理器（GPU）等领域占有合计超过90%的市场份额，但2009年以来韩国、中国所占的市场份额分别增长12%、3%，欧洲和日本领先的半导体企业也在加大投资收购扩大其影响力。预计到2025年，中国半导体技术与美国、日本、韩国的差距进一步缩小，使用本土设计的半导体将满足国内25%~40%的市场需求。

二、国产替代步伐加快的历史性窗口机遇

国际形势变化并未改变各国的要素结构和成本结构，需要从战略层面重新审视供应链安全问题，加速供应链核心环节的本土化、多元化和国产化。全球产业链正面临重构，这为企业实施国产替代、开展产业链上下游兼并、拓展海外布局等提供了机遇。也就是说，加快推进国内产业链的协同化、国产化、区域化，促使国内制造大省发挥本土产业制造优势，深化与周边区域之间的产业链协同，将主要配套产品优先交由国内企业生产完成，助推企业实现产业链本土化布局。比如，新材料产业链就迎来宝贵的国产化替代机遇，芯片企业对硅片国产化替代的意愿更趋强烈。长三角、珠三角、京津冀等区域产业链黏性强，与东北重工业基

地、中西部产业配套基地的关系紧密，凸显了区域产业链协同互动在共同抵御外部风险方面的可行性。短期看，要加快推进区域产业链复工复产协同互助，组建产业链联盟，以产业链核心部分所在地区或平台为总牵头，确保匹配上下游物资，打通产业链核心环节。[①] 长远看，突破地域限制推进产业链共建共享，加快长三角等区域一体化进程，协调实施产业链协同战略规划，共同抵御国际产业链转移或断裂风险。

三、融入新的国际产业链分工体系的历史性窗口机遇

在全球经济格局中，中国经济"一枝独红"成为国际产业的避风港，中国迎来全球产业链分工体系重组的重要战略窗口。国际经济秩序变化在一定程度上打破了既有的产业链分工，逐步演化新的产业链分工体系，这必将考验全球产业链组织安全和布局安全，影响关键技术产品和服务的供应链安全，走多元化产品供应链、加强下游市场布局是中国今后一个时期融入新的国际产业链分工体系的重要支撑。中国在经济体量、国际分工、产业链、供应链等方面的国际地位举足轻重，全球几乎所有门类的制造业在中国都有生产基地或关联企业，要利用全球境外产业园、海外仓、商会协会等资源，精准分析关键产品全球产业链供应商，加强产业链、供应链的国际合作和输出，进一步扩大国际市场份额和竞争力。

四、数字贸易和线上经济井喷发展的历史性窗口机遇

数字贸易深度改变了全球价值链体系中的分工模式和组织结构，提高了服务的可贸易性和便利性，促进制造业与服务业深度融合，为中国向全球价值链高端跃升提供了"弯道超车"的机会。[②] 网红经济、云签约、线上展会、远程办公、在线教育等线上服务需求激增，推动生活方式"云端化""互联网+"新业态呈现爆发式增长，延伸的配套产业链条让更多的传统产业焕发新的生机与活力，同时为新兴业态发展提供了逆流而上的发展机遇。中国作为电子商务大国及数字经济大国，跨境电商、数字贸易、智慧安防、金融科技等都具有相当的竞争优势，在未来通过线上经济吸引产业转移的竞争中具有领先优势。复工复产以来，数字化程度高的企业复工复产速度远远快于其他企业，享受到了数字经济带来的红利，普遍意识到数字化的重要性，技术改造进程有望提速。

---

① Baldwin R E. Multilateralising Regionalism: Spahetti Bowls as Building Blocs on the Path to Global Free Trade [J]. World Economy, 2006, 29 (11): 1451-1518.
② 裴长洪，刘斌. 中国对外贸易的动能转换与国际竞争新优势的形成 [J]. 经济研究，2019 (5): 4-15.

五、抢占国际市场跑道的历史性窗口机遇

对中国企业而言，尽管走出去发展面临不少困难，但迅速抢占国际市场、扩大国际市场份额的机会已然来临。随着国际经济形势的低迷，境外企业生存发展空间还将进一步缩小，复工复产直至恢复到正常产能水平仍需要较长时间，产生较强的深度合作开辟国际市场的意愿，有助于中国企业加速走出去，实现国际国内双循环。借此机遇，一方面加强与境外企业合作，鼓励中国企业引培高科技产业，支持企业抓住有利时机拓展国际贸易，进一步提高国际市场占有率；另一方面加快构建统一的中国大规模市场，把基于出口导向的全球化竞争战略转变为基于内需韧性和出口并重的经济全球化战略。

第四节 增强中国产业链、供应链稳定性的路径

一、加快构建产业链自主配套体系

（1）制订产业链、供应链自主建设行动计划。抓住全球产业链供应链重构的机遇，加强产业链动态监测，深入分析重点产业链、供应链的薄弱环节，建立断链断供风险清单，构建产业链、供应链安全预警指标体系，及时调整规划产业链、供应链布局。围绕"断链点"寻求供应链替代备选方案，制订高科技产业链核心配套产品的应急保供预案，针对重点产业链面临的中间品、原材料及成套设备断供或涨价的风险，加快速度培育上游光刻胶、光学器件、湿化学品等新材料产业，中下游存储芯片、显示面板等泛半导体产业，以及能与日本、韩国竞争的汽车发动机、控制器等产业。

（2）实施国产化替代战略。加快推动全球供应链多元化布局，制订实施进口替代系统化方案，扩大产业链核心环节的国内替代，谋划推进"备胎转正"计划，防范半导体材料、电子产业、高端芯片等主要产业链环节的断供风险，切实增强产业链、供应链的应急能力和配套能力。实施供应链"链主"企业培育计划，研究企业跨国并购支持政策，推动具有核心竞争力的龙头企业、重点企业向海外布局，提升全球供应链整合能力。推动电子化学品、集成电路硅片、金属材料等领域的头部企业加紧攻关，加快关键零部件等国产化步伐，抢建一批防范断链断供的"短平快"产业化项目，破解国产化替代"不好用、不敢用、不愿用"等现实困境，积极推广使用首台套、首批次、首版次产品和技术。

（3）加强长三角、珠三角、京津冀与中西部产业链、供应链的协同配套。

加强产业链、供应链国内协同是应对外部环境不确定性的最优路径。[1] 推动上海、浙江、广东、山东、江苏等沿海制造大省（直辖市）的产业链和供应链进行上下游对接，深化长三角、珠三角、京津冀等高科技产业集群合作，联合建设长三角产业联盟、珠三角产业合作园，建立进口产品的国内自主配套体系。设立科创飞地和人才项目飞地，针对进口依存度高、供应地较为单一的不可替代产品，推动中国企业"抱团出海、组团议价"，降低外部断供或涨价对产业链、供应链带来的不利影响。

（4）加强产业链、供应链的协同集成。发挥中国数字经济优势，建设国家数字经济创新发展试验区，推动现有产业链和供应链进行全面数字化转型，加快制造过程、装备、产品、工艺、物流、配送智能化升级，培育全球数字产业集群和产业链数字化集群，提升产业链和供应链的数字化协同和集成能力。从产业链视角建立集中的供求信息数据库，匹配上下游需求，建立柔性灵活的产业链支撑体系。建立联储共备机制，以"互联网+库存管理"为抓手，统一管理标准化备品备件库存信息，建立物资转让或借用的高效模式。发挥自贸区贸易投资的便利优势、数字化优势，扩大商品免税范围，增强贸易自由度，拓展原料进口和商品出口的选择空间，为产业链体系多元化提供保障。

二、支持龙头骨干企业主攻产业链、供应链制高点

（1）推动龙头骨干企业向"微笑曲线"两侧升级。从全球价值链角度看，美国、日本、韩国等位于"微笑曲线"的两侧，中国相对位于"微笑曲线"的中低端。抓住全球供应链"大洗牌"机遇，推动产业链迈向高级化，在关键产业环节和高门槛领域进行集中投入，加大力度扶持供应链下游企业向上游发展，进一步提升在国际市场中的地位和优势。深化传统制造业改造提升2.0版，建设"万亩千亿级"新产业平台，建立龙头骨干企业引领小微企业发展的产业链竞争机制，分领域、分行业打造一批特色优势制造业集群。

（2）实施强链、延链、补链重点项目。外部环境恶化实质上是对中国产业链供应链的压力测试，亟须系统地梳理现有产业链、供应链分布，聚焦产业链、供应链的主导企业、前沿技术、关键部件、高端材料等重点环节，深入摸排产业链、创新链、供应链的短板，实施一批具有针对性的强链、延链、补链重点项目，打造一批标志性和引领性产业链，进一步提升产业链、供应链的主导力和控制力。

---

[1] Wang L, Huo D and Motohashi K. Coordination Mechanisms and Overseas Knowledge Acquisition for Chinese Suppliers: The Contingent Impact of Production Mode and Contractual Governance [J]. Journal of International Management, 2019, 25 (2).

(3）培育具有国际比较优势的制造业集群。依托特色块状经济，大力推进传统制造业改造提升，在纺织服装、化工化纤、机械装备等传统优势领域培育一批在国际上具有影响力和话语权的特色优势制造业集群。聚焦数字经济、生物经济、量子通信、新材料等未来产业，培育集成电路、电子信息、高端装备、生物医药、新能源等新兴制造业集群。适应未来产业尤其是战略性新兴产业的发展趋势，在全国各中心城市打造龙头企业研发、投融资及国际商务功能集聚区。

三、加快发展数字贸易和跨境电商

（1）制定跨境电商全球化政策。抓住全球供应链断裂的"窗口"，加快填补海外市场"空缺"，对企业自建平台或通过第三方平台进行跨境贸易的费用给予政策扶持，建立线上的供应体系和消费体系。加快跨境电商综合试验区联动发展，推动数字服务出口基地建设，抢先布局建设境外并购产业合作园、国际合作产业园，推动上市企业开展以高端技术、高端装备、高端品牌为重点的跨国并购，主动嵌入全球产业链和创新链。

（2）推进世界电子贸易平台（eWTP）全球化布局。跨境电商改造了全球供应链的基本结构，使原来冗长的全球价值链实现扁平化，为中国向全球价值链高端跃升提供弯道超车的机会。以更大力度建设跨境电商eWTP实验区、eWTP全球创新中心，积极推广使用eWTP平台，进一步保障重点跨境电商企业供货商复工复产、国内仓储物流等供应链关键环节，切实打通跨境物流通道堵点确保供应链通畅。加强国际贸易"单一窗口"运用，推动大数据、物联网等赋能口岸通关，压缩整体通关时间，全力提升跨境贸易便利化水平。

（3）利用境外经贸合作园推动中国制造走出去。密切跟踪跨境电商境外物流、仓储配送等变化，研究制订应急预案，根据需要加大对国际货运航线的支持，畅通国际物流网络。高水平建设"一带一路"供应链，建设境外经贸合作园，支持龙头企业强强联合、跨地区协同、跨领域合作，组团出海开展直接投资、股权投资、海外并购，扩展境外销售网络。

四、集中资源提升产业链、供应链的引领力和控制力

（1）实施产业链协同创新工程。针对中国产业链、供应链面临的断供风险和全球产业链重构契机，系统梳理关键核心技术清单、急用先行技术清单、重大前沿技术清单，实施一批产业链协同创新项目，构筑一批产业链上下游企业共同体。政银企三方合作，共建产业链协同创新项目，推进产业创新服务综合体广覆盖，建设国家重点实验室和产业创新中心，突破一批行业卡脖子重大关键共性技术。鼓励高校院所和企业合作，加强集成电路、核高基、5G通信等国家科技重

大专项攻关，推进云计算数据中心、5G基站等新基建项目建设。设立国家科技成果转移转化示范区，打造全球有影响力的线上技术交易市场。

（2）聚焦产业链"短板"突破创新链。科技逆全球化趋势可能加剧，主要发达国家会重构国家科技供应链体系。对标国际产业前沿和行业间投入—产出关系，加强对"短板"技术和"短板"行业的支持。聚焦集成电路、生物医药、高端装备、量子通信、新材料、新能源等重点产业链，加强基础研究和关键核心技术研发，实施关键核心技术卡脖子攻关，重点围绕核心基础零部件（元器件）、关键基础材料、先进基础工艺等产业链重点环节，加快创新填补国内空白，突破关键共性技术难题。

（3）引进高风险国家的高技术人才。跨国集团高技术人才"外溢"增多，应加快"引才补链、引资扩链、引智强链"，支持中国产业链头部企业、行业龙头企业、创新型领军企业，通过并购、收购、设立海外人才飞地等方式，面向人才资源富集的国家和地区，引进海外高技术人才，主攻高科技产业链短板。支持领军型企业加快全球布局，抓住很多国外企业特别是科创型企业面临的生存困境，兼并收购产业链密切的上下游高新技术企业，获取一批顶尖人才和高端研发机构。

（4）扩大高新技术产品进口。抓住全球贸易格局新一轮变革机遇，全方位开展全球精准合作，调整完善鼓励进口技术和产品目录，扩大集成电路、半导体、液晶显示、新材料等高端产品和技术进口。加紧向美国、德国、英国、日本、韩国等国家引进科创资源，鼓励产业链龙头企业加大国际并购力度，通过进口紧缺装备和设备、共建研发中心、购买技术方案等途径增强产业链国际竞争力。

（5）攻关生命健康产业核心科技。医药产业、健康产业将成为全球各国攻关的重点产业，针对中国光学影像器件、医疗器械、医药制造等较强的国际竞争力，助推相关产业链走向国际市场。与此同时，聚焦暴露出来的短板领域，加大科技攻关力度，优化科研力量布局，加强医学科技创新体系和能力建设，打造生命健康科技创新高地。

五、构建富有磁场力和辐射力的产业链生态体系

（1）优化产业链组织结构。构建平台型企业主导的制造服务生态圈，推动大中小微企业紧密合作，支持产业链上下游企业在研发设计、生产制造等方面全流程开展协同，加快推进共享设计、共享制造、共享服务的创新平台建设。支持龙头骨干企业搭建数字化服务平台，发挥领军企业在产业链协同创新中的"头雁效应"，通过精细分工、服务外包、订单生产等方式与中小企业开展专业化协作，

建立龙头企业、骨干企业、配套企业细密分工以及大中小微企业紧密协作的产业链生态。

（2）发展紧密配套的生产性服务业。要把生产性服务业作为产业链协同的"黏合剂"，鼓励发展检测认证、标准制定、技术咨询、金融配套等生产性服务业，构建研发设计、物流配送、市场营销、后市场、信息服务等新型产业配套生态体系。

（3）进一步提升产业集中度。鼓励各地发挥产业比较优势，建立块状经济和产业集群相符合的合作机制，加强产业规划指导和政策引导，防止低水平重复建设，避免低端项目大规模挤占产业空间资源，不断提升产业集中度。

（4）全面实施"链长制"。建立并运行产业链、供应链"链长制"，全方位发挥"链长"协调解决产业链、供应链突出问题的作用，更大力度招引国际高端环节补链强链，破解标志性产业链打造过程中的突出症结。

第五节　对策与建议

一、供应链与产业链深度匹配

中国是全球唯一拥有联合国产业分类中所列全部工业门类的国家，200多种工业产品产量世界第一，但不可否认的是，核心零部件、核心软件、高端装备、高端原材料、关键检测设备等方面对发达国家的依存度仍比较高。[①] 美国频频打击中国龙头企业，贸易摩擦、高科技产品出口限制、供应链切割、生产线回迁等都对中国产业链带来巨大考验和冲击，必须重新审视中国产业链在全球的定位。

（1）强化产业链自控力。在全球产业链重塑、供应链调整、价值链重构，特别是在中美出现"产业链脱钩""供应链脱钩""技术脱钩""人才脱钩"等情况下，应聚焦产业链自主完整和产业配套能力，调整优化产业布局，加强国际供应链合作，保持供应链结构的稳健性，增强中国供应链应对外部冲击的灵活性和抗风险能力，扭转供应链高度依赖国际市场的不利局面。在维护国家安全利益的前提下，推动供应链全球多元化布局，融入全球技术供应链，进一步增强浙江省产业链、供应链的应急能力和配套能力。

（2）强化"节点型"企业的布局。从推动符合未来技术和产业变革方向的整机产业入手，支持上下游企业加强产业协同和技术联合攻关，以"节点型"企业为支撑，打造具有战略性和全局性的产业链。强化产业配套，避免孤立布

---

① 陈旭，邱斌，刘修岩，等．多中心结构与全球价值链地位攀升：来自中国企业的证据[J]．世界经济，2019（8）：72-96．

点，把点状企业拉成产业链条，把产业链条铺成产业板块，形成产业关联度高、辐射力大、带动性强的产业网络。

（3）强化产业关联性耦合布局。针对产业关节不紧密、企业附着度不高、产业集中度不高、上下游配套不强等问题，对整个供应链的信息流、物流、资金流、业务流等进行优化，推动产业研发中心、供应商、制造商、服务商等无缝对接，提升产业整体竞争力和市场协同占有率。畅通产业链良性循环，在开放合作中打造更强创新力、更高附加值的产业链。[1]

（4）强化产业链招商。按照产业链的精准定位来招商选资，不能"捡到篮子里的都是菜"，绘出行业龙头企业布局图、关键共性技术需求图、重大项目开发作战图，以"建链、补链、强链"为目标，找准产业链、创新链、价值链中的关键"断链点"，纵向上开展补充式、填空式招引，引进关联性强、辐射力强、带动力强的大项目好项目，推动产业链向上下游延伸。

二、数据流与产业链深度匹配

世界经济已进入数字化发展的新阶段，数据流在产业链中的渗透已成为推动经济高质量发展、可持续增长的强大动能。中国数字经济发展走在全球前列，但数字化赋能产业链的空间有待释放，要清醒地认识到核心技术创新能力不强、制造领域的融合应用深度不够、数字基础设施支撑不足等短板。党的十九大报告指出，要推动互联网、大数据、人工智能和实体经济深度融合，培育新增长点、形成新动能。紧紧抓住数字经济红利释放的时间窗口，坚持数字产业化和产业数字化双向驱动，促进数据供应链和产业链耦合共振，把"大国效应""规模效应""市场效应"，以及人口优势、制度优势、数据资源优势紧密结合起来，实现生产智能化、产业高端化、经济耦合化，推动中国产业链弯道超车或换道超车。具体而言，通过数据流打开三大通道。

（1）打通产业链上下游的数据通道。加强全链条、全渠道、全领域供需调配和精准对接，实施"上云用数赋智"行动，促进数据流和产业链高效运行，构建"生产线数字化—车间数字化—企业数字化—产业链数字化—数字化生态体系"范式，支撑产业基础高级化和产业链现代化。鼓励产业链龙头企业与互联网平台企业深度合作，做大做强行业级工业互联网平台和综合性工业互联网平台。以企业上云、智能化改造、大数据应用等为抓手，建设"无人车间"和"无人工厂"，推动数字化新技术、新工艺、新装备应用，促进生产方式向柔性化、智能化、精细化转变。

---

[1] 崔向阳，袁露梦，钱书法. 区域经济发展：全球价值链与国家价值链的不同效应［J］. 经济学家，2018（1）：61-69.

（2）打通供应链上下游的数据通道。坚持供应链要素数据化和数据要素供应链化双轮驱动，构建"研发链+生产链+供应链"数字化模式，推动产业链以数字供应链为支撑打造产业生态圈。加快数字化转型与商业模式变革有机结合，推动传统企业与互联网平台企业、行业性平台企业等融合创新，构建跨界融合的数字化生态。实施"工业互联网+小微企业"行动，支持中小微企业接入工业互联网平台，低成本快速形成数字化、网络化、智能化能力。

（3）打通资金链上下游的数据通道。加强金融服务的针对性和有效性，推进资金链上下游数字化和协同化，通过畅通资金链更好地稳定产业链，鼓励产业链龙头企业联合金融机构共建产融合作平台，开展"银企对接"增强金融服务产业链的主动性，促进产业链和金融链双向共赢。积极发展供应链金融，健全企业信用信息平台，运用大数据技术打通部门和区域间的数字壁垒，使信用信息数据成为金融链的重要支撑。

三、创新链与产业链深度匹配

产业链的高度本质上取决于创新链的深度，强大的创新驱动才能提升劳动生产力和全要素生产率，进而实现经济的集约式增长。创新链支撑不足极易导致产业链断裂，中国产业基础创新能力和产业链脆弱性的问题依然比较突出，创新链与产业链迭代升级的现实需求扣得还不紧，创新链对产业链的支撑性和超前性不够，对全球资源的整合力和掌控力不强。破解这一难题，关键是围绕产业链布局创新链，实施以科技创新为动力、产业链痛点为靶向、创新生态圈为支撑的创新发展战略，精准锻造撬动高质量发展的创新链。

（1）紧扣产业链需求推进基础研究。系统梳理现有产业链分布状态，排摸产业链与创新链的缺口和鸿沟，加强前沿基础理论研究，"内育外引"集聚高水平、领军型高科技创新人才，强化变革性和交叉性产业领域研究，力争在前瞻性基础研究、引领性原创研究方面取得突破性成果。精准把脉传统产业改造提升和战略性新兴产业培育发展的技术需求，聚力核心基础零部件、关键基础材料、先进基础工艺、产业技术基础"四基"领域，实施产业关键核心技术攻坚行动，推动关键核心技术融合应用。

（2）紧扣企业创新需求推进科技研发。围绕产业链"做精上游、做强中游、做高下游"，支持创新性领军企业打造顶级科研机构，培育发展面向市场的新型研发机构，推动企业结合实际建设创新载体，促进重大科技基础设施共建共享。引导龙头骨干企业对标全球领先企业，在创新指标、研发能力、人才集聚、科研产出等领域全方位对标，推动优势企业成为全球细分领域的领军者。建设网上技术交易平台，依托产业链组建共性技术平台，集中力量整合提升一批关键共性技术平台，着力解决跨行业、跨区域的关键共性技术难题。重点支持产业链龙头企业联合上下游组建"企业+联盟"制造业协同创新中心，采取政企合作、混合股权、基金撬动的市场化运作模式，突破关键环节核心技术短板，实现产业链水平整体跃升。

（3）紧扣企业创新痛点给予针对性政策扶持。梳理产业链的关键环节、薄弱环节，建设高水平新型企业创新载体，构建以企业为主导的制造业创新中心、产业创新中心、技术创新中心及协同创新中心，全面落实研发费用税前加计扣除、高新技术企业所得税优惠等普惠政策，推行企业研发准备金制度，推广科技创新券制度，完善创新产品政府采购政策，制定鼓励首台套产品大规模市场应用的政策，解决企业"不敢创新、不愿创新、创新出险"等问题。

四、集群化与产业链深度匹配

由西方发达国家主导的全球价值链（GVC）将会在未来发生剧烈的规模缩减、范围缩小、地理变更，疫后中国应坚持以嵌入 GVC 形式的全球化，但战略上需要由过去出口导向的全球化转向内需导向的全球化，主动推动产业链集群发展。产业集群本质就是高度相关的生产链、供应链、创新链、要素链在一定空间的有机组合，形成互生共生的产业生态系统，但有些产业集群同质竞争，生产链、供应链缺乏有机衔接，产业链存在"缺口"和"断裂"。未来产业集群不能沿袭以往的数量堆积、产量堆积、规模堆积路径，必须是主导产业与配套产业、上游企业与下游企业全方位的高度集成耦合，构建起高效、稳固、富有弹性的网链结构，以高级化的产业集群提升产业链韧性，通过大规模定制和专业化协同形成超强的产业竞争力。

（1）着力解决产业"对外转移快、对内转移慢"问题。制定有针对性的产业政策，支持建设产业跨地区转移利益共享合作机制，防止产业链过快向国外转移，对已在向境外转移的企业，留下产业链的核心环节和核心企业；对向境外转移明显的产业链，把走出去和引进来结合起来，形成国内外产业链稳固的上下游合作关系。鼓励和支持集群优势企业特别是上市公司通过海外并购重组获取欧美发达市场的知名品牌、高新技术、优质项目、高端人才等资源，支持龙头企业带动上下游企业"结伴出海"建设境外工业园，推动龙头骨干企业建立海外研发中心，提升企业获取国际创新资源的能力。

（2）着力解决无序集群化带来的产业同质竞争问题。同质企业无序集聚、过度竞争必然带来恶性循环，陷入"逐底竞争"困境，导致产业衰退、区位转移、低端锁定。产业集群必须明确主攻方向，挖掘比较优势，瞄准集群产业发展瓶颈，突出主导产业和特色产业，优化产业集群组织结构，打造空间上高度集聚、上下游紧密协同、供应链高效衔接的产业链集群，形成区域经济增长的热核。围绕关键基础材料、核心基础零部件、先进基础工艺、产业技术基础等"四基"领域，集聚各方面政策资源，加快重点项目和重点工程建设，填补产业链短板和空白。

（3）着力解决产业集中度不够高、竞争力不够强的问题。从系统性构建产业链角度全面梳理产业集中度，对标世界最高水平，以集群化、数字化、绿色化转型为方向，促进集群治理模式创新。瞄准产业链关键环节和核心技术，推动企业兼并重组，实施高端并购、强强联合，加速全球产业链关键资源整合。支持块状经济向先进制造业集群转型，培育具有全球竞争力的标志性产业链和先进制造业集群，形成市场机制有效、企业主体有活力、网络化协同紧密的集群生态，全方位提升产业链创新能力、龙头企业带动力和辐射力、全球高端市场占有率、产业协作配套水平。

五、要素链与产业链深度匹配

产业链提档升级局部区域不快的重要原因之一是要素链与产业链不匹配，部分资源配置到了投入产出率低、效益效用低的产业链环节和领域，出现了要素"违规配、无序配、劣质配、低效配"现象。破解这一问题，关键手段是推进要素资源配置的市场化改革，以亩产效益为核心、以差别化政策为手段，建立科学精准衡量企业效益的"标尺"，根据亩产效益引导要素流向，实现要素配置价值最大化。这既要发挥市场这只"无形之手"的决定性作用，也要让政府这只"有形之手"有所作为，叠加正向激励机制和反向倒逼机制，形成要素配置与企业效益挂钩的良性机制，促使要素围绕产业链升级的方向优化配置，撬动产业链向现代化方向升级。

从匹配性角度看，具体路径包括：①建立市场化机制。按照市场化配置逻辑，发挥"亩均论英雄"指挥棒作用，促使要素按照规则向效益高的企业流动，实现要素的合法配、合理配、优质配、高效配。②制定差别化政策。把亩产效益作为市场的"无形之手"，把要素差别化配置作为政府的"有形之手"，将企业亩产效益和要素差别化配置挂钩，实施差别化电价、差别化供地、差别化地价、差别化排污价。通过企业亩产效益综合评价，对效益好的企业形成激励，触痛效益比较差的企业的神经，实现要素利用最大化和企业效益最大化的双重目标。③强化精准化配置。要素配置不能"漫灌"，必须"滴灌"，通过要素精准化配置，限制"淘汰类"企业盲目扩张，倒逼企业加快整治提升或兼并重组；促使"提升类"企业你追我赶，加快机器换人、空间换地；激发"扶持类"企业争先进位，增强转型升级内生动力。

第7章 "六稳""六保"背景下共享用工面临困难和问题的研究报告

在党中央、国务院"六稳"和"六保"的宏观决策背景下，共享用工成为社会普遍关注的焦点。"共享用工"打破了传统雇佣关系束缚，使劳动力资源得以灵活调配，有效缓解了劳动力资源紧缺的难题，对于降低企业成本、缓解用工压力、盘活闲置劳动力、稳定就业起到重要作用。2020年7月，国务院办公厅印发《关于进一步优化营商环境更好服务市场主体的实施意见》（以下简称《意见》），明确指出，引导有需求的企业开展"共享用工"，通过用工余缺调剂提高人力资源配置效率。各地按照党中央、国务院"六稳""六保"特别是"稳就业"决策部署，积极支持和鼓励共享用工发展，既帮助人力成本压力大的中小企业渡过难关，也有力地推动复工复产进程。但在实践过程中，共享用工也遇到一些困难和问题。

第一节 共享用工平台不完善

一、共享用工平台缺乏

当前，共享用工方式主要依靠企业一些零星而不成体系的对接方式在运作，统一、规范、高效的共享用工平台尚未建立，企业与企业及劳动者之间缺少对接渠道，不利于"共享用工"模式的发展。如杭州市萧山区反映，2020年4月该区纺织行业用工过剩，但缺工企业绝大多数为制造类企业，两者岗位需求差异太大，由于缺乏共享用工平台，难以实现供需的有效对接。又如浙江某制药有限公司反映，公司急需调剂一批专业的一线生产员工，但始终没有一个能串联和协调好共享用工输入与输出的平台，企业因招不到与岗位适配的员工导致生产输出缓慢。

二、人岗不匹配的现象比较普遍

现阶段"共享员工"工作主要由政府部门主导，市场化进程比较缓慢，导致共享员工无法在更大范围进行用工余缺精准及时匹配，人岗不匹配的现象比较普遍。以湖州市某汽车运输有限公司为例，该公司因外地员工无法返工及部门新拓业务需要，但短时间无法找到对口长途司机，只能吸收某眼科医院、杭州某口腔医院等公司因停诊而临时失业的司机7名，但由于长运公司多为跨省市的长途运输路线，本地司机由于对路线的不熟悉及长时间作业的不适应，先后有 5 名司机主动离职，占到共享员工的 71.4%。

三、共享用工信息不对称

共享平台多注重企业的余缺工人数量，对每个工人的技能信息收集还不够完善，导致跨领域、跨行业、跨工种的共享员工无法精准匹配至合适岗位。如宁波市某科技股份有限公司订单较多，存在约 80 名一线操作工缺口，工期需要约两个月，该公司负责人通过多方寻找却没有得到任何用人线索，只能向当地镇政府求援。经当地镇政府半个月排摸，了解到某塑料企业、某五金企业、某纺织企业因订单减少尚有员工盈余。但双方在实际谈判中发现，由于工种不一致，该公司需要的是电子操作工，而后 3 家企业都是机械、纺织工人，工种跨度大，共享员工无法胜任该项工作，该项合作意愿无奈搁置。

第二节 共享用工企业动力不足

一、高技能岗位难以开展共享用工

不同行业、不同企业的工作标准、操作规程、工种存在明显差异，"共享员工"在短期内上手比较困难，只能从事打包、分拣、上架、排面整理、仓库整理、一线流水操作等简单工种，跨行业或者一些技能要求较高的岗位难以开展共享用工。如浙江省东阳市组织横店影视城 1057 名员工到横店东磁、得邦照明等企业开展共享用工，但由于影视城员工之前从事服务行业，到制造业企业后大多只能从事简单的重复性劳动，工作效率也明显低于其他工人。如浙江省慈溪市某电线厂和慈溪市某紧固件厂分别生产电线电缆和紧固件，双方在 2020 年达成 8 名余缺员工调剂的协议，由于两家企业的产品和生产工艺不同，该电线厂的工人调剂到紧固件厂后需要培训 1 个月时间方能适应流水铸件工作，培训后工人的生产效率也仅能达到其他熟练工人的一半左右，这导致共享模式效益不足，两家企业调剂协议仅维系两个月随即终止。

二、部分企业担心员工不返岗或离职降低共享用工意愿

尽管共享员工用工期间，借用员工与借出企业的劳动关系不变，但员工因高薪吸引离职风险增大，影响了企业共享用工的积极性。如浙江省宁波市从事小家电生产的某电子企业与从事接插件行业的某电子企业有过共享员工意向，由后者短期吸收前者一线员工 60 名，从事接线段子的装配工作，劳动报酬由后者支付，

由于两家企业一线薪酬不同,后者的报酬约比前者高20%,前者担心员工从事接插件装配工作习惯高收入后,不愿回来,故最终双方共享员工事宜未真正执行。又如宁波某化工有限公司主要从事橡胶防老剂生产、销售,企业因上半年订单同比下降二成,于2020年7—8月将5位"共享员工"借用给宁波另一化工有限公司企业,但共享期满后,4名"共享员工"因新单位薪酬待遇更高而不愿返回。

三、部分企业因担心核心技术泄露而拒绝共享用工

共享用工多用于工种相似的同行业企业,员工共享过程中发生违反竞业禁止规定、侵犯商业秘密等现象的风险高,一旦企业关键技术、商业信息被泄露,可能影响企业的长远发展。如台州市黄岩区在对辖区内60家企业就共享员工进行调研时发现,40%的企业担忧共享员工进入其他企业,特别是同行业企业后,可能造成技术、信息等商业秘密泄露,影响企业整体稳定性和对外竞争力。又如温州市某企业负责人表示,该企业有熟练技工40余人,熟练技工收入从原先的6000多元/月下降至5000多元/月,虽然有其他企业提出了共享意愿,但担忧该批员工去其他企业后,存在泄漏企业商业机密、被挖墙脚的风险,因此拒绝了提议。

第三节 共享用工员工不适应

一、跨行业就业难适应

基于不同企业的环境氛围、企业文化、工作强度不同,共享用工容易出现业务不熟练、能力不匹配、心理不适应等"水土不服"的状态,一些企业的共享员工出现了成本过高、效率低下、质量不达标等问题。如浙江省金华市某器皿有限公司反映,该企业2020年以来接到大量卫生器具生产订单,为解决用工短缺问题,大量采用短期性赶工的"共享员工",但在工作中发现,这些员工不熟悉工作内容、操作流程等,易出现产品质量问题,次品率较企业原有的工人高20%。

二、共享员工薪资待遇下降

共享员工的薪资待遇主要以计件、计时方式为主,收入水平与原先固定的岗位存在一定差距。如杭州市临安某实业有限公司与临安某建材有限公司开展共享用工,但之前该实业有限公司的工时是8个小时,而后者的工时是10小时,工作时间延长了2个小时,但得到的工资薪酬还是原150元/天的标准,共享员工

普遍表示不满。又如温州某网络科技有限公司反映,派遣员工在薪资福利上与企业原有员工不平等,正式员工月工资 5000 元左右,灵活派遣员工月工资为 4700 元左右,同时,灵活用工的项目工作不固定,加上企业生产淡季和旺季的区别,要随时做好待业的心理准备,造成灵活派遣员工心理上有落差。

三、员工缺乏归属感和安全感

共享用工模式下的员工个体更多处于被动状态和弱势地位,缺乏归属感和心理安全感。如在"叮咚买菜"做共享员工的李先生表示,原单位未经他允许,直接要求他去"叮咚买菜"当送货员,虽然"叮咚买菜"会给予他劳动报酬,但是他觉得原单位并没有尊重他的自主选择。又如绍兴市如柯城区某集团有限公司旗下酒店 60 余名员工考虑到上班环境、工作内容变化较大,同时担心就业形势好转以后不能转回原单位上班,宁肯被延长休息时间、减少工资收入,也不愿接受共享用工模式。

第四节 共享用工法规政策不健全

一、劳务派遣权益保障难

"共享用工"与现行《劳动法》《劳动合同法》中明确的三种法定用工形式(全日制用工、非全日制用工和劳务派遣用工)的定义不符,不是法定的用工形式,以"共享员工"模式调剂的劳动者难以得到劳动合同法的法律保护,一旦发生劳务纠纷相关权益难以得到保障。浙江省龙游县劳动行政部门 2020 年共接到"共享用工"劳动争议投诉咨询 40 余人次,工伤出险报案 10 余起,大多数劳动者未参加工伤保险,原用工方与借调方推诿扯皮,导致劳动者权益受损。如绍兴市柯桥区某印染企业反映,该企业一名共享员工在借入企业工作时摔伤,事故发生后,借入企业不愿意协助借出企业开展善后工作,在员工后期治疗和病情复发期间,也是消极对待,最终借入企业仅支付了几百元的检查费用,后续治疗费用全部由员工自己承担。

二、同工同酬保障难

企业用工涉及多方面利益保障,如劳动关系、职业伤害、社会保险、税务申报等方面的,目前中国还未制定针对共享用工的法律条款,且因共享用工方式具有短期性、临时性、灵活性等特性,订立劳动合同难度较大,共享员工往往无法享受与正式员工同等待遇,企业的考核和奖惩制度也难以在共享员工身上完全适用。如丽水市缙云县人力社保局相关人员指出，共享员工在薪资福利上与正式员工并不平等，同时在共享员工的招聘、考核和奖惩也难以规范，一些共享员工对于用工单位的企业文化和工作方式表现出水土不服，也会因为行业场景与待遇的差异，造成人才的流动，增加管理成本。又如宁波市某食品有限公司为全体员工发放每人200元的夏季高温津贴，但5名"共享员工"却未列入发放范围。该5名员工认为自己应享受同工同酬待遇，并向企业负责人表达不满，最终企业同意为他们补发津贴。

三、社保缴纳保障难

共享员工本质上是一种人员借调关系，劳动关系仍在原单位。《关于贯彻执行<中华人民共和国劳动法>若干问题的意见》第74条明确规定，"企业富余职工、请长假人员、请长病假人员、外借人员和带薪上学人员，其社会保险费仍按规定由原单位和个人继续缴纳"。但在实践中，由于共享员工工资由用工单位而非原单位支付，可能出现社保缴纳标准降低的问题。如宁波市鄞州某电子元件厂职工被"共享"到宁波某手套有限公司，当时双方企业约定工人工资由用工单位支付给员工，社保由用工单位支付给原单位，社保缴纳基数仍按原标准执行。但原单位在为员工缴纳社保时，却将缴费基数下调。据该电子元件厂某职工反映，其工资虽从每月4500元涨到4700元，但原公司将社保缴纳基数由4500元下调到了3539元的社保缴纳下限，社保每月减少近400元。

四、工伤事故赔付难

由于共享员工的工伤事故责任未厘清，而员工社保关系尚在原单位，一旦员工在实际用工单位发生工伤事故，需向原单位进行工伤申报，导致共享员工借出单位面临较大赔偿风险。如浙江某塑料制品有限公司，向兄弟企业找了50多名"共享员工"，期间有一名共享员工在上班途中发生单方交通意外事故而受伤，因之前未约定清楚权利义务、风险责任承担等问题，目前三方就具体的医疗和赔偿问题仍在协商过程中。又如浙江省龙游县劳动行政部门2020年共接到"共享用工"劳动争议投诉咨询40余人次，工伤出险报案10余起，大多数劳动者未参加工伤保险，原用工方与借调方推诿扯皮，导致劳动者权益受损。

第五节 对策与建议

一、搭建"共享员工"统一服务平台

依托大数据、云计算等数字技术，通过政企合作共建人员岗位信息整合、筛

选、搜索和配对的调剂平台，鼓励行业协会等组织牵头搭建行业内和行业之间的用工共享信息平台，强化精准匹配。依托线上对接平台，完善"公共就业服务+"体系。积极引入第三方机构，发挥人力资源服务机构把控供求平衡、提升供求质量、加强供求匹配的优势作用，绘就市场用工情况"热力图"。

二、完善共享用工法律法规

研究制定共享用工法律法规，明确共享员工的法律性质、适用条件及责任承担等，明确借出企业、借入企业的工资支付、社会保险、工伤保险等责任义务，明确"共享员工"的义务及违反与企业的有关协议应当承担的法律责任，切实维护各方合法权益。对共享员工发生意外伤害或工伤的责任问题，用工单位和用人单位及员工个人三方签署相关协议，明确三者之间的权利义务，从源头上减少"共享用工"产生纠纷的可能性。

二、强化各类风险监管

研究出台原用人单位与借调单位共享合同指导文本，约定补偿办法、利益分配条款，明确共享用工、借入企业、借出企业三方权责，防范各类劳务纠纷隐患。同时要加强劳动保障巡查力度，坚决打击以营利为目的出借员工、借故压低员工劳动报酬等不当行为，保护劳动者权益，防范共享用工滥用风险。

三、加强共享员工技能培训

加大政策、财政扶持力度，出台"共享用工"技能培训补助政策，为参与共享的员工提供免费职业技能培训，采取政府购买服务、财政补贴等方式，支持各类院校、培训机构、互联网平台企业组织开展培训，满足企业、员工双向需求。发挥行业组织和龙头企业作用，建立行业员工储备库，开展行业内人才共享。

四、完善共享员工相关税务管理

针对可能涉及个人所得税核算申报、企业所得税核算员申报、社保缴纳等问题，由税务部门对企业进行分类，每类企业设置税收专员。税收专员对双方企业进行跟踪服务，对企业在共享用工模式下产生的各类税收问题，解答政策疑点难点，帮助双方企业顺畅共享资源，避免重复征税问题。

第 8 章 "六稳""六保"背景下清理废除与企业性质挂钩不合理规定的研究报告

2020 年国务院《政府工作报告》明确提出"清理废除与企业性质挂钩的不合理规定",这对中小企业和民营企业加快发展、高质量发展至关重要,也是"六稳""六保"特别是稳企业、稳产业、稳经济必须采取的硬招。应坚持有效市场和有为政府更好结合,坚持存量清理和增量审查并重,以构建平等有序的市场竞争机制为目标,落实公平竞争审查制度,全面开展清理废除与企业性质挂钩的不合理规定,切实保障民营企业依法平等使用资源要素、公平参与市场竞争、同等受到法律保护,努力打造市场化、法治化、国际化营商环境。

第一节 清理废除与企业性质挂钩不合理规定的浙江省模式

一、强化政策文件清理

对现行有效的 178 件省政府规章进行全面清理,积极开展民法典涉及规章和行政规范性文件清理。组织开展不符合《优化营商环境条例》《浙江省民营企业发展促进条例》的行政规范性文件专项清理,全省共清理 1460 件,废止 552 件、修订 50 件。重点清理与企业性质挂钩的不合理规定和妨碍市场主体依法平等进入市场的政策文件,全省共清理政策文件 25903 件,其中修订、废止 349 件。如杭州市全面梳理涉及市场主体的政策文件,共清理政策措施 1812 件,其中,修订 19 件、废止 56 件、使用例外规定 6 件、保留 1737 件。

二、强化地方立法

2020 年 2 月 1 日起施行《浙江省民营企业发展促进条例》,这是全国首部省级层面促进民营企业发展的地方性法规。积极推进重点领域立法,制定或修订《浙江省公共数据开放及信息安全管理办法》《浙江省政府投资项目管理办法》《浙江省单用途商业预付凭证管理办法》等规章,完善市场准入、项目投资、公平竞争等领域制度。在制定和实施各类规划和产业政策、土地供应、分配能耗指标、实施污染物排放标准、分配主要污染物排污权指标、实施公共数据开放时，明确不得因所有制形式不同设置不平等标准或条件。

三、强化公平竞争审查

浙江省通过实施增量审查与存量清理、第三方评估与督查考核，全面落实公平竞争审查制度，增强公平竞争审查的刚性约束。2020年以来，浙江省公平竞争审查政策文件共3137件，经审查修改后出台或不符合标准未出台的政策文件107件，从源头上预防排除、限制民营企业公平竞争的政策措施制定实施。如杭州市运用大数据、信息化手段推进公平竞争审查，率先引进公平竞争审查第三方评估，对全市部门和区、县（市）进行综合评估；台州市在全国率先出台《公平竞争审查质量评查办法》，对政策措施文件进行全面"体检"，2020年5月召开首次评查会，共评查166件文件，对33件实体违规文件，向责任单位发出《关于纠正违反公平竞争情形建议书》。

四、强化反垄断执法

浙江省2020年先后组织开展了全省优化营商环境反垄断执法专项行动和滥用行政权力排除、限制竞争行为交叉检查，及时纠正了一批滥用行政权力排除、限制民营企业公平竞争的案件。

第二节 清理废除与企业性质挂钩不合理规定面临的突出问题

一、市场准入与企业性质挂钩的问题

（1）民营企业市场准入限制较多。尽管国家层面大力推动电力、电信、铁路、油气等领域开放竞争性的业务，吸引更多民间资本参与投资建设，但当前准入规则不够透明，民间资本进入仍然面临困难。以天然气进口环节为例，截至2020年2月，国内投运LNG（液化天然气）接收站22座，其中17座归属三大石油公司，民营企业进口LNG时需协调接收站窗口期，且须排在石油公司排产计划后，导致民企难以获得接收站使用协议。LNG接收站的市场准入规则内容也不够明晰，民间资本投资接收站流程繁复，在经发改委审批同意项目开工后，涉及土地占用情况、征地补偿、征地拆迁移民安置等需报自然资源部门等部门分别审批，陆上码头需报交通部门审批，浮式接收站需报海洋管理部门审批，中间环节繁复对民营企业进入市场形成较大阻碍。又如，浙江某乳业有限公司2020年

拟上马乳制品加工项目,该项目计划总投资 7000 万元,建设完成后可形成日处理 84 吨鲜奶的生产能力,主要产品为巴氏杀菌乳、调制乳、发酵乳。企业期望获得中央资金支持,但却无法达到国家工信部和发改委《乳制品工业产业政策》(2009 年修订)规定的日处理生鲜乳能力(两班)须达到 200 吨以上的市场准入门槛。

（2）部分行业无法以个体工商户性质开办经营。国家食品药品监管总局办公厅《关于个体工商户从事医疗器械经营活动有关问题的复函》（食药监办械监函〔2015〕533 号）明确,医疗器械经营主体必须为企业性质才能经营,个体工商户则无法经营。2014 年施行的《医疗器械监督管理条例》和《医疗器械经营监督管理办法》规定：从事第二类、第三类医疗器械经营的,由经营企业向所在地区的市级食品药品监督管理部门备案或申请经营许可。因此,新申办从事第二类、第三类医疗器械经营的申请人应当是依法在工商部门登记的企业。个体工商户必须按照 2014 年修订的《个体工商户条例》第 29 条规定申请转变为企业组织形式后,向所在地区的市级食品药品监管部门备案或申请经营许可才能从事医疗器械经营行为。

二、行业领域与企业性质挂钩的问题

（1）政府采购领域存在设定门槛现象。有些政府采购单位设定企业股东背景、年平均承接项目数量或者金额、从业人员、纳税额、营业场所面积等规模条件,设置超过项目实际需要的企业注册资本、资产总额、净资产规模、营业收入、利润、授信额度等财务指标。有些政府采购单位将特定行政区域、特定行业的业绩、奖项作为投标条件、加分条件、中标条件。

（2）民营企业投标依然困难,如入场资格等,导致即便有资质参与项目竞标的民营企业难以中标。如台州市路桥区某建设集团股份有限公司负责人反映,企业在省外参与地铁、轨道交通等大型基础设施竞标时,多次因当地政府设置上年度公司业绩达到 200 亿元等规定无法参与竞标。又如湖州市相关部门反映,很多地区电梯招标文件中以质量、售后等因素为由,将主营业务收入达到 50 亿元甚至 70 亿元作为加分条件,湖州市虽然是"电梯之乡",但主营业务收入突破 50 亿元的廖廖无几,能达到这个标准的基本上为合资或外资企业。再如宁波某电力科技有限公司有意向参与 2020 年度《国网重庆市电力公司配网物资协议库存招标项目》分标编号为（HPLC 采集通信单元）的招标项目,但该项目对投标者以往 3 年的供货业绩要求为不少于 10 万只,最终该公司因不满足该项条件而不得不放弃投标。

（3）部分行业领域进入困难。电力、石油、煤炭、交通等行业领域,民营企业在部分大型经营项目竞标上仍处于弱势。统计显示，台州市在不同所有制企业的 PPP 成交金额中，地方国有企业占比 38.94%，中央企业占比 38.29%，民营企业仅占比 19.85%。以浙江省湖州市为例，该市目前可承接电力工程及配套工程的民营企业有 130 余家，国有企业仅 4 家，但在每年近 10 亿元的投资额中，60% 的业务量却由国有企业承接，虽然该市曾针对性出台《关于进一步规范国有企业电力、通信等配套工程建设项目招投标行为的通知》试图规范这些行为，但效果不是很明显。

（4）部分领域经营门槛高。目前，企业办理营业执照已实现"零门槛"，但经营者办理营业执照后，无法达到相关许可审批条件，存在"办照容易办证难"问题，导致市场主体存在"有照无证"现象。以餐饮行业为例，办理餐饮营业执照只需房产证明和身份证，而房产证明目前是住所申报制，只需身份证即可办理，而经营餐饮后需办理食品经营许可证，需要现场核查，对卫生要求很高。据丽水市莲都区某大排档负责人反映，由于经营场所无法达到食品经营许可的标准，现场核查无法通过，出现营业执照难办和非法经营的问题。

（5）部分地区出于地方保护和吸引外资设置了不合理规定。有些地区为加强对本地企业的保护与扶持，在设置相关文件规定时对异地企业实行差别化待遇。如台州市某车业有限公司负责人反映，国内各地对外地电动车品牌进入当地市场的管控政策地域性差异较大，贵州等地政策比较宽松，而江西等地管控较为严格，对已获强制认证的外来电动车实行二次检测，每款产品二次检测费用在 4 万元左右，加剧民营企业异地市场经营困境。有些地区重外资、轻民资，以浙江省长兴县为例，为吸引外资进入，该县对外资企业给予了政策奖励，比如，对当年度实到外资 500 万美元及以上的，按实到外资的 1‰ 给予奖励；对当年度外资增资 500 万美元及以上的，按增资部分的 2‰ 给予奖励，最高奖励 30 万元，但对于民营企业却没有类似政策。

三、融资授信与企业性质挂钩的问题

（1）民营企业融资条件比较高。银行给予民营企业的融资利率往往比较高，融资时条件也更为苛刻。如宁波某轴承有限公司负责人表示，2020 年 7 月向宁波银行某分行申请 1500 万元的贷款，为应收账款质押贷款，年利率 5.4%，需向银行提供被质押贷款的订单合同，并在征信网进行登记。在同等条件下，国有企业贷款条件只需要资方签章背书即可在 2~3 天内完成拨付。

（2）民营企业融资存在不合理"捆绑"。部分银行对有限责任公司类别的中小民营企业贷款和抵押担保条件要求较高，将公司财产与个人家庭财产强行挂钩，要求企业法定代表人或实际控制人的家属、子女签字担保，将其生活住房、

私家车进行抵押担保。如余姚市某塑化有限公司负责人反映，2020年8月其向中国农业银行某分行申请贷款，被告知因缺少抵押物，仅可获得不超过30万元贷款，如需获得更大额度贷款，须以个人名义贷款或追加法定代表人夫妻双方作为担保人，后其以中国塑料城店面及家庭住房作为抵押担保，获得260万元授信资金。

（3）政府性基金投资不青睐民营企业。政府性基金进行投资时，出于民营项目风险难预测、估值难定价等因素考虑，通常优先投向风险可控、预期稳定的国有项目，导致民营项目缺少政府资金支持。如宁波某半导体设备有限公司从事第三代半导体设备的研发与销售，曾入选"科技创新2025"重大专项立项计划，其所属行业为资本和技术密集型产业，项目前期融资缺口大，仅样机研发生产成本就需要3000万元。为推动项目开发，该企业向国家集成电路产业投资基金、长三角协同优势产业基金等国家层面基金申请融资，但国家科创基金出于民营企业项目估值定价难考虑，更倾向于投资公用企业，对于该企业的融资诉求要求其他资本先行投资，再考虑跟投。

（4）新设立民营企业授信评价等级普遍较低。银行机构对新注册的民营企业授信评价等级较低，公账转账限制较多。如嘉兴某数字科技有限公司负责人反映，作为2020年新设立的公司，主要从事计算机软件服务、数据处理技术等的研究开发，年产值约2000万元，企业网银转账日单笔转账不超1万元，日均封顶5万元，而该企业购置设备笔均超100万元，现有授信等级明显不能满足企业需求。此外，即便新注册民营企业向银行机构再次申请授信评估，在企业注册资金、生产规模等增长幅度不大的情况下，提升授信评价等级仍然较难。

四、与企业性质挂钩的不合理规定审查制度和机制不够健全

（1）公平审查制度上位法尚待明确。公平竞争审查的主要依据是2016年《国务院关于在市场体系建设中建立公平竞争审查制度的意见》和2017年《公平竞争审查制度实施细则（暂行）》，上述文件规定不够全面，尚未在法律层面进行确认。

（2）"与企业性质挂钩的不合理规定"认定标准缺乏。一方面，企业性质挂钩的不合理规定的认定标准需细化行业，不能一概而论。目前基层缺乏开展清理废除与企业性质挂钩的不合理规定工作的相关认定标准依据，也没有相关的法律法规明确与企业性质挂钩的不合理规定类别，导致开展工作时，由于缺乏政策支撑和标准依据，进展缓慢。如绍兴市司法部门提出，清理工作由制定机关自主实施，清理的标准难以科学界定。另一方面，行政规范性文件建议审查制度未能充分发挥作用。以浙江省绍兴市为例，2018年对行政规范性文件提起外部监督建

议数为1件，2019年有所增长但也仅有4件，公民、法人和其他组织对于现行的不合理规定和政策文件提出审查建议的数量很少。

（3）自我审查效果不够理想。目前对公平竞争审查实行"谁制定、谁清理""谁起草、谁审查"的自我审查模式。

（4）公平竞争审查与优化营商环境存在矛盾。如在国家对400万元以下的特殊项目包发政策放开后，为了防止出现廉政问题和市场管理乱象，杭州市滨江区出台《滨江区国有投资特殊项目包发指导意见》，该意见虽降低了廉政等风险，但从优化营商环境角度看存在不合理性。

（5）基层专业力量不足影响行政规范性文件清理。涉企类行政规范性文件清理内容涉及面广，文件清理工作法律性、政策性和专业性要求较高，需要对政策、企业性质足够了解的专业工作人员执行此项工作，而基层部门专业力量不足，导致此项工作无法顺利开展。以杭州市淳安县为例，规范性文件的清理等相关工作一般由单位办公室人员兼职，在全县57家部门和23个乡镇中，单设法制科这一内设科室的单位数量占比很小，大多并未落实专人负责，且分工负责人员流动频繁，导致基层规范性文件清理工作出现无效对接，影响规范性文件清理工作的有序推进。

第三节　对策与建议

一、进一步明确与企业性质挂钩的清理标准，为清理废除工作提供政策和法律依据

明确清理主体，落实清理责任，对清理出来的排除限制竞争的政策措施进行全面清理。落实行政规范性文件制定部门和备案部门"两审"制度，对专业性强、群众普遍关注的重大行政规范性文件继续实行专家会审及部门协审制度，提高审核质量和效率。

二、清理涉企许可审批制度

除涉及国家安全、生态安全和公众健康等重大公共利益外，能分离的许可类的"证"尽量分离出去，包括取消审批、实行行业自律、审批改备案。不得对具备相应资质条件的企业设置与业务能力无关的企业规模门槛和明显超过招投标项目要求的业绩门槛。

三、全面清理市场准入负面清单之外违规设立的准入许可，不额外对民营企业设置准入附加条件

深入开展与企业性质挂钩的行业准入、资质标准、财政补贴等规定的清理，重点在教育、文化、体育、医疗、养老等社会领域加大清理力度。畅通市场化退出渠道，完善企业破产清算和重整制度，提高注销登记便利度。

四、开展第三方评估

对各单位制定的有效存量政策措施进行复核，对各地增量政策审查情况、存量政策清理情况、制度实施成效、制度实施存在的问题与难点等进行全面评估，稳妥有序推进公平竞争审查工作。对未进行公平竞争审查或者违反公平竞争审查标准出台的政策措施和不及时纠正相关政策措施的政策制定部门，予以通报处理并纳入营商环境、法治政府等考核评价体系。

五、建立政府立法工作民营企业联系制度

支持民营企业参与涉企立法项目的起草、论证、修改完善、后评估等各环节，从涉企相关政策制定的源头，降低不合理规定的产生风险。建立涉企政策全流程评估制度，完善涉企政策调整程序，根据实际设置合理过渡期。

六、补齐外部监督力量较薄弱短板

充分发挥联席会议作用，加强对公平竞争审查的专业指导。建立公平竞争审查的投诉举报平台，对投诉举报反映的情况要及时进行调查核实，违反制度要求的责令改正，造成严重后果的依法依规进行问责，提高公平竞争审查制度的威慑力和透明度。

第二篇 逆全球化背景下中国中小企业高质量发展的理论与实践

第9章 制造业投入服务化、服务贸易壁垒与全球价值链分工的研究报告

当前世界经济复苏乏力，逆全球化浪潮不断涌现，与此同时，世界经济正处在新旧动能转换期，制造业投入服务化成为当前经济结构转型的典型特征。制造业投入服务化的加快意味着制造业中的服务投入比例在不断提升，服务在制造生产过程中发挥着越来越重要的作用。由亚洲开发银行2017年数据发现，发达国家的制造业投入服务化水平超过了60%，而主要发展中国家的制造业投入服务化水平也超过了40%。从时间趋势看，近十年来各主要经济体的制造业投入服务化水平在逐渐提高，特别在后金融危机时期，除欧盟保持基本平稳外，美国、中国等主要经济体增长趋势十分明显。

与制造业投入服务化趋势不相适应的是，当前各国服务贸易仍存在诸多限制。根据世界贸易组织的统计，目前各国设置的资本移动壁垒、产品移动壁垒、商业存在壁垒、人员移动壁垒等已多达2000种。2019年OECD服务贸易限制指数数据显示，运输、会计、金融、法律服务、专业服务等领域的贸易在发展中国家受到"极大限制"（服务贸易限制指数趋近于1），多数发达国家的服务行业开放程度也并不高，特别是专业服务领域，服务贸易限制尤为严重。

制造业投入服务化与服务贸易壁垒之间的结构性矛盾是导致全球价值链分工进程放缓的主要动因。服务贸易壁垒的存在阻碍发达国家的优质服务要素进入发展中国家，发展中国家中间品生产无法获得最优服务配置，"投入—产出"的"涟漪效应"势必会增加发展中国家制造业中间品的生产成本，高端服务产品的缺乏甚至会导致发展中国家无法进行高端中间品的生产，如此一来，发达国家会

重新考量中间品的外包决策和分工模式，部分制造业行业"回流"到本国国内，进而降低全球价值链分工水平。

对上述问题的研究，将有助于明确制造业投入服务化和服务贸易政策的变化将如何影响全球价值链分工；从现实来看，如果能够运用规范的经济学方法证明通过降低服务贸易壁垒可以达到加深价值链分工的目的，这将为"再全球化"找到一个新的路径。在党的十九大报告中，习近平总书记指出，要主动参与和推动经济全球化进程，发展更高层次的开放型经济。2019年12月召开的中央经济工作会议进一步明确了"对外开放要继续往更大范围、更宽领域、更深层次的方向走"。当前，全球化进程到了一个新的"十字路口"，中美贸易关系仍然存在诸多不确定性。推进以服务贸易为主的"二次开放"，不但有助于中国引领新的全球化进程，而且对于推进国内制度"深水区"改革具有重要的政策意义。本章试图从削减服务贸易壁垒的视角，探寻"再全球化"的最优路径，为中国扩大开放提供理论支撑和经验证据。

本章创新之处主要体现在两个方面：一是从研究视角看，本章试图从经济结构转型（制造业投入服务化）和服务贸易壁垒的双重视角解释全球价值链分工进程的放缓。制造业投入服务化进程中对服务产品特别是高端服务产品的不断诉求与服务贸易壁垒之间存在内在结构性矛盾。从某种意义上说，服务贸易壁垒引致的服务产品流动的不充分和不协调阻碍了全球价值链分工进程。二是本章建立了一个包含制造业与服务业嵌套生产的一般均衡模型，以构建制造业投入服务化与服务贸易壁垒对全球价值链分工影响的理论基础。在机制检验中，本章从生产步长、中间品价格两条渠道有效识别制造业投入服务化与服务贸易壁垒的交互效应对全球价值链分工的影响机制。

第一节 文献综述

本章研究主要与以下三支文献密切相关。

第一支文献是关于全球价值链和增加值测算的研究。Hummels等（2001）首先提出了垂直分工专业化指数的测度方法，即经典的VS和VS1指数，这两个指数分别运用本国出口的国外附加值与国外出口的本国附加值测算了垂直专业化分工。Johnson和Noguera（2012）将出口分解为三个部分（进口国直接吸收、返回国内和第三国吸收），在此基础之上运用GTAP投入产出数据进行了分解测算。但上述文献无法对贸易中的重复计算部分进行准确估计。近年来，Koopman等（2014）对出口增加值分解取得了突破性进展，将出口增加值分解为国内增加值、国外增加值、返回增加值和重复计算四大部分，全面修正了由于重复计算而导致的增加值分解偏差。Wang等（2013）在Koopman等（2014）工作论文的基础之上，将出口增加值分解由国家维度拓展到"国家—行业"维度，在行业层面实现了对增加值价值来源地和最终吸收地的"追踪"。上述文献主要专注于对出口的分解，Wang等（2017b）试图跳出"贸易流"分解的框架，强调产出分解，从GDP和最终产出两个视角对增加值的"来源"和"去向"进行"追踪"。

第二支文献是关于全球价值链分工影响因素的研究。当前全球价值链分工既不是产业间贸易，也不是单纯的产业内贸易，而是一种"工序贸易"（或称"任务贸易"），每个国家负责产品生产工序的某个环节（Grossman & Rossi-Hansberg, 2008）。传统国际贸易理论认为，国际生产分工主要取决于要素禀赋和规模经济。Sanyal和Jones（1982）、Dixit和Grossman（1982）认为国家间要素禀赋差异是全球价值链分工的决定性因素。Fujita和Thisse（2006）研究发现，一国拥有的要素越充裕，比较优势越明显，企业生产率越高，价值链参与程度就越深。中国学者鞠建东和余心玎（2014）、倪红福等（2016）、苏杭等（2017）的研究同样发现，要素禀赋在全球价值链分工中发挥着重要作用。规模经济引致的比较优势是新贸易理论解释全球价值链分工的基础。通过国际外包和跨国企业内部贸易的形式，企业将规模不经济的生产环节加以分离，以此节约生产成本，提高生产分工的效率（胡昭玲，2006）。Grossman和Rossi-Hansberg（2012）通过建立任务贸易模型考察了企业离岸生产的动机，企业通常会选择专业化生产具备规模经济的环节，而将外包成本较低的环节转移出去。中国学者孙文远和魏昊（2007）等同样发现，规模经济是全球价值链分工的直接诱因。

全球价值链分工并不是由单一因素决定，而是多种因素共同作用的结果。除要素禀赋因素外，各生产环节间的协调成本对全球生产分工具有重要影响。地理临近可降低生产环节中的协调成本，进而促进国际生产分工。随着全球经济数字化程度的不断提升，空间距离不再起决定性作用，物理空间开始转向虚拟空间。国家间的互联网连接可以大幅提升各生产环节的协调效率，进而推进全球价值链体系中的深度生产合作。另一部分学者独辟蹊径，将契约理论纳入国际贸易理论中，解释全球价值链分工模式。企业既可以选择内部生产，也可以选择外包生产中间品。依据不完全契约理论，契约的不完全性会导致资产专用性投资方面临被"敲竹杠"的风险，降低生产和交易的效率，进而阻碍国际生产分工，而在制度环境良好的地区，不完全契约可以得到有效"证实"，进而促进国际生产分工（丘东晓，2011）。

与本章密切相关的第三支文献是关于服务贸易壁垒和制造业投入服务化的相关研究。当前研究视角主要集中在宏观经济增长、制造业生产效率等方面。许多研究发现，服务贸易壁垒与经济增长负相关，但受贸易结构等影响，通常对发展中国家的阻碍作用更大。随着经济结构的转型，服务贸易壁垒不仅会对服务贸易和服务业发展产生阻碍作用,而且也会阻碍本国制造业的发展。相反,服务贸易自由化会增加本国制造业中服务投入的有效供给,提高制造业企业竞争力,促进企业出口(孙浦阳等,2018)。Langhammer(2007)从分工演进的视角指出,服务贸易是国际生产分工的"润滑剂",服务可以增加制造业中间品产品种类,提升中间品产品质量,通过"垂直效应""水平效应"提高制造业生产效率。

那么在实证策略中该如何搭建制造业与服务业之间的"桥梁"呢?基于"投入—产出"关系,制造业投入服务化被引入到计量模型之中。制造业投入服务化指的是服务在制造业全部投入中占据着越来越重要的地位。杨玲(2015)等学者基于投入产出表以制造业中服务投入与总投入的比值来量化制造业投入服务化。部分学者通过引入服务贸易壁垒与制造业投入服务化的交互项来检验其对制造业的影响。Arnold 等(2011)、Beverelli 等(2017)证实了服务贸易自由化对制造业生产率的正向影响。少数国内学者以中国为研究对象,进一步验证了服务贸易自由化对中国制造业生产率的促进效应。张艳等(2013)、周念利(2014)研究发现:服务业开放促进了制造业企业生产率的提高,但这种影响效应存在明显的行业差异,生产者服务贸易进口对技术密集型和资本密集型行业生产率的促进效应更为明显。与本章直接相关的文献较为少见,Long 等(2004)是少数文献之一。Long 等(2004)利用李嘉图模型详细分析了服务投入在不同条件下对国际外包的影响。但该文仍存在部分局限性:一是该文基于局部均衡分析,并未建立一般均衡模型;二是该文只建立了理论模型,缺少经验证据,并没有对全球价值链分工进程放缓的成因做深入解读,这也正是本章研究的立足点和出发点。

第二节 理论模型

一、模型环境

本章建立了一个包含制造业与服务业嵌套生产的一般均衡模型,以研究制造业投入服务化与服务贸易壁垒如何共同作用于全球价值链分工。与传统贸易理论相一致,在全球价值链分工中,制造业生产率更高的国家将专注于生产中间投入更复杂的制造业产品,而制造业生产率更低的国家在劳动密集型产品上有比较优势,在全球价值链中承接更多劳动密集型产品的生产。本章模型预测当一国服务贸易壁垒上升时,其全球价值链分工水平降低。同时,随着制造业投入服务化程度的提高,服务贸易壁垒对全球价值链分工的阻碍作用变得越发明显。

Dornbusch 等(1977)是国际生产分工的经典文献,该文主要考虑了单产业一阶段生产的问题，集中解释了自由贸易条件下劳动力比较优势对专业化分工的影响，但该文无法有效解释当前全球价值链中的序贯生产模式。生产结构嵌套与贸易的联系近年来被广泛运用于一般均衡分析。正如鞠建东和陈骁（2019）总结的，Eaton 和 Kortum（2002）假设一个国家的不可贸易综合产品既可以被用来生产消费品，又可以被用来生产可贸易中间品，该假设建构起了生产结构嵌套与国际贸易之间的桥梁。Alvarez 和 Lucas（2007）在一般均衡的条件下证明了均衡的存在性与唯一性。之后 Caliendo 和 Parro（2015）与 Eaton 等（2016）进一步引入了多产业间的投入产出联系以讨论产业政策的生产网络效应。上述文献给本章理论模型的建立奠定了重要基础，但上述文献并未将注意力集中于具体产品的专业化分工上，更没有分析服务贸易壁垒与制造业投入服务化在全球价值链分工中的作用。

基于此，本章采用无穷连续中间产品的 Ricardian 模型，研究两国贸易时一维比较优势（唯一生产要素是劳动力）的表现形式，并加入嵌套生产深入探讨增加值如何通过贸易分工与生产联系在价值链上传递。通过结合连续产品比较优势模型与贸易生产联系的一般均衡模型，本章研究了服务贸易壁垒与制造业投入服务化对全球价值链分工的影响。

本章模型具体设定如下：在本国和外国构成的两国经济中，制造业综合中间品由制造业中间品生产而成，而制造业综合中间品有两种用途：第一种用途是生产最终品直接进入消费。本章假定一单位制造业综合中间品生产一单位最终品，即在由制造业综合中间品生产最终品的环节中，不产生增加值。第二种用途是生产制造业中间品，进而形成了一个生产嵌套循环。本章进一步假定制造业综合中间品是不可贸易的，而制造业中间品是可以贸易的，且具有明显异质性。制造业中间品的生产除需要制造业综合中间品外，还需要投入本地服务业综合中间品及劳动力。同时，每个国家的服务业综合中间品不可贸易，且由可贸易的服务业中间品形成，每个国家的服务业中间品只需要本地劳动力进行生产。故而经济中的唯一生产要素是劳动力。

为简化分析，假设两国规模相近，[①] 服务业生产率相同，制造业生产率存在明显差异，表现为本国制造业综合中间品生产率较高，外国制造业综合中间品生产率较低。在制造业中间品上，两国可自由贸易，而在服务业中，本国和外国的服务业中间品是异质的，每个国家的服务业综合中间品生产都需要两个国家的服务业中间品。假定本国进口服务贸易壁垒为 τ，外国进口服务贸易壁垒为 τ^*（为统一标记，文中国外变量用星号上标表示），且有 $\tau \leqslant \tau^*$（一般生产率更高的国

[①] 本章假设两国人口数相等。当然，作者也对两国人口数不相等的一般情形进行了推导，模型主要结论不变，但解析表达式与推导证明过程较为复杂。本章限于篇幅，后续行文只汇报人口数相等的简化模型。

家服务贸易壁垒更低)。经济中唯一的生产要素就是劳动力,既被用来生产服务业中间品,也被用来生产制造业中间品。劳动力在两国间不流动,本国工资记为ω,外国工资记做ω^*。两国制造业综合中间品Q都需要用以$z\in[0,1]$标记的连续可贸易制造业中间品$q(z)$ Cobb-Douglas形式生产:

$$\ln(\theta Q) = \int_0^1 \ln q(z) \mathrm{d}z \tag{1}$$

其中,θ为生产率,θ越大代表生产率越低。这里不失一般性将外国的生产率标准化为1,本国的生产率则是$\theta<1$。每个国家的制造业综合中间品生产商都会购买更便宜的制造业中间品进行生产,由于制造业中间品可以自由贸易,该生产函数形式决定了本国和外国单位制造业综合中间品价格都是各制造业中间品价格$p(z)$的 Cobb-Douglas 加总:

$$P = \theta \exp\left[\int_0^1 \ln p(z) \mathrm{d}z\right] \tag{2}$$

$$P^* = \exp\left[\int_0^1 \ln p(z) \mathrm{d}z\right] \tag{3}$$

每种制造业中间品z的生产需要投入本地劳动力$l(z)$、制造业综合中间品$Q(z)$以及服务业综合中间品$S(z)$:

$$y(z) = \left[\frac{S(z)}{\gamma}\right]^\gamma \left\{\frac{[l(z)/z]^z [Q(z)/(1-z)]^{1-z}}{1-\gamma}\right\}^{1-\gamma} \tag{4}$$

γ是制造业中间品生产中服务业投入所占份额,代表了制造业投入服务化程度。而z则是该制造业中间品成本里除服务要素以外的劳动要素所占比重。所以z越大,意味着该产业劳动力越密集;而z越小意味着该产业生产时制造业综合中间品比重越高,生产结构越复杂。本国和外国单位制造业中间品生产成本分别为

$$\hat{p}(z) = \Pi^\gamma \omega^{(1-\gamma)z} P^{(1-\gamma)(1-z)} \tag{5}$$

$$\hat{p}^*(z) = (\Pi^*)^\gamma (\omega^*)^{(1-\gamma)z} (P^*)^{(1-\gamma)(1-z)} \tag{6}$$

这里Π和Π^*分别是本国和外国服务业综合中间品的成本,都由本国服务业中间品和外国服务业中间品以相等份额的 Cobb—Douglas 函数生产而成。不失一般性,假设每个国家单位服务业中间品生产都需要 1 单位当地劳动力,则应有:

$$\Pi = (1+\tau)^{1/2} \omega^{1/2} (\omega^*)^{1/2}, \quad \Pi^* = (1+\tau^*)^{1/2} \omega^{1/2} (\omega^*)^{1/2} \tag{7}$$

这也意味着本国相对外国的制造业中间品成本为关税、生产率和相对工资$\hat{\omega} \equiv \omega/\omega^*$的函数:

$$\frac{\hat{p}(z)}{\hat{p}^*(z)} = \left(\frac{1+\tau}{1+\tau^*}\right)^{\frac{\gamma}{2}} \theta^{(1-\gamma)(1-z)}(\hat{\omega})^{(1-\gamma)z} \tag{8}$$

引理 1：服务贸易壁垒在一定范围内，也就是 $1+\tau \leqslant 1+\tau^* \leqslant \gamma^{\frac{2(\gamma-1)}{\gamma}}$ 时，存在一个边界产品 $\bar{z} \in [0,1]$ 满足：

$$\theta^{(1-\bar{z})}(\hat{\omega})^{\bar{z}} = \left(\frac{1+\tau^*}{1+\tau}\right)^{\frac{\gamma}{2(1-\gamma)}} \tag{9}$$

使得本国生产相对复杂的制造业初级中间品 $z \in [0, \bar{z}]$，而外国生产相对劳动密集型制造业初级中间品 $z \in [\bar{z}, 1]$。①

所以本国制造业生产技术更高，从而相对工资更高，在全球价值链分工中，将生产包含更多综合中间品作为中间投入的复杂型制造业中间品，而外国则更多生产劳动密集型产品。考虑到贸易后，实际的制造业中间品价格应该为

$$p(z) = \min\{\hat{p}(z), \hat{p}^*(z)\} = \begin{cases} (1+\tau)^{\frac{\gamma}{2}} \omega^{(1-\gamma)z+\frac{\gamma}{2}} (\omega^*)^{\frac{\gamma}{2}} P^{(1-\gamma)(1-z)}, z \in [0,\bar{z}] \\ (1+\tau^*)^{\frac{\gamma}{2}} \omega^{\frac{\gamma}{2}} (\omega^*)^{(1-\gamma)z+\frac{\gamma}{2}} (P^*)^{(1-\gamma)(1-z)+\frac{\gamma}{2}}, z \in [\bar{z},1] \end{cases} \tag{10}$$

二、市场出清

记本国制造业综合中间品的产值为 R，对应的外国制造业综合中间品产值为 R^*，由综合中间品生产的 Cobb-Douglas 形式可知，每种制造业中间品 z 的产值为 $(R+R^*) \mathrm{d}z$。而外国的劳动收入来自三部分：外国制造业中间品生产、外国服务业综合中间品生产以及本国服务业综合中间品生产等三者支付的工资。每种制造业中间品 z 的产值中有 $(1-\gamma)z$ 份额作为劳动力回报；而每种服务业综合中间品产值占制造业中间品产值的 γ 份额，其中有一半支付给了外国生产者。由于服务贸易壁垒的存在，外国劳动力从本国服务业综合中间品生产中实际获得的劳动收入要额外除以 $1+\tau$，所以有：

$$\omega^* = \int_{\bar{z}}^1 (1-\gamma)z(R+R^*)\mathrm{d}z + \int_{\bar{z}}^1 \frac{\gamma(R+R^*)}{2}\mathrm{d}z + \int_0^{\bar{z}} \frac{\gamma(R+R^*)}{2(1+\tau)}\mathrm{d}z \tag{11}$$

类似的，本国的劳动收入为

$$\omega = \int_0^{\bar{z}} (1-\gamma)z(R+R^*)\mathrm{d}z + \int_0^{\bar{z}} \frac{\gamma(R+R^*)}{2}\mathrm{d}z + \int_{\bar{z}}^1 \frac{\gamma(R+R^*)}{2(1+\tau^*)}\mathrm{d}z \tag{12}$$

---

① 由于篇幅所限，引理 1 的证明未予全部展示，感兴趣的读者可向作者索要。

进而联立得到：

$$\hat{\omega} = \frac{1 + \dfrac{\gamma}{1+\tau^*} + \dfrac{\gamma(\tau^* - \tau)\bar{z}}{(1+\tau)(1+\tau^*)}}{1 - (1-\gamma)\bar{z}^2 - \dfrac{\gamma\tau\bar{z}}{1+\tau}} - 1 \qquad (13)$$

由 $\tau^* \geqslant \tau$ 易知此式决定的相对工资 $\hat{\omega}$ 与边界产业 $\bar{z}$ 呈现正相关关系，上式 (13) 可称之为"出清条件"。当 $\bar{z}$ 越大时，意味着本国在价值链中承担了更多的生产任务，本国劳动者获得的收入占比更大，从而本国相对工资应该更高。而式 (9) 决定了相对工资 $\hat{\omega}$ 与边界产业 $\bar{z}$ 呈现负相关关系，本章将其称之为"边界条件"。这是因为本国相对外国存在工资溢价，而 $\bar{z}$ 越大的产业劳动份额越大，所以为了让该产业本国生产价格与外国相等，则要求本国相对工资更低。联立方程 (9) 和 (13) 可以解得 $\bar{z}$ 与 $\hat{\omega}$。由此得到：

引理2：服务业贸易壁垒在一定范围内，也就是 $1 + \tau^* \leqslant \gamma^{\frac{2(\gamma-1)}{\gamma}}$ 时，均衡解存在且唯一。

定理1：服务贸易壁垒的提高会减少该国承接的价值链生产，从而阻碍全球价值链分工。即 $\dfrac{\mathrm{d}\bar{z}}{\mathrm{d}\tau} < 0, \dfrac{\mathrm{d}\bar{z}}{\mathrm{d}\tau^*} > 0$。①

定理1。给定相对工资，本国服务贸易壁垒上升使得"出清条件"上移，"边界条件"下移，均减少了本国生产的制造业中间品，降低了本国的价值链分工水平；而外国服务贸易壁垒上升将使得"出清条件"下移，"边界条件"上移，均减少了外国生产的制造业中间品，降低了外国的价值链分工水平（见图9-1）。综上所述，一个国家的服务贸易壁垒的提高会减少当地承接的价值链生产。

（a）本国服务贸易壁垒上升　　（b）外国服务贸易壁垒上升

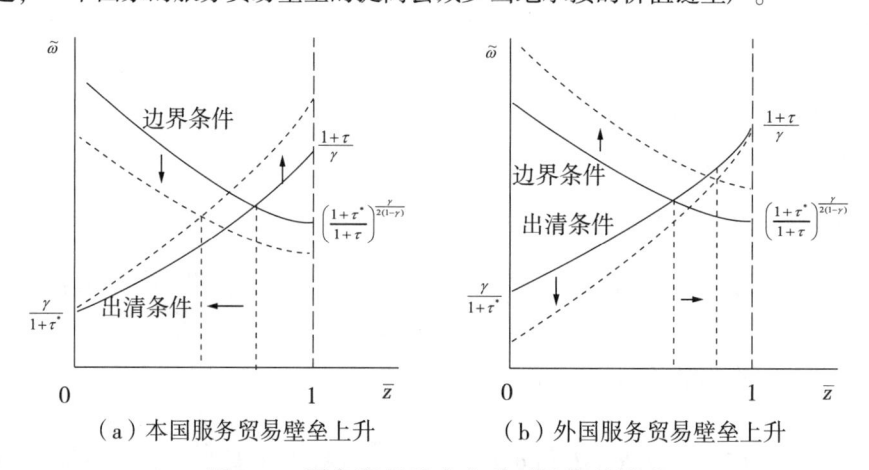

图9-1　服务贸易壁垒上升对均衡的影响

---

① 由于篇幅所限，引理2和定理1的证明未予全部展示，感兴趣的读者可向作者索要。

在定理1的基础上进一步考虑制造业投入服务化与服务贸易壁垒的交互影响。本章试图阐释如下传导机制。当一个国家自身服务贸易壁垒上升时，会提高服务业中间品进口价格，从而推高国内服务业综合中间品价格，进而增加国内制造业中间品生产成本，承载价值链生产的能力下降，阻碍了价值链分工。而当制造业投入服务化程度增加时，服务业综合中间品价格增加对制造业成本的影响更大，从而服务贸易壁垒对价值链分工的阻碍作用更加明显。

由于理论模型中"边界条件"的非线性，直接求解析解较为复杂，本章采用数值模拟方法来说明。设定参数 $\theta = 0.5$，制造业中服务业份额分别为 0.3、0.4、0.5、0.6、0.7。当本国服务业壁垒从 0 增加至 20%，外国服务业壁垒保持为 20% 时，$\frac{\partial^2 \bar{z}}{\partial \tau^2} > 0$，$\frac{\partial^2 \bar{z}}{\partial \tau \partial \gamma} < 0$；当外国服务业壁垒从 0 增加至 20%，本国服务业壁垒保持为 0 时，$\frac{\partial^2 \bar{z}}{\partial \tau^{*2}} < 0$，$\frac{\partial^2 \bar{z}}{\partial \tau^* \partial \gamma} > 0$。也就是说服务贸易壁垒对全球价值链分工的边际影响递减，并且随着制造业投入服务化程度的升高，服务贸易壁垒对价值链分工的阻碍效应在增大。

假说：制造业投入服务化水平越高，服务贸易壁垒对全球价值链分工的负向影响越大。

第三节 计量模型

一、基准计量模型

本章建立如下计量模型：

$$GVC_{ikt} = \beta_0 + \beta_1 Servitization_{ikt} + \beta_2 STRI_{it} + \beta_3 Servitization_{ikt} \times STRI_{it} + \beta Controls + v_i + v_k + v_t + \varepsilon_{ikt} \tag{14}$$

其中，i、k 和 t 分别表示本国、行业和年份。GVC_{ikt} 代表 t 年份 i 国 k 行业的全球价值链分工水平；$Servitization_{ikt}$ 表示 t 年份 i 国 k 行业的制造业投入服务化；$STRI_{it}$ 表示 t 年份 i 国的服务贸易壁垒；$Controls$ 代表控制变量；v_i、v_k 和 v_t 分别表示国家固定效应、行业固定效应和时间固定效应。为降低异方差，所有变量均取对数，此外，文中回归均经过 cluster 处理。

本章的计量模型主要解释了这样一个国际分工的过程。当 i 国设置较高的服务贸易壁垒时，导致制造业投入服务化较高的 k 行业无法使用价格较低的国外服务投入，导致中间品成本上升，无法参与下游国家的生产，从而降低了 i 国在全球价值链中的分工水平。

二、指标度量

(一) 被解释变量

Wang 等 (2017b) 基于前向和后向两个视角对增加值进行了分解,从而构建了全球价值链分工的指标。前向分解表示 GDP 中流入全球价值链分工中的增加值占比,后向分解表示在最终品产出中,来自全球价值链分工中的增加值占比。与 Wang 等 (2013) 相比,Wang 等 (2017b) 的价值链分工指标更加强调的是产出分解,而不仅仅是贸易分解。

前向分解是针对 GDP 的分解,可以分解为三大部分:第一部分是直接用于国内最终品生产的增加值,这部分增加值只满足国内最终需求,不参与跨境生产分工。第二部分是直接用于最终出口品生产的增加值,这部分增加值涉及传统最终品贸易,跨境只是为了满足国外最终消费需求,而非全球生产分工。第三部分是用于中间出口品的增加值,直接涉及跨境生产分工,是前向价值链参与指标的分子部分,这部分增加值又可以细分为三部分:一是被进口国直接吸收的增加值,进口国进口中间品生产最终品,满足国内消费,这部分构成简单价值链分工,因为只有一次跨境生产;二是返回出口国被吸收的增加值,中间品出口中的国内增加值,在进口国经过加工生产后,最终返回出口国被吸收;三是被第三国吸收的增加值,出口国出口中间品到进口国,在进口国经过加工生产后,出口到第三国,满足第三国的消费需求。二和三都至少经过两次跨境,称为复杂价值链分工。公式如下:

$$GVC\_f = \frac{V\_GVC}{VX} = \frac{V\_GVC\_R}{VX} + \frac{V\_GVC\_D}{VX} + \frac{V\_GVC\_F}{VX} \quad (15)$$

其中,GVC_f 表示前向价值链分工,VX 表示 GDP,V_GVC 表示隐含于本国生产的中间出口品中的增加值,又可分为三部分:V_GVC_R(被进口国直接吸收的增加值)、V_GVC_D(返回出口国被吸收的增加值)和 V_GVC_F(被进口国间接吸收或被第三国吸收的增加值)。

基于 GDP 的增加值分解方法具有明显的优势。首先,运用该方法度量的价值链分工指标更加全面。企业参与国际生产分工的方式通常有四种模式:一是中间品出口中的本国增加值直接被进口国生产满足当地消费;二是中间品出口中的本国增加值被直接进口国生产出口到第三国;三是使用国外增加值生产最终出口品;四是使用国外增加值生产并满足当地消费。Hummels 等 (2001) 中的 VS 和 VS1 指标只考虑第二和第三种价值链分工方式。本章基于 Wang 等 (2017b) 的研究,将第一种和第四种价值链分工方式也纳入到了价值链分工指标体系中。其次,该指标纠正了传统指标中的偏误。以往多数文献对于价值链分工水平的度量主要基于总出口的分解，通常使用总出口作为分母，该方法可能会高估双边/行业层面的价值链分工水平（尤其是总出口数额较小的行业）。基于此，Wang et al.（2017b）的价值链分工指标的分母为增加值，可以有效避免这一问题，使得价值链分工指标更加符合现实。

当然，基于 GDP 的增加值分解不仅可以在"本国—行业—年份"三维层面中进行，也可以在"本国（增加值来源国）—增加值出口市场（增加值吸收国）—行业—年份"四维层面中实现。四维层面分解方法的优势显而易见，数据可以追踪到增加值的吸收国，从而可以得到更多的样本观测值。但四维层面分解方法存在一定问题，首先，增加值的吸收国并不一定是增加值来源国的直接贸易伙伴，可能是间接贸易伙伴，通过数据测算可以发现，直接贸易伙伴国作为增加值吸收国的增加值占比不超过 50%，在四维层面引入引力模型变量作为控制变量（距离、贸易伙伴 GDP 等）可能存在一定问题。其次，与 Wang et al.（2013）贸易流分解方法不同，由于不能获知"本国（增加值来源国）—增加值出口市场（增加值吸收国）—行业—年份"四维层面的产出额，四维分解的价值链分工分母部分仍然是"本国—行业—年份"层面的产出额，因而得到的价值链分工的指标较小，无法准确反映该国某行业的价值链分工情况。因而，本章仅将"本国（增加值来源国）—增加值出口市场（增加值吸收国）—行业—年份"四维层面数据作为稳健性检验。

（二）核心解释变量

制造业投入服务化：当前学界量化制造业投入服务化水平的主流方法是投入产出法。本章在顾乃华和夏杰长（2010）、杨玲（2015）等学者研究的基础上，利用 2016 版世界投入产出数据库（WIOD），以制造业中服务投入与总投入的比值表示制造业投入服务化水平。投入产出法又可细分为两种：第一种方法是直接消耗系数法；第二种方法是完全消耗系数法。直接消耗系数是指某一部门生产一单位产出所需要其他各部门的直接投入数量。其计算公式为：

$$Servitization_{ij}^{direct} = \frac{S_{ij}}{T_j} \tag{16}$$

其中，$Servitization_{ij}^{direct}$ 代表制造业 j 的投入服务化水平（由直接消耗系数测算），S_{ij} 代表制造业 j 中服务业 i 的投入，T_j 代表制造业 j 中所有行业的投入。

各部门在生产过程中不仅需要其他各部门的直接投入，还需要间接投入。直接投入和间接投入的总和是完全消耗。因此，各制造业部门所使用的服务业部门的直接投入和间接投入就是制造业部门对服务业部门的完全消耗。计算公式如下：

$$Servitization_{ij}^{complete} = a_{ij} + \sum_{k=1}^{n} a_{ik}a_{kj} + \sum_{s=1}^{n}\sum_{k=1}^{n} a_{is}a_{sk}a_{kj} + \cdots \quad (17)$$

其中，$Servitization_{ij}^{complete}$ 是表示制造业 j 的服务投入水平（由完全消耗系数测算），公式右边第一项是制造部门 j 对服务部门 i 的直接消耗，第二项是第一次间接消耗，第三项是第二次间接消耗，依此类推，第 $n+1$ 项为第 n 次间接消耗，累加起来即是完全消耗。与直接消耗系数法相比，完全消耗系数法能够更加精确地计算出制造业部门对服务业部门的消耗数量，也更加全面地揭示了制造业部门与服务业部门的直接联系和间接联系。因此，本章采用完全消耗系数作为制造业投入服务化的量化指标，为了估计结果的稳健性，直接消耗系数法将作为稳健性检验。

服务贸易壁垒量化方法通常有三种，分别是频度分析法、价差法和量差法。频度分析法多用于衡量服务贸易在国别和部门间服务壁垒的限制，但频度分析法的权重认定存在主观性（俞灵燕，2005）。价差法的基本思想是：如果价格差不归因于沉没成本等市场因素，而是由政府设置壁垒所致，可以通过比较国家间的价格差度量服务贸易壁垒，但由于缺乏充足的服务产品价格数据，该方法也较难实现。鉴于此，本章采用量差法测算服务贸易壁垒。Francois 和 Hoekman（1999）是运用该方法的典型文献之一，他们以服务贸易自由化程度最高的新加坡和中国香港地区作为自由贸易的基准国（地区），量化了美国和其主要伙伴国的双边服务贸易壁垒。

本章借鉴这一做法，选择服务贸易自由化程度最高的国家（地区）作为基准国（地区），鉴于新加坡和中国香港地区不在本章的样本数据中，而且卢森堡的服务贸易自由化水平远高于新加坡和中国香港地区，所以本章选取了样本数据中服务贸易自由化水平最高的卢森堡作为自由贸易的基准国，而新加坡作为稳健性检验指标。指标构建如下：

$$STRI_{it} = \frac{(Service_{lux,t}/GDP_{lux,t}) - (Service_{it}/GDP_{it})}{Service_{lux,t}/GDP_{lux,t}} \times 100 \quad (18)$$

$Service_{lux,t}$ 表示卢森堡 t 年份的服务贸易额，$GDP_{lux,t}$ 表示卢森堡 t 年份的 GDP 水平，下标 i 表示除卢森堡以外的其他样本国家。由公式可知，以卢森堡的服务贸易额占 GDP 比重为基准，一国服务贸易额占 GDP 的比重越小，则服务贸易壁垒指数越大，即服务贸易自由化水平越低，反之则反是。

（三）其余控制变量

本国 GDP 运用 2010 年不变价美元度量，国家经济规模决定市场厚度，市场厚度越大，生产的规模经济越明显，产业内贸易程度就越高；劳动生产率运用 2010 年不变价人均 GNP 度量，根据古典贸易理论，劳动生产率代表了一国的比较优势。通常，劳动生产率较高的国家（地区）会外包劳动密集型生产工序，而劳动生产率较低的国家（地区）则会外包资本密集型或技术密集型生产工序；外商投资占比运用外商直接投资流量占 GDP 的比重度量，跨国公司内部贸易和跨国公司之间贸易已经成为国际贸易特别是发达国家之间国际贸易的主要模式，跨国公司很大程度上带动了离岸外包的发展，是全球价值链分工的主导力量；制度环境运用标准化后的世界银行全球治理指数六个指标（腐败控制、政府效率、政治稳定和非暴力、法治、监管质量、话语权和问责）的均值度量，基于广义比较优势理论和不完全契约理论，制度环境越良好的国家，中间品交易过程中被"敲竹杠"的风险越低，承接国际生产分工能力越强；简单平均关税率运用行业层面的产品关税均值度量，关税作为最重要的贸易边界效应变量，对国际生产分工的影响不言而喻，关税削减将会促进国际生产分割的进一步细化。

三、内生性问题及其处理

反向因果和遗漏变量易产生内生性问题。全球价值链分工水平较高的国家，可能倾向于制定更为开放的服务贸易政策。若该内生性问题存在，那么得到的估计结果将是有偏的。鉴于此，我们需要寻找合适的工具变量解决计量模型的内生性问题。

本章参照 Beverelli et al.（2017）的研究，使用既未与国家 i 签订 FTA，也不属于同一个地理区域的国家 c（$c \neq i$）的服务贸易壁垒的加权平均作为国家 i 服务贸易壁垒的工具变量，权重是两国人均 GDP 计算的相似指数。工具变量构造如下：

$$STRI_{it}^{IV} = \sum_{c} STRI_{ct} \times SI_{ic} \qquad (19)$$

$$SI_{ic} \equiv 1 - \left\{\frac{pcGDP_i}{pcGDP_i + pcGDP_c}\right\}^2 - \left\{\frac{pcGDP_c}{pcGDP_i + pcGDP_c}\right\}^2 \qquad (20)$$

其中，SI_{ic} 是国家 i 和国家 c 人均 GDP 的相似指数，当国家 c 与国家 i 的经济发展水平相近时，相似指数较大，会赋予国家 c 的贸易壁垒指数更大的权重。原理是，如果两国的人均 GDP 水平相近，那么更可能具有相似的产业结构和贸易政策，进而对国家 c 的服务贸易壁垒指数赋予更大的权重，反之则反是。

本章选择该工具变量的原因如下：

（1）随着经济全球化的发展，国家间的经贸联系不断增强，各国表现出一定程度的经济政策同步性，比如，金融危机前，贸易自由化盛行，各国主动削减贸易壁垒融入全球化进程；金融危机后，各国纷纷采取"以邻为壑"政策进行贸易保护。在经济逆全球化和贸易摩擦频发的今天，情形更是如此。该工具变量一定意义上代表了当年世界服务贸易壁垒的平均水平，因此会对国家 i 的服务贸易壁垒水平产生重要影响。

（2）为满足该工具变量的外生性要求，指标构造时剔除了两类样本：一是与国家 i 签订 FTA 的国家；二是与国家 i 同属于一个地理区域的国家。其原因是：与国家 i 签订 FTA 国家的服务贸易政策会直接影响国家 i 的全球价值链分工水平，而同属于一个地理区域的相邻国家同样会对彼此价值链关联产生直接影响，而除此之外的其他国家服务贸易政策，并不会直接对国家 i 的全球价值链分工产生直接影响，因此，该工具变量满足外生性条件。另外，本章的大样本也会增强工具变量的有效性。

四、数据来源的说明

服务贸易壁垒的原始数据来源于世界银行，制造业投入服务化、全球价值链分工水平的原始数据来源于 WIOD，本国 GDP、劳动生产率、外商投资占比、制度环境的原始数据来源于世界银行，简单平均关税率的原始数据来源于 WTO，样本时间范围为 2000—2014 年。需要指出的是，WIOD2016 版数据有 43 个国家（地区），但马耳他和中国台湾地区缺少服务贸易壁垒及部分控制变量数据，因此予以剔除，样本中国家（地区）的数目共计 41 个，制造业行业共计 18 个。本章主回归的数据结构为"本国—行业—年份"三维层面，因此本章的观测值为 11070 个（=41×18×15）。

第四节　基准回归结果及分析

一、基准回归

本章在计量模型中对变量进行了中心化处理，因而变量的单独项系数能够有效反映核心自变量对被解释变量的影响效应。表 9-1 报告了基准检验回归。第（1）列报告了只引入制造业投入服务化、服务贸易壁垒及其交互项的结果；第（2）列报告了在此基础上引入控制变量的计量结果。估计结果显示：制造业投入服务化和服务贸易壁垒的交互项系数显著为负，表明：制造业投入服务化和服务贸易壁垒的共同作用降低了全球价值链分工水平。服务贸易壁垒单独项系数显著为负，符合预期。制造业投入服务化单独项系数显著为正，尽管服务产品生产链条相对较短，但研发、金融、电信、分销等服务投入的增加可以提升制造业企业生产效率，有利于提高企业国际生产分工的承接能力。

第二篇 逆全球化背景下中国中小企业高质量发展的理论与实践
第9章 制造业投入服务化、服务贸易壁垒与全球价值链分工的研究报告

表9-1 基准检验回归结果

变　量	（1）	（2）
制造业投入服务化	0.6052*** （0.0309）	0.4712*** （0.0378）
服务贸易壁垒	-0.1281*** （0.0122）	-0.0525*** （0.0108）
制造业投入服务化×服务贸易壁垒	-0.0249*** （0.0084）	-0.0550*** （0.0097）
本国GDP		-0.1647*** （0.0119）
劳动生产率		0.0929*** （0.0245）
外商投资占比		0.0180 （0.0329）
制度环境		0.3149*** （0.0559）
简单平均关税率		-0.1171*** （0.0414）
国家固定效应	是	是
行业固定效应	是	是
时间固定效应	是	是
观测值	11070	11070
R^2	0.5191	0.5980

注：（ ）内是经过 cluster 处理后的标准误；*、**、和 *** 分别代表 10%、5%和 1%的显著性水平。

服务作为制造业重要的投入品，上游服务与下游制造产品间的相互依存关系变得尤为重要。上游服务部门的竞争水平和开放程度会影响到可供下游制造业企业选择的中间投入品种类、品质与成本，并基于"投入—产出"关系即所谓的"涟漪效应"（Trickle—Down Effect）波及下游制造业企业，进而影响其生产效率，较高上游服务成本势必会降低下游制造业企业的国际生产分工承接能力。更有甚者，若获取上游部门的"中间投入品"是企业进入下游市场的必备要件，且该中间投入品所面临的进口竞争又相当有限，在此情形下，上游部门的反竞争规则（Anti—Competition Rule）可能会提升下游企业的市场准入门槛。如金融服务贸易壁垒减少了可供选择的金融工具，提高了企业的融资成本，阻止了一些企业进入国际市场。

我们进一步关注控制变量的回归系数。本国 GDP 系数符号并不符合预期，尽管本国市场效用可以引致规模经济进而促进企业的价值链参与，但本国经济规

模越大，企业可能更专注于国内市场，① 相对减少国际市场参与度。劳动生产率的系数显著为正，新新贸易理论的代表性人物 Melitz（2003）认为，企业生产率越高，进入国际市场的可能性越大，承接价值链分工的能力越强。外商投资占比并不显著，一方面，跨国公司是国际生产分工的重要驱动力量，一国外资越多，与其他国家价值链"链接"越强；另一方面，FDI 与贸易存在替代效应，FDI 的增加可能会减少由贸易产生的两国价值链关联。制度环境的估计系数显著为正，符号预期，制度环境越良好的地区，承接国际生产分工能力越强。简单平均关税率②的估计系数显著为负，说明：以关税为代表的"边境"壁垒仍然是阻碍全球生产分工的重要因素。

二、稳健性检验

本章的稳健性检验分为两大部分：一类是指标度量的稳健性检验；另一类是计量方法的稳健性检验。

指标度量的稳健性检验是通过使用制造业投入服务化、服务贸易壁垒和全球价值链分工的替代性指标实现。①本章运用直接消耗系数法对制造业投入服务化进行了重新测算，计量结果在表 9-2 第（1）列展示。②本章将新加坡作为自由贸易的基准国（地区），以量差法测算服务贸易壁垒，计量结果在表 9-2 第（2）列展示。③本章运用"本国—增加值出口市场—行业—年份"四维层面全球价值链分工数据进行计量分析，计量结果在表 9-2 第（3）列展示。

计量方法的稳健性检验是通过两阶段最小二乘法实现。其中，服务贸易壁垒的工具变量运用其他经济体服务贸易壁垒的加权平均表示。为了避免制造业投入服务化可能引致的内生性问题，本章运用初始年份的制造业投入服务化数据替代随年度变化的数据，以此避免全球价值链分工对制造业投入服务化的反向影响。计量结果在表 9-2 第（4）列展示。Durbin-Wu-Hausman 检验、Kleibergen-Paap rk LM 统计量、Cragg-Donald Wald F 统计量、Kleibergen-Paap Wald rk F 统计量均证明本章采用的工具变量是合理有效的。需要说明的是，由于工具变量和内生变量个数一致，因此没有报告 Hansen-overid 检验结果。

---

① 据麦肯锡 2019 年《中国与世界：理解变化中的经济联系》报告显示：随着中国经济实力的不断增强和内需市场的持续扩大，中国制造业出口占总产出的比重已经由 2007 年的 17% 下降到 2017 年的 9%，与美国基本持平。

② 在四维数据层面，本章使用的是针对双边简单平均关税率的均值，在三维数据层面，本章使用的是一国简单平均关税率，当然一国参与价值链分工不仅取决于中间品进口，也与中间品出口密切相关，为了估计的稳健性，本章进一步引入该国面临的出口加权关税率作为控制变量进行回归分析，计量结果并未改变核心解释变量的系数，限于文章篇幅，本章未予报告。

表 9-2 稳健性检验回归结果

变 量	(1) 制造业投入服务化（直接）	(2) 服务贸易壁垒（新加坡）	(3) "四维"层面前向分解	(4) 两阶段最小二乘法
制造业投入服务化	0.9379**	0.4841***	0.0436***	0.4987***
	(0.3739)	(0.0354)	(0.0058)	(0.0371)
服务贸易壁垒	-0.0481***	-0.0808***	-0.0146***	-0.5758***
	(0.0131)	(0.0163)	(0.0025)	(0.1454)
制造业投入服务化×服务贸易壁垒	-1.7502***	-0.0585**	-0.0145***	-0.1025***
	(0.1035)	(0.0228)	(0.0015)	(0.0366)
控制变量	是	是	是	是
Durbin-Wu-Hausman				496.490 [0.0000]
Kleibergen-Paap rk LM 统计量				21.894 [0.0000]
Cragg-Donald Wald F 统计量				307.247
Kleibergen-Paap rk Wald F 统计量				11.677 {7.03}
国家固定效应	是	是	是	是
行业固定效应	是	是	是	是
时间固定效应	是	是	是	是
观测值	11070	11070	442800	11070
R^2	0.5282	0.5968	0.0932	0.4168

注：同表 9-1。

稳健性检验结果均显示：交互项系数显著为负，与基准回归完全一致，说明制造业投入服务化和服务贸易壁垒的交互作用阻碍了全球价值链分工，本章的估计结果是稳健的。

第五节 机制检验

服务贸易壁垒缩短了生产步长，增加了中间品成本，从而降低了全球价值链分工深度，在制造业投入服务化越高的行业，抑制效应会越明显。鉴于此，本章构建中介效应模型检验影响机制。中介效应模型的具体公式如下：

$$GVC_{ikt} = \beta_0 + \beta_1 Servitization_{ikt} + \beta_2 STRI_{it} + \beta_3 Servitization_{ikt} \times STRI_{it}$$
$$+ \beta Controls + v_i + v_k + v_t + \varepsilon_{ikt} \quad (21)$$

$$M = \gamma_0 + \gamma_1 Servitization_{ikt} + \gamma_2 STRI_{it} + \gamma_3 Servitization_{ikt} \times STRI_{it} + \gamma Controls +$$

$$\nu_i + \nu_k + \nu_t + \varepsilon_{ikt} \tag{22}$$

$$GVC_{ikt} = \omega_0 + \omega_1 Servitization_{ikt} + \omega_2 STRI_{it} + \omega_3 Servitization_{ikt} \times STRI_{it}$$
$$+ \omega_4 M + \omega Controls + \nu_i + \nu_k + \nu_t + \varepsilon_{ikt} \tag{23}$$

公式（21）是基准模型。在公式（22）中，被解释变量为中介效应变量 M，分别代表生产步长和中间品价格，在公式（23）中，被解释变量为全球价值链分工，中介效应变量 M 作为解释变量，其他变量及其含义与上文相同。准确度量生产步长和中间品价格是进行机制检验的前提。在参考了 UIBE GVC 指标体系（Wang et al.，2017a）的基础上，本章度量了前向价值链生产步长。公式如下：

$$PLv\_GVC = PLv\_GVC\_S + PLv\_GVC\_C = \frac{Xv\_GVC\_S}{V\_GVC\_S} + \frac{Xv\_GVC\_C}{V\_GVC\_C} \tag{24}$$

其中，PLv_GVC 表示前向价值链生产步长，PLv_GVC_S 和 PLv_GVC_C 分别表示前向分解中的简单价值链生产步长和复杂价值链生产步长。简单价值链指增加值直接被进口国吸收的部分，复杂价值链指增加值被进口国加工生产再出口的部分。V_GVC_S 和 V_GVC_C 分别表示前向分解中简单价值链分工和复杂价值链分工中的国内增加值分解部分，Xv_GVC_S 和 Xv_GVC_C 则分别表示由简单价值链分工和复杂价值链分工中国内增加值部分引致的总产出。中间品价格变量的度量相对简单，本章运用 WIOD 数据库中的中间品价格指数作为度量指标。

表9-3 第（1）和（2）列报告了生产步长机制检验的计量结果。在第一阶段，制造业投入服务化与服务贸易壁垒交互项系数显著为负，服务贸易壁垒单独项系数显著为负，符合预期，即服务贸易壁垒降低了全球价值链的生产步长，且对制造业投入服务化越高的行业，负向效应会越大。需要说明的是，制造业投入服务化的估计系数显著为负，其原因是：服务的可贸易性较低，生产步长相对较短。在第二阶段，生产步长的系数显著为正，说明：生产步长的延伸有利于全球价值链分工的细化。制造业投入服务化与服务贸易壁垒交互项系数依然显著为负。需要说明的是，制造业投入服务化的估计系数显著为正，其原因是：尽管服务产品的可贸易性较低，其生产、交换和消费具有即时性特征，生产步长相对较短，但服务投入的增加可以提升企业生产率，有利于提高企业国际生产分工的承接能力。

表9-3 第（3）和（4）列报告了中间品价格机制检验的计量结果。在第一阶段，制造业投入服务化与服务贸易壁垒交互项系数显著为正，符合预期，在制造业投入服务化较高的行业，服务贸易壁垒增加了服务要素的生产和交易成本，进而提高了中间品价格。需要说明的是，制造业投入服务化的系数显著为负，说明服务要素投入可以提升企业生产效率，降低企业生产成本。服务贸易壁垒的系数为正，但并不显著，尽管服务贸易壁垒降低了服务产品的可获性，进而提高了

制造业的生产成本，但这种负向影响效应在制造业投入服务化较高的行业体现得更为明显。在第二阶段，中间品价格的系数显著为负，说明：中间品价格的提升不利于全球价值链分工的细化。

表9-3 机制检验回归结果

变量	生产步长的机制检验		中间品价格的机制检验	
	生产步长	价值链	中间品价格	价值链
	第一阶段	第二阶段	第一阶段	第二阶段
	（1）	（2）	（3）	（4）
制造业投入服务化	-0.0433***	0.0481***	-3.3564***	0.0601***
	（0.0059）	（0.0130）	（0.4760）	（0.0046）
服务贸易壁垒	-0.2384***	-0.0125***	0.3185	-0.0318***
	（0.0292）	（0.0043）	（0.2915）	（0.0021）
制造业投入服务化×服务贸易壁垒	-0.0103***	-0.0292***	1.3905**	-0.0202***
	（0.0013）	（0.0050）	（0.7007）	（0.0013）
生产步长	—	0.6833**	—	—
		（0.2902）		
中间品价格	—	—	—	-0.0240*
				（0.0139）
控制变量	是	是	是	是
国家固定效应	是	是	是	是
行业固定效应	是	是	是	是
时间固定效应	是	是	是	是
观测值	11070	11070	11070	11070
R^2	0.5534	0.1651	0.3122	0.6064

注：同表9-1。

第六节　结论与建议

本章运用最新发布的WIOD数据研究发现：①总体而言，制造业投入服务化与服务贸易壁垒的交互效应对全球价值链分工产生逆向冲击。制造业投入服务化水平越高的行业，服务贸易壁垒对其价值链分工的逆向冲击越大。②制造业投入服务化与服务贸易壁垒的交互作用主要是通过缩短生产步长和提高中间品价格两条渠道降低全球价值链分工水平。

服务贸易自由化始终是国际经贸规则谈判中备受关注的议题之一。服务业发展滞后的国家对于服务市场开放有所保留，一个重要原因是未充分考虑服务作为其他产业中间投入品的属性,进而低估服务市场开放对生产分工的潜在效益。加快服务市场对外开放步伐,对推进"再全球化"意义重大。一方面,应增加服务贸易制度性供给,建立健全服务贸易管理体系和促进机制,推进制造业与高端服务业的深度融合。另一方面,在服务业半径的对外延伸上,应继续加快国际经贸领域中的服务议题谈判,降低服务贸易壁垒,加快服务业对外开放。

囿于数据可获性和指标度量方法等原因,本章的研究仍存在改进空间。首先,精确识别服务贸易壁垒指标仍然是当前学术研究的难点。由于服务贸易壁垒难以准确界定,因此当前并不存在测量服务贸易壁垒的完美方法。并且服务贸易壁垒的目标往往与国内规制目标存在重叠,对两者的界限难以进行有效识别。例如,对自然人流动的限制从国内管制的视角主要为了控制移民进入,但无形中为合理商业人员往来设置了门槛。其次,本章尚无法考察服务贸易壁垒异质性问题。服务贸易壁垒可分为四种类型:人员移动壁垒、资本移动壁垒、产品移动壁垒、商业存在壁垒。目前,产品移动壁垒相对较低,商业存在壁垒和资本移动壁垒相对较高,而人员移动壁垒则最高,且不同国家不同服务贸易壁垒存在明显差异,系统而全面地分析国家间服务贸易壁垒异质性对价值链分工的影响效应,对国家政策的"靶向"调整和国际经贸谈判的方案制订具有重要意义。随着数据可获性的改善,上述问题的研究可能是更有意思的话题,当然,这也是笔者未来的研究方向。

第10章 中国加入CPTPP的可行性与路径选择的研究报告

CPTPP是目前世界上标准最高的自由贸易协定，在开放度上超过了任何FTA协定，在缔约国的分布上更是跨越了四个大洲，囊括11个发展程度不同的国家，俨然一个"微缩版"的WTO。2017年1月美国政府宣布退出TPP，但以日本为首的国家为了抓住已经达成的协议成果、确保自身在亚太一体化中的地位，仍然积极继续推动TPP谈判。2017年11月在越南召开的APEC会议期间达成CPTPP协定，11个国家签署了CPTPP协议，至此CPTPP成为实质上由日本主导的亚太区域贸易协定。CPTPP于2018年12月30日正式生效，覆盖4.98亿人口，签署国国内生产总值之和占全球经济总量的13%。与以往的贸易协定相比，CPTPP协议具有条款范围宽、涉及地域广、制定标准高等新特点（见表10-1），日本等国家将TPP协议中绝大多数的条款保留下来，但是对部分条款暂停适用，被"冻结"的条款多是美国具有比较优势的条款。通过对CPTPP条款分析，中国在多数条款中已达到了协议要求，只有少部分条款会对中国产生障碍，中国有能力加入CPTPP协议。加入CPTPP对中国会产生积极影响，有利于缓解中美贸易摩擦、重塑全球生产网络、抢占新一轮国际经贸规则制定的主动权及倒逼中国"深水区"改革，中国应抓住美国退出TPP的"窗口期"，尽快启动加入CPTPP协议的谈判。

表10-1 CPTPP冻结条款

条　款	冻结内容
第5章 关税与贸易便利化	冻结了各缔约国需要定期审查由缔约国内法制定的货物免税运输额度的条款
第9章 投资条款	冻结了"投资协议"和"投资授权"提起争端解决的条款。不能以违反其与政府签订的"投资协议"和"投资授权"为由提起争端解决，实际上缩小了提起争端解决请求的范围
第10章 跨境服务贸易	冻结了各缔约国不得进行邮政垄断，不得垄断或补贴快递服务
第11章 金融服务条款	冻结了金融服务的最低处理标准的条款，以及对文莱、智利、墨西哥和秘鲁的特殊适用。略微缩小了金融服务条款的适用范围
第13章 电信条款	冻结了电信纠纷复议条款

续表

条款	冻结内容
第15章 政府采购条款	冻结了对该条款不得构成不正当歧视和贸易的变相限制的描述，以及冻结了对进一步协商的时间要求。实际上略微扩展了此条款的约束范围
第18章 知识产权条款	冻结了国民待遇中对版权的支付采取国民待遇。冻结了可专利标的物中对已知产品的新用途、使用已知产品的新方法和新工艺的专利授予及从植物中来源的专利授予。冻结了不合理授权延迟的专利期限调整。冻结了不合理削减的专利期限调整。冻结了未公开测试或其他数据的保护。冻结了生物制品保护。冻结了版权及邻接权的保护期限。冻结了技术保护措施（TPMs），其内容为对作者、表演者和制作人提供有效的保护其权利的手段。冻结了版权管理信息（RMI），内容为对版权信息提供保护。冻结了卫星和电缆信号加密程序的保护。冻结了法律救济与安全港
第20章 环境条款	冻结了保护与贸易中，对野生动物非法获取和非法贸易问题中，对"另一适用法律"即管辖权法适用的描述
第26章 透明与反腐败条款	冻结了药品和医疗器械的透明度和程序公平性附件中的第三个条款：程序公正，内容为国家保健机构对新的医药产品和医疗设备报销的规范

资料来源：笔者根据CPTPP协议和TPP协议整理。

第一节　CPTPP核心条款与其他协议的比较

一、市场准入与中韩FTA相似，部分行业可能受到冲击

与中韩FTA相比，CPTPP关税优惠幅度更大，开放领域更为广泛。其中关税减让方面，CPTPP协议中各缔约国对几乎所有商品实行零关税或者逐渐削减至零关税，其削减期限绝大部分在10年以内（最长为16年）；而中韩FTA协议中也有很多商品（超90%）实行零关税，但在削减至零关税的期限上约定10年、15年或20年的商品比例较高，且不削减关税商品的比例也多于CPTPP条款。通过对中国关税减让表的分析，发现中国对部分产品采取不实行降税的措施，这些产品包括：农产品、机电产品、原油、烟草、乳制品、纸类产品、部分汽车、部分化学品、部分羊毛棉花制品及部分机器部件等，这些产品都是中国关注已久的领域，如农产品、机电、化工产品就曾经成为中日韩FTA谈判始终难以达成共识的领域，鉴于CPTPP中日本的地位，中国要想加入CPTPP，这些老问题势必重新被搬上谈判桌。虽然日本在农产品上的竞争力不强，但是CPTPP其他国家如加拿大、澳大利亚、马来西亚在农产品上有一定竞争力，其中以加拿

大的农产品出口能力最强，然而美国和墨西哥作为加拿大农产品的两个最大的出口目的地已然占据了其出口的80%。加拿大对中国的农产品出口本就极少，并且在老牌贸易伙伴也处于相同的自贸区的情况下很难对中国农产品市场产生冲击。在机电产品上，日本则有很强的竞争力，中国这类产品的平均关税高于日本，可以预见对此类产品的降税会成为中国加入CPTPP的必然要求，中国虽然在机电产品上占据比较优势，但是技术上不及日本，机电市场开放将会对中国机电行业产生冲击。另一个可能对中国造成冲击的是汽车行业，中韩FTA实施当年，中国汽车总产量就已下降7%以上，此后逐年加剧，日本同样在该行业有巨大优势，在日韩的双重冲击下，中国汽车行业在国内外市场上将面临更大的竞争。

二、中国尚未加入GPA协议，政府采购开放面临障碍

CPTPP在该章条款中规定了政府采购的范围和原则，对发展中国家的缔约方允许在过渡期内采取过渡措施，并规定采购信息及时公开，禁止限制竞争的行为，使用公平客观的要求以防对贸易造成障碍。对招标文件的规范性及信息披露提出了进一步要求，允许供应商对结果的申诉。该章条款所规定的内容对中国构成了较大的进入障碍，因为中国目前并没有真正加入WTO的《政府采购协议》（GPA），中国所递交的加入该协议的申请至今没有被其他国家所接受，因此中国的政府采购措施与国际规则有着较大的差距。GPA要求把次级中央实体（在中国为省、自治区、直辖市）和从事政府行为的国有企业都列入承诺，但中国多次申请加入GPA的承诺只愿包括北京市、上海市和天津市及部分沿海省份，涵盖的部门也主要为发改委、国资委、税务局等政府部门。这显然与WTO的规定相去甚远，甚至也远不及CPTPP成员国——越南的政府采购的开放标准，越南除了11个政府实体外也将38个国有企业纳入开放政府采购的行列。我们要清楚地认识到自己不足，首先，中国国内法并未完善，《政府采购法》与《招标投标法》中存在不协调之处，两份文件对监管部门的设定也有区别导致职权不清；其次，国内法尚未与GPA接轨，中国始终没有将国有企业纳入政府采购的主体，政府采购电子化水平也没有达到国际要求；最后，监管透明度不够、监管机制不完善的问题仍然存在。

三、对国有企业要求严苛，国内改革存在较大阻力

CPTPP规范了国有企业行为，规定政府不得对国有企业进行非商业援助，并要求了各缔约国保证国有企业的透明度。CPTPP国有企业条款的核心在于竞争中立原则，即国有企业不得因其地位而享有私营部门竞争者享受不到的竞争优势，强调国有企业和私营企业之间平等的市场竞争地位。另一个特点在于规定了

非商业援助这种制度形式,这其实是一个较宽泛的定义,包括资金的直接或潜在转移和更优惠的货物或服务提供。根据万德数据库的统计,2014年中国上市公司获得超过323亿元的政府补贴,其中61%以上流入了国有企业(国有企业数量占受补贴企业的40%),包括中石油、中石化等盈利的国有企业也受到了大量的政府补贴,这个现象在地方国有企业中更为明显,另外国有企业还有地租、信贷等优势。如果中国要加入CPTPP,那么这些措施都是对非商业援助和竞争中立原则的违背,更何况中国国有企业的财产、纳税等信息透明度也达不到CPTPP的要求。CPTPP对国有企业的高标准要求将成为中国加入的又一障碍。

四、知识产权较TRIPs保护范围更广,中国知识产权保护仍需提高

CPTPP中本章条款承认的相关公约在中韩FTA中也全部承认,并且中韩FTA中所承认的国际公约数量上更多。CPTPP知识产权条款要求缔约国开展广泛的知识产权合作,对商标进行严格保护,同时强调对商业秘密的保护。除此之外,CPTPP对知识产权的保护范围比中韩FTA更广,包括国名、地理标志、互联网服务提供商等的保护,将有效减少依赖商业秘密、知识产权的企业所遭受的侵权损失。[①] 对于相关问题的具体措施如保护期限上,CPTPP与中韩FTA的差距较小。而与TRIPs协议相比,CPTPP的规则更为严格。TRIPs条款仅提及了四个国际公约(《巴黎公约》《伯尔尼公约》《罗马公约》《有关集成电路知识产权条约》),少于CPTPP承认的九个条约;在对版权的保护上,TRIPs的保护期限为50年,而CPTPP则为70年;在对商标的界定上,CPTPP更为宽泛,突破了视觉商标的范围将声音纳入其中;同时在执行上,CPTPP也严于TRIPs,侵权企业可能面临更加高额的赔偿责任。在美国退出TPP后,CPTPP条款对知识产权的门槛已经有大幅下降,降低了中国进入的难度,但挑战依然存在。虽然对中国影响最严重的一些条款如药品专利权、数字环境下的版权保护都得到了削弱,但是在商标权保护上依然是中国需要直面的问题。首先,CPTPP对商标权有着严格的保护,而中国商标权侵权行为严重,2017年中国海关共扣留侵害知识产权的货物4094万余件,其中,涉及侵犯商标权的货物4031万余件,占总数的98.5%,侵犯商标权已经成为中国出口货物侵犯知识产权的主要问题。其次,CPTPP采取了更严格的损害赔偿原则,以及比TRIPS更全面和具体的赔偿额推定办法,规定司法机关考虑权利人提出的任何合法估算办法,并将诉讼费纳入必须赔付的义务。最后,条款中所包含的临时措施和与边境措施有关的特殊要求,给予了缔约方不做通知扣留涉嫌侵权的货物的权力,很容易形成贸易壁垒。另

---

① 参考Trans-Pacific Partnership Agreement: Likely Impact on the U.S. Economy and on Specific Industry Sectors, United States International Trade Commission.

外，对知识产权条款的部分条款只是冻结并不意味删除，如果美国重返TPP，我们势必面对这一份远超中国能力的知识产权规定，其对药品的保护不仅会使中国企业受损，甚至会让消费者面临更高额的药品支出。

五、投资标准与CEPA接近，投资市场开放尚需进一步加快

CPTPP所规定的投资内容多于中韩FTA。包括特殊情形下的投资待遇，投资的国民待遇和最惠国待遇，争端解决的相关问题等。中国的负面清单并不构成加入CPTPP的障碍。CPTPP各成员国投资负面清单涉及的行业主要包括农业、能源和服务、制造业，采矿、教育，经销也有涉及但是数量较少。负面清单涉及最多的是服务业，在服务业中涉及最多的则是运输、通信和商业服务。在中国2018年最新颁布的投资负面清单中涉及农业、采矿、制造业、能源、运输、金融、商务服务、科技、公共设施和文卫体娱等，上海自贸区的负面清单大体与中国最新的负面清单相似。中国国内法规定的负面清单与CPTPP成员国的负面清单绝大部分是重叠的，并没有存在CPTPP成员国负面清单明显少于中国的现象。

同时，CPTPP投资规定与美国2012年BIT范本十分相似，CPTPP投资条款共有29条，而BIT包括了37条条款，BIT中涉及但是CPTPP中没有涵盖的条款包括：有关投资的法律和决定的公布、根本安全、信息披露、金融服务、税收、生效期限和中止等。从所规定的内容上看，BIT范本要求更高、标准更严。通过对美国之前签署的BIT的分析，发现在2012年最新范本之前，其负面清单集中在自然资源及土地、能源、海洋及航空运输、广播及通信、金融保险和房地产行业，与CPTPP各缔约国负面清单有交叉；在2012年后的最新范本中又加入社会服务和少数民族事务两项新内容。BIT对投资的规定标准高于CPTPP，既然中国有能力和美国谈判BIT的有关事宜，说明中国有信心达到BIT的标准，同时也可以满足CPTPP的要求。

另外，内地与香港签署的《内地与香港关于建立更紧密经贸关系的安排》（CEPA）中投资协议的标准要高于CPTPP。CEPA中允许在中央政府或内地有关部门的批准下，在专属经济区和大陆架进行自然资源开发和钻探；投资者可以以合资合作的方式从事陆上石油、天然气、煤层气的开发；可以合资投资汽车制造。这些都是CPTPP不具备也不可能具备的标准，CPTPP缔约国不可能拥有大陆与香港这样一衣带水、同根同源的关系，所以说CPTPP投资协议其实并不是中国所面对的最高标准的投资合作安排。

那么中国在哪些方面还没有达到CPTPP的标准呢。首先，CPTPP要求更自由的资本转移，而中国只开放经常账户，对资本账户的开放是一步步的，目前资本项目开放程度与日本相比仍有差距。其次，CPTPP对ISDS程序的设计更为复

杂,超过了中国所签署的任何FTA协定,对争端解决的透明度有更高的要求,而中国在解决国际投资争端方面的实践较少,经验不足,且在专业机构中任职的专门人才数量不及美国的1/10,对争端解决程序的掌握程度不足和对专业人才的缺乏都会影响中国应对国际争端的能力。CPTPP成员国对投资的高要求恐怕会影响中国加入CPTPP。

六、环境保护与WTO规则互补,与中国改革目标一致

CPTPP环境条款确定了多边环境协定与本章的包容关系,这也意味其与WTO环境规则的互补关系。CPTPP协议与中韩FTA在环境问题上的区别主要在于环境保护的具体措施和环境问题的解决机制,CPTPP对如臭氧保护、海洋环境规定了具体的保护措施,规定了包括环境磋商、高级代表磋商、部长级磋商在内的解决该章问题的机制,这些是中韩FTA缺乏的,并且中韩FTA中争端解决对环境问题不适用。

目前,中国的环境标准与CPTPP还存在差距。在中国签署的自由贸易协定中,中瑞、中韩FTA将环境标准纳入了协议,把环境作为经济合作的重要领域之一。CPTPP对环境问题的讨论也并不止局限于环境质量标准,而更关注涉及环境的义务、将环境问题与争端解决挂钩、强化环境措施的执行力度。目前中国在环境条款方面存在的问题有:在涉及范围方面不及CPTPP广泛;在承诺的义务上,原则性义务多,具体性措施少;在合作范围较CPTPP也相对狭窄,并不包含CPTPP通过联络点的审查机制;在环境问题的执行上,CPTPP采取环境磋商、高级别代表磋商、部长级磋商的争端解决机制。不过在中国缺少的条款上,CPTPP的规定也并不强硬;同时2018年中国环保具体政策密集落地,包括《中华人民共和国环境保护税法》《生态环境损害赔偿制度改革方案》及新修订的《中华人民共和国水污染防治法》,这些国内法的实施将改善中国在现行FTA协议中的环境措施不具体的弊病;另外CPTPP的环境磋商机制总体来说并不是十分强硬的执行手段,存在解决问题的协商空间。总体来说环境问题并不能构成中国加入CPTPP的障碍。

七、电子商务与"美式模板"相似,中国应加快法律完善

CPTPP明确保护个人信息,但规定缔约国不得限制电子跨境数据传输,不得对计算设备做强制本地化要求,不得要求公开源代码。此外,明确了对电子传输免税,承认电子签名的法律效力,以及要求网络接入自由。CPTPP协议基本延续了美国倡导的电子商务规则,旨在促进数据自由流动、降低贸易壁垒、追求网络基础设施及通信设备互联互通。

中国签署的FTA中未对电子商务规则做出强制性规定。中国国内法与CPT-

PP 电子商务条款主要有 3 点矛盾：①在数据自由流动和设备非强制本地化方面，中国重视信息安全，《网络安全法（草案）》主张将信息安全纳入国家安全的考虑范围，并规定对需要境外存储数据信息的网络运营商进行安全评估，实际上是对跨境数据自由流动和存储设备非强制本地化持反对态度；②在源代码是否公开方面，中国人民银行和银监会要求对金融机构提供的软件必须备案源代码，这与 CPTPP 主张的源代码非强制本地化存在冲突；③在网络接入方面，中国对网络内容实施审查，并且未批准使用虚拟专用网络。中国注重隐私保护和信息安全，在"自由性""流动性"和"跨境性"上并未达到 CPTPP 电子商务规则的要求，但是中国依然可以合理对接 CPTPP 规则。随着电子商务的发展、经济数字化进程的加快，包括中国电商企业在内的电子商务供应商实际上是需要一个更加自由的网络环境的。中国电子商务相关法律法规存在很大的改进空间，要整合监管力量，加快网络信息服务、个人信息安全、电子化签名等相关法律的立法和完善，这也有利于中国电商企业的发展。

第二节 CPTPP 生效导致中国面临的三重压力

一、规则话语权丧失的压力

CPTPP 会影响未来多边规则制定。数据流通、国有企业、政府采购等条款都是首次写进国际贸易协议，协议将许多新问题（如环境问题）与争端解决挂钩，同时对争端解决也规定了"新玩法"，其解决程序比 WTO 规则或者以往的自由贸易协定更为复杂。CPTPP 极可能对全球贸易规则体系产生催化作用，[①] CPTPP 新规则在未来势必会推向 WTO。

CPTPP 会引领亚太经贸规则的制定。CPTPP 的达成与日本的协调密不可分，为了促成 CPTPP，日本在汽车、农副产品等领域做出了巨大让步。当然日本也得到了应有回报，东京成为 CPTPP 总部所在地，日本在新一轮经贸规则制定中从"受动者"向"驱动者"开始转型。CPTPP 形成的多边和区域规则压力将会对中国产生巨大影响，中国亟须适应高标准高水平的经贸规则，避免被排斥在贸易集团之外。

二、FTA 边缘化的压力

CPTPP 延缓中国亚太地区的 FTA 谈判进程。目前中国已经签订的 FTA 协定

---

① 参考 Petri A Petri and Michael G Plummer. The Trans-Pacific Partnership and Asia-Pacific Integration: Policy Implications, Peterson Institute for International Economics Policy Brief, 2012.

16 个，正在谈判的 FTA 共 14 个，且大部分集中在亚太地区，与亚太地区的合作是中国 FTA 战略的核心。许多 CPTPP 域内国家，是中国 FTA 谈判和升级的重点，协议实施后将逐步形成以日本为核心（如果美国重新加入则可能形成以美日为核心）的零关税贸易圈，这削弱了中国在 FTA 谈判中关税方面的议价能力，同时严格的原产地规则会对中国纺织品贸易的出口造成负面影响。CPTPP 提出后，在亚太地区的关注度与日俱增，一些国家就算暂时不能加入 CPTPP 协议也希望与 CPTPP 成员国合作，导致一些国家与中国签订 FTA 协议的意愿下降，CPTPP 也给成员国带来了遵守高标准规则的压力，使成员国短时间内无暇顾及与中国合作。如果美国重新加入 CPTPP，很有可能引入 USMCA 中的"毒丸"条款，将中国孤立在亚太经贸圈之外。

三、国际生产分工重构的压力

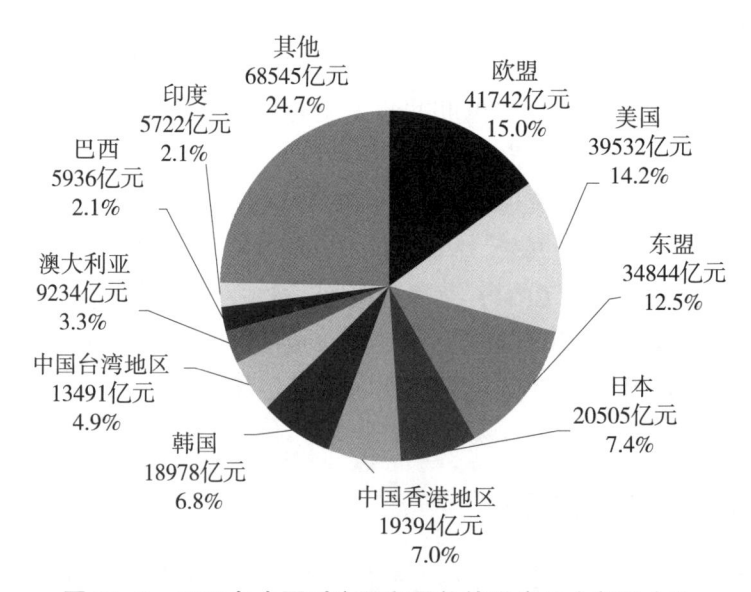

全球最大的 FTA——日欧 EPA 与全球标准最高的 CPTPP 会加快日本成为亚太价值链的"核心"。CPTPP 的实施不可避免会造成贸易和投资的转移效应，中国将成为受该影响最大的国家之一。根据商务部 2018 年《中国对外贸易形势报告》在进出口方面（见图 10-1），很多 CPTPP 域内国家是中国重要的贸易伙伴。在吸引外资方面，新加坡、日本分别是 2017 年对华投资的第二、第五大国，以及有可能加入的韩国和有望重返协议的美国都是中国的重要外资来源国。CPTPP 域内国家逐步形成零关税区，机电等中国重点出口行业将面临更激烈的市场竞争；

图 10-1 2017 年中国对主要贸易伙伴进出口金额及占比

资料来源：商务部 2018 年《中国对外贸易形势报告》。

CPTPP 对投资领域的全面开放和投资门槛的进一步降低也会造成资本向域内国家转移的趋势。中国重要的经贸伙伴纷纷加入 CPTPP 将会导致中国出口空间压缩、引资吸引力下降，中国在国际生产分工中的地位将产生波动。CPTPP 最终文本发出了一个强烈信号，CPTPP 成员国将努力为区内生产要素的最佳配置创造最优条件，进一步切断中国同域内国家的联系，很可能把中国排除在亚太价值链之外。

第三节　中国加入 CPTPP 的有利影响

一、缓解中美贸易摩擦

截至 2019 年 5 月，中国和美国已经进行了 11 轮的经贸谈判，但仍然存在许多争议，中国加入 CPTPP 谈判对于缓解中美贸易摩擦意义重大。中国加入 CPTPP 是一个自愿追求更高贸易标准、自觉融入国际规则、自动降低保护壁垒的信号，有望缓和中美贸易摩擦，推动中国和美国经贸合作谈判。中美贸易摩擦的原因之一是：中国国内市场开放程度没有达到美国的预期，美国对华常年存在巨额贸易逆差。如果中国加入 CPTPP，在版权、高科技产品和服务等领域很可能因为更严格的规则标准和更高的违规成本加大对美国的进口，降低两国贸易逆差，缓解两国贸易摩擦。原因之二是：加入 CPTPP 意味着中国愿意进一步开放投资市场，对投资条款的接纳也让中国在具有更高投资标准的 BIT 谈判中更有底气，这将成为中国和美国 BIT 谈判重要的加速器。此外，中国加入 CPTPP 产生的贸易创造效应也可以有效缓解中美贸易摩擦的贸易转移效应。

二、重塑全球生产网络

中国加入 CPTPP 有望在全球生产网络重塑中获取有利地位。关税减让和原产地规则的约束，将会导致部分企业调整生产布局，带来全球生产网络的调整。域内国家之间的关税明显低于域外国家，跨国公司在域内国家的运营成本低，工厂就有向域内国家转移的动力。目前日本、中国和美国通过路径 a 和 b 连接成一条完整的产业链，即日本将中间品交给中国加工然后将最终商品出售给美国。如果 CPTPP 生效，由于关税的削减和条款对域内贸易的保护，日本势必将中间品转移到域内东南亚等国加工，则链条 a 断裂；同时美国限制对华进口，导致链条 b 断裂，中国将在生产网络中处于孤立位置。中国加入 CPTPP 协议一方面能防止企业的转移，使链条 a 得以保留；另一方面可以利用域内关税优势探索贸易新路径，如将产品出口至东南亚，再通过东南亚国家完成对美商品贸易，即链条 e、 d（见图 10-2）。这样不仅保住了中国在全球价值链中的地位，也为美国对中国进口限制找到了新出路。

图 10-2 亚太部分生产网络重构图

三、对标国际最高规则

CPTPP 是当前最高水平的经贸规则，中国要进一步融入世界市场、提升贸易规则的话语权必须对标高标准规则。一方面，加入 CPTPP 为中国带来全新的亚太经贸谈判平台，在没有美国的参与下，中国更容易发出"中国声音"；另一方面，只有承认高标准规则，接受高标准规则的约束，"中国方案"才更具说服力。目前 CPTPP 域内发达国家的数量多、经济体量大，在规则制定上有较强的话语权，日本更是通过促成协议的签署占据了 CPTPP 的主导权，其以亚太自由贸易"旗手"身份自居，企图主导亚太地区的经贸规则。由于发展进程不同，有利于发达国家的经贸政策往往不利于发展中国家的经济发展。中国的加入也可以制衡域内发达国家和发展中国家的实力，平衡域内发达国家和发展中国家的利益，保障域内发展中国家的权利，扩大中国的经贸伙伴圈。

四、倒逼国内机制改革

中国加入 CPTPP 有望助力中国新一轮的"深水区"改革，直击改革与开放进程中的重难点问题，破解体制性障碍。近年来中国供给侧结构性改革、国有企业改革等体制机制改革所面临的阻力越来越大，与利益集团的博弈步履维艰，改革进入瓶颈期，急需高标准规则的压力来推进新一轮攻坚克难。当前去产能面临困难；生态建设动力不足；PPP 相关法律不清晰、不完善，部分政府和企业利用法律漏洞"明修栈道，暗度陈仓"等问题。加入 CPTPP，其高标准条款将起到倒逼中国法律完善和市场上优胜劣汰，提高中国环境、知识产权、劳工等标准，为加快市场开放程度、完善体制机制、解决改革重难点问题提供动力。总之，来自 CPTPP 的外部压力使得国内改革的紧迫感、必要感加剧，倒逼国内加快市场开放、完善体制机制，消除改革路上的"顽疾"。

第四节　中国加入 CPTPP 的可能性

一、多数条款中国已经达到协议要求

CPTPP 中 80% 的条款中国已达到其要求，包括多数产品的市场准入、贸易便利化、技术性贸易壁垒等条款。这些条款与中国目前已经签署的最高标准 FTA 协定——中韩 FTA 协定内容相差无几，说明中国有能力达到 CPTPP 要求。在市场准入方面，总体而言两协议在关税削减幅度和削减过渡期上并无较大差距，免税配额上 CPTPP 虽种类多，但数量上不及中韩 FTA 的关税免税配额，因此不会成为中国加入 CPTPP 的障碍。而贸易便利化、技术性贸易壁垒等很多问题并不是中国的敏感问题，甚至有些是中国的优势，如中韩 FTA 中贸易便利化的规则甚至比 CPTPP 更多。另外有许多条款，如合作和能力建设，发展、监管一致性，透明度和反腐败条款，没有实质性内容，只是在原则和目标层面上做出描述，并不涉及具体执行措施，如监管一致性章节目前未明确列出具体的适用范围，仅要求引导缔约国政策制定和审议机制的趋同。总之多数条款并不对中国加入 CPTPP 造成阻碍。

二、部分条款与中国改革方向相向而行

环境、劳工、知识产权等条款顺应中国发展趋势，符合中国改革进程。CPTPP 的环境规则与中韩 FTA 相比较，CPTPP 多了一些具体措施的规定，如臭氧层保护、保护海洋环境免于船舶污染等。在中国签署的自由贸易协定中，中瑞、中韩都已将环境标准纳入 FTA；提高环境标准也是中国改革的重点，达到 CPTPP 环境规则指日可待。同时 CPTPP 的环境磋商机制是一种存在协商空间的问题解决途径，不会对中国产生太大压力。在劳工规则上，CPTPP 基本上以国际劳工标准为核心，中国批准的国际劳工规则多于美国少于日本，且在 CPTPP 成员国的平均水平之上，而存在的主要问题是社会保障体系不健全、工会权利较低。随着中国发展水平的提升，对社会保障体系的进一步完善势在必行；赋予工会相对自由的地位，将工会转变成维护劳动者利益的组织机构也应提上日程。中国的知识产权保护标准整体上居于中上等位置，领先于其他发展中国家，与美国等先进的发达国家相比还有相当的差距，是处于发达国家与发展中国家之间的一种状态。在美国退出后，CPTPP 条款对知识产权的门槛已大幅下降，为中国逐步提高知识产权保护标准提供了很好的过渡，有利于中国平稳达成美国所倡导的、更高标准的知识产权保护。虽然这些领域对中国会造成一定压力，但是这些问题的

解决是中国进一步开放、进一步融入国际市场、进一步提升国际话语权的必然要求，与中国改革方向一致，不会对中国产生较大阻碍。

三、少数条款与中国现行规则差距较小

投资规则条款、部分产品的市场准入条款与 CPTPP 差距较小。CPTPP 各成员国的负面清单与中国负面清单基本重合，中国有能力达到 CPTPP 协议标准，满足 CPTPP 要求。投资方面中国主要差距在于 CPTPP 要求更自由的资本流动，尽管改革难度不小，但在妥善安排的情况下可以平稳推进。在部分产品的市场准入方面，则是 FTA 谈判中的老问题，很容易被其他缔约国针对，尤其是缔约国的比较优势产业，但是中韩 FTA 的高标准市场准入已经为中国建立了一个天然的"过渡期"，对部分行业如汽车，已经给了中国调整适应的时间；而农业、能源等行业 CPTPP 也存在保护，对中国造成的压力并没有想象中那么大，加入后对中国的冲击较小。中国需要做好应对措施，可以充分利用 CPTPP 中的差别待遇条款，进行分阶段降税。

四、极少条款与中国国内规则脱节较大

CPTPP 的政府采购、国有企业规则将对中国产生较大的进入障碍。中国对政府采购协议涵盖的实体和施行的地域安排向来十分谨慎，中国目前尚不是 GPA 成员，是政府采购措施达不到国际标准的根源。在国有企业方面，中国中央政府与地方政府的隐性补贴相对较多，且出台的不规范政策也造成了西方国家对中国国有企业"竞争不中立"的"错觉"。这部分改革的难点在于，涉及国内体制机制问题，而中国还属于发展中国家，经济体制决定了在目前的发展阶段，面对变化多端的国际市场和日益激烈的国内竞争，如果改革的力度不到位，可能对中国国民经济产生冲击，所以中国在此类问题上往往比较审慎。虽然目前尚存一定困难，但中国国有企业和政府采购问题的改革一直在平稳推进，2018 年年底再次确定了国企混改、完善市场化经营和建立集中采购竞争机制的目标，与国际规则的差距呈缩小趋势的同时没有对中国经济产生负面影响。这意味着虽然这些问题的改进存在困难，但并非不可达成，中国完全有能力推进政府采购、国有企业改革。

五、大多数国家对中国加入持积极态度

CPTPP 条款明确表示欢迎域外国家加入协议，对原 TPP 的条款做出了修改，协议的包容性有所提高，[①] 规定只要得到各成员国同意后即可加入。同时绝大多

---

① 参考 Wilson Jackman and Jeffrey Wilson, Towards a fairer and stronger TPP, The United States Studies Centre/Perth USAsia Centre, 2018.

数国家对中国加入 CPTPP 持欢迎态度,澳大利亚表示 CPTPP 可以扩展,让中国、印度尼西亚等亚洲国家加入;新西兰也表示:接纳中国加入,中国有可能挽救 CPTPP;马来西亚强调应为美国在该地区存在衰退的局面做好准备。中国和日本之间属于"竞合"关系,日本对中国加入 CPTPP 虽然并不积极,但也不排斥。这为中国的加入提供了可能,当然中国也必须警惕美国的可能干预,美国起初支持 TPP 目的之一就是为了在亚太地区建立起把中国排除在外的经贸圈。近年来美国有重返 CPTPP 的意愿,中国要在美国重返之前尽快开展与 CPTPP 域内国家的谈判。

第五节 中国加入 CPTPP 面临的阻力

一、困境 1:中国和日本领导权之争

为了争夺亚太地区的领导权,日本可能成为中国加入 CPTPP 的阻碍。如今中国和日本两国的外交政策越来越表现出相互抗衡的趋势,而且领域涉及经贸、对外援助、安全等多方面。中国若加入由日本主导的 CPTPP,势必"稀释"日本在亚太经贸规则上的话语权。中国在经济体量上优于日本,拥有比日本更大的市场,但日本不甘示弱,抓紧推进包括欧洲和日本经济伙伴关系协定在内的经济合作的开展;日本和 CPTPP 域内澳大利亚、新加坡等八国已签署 FTA 协议,而中国也与其中四国签署 FTA 协议,两国都有对域内国家的合作基础;同时中国近年来积极为世界发展贡献中国智慧和中国力量,包括提出"一带一路"、积极开展援助非洲工程等,在制度倡议和外交援助方面有飞速发展。日本在美国退出 TPP 后仍极力促成 CPTPP 就是看重其为日本带来的经贸规则话语权和亚太地区的领导权,如果中国加入,那么日本企图利用 CPTPP 主导亚太经贸规则的愿望将落空。

二、困境 2:美国的可能干预

若中国申请加入 CPTPP,美国恐怕会从中作梗。与日本相似,美国也极其重视自身在经贸规则中的话语权,奥巴马就曾表示"我们不能让中国这样的国家制定全球经济规则"。美国加入 TPP 的初衷也是意欲掌握在亚太地区经贸规则的制定权,即使退出了 TPP 协议,其也不会轻易让中国这个竞争者在亚太地区轻易获得话语权。况且现在美国遏制中国崛起的意识已经十分明确和坚决,因此如果中国想加入 CPTPP 这个对亚太地区未来贸易协定有示范作用的区域合作协定,美国肯定不会让中国轻易达到目的,而且 CPTPP 成员国如日本、加拿大、墨西

哥等与美国联系极为密切，对美国的"长臂管辖"必须引起重视。

三、困境3：部分条款尚难达到

CPTPP 的部分条款中国达成起来的确充满困难。如国有企业条款，国企混改取得初步成效，但是在改革的道路上也遇到了越来越多的阻力，国有企业不愿分享垄断租金、低利润领域对民间资本的吸引力下降等问题凸显，同时固有的意识形态难以根除，政府主导的思想仍然左右着企业决策，这些方面的改革任重道远。又如政府采购条款，因为改革触及部分利益团体的蛋糕，往往容易形成中央政府上有政策，地方政府下有对策的窘境，严重影响改革的效果、延缓改革的进程。再如部分知识产权条款，像药品知识产权更是涉及民生问题，中国社会保障制度与发达国家仍有差距，改革对公民来说意味着福利损失，因此改革也是步履维艰。在短时间内，对于中国来说的确有一些条款存在着难以达成的问题，这也是中国加入 CPTPP 的主要障碍之一。

第六节　对策与建议

一、抓住战略窗口期，尽早启动加入 CPTPP 谈判

美国退出导致 CPTPP 条款标准有所下降，为中国加入提供了可能性。CPTPP 条款冻结了部分美国极力推崇的条款，对中国更加"友好"。近期美国有重返 CPTPP 的意愿，若美国再次加入势必解冻这些条款，推动 CPTPP 重回 TPP，那时中国加入就更为困难。所以应充分抓住美国加入前的"窗口期"，尽早启动加入 CPTPP 谈判。充分利用中国庞大的市场作为谈判筹码，作为一个尚未完全开放的市场，中国的加入会对域内国家带来巨大的利益，一些未完全开放领域的先行者优势是所有其他国家都难以拒绝的诱惑。对一些国内研究多年的领域如金融机构的持股比例等问题，与域内国家商谈扩大开放的可能性；对于开放基础较好的领域，尝试加入谈判的议题。对接国内规则与国际规则，推进加入 GPA 协定，进一步加强对知识产权的保护，尤其要加强相关立法工作，提高劳工标准，推动与其他国家环境规则的相互承认，加强与发达国家的数据可比性，借鉴发达国家在实施环境规则上的经验等。

二、充分利用 APEC 平台，积极与 CPTPP 主要成员国展开对话

2019 年在智利举行新一届的 APEC 会议，议题之一是"区域性互联互通"，中国利用此契机，与 CPTPP 域内国家深入谈判。APEC 允许成员在参加地区经济

合作时保持灵活性，对成员的约束性较低，是一个相对自由的交流平台，可以利用 APEC 会议机会，向 CPTPP 成员国表达加入意愿争取支持。利用 APEC 平台已早有先例，日本就曾在 APEC 会议后与域内国家开展对话，CPTPP 域内国家都是 APEC 成员，APEC 会议是最便捷的对话平台。当然，东盟与中国、日本、韩国（"10+3"）会议也是很好的谈判平台，日本和东盟部分国家是 CPTPP 域内国家（地区），而中国、韩国和东盟其他国家（地区）都有意愿加入 CPTPP，"10+3" 会议有潜力成为各方探讨加入 CPTPP 可能性的平台。

三、升级已有 FTA 和 BIT，实现与 CPTPP 条款的对接

中国与全部 CPTPP 缔约国签订了 FTA 或 BIT 协议。其中，中国和澳大利亚、智利、新西兰、秘鲁、新加坡、文莱、马来西亚、越南八国已签订 FTA 协议，与日本、澳大利亚、加拿大、智利、马来西亚、新西兰、秘鲁、越南八国已签订 BIT 协议，且与东盟四国（新加坡、文莱、马来西亚、越南）、日本建立了 "10+3" 合作机制。美国企图重塑全球经贸体系，但是其贸易保护主义政策和退出 TPP 的行为已经破坏了其在同盟国之中的信任，美国与其传统盟友之间的关系变得更不稳定，部分与美国合作密切的国家如加拿大、日本等开始寻求新的合作机会以降低对美国贸易的依赖，新的全球经贸合作关系正在形成。在这重要的战略调整期，中国应实时升级现有协议，尽快实现与 CPTPP 条款的对接，推进中国和韩国、中国和秘鲁、中国和巴基斯坦自贸区升级，加快中国、日本、韩国、中国和以色列、中国和挪威等自贸区谈判，全面深化与其他国家的经贸合作伙伴关系。另外，还要积极参与并推动包括 "一带一路"、RCEP、亚太自由贸易圈等区域经济合作，深入参与区域治理，扩大 "朋友圈"。

四、遵循由点到面，利用自由贸易港先行先试

由点及面、渐进式改革是中国改革开放成功的经验。自由贸易港执行的是一套更加自由、开放的经济制度，有得天独厚的 "先行先试" 条件。将高标准经贸规则融入自由贸易港的建设中，将自由贸易港建成对外开放过程中对接国际贸易规则的最前线。一是自由贸易港以自由贸易试验区为依托，开放程度高、经济基础优越，有能力探索中国对新规则的适应性；二是在自由贸易港先行试验有利于及时发现开放过程中的问题，提前制订应对措施，为实施全面开放铺平道路；三是自由贸易港的开放精神与 CPTPP 高标准规则相辅相成，税收、金融等方面的开放正是自由贸易港的题中应有之义，自由贸易港是最佳的高标准规则 "实验室"。如市场准入、投资规则等条款，这些条款不涉及国内规则的改革，而且中国与之差距较小容易达到规则要求，可以在自由贸易港做 "压力测试"。

五、建立国内协调机构,提高中国谈判效率

这里所说的国内协调机构,并不同于我们通常意义上所说的负责部门间专门性工作的"协调机构",而是一个将已达成的谈判协议在国内落实的机构。如中国在谈判中就政府采购问题达成一个各方都可以接受的出价,增加政府采购承诺的实体,扩大政府采购承诺的地域,那么由于需要保护本土经济,地方政府很难有足够的激励主动落实协议内容,这样就延缓了中国改革的进程,降低了中国加入 CPTPP 谈判的效率。因为 CPTPP 范围极广,涵盖国民经济的各个领域,中国改革涉及经济、政治、体制各个部分,所以有必要建立针对 CPTPP 谈判的国内协调机构,专门确保 CPTPP 谈判的成果能够在国内顺利推进,提高中国在谈判中的效率。在机构建立过程中应避免权责不清,要化零为整,对根深蒂固的问题重点突破,对同一领域的问题进行整合,防止重心不明、机构冗余反而造成的效率降低。

第 11 章　中美贸易摩擦背景下涉美实体清单企业发展问题的研究报告

在中美贸易摩擦常态化背景下，美国连续发布实体清单对中国高端企业、新兴产业及技术创新进行遏制。根据中国商务部门统计，自美国商务部 1997 年 2 月首次发布实体清单以来，① 美国商务部共发布实体清单信息 1373 条，涉及 75 个国家和地区，2020 年涉及中国的实体清单信息 381 条，历史上首次超过了长期处于榜首的俄罗斯，成为美国挥舞实体清单大棒打压的重点国家。由此判断，美国发布实体清单是常态化的，延缓或打断中国科技换代和经济"从量变向质变"转型的力度越来越加剧，这对中国经济安全、产业安全，以及产业链供应链的自主稳定带来严重冲击。在中美贸易摩擦的影响下，应积极应对美国对本土重点企业的管制、封堵和打压，对实体清单企业及重点领域企业进行针对性帮扶。本章在调研基础上分析了在中美贸易摩擦背景下中国外贸大省帮扶涉美实体清单企业反制的措施及面临挑战与问题，认为应抓紧攻关"卡脖子"关键核心技术，加快实施产业链"补链""强链"工程，探索新型国际贸易监管方式，高质量建设境外经贸合作区，实施中国标准国际化战略，加强政策精准性供给。

第一节　中国外贸大省的战略应对措施

美国商务部、财政部对中国华为、海康威视、曙光等企业进行出口管制、加征关税、经济制裁，禁止将原产于美国的技术、产品提供给实体清单内企业，相继发布了"实体名单""经济制裁名单""禁止采购名单"等一系列实体清单。2016 年 4 月，美国以违反出口管制法规为由将中兴通讯列入实体清单。2019 年 5 月，进一步把华为及其 68 家关联企业列入实体清单，禁止华为及旗下任何一家关联企业向美国企业购买核心零部件；2019 年 10 月又将海康威视、科大讯飞、大华科技等 8 家中国企业列入出口管制实体清单。2020 年 5 月进一步扩大清单范围，将烽火科技集团、东方网力科技股份有限公司、奇虎 360 有限公司等企业和北京计算机科学研究中心、哈尔滨工程大学、哈尔滨工业大学等高校院所等 33 家公司和科研机构列入"实体清单"。为抵制美"长臂管辖"，广东省、江苏省、

---

①　其实，华为和中兴并不是美国最早开始打击的实体清单企业。早在 1997 年 6 月，中国工程物理研究院就被美国商务部列入实体清单。

浙江省、福建省、上海市等外贸大省（市）对美国出口占全国的70%以上，积极应对美国对中国企业的管制、封堵和打压，对实体清单企业进行针对性帮扶，探索了行之有效的应对措施。

一、加强重点企业监测预警

针对中美贸易摩擦对企业带来的影响，浙江省等沿海外贸大省进一步加强对出口企业特别是实体清单企业的经营情况监测，加快推进海关数据库与经信、财政、信保、税务等部门数据互联互通，加强企业订单数据智能化归集，对实体清单企业进行"一对一"帮扶。比如，浙江省实施外贸"订单+清单"监测预警制度，建立重点企业"订单+清单"监测预警系统及稳企业防风险重点工作清单、惠企政策信息平台，"点对点"跟踪纳入实体清单的企业，重点关注美国市场占出口比重超过50%的企业，重点企业实行"一企一策"。福建省建立对美国出口市场占比50%以上的重点企业清单，重中之重帮扶实体清单企业，建立实体清单企业信息通报制度、动态直报制度、挂钩联系制度、用工用能用资实时监测制度，及时掌握实体清单企业运营及出口情况，动态评估中美贸易摩擦对实体清单企业技术、出口、订单等各方面的影响。广东省加快"互联网+海关"的平台建设，推动海关业务"上线上网""一网通办"，基本实现企业出口监测全覆盖。

二、积极开拓"替代性"市场

针对受中美贸易摩擦影响的重点企业和重点领域，沿海外贸大省依托"一带一路"建设，加大"全球营销"和出口市场多元化步伐，嵌入发达国家主导的全球供应链体系。广东省加大与欧盟、东盟、俄罗斯、日本、韩国等国家和地区的经贸往来，引导受影响企业通过建设境外生产基地、转口贸易中心和海外仓等方式开拓海外市场，搭建更多的展会平台、展销平台、经贸平台，推动企业开拓多元化国际市场。上海市全力打造"数字贸易国际枢纽港"，设立数字贸易创新发展基金，做大中国（上海）国际技术进出口交易会等平台，力争到2021年数字贸易进出口总额突破400亿美元，培育500家数字贸易重点企业。福建省加强美国加征关税清单商品出口替代分析，指导企业应对非关税壁垒，巩固提升欧盟、东盟、亚太等主销市场，深度开拓非洲、拉美等新兴市场。

三、加快高技术国产化替代

针对中美贸易摩擦涉及的重点产业、重点企业、重点技术管制、封锁及供应链隔离，沿海外贸大省（市）加大高科技项目实施力度，建设"产、学、研、用、资"协同创新综合体，启动实施一批重大科技专项，落实企业研发加计扣除等一系列研发激励政策，加快集成电路、人工智能、新能源、新材料等高技术国产化替代步伐。比如，由海康威视、之江实验室等联合实施的视频安防设备关键技术研发及国产化替代项目作为应对中美经贸摩擦的应急项目启动实施。浙江省每年实施 150 个省级重大标志性研发项目，攻克 30 项左右的国产化替代技术，通过 5 年时间培育 100 家左右在国际上具有核心技术竞争力的创新型领军企业。福建省设立 120 亿元的省级技改基金，落实首台套、出台首批次政策，加大企业技改投资和智能制造财政奖补。上海市引导龙头企业牵头成立产业联盟，加强美国对华出口管制应对指导，帮助企业建立合规体系，鼓励企业加快国产化替代。江苏省积极承担国家重点实验室、国家技术创新中心、国家工程实验室、国家制造业创新中心、国家企业重点实验室等平台建设任务，支持骨干企业或新型研发机构牵头组建产业技术创新战略联盟，加快高技术国产化替代步伐。

四、优化口岸通关环境

广东省利用国际贸易"单一窗口"和"互联网+海关""关港信息交互平台"等信息化手段，改变原来货物到港后才能报关的监管模式。广东省还在全国率先推出海运口岸 24 小时智能通关模式，实施"厂港联动""场港一体"通关监管。"厂港联动"将工厂作为码头的延伸，在工厂边装货、边预配、边报关，货物运抵码头卡口自动核放分流，装船出口；"场港一体"利用出口加工区等特殊监管区和车检场，在区内完成集拼、装箱，在车检场办理报关、查验放行手续，区港直通，货物抵港即可直接装船出口。这两种监管模式，企业足不出户可实现 24 小时报关，实现"进口卸货直提"及"出口抵港直装"，企业可以灵活安排库区 24 小时装货出厂，减少货物堆存的时间和费用。

五、实施对外贸易组合拳措施

针对美国沿用"替代国"、补贴外部基准等歧视性做法，对中国企业产品频繁裁出畸高税率，加重企业生产经营负担的问题，沿海外贸大省（市）积极谋划组合拳措施。江苏省、上海市等加强对受影响企业信贷、投行、风险管理等跨境融合金融服务，支持推广"助保贷"和保单融资等业务，对实体清单企业不随意抽贷、压贷、断贷，实施针对出口名牌的"品牌贷"、针对外贸升级基地的"基地贷"、针对高新技术企业的"科技贷"。上海市积极探索扩大出口应收账款融资区块链应用试点范围，拓宽资本项目管理便利化试点政策范围，在结售汇、贸易融资、衍生品等业务环节为企业减费让利。广东省发布了《鼓励进口技术和产品目录（2019 年版）》，明确了鼓励进口的重要装备 575 项和鼓励进口设备的重点行业 519 项。

第二节　当前面临的挑战和问题

一、美国常态化实施知识产权保护、技术标准贸易壁垒和强制性技术转让

在美国、墨西哥、加拿大自贸协定重新签署后，美国、欧盟、日本就WTO改革密集磋商，关于中国形成了"三不"，即"中国不再是发展中国家""中国不是市场经济""中国经济体系与WTO规则不兼容"。其中，知识产权保护、技术标准贸易壁垒、强制性技术转让是被反复提及的问题。具体途径主要包括五条：①美国商务部2020年6月开始实施的《出口管制条例》（EAR）第734、744两条款，将中国高科技企业列入"实体名单"，从供应链上对中国高科技企业进行限制。《出口管制条例》（EAR）进一步扩大了最终军事用途和用户的管制范围，取消民事最终用户许可例外，相关产品范围涵盖了核能、材料、电子、电信、传感器、激光、海洋、航天8大类，以及系统、测试、材料、软件、技术5种形式的商品或服务。①②美国外资投资委员会（CFIUS）通过"国家安全审查"方式限制向中国转让技术和外资并购，《美国外国投资风险评估现代化法案》（FIRRMA）2018年8月起生效后，进一步加强了外资安全审查。③利用《国际紧急经济权力法》进行限制，美国制裁中兴公司的法律依据就是《国际紧急经济权力法》。④利用《1930年关税法》中的337条款，由美国国际贸易委员会对进口至美国市场的知识产权侵权产品开展调查。⑤美国商务部工业安全局（BIS）对强制性技术转让以敏感货物出口进行管制。比如2020年5月22日，美国商务部工业安全局（BIS）将中国的33家机构和个人纳入实体清单。

二、中国部分领域关键核心技术"缺芯少魂"

中国虽然在高铁、家电、建材、船舶等领域核心技术领先美国，但在集成电路芯片、航空发动机、生物医药、特种化工、操作系统等领域落后于美国，部分核心产品和关键设备依靠进口。在中美贸易摩擦不断升级的背景下，当前集成电路等高端制造项目在推进中存在核心技术依赖进口风险。美国严控关键技术转让和关键项目外资并购，导致华为、中兴、海康威视等龙头企业设在美国的研发中心受到影响，北京、上海、杭州等地的海外科技创新中心受到限制。近期，美国

---

① 制裁面从人工智能等尖端技术扩大到数据安全、网络安全，中国获得美国先进技术的难度大大提升，对于采购依赖程度高的高科技公司而言，美国发布实体清单和限制中国采购带来的断供风险加剧。

商务部工业和安全局（BIS）对包括生物技术、人工智能、微处理器等14个类别的技术出口进行管制，中国相关企业遭受严重打击。比如人工智能领域，主要面临基础算法、基础软件、高端芯片等"卡脖子"风险点，基础算法领域主要依赖美国，大部分企业和科研机构使用的人工智能训练芯片、芯片电子设计自动化软件和人工智能深度学习训练框架均由美国提供，人工智能底层系统的基础软件依赖美国，传统数据库管理系统主要由甲骨文和IBM等美国企业提供，尽管蚂蚁金服的Ocean Base数据库在2019年数据库领域世界杯TPC-C基准测试中获第一，但目前只在阿里巴巴内部使用；移动端和个人计算机端芯片主要采用欧美架构，国内芯片设计公司只能在进口芯片指令集架构的基础上设计芯片，国内服务器整机厂商提供的训练服务器均使用美国英伟达GPU，国产寒武纪的GPU性能尚有较大差距还无法满足算法训练使用；在高计算性能芯片领域，国产自研不能完全满足需要且成本较高，高性能计算芯片主要依赖国外；受《瓦森纳协定》影响，中国集成电路制造企业很难购买到荷兰阿斯麦公司等跨国公司最先进的高精度光刻机。短期看，美国技术领先地位难以撼动，被美国"死卡脖子"仍在一定时期影响中国高科技行业竞争力。

三、中国产业链的韧性和在全球产业链中的核心竞争力不够强

尽管中国拥有联合国产业分类中的全部工业门类，但中美贸易摩擦不断升级暴露出中国在基础零部件、基础材料、基础工艺、基础装备等领域仍存在不少短板和瓶颈，核心零部件、核心软件、核心材料、核心设备等方面对美国等发达国家依存度比较高，一些产业链核心环节受制于人，特别是涉及外贸出口的产业链面临低端环节加快转移、高端环节难以突破的"双重困境"，中国产业链断裂风险增大。2019年10月8日，美国联邦政府宣布将海康威视、科大讯飞等28家中国企业实体列入"实体管制清单"，禁止这些企业购买美国产品，禁止与美国企业合作，有可能触发因核心零部件断供导致的产业链供应链危机，阻碍了中国产业链发展计划、国际产业链分工地位，造成产业链中部分骨干企业"非正常"出走，以及产业链中低端环节的企业加快向国外转移的迹象。

四、中美贸易不平衡带来的贸易摩擦变数增大

尽管近期中美经贸磋商出现一定的向好迹象，但美国打压阻碍中国崛起的战略意图没有改变，"边打边谈、边谈边打"成为常态。从中美两国贸易关系看，根据中国商务部门的核算，在1979—1992年的14年里，中国一向为逆差，自1993年转为顺差，1996年顺差为105亿美元。2006年顺差扩大到1442亿美元，2010年增加到1812亿美元，2015年增加到2608亿美元，2018年增加到3233亿

美元。据统计,美国对华逆差额占美国贸易逆差总额的47%。从中美经贸发展的历史趋势看,两国贸易越不平衡,中国贸易顺差越大,增速越快,两国产业重合度越高,竞争越激烈,发生贸易摩擦的可能性就越大。在全球贸易形势趋向恶化、贸易保护主义在全球范围蔓延的形势下,中美经贸关系充满较大变数和不确定性,中美贸易摩擦更趋长期化、激烈化,特朗普政府"出牌"更加频繁、更加多变。

第三节 对策与建议

一、实施产业链"强链、补链、延链"工程

中美贸易摩擦暴露出中国部分产业链关键环节受制于人。借鉴德国、日本产业链升级的经验,支持上下游企业加强产业协同和技术合作攻关,增强产业链韧性,构筑具有更强创新力、更高竞争力的产业链,防止产业空心化风险和"链条式"非正常外迁风险。

(1) 针对受美国打压较大的重点企业,研究建立产业救济机制,阻止产业链重创面过大,防止产业链整体外迁。尽快研究制定引导产业转移的政策组合拳,防止出现"链条式""集中式""抱团式"外迁,防止某些区域出现产业空心化现象。

(2) 建立产业链安全评估审查机制,对中国产业链安全进行风险评估,高度关注中美贸易摩擦背景下美国限制措施对中国重点产业链的摧毁式打击,警惕美国限制措施逼迫本土产业链向东南亚等国家转移。同时,评估美国在先进制造、量子信息、纳米科技、人工智能等高新技术领域封杀打压中国对本土高科技产业链向高端攀升的冲击和影响,着力解决中国产业链不强、不安全、不稳等问题,增强产业链的韧性和吸附力。

(3) 实施产业基础再造工程,探索重点产业链"生根"措施,针对中国制造重点行业进行针对性的扶持,实施产业链"强链""补链""延链"专项行动。

二、狠攻"卡脖子"关键核心技术

(1) 实行"清单式"攻关。加大"绿色"清单的市场化推广。全面梳理已实现国产替代的产业化关键技术,形成"绿色"清单并面向企业逐月发布,加速开展推广,先行替代使用。加强"黄色"清单的产业化应用。将短期内可以突破并实现进口替代的技术和产品列入"黄色"清单,制订实施进口替代创新产品的场景应用计划,推动进口替代技术产品的首试首用。启动"红色"清单

的应急攻关。组织专家、科研院所、龙头企业联合编制攻关指南，优选核心产业关键共性技术、存在断供风险但有能力攻关的技术项目，适当增加应急攻关扶持资金投入比例，推动攻克一批维护产业链供应链稳定的国产化替代产品和技术。

（2）坚决把"卡脖子"关键核心技术攻关作为应对中美贸易摩擦的重中之重，针对对华出口管制清单，地毯式梳理中国"卡脖子"关键核心技术清单，围绕高新技术产业，以及对产业安全风险影响较大的高端计算芯片、大容量存储设备、工业控制系统、高性能材料、基础软件和大型应用软件，高端装备及核心部件等领域，按照"急用先行"原则，抓紧实施核心技术、高科技技术、关键技术攻坚行动。

（3）针对可能被封锁的技术和设备，抓紧研究制订第三方替代方案。落实"卡脖子"相关产品、设备、生产原材料等急需商品进出口通关便利、税收优惠政策，以及国内进口替代产品的税收优惠政策，促进关键技术和重要产品进口，积极拓展关键零部件和先进技术设备多元化进口渠道，帮助企业应对技术封锁和零部件断供。

（4）集中力量办大事，聚焦关键核心技术对外依赖度大的高新技术产业领域，统筹资源要素投入，组建联合体进行联盟创新，按照"成熟一个、启动一个、推广一个"的方式，尽快攻克一批产业链"卡脖子"关键核心技术问题，按照产业链思维布局国家实验室、重点研究院等重大创新平台。

三、以"一带一路"为抓手，推动贸易自由化和市场多元化

（1）以达成区域全面经济伙伴关系（RCEP）为重要抓手，简化原产地证管理和通关手续，鼓励和引导中国企业开拓区域全面经济伙伴关系（RCEP）区域市场。深化自由贸易试验区建设，加快推进人民币国际化示范区建设。

（2）利用中国——东盟自贸区，拓展与东盟等发展中国家合作，同时以"一带一路"沿线国家为重点，加快在主要节点城市和港口布局建设一批经贸合作区，推动受中美贸易摩擦影响的企业落户园区，加快境外生产基地的建设和布点。

（3）加快在"一带一路"沿线国家市场的营销网络建设，推动龙头骨干企业到物流能力弱的沿线国家建立销售渠道。鼓励具备一定规模和实力的电商平台企业到海外建立实体展示和销售、配送和服务一体化的地区中心，推动公共海外仓与企业海外仓合作，降低海外仓运营成本。此外，要积极抵制美国实体清单，对本土企业不能因为列入实体清单而拒绝采购其产品和服务，本土企业产品和服务能满足需要的应当优先采购。

四、实施以标准国际化抢占全球产业链制高点战略

目前，美国、英国、德国、法国、日本5个发达国家主导制定了全球95%的国际标准，而中国仅占7‰，遏制了中国产业链的全球话语权。

（1）适应全球贸易数字化潮流，抓紧制定全球数字贸易规则，抢占全球数字贸易标准主导权和话语权。

（2）探索中国制造标准国际化"弯道超车"战略及技术路线，在标准尚未定型、用户尚未锁定的物联网、大数据、云计算、跨境电商等新兴产业领域，以及机器人、3D打印、航空航天装备、轨道交通装备、节能与新能源汽车等重点制造领域，加快标准国际化赶超步伐。

（3）实施"中国制造"标准引领工程，建设若干国家级标准实验室，加快对数字化、网络化、智能化制造技术、标准、产业化的布局，构建"中国制造"标准体系，引领制造业提质增效升级。

（4）借助"一带一路"国家倡议，实施加快中国装备制造标准走出去专项行动，鼓励水电、核电、高铁、电缆、通信等装备制造实质性参与国际、区域标准化活动，与重点国家标准化机构签署标准化合作协议，助推中国装备制造加速走出去。

五、探索新型国际贸易监管方式

（1）建设新型贸易示范区，推进"世界电子贸易平台"（eWTP）在更大范围拓展，推进跨境电商综合试验区建设，逐步放开市场采购贸易方式和跨境电商监管方式。开展跨境电商B2B2C出口业务模式创新试点，探索增值税"无票免税"和更加便利的企业所得税核定征收和收结汇管理。

（2）完善跨境进口正面清单管理制度，落实对跨境零售进口商品免于前置许可、注册、备案等政策，试点"出口地一次申报、一次查验、一次放行，进口地核单放行"。落实实体清单企业进口环节关税征收，将国内环节的快递、保险等费用从完税交易价格中扣除。

（3）完善跨境电商支付结算体系，建立针对跨境电商卖家支付账户的管理标准，允许国内支付机构为跨境电商开立（特种）人民币支付账户。

（4）建立全面的企业出口合规体系。包括管理层承诺、风险评估、商品质检、违规处理、知识产权、企业环境等，有效规避美国的出口管制以及经济制裁风险。

六、加强政策精准化扶持

（1）积极应对列入"实体名单"。推动企业扩展供应链，尽快寻找美国设

备、技术及产品的替代品,积极向美国商务部申请"临时性一般许可",延续美国企业对本土企业的供应,加强与美国最终用户审查委员会(ERC)沟通,争取启动"实体名单"移出程序。

(2)建立"卡脖子"创新成果重奖制度,对通过验收并成功商业化应用的"卡脖子"项目尤其是"无人区"项目,给予重大专项政策奖励,对重大突破提名国家级科学技术奖。

(3)加强对美国安全审查动向的分析研判,对涉及国防、通信、半导体、装备等敏感收购项目进行警示和引导。

(4)加大与"一带一路"沿线国家等税收协定的签谈力度,运用税收抵免、税收优惠政策互认等手段,帮助企业贸易全球化布局。

(5)加大对列入实体清单企业的融资支持,建立实体清单纾困"资金池",支持企业发行企业债,进一步创新债券品种。加大对实体清单企业出口信保支持,增加涉美涉税重点地区的信保额度,中美贸易摩擦相关案件定损核赔时间在现有基础上缩减25%,提高新兴市场出口信用保险保费补助比例,新兴市场信保覆盖面提高到50%以上。

第12章　制造业服务化与企业价值链升级的研究报告

当前，全球经济呈现出从"工业型经济"向"服务型经济"转型的新趋势。制造企业为提升竞争优势，逐步将产业链以制造为中心向以服务为中心转变。一些世界级制造业企业，如传统上典型的制造业企业美国通用公司、荷兰飞利浦公司、美国 IBM 公司等纷纷通过业务转型和服务模式创新提升竞争力。企业以制造为中心向以服务为中心的转变过程称之为制造业服务化。制造业服务化一词最早由 Vandermerwe 和 Rada 等在 1988 年提出，White 等（1999）、Reiskin 等（2000）学者对制造业服务化的内涵做了进一步阐述，归纳而言：制造业服务化是通过顾客参与、服务要素的投入和供给，最终实现价值链中各利益相关者的价值增值。从价值链"微笑曲线"看，制造业服务化可以通过上中下游的价值链延伸提升企业出口附加值。在产业链上游，制造业服务化更多地表现为高效的企业组织、充裕的人力资本和完善的研发创新体系（高传胜和刘志彪，2005；原毅军等，2007）。在产业链中游，制造业服务化可以通过生产业态创新、规模经济、范围经济（Francois，1990）等促进企业核心竞争力的提升。在产业链下游，制造业服务化通过产品差异化策略、物流运输和售后服务等途径，促使企业由传统制造环节向价值链下游延伸。

中国是制造大国，但大而不强，处于全球价值链低端，制造业服务化水平不高是其中重要因素之一。随着中国劳动力成本优势的减弱和西方制造业回流加快，中国制造业出口正面临着内外部环境的双重挤压。制造业服务化作为破解中国出口之困的重要手段，不仅有助于引领中国制造业向价值链高端攀升，而且有利于培育新的经济增长点。2014 年 6 月，人民日报刊文中明确指出"制造业服务化不仅是工业调整结构显著提升增加值的有力措施，而且是大力发展生产性服务业的重要途径"。但令人遗憾的是，关于制造业服务化"价值链升级效应"的研究文献极度匮乏。鉴于此，首先，依据 Koopman 等（2012）提出的 KWW 方法，将中国出口增加值精确细分。在此基础之上，计量分析制造业服务化对中国企业价值链参与程度和分工地位的促进效应，对比分析运输、电信、金融和分销四类服务化影响效应的差异性。其次，本章从微观企业视角，综合考量制造业服务化对企业产品升级的影响，并从资产专用性、省际服务要素投入两个视角作扩展分析。

第一节 机制分析

基于"服务中间投入"视角,制造业服务化对企业价值链升级影响的基本逻辑颇为直观。但由于服务投入的异质性,制造业服务化对价值链升级的影响会存在明显差异。

从制造业运输服务化的视角,Arrow 和 Kurz(1970)等学者已经证实了交通运输作为企业生产投入的重要作用。从企业内部角度看,制造业运输服务化有利于企业及时有效地调整生产要素,减少货物出口交货的时间成本,降低出口风险和不确定性,提高企业生产率和产品附加值(Moreno et al,2002;王永进等,2010);从产业链角度看,制造业运输服务化可以加深企业间工艺流程的分工合作,优化供应链的空间布局,促进全球和区域性优势资源的有效整合,延伸产业链条和企业"生产步长",增加企业出口附加值。

从制造业电信服务化的视角,电子商务、"互联网+"、两化融合是当前企业运营的新模式,电子信息技术具有渗透性、倍增性、网络性和系统性等特点(胡汉辉和邢华,2003)。制造业电信服务化的"价值链升级效应"可以从两个层面来理解:一是从企业角度,通过信息技术与制造技术的融合,企业可以有效控制企业产、供、销各个环节的经营运作,提高企业产出效率;二是从供应链的角度,制造业供应链信息化有利于企业间信息共享和协同运作,消除供应链上各"节点"企业的信息阻隔,提升供应链的运作效率。

从制造业金融服务化的视角,金融服务要素投入是加深企业价值链参与程度、提高企业出口附加值的关键因素:一是与异质性贸易理论所强调的类似,金融异质性是解释企业开展国际化行为的重要原因(吕越等,2015)。金融机构可以充分发挥"储蓄动员"功能,有效缓解制造业企业的流动性约束,降低市场交易成本,提高企业生产效率。二是金融服务投入能够促进制造业企业创新。金融机构通过为企业技术创新和研发投入提供所需要的资金支持,促进企业技术创新行为的长期化、稳定化和持续化。

从制造业分销服务化的视角,制造业分销服务化是实现制造业企业价值链升级和延伸的重要途径:一是制造业分销服务化可以有效缩短厂商与顾客之间的"距离",增强其在产业链下游环节的参与程度,减少信息不对称而导致生产的盲目性,有效缩短出口企业和东道国市场的文化距离、制度距离和地理距离;二是制造业分销服务化改变了企业过去以产品为中心的生产模式,充分满足目标顾客的个性化需求,通过顾客体验式营销和参与式研发,为顾客提供"产品—服务"包的完整解决方案,最终实现目标顾客的锁定和产品价值增值(Correa et al., 2007)。

命题：制造业服务化（运输服务化、电信服务化、金融服务化和分销服务化）降低了企业成本，提高了企业生产效率，增加了企业价值链参与程度，促进了企业价值链升级。①

第二节 典型事实

一、中国制造业服务化和价值链参与的典型事实

从制造业服务化横向对比看，发达国家的产业结构普遍存在"两个70%"现象，即服务业占GDP的70%、生产性服务业占服务业的70%，而中国服务业占比和生产性服务业占比均不足50%，差距十分明显。2011年由完全消耗系数测度的中国制造业服务化水平为40%，由直接消耗系数测度的制造业服务化水平不到15%，不仅与发达国家差距明显，而且与巴西、印度和俄罗斯等金砖国家相比，中国制造业服务化水平依然偏低。从制造业服务化的行业差异看，中国制造业服务化水平的行业差异明显（见图12-1）。

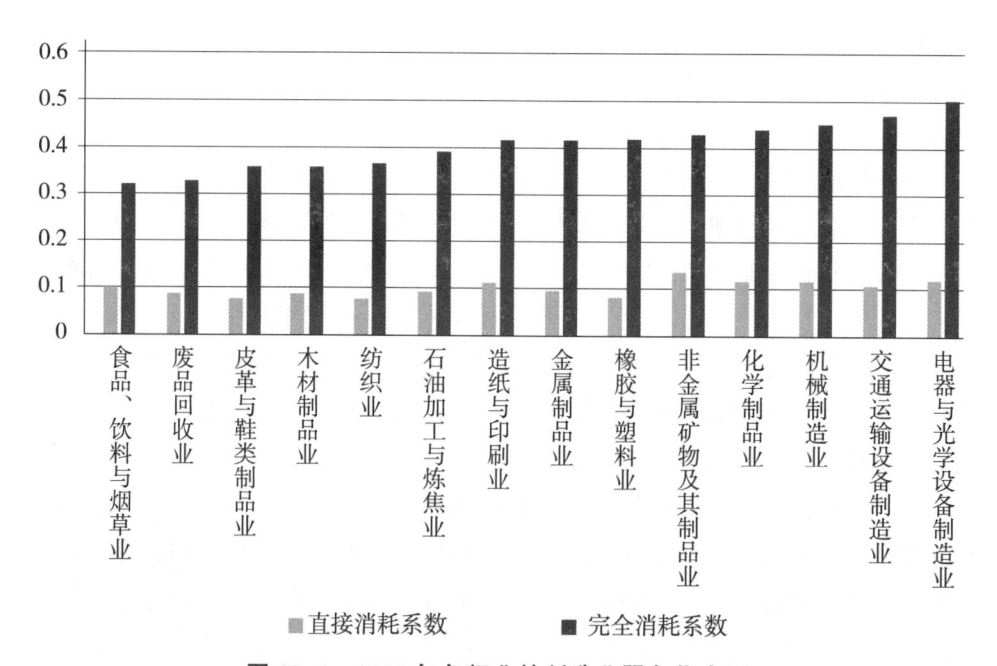

图12-1 2011年各行业的制造业服务化水平

---

① 笔者对命题有较为严密的理论模型推导，限于文章篇幅，未予报告。

2011年制造业服务化（完全消耗系数测算）排在前列的行业是电器与光学设备制造业、交通运输设备制造业、机械制造业等资本和技术密集型行业。制造业服务化水平排在后面的行业是食品饮料与烟草业、皮革与鞋类制品业等劳动密集型行业，其制造业服务化水平较低并不难以理解。但令人惊讶的是，这类行业在发达国家制造业服务化水平非常高，按照传统的国际分工理论是无法解释这种现象的。深入考察行业特征就会发现，虽然这类行业所涉及的技术含量并不高，但这类行业产品生命周期较短，且在产业链中更接近最终消费者，因此需要更多的研发设计、营销及售后服务等优质服务要素投入。发达国家在这些领域已经积累了丰富的研发设计和产品营销经验，因而占据了全球价值链的高端位置。虽然此类劳动密集型行业在中国出口中占据"半壁江山"，但由于这些行业制造业服务化水平普遍较低，在一定程度上导致了中国企业在价值链上的低端锁定。

从价值链参与程度看，1995—2011年，中国出口的垂直专业化率（具体测算方法见下文）呈现出不断上升态势，说明中国价值链参与程度在不断加深。特别是2001年中国加入WTO后，上升趋势尤为明显。受金融危机影响，与全球主要经济体相同，2008年中国价值链参与程度急剧下降，但在2010年后出现了明显反弹趋势。总体而言，中国价值链参与程度一直处于较高水平，这与中国的贸易结构密切相关，外资企业一直是中国重要的贸易主体，加工贸易则是中国主要的贸易模式。从价值链参与的组成指标看，相比最终品出口的国外增加值，中间品出口的国外增加值率占比在上升，说明当前中国可以通过向其他国家提供中间品参与全球生产，贸易结构正在优化。但总体而言，中国中间品出口的国外（国内）增加值率仍然低于最终品出口的国外（国内）增加值，且与发达国家相比，呈现出明显的"倒挂"现象，说明中国价值链分工地位仍然处于低端环节（刘斌等，2015）。

二、相关性分析

制造业服务化水平不同的行业，其价值链参与程度与分工地位存在较为明显的差异。制造业服务化水平相对较高的金属制品业、交通运输设备制造业、非金属矿物及其制品业、化学制品业等行业其价值链参与程度相对较深，且在全球价值链体系中的分工地位相对较高。而制造业服务化水平相对较低的食品饮料与烟草业、皮革与鞋类制造业、纺织业、废品回收业等行业其价值链参与程度和分工地位均相对较低。图12-2分别展示了制造业服务化与价值链参与程度和价值链分工地位之间的散点图，可以明显看出，制造业服务化与价值链参与程度、价值链分工地位均呈正相关关系。进一步的，本章测算了制造业服务化与价值链参与程度、价值链分工地位之间的相关系数，经检验发现，Pearson相关系数约为0.6

（P 值为 0），Spearman 相关系数约为 0.5（P 值为 0），说明制造业服务化与价值链参与程度、价值链分工地位具有较强的相关性。

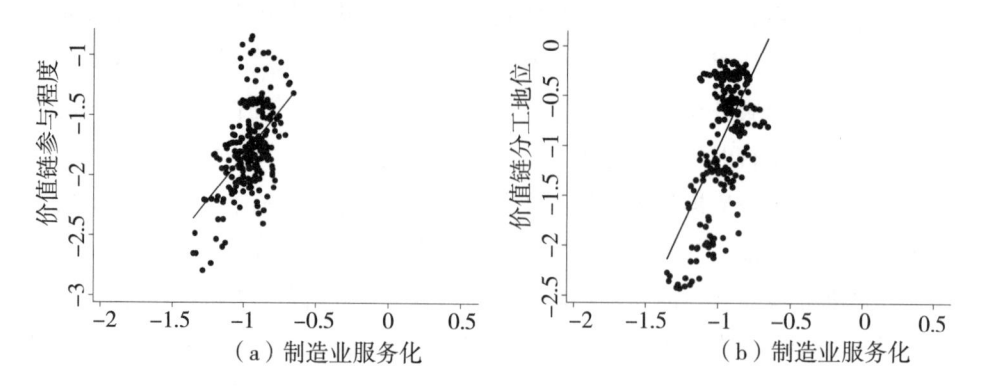

图 12-2 制造业服务化与价值链参与程度和价值链分工地位之间的散点图

第三节 计量模型的建立

一、计量模型的建立

由以上分析可知，制造业服务化对价值链升级产生重要影响。据此本章在行业层面建立普通最小二乘回归的计量模型如下：

$$GVC_{jmt} = \beta_0 + \beta_1 Servitization_{jt} + \beta Controls + v_j + v_t + v_m + \varepsilon_{jmt} \quad (1)$$

其中，下标 j、m 和 t 分别表示行业、出口市场和年份。GVC_{jmt} 表示价值链参与程度与分工地位。$Servitization_{jt}$ 表示制造业服务化水平。$Controls$ 包括引力模型变量和其他行业控制变量。v_j、v_t 和 v_m 分别表示行业、时间和出口市场固定效应。

计量分析的第二部分是研究制造业服务化对企业产品升级的影响。由于企业样本中存在大量内销企业，若将内销企业忽略，会导致样本选择偏差。Heckman 两阶段模型可有效解决这一问题。第一阶段企业是否出口的 Probit 模型如下：

$$\Pr(expdum_{ijt} = 1) = \Phi(\alpha_0 + \alpha_1 Servitization_{jt} + \alpha Controls + v_j + v_t + \varepsilon_{ijt}) \quad (2)$$

其中，下标 i、j 和 t 分别表示企业、行业和年份。被解释变量 $expdum_{ijt}$ 表示企业出口的虚拟变量 {0, 1}，出口交货值大于 0 时为 1，否则为 0。$Controls$ 代表企业层面控制变量。Heckman 第二阶段模型如下：

$$exp_{ijt} = \beta_0 + \beta_1 Servitization_{jt} + \beta Controls + Imr_{ijt} + v_j + v_t + \varepsilon_{ijt} \quad (3)$$

exp_{ijt} 代表企业产品升级（企业出口产品质量和技术复杂度）。在 Heckman 第二阶段模型中引入反米尔斯比率 Imr_{ijt}，用于克服样本选择性偏差。

二、变量说明

（1）制造业服务化。目前学术界主要运用投入产出法中的直接消耗系数法和完全消耗系数法测算制造业投入服务化（Gunter，2010；顾乃华和夏杰长，2010）。直接消耗系数是指某行业生产单位总产出直接消耗的各行业服务的数量，运用该行业中服务业投入占总投入占比表示。在国民经济各行业之间除了直接消耗外，还存在间接消耗。各行业对服务业的直接消耗和间接消耗的总和就构成了制造业对服务业的完全消耗。具体公式如下：

$$Servitization_{ij} = a_{ij} + \sum_{k=1}^{n} a_{ik}a_{kj} + \sum_{s=1}^{n}\sum_{k=1}^{n} a_{is}a_{sk}a_{kj} + \cdots \quad (4)$$

其中，上式中 $Servitization_{ij}$ 代表制造业 j 的服务化水平，公式右侧第一项表示第 j 部门对第 i 服务部门的直接消耗量，式中第二项表示第一轮间接消耗，依此类推，第 $n+1$ 项为第 n 轮间接消耗。与直接消耗系数相比，完全消耗系数更全面地反映制造业与服务业各部门之间相互依存关系，因此本章运用完全消耗系数作为制造业投入服务化的测度指标。需要说明的是，在当前数据条件下，制造业产出服务化无法运用投入产出表直接测算。

（2）价值链参与程度、价值链分工地位。本章借鉴 Koopman 等（2012）和 Wang 等（2013）方法，运用 WIOD 数据将中国出口增加值细分为 16 部分。在此基础上，运用出口国外增加值与重复计算部分之和，即垂直专业化比率表示价值链参与程度。对于全球价值链分工地位的度量，许多学者认为：若一国通过向其他国家或地区提供中间品参与国际分工，则该国就位于价值链体系的高附加值环节；反之，若一国通过大量进口别国或地区的中间品来生产和出口最终品参与国际分工，该国就位于价值链体系的低附加值环节（Wang et al.，2013）。鉴于此，本章同时运用两个指标衡量价值链分工地位。一是来自第三国的中间品出口的国内增加值和来自直接进口国的中间品出口的国内增加值占总的国内增加值的比例（分工地位Ⅰ）；二是来自第三国的中间品出口的国外增加值和来自直接进口国的中间品出口的国外增加值占总的国外增加值的比例（分工地位Ⅱ）。

（3）企业产品升级。Humphrey 和 Schmitz（2002）提出了以企业为中心、由低级到高级的四层次升级模式，分别是工艺流程升级、产品升级、功能升级和链条升级。其中，产品升级是价值链升级的"关键节点"。本章运用产品质量和产品技术复杂度表示企业的产品升级，出口产品质量强调产品内的垂直差异。如高档服装较低档服装有更高的舒适度。产品技术复杂度则强调产品间技术含量的水平差异，如服装的技术含量低于电脑。测度如下：

出口产品质量的测度是基于事后反向代入法。按照 Gervais（2009）、施炳展（2013）、刘斌等（2015）的做法，对企业 i 产品 h 在 t 年对 m 国的出口数量表示为：$q_{ihmt} = p_{ihmt}^{-\rho} \lambda_{ihmt}^{\rho-1} E_t / P_t$，$p_{ihmt}$ 为产品价格，λ_{ihmt} 为产品质量，E_t 为消费者支出，P_t 为价格指数，ρ 为产品替代弹性。取对数整理可得：

$$lnq_{ihmt} = v_t - \rho lnp_{ihmt} + \varepsilon_{ihmt} \tag{5}$$

其中，$v_t = lnE_t - lnP_t$，在计量模型中运用出口市场和时间的虚拟变量表示，$\varepsilon_{ihmt} = (\rho-1) ln\lambda_{ihmt}$ 为包含质量信息的残差项。则产品质量可以表示为：

$$quality_{ihmt} = ln\lambda_{ihmt} = \varepsilon_{ihmt}/(\rho - 1) \tag{6}$$

上式中 $quality_{ihmt}$ 代表产品质量。对上式进行标准化处理可得：

$$squality_{ihmt} = (quality_{ihmt} - minquality_{ihmt})/(maxsquality_{ihmt} - minsquality_{ihmt}) \tag{7}$$

式中 $squality_{ihmt}$ 代表标准化质量，$minquality_{ihmt}$、$maxquality_{ihmt}$ 分别代表产品质量的最小值和最大值。然后，本章运用企业产品出口额作为权重，得到企业层面加权平均质量。

出口产品技术复杂度的测算相对简单，其关键是计算劳动生产率。通常认为：生产率较高的国家其出口产品技术复杂度相对较高。Hausmann 等（2007）、樊纲等（2006）均假定：在不同国家或地区，同一种产品的劳动生产率是相同的，但不同种产品的劳动生产率是存在差异的。若某种产品在高收入国家生产，其劳动生产率水平就越高，反之则反是，收入水平就成为劳动生产率的替代变量。本章采用各国各类出口产品所占比重作为该国人均收入的权重，进而得到出口技术复杂度的公式：

$$ETS_{ct}^h = LP_{ct}^h = \sum_c \left[\frac{(EX_{ct}^h/EX_{ct})}{\sum_{ct}(EX_{ct}^h/EX_{ct})} \times PGDP_{ct} \right] \tag{8}$$

式中，EX_{ct}^h 表示国家 c 在 t 期产品 h 的出口；EX_{ct} 表示国家 c 在 t 期的总出口；$PGDP_{ct}$ 代表国家 c 在 t 期的人均 GDP。这样就得到了各国共同的劳动生产率 LP_{ct}^h，进而得到了产品的技术复杂度。进一步地，本章通过加权平均即可得企业层面的出口技术复杂度。

（4）行业层面的控制变量。①①引力模型变量：贸易伙伴国 GDP 数据、与贸易伙伴国的距离、是否内陆国、贸易伙伴国的风险率；②行业关税率：本章在

---

① 本章对行业和企业层面的控制变量的计算有较为详尽的说明，但限于文章篇幅，未予报告。

毛其淋和盛斌（2013）研究基础之上，将产品层面关税进行加权处理得到行业层面的关税率；③行业资本强度：由实收资本除以劳动人数得到；④行业全要素生产率：由数据包络分析（DEA）方法测度得到；⑤国有资本和外商资本占比：运用国有资本和外商资本占实收资本的比率表示。

（5）企业层面的控制变量。①企业生产率：采用LP方法计算企业生产率（Levinsohn and Petrin，2003）；②企业资本强度：用企业固定资产净值年平均余额除以从业人数表示；③企业融资约束：借鉴阳佳余（2012）的方法，构建了包括11个分指标的综合指标来衡量企业融资约束；[①] ④企业成立时间：运用以下公式得到企业成立时间：企业成立时间=当年年份-开业年份+1；⑤企业相对规模：运用企业工业总产值与企业所在行业工业总产值的比值表示；⑥是否国有和是否外资：以国有资本比例是否超过50%作为界定国有企业的标准，以外商资本比例是否超过25%作为界定外资企业的标准（路江涌，2008；余淼杰，2010；刘斌，2015）。

三、数据说明

本章使用的数据主要来源于世界投入产出数据（WIOD）、省级和省际投入产出表、中国工业企业数据库和中国海关进出口企业数据库。其中，制造业服务化数据来源于WIOD数据库、省级和省际投入产出表。出口产品质量和出口技术复杂度的原始数据来自中国海关进出口企业数据库和联合国商品贸易统计数据库。企业层面控制变量来自中国工业企业数据库。行业层面控制变量来自《中国工业经济统计年鉴》，计算行业全要素生产率所需数据来自香港环亚经济数据数据库。引力模型变量来自IMF数据库、CEPII数据库、OECD数据库。行业和企业层面数据的对接是通过行业代码实现的。中国工业企业数据库和海关进出口企业数据库的对接是参照田巍和余淼杰（2013）的方法。

[①] 选择的分指标包括：现金存量占比，用企业现金流量占总资产比重衡量；商业信贷比率，用企业应收账款占总资产比重表示；利息支出占比，用企业利息支付占固定资产比重衡量；企业规模，用企业总资产的对数值衡量；有形资产净值，用企业有形资产占总资产比重衡量；清偿比率，用企业所有者权益占总负债比率衡量；流动性比率，用企业流动资产与流动负债比值衡量；偿债能力，用企业固定资产存量与总债务比率衡量；资产收益率，用企业息税后收益占总资产比率表示；销售净利率，用企业息税后收益占产品销售收入比率表示；流动性约束，用企业流动资产与流动负债之差除以企业总资产表示。按照所有企业每年11个分项指标大小进行十等分排序和赋值，然后将每个指标的赋值进行加总得到企业融资约束综合指标，该指数越大，表明企业所受到的融资约束越严重。

第四节 制造业服务化与全球价值链：参与程度与分工地位

一、基本估计结果

表 12-1 第（1）列报告了制造业服务化对 GVC 参与程度的影响，第（2）和（3）列报告了制造业服务化对 GVC 分工地位的影响。估计结果显示：制造业服务化对价值链参与程度的影响系数显著为正，说明制造业服务化有利于企业融入全球经济一体化。制造业服务化对 GVC 分工地位Ⅰ和分工地位Ⅱ的估计系数均显著为正，即制造业服务化水平越高，企业在全球价值链体系中的分工地位越高。与本章预期一致。

表 12-1 普通最小二乘回归

类别	（1）GVC 参与程度	（2）GVC 分工地位Ⅰ	（3）GVC 分工地位Ⅱ
制造业服务化	0.0871***	1.1683***	0.8059***
	(3.0092)	(19.4869)	(11.1136)
贸易伙伴国 GDP	-0.1789***	0.1158***	0.1425***
	(-42.5333)	(12.9765)	(13.1882)
贸易伙伴国距离	-0.2467***	0.0918***	0.0879***
	(-25.5425)	(4.4902)	(3.5552)
贸易伙伴国风险率	-0.0810***	-0.2887***	-0.3054***
	(-4.5034)	(-7.5396)	(-6.5906)
贸易伙伴国是否内陆国	0.4260***	0.3321***	-0.1196**
	(21.6675)	(7.8253)	(-2.3741)
行业关税率	0.0220	-0.8213***	-1.0252***
	(1.3370)	(-45.6990)	(-47.1659)
行业资本强度	-0.0089	-0.0191	0.0161
	(-1.1019)	(-1.3468)	(0.9391)
行业全要素生产率	-0.0040	-0.1232***	-0.1504***
	(-0.2116)	(-3.9163)	(-3.9534)
国有资本占比	0.0260***	0.0428***	0.0744***
	(4.2978)	(4.6661)	(6.7005)
外商资本占比	-0.0035	0.0139	0.0471***
	(-0.2781)	(1.0140)	(2.8502)
常数项	1.5263***	1.4782***	1.3266***
	(11.2898)	(6.3887)	(4.7405)
观测值	9710	9674	9673
R^2	0.6950	0.4605	0.4475

注：① ( ) 内数值为 t 统计量；② *、** 和 *** 分别代表 10%、5% 和 1% 的显著性水平；③计量模型控制了行业、年份和出口市场的固定效应。

二、系统 GMM

Roberts & Tybout（1997）研究发现企业一旦进入出口市场，其出口行为将具有持续性。因此有必要在方程中引入一阶滞后项，但引入该项后，计量模型将会产生内生性问题，GMM 方法则可以有效解决该问题。表 12-2 报告了系统 GMM 两步法的估计结果。结果与 OLS 估计结果完全一致，说明本章估计是稳健的。

表 12-2　系统 GMM 估计结果

类　别	（1）GVC 参与程度	（2）GVC 分工地位 I
制造业服务化	0.7691*** (4.7011)	1.2003*** (4.0202)
被解释变量的滞后项	0.0077 (1.0184)	0.0227 (1.1054)
控制变量	是	是
常数项	1.8328** (2.4978)	-0.7198 (-0.5414)
AR（1）	-23.8500 [0.0000]	-19.6600 [0.0000]
AR（2）	0.0000 [0.9970]	0.2300 [0.8180]
Hansen J 统计量	182.2800 [0.9870]	195.6900 [0.9350]
观测值	9095	9031
Wald chi（2）	10286.9800	2653.6100

注：①[ ]内数值为相关检验的 P 值；②同表 12-1。

三、基于服务投入异质性的视角

表 12-3 第（1）~（4）列报告了制造业服务投入异质性对 GVC 参与程度的影响。估计结果显示：电信服务化、金融服务化和分销服务化对企业价值链参与具有重要影响，符合预期。令人意外的是，运输服务化系数并不显著，其原因是：运输服务化的国际市场进入的促进效应与国内市场进入的促进效应具有同等"效力"，运输便利化和物流管理使得企业全球价值链参与和国内区域链参与的"偏好"相同。第（5）~（8）列报告了服务投入异质性对 GVC"分工地位I"的影响。结果显示：制造业运输服务化、金融服务化和分销服务化的系数均显著为正，与预期一致。令人意外的是，制造业电信服务化系数并不显著，其原因是什么呢？虽然历经几次改革，但中国电信业仍然处于分拆垄断状态，制造业电信服务提供商的"先占优势"和"在位优势"阻碍了市场竞争和产品创新，"投入—产出"关系

所产生的"涟漪效应"波及了下游制造业企业生产效率的提升。这种"先占效应"在具有明显网络外部性的电信领域表现得尤其突出（周念利，2014）。

表 12-3　制造业服务投入异质性的估计结果

变量	参与程度				分工地位 I			
	(1)	(2)	(3)	(4)	(5)	(6)	(7)	(8)
运输服务化	-0.0014 (-0.0478)				2.3859*** (50.2458)			
电信服务化		0.4733*** (36.8526)				0.0218 (0.4725)		
金融服务化			0.1237*** (5.4665)				1.5186*** (40.3520)	
分销服务化				0.4199*** (18.0188)				0.1288*** (3.0310)
控制变量	是	是	是	是	是	是	是	是
常数项	0.9825*** (6.4604)	3.3180*** (24.5546)	1.2941*** (9.2958)	1.7172*** (13.0261)	7.0340*** (28.9607)	-2.4283*** (-8.0369)	4.1641*** (17.9932)	0.6076** (2.5280)
观测值	9710	9710	9710	9710	9674	9674	9674	9674
R^2	0.6789	0.7185	0.6798	0.6893	0.5558	0.7245	0.5204	0.4397

注：同表 12-1。

第五节　扩展分析

一、基于产品质量和技术复杂度的分析

表 12-4 Heckman 模型回归结果，制造业服务化仍然运用 WIOD 数据测算。第（1）列 Heckman 第一阶段结果显示：制造业服务化提高了企业出口概率。第（2）和（3）列 Heckman 第二阶段结果显示：制造业服务化对出口产品质量和技

术复杂度的影响系数均显著为正,说明制造业服务化不仅有利于产品品质"垂直层面"上的质量改进,而且有利于产品品质"水平层面"上的技术复杂度提升。①

表 12-4　Heckman 模型回归结果

变量	(1) 是否出口	(2) 产品质量	(3) 技术复杂度
制造业服务化	1.6200*** (63.0663)	2.0595*** (49.8557)	0.6359*** (5.4520)
行业关税率	-0.0937*** (-13.9290)	0.0626*** (4.7454)	0.1431*** (4.6206)
企业生产率	0.2360*** (119.0284)	-0.0169*** (-5.6752)	0.0873*** (15.6061)
企业资本强度	0.0594*** (16.3443)	0.0181*** (10.1591)	0.0184*** (5.0888)
企业融资约束	-0.0635*** (-56.8399)	-0.0233*** (-2.7615)	-0.0572*** (-3.9954)
企业成立时间	0.1048*** (61.2800)	-0.0405*** (-13.3147)	-0.0385*** (-6.5795)
企业相对规模	-0.0462*** (-21.6683)	-0.0113*** (-3.3768)	-0.0077 (-0.8045)
是否国有企业	0.8647*** (271.3146)	-0.0119 (-1.1292)	0.0482*** (2.5901)
是否外资企业	-0.2036*** (-35.8023)	-0.0585*** (-6.4491)	0.1413*** (4.9125)
反米尔斯比率		0.1356*** (10.5085)	-0.2394*** (-5.3951)
常数项	5.8588*** (47.0866)	4.9313*** (33.5973)	0.9140* (1.8942)
观测值	1248666	179310	180484
R^2	0.1769	0.0913	0.1641

注：同表 12-1。

---

① 为了回归稳健性,本章采用三种方法进行估计:①运用省级和省际投入产出表测算制造业服务化,以此避免 WIOD 行业数据与企业数据匹配时的过度加总和行业对照偏差问题;②运用企业海关数据库中的"企业—产品—年份"三维数据度量出口产品质量和技术复杂度,以此避免产品质量和技术复杂度在企业层面加总的偏差问题;③依据服务要素投入异质性,本章对运输、电信、金融、分销做了计量回归,回归结果与表 12-3 完全一致。限于文章篇幅,上述计量结果未予报告。感谢审稿人的建议。

二、基于资产专用性[①]的视角

当前中国沿海地区存在大量的以加工贸易为主的劳动密集型企业，大部分企业是为跨国公司贴牌加工，企业为此需要进行资产专用性投资，以满足跨国公司对产品设计、规格、质量等特殊要求。那么，对于资产专用性企业，制造业服务化对其价值链产品升级的影响有何特殊性？表12-5Heckman第二阶段回归结果显示：制造业服务化与资产专用性交互项系数显著为正。①从运输服务化视角，发达的物流网络不仅能够有效降低"地理距离"而导致的"产品锁定"风险，而且有助于企业及时有效地将中间投入调整至最优水平。②从金融服务化的视角，由于资产专用性中间品的生产往往需要大量匹配性的设备投资。金融部门的风险分散功能间接降低了资产专用性中间品生产商的投资套牢风险。③从分销服务化视角，市场调研、营销渠道等服务要素投入对企业声誉和品牌认可度的提升效应不言而喻，声誉资本的"力量"和长期契约的"纽带"足以遏制"敲竹杠"的动机（聂辉华和李金波，2008）。技术溢出的强度取决于价值链领导厂商与国内供应厂商的关系密切程度，双边依赖程度越高，技术转移的强度就越大。

电信服务化交互项系数不具有显著性，其原因是：①制造业电信服务化可以加强供应链条中上下游企业的沟通，有效避免"可占用性"准租被攫取的机会主义行为的发生；②制造业电信服务提供商的"先动优势"和"在位优势"阻碍了市场竞争和产品创新。

三、基于省际服务投入的差异性分析

服务业的"跨省业务"和"区域深度融合"已经成为当前服务业发展的典型特征。为了进一步分析省内、省外服务投入对企业出口表现的影响，本章运用省际投入产出表对此进行深层次分析。表12-6Heckman第二阶段回归结果显示：省外服务投入对企业出口产品质量和技术复杂度的影响均显著为正，且省外服务投入的影响效应明显大于省内。究其原因：①服务外包效应。本省制造业企业可以将服务外包给效率更高、质量更优的省外服务企业，降低企业的业务成本。②创新激励效应。区域一体化的竞争效应有利于激励企业增加研发投入，促进企业管理模式和生产模式的创新（张艳等，2013）。

---

① 本章对资产专用性指标的度量是采用Nunn（2007）、盛丹和王永进（2010）的方法，由于篇幅所限，本章未予报告。

表 12-5 Heckman 第二阶段回归结果——资产专用性

变量	企业产品质量	企业技术复杂度	企业产品质量	企业技术复杂度	企业产品质量	企业技术复杂度	企业产品质量	企业技术复杂度	企业产品质量	企业技术复杂度
制造业服务化交互项	0.8605*** (12.0996)	12.8122*** (4.6841)								
运输服务化交互项			3.5919*** (9.4379)	1.6676*** (2.6790)						
电信服务化交互项					0.2097 (1.2713)	1.3100 (0.8856)				
金融服务化交互项							4.8067*** (8.6476)	2.1606** (2.3950)		
分销服务化交互项									0.7407** (2.4403)	2.7493*** (5.2724)
控制变量	是	是	是	是	是	是	是	是	是	是
反米尔斯比率	0.3034*** (18.1539)	-0.1067*** (-3.8510)	-0.0546 (-0.6873)	-0.0230 (-0.1729)	0.0349*** (6.9506)	-0.1309*** (-4.7331)	0.2787*** (16.3812)	-0.1236*** (-4.4848)	0.2930*** (16.8137)	-0.1452*** (-5.0852)
常数项	3.7171*** (8.7823)	-0.0737 (-0.1995)	-1.3412*** (-4.9408)	1.1956*** (2.7565)	0.4859*** (8.5170)	0.5835* (1.7148)	-0.4013* (-1.9317)	0.9124** (2.4565)	-0.7412*** (-3.6319)	0.4962 (1.4464)
观测值	16886	17004	16886	17004	16886	17004	16886	17004	16886	17004
R²	0.0667	0.0983	0.0479	0.0918	0.0367	0.0921	0.0631	0.0917	0.0595	0.0935

注：①同表 12-1；②本章在模型引入了制造业服务化、资产专用性变量，限于表格宽度，未列出；③Heckman 第一阶段估计结果限于表格宽度，未列出。

表 12-6 Heckman 第二阶段回归结果——省内、省外服务投入的差异性

变量	(1) 产品质量	(2) 产品质量	(3) 技术复杂度	(4) 技术复杂度
省外服务投入	0.0520** (2.2176)	—	0.1156*** (2.6717)	—
省内服务投入	—	0.0180*** (3.2960)	—	−0.0180 (−0.3512)
控制变量	是	是	是	是
反米尔斯比率	0.3475*** (23.2346)	0.0560*** (10.2060)	0.2779*** (6.6368)	−0.1268 (−1.4676)
常数项	−0.6009*** (−2.7757)	0.2160*** (5.9309)	0.6871 (0.9653)	−0.6574 (−0.8781)
观测值	16961	16952	17081	17081
R^2	0.0533	0.0218	0.1375	0.1351

注：同表 12-1。

第六节 结论与建议

本章在以往文献的研究基础之上，准确度量了中国企业价值链参与程度和分工地位，计量分析了制造业服务化对中国价值链升级的影响。研究结果表明：①制造业服务化加深了企业价值链参与程度，提升了价值链分工地位；②制造业服务化提升了企业出口的产品质量和技术复杂度，促进了企业产品升级；③运输服务化、金融服务化和分销服务化对企业价值链升级具有显著的提升作用，而电信服务化对价值链升级的影响并不明显；④资产专用性越高的行业，制造业服务化对企业产品升级影响越大；⑤省际服务要素投入对于企业价值链升级具有更为重要的影响。

当前，制造业企业生存环境已经发生深刻变化，为达到"微笑效果"，提高企业竞争力，制造业服务化已成为企业转型升级的新路径。鉴于此：①加快推进制造业服务化进程。制造业企业要顺应现代服务业发展和市场变化，加强制造业与服务业的深度融合，增加制造业生产和企业组织中的服务要素投入，向研发、设计等价值链上游扩展，提高企业出口产品附加值。制造业企业要围绕产品功能扩展服务业务，向营销、售后等服务下游延伸。②提升制造业和服务业的产业分工协作水平，重塑价值链重心。降低企业融资成本，拓宽企业外部营销渠道。加快推进电信业"网业分离"的第五次改革，彻底开放垄断资源，形成公平公正的电信市场秩序，改变"供给扭曲"的制度性缺陷。③降低区域间服务贸易壁垒，消除产业间的地区行政割据，减少产业结构趋同、过度竞争导致的效率损失，优化制造业和服务业的区域分工，促进省际服务业与制造业的深度融合，构建基于比较优势的区域链生产网络。

第13章 政府采购影响中国制造企业产能利用率的研究报告

第一节 引　言

作为公共财政运用的重要组织方式，政府采购是一种极其强大的产业政策工具（Rothwell，1984），能够充分体现国家层面的政策性意图（刘龙政，2008）。理论上这种政策性意图不但体现在通过集中采购来提升资金使用效率并节约财政资金，而且体现在通过政府的大规模需求来引导企业行为并促进产业发展。目前，通过政府采购扶持国内特定产业的发展已成为世界各国的通行做法（徐升权，2017），如美国的高新技术产业发展就得益于其政府采购的优先考虑（Geroski，1990）。伴随政府采购规模的持续、快速扩张，[①] 中国的政府采购也开始凸显引导企业选择与产业发展（于安，2015）。如国务院《"十三五"国家战略性新兴产业发展规划》就明确提出"完善政府采购政策，加大'双创'以及云计算、大数据、循环经济等支持力度"；《中华人民共和国科学技术进步法》也提出"通过政府采购支持自主创新产品的研发与推广"。

在政府采购持续扩张并开始凸显产业政策效应的同时，中国正面临着严重的产能过剩，2001—2011年全国工业的平均产能利用率仅为60.68%（张少华和蒋伟杰，2017），远远低于国际上85%的企业产能充分利用标准（国务院发展研究中心，2015）。当前，"去产能"已经成为中国供给侧结构性改革的重点，排在了"三去一降一补"的首位。既然如此，兼具政府政策性意图和产业政策工具的政府采购，能否作用于中国的"去产能"呢？就现有文献看，既有研究集中探讨了政府采购的技术创新功能（Vecchiato & Roveda，2014）与产业政策效应（李方旺，2015），一致认为政府采购已经演变为国家干预经济活动的重要政策工具，但少有研究进一步讨论政府采购对企业产能决策和产能过剩的影响。鉴于政府采购是企业极其重要的产品销售渠道（黄玖立和李坤望，2013），其很可能直接影响企业产品出清方式，并决定企业产能利用率；同时，政府采购也兼具市场

[①] 国家统计局的数据显示，2015年中国政府采购规模已经高达21071亿元，分别占到当年财政支出与GDP总量的12%、3.1%，是1998年（政府采购的第一年）政府采购规模的679.7倍，呈现出持续、高速增长的趋势。

选择功能，对于渴求政府订单的企业而言，政府采购很可能通过需求牵引的机制渠道诱导企业投资，并影响产能供给和产能利用率。据此，本章立足供给侧结构性改革"去产能"的政策视角，将政府采购与制造企业的产能利用率结合起来，深入考察二者可能的作用机制。本章研究发现：政府采购没能成为产能过剩治理的政策工具，反而成为企业产能利用率下降的重要诱因；定量分析表明，与缺乏政府订单的企业相比，获得政府订单致使企业产能利用率下降2%，企业政府采购的销售占比每提高1%，其产能利用率随之下降6%。后续，本章从产能供给形成、产能需求出清及企业产能供需动态调整三个方面，分析了政府采购抑制企业产能利用率的可能机制。

与既有研究相比，本章可能的贡献在于：①就研究视角看，本章可能是首篇从微观企业视角考察政府采购与产能利用率的经验文献。因数据限制，既有文献主要从宏观和中观层面考察政府采购及其影响，本章利用"世界银行中国投资调查"数据，直接获取了企业拥有政府订单的政府采购信息，据此验证政府采购对企业产能利用率的微观影响。②在研究方法上，本章综合了工具变量法、处理效应模型、内生转换模型及倾向值匹配和面板固定效应等多种方法，控制了计量模型可能存在的多种内生性问题，获得了相对稳健的经验结论，有效识别了政府采购对企业产能利用率的因果特征。③就研究内容而言，本章从产能供给形成、产能需求出清及产能供需失衡多个层面验证了政府采购可能抑制企业产能利用率的机制渠道，弥补了现有研究的不足，并为供给侧结构性改革中如何"去产能"（刘戒骄和王振，2017）与怎样优化政府作用（金焙，2017），提供了新的经验证据。

第二节 文献回顾与研究假设

一、政府采购与产能过剩治理

产能利用率是企业实际产量占理论生产能力的比重，是衡量产能过剩的重要指标（董敏杰等，2015）。由于市场预期、要素供给及潜在进入者的战略威胁等影响，企业实际产量一般都会低于理论生产能力，产能利用率很难达到100%。从理论层面看，现有文献认为政府采购能够通过提升产能利用率而作用于企业的产能过剩治理。其一，政府采购能够通过大规模的公共需求诱导企业内部的资源配置偏向R&D活动（Rothwell & Gardiner，1989），并为企业的创新型产品提供"领先的终端市场需求"（Vecchiato & Roveda，2014），这有助于企业通过技术创新与产品升级来提升产能利用率（夏晓华等，2016）。其二，政府采购能够对行业技术标准与产品功能（绩效）等做出差异性要求，鼓励或抑制特定产业的发展（赵向华，2010），这有助于在"优胜劣汰"的政策干预下淘汰行业的低端落后产能。从这些逻辑出发，政府采购可以成为产能过剩治理的政策工具。

二、中国的政府采购实践与产能过度供给

中国的政府采购实践对企业产能供给的影响现有文献集中于以下两个方面：

第一，在《政府采购法实施条例》中尽管中央政府并没有对供应商设置企业规模限制，但在实际采购过程中地方政府或行业主管部门仍然会偏好具有一定规模的企业，并通过注册资本、经营业绩、售后服务网点等强制性要求将中小企业排除在外（宋军，2013）。在这样的背景下，企业（特别是中小企业）只有通过持续不断的投资，才能在"低价优先"与规模偏好的政府采购竞争中增加获胜机会。目前，尽管政府部门公布的数据显示中小企业获得政府采购合同的比重已达到一定规模，但如果考虑到中标的中小企业多为其他知名品牌厂商的代理销售商，政府采购合同的实际赢家仍然是这些具有知名品牌产品的大型企业（杨丽，2012）。从这些逻辑出发，政府采购过程中的规模偏好显然会诱导企业（特别是中小企业）的投资扩张。

第二，中国作为全球最大的发展中国家，政府采购通过引导企业行为并扶持本国产业发展的政策作用，很容易加剧未来重点发展产业内部的投资潮涌（林毅夫等，2010；徐朝阳和周念利，2015）。一方面，政府采购能够向企业传递行业技术标准、产品功能（绩效）、产能规划等方面的权威信息，为了节约信息甄别的成本并减少"试错"风险，企业会遵循这种权威信息的引导并在未来重点发展产业内部扩张投资行为；另一方面，在产业升级的过程中产业发展前景越好，行业内部投资的"潮涌现象"就越明显（白让让，2016），中国政府采购通过国内采购、高价采购、高比重采购等扶持措施显然能够强化未来重点发展产业的市场前景，因而会加剧这些行业内部的投资潮涌。因此，本章提出如下假设。

H1：通过诱导个体企业投资扩张与行业内部投资潮涌，国内政府采购加剧中国企业的过度产能供给，且在中小企业和重点行业表现得尤为突出。

三、中国的政府采购实践与抑制产能出清

中国的政府采购实践对国内产能出清的影响，现有文献认为：

第一，伴随中国政府采购规模的快速扩张，地方政府出于发展地方经济、扶持地方产业并改善地区就业等需求，会想方设法地实施地方保护（杨燕英，2012）。目前，这种地方保护主要是地方政府在《政府采购法》的框架之内对本地区的政府采购做出直接的指导意见或约束性规定，通常表现为优先考虑本地企

业的产品、工程与服务。如《云南省 2017 年政府集中采购目录及标准》就明确提出"政府采购在同等条件下优先考虑本地企业的产品和服务";四川省 2014 年出台的《促进当前经济稳定增长的十六条措施》也明确规定"政府采购在同等条件下优先将省内电子信息、汽车产品纳入政府采购"。由于在财政分权的体制下,地方政府的行为往往都是相互的,政府采购对本地企业的优先考虑必然引致其他地方政府在政府采购过程中开展排斥非本地企业的竞赛(张国胜和刘政,2016)。这不但会弱化企业之间的市场竞争并压缩地区市场规模,而且会抑制国内市场的商品流通与交易并形成政府采购市场的省际分割(胡军和郭峰,2013)。在这样的背景下,市场内生的产能集中机制难以在全国层面发挥作用(张国胜和刘政,2016),分割的政府采购市场显然无助于消化企业的产能供给。

第二,在政府采购过程中,行业主管部门有时候也会从部门利益出发,泛用行政权力来排斥、限制市场竞争。目前,这方面的反市场竞争行为主要是行业主管部门人为地设置各种障碍,如采购信息的不透明、在资格审查过程中制造不合理条件、强制要求中标企业购买指定的产品与服务、通过瞒报或延报采购计划等方式来规避公平招标等,其目标就是要实现"指定采购"(吴宇飞,2015)。中国铁道主管部门的"奢侈动车"采购就是典型案例。由于人为地设置各种障碍不但会形成官商勾结与权钱交易,而且会使得一些不够资质的企业成为垄断供应商,其结果就是对创新产品形成逆向淘汰。此时,政府采购不但没有为国内创新型产品提供"领先的市场需求",反而会削弱在位企业的创新动力并阻碍企业技术能力提升。国内学者(胡凯等,2013)的研究也表明中国的政府采购并没有促进企业技术创新。这显然不利于企业的产品更新换代,更不利于企业通过产品升级来提升产能利用率。因此,本章提出如下假设。

H2:通过加剧地方政府保护行为与企业反竞争行为,国内政府采购抑制企业产能出清。

四、中国的政府采购与企业产能利用率

综合现实中国的政府采购实践,一方面,政府采购加剧了企业产能过度供给,提升了企业理论的生产能力;另一方面,政府采购导致了地方市场保护和企业反竞争行为,抑制了企业产能出清,降低了企业实际的产能消耗水平。因此,如果将产能供给视为分母、将产能出清视为分子,分母扩张与分子收缩的同时并存,意味着国内政府采购会明显抑制企业的产能利用率,并影响市场内生的"供需收敛"机制发挥作用。从这些逻辑出发,中国政府采购实践就有可能引致与理论逻辑相反的结果,即现阶段国内政府采购不但没有成为产能过剩治理的政策工具,反而成为产能过剩的重要诱因。因此,本章提出如下假设。

H3：通过加剧企业产能的"供需失衡"，国内政府采购抑制了企业产能利用率。

第三节 实证设计

一、数据来源

本章研究数据来源于世界银行2005年、2012年"中国投资环境调查"（简称ICS05和ICS12）。ICS05收集了中国大陆（除西藏）30个省、自治区、直辖市、120个地级市、12400家制造企业的信息，报告了企业近3年产能利用情况，并提供了"企业拥有政府订单比例"等微观的政府采购讯息，这为本章从企业层面考察政府采购对产能利用率的影响提供了数据来源。出于稳健考虑，后续兼顾采用ICS12数据进行拓展分析。

二、变量说明

被解释变量：企业产能利用率。基于ICS05数据，借鉴王永进等（2017）将企业产能利用率作为被解释变量。统计显示，样本企业产能利用率最小值、最大值分别为0和1.6，均值为0.82，说明该样本具有代表性，既包括开工率极低企业，也包括超负荷运转企业。按照85%的行业产能过剩标准，该样本中低于上述标准的制造企业为5016家，占比40.45%，说明中国制造企业产能过剩问题相对普遍。

解释变量：政府采购。因数据限制，现有研究主要讨论省区层面的政府采购，极少文献考察微观企业的政府采购。ICS05和ICS12数据分别从"企业拥有政府购买产品比例"和"企业是否获取或试图获取政府合约"两个方面，报告了企业拥有政府采购的微观数据，有助于从企业视角考察政府采购的产能效应。本章构建企业能否获得政府采购和获取政府采购份额两类解释变量。统计显示，ICS05中获取政府采购的企业占比为15.42%，企业平均的政府采购份额为2.32%，说明政府采购是中国制造企业相对重要的产品销售渠道。另外，ICS05数据还报告了企业获取国企订单的比例，考虑到国企购买兼具部分政府采购职能，后续将国企订单或将国企和政府两类订单加总，作为政府采购的替换指标。

其他控制因素。结合前人研究，对企业规模、生产率、市场集中度、出口、研发等企业特征进行控制（见表13-1），其中，企业生产率指标采用Levinsohn和Petrin（2003）方法进行估计。考虑到所有制性质也是影响企业产能决策的重要因素，按企业实际股份占比，构建国有股份（含国有和集体）和民营股份两类所有制变量。鉴于信息化可能改变生产柔性并影响企业产能利用率（王永进等，2017），将企业采用互联网销售产品比例作为企业信息化变量，控制信息化对企业产能决策的影响。最后，设置120座城市、30个行业的地区、行业虚拟指标，控制地区、行业固定效应对产能利用率的影响。

表 13-1 主要变量名称、定义及基本统计特征

变量	指标名称	定义	样本数	均值	最小值	最大值
产能利用率	Cu	产能利用率/100	12399	0.8284	0	1.6
政府采购倾向	govdum	企业是否获得政府订单	12393	0.1543	0	1
政府采购强度	govden	企业获得政府订单份额	12398	0.0232	0	1
企业规模	lnsize	企业人员取对数	12392	5.5529	0	11.700
企业年龄	lnage	企业运营年龄取对数	12393	2.1286	0.6934	4.934
生产率	lntfp	LP方法估计	12193	4.2246	-0.300	10.254
集中度	hhi	占城市—行业销售平方和	12393	0.1048	3.4e-11	1
出口与否	export	是否出口	12393	0.4138	0	1
研发与否	rd	是否研发	12393	0.5696	0	1
员工工资	lnwage	固定、临时等人员工资对数	12393	11.421	3.688	14.087
国有股	state	企业国有股份	12393	0.3827	0	1
民营股	private	企业民营股份	12393	0.4465	0	1
信息化	infor	产品互联网销售比例	12393	0.2006	0	1

资料来源：笔者根据2005世界银行中国投资环境调查，使用stata13.1估计整理得到。

三、模型与方法

为了验证政府采购对企业产能利用率的影响，本章建立了如下线性计量方程：

$$Cu_{fdi} = \alpha_0 + \beta_0 gov\#_{fdi} + \gamma_0 W_{fdi} + \varepsilon_{fdi} \tag{1}$$

其中，Cu为被解释变量，用企业实际产能利用率衡量，解释变量$gov\#$包括：企业是否拥有政府采购（$govdum$）或拥有政府采购份额（$govden$），W为控制因素，f、d、i代表企业、地区和行业属性，ε为随机扰动项。方程（1）作为本章基准模型，在此基础上，本章进一步考虑该模型中可能存在的变量逆向因果关系、样本选择偏误及模型遗漏变量等内生性问题，采用工具变量方法、处理效应模型、内生转换模型及面板固定效应模型等计量方法进行估计。

第四节 实证分析与结果说明

一、基准估计结果

以方程（13-1）为基准，利用 ICS05 数据，采用 OLS 方法和估计因变量受限的 Tobit 方法，初步检验政府采购倾向和份额对企业产能利用率的影响（见表 13-2）。表 13-2 中第（1）、（4）列没有控制城市和行业固定效应，其余列均控制城市和行业固定效应；第（3）、（6）列以政府采购份额作为核心解释变量，其余列以政府采购倾向作为核心解释变量。整体显示：政府采购倾向和采购份额的估计系数均高度显著为负（1%显著性水平），采用 Tobit 回归的第（4）~（6）列与采用 OLS 估计的前 3 列系数没有太大变化，说明政府采购降低了制造企业的产能利用率；与缺乏政府订单的企业相比，获得政府采购使得企业产能利用率下降2%，企业获取政府采购的销售占比每提高1%，企业产能利用率随之至少下降6%。表 13-2 结论初步验证了假设 H3，说明政府采购并没有成为治理过剩产能的政策工具，反而成为过剩产能的重要诱因。

表 13-2 企业产能利用率与政府采购的基准检验结果

变 量	OLS (1)	OLS (2)	OLS (3)	Tobit (4)	Tobit (5)	Tobit (6)
$govdum$	-0.0255*** (-4.86)	-0.0229*** (-4.42)		-0.0255*** (-4.87)	-0.0229*** (-4.45)	
$govden$			-0.0676*** (-3.38)			-0.0676*** (-3.40)
$lnsize$	0.0122*** (6.40)	0.00718*** (3.87)	0.00700*** (3.81)	0.0122*** (6.40)	0.00718*** (3.89)	0.00700*** (3.83)
$lnage$	-0.00425* (-1.82)	-0.00290 (-1.26)	-0.00278 (-1.21)	-0.00425* (-1.82)	-0.00290 (-1.27)	-0.00278 (-1.22)
$lntfp$	0.0211*** (7.40)	0.0247*** (8.13)	0.0244*** (7.98)	0.0211*** (7.41)	0.0247*** (8.19)	0.0244*** (8.03)
hhi	-0.0298*** (-2.72)	0.0156 (1.60)	0.0147 (1.54)	-0.0298*** (-2.72)	0.0155 (1.61)	0.0147 (1.55)
$export$	0.0154*** (3.59)	0.00771* (1.87)	0.00753* (1.82)	0.0154*** (3.58)	0.00770* (1.88)	0.00752* (1.83)
rd	0.00820*** (2.00)	0.0102*** (2.76)	0.00901** (2.43)	0.00822** (2.01)	0.0102*** (2.78)	0.00903** (2.46)
$lnwage$	0.0255*** (4.48)	0.0402*** (6.52)	0.0406*** (6.53)	0.0254*** (4.47)	0.0402*** (6.54)	0.0406*** (6.55)

续表

变量	OLS (1)	OLS (2)	OLS (3)	Tobit (4)	Tobit (5)	Tobit (6)
state	−0.0318*** (−5.56)	−0.0270*** (−4.82)	−0.0272*** (−4.91)	−0.0319*** (−5.56)	−0.0270*** (−4.85)	−0.0272*** (−4.94)
private	0.0206*** (5.21)	0.00876** (2.13)	0.00825** (2.01)	0.0206*** (5.21)	0.00875** (2.14)	0.00824** (2.02)
infor	0.0214*** (2.64)	0.0177** (2.13)	0.0172** (2.07)	0.0214*** (2.64)	0.0177** (2.14)	0.0172** (2.08)
常数	0.383*** (5.98)	0.134* (1.76)	0.131* (1.70)	0.383*** (5.98)	0.135* (1.77)	0.131* (1.71)
城市虚拟	No	Yes	Yes	No	Yes	Yes
行业虚拟	No	Yes	Yes	No	Yes	Yes
R^2/pseudo R^2	0.067	0.114	0.113	−0.122	−0.233	−0.231
样本数	12193	12193	12193	12193	12193	12193

注：* $p<0.1$，** $p<0.05$，*** $p<0.01$，（ ）内为城市层面的聚类标准误。
资料来源：同表13-1。

简单解释其他控制变量的估计结果。企业规模的估计系数显著为正，具有1%显著性，说明大企业比小企业产能利用率更高，验证了规模经济的理论假说。企业年龄的估计系数为负，部分列显著，说明年龄越长的企业产能利用率可能越低。企业生产率和研发倾向的估计系数高度显著为正（5%显著性），说明生产效率和研发倾向有助于提升产能利用率。出口倾向具有10%以内的显著性，在各列其系数为正，表明出口通过扩大海外销售市场提升了制造企业的产能利用率。员工平均工资的估计系数也高度显著，符号为正，说明人力资本有助于优化企业产能，提升产能利用率。市场集中度在各列估计符号并不一致，说明与其他重要企业特征相比，市场集中度并不是影响企业产能利用率的核心因素。另外，企业国有股和民营股的系数符号为负和为正，高度显著，说明国有股份越多的企业产能利用率越低，而民营股份越多的企业产能利用率越高。最后，企业信息化的估计系数显著为正，说明信息化有助于企业提升产能利用效率，这与王永进等（2017）结论一致。

二、控制模型内生性

（1）排除核心变量间的逆向因果关系，采用工具变量方法控制内生性。本章试图检验政府采购对企业产能利用率的影响，但地方政府出于稳定就业等因素考虑，很可能针对产能过剩企业增加采购，致使产能利用率本身可能反向决定政府采购,导致方程(1)存在内生性问题。通常,可以寻找解释变量的工具变量,采用工具变量方法控制内生性。本章基于樊纲"产品市场发育指数",通过标尺法构建省区"产品市场扭曲指标"作为企业政府采购的工具变量。究其原因:①产品市场扭曲属于企业市场竞争的范畴,这与本章以政府订单衡量的政府采购指标高度相关,其易于满足工具变量所需的相关性条件;②本章选取的产品市场扭曲属于省区宏观指标,这与企业政府采购的微观特征相比外生性较强,且在构建产品市场扭曲指标时,本章进一步选取了滞后年份(2002年和2001年)的"产品市场发育指数",这使得该工具变量也易于满足外生性条件。

采用上述工具变量进行估计的结果(见表13-3):第(1)、(2)列以2002年"产品市场扭曲指标"作为工具变量,两阶段最小二乘法(2SLS)估计显示:内生性检验统计值显著,说明政府采购与产能利用率之间存在内生性,应该加以控制;工具排他性检验和工具弱识别检验统计值都很大,高度显著,说明本章选取滞后的"产品市场扭曲"作为企业政府采购的工具变量,满足工具变量的相关性条件和外生性条件,具有合理性和有效性;就最终估计系数而言,政府采购倾向和采购份额的估计系数均高度显著为负(1%显著性),说明在控制核心变量因逆向因果关系而产生内生性问题之后,仍然证实政府采购抑制企业产能利用率的因果特征。第(3)、(4)两列继续选取2002年"产品市场扭曲指标"作为工具变量,采用IV-Tobit方法检验政府采购倾向和采购份额对企业产能利用率的影响,结果显示Wald外生性检验值较高、p值很低且高度显著(1%显著性),说明该工具变量满足外生性假设。最终检验结论显示,政府采购倾向和采购份额的估计系数仍然高度显著为负(1%显著性),再次说明政府采购对企业产能利用率的抑制作用具有因果特征。此外,在第(5)、(6)两列,构建2001年"产品市场扭曲指标"作为政府采购的工具变量,采用2SLS方法继续进行检验,发现新的工具变量仍然通过相关检验,政府采购倾向和采购份额的估计系数也高度显著为负,证实政府采购对企业产能利用率具有稳健的因果抑制影响。

表13-3 控制模型内生性的工具变量检验

变量	2SLS (1)	2SLS (2)	IV-Tobit (3)	IV-Tobit (4)	2SLS (5)	2SLS (6)
govdum	-0.278*** (-3.52)		-0.278*** (-3.65)		-0.325*** (-4.30)	
govden		-0.804*** (-3.59)		-0.804*** (-3.79)		-1.043*** (-4.29)
控制变量	Yes	Yes	Yes	Yes	Yes	Yes

续表

变量	2SLS (1)	2SLS (2)	IV-Tobit (3)	IV-Tobit (4)	2SLS (5)	2SLS (6)
城市虚拟	No	No	No	No	No	No
行业虚拟	Yes	Yes	Yes	Yes	Yes	Yes
内生性检验	13.855*** [0.0000]	13.601*** [0.0000]			23.777*** [0.0000]	23.866*** [0.0000]
工具弱识别检验	52.65*** [0.0000]	80.87*** [0.0000]			64.45*** [0.0000]	79.99*** [0.0000]
工具排他性检验	48.74*** [0.0000]	58.05*** [0.0000]			58.66*** [0.0000]	58.40*** [0.0000]
Wald外生性检验			13.87*** [0.0002]	13.62*** [0.0002]		
样本	12193	12193	12193	12193	12193	12193

注：* $p<0.1$，** $p<0.05$，*** $p<0.01$。（ ）内为城市层面的聚类标准误，[ ]内为相关检验的P值。因工具变量与城市虚拟特征高度共线，在估计时仅控制了行业固定效应。

资料来源：同表13-1。

（2）排除样本选择偏误诱致的内生性，采用处理效应模型或内生转换模型进行估计。样本数据ICS05没有获取政府采购的企业占比为84.58%，说明政府采购与否具有样本选择性，若计量分析中忽略了该样本选择特征，很可能导致方程（1）存在样本选择偏误并诱致内生性。借鉴Wang和You（2012），采用处理效应模型（TEM）的两阶段方法进行估计，在第一阶段，将政府采购与否作为被解释变量，将企业核心特征变量（企业规模、年龄等）、企业政商关系（总经理是否被政府任命），以及企业与上下游供应商、零售商合作期限等企业间特征作为解释因素，估计企业政府采购的发生概率并计算反映样本选择偏误的逆米尔斯比率（Lambda Hazard）；在第二阶段，将第一阶段计算的逆米尔斯比率作为控制变量引入方程（1），通过排除政府采购的样本选择性偏误，继续估计政府采购对企业产能利用率的影响。具体检验结果（见表13-4）：第（1）、（2）两列分别报告了采用两步法或极大似然法进行处理效应模型估计的第二阶段结果（因篇幅限制未报告第一阶段结果），显示反映样本选择偏误的逆米尔斯比率系数显著，说明方程（13-1）存在企业政府采购的样本选择性，应该对其加以控制；政府采购倾向和政府采购份额两个核心解释变量的估计系数均显著为负，说明在控制政府采购与否的样本选择性之后，仍然证实政府采购抑制企业产能利用率的结论。

部分不可观测因素也可能导致计量模型存在样本选择偏误。比如，既有研究发现企业与地方政府因特定政治关联而诱使企业存在过度多元化偏向（Duet et al.，2015），这很可能加剧企业规模扩张并抑制企业产能利用效率。鉴于特定政治关联难以测度，且没有方程（1）加以控制，为了排除强弱政治关联差异与未观测产能利用特征相关可能导致的内生性问题，借鉴杨振宇和张程（2017）研究，采用内生转换模型进行估计。在第一阶段，根据企业特定政治关联特征，构建政治关联强弱的虚拟指标，使用 probit 模型对企业政治关联强弱的决策方程进行估计，结合 Wang 和 You（2012）用"地方政府的税务、公安、环保及劳动与社会保障部门对企业是否产生帮助"衡量特定政治关联，将企业规模、年龄、生产率水平、国有股份比例，以及企业总经理是否被政府任命等作为解释因素，基于估计结果分别计算强弱政治关联组分别对应的逆米尔斯比率；然后，将两类逆米尔斯比率分别引入方程（1），控制强弱政治关联样本组中不可观察变量可能带来的样本选择偏误，继续估计政府采购对企业产能利用率的影响。

采用内生转换模型的计量检验结果（见表13-4）（受篇幅限制仅报告了第二阶段结果）：第（3）、（4）列将政府采购倾向作为解释变量；第（5）、（6）列将政府采购份额作为解释变量。第（3）、（4）列政府采购倾向的估计系数分别为-0.035和-0.027，说明与第（4）列弱政治关联样本组相比，政府采购倾向对第（3）列强政治关联样本组企业产能利用率的抑制作用更突出；第（5）、（6）列政府采购份额的估计系数分别为-0.075和-0.066，说明与第（6）列弱政治关联样本组相比，政府采购份额对第（5）列强政治关联样本组企业产能利用率的抑制作用更突出。综合而言，证实在排除部分不可观测的特定政治关联特征诱致的样本选择偏误之后，仍然得出政府采购抑制企业产能利用率的稳健结论。

表13-4 控制样本选择性的处理效应模型（TEM）和内生转换模型（ESM）检验

变量	TEM (1) (2SLS)	TEM (2) (MLE)	ESM (3) (关联强)	ESM (4) (关联弱)	ESM (5) (关联强)	ESM (6) (关联弱)
govdum	-0.119*** (-3.08)	-0.274*** (-38.56)	-0.0351*** (-6.20)	-0.0270** (-2.13)		
govden	-0.0315* (-1.72)	-0.0351** (-2.19)			-0.0753*** (-3.66)	-0.0662* (-1.83)
逆米尔斯比率	0.0567*** (2.66)	0.1448*** (44.54)				
控制变量	Yes	Yes	Yes	Yes	Yes	Yes
城市虚拟	Yes	Yes	Yes	Yes	Yes	Yes
行业虚拟	Yes	Yes	Yes	Yes	Yes	Yes

续表

变量	TEM (1) (2SLS)	TEM (2) (MLE)	ESM (3) (关联强)	ESM (4) (关联弱)	ESM (5) (关联强)	ESM (6) (关联弱)
方程独立性检验		274.01*** [0.0000]	1375.72*** [0.0000]		1372.93*** [0.0000]	
样本	121623	12162	10985	10985	10985	10985

注：* $p<0.1$，** $p<0.05$，*** $p<0.01$。（ ）内为城市层面的聚类标准误，[ ] 内为相关检验的P值。

资料来源：同表13-1。

(3) 排除遗漏不可观测变量诱致的内生性，采用面板固定效应方法进行估计。鉴于数据 ICS05 多为截面特征，方程（13-1）很可能存在遗漏变量问题并诱致内生性。借鉴黄玖立和冯志艳（2017），将 ICS05 数据重新整理为面板数据，引入个体和时间双向面板固定效应进行估计，减弱遗漏不可观测因素可能导致的结论偏误。特别说明的是，ICS05 数据的产能利用率、企业规模、年龄等都有三年指标，而核心解释变量（政府采购）与控制变量如出口、国有股、民营股及信息化等均只有一年数据。针对这些一年数据指标，将其与企业3年可变的销售收入结合（相乘）并取对数，构建3年可变的数量指标进行替换，得出 FE、RE 和 LSDV 三类模型对应的估计结果（见表13-5）。综合来看，即便引入了年份、行业和地区等多项固定效应进行控制，政府采购数量 lngovden 的估计系数均为负，整体显著，说明在控制不可观测的遗漏变量之后，仍然证实政府采购对企业产能利用率存在稳健的抑制影响。

表13-5 控制遗漏变量可能诱致的内生性检验

变量	FE (1)	RE (2)	LSDV (3)	LSDV (4)	LSDV (5)
lngovden	−0.00825 (−0.54)	−0.0197*** (−5.99)	−0.0197*** (−5.99)	−0.0180*** (−5.23)	−0.0159*** (−4.36)
控制变量	Yes	Yes	Yes	Yes	Yes
年份虚拟	Yes	Yes	Yes	Yes	Yes
行业虚拟	Yes	Yes	No	Yes	Yes
城市虚拟	Yes	Yes	No	No	Yes
Within R^2	0.1723	0.1543	0.1543	0.1555	0.1557
样本	36729	36729	36729	36729	36729

注：* $p<0.1$，** $p<0.05$，*** $p<0.01$，（ ）内为城市层面的聚类标准误。

资料来源：同表13-1。

三、其他稳健性考虑

（1）采用倾向值匹配方法。借鉴 Lian 等（2011），将样本分为有政府采购的"激励组"和无政府采购的"控制组"，采用倾向值匹配方法（PSM）先估计企业能否获取政府订单的倾向值得分，然后从多个维度测量"激励组"和"控制组"的样本匹配性，检验不同测度模型的平均处理效应 ATT（Average treatment treated），验证有政府采购的"激励组"是否比无政府采购的"控制组"对应更低的产能利用率。具体结果（见表13-6）：第（1）、（2）行采用近邻匹配方法，选取1:2或1:3的匹配比例，发现"处理组"样本均比"控制组"样本对应更低的平均产能利用率，且该差值高度显著（1%显著性），说明获得政府采购企业比缺乏政府采购企业的平均产能利用率至少偏低2.1%；第（3）、（4）行采用半径匹配方法，选取不同参数标准（$\varepsilon=0.01$ 或 $\varepsilon=0.02$），也发现"处理组"样本比"控制组"样本对应较低的产能利用率。在第（5）行，采用核匹配方法，仍然发现"处理组"样本比"控制组"样本对应的产能过剩率至少偏低2.3%。表13-6说明，即便采用不同的倾向值匹配方法，通过构建缺乏政府采购的反事实渠道，仍然证实与缺乏政府采购的企业相比，拥有政府采购的企业其产能利用率偏低2%以上，可见政府采购的确抑制了企业产能利用率。

表 13-6　按倾向值匹配方法对应的分组检验

产能利用率	处理组样本	处理组	控制组样本	控制组	ATT	残差	T值
近邻匹配（1:2）	1909	0.8115	10451	0.8333	-0.0217***	0.0056	-3.86***
近邻匹配（1:3）	1909	0.8115	10451	0.8325	-0.0210***	0.0053	-3.93***
半径匹配（$\varepsilon=0.01$）	1908	0.8115	10444	0.8362	-0.0247***	0.0047	-5.23***
半径匹配（$\varepsilon=0.02$）	1908	0.8115	10448	0.8358	-0.0243***	0.0047	-5.17***
核匹配	1909	0.8115	10451	0.8352	-0.0237***	0.0046	-5.06***

注：* $p<0.1$，** $p<0.05$，*** $p<0.01$。
资料来源：同表13-1。

（2）替换政府采购测度指标。结合中国国情和混合制企业理论，国有企业可能兼具部分政府目标和执行政府任务的功能。采用 ICS05 数据"企业产品销售给国企比例"构建新的政府采购份额指标 soeden；或者将"企业产品销售给国企和政府"加总，构建政府和国企联合采购份额指标 gsden，作为新的替换变量；或者根据 ICS05 面板数据，构建国企采购数量 lnsoeden 或政府与国企联合采购数量 ln$gsden$ 作为替换指标。检验过程（见表 13-7）：结合工具变量的 IV-Tobit 方法，第（1）、（2）列，针对 ICS05 截面数据，选取 2002 年"产品市场扭曲指数"作为工具变量；第（3）~（8）列，基于 ICS05 面板数据，借鉴 Cai 等（2011）和 Du 等（2012），分别选取"地区—行业政府采购平均值"［第（3）、（4）列］、"地区—行业政府采购中位数值"［第（5）、（6）列］、"地区—行业其他企业政府采购指标平均值"［第（7）、（8）列］作为政府采购的工具变量。估计显示，各类政府采购替换指标的系数均为负，高度显著，说明即便替换不同的政府采购测度方式，并控制内生性问题，仍然得出政府采购抑制企业产能利用率的稳健结论。

表 13-7　替换政府采购测度指标的工具变量（IV-Tobit）检验

	ICS05 调查截面数据		ICS05 调查面板数据					
	IV-Tobit	IV-Tobit	IV-Tobit	IV-Tobit	IV-Tobit	IV-Tobit	IV-Tobit	IV-Tobit
	（1）	（2）	（3）	（4）	（5）	（6）	（7）	（8）
$soeden$	-0.187*** (-4.21)							
$gsden$		-0.154*** (-4.29)						
ln$soeden$			-0.00659** (-2.08)		-0.0083** (-2.30)		-0.0098** (-2.43)	
ln$gsden$				-0.0097*** (-3.06)		-0.0131*** (-3.65)		-0.0135*** (-3.34)
控制变量	Yes	Yes	Yes	Yes	Yes	Yes	Yes	Yes
城市虚拟	No	No	Yes	Yes	Yes	Yes	Yes	Yes
行业虚拟	Yes	Yes	Yes	Yes	Yes	Yes	Yes	Yes
年份虚拟	No	No	Yes	Yes	Yes	Yes	Yes	Yes
Wald 外生检验	19.98*** [0.0000]	18.02*** [0.0000]	10.98*** [0.0009]	14.31*** [0.0002]	11.27*** [0.0008]	18.45*** [0.0000]	11.38*** [0.0007]	15.03*** [0.0001]
样本	12193	12193	36729	36729	36729	36729	36729	36729

注：* $p<0.1$，** $p<0.05$，*** $p<0.01$。（　）内为城市层面的聚类标准误，［　］内为相关检验的 P 值。

资料来源：同表 13-1。

（3）更换调查数据。为了排除数据特殊性对实证结论的影响，更换 ICS12 数据的稳健性检验（见表 13-8）。ICS12 数据也汇报了企业产能利用率，并调查了"上一年企业是否获得或试图获得政府合约"的政府采购虚拟指标（$L.govdum$）。基于方程（1）主要控制变量的选取与测度思路，第（1）、（2）

列分别引入城市、行业固定特征,针对产能利用率的对数值(lnCu)进行 OLS 检验,第(3)、(4)列采用 Tobit 方法,针对产能利用率原始指标(Cu)进行检验,第(5)、(6)列采用处理效应模型(TEM),针对产能利用率的对数值(lnCu)和原始指标(Cu)进行检验。综合而言,表 13-8 各列均显示政府采购倾向的估计系数为负,整体上显著,说明即便更换新的数据,替换新的产能利用率测度指标,并采用不同计量方法,均得出政府采购抑制企业产能利用率的一致结论。

表 13-8　更换 ICS12 数据的稳健性检验

变　量	lnCu OLS (1)	lnCu OLS (2)	Cu Tobit (3)	Cu Tobit (4)	lnCu TEM (5)(MLE)	Cu TEM (6)(MLE)
L.govdum	−0.0205** (−2.40)	−0.0222** (−2.42)	−0.0141 (−1.64)	−0.0148* (−1.74)	−0.273*** (−21.12)	−0.155*** (−15.20)
控制变量	Yes	Yes	Yes	Yes	Yes	Yes
城市虚拟	Yes	Yes	Yes	Yes	Yes	Yes
行业虚拟	No	Yes	No	Yes	Yes	Yes
Adj R^2	0.125	0.122				
Pseudo R^2			−0.142	−0.145		
LR test of indep eqns(rho=0)					473.14*** [0.0000]	185.50*** [0.0000]
样本	1459	1459	1459	1459	1427	1427

注:* $p<0.1$,** $p<0.05$,*** $p<0.01$。( )内为城市层面的聚类标准误,[ ]内为相关检验的 P 值。

资料来源:2012 世界银行中国投资环境调查,本章使用 stata13.1 估计整理得到。

第五节　作用机理分析

为什么中国的政府采购降低了企业产能利用率?根据文献分析,本章进一步从产能形成与产能化解背后的供需两侧寻找答案。

一、政府采购诱导企业产能过度供给

鉴于过度投资是产能过度供给和产能过剩的前提与基础(修宗峰和黄健柏,2013),本章分别考察政府采购影响个体企业和群体企业的投资决策变化,来解

析政府采购是否通过诱导企业产能过度供给进而抑制产能利用率的作用机制（见表 13-9）。

表 13-9　政府采购对个体投资扩张与群体投资潮涌的作用机制检验

变量	个体投资倾向	个体投资强度	个体投资强度		群体投资潮涌 A	群体投资潮涌 B	群体投资潮涌 A	
	全样本	全样本	中小企业	大企业	全样本	全样本	高资本密度	低资本密度
	Probit	Tobit	OLS	OLS	OLS	OLS	OLS	OLS
	（1）	（2）	（3）	（4）	（5）	（6）	（7）	（8）
$govden$	0.485***	0.205**	0.233**	0.115	0.105**	0.062*	0.136**	0.0661
	(2.99)	(2.55)	(2.02)	(0.86)	(2.19)	(1.76)	(2.33)	(0.92)
控制变量	Yes	Yes	Yes	Yes	Yes	Yes	Yes	Yes
城市虚拟	Yes	Yes	Yes	Yes	Yes	Yes	Yes	Yes
行业虚拟	Yes	Yes	Yes	Yes	Yes	Yes	Yes	Yes
R^2/pseudo R^2	0.150	0.073	0.078	0.119	0.015	0.0039	0.022	0.011
样本数	7911	7911	6101	1811	7703	7792	4063	3640

注：* $p<0.1$，** $p<0.05$，*** $p<0.01$，（　）内为城市层面的聚类标准误。

资料来源：同表 13-1。

（1）考察政府采购对个体企业投资扩张的影响。ICS05 问卷汇报了"企业净利润再投资比例"的动态投资指标，统计显示该指标样本均值为 38.54%，最高值为 100%，净利润完全用于再投资的企业占样本总数为 13.15%，说明统计期间我国制造企业的重复投资率普遍较高。据此，按企业再投资与否，构建企业净利润再投资倾向的虚拟指标，采用 Probit 模型检验政府采购份额对企业再投资倾向的影响，第（1）列显示政府采购份额高度显著为正（1%显著性），初步证实政府采购提升企业净利润再投资率的结论；计算发现政府采购估计系数的边际值为 0.1594，说明政府采购强度每提升 1%，对应企业净利润再投资概率提升 15.94%，证实政府采购对企业投资扩张倾向存在加剧诱导作用。采用 Tobit 模型继续检验政府采购对企业净利润再投资强度的影响，第（2）列显示政府采购份额的估计系数仍然高度显著为正（1%显著性），说明政府采购也提升了企业净利润再投资强度，计算发现政府采购估计系数的边际效应为 0.1161，表明企业获得政府采购占总销售比例每提升 1%，企业净利润再投资强度因此提升 11.61%。综合政府采购对企业再投资率与再投资强度的影响，表明政府采购的确能够在微观层面诱导企业的投资扩张。鉴于前面的文献分析表明政府采购诱导企业的投资扩张可能在中小企业层面表现得尤为突出，本章按企业规模分组进行对比分析。第

（3）、（4）列按企业人数是否大于1000人进行规模分组，分别检验了政府采购对中小企业和大企业投资强度的差异影响，发现政府采购仅在第（3）列中小企业样本高度显著为正，在第（4）列大企业样本组不显著，说明政府采购提升企业净利润再投资强度的结论，主要集中在中小企业，这证实本章在文献分析中的假设H1，说明政府采购的规模偏好能够诱导企业特别是中小企业的过度投资扩张。

（2）考察政府采购对行业内部群体投资潮涌的诱发机制。基于已有文献（林毅夫等，2010；白让让，2016），结合ICS05问卷，本章从两个方面构建企业群体投资潮涌指标：一是沿用企业个体的净利润再投资率，构建同一城市、同一行业其他企业的平均净投资率作为投资标尺，将主体企业与该投资标尺的差值作为群体投资潮涌指标A。不难理解，该指标值越大，表示主体企业与行业内其他企业平均的利润再投资标尺的差距越大，这反映了企业在标尺竞争下的投资攀比与投资潮涌特征。二是替换采用新的投资指标并据此度量群体投资潮涌，将企业新增固定资产投资除以销售收入，构建企业新增的单位投资强度指标，同样构建同一城市、同一行业其他企业平均的单位投资强度作为标尺，用主体企业的单位投资强度减去该投资标尺的差值作为群体投资潮涌指标B。针对上述两类群体投资潮涌指标的检验见第（5）、（6）两列，显示政府采购强度的估计系数均为正，分别具有5%和10%以内的显著性，说明政府采购加剧了企业间的投资标尺竞争，诱致了行业投资潮涌。鉴于样本调查期间，正值中国重新重化工业时期，各地一窝蜂地发展重化工业（吴敬琏，2004）。结合重化工业行业特征，本章进行行业资本密度分组，第（7）、（8）两列按企业人均资本是否大于样本均值，细分了高资本密度行业（代表2005年对应的重化工业）和低资本密度行业，检验发现，政府采购仅在第（7）列高资本密度行业显著为正，这说明政府采购加剧企业群体投资潮涌的结论，在政府重点发展的行业内部表现得更为突出。

综上所述，表13-9的实证结果验证了本章假设H1，表明中国的政府采购不但诱导了个体企业的投资扩张，而且诱导了行业内部的投资潮涌，最终通过加剧中小企业和重点行业的产能过度供给抑制了企业产能利用率。

二、政府采购抑制企业产能出清

鉴于市场需求是产能出清的前提与基础，本章分别就政府采购加剧地方市场保护、扭曲市场竞争两个方面，建立政府采购通过影响企业产能出清进而抑制产能利用率的中介效应模型，得出检验结果（见表13-10）。

表13-10 政府采购抑制企业需求出清的中介效应检验

变量	protect Ologit （1）	Cu Tobit （2）	Cu Tobit （3）	anticompet Ologit （4）	Cu Tobit （5）	Cu Tobit （6）
govden	0.602*** （3.31）		−0.0646*** （−3.22）	0.423** （2.18）		−0.0650*** （−3.24）
protect		−0.0121*** （−5.86）	−0.0118*** （−5.78）			
anticompet					−0.0137*** （−8.35）	−0.0135*** （−8.24）
控制变量	Yes	Yes	Yes	Yes	Yes	Yes
城市虚拟	Yes	Yes	Yes	Yes	Yes	Yes
行业虚拟	Yes	Yes	Yes	Yes	Yes	Yes
pseudo R²	0.074	−0.235	−0.237	0.042	−0.241	−0.244
样本数	12194	12193	12193	12194	12193	12193

注：* $p<0.1$，** $p<0.05$，*** $p<0.01$，（ ）内为城市层面的聚类标准误。
资料来源：同表13-1。

（1）ICS05报告了"地方保护对企业产生影响的离散指标（0~4）" protect，将其作为中介变量之一，在表13-10第（1）列采用有序响应模型先估计政府采购对企业面临地方保护的影响；在第（2）列继续估计地方保护对企业产能利用率的影响；在第（3）列同时估计政府采购和地方保护对企业产能利用率的影响。综合第（1）~（3）列发现，政府采购加剧了地方保护影响（1%显著性），而地方保护和政府采购均显著降低了企业产能利用率（1%显著性），说明政府采购通过加剧地方保护的需求中介渠道抑制了产能出清，降低了企业产能利用率。

（2）结合ICS05问卷"反竞争行为对企业影响的离散指标（0~4）" anticompet，第（4）~（6）列考察了政府采购是否通过强化市场反竞争的中介渠道进而影响企业产能利用率。第（4）列采用有序响应模型检验了政府采购对企业面临反竞争的影响；第（5）列估计了反竞争行为对企业产能利用率的影响；第（6）列同时估计了政府采购和反竞争行为对企业产能利用率的影响。综合第（4）~（6）列，发现政府采购明显加剧了企业反竞争行为（5%显著性），而反竞争行为和政府采购又进一步降低了企业产能利用率（1%显著性），说明政府采购也通过加剧企业反竞争行为的市场中介渠道制约了产能出清，并降低了企业产能利用率。

综上所述，表13-10的实证结果验证了假设H2，表明中国的政府采购通过加剧地方市场保护、扭曲市场竞争行为的需求中介渠道抑制了企业产能出清，最终降低企业产能利用率。

三、政府采购加剧企业"供需失衡"

鉴于产能利用率是企业实际产量占理论设计生产能力的比重,政府采购对产能利用率的影响不但来自分母层面(产能供给)、分子层面(产能出清)的单维影响,而且来自分子/分母(供给—需求)两个维度的综合影响。据此,本章进一步从供需失衡的动态视角考察政府采购对企业产能利用率的影响。首先构建企业产能利用率的动态指标并将其作为中介变量,然后考察政府采购是否通过改变企业"供需失衡"的动态传导链条来抑制企业产能利用率。

结合整理的ICS05面板数据,用企业滞后期产能利用率减去当前产能利用率,构建产能利用率动态变化指标:$\Delta Cu_{t-1} = Cu_{t-1} - Cu_t$ 或 $\Delta Cu_{t-2} = Cu_{t-2} - Cu_{t-1}$,该指标值越大,说明企业产能利用率逐年减小,即企业存在加剧的"供需失衡"。从表13-11中看出,在第(1)~(3)列,分别估计滞后的政府采购对企业两类产能利用率动态变化的影响,发现政府采购滞后变量的估计系数整体显著为正,说明早期的政府采购加剧了企业后期的"供需失衡",破坏了企业产能"供需收敛"的内在链条。第(4)、(5)列将两类企业产能利用率动态变化滞后指标作为解释变量,估计其对企业产能利用率的影响,发现衡量企业产能"供需失衡"的产能利用率动态变化指标高度显著为负(1%显著性),说明企业历史层面的产能"供需失衡"进一步抑制了企业产能利用率。第(6)~(8)列将产能利用率动态变化指标和滞后的政府采购作为解释变量,检验其对企业产能利用率的综合影响,仍然发现两组核心解释变量的估计系数均高度显著为负(1%显著性),说明政府采购存在加剧企业产能"供需失衡"的中介传导机制,其破坏了企业动态供需收敛的内在传导链条,最终抑制了企业产能利用率,验证了本章假设H3。

表13-11 政府采购诱致企业"供需失衡"的机制检验

变量	ΔCu_{t-1} OLS (1)	ΔCu_{t-2} OLS (2)	ΔCu_{t-2} OLS (3)	Cu OLS (4)	Cu Tobit (5)	Cu Tobit (6)	Cu Tobit (7)	Cu Tobit (8)
$\ln govden_{t-1}$	0.00327** (2.60)					-0.0147*** (-3.44)		
$\ln govden_{t-2}$		0.0065*** (3.89)	0.00194 (1.06)				-0.0168*** (-3.86)	-0.019*** (-4.25)
ΔCu_{t-1}				-0.262*** (-17.31)		-0.261*** (-17.19)	-0.395*** (-19.85)	

续表

变量	ΔCu_{t-1} OLS (1)	ΔCu_{t-2} OLS (2)	Cu OLS (3)	Cu OLS (4)	Cu Tobit (5)	Cu Tobit (6)	Cu Tobit (7)	Cu Tobit (8)
ΔCu_{t-2}					-0.166*** (-8.65)			-0.165*** (-8.62)
控制变量	Yes	Yes	Yes	Yes	Yes	Yes	Yes	Yes
年份虚拟	Yes	Yes	Yes	Yes	Yes	Yes	Yes	Yes
城市虚拟	Yes	Yes	Yes	Yes	Yes	Yes	Yes	Yes
行业虚拟	Yes	Yes	Yes	Yes	Yes	Yes	Yes	Yes
R^2/pseudo R^2	0.027	0.030	0.037	-0.308	-0.259	-0.311	-0.350	-0.263
样本数	24527	12269	12269	24527	12269	24527	12269	12269

注：* $p<0.1$，** $p<0.05$，*** $p<0.01$，（ ）内为城市层面的聚类标准误。
资料来源：同表13-1。

第六节 对策与建议

理论上政府采购作为一种强大的产业政策工具，能够充分体现国家层面的政策性意图，那么中国的政府采购能够作用于供给侧结构性改革的"去产能"吗？如果能够，政府采购将为中国政府的"去产能"提供全新的政策工具，并助力供给侧结构性改革；如果不能，探究其原因与相关作用机理也能够为研究中国政府采购的全面深化改革提供经验证据。据此，本章利用世界银行2005年、2012年发布的"中国投资环境调查"数据，从微观企业层面实证检验了政府采购对产能利用率的影响。本章研究发现：①中国的政府采购不但没有成为产能过剩治理的政策工具，反而成了产能过剩的重要诱因。经验分析表明，与缺乏政府订单的企业相比，获得政府订单诱使企业产能利用率下降2%，企业层面政府采购的销售占比每提高1%，企业产能利用率随之下降6%。②就作用机理而言，政府采购能够从三个方面影响企业产能利用率，首先通过诱导企业的投资扩张与行业内部的投资潮涌等供给渠道，政府采购加剧了企业层面的产能过度供给；其次通过地方政府保护与企业反竞争行为等需求渠道，政府采购抑制了企业层面的产能出清；最后，通过企业供—需失衡的动态传递机制，政府采购抑制了企业的产能利用率。

本章的政策含义：①有效保护中国的政府采购市场，在不违反WTO原则中补贴与反补贴措施的前提下，一方面尽可能地构建更加有力且更加灵活的政策工具；另一方面尽可能地延迟加入WTO政府采购协议，使政府采购能够充分服务于我国产业发展。②矫正地方政府在采购过程中的企业规模偏好，尤其需要矫正地方政府通过大企业或知名企业的代理销售商来隐性歧视中小企业的行为。这种规模偏好可能会诱导中小企业的投资扩张，并加剧企业层面的产能供给。③坚决抑制地方政府的地方保护及行业主管部门的反市场竞争行为，在国内加快形成一体化的政府采购市场。只有这样，政府采购才能真正为国内创新型产品提供"领先的市场需求"，并以此促进企业的产品升级与技术创新。④高度重视政府采购在产业发展过程中的重要作用，立足于中国政府采购的规模效应，通过国内采购、高价采购、高比重采购、订购等措施，定向扶持中国战略性新兴产业、高新技术产业的技术创新与产业发展。

第 14 章　中国企业在国内市场扩张对产能过剩影响的研究

第一节　引　言

产能过剩是中国产业发展的一个"痼疾","过剩、调控,再过剩、再调控……"的循环怪圈表明中央政府现有的调控手段与规制政策并没有从根本上解决产能过剩(徐朝阳等,2015)。那么,我们该如何寻找一条防范和化解产能过剩的长效机制?这是现阶段供给侧结构性改革的重点之一。

目前,这方面的研究主要集中于矫正政府失灵与加快市场化进程、引导企业"走出去"与海外市场扩张等方面。就前者而言,江飞涛等(2009)、干春晖等(2015)认为地方政府对企业的不当干预扭曲了企业决策并导致了产能过剩,产能过剩治理需要改进地方官员的考核体系、矫正地方政府对企业的政策性补贴并加快要素市场一体化。林毅夫等(2010)、徐朝阳等(2015)认为发展中国家的"潮涌现象"是中国产能过剩的根本原因,产能过剩治理需要突出市场内生的产能集中机制。就后者而言,现有文献认为理论上企业的市场扩张及其引致的市场竞争是化解产能过剩的重要途径(詹姆斯·克罗蒂,2013;盛朝迅,2013),并存在美国与日本的成功案例(吕铁,2011),因此,中国可借助于"一带一路"倡议,通过企业的国际市场扩张来化解产能过剩(郑新立,2015)。

尽管上述文献从产能供给、市场需求考察了产能过剩的形成原因与治理对策,但这些研究忽略了一个突出事实——中国企业具有鲜明的属地关系与地域经营特征。其中,属地是指地方政府的行政管辖范围,即企业的生产经营活动能够纳入地方 GDP 核算与税收收入的空间范围。属地关系意味着只有属地企业才能获得地方政府的政策性补贴或扭曲的要素价格,这种"特惠模式"会扭曲属地企业的产能决策、加剧投资的"潮涌现象"并造成国内的市场分割(耿强等,2011)。地域经营是指企业大多局限于本地经营(Boisot, et al. 2008;宋渊洋等,2014),即属地经营,这抑制了企业的市场竞争并导致行业集中度低下,最终使得市场内生的产能集中机制难以在全国发挥作用。正是由于影响企业投资的"潮涌现象"与消耗产能的市场需求均具有属地特征,产能过剩治理就需要改变这种特征。从理论逻辑来看,企业在更大范围内的市场扩张有助于改变这种特征并化解产能过剩。其一，市场扩张需要企业将其生产经营拓展到属地市场之外，企业税收及其产值会在不同区域之间转移，企业将难以获取市场所在地政府的政策性补贴，属地经营的利益基础将不复存在。其二，市场扩张会引致企业之间的激烈竞争，这种"优胜劣汰"的市场机制会抑制企业的过度进入、加剧行业的兼并重组，市场内生的产能集中机制将发挥作用（徐朝阳等，2015），因而能够抑制产能过剩。据此，本章立足于中国产能过剩的属地特征，并结合"市场扩张有助于改变企业的属地经营并化解产能过剩"等观点，实证分析中国企业的属地经营、省际市场扩张对产能过剩的影响及其作用机理。为了后续研究的便利，本章将属地经营界定为企业在所在地政府的 GDP 核算范围之内开展的生产经营活动，将市场扩张界定为企业在更大空间范围内复制运营模式、拓展原有业务的一种发展战略。本章创新之处在于：①本章以企业的属地经营、省际市场扩张为视角研究中国的产能过剩，并通过地方政府行为与市场机制渠道探讨企业的属地经营、省际市场扩张影响产能过剩的作用机理，这突破了现有文献的研究，视角较为新颖；②本章证实了中国企业的属地经营能够加剧产能过剩、省际市场扩张有助于化解产能过剩，并据此提出了产能过剩治理需要以省级政府为重点完善顶层设计、鼓励企业在全国层面开展跨地区经营、将企业的跨省销售比重作为淘汰落后产能的重要依据等政策建议，这能够为中国的产能过剩治理与供给侧结构性改革提供新的思路。

第二节 文献回顾与中国现实

一、文献回顾：企业市场扩张与产能过剩治理

产能过剩是行业内部供给大于需求的一种长期现象，在微观层面上可表现为企业的产出大幅度低于其生产能力（吕铁，2011）。现有文献认为企业的市场扩张及其引致的激烈竞争是化解产能过剩的重要途径，历史上美国就是通过企业的本土市场扩张与全球市场扩张来治理产能过剩（盛朝迅，2013；董小君，2014）。具体而言，企业市场扩张与产能过剩的作用机理主要表现为以下两个方面。

（1）微观层面上存在扩张需求的作用机理。着眼于更大市场是企业选择市场扩张的重要原因之一（Buckley, et al. 2007）。对企业而言，更大市场不但包括更大规模的潜在客户群体，而且能够容纳更多和更多样化的产品或服务需求（Ojala, et al. 2007）。前者能够直接扩张企业的市场需求，后者意味着企业能够通过新的供给创造新的市场需求。因此，企业的市场扩张一般都伴随着产品或服

务的需求扩张。在其他条件不变的前提下，需求扩张不但可以帮助企业消化更多的产能，而且有助于企业在产品（服务）的生产方面实现规模经济，这有助于企业的实际产出收敛于其生产能力。

（2）行业层面上存在抑制企业过度进入并提升市场集中度的作用机理。就前者而言，过度进入理论认为在同质产品市场上，低进入壁垒使得自由进入的企业数目可能大于社会福利最大化所要求的企业数目（Salop，1979）。因此，即使单个企业的投资决策是合理的，企业进入数目过多也必然会导致产能过剩（王立国等，2013）。过度进入理论是解释产能过剩的重要理论之一。由于企业的市场扩张及其引致的激烈竞争不但能够明显提升行业市场的进入壁垒，而且可以大幅度降低同质产品竞争中可能存在的"商业盗窃效应"，现有文献认为在竞争激烈的行业中并不存在企业过度进入现象（耿强等，2013）。据此，若其他条件不变，市场扩张及其引致的激烈竞争将有助于减少企业的盲目进入并从整体上抑制企业的过度投资。就后者而言，现有文献认为在发展中国家的产业梯度升级过程中，产业发展前景明确与市场需求不确定性的结合将为低效率企业进入这些行业提供机会，企业在产业发展的早期将会大量涌入（徐朝阳等，2015），这种低行业市场集中度将导致企业重复建设与持续性过度供给（Bain，1959），因此需要通过淘汰劣势企业并提升行业市场集中度等方式来化解产能过剩。由于企业的市场扩张，尤其是跨地区的市场扩张往往伴随着激烈的市场竞争，这种"优胜劣汰"的竞争机制不但会抑制潜在的进入企业并导致行业内部大量低效率企业的破产，而且会加剧行业内部的企业兼并与重组，最终从整体上减少企业数量及其投资行为。行业的市场集中度将因此而提升，市场内生的产能集中机制将能发挥作用，这显然也有助于抑制产能过剩。

二、现实背景：企业属地经营与中国式产能过剩

中国现实是企业大多局限于本地市场（宋渊洋等，2014），很少在全国层面开展跨地区经营，全国性的企业则明显偏少（Boisot et al. 2008）；即使有些企业在全国开展了跨地区经营，其营业收入也主要来源于企业所在地市场。以2014年的中国钢铁企业为例，韶钢91.9%的营业收入来自集团所在地（广东省）、三钢79.9%的营业收入来自集团所在地（福建省）、柳钢78.4%的营业收入来自集团所在地（广西壮族自治区）。① 只有类似于宝钢、武钢这样的大型央企，其营业收入才广泛分布于全国（全球）市场。中国欧盟商会（2015）的研究也表明自给自足的产业模式在中国许多地方仍然存在，中国企业存在众

---

① 数据来源于各公司发布的年度报告。

第二篇 逆全球化背景下中国中小企业高质量发展的理论与实践
第 14 章 中国企业在国内市场扩张对产能过剩影响的研究

多的"地方标兵"而非"全国标兵",属地经营现象突出。那么,中国企业为什么会选择属地经营而不愿意开展跨省的市场扩张?现有文献认为主要有以下两个方面的原因:

第一,中国企业具有复杂的属地关系,而属地关系又涉及税收收入与 GDP 核算的行政归属性(郭苏琪,2008)。在现有 GDP 的核算框架与地方官员的政绩考核等制度设计中,由于企业的市场扩张会引致税收和产值在不同行政区之间的转移,地方政府一方面会设置市场的行政边界并排斥非属地企业跨行政边界的市场扩张行为;另一方面会将经济管理权限嵌入区域资源配置之中并与属地企业形成了利益联盟——只有属地企业才能够获得地方政府的政策性补贴或要素市场的价格扭曲、所在地政府则因此获得属地企业所带来的税收与 GDP 增长(张国胜等,2013)。

第二,对非属地企业而言,上述排斥行为与利益联盟将原本属于经济主体之间的市场行为转化为行政权力之间的博弈较量,中国企业在全国的跨地区市场扩张将面临行政分割的利益边界,这一点在省际市场之间表现得尤为突出。现有文献的研究也证明了上述观点,并一致认为省际市场之间的地方政府行为、制度环境与地方保护等因素是中国企业难以开展跨地区经营的重要原因(樊纲等,2011;任飏等,2015)。

企业的属地经营能够深远影响中国的产能过剩有以下两点原因:

第一,经济利益的属地化一方面会诱导地方政府将行政权力嵌入区域资源的配置之中,另一方面会推动地方政府与属地企业形成利益联盟,属地企业因此可获得地方政府的政策性补贴与低价格的要素供给。这通过成本外部化、风险外部化等方式能够扭曲属地企业的投资行为,并在省级层面上诱导企业的过度进入与持续性的过度供给(耿强等,2011)。

第二,由于地方政府之间存在激烈的 GDP "锦标赛",为帮助属地企业抢占本地区市场,地方政府会通过各种行政手段排挤非属地企业在本地区的产品销售,如隐晦地规定本地区的公共采购优先考虑属地企业等。这种做法在短期之内能够明显扩张属地企业的需求规模,并抑制产能过剩;但由于属地企业的需求扩张依赖地方政府的行政权力(郭苏琪,2008),这种市场扩张存在明显的边界(地方政府的行政管辖范围);加之,地方政府行为往往是相互的,并有可能导致地方政府开展排斥非属地企业的竞赛,因此属地企业将更加难以开展跨地区的市场扩张。从这个逻辑出发,中国企业的属地经营会抑制企业之间的市场竞争,并在长期之内损害企业的市场扩张能力。正是由于属地经营一方面会在省级层面导致企业的过度进入与持续性的过度供给,另一方面会抑制企业之间的市场竞争并损害企业的市场扩张能力,中国企业的属地经营会明显加剧产能过剩。

在企业属地经营的同时，中国也正面临着严重的产能过剩。如果将产能利用率低于79%视为产能过剩（曹建海，2015），2013年中国工业内部有19个行业的产能利用率低于79%、有7个行业的产能利用率低于70%（国民经济运行综合报告课题组，2013）。属地经营与产能过剩的并存意味着中国的产能过剩也具有属地特征。林毅夫等（2010）的研究表明在投资的"潮涌现象"中，除了行业集中之外，大量的地方投资与较多的企业数目也是其重要特征，此时的产能过剩就是由众多的地方政府及其属地企业"一哄而上"的结果。以光伏产业为例，由于地方政府的盲目扶持与属地企业的投资潮涌，地方之间出现了明显的产业结构雷同，并导致地方层面的行业产能远大于市场需求（曹建海，2015）。水泥行业也存在同样现象，2014年中国31个省份均生产水泥，但多数省份的产量占全国总产量的比重较低，比重小于1%的省份有7个、比重在1%~2%之间的省份有8个、最高比重仅为7.8%。[①] 受此影响，2001—2011年，在中部、东北、西部地区，中国省级层面的工业产能利用率分别只有54.7%、54.8%、46.8%，产能过剩呈现出了省级市场的属地特征（董敏杰等，2015）。

产能过剩具有省级市场的属地特征，意味着中国的产能过剩突出地表现为31个省级市场内部同行业企业的过剩产能加总，只是一种低行业市场集中度下无数企业的产能加总。这不但表明中国在省级层面仍然存在市场分割，而且表明属地企业之间缺乏激烈的市场竞争。受此影响，市场内生的产能集中机制难以在全国层面发挥作用。因此，中国的产能过剩就必须解决省级市场分割，并改变制约产能集中机制在全国层面发挥作用的影响因素。在这方面，美国的经验值得中国学习。由于企业之间存在激烈的市场竞争，美国的现代工业企业几乎都建立在全国性兼并与收购的基础之上（Chandler，1990）。在市场内生的产能集中机制的作用下，美国的产能过剩主要表现为行业内部全国性的寡头企业的产能加总，而不是51个州级市场内部同行业企业的过剩产能加总。中国与美国的对比进一步表明：由于缺乏激烈的市场竞争与全国性的兼并重组，市场内生的产能集中机制在中国没有很好地发挥作用，这导致中国在省级层面上存在企业过度进入与产业结构雷同、在全国层面存在行业市场集中度低下与持续性过度供给等问题。因此，如果能够推动中国企业的省际市场扩张，其不但能够改变企业在省级市场内部的属地经营，而且可以提升企业之间的市场竞争、抑制省级层面的企业过度进入并提升全国性的行业市场集中度，这显然有助于抑制中国的产能过剩。

---

① 数据来源于中国产业信息网。

综上所述，并将地方政府明确为省级政府及其以下，本章认为，中国企业的属地经营加剧了产能过剩，并使得产能过剩具有省级市场的属地特征；中国企业的省际市场扩张能够抑制产能过剩。

第三节 研究设计

一、数据来源与变量选取

实证数据以世界银行2005年公布的中国企业调查数据为主，该数据包含12400家企业，覆盖了中国大陆（除西藏）30个省（自治区、直辖市）、120座城市的30个制造业部门；稳健性分析方面还采用了世界银行2012年公布的中国企业调查数据，该数据包括2848个企业。两套数据均对企业产能利用率、企业特征及经营活动等进行了调查，这兼顾了大样本特征（2005年数据）和强时效的优点（2012年数据）。

被解释变量：产能过剩率 $OverCu$。中国企业调查数据（2005）报告了近3年来企业的产能利用率，本章用100%减去该产能利用率，构建反映企业产能过剩的理论值指标 $OverCu^A$；鉴于任何企业都需具备应对市场波动的容裕度，实际产能利用率难以达到100%，达到85%就可认为产能实现了充分利用（国民经济运行综合报告课题组，2013；曹建海，2015），本章进一步用85%减去该产能利用率指标，并将差值为负数的样本赋值为0，构建反映企业产能过剩的现实指标 $OverCu^B$。

解释变量：本土市场扩张 $sale\#$。中国企业调查数据（2005）按企业销售区域分别报告了企业在"本市" $saleincity$、"市外省内" $saleoutcity$、"省内" $saleinprov$、"省外国内" $saleoutprov$ 的连续销售情况。据此，本章将其作为企业的本土市场扩张变量进行考察。鉴于地方政府包括省级政府及其以下，本章将企业在"本市""市外省内""省内"的市场扩张视为属地经营，将企业在"国内省外"的市场扩张视为省际市场扩张。出于稳健性考虑，后续研究还按企业在各类市场中的比重是否大于50%，以及企业由远及近（由省外、省内、市外到市内）的市场范围进行赋值（1-4），构建了企业市场范围逐渐缩小（与市场扩张相反）的反向离散指标 $sale\#\_new$，进行稳健性测试（见表14-1）。

表 14-1　变量、变量符号及定义

分类	变量	符号	定义（2005 年数据）	预期符号
被解释变量	产能过剩理论值	OverCu^A	100%-2004 年企业产能利用率	
	产能过剩现实值	OverCu^B	85%-2004 年企业产能利用率	
解释变量	本市（直辖市）销售	saleincity	本市销售比重/100	?
	市外省内销售	saleoutcity	本市之外的省内销售比重/100	?
	省内销售	saleinprov	（本市销售+本市之外的省内销售）比重/100	?
	省外国内销售	saleoutprov	国内省外的销售比重/100	?
主要控制变量	滞后产能过剩	OverCu$_{-2}$	产能过剩滞后 2 期项	+
	企业规模	lnsize	2003 年企业人均销售收入的对数	+/-
	企业年龄	lnage	至 2004 年企业运营年数的对数	+
	企业资本密度	lncapital	2003 年企业人均净固定资产的对数	+/-
	企业研发水平	rd	2003 年企业研发占销售收入的强度	−
	企业人力资源	HR	2003 年企业高中学历以上的工人比例	−
	企业盈利率	roa	2003 企业销售收入/2003 企业成本支出	−
	企业融资	finance	2004 年融资重要性和是否获得信贷的组合指标	+
	国有控股	state	企业是否国有控股	+
	私有控股	private	企业是否私有控股	+/-
	行业集中度	hhi	企业销售占所在城市-行业销售比重的平方和	−

其他控制变量：①产能过剩滞后项 $OverCu_{-2}$。鉴于形成产能的企业投资具有历史继承性，当期的产能过剩很可能受到前期过剩产能的历史影响，本章基于现有数据将产能过剩的两期滞后项 $OverCu_{-2}$ 作为控制因素。②企业规模 lnsize。尽管大企业的规模经济有助于规避过剩产能，但在市场转型时期大企业较高的投资专用性也易陷入过剩产能，本章将企业规模也作为控制变量。③企业年龄 lnage。由于年龄长的企业存在固化的投资模式，且调整投资的成本较高，企业年龄也能够影响产能决策。④企业资本密度 lncapital。如果将资本密集分为技术增强型资本密集和非技术增强型资本密集，受资本和技术结合效率的影响，企业的资本密度可促进也可抑制产能过剩。⑤企业研发水平 rd 和企业人力资源 HR。创新理论表明研发与人力资本是提升产品竞争能力的重要条件，二者也能够影响产能过剩。⑥企业盈利率 roa。盈利率反映了企业的经营能力和业绩表现，预期盈利率与产能过剩负相关。⑦企业融资 finance。获取融资是企业投资的重要条

件，预期该变量的符号为正。⑧国有控股 stateown 和私企控股 privateown。混合寡头理论认为与单纯追求利润的私企相比，国企存在兼顾社会福利的目标，因此预期国企控股变量与产能过剩正相关，且其影响更明显。⑨行业集中度 hhi。市场竞争是影响企业产能决策的重要因素，借鉴张杰等（2012）研究，本章用企业销售收入占其所在城市—行业的所有企业销售收入的比例平方和，构建反映行业竞争的市场集中度指标（赫芬达尔指数）hhi。⑩企业空间区位因素和行业特征。鉴于空间区位和行业差异也对企业产能决策产生重要影响，本章分别构建并引入相应的城市虚拟变量和行业虚拟变量。

二、主要变量的统计性特征

结合中国企业调查数据（2005），按平均值或中位数值将企业在国内各类市场的销售进行分组，构建企业在该市场的高占有率组和低占有率组样本（见表14-2）。通过比较，本章发现：①就市内、市外省内、省内三类市场扩张而言，高占有率组比低占有率组始终对应较高的产能过剩均值，说明企业在省内的属地经营加剧了产能过剩；②就国内省外市场扩张而言，高占有率组比低占有率组对应的企业产能过剩的均值反而较低，说明企业的省际市场扩张抑制了产能过剩。综合而言，企业的属地经营和省际市场扩张对产能过剩的影响方向相反，初步证实中国企业的产能过剩具有省级市场特征。

表14-2 分区域市场扩张下企业产能过剩的分组比较

世行2005数据	占有率	产能过剩理论值 $OverCu^A$				
		按平均值	均值	样本数	按中位数	均值	样本数
市内 saleincity	低占有率	≤均值	0.1611273	8602	≤中位数值	0.1552763	6130
	高占有率	>均值	0.1988738	3748	>中位数值	0.1896386	6220
市外省内 saleoutcity	低占有率	≤均值	0.1662252	8123	≤中位数值	0.165948	5383
	高占有率	>均值	0.1847999	4227	>中位数值	0.1777089	6967
省内 saleinprov	低占有率	≤均值	0.1535836	6902	≤中位数值	0.1535755	6170
	高占有率	>均值	0.1966524	5448	>中位数值	0.1915591	6180
国内省外 saleoutprov	低占有率	≤均值	0.1773146	6535	≤中位数值	0.1795317	5691
	高占有率	>均值	0.1672648	5815	>中位数值	0.1666438	6659

三、模型构建与计量方法

将企业层面的产能过剩率作为被解释变量，将企业的本土市场扩张作为解释变量，本章构建如下的实证计量模型：

$$OverCu_{fci}^{\#} = \alpha_0 + \alpha_c + \alpha_i + \beta sale\#_{fci} + \gamma CV_{fci} + \varepsilon_{fci} \qquad (1)$$

其中，$OverCu^{\#}$ 为企业产能过剩率，本章用产能过剩的理论值（$OverCu^A$）和现实值（$OverCu^B$）进行衡量，$sale\#$ 代表企业本土市场扩张行为，包括企业在"市内"saleincity、"市外省内"saleoutcity、"省内"saleinprov、"国内省外"saleoutprov 的产品销售情况，α_c、α_i 表示企业所处城市、行业特征，CV 为控制因素，ε 为随机扰动项，下标 f、c、i 分别代表企业、城市和行业。鉴于产能过剩指标属于大于 0 的受限变量，根据处理受限变量的一般思路，本章采用 Tobit 计量模型进行估计。

第四节　实证分析

一、基准检验

控制企业城市特征、行业属性、产能过剩的滞后影响，本章基于中国企业调查数据（2005）获得了基准估计结果（见表 14-3）。其一，与（1）~（4）列（对产能过剩的理论指标 $OverCu^A$ 进行估计）相比，（5）~（8）列（对产能过剩的现实指标 $OverCu^B$ 进行估计）的解释变量的估计系数更大（含绝对值），说明市场扩张对产能过剩的现实指标的影响更明显。其二，反映企业在市内 saleincity、市外省内 saleoutcity 和省内 saleinprov 的销售比重变量，其估计系数高度显著为正（1%显著性水平），说明中国企业在省内各级市场的销售比重越高，产能过剩越明显；这初步证实企业的属地经营加剧了产能过剩，并使得产能过剩具有省级市场的属地特征。其三，反映企业在国内省外市场的销售比重变量 saleoutprov，其估计系数高度显著为负（1%显著性水平），说明中国企业的省际市场扩张抑制了产能过剩。比较而言，企业的省内市场销售和省外市场销售对产能过剩的影响符号完全相反，表明中国企业的本土市场扩张对产能过剩的影响存在省级行政边界，中国的省际市场仍然存在分割。

将上述结论与已有研究进行对比，本章发现中国企业的省际市场扩张有助于化解过剩产能，这个结论与多数结论一致（吕铁，2011；克罗蒂，2013），为企业的市场扩张及其引致的激烈竞争抑制产能过剩提供了经验证据，并表明中国需要鼓励企业（尤其是属地企业）开展省际市场扩张。然而，本章也发现中国企业的属地经营加剧了产能过剩，并使得产能过剩具有省级市场的属地特征。这个结论现有文献讨论较少，是本章的一个重要发现。该结论不但表明中国在省级市场内部存在企业过度进入与持续性过度供给的诱因，而且表明市场内生的产能集中机制难以在全国层面发挥作用。

表 14-3　基准估计

变量	产能过剩（$OverCu^A$）				产能过剩（$OverCu^B$）			
	本市	市外省内	省内	国内省外	本市	市外省内	省内	国内省外
	(1)	(2)	(3)	(4)	(5)	(6)	(7)	(8)
saleincity	0.0264*** (5.52)				0.0433*** (6.35)			
saleoutcity		0.0310*** (5.27)				0.0460*** (5.36)		
saleinprov			0.0343*** (8.34)				0.0554*** (9.04)	
saleoutprov				-0.0220*** (-5.01)				-0.0360*** (-5.41)
$OverCu^*_{-2}$	0.657*** (68.00)	0.658*** (68.22)	0.655*** (67.95)	0.658*** (68.27)	0.861*** (64.57)	0.863*** (64.86)	0.860*** (64.62)	0.863*** (64.92)
Cons	0.000955 (0.08)	0.00863 (0.70)	-0.00138 (-0.11)	0.0212* (1.68)	-0.134*** (-7.97)	-0.121*** (-7.20)	-0.138*** (-8.24)	-0.100*** (-5.84)
城市虚拟	是	是	是	是	是	是	是	是
行业虚拟	是	是	是	是	是	是	是	是
Pseudo R^2	8.6667	8.6625	8.7112	8.6609	0.5916	0.5905	0.5960	0.5908
样本数	12355	12355	12355	12355	12355	12355	12355	12355

注：（　）内为 z/t 统计值，*、**、*** 分别为 10%、5%、1% 显著性水平。
资料来源：笔者根据 2005 中国企业调查数据，采用 stata13.1 估计整理得到。

二、内生性问题之一：遗漏变量的处理

仅对企业地区特征、行业属性等基本因素进行控制，这可能会遗漏企业规模等影响企业产能利用率的重要指标，并可能导致计量模型面临内生性问题。因此，在基准估计的基础上，本章进一步控制企业规模、年龄、资本强度等影响产能利用率的其他重要因素，并对产能过剩的理论指标 $OverCu^A$ 和现实指标 $OverCu^B$ 分别进行检验（见表 14-4），其一，在（5）~（8）列解释变量的系数绝对值更高，说明市场扩张变量对现实的产能过剩的影响更明显，这与表 3 类似。其二，在（1）~（3）列和（5）~（7）列，三类解释变量 saleincity、saleoutcity 和 saleinprov 的系数符号均高度显著为正（1%显著性水平），且与基准估计结论一致；在第（4）、（8）列，企业的省外销售变量 saleoutprov 的估计系数高度显著为负（1%显著性），也与基准估计一

致。这说明控制影响产能过剩的企业规模等重要因素之后，中国企业的属地经营、省际市场扩张对产能过剩的异质影响仍然成立。

表 14-4 多变量估计结果

变量	产能过剩理论指标（$OverCu^A$）				产能过剩现实指标（$OverCu^B$）			
	本市	市外省内	省内	国内省外	本市	市外省内	省内	国内省外
	(1)	(2)	(3)	(4)	(5)	(6)	(7)	(8)
saleincity	0.0217***				0.0362***			
	(4.52)				(5.25)			
saleoutcity		0.0299***				0.0338***		
		(5.09)				(5.53)		
saleinprov			0.0305***				0.0337***	
			(7.38)				(7.84)	
saleoutprov				-0.0189***				-0.0193***
				(-4.24)				(-4.17)
$OverCu_{-2}^*$	0.661***	0.661***	0.659***	0.662***	0.866***	0.722***	0.720***	0.723***
	(70.30)	(70.46)	(70.21)	(70.54)	(66.50)	(60.48)	(60.26)	(60.51)
lnisize	-0.006***	-0.007***	-0.006***	-0.006***	-0.009***	-0.008***	-0.007***	-0.0078***
	(-3.80)	(-4.16)	(-3.82)	(-3.88)	(-3.83)	(-4.94)	(-4.57)	(-4.65)
lnage	0.0139***	0.0137***	0.0137***	0.0139***	0.0168***	0.0126***	0.0126***	0.0128***
	(8.19)	(8.06)	(8.09)	(8.19)	(6.64)	(7.11)	(7.15)	(7.26)
lncapital	-0.000174	-0.000526	-0.000174	-0.000093	-0.00107	-0.000533	-0.000138	-0.0000767
	(-0.13)	(-0.39)	(-0.13)	(-0.07)	(-0.53)	(-0.38)	(-0.10)	(-0.05)
rd	-0.0735	-0.0821*	-0.0595	-0.0696	-0.0827	-0.0889*	-0.0642	-0.0769
	(-1.48)	(-1.65)	(-1.21)	(-1.40)	(-1.11)	(-1.73)	(-1.26)	(-1.49)
HR	-0.019***	-0.021***	-0.019***	-0.019***	-0.029***	-0.025***	-0.0225***	-0.0231***
	(-3.42)	(-3.63)	(-3.28)	(-3.34)	(-3.31)	(-4.10)	(-3.74)	(-3.82)
finance	0.0116***	0.0108***	0.0120***	0.0115***	0.0114*	0.0108***	0.0121***	0.0115***
	(3.03)	(2.84)	(3.13)	(3.00)	(1.96)	(2.74)	(3.07)	(2.90)
roa	-0.000851	-0.000639	-0.000598	-0.000450	-0.00210	-0.00108	-0.00104	-0.000913
	(-0.50)	(-0.37)	(-0.36)	(-0.27)	(-0.78)	(-0.59)	(-0.58)	(-0.50)
stateown	0.0129**	0.0121**	0.0118**	0.0136***	0.0217***	0.0117**	0.0113**	0.0133**
	(2.45)	(2.30)	(2.25)	(2.59)	(2.96)	(2.13)	(2.08)	(2.43)
privateown	0.00616*	0.00497	0.00471	0.00697**	0.00381	0.00689*	0.00663*	0.00910**
	(1.82)	(1.46)	(1.39)	(2.06)	(0.71)	(1.95)	(1.88)	(2.58)
hhi	-0.0129	-0.0144	-0.0129	-0.0129	-0.0124	-0.0137	-0.0121	-0.0122
	(-1.38)	(-1.54)	(-1.40)	(-1.38)	(-0.89)	(-1.42)	(-1.26)	(-1.26)
Cons	0.0239	0.0372**	0.0207	0.0402**	-0.089***	0.118***	0.0995***	0.121***
	(1.47)	(2.32)	(1.29)	(2.50)	(-3.71)	(6.97)	(5.85)	(7.13)
城市虚拟	是	是	是	是	是	是	是	是
行业虚拟	是	是	是	是	是	是	是	是

续表

变量	产能过剩理论指标（$OverCu^A$）				产能过剩现实指标（$OverCu^B$）			
	本市	市外省内	省内	国内省外	本市	市外省内	省内	国内省外
	(1)	(2)	(3)	(4)	(5)	(6)	(7)	(8)
Pseudo R^2	9.1259	9.1315	9.1660	9.1234	0.6069	7.6405	7.6785	7.6264
样本数	12330	12330	12330	12330	12330	12330	12330	12330

注：( ) 内为 2/t 统计值，*、**、*** 分别为 10%、5%、1%显著性水平。

资料来源：同表 14-3。

就主要控制变量的估计结果而言，产能过剩滞后项 $OverCu^*_{-2}$（含 $OverCu^A_{-2}$ 或 $OverCu^B_{-2}$）、企业年龄 lnage 的估计系数均高度显著为正（1%显著性），说明企业的产能决策具有历史累积影响、且存续时间长比存续时间短的企业更易形成过剩产能。企业人力资源 HR 的系数高度显著为负（1%显著性），说明人力资本越强的企业有助于抑制过剩产能。企业研发 rd、企业盈利率 roa 及市场集中度 hhi 的估计系数均为负，但缺乏显著性，说明这些因素对抑制企业产能过剩的作用不明显。企业规模 lnsize 的符号高度显著为负（1%显著性），说明大企业易于抑制产能过剩、小企业易于加剧产能过剩。企业融资 finance 的估计系数高度显著为正，说明易于获得融资的企业更容易形成产能过剩。企业国有控股变量 stateown 和私有控股变量 privateown 对应的估计系数都为正，且国有控股变量 stateown 的估计系数较大且更显著（5%以内显著性），这与预期判断一致。

三、内生性问题之二：逆向因果关系与工具变量估计

变量间的逆向因果关系也可能导致实证结果的内生性问题。本章试图检验中国企业的属地经营、省际市场扩张对产能过剩的影响，但现实中产能过剩也可能反过来决定企业的市场选择，如产能过剩也会迫使企业具有更强烈的市场扩张动力，最终很可能不是市场扩张影响产能过剩，而是产能过剩决定企业对各级市场的选择。控制被解释变量对解释变量的逆向因果关系所导致的内生性问题，一般可以采取工具变量方法，通常可考虑变量滞后项作为工具变量。然而，由于中国企业调查数据（2005）多为大样本截面数据，难以通过滞后变量的途径来克服模型的内生性问题，本章只有通过其他渠道来选择工具变量。借鉴 Fisman 等（2007）选取工具变量的思路——如果变量间的内生性仅存于企业层面，可选择一个比企业范围更为宏观的变量，如企业所处地区—行业的变量平均值作为工具变量进行估计；本章选择企业所处省区—行业的市场扩张平均值 $sale\#_{iw}^{mean}$ 作为本土市场扩张 $sale\#$ 的工具变量。相应的估计包括两个阶段：首先用工具变量

$sale\#_{iv}^{mean}$ 对解释变量本土市场扩张 $sale\#$ 进行第一阶段估计，重点检验工具变量和解释变量的相关性；然后继续对被解释变量产能过剩进行估计，并检验工具变量的外生性条件（见表14-5）。第一阶段的计量结果见表14-5下半部分，结果表明该工具变量 $sale\#_{iv}^{mean}$ 与解释变量 $sale\#$ 显著正相关（1%显著性），且对应的Wald外生性检验值较高，相应p值较低，整体上具有1%~10%以内的显著性水平，说明该工具变量满足相关性条件和外生性条件，该工具变量估计结果具有合理性和有效性。第二阶段的估计结果见表14-5上半部分，各类市场扩张变量对应的估计系数符号均与前述一致。在（1）~（3）列和（5）~（7）列，三类省内市场扩张变量的估计系数高度显著为正（1%显著性），在第（4）、（8）列省外市场扩张变量的估计系数高度显著为负（1%显著性），这再次证实中国企业的属地经营会加剧产能过剩，并使得产能过剩具有省级市场的属地特征，而中国企业的省际市场扩张则有助于抑制过剩产能。

表14-5 工具变量估计结果

第二阶段	产能过剩（$OverCu^A$）（$IV\text{-}Tobit$）				产能过剩（$OverCu^B$）（$IV\text{-}Tobit$）			
	本市	市外省内	省内	国内省外	本市	市外省内	省内	国内省外
	（1）	（2）	（3）	（4）	（5）	（6）	（7）	（8）
$saleincity$	0.0873*** (4.27)				0.127*** (4.22)			
$saleoutcity$		0.0988*** (3.52)				0.149*** (3.56)		
$saleinprov$			0.0895*** (5.50)				0.137*** (5.59)	
$saleoutprov$				−0.0500*** (−2.84)				−0.0885*** (−3.34)
第一阶段	$sale\#$				$sale\#$			
$sale\#_{iv}^{Mean}$	0.9401*** (35.69)	0.9175*** (32.23)	0.936*** (38.94)	0.93117*** (38.41)	0.9401*** (35.69)	0.9175*** (32.23)	0.936*** (38.94)	0.9312*** (38.41)
控制变量	是	是	是	是	是	是	是	是
城市虚拟	是	是	是	是	是	是	是	是
行业虚拟	是	是	是	是	是	是	是	是
Wald外生检验	6.05*** [0.0139]	4.02** [0.0450]	6.36*** [0.0117]	2.91* [0.0881]	5.22** [0.0223]	4.85** [0.0276]	6.78*** [0.0092]	4.56** [0.0328]
样本数	12330	12330	12330	12330	12330	12330	12330	12330

注：（ ）内为 z/t 统计值，[ ] 内为 P 值。*、**、*** 分别为10%、5%、1%显著性水平。

资料来源：同表14-3。

四、其他稳健性估计

进一步进行稳健性测试。

(1) 在中国企业调查数据 (2005) 的基础上替换新的解释变量。根据原始数据中企业在本市、市外省内、省内及国内省外的连续指标,本章构建企业在上述市场中销售率是否超过 50% 的离散指标 sale#_ new,企业在国内省外销售为主 (大于 50%) 时 sale#_ new 取值为 1、企业在省内销售为主 (大于 50%) 时 sale#_ new 取值为 2、企业在市外省内销售为主 (大于 50%) 时 sale#_ new 取值为 3、企业在本市销售为主 (大于 50%) 时 sale#_ new 取值为 4。可见该指标 sale#_ new 取值越大,表明企业的属地经营特征越明显。用新的离散指标 sale#_ new 来估计各类市场扩张对产能过剩指标 $OverCu^A$ 和 $OverCu^B$ 的影响,结果见表 17-6。其中,(1)、(2) 列为 Tobit 模型基准估计,(3)、(4) 列选取 sale#_ new 的省区—行业平均数作为工具变量进行估计;发现 (1) ~ (4) 列中解释变量市场扩张离散指标 sale#_ new 的系数均为正,且高度显著 (1% 显著性),说明属地经营的确加剧了产能过剩,这证实了本章结论。

(2) 替换数据进行稳健性测试,即采用中国企业调查数据 (2012) 进行稳健性检验 (见表 14-6)。该数据也汇报了企业的产能利用率指标,本章将其构建成企业产能过剩的理论值 $OverCu^A$ 和现实值 $OverCu^B$;该数据还汇报了技术创新对企业产能的贡献度,本章用 1 减去该贡献度构建了一个反映技术创新对产能贡献度偏弱的变量 $OverCu^C$,进一步衡量产能过剩率;在关键的解释变量方面,该数据只报告了"企业在本市 (直辖市)、国内省外和国外出售产品"的离散值 (1~3),本章将其转化为企业属地经营特征的离散指标 sale#_ new。同时,结合表 14-4 对该数据的企业规模、年龄、资本强度、研发等重要因素进行控制。表 14-6 的 (5) ~ (7) 列显示:企业属地经营变量 sale#_ new 的系数为正 (10% 以内显著性),这也证实中国企业的属地经营加剧了产能过剩。

表 14-6 其他稳健性估计

变量	中国企业调查数据 (2005)				中国企业调查数据 (2012)		
	$OverCu^A$	$OverCu^B$	$OverCu^A$	$OverCu^B$	$OverCu^A$	$OverCu^B$	$OverCu^C$
	(1)	(2)	(3) (IV-Tobit)	(4) (IV-Tobit)	(5)	(6)	(7)
sale#_ new	0.00809***	0.0140***	0.0257***	0.0396***	0.0240*	0.0627*	0.0382**
	(6.16)	(7.22)	(4.69)	(4.85)	(1.82)	(1.85)	(2.44)
控制变量	是	是	是	是	是	是	是
地区虚拟	是	是	是	是	是	是	是

续表

变量	中国企业调查数据（2005）				中国企业调查数据（2012）		
	$OverCu^A$	$OverCu^B$	$OverCu^A$	$OverCu^B$	$OverCu^A$	$OverCu^B$	$OverCu^C$
	（1）	（2）	（3）（IV-Tobit）	（4）（IV-Tobit）	（5）	（6）	（7）
行业虚拟	是	是	是	是	是	是	是
Wald 外生检验			6.14** [0.0132]	5.68** [0.0172]			
Pseudo R^2	10.2550	0.6181			-0.1511	0.3632	-1.2731
样本数	10994	10994	10994	10994	392	392	370

注：（　）内为 z/t 统计值，[　] 内为 P 值。*、**、*** 分别为 10%、5%、1%显著性水平。
资料来源：同表 14-3。

第五节　属地经营、省际市场扩张影响产能过剩的作用机理

进一步研究中国企业的属地经营、省际市场扩张影响产能过剩的作用机理。由于中国企业的属地经营根源于地方政府与属地企业的利益联盟，且企业的市场扩张抑制产能过剩的作用机理高度依赖市场竞争机制，本章从地方政府行为与市场机制渠道两个维度综合考察上述作用机理。据此，本章在方程（1）的基础上构建如下的实证计量模型：

$$OverCu^*_{fci} = \alpha_0 + \alpha_c + \alpha_i + \beta_1 sale\#_{fci} + \beta_2 \times \Theta_x \times sale\#_{fci} + \gamma CV_{fci} + \varepsilon_{fci} \quad (2)$$

其中，Θ_x 为企业通过本土市场扩张影响产能过剩的传导变量。基于"属地经营根源于地方政府与属地企业的利益联盟"等观点，本章首先从地方政府行为中寻找作用机制变量：将中国企业调查数据（2005）中"企业面临地方保护影响的离散指标（0~4）"$govprotect$、"融资成本影响企业经营的离散指标（0~4）"$finance$、"企业缴纳土地税占总税款比例"$land$，分别作为企业是否面临地方政府保护（虚拟变量：1~3 代表是，0 代表否）、企业能否获取低成本金融或土地的测度指标，并将其与企业的本土市场扩张变量构建交互项，检验交互项系数的符号和显著性来判断上述变量通过市场扩张影响产能过剩的作用机理。基于"企业的市场扩张抑制产能过剩的作用机理高度依赖市场机制"等观点，本章继续从市场契约方面寻找作用机制变量。由于中国企业调查数据（2005）报告了"企业与省内供应（销售）商或与省外供应（销售）商发生商业纠纷时，借助省内当地或省外当地司法系统解决商业纠纷的信心程度"两组指标；且司法系统是

维护市场契约的重要制度安排,企业对司法系统的信心程度间接反映出企业对当地市场契约效率的评价;本章按其是否大于变量中位数值,分别构建了企业省内和省外市场契约是否有效的虚拟变量 *marketinprov*(省内契约效率)和 *marketoutprov*(省外契约效率),并将其与企业的本土市场扩张变量构建交互项,进而通过检验交互项系数符号和显著性来判断省内、外市场契约通过市场扩张间接影响产能过剩的作用机理。

表14-7报告了地方政府保护对产能过剩的影响。在(1)~(3)列,各类省内市场扩张变量与地方政府保护的交互项系数均为正且高度显著(1%显著性),说明地方政府保护和企业的属地经营对产能过剩的影响具有互补关系,地方政府保护越强的地区,企业属地经营加剧产能过剩的现象越严重。第(4)列的省外市场扩张与地方政府保护的交互项系数符号显著为正(5%显著性),说明地方政府保护和企业的省际市场扩张对产能过剩的影响具有替代关系,地方政府保护减弱了省际市场扩张抑制产能过剩的效果。

表14-7 地方政府保护影响企业产能过剩的调节机制

变量	本市 (1)	市外省内 (2)	省内 (3)	国内省外 (4)
saleincity	0.0158*** (2.74)			
saleincity × *govprotect*	0.00650** (1.99)			
saleoutcity		0.0104 (1.48)		
saleoutcity × *govprotect*		0.0174*** (4.26)		
saleinprov			0.0215*** (4.58)	
saleinprov × *govprotect*			0.00875*** (3.80)	
saleoutprov				-0.0257*** (-4.78)
saleoutprov × *govprotect*				0.00586** (2.17)
控制变量	是	是	是	是
城市—行业虚拟	是	是	是	是
Pseudo R^2	9.1282	9.1513	9.1810	9.1275
样本数	12330	12330	12330	12330

注:( )内为 z/t 统计值,*、**、*** 分别为10%、5%、1%显著性水平。
资料来源:同表14-3。

表 14-8 报告了低成本的金融和土地对产能过剩的影响。在（1）~（3）列，低成本融资变量与市场扩张变量的交互项系数显著为正；在（5）~（7）列，低成本的土地获取变量与市场扩张变量的交互项系数也显著为正，这说明金融、土地等要素越易获取的地区，企业属地经营加剧产能过剩的情况就越严重。在第（4）、（8）列，两类交互项系数也显著为正，且与省外市场扩张变量的符号（为负）相反，说明由于地方政府对金融、土地的影响存在行政边界，在省际市场扩张过程中这种要素变量对产能过剩的传导机制就不再明显。

表 14-8 和表 14-9 再次说明，中国在省级层面存在诱导企业过度进入并加剧投资潮涌现象的影响渠道，这使得市场内生的产能集中机制在全国层面难以发挥作用。

表 14-8 金融与土地要素获取影响企业产能过剩的调节机制

变量	金融要素				土地要素			
	本市	市外省内	省内	国内省外	本市	市外省内	省内	国内省外
	(1)	(2)	(3)	(4)	(5)	(6)	(7)	(8)
$saleincity$	0.0157*** (2.73)				0.0182*** (3.70)			
$saleincity \times finance$	0.00647** (1.98)							
$saleincity \times land$					0.0848* (1.91)			
$saleoutcity$		0.0106 (1.50)				0.0234*** (3.84)		
$saleoutcity \times finance$		0.0174*** (4.26)						
$saleoutcity \times land$						0.251*** (3.72)		
$saleinprov$			0.0215*** (4.59)				0.0266*** (6.37)	
$saleinprov \times finance$			0.0087*** (3.79)					
$saleinprov \times land$							0.102*** (3.07)	

续表

变量	金融要素				土地要素			
	本市	市外省内	省内	国内省外	本市	市外省内	省内	国内省外
	(1)	(2)	(3)	(4)	(5)	(6)	(7)	(8)
saleoutprov				-0.0257*** (-4.78)				-0.0191*** (-4.21)
saleoutprov × finance				0.00587** (2.18)				
saleoutprov × land								0.0757 (1.43)
控制变量	是	是	是	是	是	是	是	是
城市—行业虚拟	是	是	是	是	是	是	是	是
Pseudo R²	9.1293	9.1528	9.1823	9.1288	10.4111	10.4387	10.4672	10.4048
样本数	12330	12330	12330	12330	12186	12186	12186	12186

注：( ) 内为 z/t 统计值。*、**、*** 分别为 10%、5%、1% 显著性水平。
资料来源：同表 14-3。

表 14-9　省内、省外契约效率差异影响企业产能过剩的调节机制

变量	本市	市外省内	省内	国内省外
	(1)	(2)	(3)	(4)
saleincity	0.0290*** (5.19)			
saleincity × marketinprov	-0.0286*** (-3.49)			
saleoutcity		0.0411*** (5.97)		
saleoutcity × marketinprov		-0.0261*** (-2.90)		
saleinprov			0.0379*** (8.11)	
saleinprov × marketinprov			-0.0225*** (-4.21)	
saleoutprov				-0.0155*** (-2.61)
saleoutprov × marketoutprov				-0.0149** (-2.43)

续表

变量	本市 (1)	市外省内 (2)	省内 (3)	国内省外 (4)
其他控制变量	是	是	是	是
城市—行业虚拟	是	是	是	是
Pseudo R²	9.9573	9.9667	10.0103	12.6846
样本数	11534	11534	11534	8616

注：( ) 内为2/t统计值，*、**、*** 分别为10%、5%、1%显著性水平。

资料来源：同表14-3。

表14-9报告了省内外的市场契约效率对产能过剩的影响。在（1）~（3）列，各类省内市场扩张变量与省内市场契约效率变量 marketinprov 的交互项系数均显著为负，说明高效率的省内市场契约有助于

减弱属地经营对产能过剩的影响；在第（4）列，省际市场扩张与省外市场契约变量 marketoutprov 的交互项系数显著为负，表明高效率的省外市场契约能够强化省际市场扩张对产能过剩的抑制作用。这表明全国层面的一体化市场强化了企业竞争并能影响企业的产能决策，市场内生的产能集中机制因而能够在全国层面发挥抑制产能过剩的作用。

第六节　对策与建议

综合利用世界银行的中国企业经营调查数据（2005，2012），本章实证检验了中国企业的属地经营、省际市场扩张对产能过剩的影响，并结合地方政府行为与市场机制渠道考察了相关的作用机理。主要结论如下：①中国企业的属地经营加剧了产能过剩，使得产能过剩具有省级市场的属地特征；企业在省际的市场扩张能够抑制产能过剩。②就作用机理而言，地方政府保护越强、金融（土地）等要素越易获取的地区，企业属地经营加剧产能过剩的现象就越严重，这表明中国在省级层面存在诱导企业过度进入并加剧投资潮涌的影响渠道，市场内生的产能集中机制在全国层面难以发挥作用，从而使得产能过剩具有省级市场的属地特征；市场契约效率越高的地区，企业的省际市场扩张抑制产能过剩的效果就越明显，这表明一体化市场能够强化企业之间的激烈竞争并影响企业的产能决策，市场内生的产能集中机制因而能在全国层面发挥抑制产能过剩的作用。根据上述结论，中国的产能过剩治理，尤其是在供给侧结构性改革中"去产能"有以下4点建议：

第一，完善产能过剩治理的顶层设计。围绕企业属地经营的根源——利益属地化，完善产能过剩治理的顶层设计。具体包括：①通过降低 GDP 在官员晋升机制中的重要性、完善生产型增值税的分享制度等措施，矫正地方政府与属地企业之间的利益联盟，推动各级政府成为产能过剩治理的重要主体；②通过严格执行新的《预算法》并扭转地方政府补贴企业（尤其是"僵尸企业"）、强化中央政府对省级政府"去产能"的考核等措施，在全国层面上构建产能过剩治理的规制政策。

第二，鼓励企业在全国开展跨地区经营，并以此提升行业市场集中度。针对中国产能过剩具有属地特征与低行业市场集中度特征，鼓励企业在全国层面开展跨地区经营，让市场内生的产能集中机制发挥作用。具体包括：①打破省际市场之间的壁垒，推进政策扶持的对象由"地方标兵"向"全国标兵"的转变，鼓励中国企业从本市向本省、从本省向全国的市场扩张；②通过加快"僵尸企业"退出市场、推动央（省）企等各类国有企业的进一步兼并重组、全面提升市场开放度（包括进一步向私营企业开放）等措施，提升产能过剩行业的市场集中度。

第三，将企业的跨省销售比重作为淘汰落后产能与产能过剩治理的重要依据。针对中国企业的省际市场扩张有助于抑制产能过剩，治理政策可突出"企业的跨省销售比重"这个指标，建议在企业规模、技术标准等指标中，加入企业的跨省销售比重，作为中央政府"去产能"的综合指标之一。

第四，以要素市场化改革为重点，加快产品市场、要素市场的对称一体化。具体包括：①以金融、土地等为重点，矫正地方政府对区域资源配置的行政干预；②推动企业基于契约行为而非政商关联的竞争与合作，将企业行为逐步引导到市场化行为方面。

第15章 中国企业职业伤害成本低估问题研究

第一节 引 言

近年来,劳动者的职业伤害引起了政府部门的广泛关注。2015年8月19日,中国共产党中央政治局常委会更是首次讨论了天津瑞海事故引发的安全生产及其职业伤害问题。究其原因:一是近年来中国职业伤害人数仍然居高不下、企业安全生产形势依然严峻,2012年全国工伤死亡人数仍然高达22158人,较2006年增长了97%,呈现出持续扩张的发展趋势;[①] 二是劳动者的职业伤害是一个关系劳动力资源损失、所在家庭的生活质量与全社会福利支出的问题。由于成本能够影响所有经济行为主体的选择(布坎南,2009),且成本评估又与政策抉择的优先顺序紧密相关(OECD,1996;李文才,2011),因此要提升中国安全生产的政策效率,关键一步就需要测算劳动者的职业伤害成本。

目前,这方面的研究主要有:多数文献认为劳动者的职业伤害会导致劳动者的身体损伤、残疾或死亡,最终会造成劳动者个人、所在家庭及社会的负担(Biddle,2004;Shalini,2009)。因此,职业伤害成本不但包括企业、保险机构等的医疗费用及其相关理赔,而且包括劳动者失能、死亡导致的劳动力资源损失以及全社会的福利支出等(Biddle,2004;李本森,2001)。其中,卫生经济学主要集中于测算职业伤害的医疗费用及其相关理赔支出,很少评估劳动者的失能、死亡导致的人力资源损失以及由此产生的社会福利支出等外部成本(Fahs et al.,1989;Leigh et al.,2000);人寿保险、劳动经济学主要立足于统计学的生命价值(Value of Statistical life,VSL),重点探讨职业伤害的统计学成本(Thomas,1969),国外学者分别以美国、英国等发达国家为例,测算生命价值的统计学成本,结果分别为970万美元(Moore & Viscusi,1988)、940万~1150万美元(Siebert & Wei,1994),这要远远高于以实际支出的医疗费用及其相关理赔。就中国而言,评估职业伤害成本还处于定性研究阶段,多数文献研究了职业伤害成本的分类及其评估方法等(黄小武等,2000;王亮,2004;梅强和陆玉梅,2008;李文鸿等,2012),少量文献实证研究了因工死亡的成本,但结果要远远

[①] 根据《中国劳动统计年鉴》的数据计算所得,该数据自2006年起才开始统计全国因工死亡的人数。

低于发达国家劳动者的职业伤亡成本。以王亮（2004）、秦雪珍等（2010）、钱永坤（2011）的研究为例，上述文献认为中国劳动者因工死亡的边际成本分别为65.76万元、181万元、212万元。

由于成本低估一方面会使得职业伤害成本向劳动者、所在家庭及其社会转移（蔡建华和肖怀云，2011）；另一方面会使得企业的安全生产投入不足及重大安全生产事故频发（谢地和何琴，2008），因此需要全面评估中国劳动者的职业伤害成本。从这些逻辑出发，并结合现有文献对成本的界定——经济学中的成本是一种无可避免的最高代价，最高代价不变成本就不会发生改变（张五常，2011），[①] 本章认为劳动者职业伤害涉及劳动者命值几何的问题，评估职业伤害成本需要着眼于劳动者的生命价值。据此，本章以生命价值理论中的享乐主义工资理论及其测算方法为基础，一方面利用 VSL（Value Statistics of Life）的测算方法；另一方面引入非参边界分析方法（Non-parametric Bound Analysis），全面评估中国劳动者的职业伤害成本以及引发的不可承受之重。

与既有研究相比，本章的创新之处主要在于：①研究视角上，立足中国实际，拓展了既有研究领域。本章基于中国安全生产的特殊性和急迫性，从统计学生命价值的视角，定性和定量分析并比较了中国职业伤害的社会成本与企业承担，这丰富了相关研究中涉及社会伦理、企业道德及社会福利分配等研究内容。②估计策略上，本章更好地解决了模型内生性问题。其中，从认知与非认知能力两个方面引入劳动者能力结构变量、控制了职业社会经济地位与职业风险水平的等级变量，这在一定程度上解决了相关模型因忽略劳动者人体能力、风险偏好的异质性及生产条件等产生的内生性问题（Hwang et al., 1992）；同时，本章采用 Lee（2007）、Wooldridge（2009）的控制函数法（control function approach）构建半参数分位数回归模型，考察不同收入水平条件分布下的统计学生命价值，这有效控制了模型的内生性问题。③测算效率上，本章借鉴 Manski（1990，1997，2000）的平均处理效应（average treatment effect）估计思想，通过非参边界分析方法进一步测算了劳动者统计学生命价值的取值范围，这有助于减弱缺乏工具变量所导致生命价值测算的有偏问题，而且可以解决参数点估计过程中生命价值测算的较大差异，进一步提升了测算结果的可靠性。

[①] 张五常（2011）认为成本的英文定义应是：The cost of an event is the highest-valued opportunity necessarily forsaken。

第二节 文献回顾与职业伤害成本的测算方法选择

一、生命价值理论中的职业伤害成本测算

经济学中的生命价值理论认为理性经济人的生命价值可以进行货币估值,但这种估值只是一种基于统计学的生命价值(Thomas, 1969),其目的是确定政策的优先顺序、合理分配资源以挽救生命(王素弯和薛立敏,1987)。生命价值理论最早可追溯到威廉·配第的《政治算术》(Petty, 1966),目前已被工业化国家广泛应用在安全生产、医疗卫生及环境保护等规制政策的制定与评价中,并逐步形成了一系列测算生命价值的方法。

(1)人力资本理论及其测算方法。这种理论认为人的生命价值等于人的投资成本或劳动生产能力所能创造的社会财富。早期研究主要关注生产或再生产一个劳动者的成本,后期研究主要关注劳动者的生产能力及其投资性质(程启智,2005)。Dublin 和 Alfred(1946)等将人的生命价值视为在某个时间点(给定的年份或死亡的年份)之后余命所能创造的预期收入现值,并给出了一个简单的测算方法:

$$VSL = PVE = \sum_{t=1}^{T} \frac{L_t}{(1+i)^t}$$

其中,PVE 为预期收入的贴现,T 为剩余生命期限,L_t 为预期劳动收入,i 为贴现率。

(2)风险交易理论及其测算方法。这种理论认为现实中随时会遭遇伤残、死亡等风险,经济人采取各种措施预防风险发生并支付相应的成本,经济人需要权衡事故发生的概率与预防成本。据此,人的生命价值可通过劳动者愿意支付的预防成本来评价(Thomas, 1969)。通常可表示为死亡风险概率的变动乘以收入与死亡风险的边际替代率,人的生命价值就可定义为收入与死亡风险的边际替代率(Eeckhoudt & Hammitt, 2001;梅强等,2011)。假定 δ_i 为死亡风险概率的边际变化,经济人 i 的支付意愿满足 $WTP_i = MRS \times \delta_i$,其中 MRS 为收入对风险的边际替代率,$i = 1, 2, \cdots, n$,则生命价值的测算方法为:

$$VSL = MRS = \frac{WTP_i}{\delta_i}$$

(3)享乐主义工资理论及其测算方法。这种理论建立从补偿性工资理论出发,认为补偿性工资差异来源于工作岗位的非工资特性而对劳动者做出的补偿

(Smith，2010)。由于劳动者的风险厌恶，高风险工作岗位需要支付高于安全工作岗位的工资（鲍哈斯，2010）。据此，享乐主义工资理论将工作岗位的风险程度与劳动力市场的均衡工资设定为正相关关系。市场均衡状态下，工资与风险水平就能够反映二者之间的补偿关系，通过对均衡工资与风险程度的回归，可计算出工作岗位的风险变动对均衡工资的边际影响，从而间接估计出劳动者的生命价值（Rosen，1974；邓曲恒和王亚柯，2013）。测算方法如下：令 $U(w)$、$I(w)$ 分别为无死亡风险状态、死亡风险状态的效用，p_0 为死亡风险概率，w 为劳动者工资收入，劳动者的期望效用为 $E(U) = (1 - p_0) U(w) + p_0 I(w)$。如果死亡风险概率由 p_0 变动到 p，w 必须变化才能维持劳动者的效应不变，假定工资收入的补偿变动为 v，则劳动者的期望效用为 $E(U) = (1 - p) U(w - v) + p I(w - v)$。据此，享乐主义工资理论中的生命价值就可表示为（秦雪征等，2010；梅强等，2011）

$$VSL = \left.\frac{dv}{dp}\right|_{p = p_0} = \frac{U(w) - I(w)}{(1 - p_0) U'(w) + p_0 I'(w)}$$

二、测算方法的比较与职业伤害成本的测算方法选择

人力资本理论及其测算方法特别强调经济行为主体创造财富或社会收入的能力，其优点是所需数据容易采集、测算结果较为稳定，可广泛应用于评估战争、灾害中大量人口死亡的经济损失，以及在人寿保险领域评估经济人的提前死亡对其家庭的经济损失。然而，这种测算方法也有其内在缺陷：①忽略经济人作为个体生命应具有的价值（Jones-Lee，1993；Viscusi，2003），这导致统计学的生命价值普遍低估。最极端的例子莫过于乞丐，其创造财富的能力有限，但并不能由此得出其生命价值可以忽略不计（秦雪征等，2010）。②劳动收入是人力资本与其他因素（包括歧视性因素）共同作用的结果。运用人力资本理论及其测算方法评估劳动者的生命价值，歧视性的工资差别就会成为劳动者的生命价值差异（石磊，2004），这显然是不公平的。风险交易理论及其测算方法特别强调劳动者个体对风险与预防措施的权衡态度，其优点是在安全规制与法律经济学等领域中广泛应用，但其缺陷也十分明显：①由于这种测算高度依赖经济人在模拟市场中对工作风险的评定态度，生命价值的评估缺乏一个客观性标准。美国学者波斯纳（1997）认为"承担万分之一的工作风险只需要100美元，并不意味着劳动者的因工死亡只需要100万美元"。②在信息不对称的条件下，劳动者对工作风险的认识有限，现实中风险交易理论及其测算方法并不适合测算高风险行业中劳动者的生命价值（李本森，2001）。享乐主义工资理论及其测算方法强调补偿性工资与工作岗位风险的相关性，其在国外研究中已非常普遍并开始应用于安全生产及其规制政策制定等方面。与上述方法相比，享乐主义工资理论及其测算方法不但

可以体现经济人作为个体生命应具有的价值，这有助于克服人力资本理论及其测算方法的固有缺陷；其结果也主要是基于劳动力市场中实际发生的行为，这有助于克服风险交易理论及其测算方法的主观性。享乐主义工资理论及其测算方法的优点也是其受到批评的来源，这种方法要求劳动力市场所提供的数据必须达到研究风险类型与某些特殊群体工作风险交易的需求（Leton，2002）。

综上，本章选择享乐主义工资理论及其测算方法作为中国职业伤害成本的评估方法。其一，人力资本理论及其测算方法中的生命价值普遍较低，这会导致职业伤害成本的低估，最终无法激励企业强化安全生产设施供给。其二，由于缺乏客观性标准，在中国区域与城乡发展差异巨大的背景下不同人群对职业风险的主观评价必然存在明显差异，这意味着风险交易理论及其测算方法中的生命价值也会出现较大的地区与城乡差异。加之，在次要劳动力市场中，信息不对称的现象突出，劳动者的权衡态度无法真实反映职业伤害风险与企业预防措施之间的关系，这也会影响劳动者职业伤害的成本测算。其三，在现有文献中，常见的生命价值评估主要是利用享乐主义工资理论及其测算方法，目前这种方法已成为生命价值评估领域最主流的测算方法，并逐步取代了传统的人力资本理论及其测算方法（冯伟和郑风田，2011）。

第三节　职业伤害成本测算

一、估计方程

根据享乐主义工资理论及其测算方法，本章首先识别"劳动者面临职业伤害风险时需要补偿多少才能保持其无差异的效用水平"，即劳动者的支付意愿。据此，将在行业 $j(j=1,\cdots,J)$ 和职业 $k(k=1,\cdots,K)$ 中劳动者 $i(i=1,\cdots,N)$ 的工资和致命性风险的方程设定为

$$\ln w_{ijk} = \alpha_o + \alpha_1 \pi_{ijk} + X_{ijk}\beta + u_{ijk} \tag{1}$$

其中，$\ln w_{ijk}$ 为小时工资的自然对数；π_{ijk} 为分行业的死亡率；X_{ijk} 是劳动者职业的虚拟变量、居住的地区特征变量及常用的人口学变量，如劳动者的受教育年限、年龄、年龄平方、婚姻状况等；u_{ijk} 是误差项。

方程（1）中的事故发生率或致命性风险是具体到单个个体的事故发生率，反映了个体的边际支付意愿（Marginal Willingness-to-Pay）。然而，在现实中推断自身所处职业的风险比较困难，劳动者更多是根据同类职业或同类行业的以往事故（死亡或伤害）的风险信息来推断当前的风险水平，此时的估计结果就是

平均支付意愿（Average Willingness-to-Pay）。鉴于多数研究很难得到劳动者所从事职业的具体风险信息，采用行业的平均风险水平是一种良好的代理变量。

根据"利己"假定，引入致命性风险与补偿性工资的二次项更为合理。这是因为风险越大，承担者能够享受补偿性工资的可能性就越小，[1] Heckman et al.（2005）的研究也表明享乐主义模型更可能面临较高的非线性价格曲线。然而，从政策操作层面来看，如果将劳动者的生命价值定义为无限，那么不管致命性风险的概率有多小，由于预防成本无限，企业没有任何动力强化安全生产设施的供给，这没有任何政策效应。[2] 据此，本章将方程（1）中致命性风险与补偿性工资的关系假定为线性。为了体现对"生命无价"的尊重，本章根据 Leeth 和 Ruser（2003）与 Sojourner（2010）的模型设定，也给出了风险为二次项的估计方程：

$$\ln w_{ijk} = \alpha_o + \alpha_1 \pi_j + \alpha_1 \pi_j^2 + X_{ijk}\beta + u_{ijk} \qquad (2)$$

方程（1）、（2）中的参数是职业风险水平的估计系数，利用这些系数可得到统计学生命价值的估计结果。因为致命性风险的死亡率是用 10 万人的比例来计算，且劳动者年平均工作时间为 2000 小时，方程（1）和方程（2）在平均工资水平下的统计学生命价值分别为

致命性风险与工资的线性关系：

$$\overline{VSL} = \left[\left(\frac{\partial \hat{w}}{\partial \pi} = \hat{\alpha}_1 \times \overline{w}\right) \times 2000 \times 100000\right] \qquad (3)$$

致命性风险与工资的二次函数关系：

$$\overline{VSL} = \left(\frac{\partial \hat{w}}{\partial \pi} = \overline{w}(\hat{\alpha}_1 + 2\hat{\alpha}_2 \times \pi) \times 2000 \times 100000 \right) \qquad (4)$$

其中，$\overline{VSL}$ 为劳动者的统计学生命价值。式（3）意味着生命价值的估算受补偿性工资水平与风险之间的权衡系数及平均补偿水平的影响。式（4）意味着在二次函数条件下生命价值在上述因素之外，会随着安全生产风险变化而变化。

二、数据与指标

本章数据主要来源于中国家庭动态追踪调查（CFPS）与《安全生产统计年

---

[1] 在致命性风险为 100%，除非风险承担者是高度的利他主义者，否则没有一个有限的金钱数额可以补偿风险承担者（波斯纳，1997；Sojourner，2010）。

[2] 过失责任的"汉德公式"认为：如果损失的概率为 P、金额为 L、预防成本为 B，只有在 PL > B 时相关的经济行为主体才存在过失。如果预防成本无限，企业将无法供给相应的安全生产设施（波斯纳，1997）。

鉴（2009 年）》。其中，中国家庭动态追踪调查（CFPS）是北京大学中国社会科学调查中心的 2010 年调查数据，[①]该数据包括个人年工资收入、工作时间等。通过计算，本章将小时工资作为被解释变量，将工作特征（一周工作低于 20 小时或高于 40 小时、主要的行业变量等）、职业变量（性别、婚姻、教育水平、年龄及工伤保险的购买情况等）作为控制变量。本章的核心解释变量来自《安全生产统计年鉴（2009 年）》中分行业的安全生产事故的死亡率，选择 2009 年而不是 2010 年数据是因为人们对工作风险的判断或感知主要来自之前事故发生的信息，这样可以更好地与 2010 年 CFPS 数据匹配。

要获得职业风险水平系数的无偏估计，除了准确度量分行业或职业风险水平之外，核心解释变量还需要满足与误差项无关的条件，以及忽略重要解释变量的条件。

（1）鲍哈斯（2010）的研究表明诸如"噪音、高温、卫生条件差"等令人不适的工作特征因素不但是工作风险的重要组成部分，而且能够影响劳动者的工资，如果不控制这些因素，即忽略了工作的非货币特征，将使得与误差项无关性的条件不能满足，并导致风险溢价的估计有偏。然而，如何规定这些特征仍然是检验补偿性工资差异过程中的一个难题（伊兰伯格等，1999）。鉴于工作环境的调查数据较难获得，本章以 CFPS 调查的个人职业变量进行替代。根据个人职业分类编码 CSCO，将其转换为国际标准职业分类代码（ISCO-88）并获得国际标准职业社会经济指数（ISEI）。一般而言，国际标准职业社会经济指数的得分越高，劳动者的收入与社会地位就越高，其工作环境则越优越。据此采用国际标准职业社会经济指数作为工作特征的代理变量。需要强调的是，社会经济地位指数高、工作环境好的职业并不必然面临低的安全生产风险水平，如银行、医院等工作环境较好的职业就面临着较高的安全生产风险水平。据此，本章基于中国保险行业在职业分类大典中对每一职业的风险定级，进一步控制职业的安全生产风险水平。

（2）违反无关性假设的重要方面是存在不可观测的异质性因素。Brown（1980）指出，实证结论与享乐主义工资理论预测相抵触的原因在于使用的截面数据存在无法观察的变量，从而出现了偏差。Hwang 等（1992）进一步指出偏差取决于三个变量：观察不到的生产率异质性、非工资收入的比例，以及对工资形式与其他形式报酬的偏好离散。为此 Hwang 等认为个人生产率不可观测的异质性因素，如智商、处理压力的能力等，都会导致对风险工资水平关系的低估。本章以 CFPS 调查中的个人认知能力、"大五"人格特征及健康等作为劳动者个体能

[①] CFPS 数据已进行了多轮追踪调查，未采用 2010 年之后的数据合成面板数据进行分析的主要原因在于《安全生产统计年鉴》自 2010 年之后未公布分行业的生产事故发生率与伤亡人数数据。

力及生产率的替代变量。① 其中，认知能力在很大程度上能够决定劳动者的职业地位与工资水平，人力资本理论认为劳动力市场中能被付以报酬的能力是那些能提高单位产量的劳动者的知识和技能，如数学运算能力和读写能力等，这些都是基本的认知能力（周金燕，2015）。人格特征中的外向性、开放性、神经质性或情绪稳定性则是危险职业中有助于高效工作的个人特征，现有文献认为人格特征因素会影响劳动生产率进而影响收入（Bowles et al.，2001）。Almlund 等（2011）的研究认为有助于提高劳动生产率的人格特征因素通常都会对提高工作收入有积极作用，如乐观情绪就是形成未来经济发展乐观预期的重要人格特征因素，能够影响个体面对不确定性时所采取的行为。Garen（1998）与 Shogren 和 Stamland（2002）进一步明确了具体的风险生产率因素，即工人具有上述这些特征将使其在危险的职业上比普通工人更有效率，而在没有危险的职业上这些特征作用不显著。此外根据调查中的身高、体重等构建的身体质量指数（BMI）可以作为提高劳动者生产效率的体能反映。据此，本章将认知能力、人格特征及身体质量也纳入模型加以控制以解决因忽略重要的解释变量而产生的内生性问题。

三、享乐主义工资方程估计及其 VSL 测算结果

估计结果（见表 15-1）：模型（1）为仅包括安全生产事故死亡率与受教育年限的线性基准模型；模型（2）为控制个人特征、能力因素及身体健康的线性模型估计结果；模型（3）为在控制个人特征、能力因素及身体健康的基础上，引入死亡率二次项的估计结果。

表 15-1 安全生产事故死亡率的享乐主义工资方程估计结果

变量	模型（1）	模型（2）	模型（3）
致命性风险水平	0.00466*** (0.0007)	0.00187*** (0.001)	0.0291*** (0.005)
致命性风险水平的平方			−0.000357*** (0.000)
受教育年限	0.0854*** (0.00208)	0.0114** (0.005)	0.0114** (0.005)
性别（1=男性）		0.396*** (0.022)	0.393*** (0.022)
周工作时间少于 20 小时		0.673*** (0.039)	0.678*** (0.039)

---

① "大五"包括严谨性、外向性、顺同性、开放性、神经质或情绪稳定性五类人格特征。

续表

变量	模型（1）	模型（2）	模型（3）
周工作时间高于 40 小时		-0.243***	-0.241***
		（0.019）	（0.019）
年　龄		0.0304***	0.0302***
		（0.006）	（0.006）
年龄的平方		-0.000433***	-0.000429***
		（0.000）	（0.000）
户籍类型（1=农业户籍）		-0.253***	-0.261***
		（0.027）	（0.027）
婚姻状况（1=有配偶）		0.133***	0.133***
		（0.039）	（0.039）
职业社会经济地位指数		0.0201***	0.0200***
		（0.001）	（0.001）
职业风险等级		0.462***	0.354***
		（0.056）	（0.061）
认知能力：语言表达		0.226***	0.218***
		（0.060）	（0.060）
认知能力：数学计算		0.275***	0.276***
		（0.094）	（0.094）
非认知能力：敏感性		-0.129*	-0.121*
		（0.072）	（0.072）
非认知能力：外向性		0.421***	0.433***
		（0.085）	（0.085）
非认知能力：开放性		-0.168**	-0.167**
		（0.085）	（0.085）
身体质量指数		0.00697***	0.00716***
		（0.002）	（0.002）
购买工伤保险		0.270***	0.263***
		（0.028）	（0.028）
常　数	1.077***	-0.408***	-0.418***
	（0.019）	（0.137）	（0.137）
样本量	15633	14308	14308
R^2	0.1415	0.300	0.302
F	70.55	325.8	325.8

注：（　）内为标准差，*** $p<0.01$，** $p<0.05$，* $p<0.1$。

模型（1）显示：教育回报为 8.5%，表明每增加 1 年的受教育程度劳动者的工资水平可增加 8.5 个百分点；致命性风险水平增加十万分之一，补偿性工资水平增加 0.46%。

模型（2）显示：① ①引入职业社会经济地位变量之后，职业社会经济地位指数（标准化）每增加1单位，劳动者的补偿性工资水平增加2.01%。这主要是因为职业地位是工资报酬的一部分，当缺乏地位时必须以更高的工资予以弥补。②控制工作时间虚拟变量，少于20小时的补偿性工资水平高于其他工作时间的67.3%、工作时间高于40小时的补偿性工资水平低于其他工作时间的24.3%。这主要是因为工作时间过长会降低劳动生产率并提升劳动者的疲惫程度，前者会导致劳动报酬相对较低，后者会增加事故发生概率，因而工资的风险溢价部分将会增加。③控制能力异质性之后，教育回报的增长幅度减少至1.14%。一个重要的原因是本章尝试打开了人力资本的"黑箱"，控制能力形成中的认知能力与非认知能力。其中，认知能力能影响劳动者对职业风险的判断及其职业选择，非认知能力能够提升劳动者对职业风险水平的敏感性，因而伴随认知能力与非认知能力的提升，劳动者可以更为精准地识别职业风险并大幅度提升处理风险的能力，事故发生概率将因此降低；加之，认知能力与非认知能力能够使劳动者在危险职业上更具生产效率（Garen，1998），因而可提升劳动者的工资水平，能力的工资溢价水平明显。具体而言，能力结构中的认知能力回报分别为22.6%（语言能力）与27.5%（数学计算能力），非认知能力的能力回报则分别为-12.9%（敏感性能力）、-16.8%（开放性能力）及42.1%（外向性能力）。在这些因素的作用之下，相应的风险补偿性工资水平将有所降低。④过滤掉影响工资水平的生产率各因素之后，致命性风险水平的补偿性工资回报系数为0.00187，这一估计结果与国内外同类研究比较接近。

模型（3）显示：引入二次项之后，其他控制变量的估计系数和显著性水平没有明显变化，致命性风险水平及二次项的系数分别为0.0291及-0.000357。对比Leeth & Ruser（2003），Sojourner（2010）用美国PSID数据的估计结果，即$\alpha_{1\pi_j}$（2003）= 0.00415，$\alpha_{1\pi_j^2}$（2003）= -0.0169，$\alpha_{1\pi_j}$（2010）= 0.00251，$\alpha_{1\pi_j^2}$（2010）= -0.00136，发现引入二次项后系数变得更大，这表明在"利己"假定下只有补偿性工资的无限扩张，劳动者才会选择致命性风险的工作。

表15-1中工资水平对致命性风险水平的斜率为平均支付意愿（AWTP），由此可计算劳动者的统计学生命价值。根据式（3）和式（4）的计算方式给出了估算结果（见表15-2）：线性基准模型中的统计学生命价值为891.3万元。控制异质性的人口特征、个人能力、身体健康水平及购买工伤保险情况之后，统计学生命价值为357.35万元。与现有研究相比，本章结果高于国内其他学者的估计结果但也低于国外的统计学生命价值。就前者而言，钱永坤（2011）的测算结果

---

① 由于本章关注主题为风险的补偿性工资水平，对于通常工资方程中如年龄、性别及婚姻状况等个人特征变量的影响不是本章分析的重点，故在解释估计结果时忽略这部分的分析。

最高但也只有212万元，这表明中国劳动者的职业伤害成本确实被低估；就后者而言，美国学者在1974—2000年的实证研究表明劳动者的统计学生命价值大多落在3.8百万~9百万美元之间（Viscusi，2003），这其中固然有中国和美国的经济发展阶段差异等因素影响，但也间接表明了现阶段中国劳动者的职业伤害成本低估。将致命性风险与工资水平视为非线性关系，控制异质性的人口特征、个人能力、身体健康水平及购买工伤保险情况之后，统计学生命价值为5129.82万元。这一结果要远远高于模型（2）中控制异质性能力等因素之后线性估计结果，这种"天文数字"在一定程度上也体现了劳动者的"生命无价"。

表15-2　生命价值的估计结果　　　　　　　　单位：万元

生命价值	模型（1）	模型（2）	模型（3）
$V\hat{S}L$	891.3	357.35	
$V\hat{S}L(Mean(\pi))$			5129.82
致命性风险率均值及众数（1/100000人） $Mean(\pi)=3.159$			

说明：根据《工伤保险条例》，安全生产死亡的一次性补偿是采用城镇人均可支配收入水平为补偿标准，[①] 为便于计算，此处采用2010年城镇居民人均可支配收入水平：19109.4元/年；$V\hat{S}L(Mean(r))$为按安全生产事故死亡率的平均水平的生命价值估算。

四、享乐主义工资方程中VSL的分位数估计

鉴于在现实中受安全生产事故影响最大的莫过于工资水平偏低的劳动者，均值回归显然会混同不同工资水平与不同风险偏好的信息；加之工资水平往往是典型的偏态分布，少均值回归极易受极端值的影响，这就使得采用均值回归很难反映整个条件分布的全貌。线性分位数回归可放松均值回归对随机扰动项同方差和服从正态分布的假定（Koenker & Bassett，1978）。对VSL的分位数回归可以随着潜在工资变化，考虑VSL与工资水平条件分布的全面信息，并通过对不同分位数

[①] 2004年的《工伤保险条例》规定，职工因工死亡一次性补助金标准为48个月至60个月的统筹地区上年度职工月平均工资。具体标准由统筹地区的人民政府根据当地经济、社会发展状况规定，报省、自治区、直辖市人民政府备案。随着我国经济社会的发展，条例在实施过程中出现了一些新情况、新问题，人力资源和社会保障部于2009年7月起草了《工伤保险条例修正案（送审稿）》，报请国务院审议。2011年1月1日起实施的《国务院关于修改〈工伤保险条例〉的决定》中规定，因工死亡的按所在地城镇人均可支配收入水平的20倍一次性赔付、受伤按不同伤残等级并根据其所在地平均工资水平予以赔付。

组进行收入弹性的计算,则可估算不同收入分位数水平上的统计学生命价值。尽管分位数回归模型能够估计给定解释变量下被解释变量整个的条件分布,但本章只选择四个代表性的分位点估计结果:0.25、0.5、0.75、0.9(见表15-3)。

表15-3 安全生产事故死亡率的享乐主义工资方程:分位数回归

变量	$Q = 0.25$	$Q = 0.5$	$Q = 0.75$	$Q = 0.9$
致命性风险水平	0.00219** (0.000864)	0.00268*** (0.000694)	0.00140** (0.000678)	-0.000213 (0.000837)
受教育程度	0.0281*** (0.00472)	0.0258*** (0.00401)	0.0216*** (0.00318)	0.0233*** (0.00557)
周工作时间低于20小时	-0.0247 (0.0384)	0.416*** (0.0271)	0.744*** (0.0337)	1.332*** (0.0529)
周工作时间高于40小时	-0.0768*** (0.0248)	-0.197*** (0.0159)	-0.281*** (0.0188)	-0.314*** (0.0253)
年龄	0.0212*** (0.00567)	0.0282*** (0.00441)	0.0321*** (0.00507)	0.0319*** (0.00771)
年龄的平方	-0.000282*** (6.20e-05)	-0.000379*** (4.73e-05)	-0.000436*** (5.60e-05)	-0.000446*** (8.76e-05)
性别(男性=1)	0.361*** (0.0264)	0.324*** (0.0174)	0.300*** (0.0169)	0.333*** (0.0272)
婚姻(1=有配偶)	0.0658* (0.0337)	0.0503* (0.0302)	0.0495* (0.0292)	0.0555 (0.0372)
职业社会经济地位指数	0.0278*** (0.00105)	0.0252*** (0.000817)	0.0215*** (0.000856)	0.0179*** (0.00155)
职业风险等级	0.705*** (0.0618)	0.572*** (0.0398)	0.415*** (0.0524)	0.220*** (0.0691)
认知能力:语言表达	0.125** (0.0580)	0.145*** (0.0438)	0.215*** (0.0471)	0.167** (0.0735)
认知能力:数学运算	0.310*** (0.0898)	0.301*** (0.0749)	0.318*** (0.0703)	0.379*** (0.114)
非认知能力:敏感性	-0.271*** (0.0522)	-0.379*** (0.0565)	-0.357*** (0.0598)	-0.307*** (0.0841)
非认知能力:外向性	0.260*** (0.0787)	0.208*** (0.0622)	0.438*** (0.0703)	0.420*** (0.0956)
非认知能力:开放性	-0.227*** (0.0759)	-0.0570 (0.0663)	-0.0280 (0.0668)	0.141 (0.105)
身体质量指数	0.00686*** (0.00143)	0.0143*** (0.00181)	0.0141*** (0.00186)	0.0117*** (0.00307)
购买工伤保险(1=是)	0.428*** (0.0301)	0.319*** (0.0262)	0.298*** (0.0280)	0.296*** (0.0394)
常数	-1.241*** (0.139)	-0.835*** (0.102)	-0.398*** (0.113)	0.152 (0.169)

续表

变　　量	Q=0.25	Q=0.5	Q=0.75	Q=0.9
样本量	14322	14322	14322	14322
拟 R^2	0.2088	0.2099	0.1992	0.1956

注：(1) ( ) 内为矩阵重复抽样（Bootstrap）估计的标准误差；(2) *** $p<0.01$，** $p<0.05$，* $p<0.1$。

教育程度、人口特征变量、个人能力变量的估计结果与均值回归的差异不大；是否购买工伤保险随收入分布水平的提高逐渐减少，这表明对低收入水平的劳动者而言，工伤保险给予的保障作用将高于高收入水平的劳动者。进一步控制致命性风险水平即安全生产事故死亡率与补偿性工资水平的关系，发现随着收入水平的提高，致命性风险水平的补偿性工资水平出现了下降。在25%、50%、75%、90%分位数上，致命性风险水平每增加1个点，补偿性工资水平分别增加0.219%、0.268%、0.14%、-0.0213%。对比不同分位数的致命性风险水平的估计系数，在25%与50%分位数的收入分布水平上，估计系数没有太大差别，但远高于75%分位数，在90%分位数上致命性风险水平的估计系数为负且不显著，说明致命性风险在中低收入水平上的工资回报影响更大。

根据表15-3的结果，给出了相应的统计学生命价值：在25%、50%、75%、90%的分位数，VSL 分别为203.35万元、401.01万元、282.89万元、-75.78万元（见表15-4）。测算结果并未出现统计学生命价值随收入水平上升而上升的趋势。这明显违背了风险水平越高补偿性工资水平越高的理论推断，也与Kniesner 和 Viscusi (2010) 等学者的分位数测算结果相矛盾。

表15-4　分位数回归生命价值估计结果

生命价值及风险水平	Q=0.25	Q=0.5	Q=0.75	Q=0.9
致命性风险水平均值（1/100000人）	1.804511	2.69072	4.68210	3.740436
城镇人均可支配收入水平（元/年）	9285.3	14963.05	20206.45	35579.2
致命性风险系数	0.00219	0.00268	0.00140	-0.000213
$V\hat{S}L$（万元）	203.35	401.01	282.89	-75.78

注：《2011年中国统计年鉴》按8个收入等级划分，即最低困难户收入水平（5%）、最低收入水平（10%）、较低收入水平（20%）、中等偏低收入水平（40%）、中等收入水平（60%）、中等偏高收入水平（80%）、高等收入水平（90%）、最高收入水平（100%），报告了2010年城镇居民人均可支配收入水平，为便于分析，本章采用25%、50%、75%与90%分位数的人均可支配收入水平作为生命价值估算的基准。

根据补偿性工资理论，风险水平与补偿性工资水平互为因果、相互作用，存在内生性问题。借鉴 Lee（2007）与 Wooldridge（2009）的控制函数方法，构建半参数分位数回归模型以消除内生性问题。教育程度、个人能力等的估计结果与均值回归结果相似（见表15-5）；购买工伤保险的补偿性工资水平的估计结果与表15-3类似；致命性风险水平的系数发生了显著变化，其随收入水平的增加其而变大，系数的大小与 Kniesne 和 Viscusi（2010）的面板分位数估计结果接近，表明采用控制函数方法的分位数估计结果符合享乐主义工资理论的推断。

表15-5 安全生产事故死亡率的享乐主义工资方程：分位数回归的控制函数法

变　量	$Q = 0.25$	$Q = 0.5$	$Q = 0.75$	$Q = 0.9$
安全生产事故死亡率	0.00227*** (3.55e-06)	0.00343*** (0.000445)	0.00264*** (0.000239)	0.00230*** (0.000234)
受教育程度	0.0118*** (2.05e-10)	0.0118*** (2.33e-10)	0.0144*** (0.000574)	0.0219*** (0.00131)
购买工伤保险 （1=是）	0.396*** (0.000653)	0.349*** (0.00709)	0.355*** (0.00868)	0.324*** (0.00806)
第一步估计残差	1.000*** (8.54e-10)	1.000*** (9.82e-10)	1.001*** (0.000576)	1.002*** (0.00121)
常　数	−0.669*** (0.000565)	−0.840*** (0.00447)	−0.869*** (0.01000)	−0.825*** (0.0119)
观测值	14308	14308	14308	14308

注：(1) ( ) 内为矩阵重复抽样（Bootstrap）估计的标准误差；(2) *** $p < 0.01$, ** $p < 0.05$, * $p < 0.1$；(3) 其他控制变量的估计结果未列出，备索。

根据控制函数方法的分位数估计结果：在25%、50%、75%、90%分位数上劳动者的统计学生命价值分别为210.78万元、513.23万元、533.45万元、818.32万元（见表15-6）。相对于线性参数的点估计结果，分位数的回归结果表明在收入异质性的条件下，与收入分布相对应的职业风险的边际影响并非线性，统计学生命价值的增长也会随收入分布存在波动。例如，75%分位数水平面临的致命性风险水平略高于90%分位数水平面临的致命性风险水平，但统计学生命价值却低于90%分位数水平对应的生命价值。Evans 和 Schaur（2011）的研究指出收入异质性是生命价值异质性的重要因素，在工资收入分布的不同分位数上风险与收入的权衡存在差异。分位数的回归结果进一步表明采用线性点估计的结果是有偏的，而分位数结果又使得生命价值的结果存在较大波动性，因此需要寻找新的方法进一步估算。

表15-6 分位数回归生命价值估算：控制函数方法

风险水平、收入水平与生命价值	$Q = 0.25$	$Q = 0.5$	$Q = 0.75$	$Q = 0.9$
致命性风险水平均值（1/100000人）	1.804511	2.69072	4.68210	3.740436
城镇居民人均可支配收入（元/年）	9285.3	14963.05	20206.45	35579.2
致命性风险系数	0.00227	0.00343	0.00264	0.00230
$V\hat{S}L$（万元）	210.78	513.23	533.45	818.32

注：补偿标准的计算同表15-5。

第四节 实证研究的进一步拓展

由于工作风险水平同时由企业与劳动者共同决定并影响其大小，这意味着偏好安全工作的劳动者可以自我选择进入工作环境更为安全的企业，因此很难找到外生于劳动力供给与需求方程的工具变量（Mark J. Machina，2013）。鉴于本章未能找到合适的工具变量，且通过分位数的估计结果也与享乐主义工资方程中的 VSL 测算结果存在一定差异，后续研究需要进一步解决这方面的问题。由于享乐主义工资理论所反映的是劳动者在风险—工资之间的权衡，在职业风险水平因技术进步、工作环境变化、劳动者风险偏好改变等条件下，参数点估计的结果往往难以准确反映这一权衡关系，国外研究表明即使采用同一数据不同研究者的测算结果也存在较大差异。[①] 鉴于测算统计学的生命价值是为了确定政策的优先顺序，合理分配资源以挽救生命（王素弯和薛立敏，1987），而不是为了获得一个大家广为接受的常数或"正确"的数值，因此如果能够给出生命价值的取值范围显然具有更为重要的政策价值。据此，并借鉴 Manski（1990，1997，2000）在非参条件下平均处理效应的思想，本章引入非参边界分析方法来进一步拓展职业伤害成本的测算。

Manski（1990，1997，2000）最早提出了非参边界分析方法，并运用这一方法估计了教育回报的平均处理效应。通过在非参边界分析中引入单调处理选择（Monotone Treatment Selection，MTS）假设及单调处理响应（Monotone Treatment Response，MTR）假设，Manski 等（2000）估计测算了因果关系潜在结果的上下边界。相对参数估计方法而言，这种方法的优势在于：①估计所需要的假设较弱且部分可检验；②可以不受线性假设及同方差假设的影响而获得平均处理效应的上下边界。对本章而言，进一步引入非参边界分析方法，既可减弱因缺乏工具变

[①] Viscusi（2003）总结了1974—2000年美国劳动者的生命价值估计，采用2000年的价格进行平抑之后，美国生命价值处于1.2百万~12百万美元之间，大多数实证研究落在3.8百万~9百万美元的范围内。

量所导致生命价值测算的有偏性问题，又可以测算不同风险水平下的补偿性工资下限与上限，进而采用 VSL 的测算方法计算统计学生命价值的区间。[①] 以非参边界分析方法来拓展享乐主义工资理论中生命价值的测算方法具体如下。

假设每一劳动者对应一个响应函数 $y_i(.): T \to Y$，给定 $t \in T$ 时处理效应为 $y_i(t) \in Y$，其中 t（处理变量）是排序的职业风险水平、y 是劳动者的工资水平。每个劳动者可观察到职业风险的真实水平为 z_i、真实工资水平为 $y_i \equiv y_i(z_i)$，但观察不到 $t \neq z_i$ 的潜在结果 $y_i(t)$。借鉴 Manski（1998）的研究，[②] 由于本章的职业风险水平有界，可在不添加任何假设条件下识别 $E[y(t)]$ 的上下边界并使得 $Y = (\underline{y}, \overline{y})$。其中，没有假设的上下边界为

$$E[y|s=t].P(s=t) + \underline{y}.P(s\neq t) \leq E[y(t)] \leq E[y|s=t].P(s=t) + \overline{y}.P(s\neq t)$$

单调处理响应假设（MTR）下每个劳动者有：$t_2 \geq t_1 \Rightarrow y(t_2) \geq y(t_1)$

单调处理选择假设（MTS）下每个劳动者有：$t_2 \geq t_1 \Rightarrow E[y(t|s=t_2)] \geq E[y(t|s=t_1)]$，$s=t_2$ 意味着实现的处理组取值为 t_2。

联合 MTR-MTS 假设，可以得到 MTR-MTS 上下界限为：[③]

$$E[y|s<t].P(s<t) + E[y|s=t].P(s=t) + E[y|s=t].P(s>t)$$
$$\leq E[y(t)] \leq E[y|s=t].P(s<t) + E[y|s=t].P(s=t) + E[y|s>t].P(s>t)$$

如果劳动者的平均工资与工作致命性风险水平是弱递增的，MTR-MTS 联合估计则接受原假设，反之拒绝原假设。由此可以估算职业风险水平下的工资平均处理效应为 ATE=$\Delta(s,t) = E[y(t)] - E[y(s)]$。这获得了职业风险水平由 s 到 t 递增时的平均工资效应。

据此，本章测算了职业风险水平递增变化下补偿性工资水平的上下界限，进而计算统计学生命价值的上下界限。根据非参边界分析方法，在没有施加任何假设（No-Assumption）的情况下，施加 MTR、MTS、MTR-MTS 假设，[④] 估算每一假设下平均工资水平上下边界的置信区间。上述四个假设条件是逐步收紧的，因

[①] 通过文献计量方法也可获得统计学生命价值的取值范围，Viscusi（2010）曾采用这种方法，但由于中国在这方面的研究文献较少，目前难以通过这种方法来寻找生命价值的取值范围。

[②] 在解释变量有界可分的条件下，可以在不添加任何假设的条件之下识别其上下边界。

[③] 关于 MTR、MTS 假设条件的理解与解释感兴趣的读者请向作者索取。

[④] 本章未进一步处理 Manski（2000）提出的单调工具变量假设，一是未能找到适宜的可分类的工具变量；二是根据 Manski 的研究，如果施加更多可靠的相对弱的假设条件，最后可以得一个无偏的点估计结果。本章采用非参边界分析旨在获得平均处理效应的范围，MIV 的结果最终是落在 MTR-MTS 的区间范围内。

此可以收敛职业风险的平均工资水平。进而将行业致命性风险水平分成低、中、高三个不同等级的组别，并依据享乐主义工资理论分别估算四种假设下劳动者工资中的补贴占比，计算相应的平均工资水平，最终根据 ATE = $\Delta(s, t)$ 的计算方法获得致命性风险水平的工资平均处理效应。

由于中国劳动者的工资主要由基本工资与补贴等组成，其中，基本工资对应着相差不大的工作条件、人力资本与工作绩效等，补贴则是根据不同的工作条件给予的相应补贴。① 这种事实意味着诸如高温、有毒、粉尘、井下等高风险的工作环境特征并不会体现在劳动者的基本工资之中，而是反映在相应的补贴之中。以国家人事部、财政部颁发的《完善艰苦边远地区津贴制度实施方案》为例，高原等艰苦地区就存在六类补贴。由于补偿性工资差异的实证分析是在其他条件不变的假定下进行 OLS 估计，而在非参估计关注的是劳动者工资中职业风险的补偿性部分，即职业风险对应的补贴部分。在实践中，中国针对工作条件的补贴固然与风险等级紧密相关，但在风险等级相同的条件之下基本工资偏低的行业，实际的风险补贴也相对较低。据此，本章采用补贴在整个工资收入中的比例进行非参边界分析。首先获得补贴在工资中占比的平均处理效应的上下边界，然后根据补贴与工资收入的比例关系计算每种一致命性风险类型下的年平均工资，进而可计算年平均工资水平的平均处理效应。

从没有任何假设到 MTR-MTS 联合假设，伴随致命性风险水平变化劳动者的年平均工资处理效应的上下边界也得以收紧。具体而言：MTR 与 MTS 假设结合在一起时，伴随工作致命性风险水平由 0 到 750/100000 变化，劳动者的年平均工资由 6818.23 元增加到 22316.23 元（见表 15-7）。据此，并以 OLS 基准及控制能力变量之后的致命性风险估计系数为基础，根据公式（3）可计算不同假设条件下统计学生命价值的上下边界。

表 15-7 致命性风险水平下的工资水平平均处理效应 [$\Delta(s, t)$]：非参边界分析

变 量	No - Assumption	MTR	MTS	MTR - MTS
补偿性工资占比最小值	-0.4004	-0.0322	-0.3820	0.0040
补偿性工资占比最大值	1.1634	1.0320	0.0912	0.0460
年工资水平最小边界（元）	35718.87	344815.15	13462.02	6818.23
年工资水平最大边界（元）	91303.22	361378.92	62387.87	22316.26

注：①四种假设下不同风险组别的补偿性工资占比最小值与最高边界及其置信区间计算结果因篇幅限制未报告，备索。②本章采用 MTR-MTS 的估计结果。

---

① 这种补贴是一种约定俗成的"中国式称呼"，本质上是享乐主义工资理论中针对职业风险的一种补偿。

当 $\alpha = 0.0046$ 时，未施加任何假设的统计学生命价值为 1643.07 万~4199.95 万元、施加 MTR-MTS 联合假设时统计学生命价值的区间为 313.64 万~1026.55 万元；对应 OLS 的计算结果为 891.3 万元，落在了施加联合假设的非参边界分析的区间内。当 $\alpha = 0.00187$ 时，未施加任何假设的统计学生命价值的区间为 667.94 万~1707.73 万元，施加 MTR-MTS 联合假设时统计学生命价值的上下区间为 127.50 万~417.31 万元，对应 OLS 的计算结果为 357.35 万元（见表 15-8），落在了施加联合假设的非参边界分析的区间之内。这再次表明不控制影响工资的个人特征因素会高估致命性风险的工资溢价，而且在一定程度上减弱了由于缺乏工具变量所导致统计学生命价值测算的有偏性问题。

表 15-8　生命价值的区间估算：非参边界分析　　　　单位：万元

生命价值	$No - Assumption$	MTR	MTS	$MTR - MTS$	OLS	致命性风险估计系数
$V\hat{S}L$ 最小值	1643.07	15063.91	1183.16	313.64	891.3	$\alpha = 0.0046$
$V\hat{S}L$ 最大值	4199.95	28150.92	2869.84	1026.55		
$V\hat{S}L$ 最小值	667.94	6123.81	480.98	127.50	357.35	$\alpha = 0.00187$
$V\hat{S}L$ 最大值	1707.73	11443.96	1166.65	417.31		

需要说明的是，非参边界分析获得的是风险水平递增变化时补偿性工资的平均处理效应，这一结果可以消除点估计中平均化异质性风险所导致的高估或低估等问题。本章无论是线性基准模型还是控制能力异质性后的估计结果，都落在非参边界分析所得的区间内；但在分位数的估计中，50%分位数及以上的结果则在此区间之外。究其原因：①工资分布是偏态的；②分位数估计与非参边界分析的估计原理各异，如果要进一步考察生命价值的分布情况，在未来需采用非参边界分位数的方法做深入探讨。

综合比较线性估计、分位数估计及非参边界分析的结果，我国劳动者职业伤害的补偿标准区间可以确定为 127 万~417 万元，理论上这一区间内的任何补偿水平都是可以接受。

第五节　职业伤害成本低估与不可承受之重

无论采用哪种方法或数据，劳动者的职业伤害成本均要远远高于企业及其保险机构的实际支付。以控制能力变量之后的点估计结果而言，实际的最高赔偿标准仅为统计学生命价值的 10% 左右。这表明现阶段劳动者的职业伤害成本被严重低估。

　　劳动者的职业伤害成本低估有其客观原因：①政府对职业伤害成本的认识存在一定偏差，这使得中国职业伤害的赔偿并没有建立在生命价值的基础之上，仅仅只是"维持劳动者及其家属的一定生活水平"的需要（李本森，2001），赔偿结果也主要是基于人力资本理论的测算。职业伤害成本的低估是经济快速发展的一种代价。②发展中国家的特征事实意味着中国的人均可支配收入仍然处于低水平状态，即使以20倍的最高补偿标准计算，中国的实际补偿金额也要远远低于美国等发达国家。如2014年中国城镇居民的人均可支配收入仅为美国人均可支配收入的12%。[①] 事实上，美国的测算结果也表明随着人均收入水平的提升，劳动者的生命价值会持续、快速上升。1940年美国劳动者的生命价值约为100万美元，1980年就上升到了530万美元（Costa & Kahn，2004）。③地方政府与属地企业存在事实上的"增长联盟"（张国胜和陈瑛，2013），这种治理结构会将基层政府对劳动者权益保护的责任排除在外（Lee，2007），同时会扭曲劳动者与属地企业的平等地位。在职业伤害发生之后，劳动者的合法权益将难以得到保障，这也导致中国职业伤害成本的低估。④市场化程度严重滞后使得中国劳动者的职业伤害完全依赖工伤保险，这就使得职业伤害赔偿的最高标准仅为中国城镇居民的人均可支配收入的20倍。在美国等发达国家的健康规制与安全生产的制度框架中，工伤保险只是劳动者的一种基本保障，各行各业的雇主都投保了雇主责任险，加之劳动者自身也有相应的商业险保险，因此一旦出现职业伤害，各种赔偿才会收敛于生命价值理论计算的职业伤害成本。

　　劳动者的职业伤害成本低估带来了严重后果：一是劳动者的职业伤害成本出现了外溢，即由企业向劳动者、所在家庭、各级政府等其他经济行为主体转移；二是使得企业的安全生产供给严重不足及重大安全生产事故频发（见图15-1）。以某个企业为例，假定在现有的安全生产规制政策下，企业需要承担的职业伤害成本为P_g，生命价值理论中的职业伤害成本为P_m。由于P_g要远远小于P_m，企业实际承担的成本要远远低于生命价值理论中的职业伤害成本，这会引发两个方面的后果：一是改变了企业、劳动者、所在家庭、社会等的成本—收益函数，原本应该由企业承担的职业伤害成本(可由三角形EAB的面积度量)现在变成了企业的收益，而由三角形EBC面积度量的职业伤害成本现在变成了一种外部成本，并由劳动者、所在家庭、社会等承担。在此制度安排下，企业关注的焦点是最大可能地推卸责任。二是企业出现了对低价产品(劳动者的职业伤害)的过度需

---

① 2014年，中国城镇居民的人均可支配收入约为4696美元，美国人均可支配收入为39096美元，前者为后者的12%。

求，即企业由于选择节省生产成本而罔顾劳动者的职业伤害，这使得劳动者的职业伤害由 Q_m 上升到了 Q_g。这正是中国企业的安全生产供给严重不足以及安全生产事故频发的重要原因。

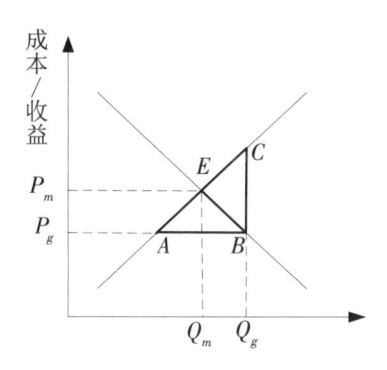

图 15-1　安全生产事故频发的中国逻辑：成本外溢与过渡需求

职业伤害成本的低估与安全生产事故的频发，意味着整个社会承担了巨额的社会成本。以 2010 年为例，全国工伤死亡人数达 19334 人，按人均 38.22 万元的最高补偿标准，① 相关主体实际支付仅为 73.89 亿元；如果按照生命价值理论测试，以致命性风险水平与工资水平的权衡关系为线性关系为例且在控制劳动者的能力变量之后，按照非参边界分析方法中统计学生命价值的下限（127.5 万元），全社会需要为之支付 246.51 亿元，总的外部成本约为 172.53 亿元；按照非参边界分析方法中统计学生命价值的上限（417.3 万元），全社会需要为之支付 806.81 亿元，总的外部成本约为 732.83 亿元；如果将致命性风险水平与工资水平的权衡关系视为非线性关系，即统计学生命价值为 5129.82 万元，全社会需要为之支付 9917.96 亿元，总的外部成本约为 9843.98 亿元（见表 15-9）。无论采用哪样方法测算，2010 年中国企业实际支付的职业伤害成本与理论测算之间均出现了巨大差额，从社会成本理论来看这一差距可以看作是由"劳动者、所在家庭、社会等其他经济行为"主体共同承担的职业伤害成本，即外部成本。这正是现阶段中国的职业伤害成本低估与安全生产事故频发引发的不可承受之重。

表 15-9　不同估计方法测算的 2010 年统计学生命价值

指　　标	数量	补偿结果（亿元）
工伤死亡人数（人）	19334.00	19334.00

---

① 2010 年中国城镇居民人均可支配收入为 19109 元，按照"最高不超过人均可支配收入的 20 倍"为依据，工伤死亡的最高补偿标准位 38.22 万元/人。

续表

指　　标	数量	补偿结果（亿元）
实际补偿额（万元）	38.22	73.89
统计学生命价值的下限（万元）	127.50	246.51
成本外溢		172.53
控制能力变量的点估计（万元）	357.40	690.99
成本外溢		617.01
统计学生命价值的上限（万元）	417.30	806.81
成本外溢		732.83
非线性均值估计（万元）	5129.80	9917.96
成本外溢		9843.98

注：实际补偿额根据《工伤保险条例》计算；成本外溢为按特定方法得到的生命价值与实际补偿额之间的差距。

第六节　结论与建议

安全生产与劳动者的职业伤害问题是我国全面深化改革的重点领域之一，引起了理论界与政府部门的广泛关注。理论表明成本能够影响所有经济行为主体的选择，且在最优的制度组合下能达到最低值，因此要使得中国的安全生产政策清晰无误，关键的一步就需要测算劳动者的职业伤害成本。生命价值理论较早且系统地开展了这方面的研究。立足于统计学的生命价值，这种理论逐步形成了人力资本理论及其测度方法、风险交易理论及其测算方法、享乐主义工资理论及其测算方法等评估职业伤害成本的方法。本章结合中国劳动者职业伤亡的补偿实践与现阶段学术界的主流做法，选择享乐主义工资理论及其测算方法来评估中国劳动者的职业伤害成本。利用中国家庭动态追踪调查数据（2010）与《安全生产统计年鉴（2009年）》等数据，采用VSL回归模型，得到了2010年中国劳动者的统计学生命价值（VSL）：将致命性风险水平与工资水平的权衡关系视为非线性关系，劳动者的统计学生命价值为5129.82万元。将致命性风险水平与工资水平的权衡关系视为线性关系，劳动者的统计学生命价值为357.35万元；分位数估计结果显示在50%分位数上劳动者的统计学生命价值为513.23万元；引入非参边界分析方法并施加MTR-MTS联合假设之后，劳动者的统计学生命价值处于127.50万~417.31万元之间。

无论采用何种测算结果，劳动者的统计学生命价值均要远远高于中国现行的补偿标准。这带来了严重后果：一是中国劳动者的职业伤害成本出现了明显外溢,即职业伤害成本出现了由企业向劳动者、所在家庭、各级政府等的转移趋势;二是使得中国企业的安全生产供给严重不足及重大安全生产事故频发。职业伤害成本低估与安全生产事故频发引发了现阶段的不可承受之重。中国的安全生产政策需要着眼于中国的不可承受之重,全面矫正低估的职业伤害成本,并通过边际成本—边际收益的分析工具推动企业的私人理性收敛于社会的集体理性。具体而言:①改变各级政府对职业伤害成本的传统认识,将劳动者的职业伤害赔偿由"维持劳动者及其家属的一定生活水平",转化为"补偿性提升劳动者及其家属的生活水平",大幅度提升劳动者职业伤害的赔偿标准。目前,一个可行的选择方案是将劳动者的职业伤害补偿提升统计学生命价值的上限,即 400 万元左右,并建立随收入增长相适应的动态调整机制。②明确企业在安全生产中的责任规则,包括进一步细化企业在安全生产过程中的相关责任、明确企业与劳动者的各自责任边界等,尤其是需要明晰职业伤害发生之后企业的赔偿范围等,从而迫使企业重新权衡职业伤害的成本与收益,并将关注焦点重新回归到抑制安全生产事故与最小化职业伤害成本等方面来。③借鉴工业化国家的经验,构建一个包括工伤保险、雇主责任险、商业保险等在内的职业伤害补偿体系。

第三篇 数字技术推动中国中小企业高质量发展的理论与实践

第16章 企业管理数字化变革与投入产出效率的研究报告

第一节 引 言

　　数字经济的暴发式增长及与实体经济的深度融合成为新发展格局下推动中国经济高质量发展的强大动能，在这一背景下，数字技术驱动的信息化与工业化深度融合（以下简称"两化"融合）亦成为企业变革和结构升级的重要逻辑和确定趋势。党的十九大报告明确指出，"推动互联网、大数据、人工智能和实体经济深度融合"，赋予了新时代"两化"深度融合的新内涵，也对微观层面的企业管理模式产生了深刻影响（中国信通院，2020）。

　　企业作为数字技术与实体经济深度融合的重要载体，其数字化转型的过程实质上是从"工业化管理模式"向"数字化管理模式"的根本性变革。通过将数字技术引入现有企业管理架构，推动信息结构、管理方式、运营机制、生产过程等相较于工业化体系发生系统性重塑，在客观上要求企业必须打破传统工业化管理情形下的路径依赖（黄群慧等，2019；肖静华，2020），从根本上改变传统的企业管理逻辑（陈剑等，2020），驱使企业生产管理趋向智能化、企业营销管理趋向精准化、企业资源管理趋向开源化，从而带来企业管理范式乃至管理制度的颠覆式创新（Frynas et al.，2018；Einav and Levin，2014）。因此，企业管理数字化变革成为企业在数字化环境和浪潮之下亟待研究的重要理论前沿问题（陈冬梅等，2020；Agrawal et al.，2018），这亦是本章的理论出发点。

　　企业管理数字化变革不仅对现有企业管理范式提出了新命题（戚聿东、肖旭，2020），也推动了企业治理结构、内部管控、运营机制发生根本性变革。那么值得思考的问题是，实践层面数字化管理的推进对企业投入产出效率究竟具有怎样的影响效应。Mikalef 和 Pateli（2017）认为，信息化技术帮助企业合理规划生产流程，降低企业的搜索成本、运行成本、摩擦成本和信息成本，增强企业灵活性和敏捷性，从而帮助企业提高市场绩效。Bakhshi 等（2014）选择了英国 500 家企业作为样本，通过对他们的数字化产出效率进行分析后发现，将用户数据纳入企业管理的企业生产率比没有纳入的企业平均高 8%～13%。但也有一些研究对前述的结论提出了质疑，认为数字技术与企业绩效之间并没有直接的正相关关系。例如，Hajli 等（2015）研究发现，部分企业可以从数字化转型中获得绩效，但仍有部分企业并没有从中受益。囿于企业管理能力滞后于数字化技术变化，数字技术与企业原有资源和业务流难以融合，导致企业推行数字化后的绩效增长并不显著（咸聿东、蔡呈伟，2020）；埃森哲《2020 年中国企业数字转型指数研究》报告显示，尽管大量企业开启了数字化转型之路，但实现绩效提升的企业占比仅从 2018 年的 7%提升到当前的 11%。实地调研也发现，不少企业数字化转型陷入"不转型等死、转型找死"的"两难"困境，主要体现在企业因转型能力弱出现的"不会转"、因转型成本高出现的"不愿转"、因转型"阵痛期"长出现的"不敢转"等现象。这或许是继"索洛悖论"或"IT 生产率悖论"之后的"数字化转型悖论"，如何帮助企业掌握"阵痛期"规律并加以利用或已成为解决这一悖论的重要手段和方式。

  企业实操层面，推进数字化管理和变革需要大量资本投入和沉淀成本，如何根据所属行业属性、规模体量、技术优势、转型需求等特征选择科学的数字化变革路径，制订合理的数字化投资计划，是企业推进数字化管理必须考量的现实问题。目前看，企业资源计划系统（Enterprise Resource Planning，ERP）、企业生产制造执行系统/集散控制系统（Manufacturing Execution System/Distributed Control System，MES/DCS）、企业产品生命周期管理系统（Product Life-cycle Management，PLM），[①] 这三种数字化转型投资项目以数字技术支撑和服务资金链、

[①] ERP 项目是指建立在信息技术基础上，集信息技术与先进管理思想于一身，以系统化的管理思想，为企业员工及决策层提供决策手段的管理平台。它是从 MRP（物料需求计划）发展而来的新一代集成化管理信息系统，它扩展了 MRP 的功能，其核心思想是供应链管理，跳出了传统企业边界，从供应链范围去优化企业的资源，优化了现代企业的运行模式，反映了市场对企业合理调配资源的要求。它对改善企业业务流程、提高企业核心竞争力具有显著作用（张后启，2001）；MES/DCS 项目借助精益管理的思想，旨在通过执行系统将车间业务流程协同起来，实时监控底层设备和生产业务的运行状态，帮助企业实现生产计划管理、工艺过程调度、车间库存管理、产品动态跟踪，将生产状况及时反馈给企业决策层，最终提高企业生产制造的执行效率和能力；PLM 项目是支持产品整个生命周期信息的创建、管理、应用和共享的解决方案，它结合电子商务技术与协同技术，将产品的开发流程与 SCM、CRM 等系统进行集成，将孤岛式流程管理转变为集成化的一体管理，实现从概念设计、项目管理、物料规划、产品维护到供应链管理信息的全面数据管理。

供应链、要素链、业务链的精准化匹配，实现企业订单管理、采购管理、库存管理、供应商管理、客户关系管理等资源优化配置，成为实现企业管理数字化变革的价值输出路径。随着数字技术的迭代升级，企业管理数字化变革的投资选择也会随着市场和企业自身特征进行调整。以ERP数字化项目为例（见图16-1），从图16-1可以看出，在2005—2010年，有大量企业选择较大规模的ERP投资，之后随着企业数字化管理平台的完善，ERP项目的投资回报率逐步降低，企业随之降低投资规模，尽管在2011—2015年，由于数字经济改革的政策影响，ERP项目的投资规模有所增加，但之后投资规模持续降低。也就是说，企业数字化转型投资项目具有上述动态波动特点，推行数字化管理的"阵痛期"特征得以初步体现，但当多数企业走过推行数字化管理动态波动的"阵痛期"，投入产出效率提升带来的先发优势得到显著提升。针对企业管理数字化转型投资项目，企业的投资决策会随着环境变化、企业规模、所处行业和所有制结构等因素产生较为显著的差异。

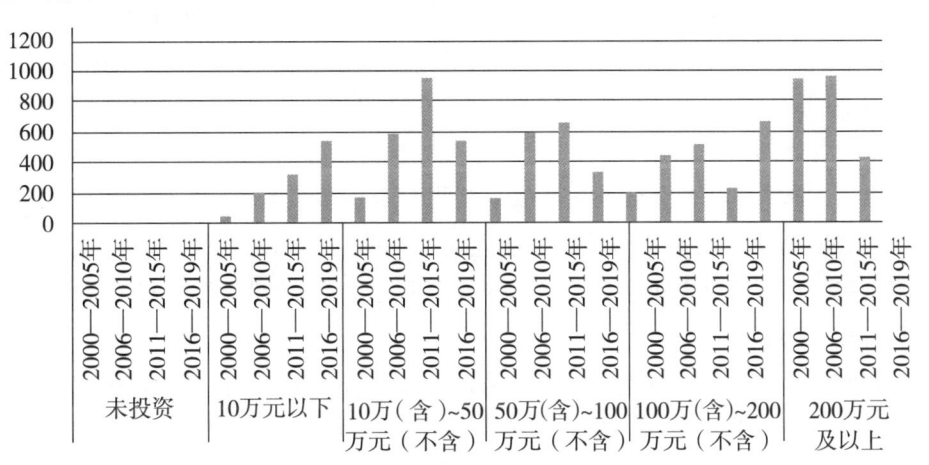

图16-1 ERP项目企业投资规模、投资时间和企业数量

注：纵轴代表企业数量，横轴代表企业投资规模。

通过梳理已有文献发现，针对企业管理数字化变革的研究主要集中在宏观层面，微观层面的企业数字化转型研究仍处于理论探索阶段，缺乏经验证据和数据支持，主要原因之一在于缺乏系统反映企业推行数字化管理的指标刻画和数据来源。令人感兴趣的是，作为全国第一个信息化与工业化深度融合国家示范区的浙江省，2013年起按照国家部署启动"两化"融合示范区建设，每年对参与数字化改造的企业进行动态跟踪、问卷调查和绩效评估，为本章开展研究提供了直接的数据来源。2013—2019年，其"两化"融合从1.0版、2.0版迈向了3.0版，[①]在全国具有引领性、先行性、示范性，对其企业数字化变革和投入产出效率的深入研究能够为全国其他省份提供经验证据及政策启示。尤其是当前仍处于数字化变革之初，尽管中国技术水平足以支撑多数企业推行数字化管理，然而企业仍在困惑，该如何顺应数字经济的大势，最优化利用现有数字技术？如何投资数字化转型项目才能推进企业的数字化管理能力提升？如何看待数字化管理动态波动"阵痛期"的持续时间、黑箱机制，以及跨过这一阵痛期后是否或能够在多大程度上为企业提升效率并带来收益？

基于上述理论和现实背景，本章试图在这些方面做出有益探索，即基于全国首个"两化"融合国家示范区连续5年的动态调研数据，考察企业推行数字化变革对投入产出效率的影响，力图为全国其他区域企业在追逐数字化优势和推进数字化管理的具体投资方向及规模等方面提供示范标杆和管理启示。

第一，本章揭示了数字化变革过程中资本与劳动产出之间的关系，为企业提高数字化管理的资本预算占比提供理论依据。

第二，针对化工品和建材类加工制造业、技术密集型的中高端加工制造业、劳动密集型的低端加工制造业、制品业的异质性分析和规模递增与递减效果初探，为不同类型规模企业的数字化转型投资项目的投资重点、投资规模和方向提供了十分具体的指导和建议。

第三，深入剖析数字化投入和效率之间的正U型关系和推行数字化管理动态波动的"阵痛期"现象，解析这一让企业因不明晰不确定性而产生担忧的神秘黑箱机制，进而解决企业面对数字化变革产生的"不敢转""不愿转"和"不会转"等现实问题。

第四，全国首个"两化"融合国家示范区已于7年前按照国家部署启动相应的数字化建设，多数企业已渡过"阵痛期"并带来经过企业实践检验的数字化管理投资效果和经验证据或失败教训，基于这一动态跟踪调查数据的研究，不仅有利于剖析企业数字化转型投资项目带来的实际投入产出效率，还能够对全国其他区域推进企业数字化管理或变革提供一个参考样板和基础模版，对全国的数字化变革起到示范和启示作用。

第五，本章的研究结论以期为中国各地企业在优化数字化转型项目投资预算

---

① 2013年10月，国家工信部正式批复浙江省成为全国第一个"信息化和工业化深度融合国家示范区"，鼓励浙江省先行探索为全国提供改革经验，这是"两化"深度融合的1.0版。2016年11月，浙江省又获批建设全国第一个国家信息经济示范省，这是"两化"深度融合的2.0版。2019年10月，浙江省进一步获批成为"国家数字经济创新发展试验区"，这是"两化"深度融合的3.0版。由此，该省2015—2019年的面板数据亦成为本章有关企业推行数字化管理提升投入产出效率的样本选择区。

结构、结合企业实际制定数字化专项规划方面提供有益的判断，另外，也将有助于政府在数字化变革的浪潮中制定符合行业特质和企业实际的精准化政策体系，使数字化转型与管理的政策供给与企业数字化发展阶段及需求更加匹配。

本章的贡献在于：①基于 Romer（2000）基本增长模型，参考 Boldrin 和 Monetes（2005）、Del Rey 和 Lopez-Garcia（2013）等研究，构建了企业推行数字化管理对企业投入产出效率影响的基本理论模型和扩展模型，以 ERP、MES/DCS、PLM 数字化投资项目为数字化管理的嵌入路径，揭示企业推进数字化管理提升投入产出效率的内在机制。②以全国第一个"两化"融合国家示范区内的 1950 家工业企业为研究对象，使用企业实际推进数字化管理连续 5 年的追踪调查数据，运用随机前沿分析（SFA）方法，创新性地从微观企业层面测算了数字化管理的投入产出效率，进而探讨了企业各类数字化转型投资项目的企业规模、行业特征和所有制结构等异质性差异，为企业制定具体的数字化管理决策、数字化转型项目投资预算和规模，以及政府制定相应的政策体系提供了经验证据和决策依据。③在分析了企业推进数字化管理过程中资本产出弹性、劳动产出弹性和数字化投资项目的投入产出效率基础上，使用 Tobit 模型对企业推进数字化管理、实现数字化转型的影响因素进行了深入分析，探讨了企业管理数字化投入和效率之间的正 U 型关系，推行数字化管理动态波动的"阵痛期"，以及数字化转型项目投资规模的最优临界点，使研究结论具有现实意义。

第二节 文献综述

一、企业管理数字化变革

企业可以通过关键业务、关键环节、关键部位的数字化推进管理变革，加快业务模式创新，增强应对市场变化的灵活性和敏感性，从而提高市场绩效（Mikalef and Pateli，2017；袁勇，2017），通过现代数字技术革新工艺流程，实现客户价值创造的改变，同时也使企业的整体价值实现重新定义和有效创新。针对制造业企业战略转型，并不只是简单的重塑传统产业结构和形态，而是以组织模式创新作为切入点，与新时代下的技术创新相结合，推动整个企业创造新的价值（夏清华、娄汇阳，2018）。而企业若想成功实现数字化，需对当前的业务模式和流程进行改造，以拓宽新的收入渠道，或者以更优异的新业务模式替代原有模式（Meffert，2018）。数字化转型会改变企业组织结构、流程和业务活动（见图 16-2），影响并且重塑企业的整个生态系统，实现新的客户体验，形成新的价值主张，将企业的效能和效率不断提高到新水平。仇瑞、徐婉渔（2019）认为数字化转型重构了企业的业务流程、商业模式、用户体验、产品与服务，其本质是基于互联网的智能化。肖旭、戚聿东（2019）认为数字技术的应用改变了传统的商业逻辑，为产业发展注入了新活力，其价值维度体现在驱动产业效率提升、推动产业跨界融合、重构产业组织的竞争模式、赋能产业升级四方面。企业数字化转型应该是企业组织方式、生产模式、商业模式等在内的全方位的变革，刘鹏飞、赫曦滢（2018）将企业数字化转型由低级到高级划分为信息数字化、业务数字化、整体数字化三个阶段，并认为这三个阶段存在相互重叠性。吴群（2017）认为，传统企业的数字化转型是数字技术与企业生产制造、销售物流和产品创新等环节的融合，企业要想通过转型获得更强大的生命力，需运用互联网的思维方式和数字技术从商业模式、资本模式、管理模式、心智模式四个方面对企业进行重构（王晓燕，2016）。总之，随着数字技术在企业管理过程中的嵌入越来越深，学术界逐渐开始关注数字化转型如何为企业绩效提供动能。

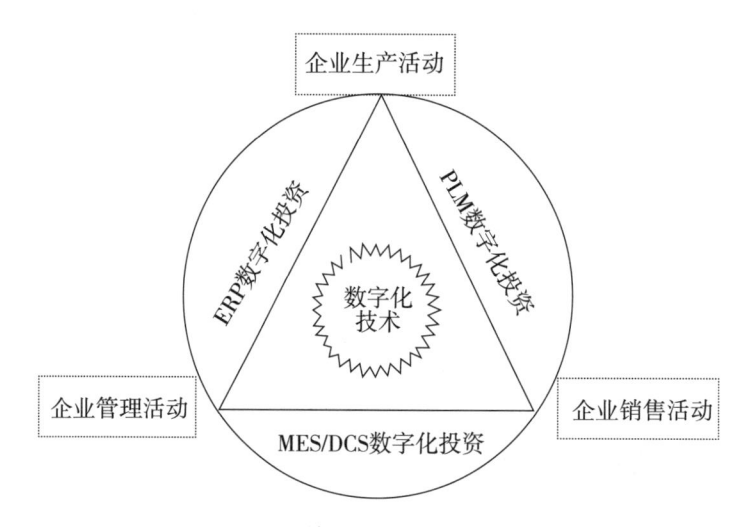

图 16-2　企业管理数字化变革的嵌入路径

二、企业数字化投入产出效率

企业管理数字化变革和推行数字化管理的过程是一个从无到有、从点到面、从独立到融合的动态的、系统性过程，由此需要回答的问题是，企业推进数字化管理对企业的投入产出效率究竟有怎样的影响。如引言所述，关于数字化转型对企业绩效的实证影响研究比较少，基本结论可以归纳为数字化投入（转型）的积极效应或消极（不确定）效应。尽管对这些效应的影响和剖析已经涉及财务、组织、竞争优势、协同等各方面，但针对数字化转型项目的投入产出效率却鲜有实证和经验支持。一方面，众多学者认为企业推行数字化管理有助于企业提升持续竞争优势（Benner and Waldfogel，2020；Bruce et al.，2017；Ross et al.，1996；李坤望等，2015）、提升财务绩效（Jeffers et al.，2008；章文光等，2016；宁光杰等，2014）及提升组织绩效等（Johnson et al.，2017；周驷华、万国华，2016；崔瑜等，2013；郑国坚等，2016）。何帆、刘红霞（2019）利用A股2012—2017年的数据，考察实体企业数字化变革的业绩提升效应。Nwankpa和Roumani（2016）基于资源基础观理论，研究发现数字化转型对创新和企业绩效有积极的影响。根据IDC统计，2018年全球前2000名企业中，有75%将为它们的"产品或服务""供应链网络""销售渠道"或者"业务操作"建立完善的信息化经济模型，或者"数字孪生"。不难看出，产品和服务的数字化可以增加企业的价值。微观层面上，以技术变革驱动的数字化转型显然会影响企业的管理与运营，而大数据应用、智能化和网络化作为数字化的不同表现形式也影响企业生产经营方式变革，进而影响企业财务绩效。另一方面，也有部分学者对数字技术应用对企业业绩/绩效的影响持消极态度（吴溪等，2017）或认为企业推行数字化管理对企业会产生不确定效应，包括数字鸿沟增加协同难度（Dodson et al.，2015；Grewal et al.，2019；韩先锋等，2014；饶品贵等，2008；陈国清等，2018）、研发效率低下（Jacobides et al.，2018）、U型或门槛效应（Deighton and Kornfeld，2009；陈石、陈晓红，2013；支燕等，2012）、降低创新资源和要素集聚程度（曾伏娥等，2018）。当前，学界和实践界正见证着数字创新和数字机遇的出现，相应的挑战亦随之而来——企业的商业环境发生了根本变化。企业越来越多地采用各种机会如大数据、云计算、机联网或物联网、社交媒体和移动平台，以构建具有竞争力的数字业务战略，并尝试退避各种可能的弊端和风险。可见，以大数据应用、智能化和网络化为特征的数字化管理、转型和变革，对企业发展带来了颠覆性的变化与前所未有的机遇和挑战（林琳、吕文栋，2019），这使得对企业推进管理数字化变革带来的长期的、动态的投入产出效率研究愈加重要。

三、"两化"融合及"两化"融合国家示范区

国内外学者分别从理论层面及实证层面对"两化"融合路径、机理及其对制造业转型升级的影响等问题进行了探讨。Martha等（2001）认为，"两化"融合的本质是信息技术向制造业不断渗透，解决了产业分工不断细化与交易成本不断上升这一难以破解的天然矛盾，促使相互独立的产业边界不断跨界融合。Karmarkar（2010）研究指出，"两化"融合主要通过信息技术在传统产业、产品及工艺流程等方面的嫁接，或者在现代信息技术基础上衍生出新兴业态。Moosa等（2011）认为，"两化"融合中制造业企业利用信息化网络拓展生产模式，实现

网络化、智能化、集约化制造，显著促进企业与市场消费者之间的沟通交流，从而实现市场范围的拓展。Michael 等（2001）认为，信息化有助于企业与内外部环境之间的信息收集、信息交换、信息整合，从而传导到业务流程优化、资源要素配置，进而增强企业的市场竞争优势，而且进一步认为，只有形成企业整体的信息化能力才能显著提升企业价值链和竞争力。从国内学者的相关研究看，主要贡献是评价了"两化"融合程度并探索"两化"融合对制造业转型升级的影响。杜传忠、杨志坤（2015）利用协调发展模型测度了中国 2001—2013 年的"两化"融合水平。陈石、陈晓红（2013）利用微观企业调研数据和门限回归方法考察了"两化"融合对企业经济效益和社会效益的影响，研究发现"两化"融合对提升企业经济效益的作用在非国有企业中更加明显。杨蕙馨等（2016）将"两化"融合引入协同演化模型，构建了包含"两化"融合因素的经济增长"R-C-K 模型"，研究得出"两化"融合的演进会带来社会总产出、总资本的稳步提升，但并不能带来经济系统人均有效产出、人均有效资本的增加。邱君降等（2019）构建了"两化"融合背景下企业工业管理基础能力评价指标体系，从产品与服务、基础设施与资源、生产与运作、经营与管理和战略与组织 5 个关键维度 22 个重要方面构建了企业工业管理基础能力评价框架。

从"两化"融合的实践看，2013 年 10 月，国家工信部正式批复浙江省成为全国第一个"两化"深度融合国家示范区，先行先试开展示范试点，以实现以点带面、推动整体改革。2014 年 4 月，浙江省人民政府印发《关于建设信息化和工业化深度融合国家示范区的实施意见》，从骨干企业信息化提升专项行动、中小企业信息化服务专项行动等方面进行了系统的政策设计。然而，尽管政府和产业界持续对"两化融合"国家示范区建设情况进行定期评估，但学术界的相关研究明显滞后，企业实践与学术界理论的结合研究有待进一步深化和加强。

综上，现有关于企业管理数字化变革的研究主要集中在宏观层面，对微观层面的企业行为研究基本上停留在理论层面，存在以下待深化之处：一是与宏观层面数字化投入产出绩效测算文献相比，微观企业层面推进数字化管理的投入产出效率测算文献极其匮乏；二是鉴于企业数字化包括数字技术在生产、管理、销售等各个层面的数字化，特别是 ERP、MES/DCS、PLM 等不同数字化投资项目的影响可能存在差异，需要对企业推行数字化管理的投资项目进行更为具体和细分的深入探讨；三是企业在推进数字化管理过程中，作为嵌入路径的各类数字化转型投资项目的异质性特征，以及连续年份的动态特征均有待进行深入的实证研究和讨论。对此，本章参考已有研究，采用"两化"融合国家示范区范围内的 1950 家企业连续 5 年的动态跟踪调查数据，对企业数字化投入产出效率进行初步测算，并对影响因素进行分析，进一步根据企业的异质性分别回归，以期对

ERP、MES/DCS、PLM 等不同数字化转型投资项目的影响差异进行客观的反映,剖析企业数字化管理提升投入产出效率的内在机制,为我国企业推动管理数字化变革提供实证依据和决策参考。

第三节 理论模型

根据结构学派的理论观点,技术创新是企业提升绩效和福利水平的重要动力。企业在推进数字化管理过程中,技术变动会造成企业间技术投入、收入和产出增长率的变动,本章构建了一个描述这几者之间关系的理论模型。已有研究中,Uzawa(1965)首先引入了教育、健康和公共品投资,对技术进步的影响机制进行了探讨,Shell(1966)进一步讨论了研发投入对技术进步的推动作用,解释了经济增长机制内部技术进步的原因,却仍然缺乏对技术进步推动经济增长内生机制的探讨,Romer(1986、1990、2000)、Grossman 和 Helpman(1991)及 Aghion 和 Howitt(1992)分别对这一内在机制进行了更深入的挖掘和研究。Ramsey(1928)在模型中引入中央计划者,众多学者在其模型的基础上,加入预期效用(Cass,1965、1966;Koopmans,1965、1967;Malinvaud,1965;Samuelson,1965)、消费者福利分析(Diamond,1965)、代际传递(Samuelson,1968、1975;Barro,1974;Carmichael,1982;Burbidge,1983),以及随机储蓄和消费率增长(Caballe,1995;Kemnitz and Wigger,2000;Docquier et al.,2007)。结合实际情况,本章需要构建一个能够描述在有政策作用且尊重个体行为偏好的新的效用函数,企业管理数字化变革过程中对于软硬件需求、人力资本需求和劳动力换代需求相较于传统行业具有明显的异质性,且资本变动是推动数字化变革进而推动经济增长的物质基础和重要机制。

参考 Boldrin 和 Monetes(2005)、Del Rey 和 Lopez-Garcia(2013)等研究,结合本章研究目标和数据特征,探讨建立如下理论模型。

一、基本模型

假设行业中存在两类企业部门:一类是企业传统生产部门;另一类是推行数字化管理的企业部门。资本和劳动在两个部门之间分配,传统生产部门生产的产品用于消费和投资,投资主要用于积累资本;数字化管理部门主要用于推动企业数字化变革、提高企业技术能力,且技术具有外部性,因此可以同时促进两类部门的劳动生产率。

(1)传统生产部门的生产函数可表示为

$$Y(t) = F[(1-\alpha_\pi)K(t), A(t)(1-\alpha_L)L(t)] \tag{1}$$

其中，系数分别为传统生产部门所投入的资本和劳动占总资本和劳动的比率，本章包含2015—2019年五年间的跟踪调查数据，根据这一特征假设这一比率不随时间发生变化，A表示技术水平，Y表示产出水平，K和L分别代表资本和劳动。为了满足一般性假设，假设生产函数满足

$$F(\lambda K,\lambda L) = \lambda F(K,L) \tag{2}$$

$$F_1>0, F_{11}<0, F_2>0, F_{22}<0 \tag{3}$$

$$F(0,L)=F(k,0)=0, \lim_{(x_i \to 0)} F_i(x_1,x_2)=+\infty, \lim_{(x_i \to +\infty)} F_i(x_1,x_2)=0, i=1,2$$

（2）数字化管理的企业部门，技术生产函数可以表示为

$$\dot{A}(t) = A'(t) G[\alpha_\pi k(t), \alpha_L l(t)] \tag{4}$$

以此来刻画技术随着时间的变化特征，G表示生产函数，假设满足

$$G_1>0, G_{11}<0, G_2>0, G_{22}<0$$

$$G(0,L)=G(k,0)=0, \lim_{(x_i \to 0)} G_i(x_2,x_2)=+\infty, \lim_{(x_i \to +\infty)} G_i(x_1,x_2)=0, i=1,2$$

为了简化分析，假设企业储蓄与产出的比率固定且不存在资本折旧，所以资本积累方程为

$$\dot{k}(t) = sY(t) \tag{5}$$

劳动力积累方程为

$$\dot{L}(t) = nL(t) \tag{6}$$

那么，可以进一步推出

$$g_k = \frac{\dot{k}(t)}{k}(t) = sF \tag{7}$$

$$\frac{\dot{g}(k)}{g(k)} = \frac{ALF_2}{F} \cdot (g_A + n - g_k) \tag{8}$$

联立方程（4）和方程（8）可得

$$g_A = \frac{\dot{A}(t)}{A(t)} = A(t)^{(\theta-1)} G[\alpha_k K(t), \alpha_L l(t)] \tag{9}$$

$$\frac{\dot{g}A}{g_A} = (\theta-1)g_A + \frac{ALF_2}{F}g_k + \frac{ALF_2}{F}n \tag{10}$$

当$\theta + \frac{kG_1}{G} < 1$，那么存在一个唯一正数的均衡解（$g_A^*$，$g_k^*$）使经济处于动态均衡状态，即$\dot{g}_A = \dot{g}_\pi = 0$

$$g_A^* = \left(\frac{kG_1}{G} + \frac{LG_2}{G}\right)n\Big/(1-\theta - KG_{1/G}) \tag{11}$$

$$g_k^* = (1-\theta + LG_{2/G})n\Big/(1-\theta - KG_{1/G}) \tag{12}$$

并且均衡点是均衡的。

在经济处于均衡点时，行业总产出的增长率为

$$g_Y = \left(1-\frac{ALF_2}{F}\right)g_k + \frac{ALF_2}{F}(g_A+n) \tag{13}$$

企业平均产出增长率为

$$g_y = g_Y^{-n} = \left(1-\frac{ALF_2}{F}\right)g_k + \frac{ALF_2}{F}g_A + \left(\frac{ALF_2}{F}-1\right)n = g_A \tag{14}$$

所以，在这一条件下，当技术持续进步时，行业总产出和企业平均产出会持续增长，企业平均资本、平均产出和技术增长率相等。由此，提出假说1。

假说1：由于数字经济存在外部性，企业推行数字化管理能够推动行业整体生产力的提升，带来正向边际影响。

当 $\theta + \frac{kG_1}{G} > 1$ 时，存在唯一负数的均衡解 (g_A^*, g_k^*) 使经济处于动态均衡状态，即 $\dot{g}_A = \dot{g}_\pi = 0$

$$g_A^* = \left(\frac{kG_1}{G} + \frac{LG_2}{G}\right)n\Big/(1-\theta - KG_{1/G}) \tag{15}$$

$$g_k^* = (1-\theta + LG_{2/G})n\Big/(1-\theta - KG_{1/G}) \tag{16}$$

并且这一均衡点是鞍点稳定的。

在这一条件下，生产能力可能存在负增长，但是，只要初始的技术进步率和资本增长率不为负数，或者为较小的负数，那么，最终行业会收敛到增长的均衡状态。由此，我们提出假说2。

假说2：在企业推行数字化管理进行转型前期，企业生产能力可能存在负向增长，但在长期，数字化管理的推行可以有效地拉动企业劳动生产率的提高，即数字化管理对企业产出效率的推动作用存在一定的滞后效应和阵痛期。

当 $\theta + \frac{kG_1}{G} = 1$ 时，$\dot{g}_A = 0$ 和 $\dot{g}_k = 0$ 斜率相同，当行业规模增长率为0时，两条直线完全重合，经济最终会收敛到行业增长率越来越大的增长状态，当行业规模增长率不为0时，两条直线平行，那么行业会收敛到任意增长路径，在两种情

况下，行业都会出现持续的增长。

因此，我们可以提出假说3。

假说3：企业推行数字化管理对企业产出效率的提升效应，会由于行业规模的不同存在异质性差异。

二、扩展模型

已有理论研究表明，企业推行数字化管理对企业绩效的影响可能存在一定的时滞效应。数字化转型项目投资带来的企业绩效亦存在显著差异，当沉没成本达到一定阈值后，数字化投资所带来的效率提升效果才得到逐步显现。因此，数字化转型项目的投资在投资额度上是否存在跨越"阵痛期"的临界点？数字化投资额度与产出在理论上呈何种相关关系？本章扩展了上述基本模型，以期建立理论模型探讨并回答上述问题。

企业管理数字化变革背景下，人力资本成为数字智能不可或缺的重要基础，本章在基本模型中加入人力资本 H，并假设只有劳动力参与工作。t 时期，新生儿、中年人和老年人分别为 L_{t-1}，L_t，L_{t+1}，人口增长率 n 外生给定，且 $n > -1$，所以有 $L_t = (1+n)L_{t-1}$，$H_t = h_t L_t$，经济中个体的初始禀赋来自于他们的父母，以父母的平均收入水平 h_{t-1} 衡量，主要原因在于现阶段中国的教育在不同的收入阶层、不同的地区存在异质性（杨红旻，2012），收入水平较高的家庭能够为孩子提供更优质的教育，提高人力资本存量。本章定义，在 t 时期的人力资本存量来源于上一期对于教育的投资 d_{t-1}，以此来刻画这一经济现象，因此，人力资本的生产方程可描述为 $h_t = F(d_{t-1}, h_{t-1})$。由于义务教育和本科教育同质化趋势明显（朱清时，2009），假定规模报酬不变，可得到 $h_t/h_{t-1} = G(d_{t-1}/h_{t-1})$，进一步用 $\tilde{d} = d_{t-1}/h_{t-1}$ 刻画人力资本的投入产出比，跨期的生产力的增长率可以定义为：$(1+g_t) = h_t/h_{t-1} = G(\tilde{d}_t)$，且满足稻田条件。为了简化分析，假设固定资产在当期全额计提折旧，令 $k_t = K_t/L_t$ 表示人均资本，有效人均资本 $\tilde{k} = K_t/H_t$，有效产出 $f(\tilde{k}) = Y_t/H_t$，由基准模型可知有效产出函数满足稻田条件。

假设可以通过对劳动力征税并且对数字化人力资本投资进行补贴，同时考虑到融资约束问题，对数字化人力资本的补贴可以在下一期通过收入进行偿还，令 $tax_t^m > 0$ 是劳动力人群所支付的税收，若该值为负则是获得补贴，令 $tax_t^o > 0$ 是老年人支付的税收，若小于零则为其获得社会保障金，令 sub_t 为补贴率，那么可得到政府的预算约束

$$z_t^m L_t + z_t^o L_{t-1} = sub_t(1+r_t)d_{t-1}L_t \qquad (17)$$

参考生命周期理论假定,经济参与者只在生命的第二期和第三期消费,消费者的效用函数可以定义为

$$U_t = U(c_t^m, c_{t+1}^o) \tag{18}$$

其中,c_t^m,c_{t+1}^o代表生命的第二期和第三期的消费量,假定该效用函数满足理性偏好假定,并且在生命的第一期,经济参与者可以从完全竞争的金融市场进行资本借贷,以此来支付人力资本的投入,在进入劳动力市场后,运用工资收入偿还助学贷款、支付税收、消费和储蓄,经济参与者整个生命周期的预算约束为

$$c_t^m + \frac{c_{t+1}^o}{(1+r_{t+1})} = w_t h_t - (1+r_t)d_{t-1}(1-sub_t) - tax_t^m - \frac{tax_{t+1}^o}{(1+r_{t+1})} \tag{19}$$

由一阶条件可得

$$\frac{\partial U(c_t^m, c_{t+1}^o)/\partial c_t^m}{\partial U(c_t^m, c_{t+1}^o)/\partial c_{t+1}^o} = 1 + r_{t+1} \tag{20}$$

可以看出,经济参与者会根据下一期的利率水平选择其教育投资结构,结合教育跨期投资比的一阶导数可得工资水平为

$$c_t^m + \frac{c_{t+1}^o}{(1+r_{t+1})} = w_t \tag{21}$$

假设在生命周期的第二阶段即劳动力阶段,经济参与者可以合理安排其收入,则工资收入满足

$$w_t = w_t h_t - (1+r_t)d_{t-1}(1-sub_t) - tax_t^m - \frac{(1+n)}{(1+r_{t+1})}$$
$$[sub_{t+1}(1+r_{t+1})d_t - tax_{t+1}^o] \tag{22}$$

由此看出,经济参与者的收入安排仅与利率和补贴率有关。在"两化"融合国家示范区范围内,劳动力的人力资本结构需要较高的数字化技能占比,为了刻画出数字化人力资本投入的特征,本章将基准模型生产函数中的劳动力用人力资本代替,定义出单位数字化有效劳动力资本存量:$\tilde{k}_{t+1} = \tilde{s}/G(\tilde{d}_t)(1+n) - \tilde{d}_t/G(\tilde{d}_t)$,将该式展开可得

$$\tilde{k}_{t+1} = \frac{[1-\pi(r_{t+1})]\tilde{w}_t}{G[m(\tilde{k}_{t+1},sub_{t+1})](1+n)} - \frac{\tilde{tax}_{t+1}}{1+r_{t+1}} - \frac{(1+sub_{t+1})m(\tilde{k}_{t+1},sub_{t+1})}{G[m(\tilde{k}_{t+1},sub_{t+1})]} \tag{23}$$

同样,可得到

$$\tilde{c}_t^m + \frac{\tilde{c}_t^o}{G(\tilde{d}_{t-1})(1+n)} = f(\tilde{k}_t) - G(\tilde{d}_t)(1+n)\tilde{k}_{t+1} - (1+n)\tilde{d}_t \quad (24)$$

$$\tilde{c}_t^m + \frac{\tilde{c}_{t+1}^o}{(1+r_{t+1})} = \tilde{w}_t \quad (25)$$

$$\tilde{w}_t = w_t - \frac{(1+r_t)\tilde{d}_{t-1}(1-sub_t)}{G(\tilde{d}_{t-1})} - \tilde{tax}_t^m - \frac{(1+n)}{(1+r_{t+1})}$$

$$[sub_{t+1}(1+r_{t+1})\tilde{d}_{t-1} - \tilde{tax}_{t+1}^o] \quad (26)$$

那么，可以进一步推出稳态路径

$$[f(\tilde{k}_t^*) - \tilde{k}_t^* f'(\tilde{k}_t^*)]G'(\tilde{d}_{t-1}^*) = f'(\tilde{k}_t^*)$$

$$\left\{1 + \frac{G'(\tilde{d}_{t-1}^*)[(1+n)G(\tilde{d}_t^*)\tilde{k}_{t+1}^* + (1+n)\tilde{d}_t^* + \tilde{c}_t^{*m}]}{f'(\tilde{k}_t^*)}\right\} \quad (27)$$

最佳补贴率和税收率为

$$sub_t^* = -\frac{G'(\tilde{d}_{t-1}^*)[(1+n)G(\tilde{d}_t^*)\tilde{k}_{t+1}^* + (1+n)\tilde{d}_t^* + \tilde{c}_t^{*m}]}{f'(\tilde{k}_t^*)} < 0 \quad (28)$$

由此得出，在稳态增长路径上，政府应当遵循以上原则制定税率和补贴率，才能实现经济稳定增长。根据上述分析，企业的数字化变革需要较多的前期投入，数字化投入和产出效率可能存在正 U 型关系，由此我们提出理论假说 4。

假说 4：企业应当科学合理地规划数字化转型的投资额，政府根据实际情况制定针对企业推行数字化变革的相关政策，政企合力下，帮助企业快速跨越数字化变革的"阵痛期"。

第四节 研究设计

一、数据来源和变量定义

本章数据来源于中国第一个"两化"融合国家示范区内 1950 家工业企业连续 5 年（2015—2019 年）的跟踪调查数据，即每年在全省范围内组织的《浙江省区域"两化"融合发展水平评估企业问卷》，"两化"融合发展水平评估体系参照国家工信部 2014 年 5 月 1 日实施的"两化"融合国家标准《工业企业信息化和工业化融合评估规范》（GB/T23020—2013）。如引言所述，作为全国首个

"两化"深度融合国家示范区,浙江省每年委托省企业信息化促进会实施"两化"融合发展水平评估,评估对象为示范区范围内的 11 个设区市和 99 个县(市、区),参与评估的企业是从示范区内进行数字化改造的 13037 家工业企业中随机抽取的有效样本企业,每年进行跟踪调查并发放问卷。调查评估于每年 11 月启动,经过通知下发、地区样本企业选取、全省样本企业填报、数据筛查和预警、电话核查、数据处理和统计分析等主要工作环节。为进一步提高评估质量,保障评估的准确性和科学性,浙江省加大问卷审核和数据核查力度,采取了三重筛查,尽可能确保企业数据的准确性和真实性。一是地方主管部门对样本企业摸底,并对企业初次填报的问卷进行严格审查。二是省企业信息化促进会对企业问卷填报得分超过预警阈值的地区进行预警提醒,要求地方主管部门核实异常问卷的企业实际情况,对问卷进行修正。三是省企业信息化促进会对部分地区预警后仍未调整到位,存疑的地区企业问卷进行电话核查。在获取有效问卷后的数据处理中,本章删除了与金融机构相关的企业,剔除部分不合理/无效的观察值,同时进行缩尾处理后,得到 5792 条有效观察值,从而得到了 1950 家企业 5 年时间的面板数据。

(一) 企业投入产出效率测算

效率评价的主流研究方法有参数方法和非参数方法两种,参数方法主要以随机前沿分析方法(Stochastic Frontier Approach,SFA)为代表,非参数方法以数据包络分析(Data Envelopment Analysis,DEA)为代表,DEA 模型对误差项的考虑与 SFA 模型相比较为欠缺,根据本研究观测量较多的数据特征,以及 SFA 模型可以基于数据随机假设更好的刻画出企业的数字化管理投入产出效率水平的方法优势,参考 Wang 和 Ho (2010) 相关研究,运用面板随机前沿分析方法(PS-FA),对企业进行数字化管理的投入产出效率进行刻画。根据前文理论分析,SFA 基本模型设定为

$$y_{it} = f(x_{it}, \beta) \exp(v_{it} - u_{it}) \tag{29}$$

其中,y_{it} 表示在第 t 期内第 i 个企业的产出,$f(x_{it}, \beta)$ 代表生产函数,x_{it} 表示在第 t 期内第 i 个企业的投入要素,β 为系数,$\exp(v_{it})$ 是随机扰动项,$\exp(-u_{it})$ 则为企业推行数字化管理的投入产出效率,取对数后得到

$$\ln y_{it} = \ln f(x_{it}, \beta) + v_{it} - u_{it} \tag{30}$$

随机前沿分析方法要求设定生产函数形式,目前常用的生产函数形式为柯布道格拉斯生产函数(C-D)和超越对数生产函数(Trans-Log)。由于本研究目的在于探讨企业推行数字化管理的项目投入对该数字项目产出效率的影响,即企业推行数字化管理产生的整体的投入产出效率,而非具体的某项软件或硬件投资,

亦非各类数字化软件投资的细分效率，因此，我们选择 C-D 生产函数作为基准模型形式。

结合本研究的目标和数据结构，选择企业利润额作为产出的代理变量，企业的信息化投资额作为资本投入的代理变量，数字化咨询和培训额作为企业劳动力投入的代理变量，构建随机前沿模型为

$$\ln y_{it} = \alpha_0 + \alpha_1 \ln k_{it} + \alpha_2 \ln l_{it} + v_{it} - u_{it} \tag{31}$$

其中，y 代表企业产出，k 代表企业对于信息化的投入，l 代表企业对于信息化的咨询和培训费用，假设不可控因素冲击的噪声服从正态分布，与特征变量相互独立，特征变量服从 0 处的截断，因此，我们可以定义企业推行数字化管理投入产出效率为

$$TE_{it} = \exp(-u_{it}) \tag{32}$$

以此来衡量各企业数字化管理的效率水平，TE 值越大，效率水平越高，同时可以使用这一指标进一步分析探讨影响企业数字化管理投入产出效率的关键因素。

由于本章使用面板数据，运用 PSFA 方法测算，必须考虑选择的模型是否需要考虑时间固定效应以及是否存在时变，因此，本章对模型的选择形式进行检验（见表 16-1）。

表 16-1　随机前沿分析回归结果

变量	（1）	（2）	（3）	（4）
回归方法	SFA	SFA	SFA bootstraps	SFA bootstraps
解释变量	lny	lny	lny	lny
lnk	0.436***	0.431***	0.436***	0.431*
	[0.022]	[0.022]	[0.028]	[0.024]**
lnl	0.041*	0.042*	0.041*	0.042*
	[0.020]	[0.020]	[0.021]	[0.017]
_cons	8.416***	8.414***	8.416***	8.414***
	[0.196]	[0.196]	[0.288]	[0.282]
lnsigma2				
_cons	1.171***	1.172***	1.171***	1.172***
	[0.042]	[0.042]	[0.053]	[0.042]
lgtgamma				
_cons	1.258***	1.264***	1.258***	1.264***
	[0.067]	[0.066]	[0.104]	[0.100]

续表

变 量	(1)	(2)	(3)	(4)
mu				
_cons	3.061*** [0.183]	3.067*** [0.182]	3.061*** [0.237]	3.067*** [0.232]
时间固定效应	未控制	控制	未控制	控制
N	4648	4648	4648	4648
Wald P-value	0.000	0.000	0.000	0.000
AIC	15923.2	15920.2	15923.2	15920.2
BIC	15961.8	15971.7	15961.8	15971.7

注：*** p<0.01，** p<0.05，* p<0.1，( ) 内为标准误。

由表16-1可知：①企业在推行数字化管理过程中，信息化投资和咨询培训投资均对企业利润有显著的推动作用，在不考虑时间固定效应的情况下，信息化投资的产出弹性为0.436，在1%的显著性水平上显著，咨询培训的投入产出弹性，即劳动投入产出弹性为0.0405；在10%的显著性水平上显著，而在考虑了时间固定效应的情况下，资本产出弹性降低为0.431；在1%的显著性水平上显著，而劳动产出弹性提高到0.0424，在10%的显著性水平上显著，说明资本和劳动的投入对产出的影响会随着时间发生改变。②所有的系数值均在1%的显著性水平上显著，但是标准误却存在较大的差异，也就是说，以模型（2）作为测算基准方程是最优的。③四个模型均通过了Wald检验，运用非时变的PSFA方法是可行的。进一步，根据上述模型设定，对所有企业每年的数字化投入产出效率进行测算，取值越大，效率越高，共得到4514个观测值，得出排名前10名和后10名的企业信息（见表16-2）。

表16-2 企业推行数字化管理的投入产出效率（前10名和后10名）

序号	公司名	年份	行 业	效率值
1	浙江新和成股份有限公司	2018	化学原料及化学制品业	0.764
2	浙江新和成股份有限公司	2017	化学原料及化学制品业	0.764
3	浙江新和成股份有限公司	2019	化学原料及化学制品业	0.764
4	浙江荣盛控股集团有限公司	2019	化学原料及化学制品业	0.753
5	浙江荣盛控股集团有限公司	2017	纺织业	0.753
6	浙江中成控股集团有限公司	2017	多元化集团	0.738
7	浙江中成控股集团有限公司	2019	多元化集团	0.738

续表

序号	公司名	年份	行业	效率值
8	浙江中成控股集团有限公司	2018	多元化集团	0.738
9	浙江协和首信钢业有限公司	2017	黑色金属冶炼及压延加工业	0.724
10	浙江协和首信钢业有限公司	2019	金属制品业	0.724
11	浙江协和首信钢业有限公司	2018	黑色金属冶炼及压延加工业	0.724
12	浙江汇明提花织造有限公司	2017	纺织业	0.0005
13	浙江汇明提花织造有限公司	2019	纺织业	0.0005
14	杭州紫光网络技术有限公司	2017	通信设备、计算机及其他电子设备制造业	0.0005
15	杭州紫光网络技术有限公司	2018	通信设备、计算机及其他电子设备制造业	0.0005
16	杭州紫光网络技术有限公司	2019	通信设备、计算机及其他电子设备制造业	0.0005
17	葛氏控股有限公司	2018	电气机械及器材制造业	0.0005
18	浙江金飞扬智能科技有限公司	2018	通信设备、计算机及其他电子设备制造业	0.0005
19	浙江东亿磁业有限公司	2018	通用设备制造业	0.0003
20	宁波普锐明汽车零部件有限公司	2019	金属制品业	0.0002
21	浙江大盛新材料股份有限公司	2017	造纸及纸制品业	0.0002

资料来源：笔者整理。

注：序号20宁波普锐明汽车零部件有限公司和浙江大盛新材料股份有限公司（序号21）具有相同的最低效率测算值，故表中为21家企业。

由表16-2可以看出，企业推行数字化管理所得的投入产出效率在不同企业间存在较大差异，针对化工品、建材类的加工制造业，其数字化管理的投入产出效率明显高于技术密集型的中高端加工制造业和劳动密集型的低端加工制造业，荣盛控股的主营业务由纺织业转型到化工类后，产出效率明显提高，这与企业推行数字化管理对不同行业的影响是密切相关的。与此同时，针对中端的加工制造业企业，推行数字化管理不仅能够有效地推动企业生产经营模式的转型升级，还能显著的提升企业劳动生产率，降低运行成本，提高企业利润；针对技术密集型和资本密集型的企业，其在初期便投入了大量资本用于新技术的开发应用，数字化管理程度高，根据边际报酬递减规律，在继续进行数字化管理投入的过程中，效率值会相对较低。

（二）主要解释变量和控制变量

根据理论分析，企业以ERP、MES/DCS、PLM等数字化转型投资项目作为推行数字化管理的关键嵌入方式,本章采用这三种模式对其进行量化,即分别选取了 ERP 投资量（$erpinvm$）、MES/DCS 投资量（$mesinvm$）、PLM 投资量（$plminvm$）作为主要解释变量,同时选取了各区间的中位数作为投资额,根据 200 万元以上投资额企业,对其企业年报进行综合比较后选取 500 万元作为这类企业的投资额。

本章共包括 5 个控制变量:①选取了企业规模（reg）作为控制变量,已有关于企业管理数字化的研究文献中,企业规模一般用上一期期末的总资产的对数进行衡量（寇宗来、刘学悦,2020;刘诗源等,2020;沈国兵、袁征宇,2020;诸竹君等,2020),但所用的数据多来自 A 股上市公司数据,本章所用的调查样本包含不在 A 股上市的部分中小企业,会减少仅使用 A 股上市公司数据对企业推行数字化管理进行研究可能产生的偏误,为了不损失这部分中小企业数据信息,本章选用企业的注册资本作为衡量企业规模的代理变量。②实现自动化车间占比（dum_auto）,即自动化车间占比的虚拟变量是本章选取的另一控制变量,分别对自动化车间的占比设定虚拟变量,用于捕捉当期企业工业化程度。③实现生产过程监控车间占比（dum_piews）,即实现生产过程可视化、可控化的车间占比的虚拟变量,用于捕捉企业当前去工业化进程的指标。④PLM 实施阶段（dum_plm）,根据上文描述性统计,在研究 PLM 项目的投资中,应当控制其有效的使用阶段,才能够保证结果的无偏。⑤在此基础上,我们还控制了企业类型,并根据企业所处的行业构建了虚拟变量。同时,我们对所有的指标均进行了 1% 的缩尾处理。

二、模型构建

由于本章被解释变量均大于零,并且存在截尾删失,运用最小二乘法直接进行回归会产生较大的偏误,因此,本章选用了 Tobit 模型对影响因素进行了实证分析,模型构建为

$$Efficiency_{it} = \alpha + \beta_1 erpinvm_{it} + \beta_2 mesinvm_{it} + \beta_3 plminvm_{it} + control + \mu + \eta + \varepsilon_{it}$$

其中,被解释变量为企业投入产出效率,主要解释变量为各类项目投资的金额,$control$ 代表控制变量,后三项分别为年份固定效应、企业个体固定效应及残差项。

第五节　实证检验

一、描述性统计

值得注意的是,效率值为依据前文测算方法计算所得的企业推行数字化管理

的投入产出效率值,为方便后续的数据分析,已将所得值放大 1 万倍;ERP 项目投资、MES/DCS 项目投资和 PLM 项目投资为各类项目上一年的投资金额,自动化车间占比、生产监控车间占比和自动排产车间占比,根据调查的百分比结果在实证中构建相应的虚拟变量进行回归分析;企业所有制形式包含 21 种,依据私营、国有、外资等对其进行基本分类,进而根据公司规模和是否受到政府在推行数字化变革中的资本、技术和管理等方面的支持在回归中对其进行进一步细分。所有的变量均进行了 1% 的缩尾处理。由数据可以看出,投入产出效率值的两极分化较为严重,最小值仅为 1.786,均值为 971.873(见表 16-3),同时存在部分企业并未对数字化转型项目进行投资进而推进数字化管理现象。因此,如果简单使用 OLS 回归方法可能会产生较大偏差,为解决这一问题,后文针对这些异质性特征进行进一步探讨。

表 16-3 描述性统计结果

变量	观测值	平均值	最小值	最大值
被解释变量				
效率值	4514	971.873	1.786	7639.186
主要解释变量				
ERP 项目投资	5792	209.360	0	500
MES/DCS 项目投资	5792	185.847	0	500
PLM 项目投资	5792	150.0026	5	500
控制变量				
数字化咨询费用	5792	58.361	0	100000

二、回归结果

(一) 基准回归

依据理论分析和描述性统计可知,企业所属行业、所有制形式等可能会对企业推行数字化变革的投入产出效率产生影响。由于政府会对推行数字化管理的部分私营企业、外资企业特别是国有企业在资本、技术及管理等方面给予不同程度的政策或资源支持,因此,本章单独整理这类企业作为具有国资支持企业的类别,对全样本、私营企业、外资企业及国资支持企业的产出效率分别进行回归(见表 16-4)。

表 16-4 基准回归——Tobit 模型

变量	(1) 全样本 效率值	(2) 全样本 效率值	(3) 私营企业 效率值	(4) 外资企业 效率值	(5) 国资支持企业 效率值
ERP 项目投资	-0.0310*** (0.001)	0.0895*** (0.002)	0.0919*** (0.011)	-0.0386*** (0.003)	0.0758*** (0.007)
MES/DCS 项目投资	0.0441*** (0.001)	0.0376*** (0.002)	0.0942*** (0.011)	0.0307*** (0.003)	0.0506*** (0.006)
PLM 项目投资	0.0185*** (0.001)	0.0153*** (0.002)	0.00604 (0.009)	0.0291*** (0.004)	0.0294*** (0.005)
_cons	922.4*** (0.329)	911.5*** (0.417)	859.1*** (1.616)	1107.8*** (1.098)	939.6*** (1.082)
sigma_u	1226.9*** (19.478)	1211.4*** (19.232)	1056.9*** (23.131)	1359.7*** (60.091)	1248.6*** (27.926)
sigma_e	13.28*** (0.140)	16.83*** (0.178)	31.98*** (0.607)	13.52*** (0.415)	23.58*** (0.409)
N	4514	4514	2022	545	1947
控制变量	未控制	控制	控制	控制	控制
AIC	52876.4	55081.4	27589.2	6653.2	26077.9
BIC	52921.3	55145.6	27645.3	6687.6	26139.2

注：*** $p<0.01$，** $p<0.05$，* $p<0.1$，（ ）内为标准误。

可以看出，ERP 投资在全样本、私营企业样本和具有国资支持背景的企业样本下，对推行数字化管理的投入产出效率具有较为显著的正向作用，但在外资企业中，却呈现显著的负向作用，原因可能在于 ERP 项目的应用场景，当企业应用 ERP 一段时间后会产生规模递减效应，即投入产出效率为负，外资企业应用这一软件的时间较长，ERP 项目投资高额效率回报的数字红利期已过，使 5 年内其对投入产出效率产生负向相关作用，但全样本的总体作用仍然是正向的。针对这一问题，下文企业规模的非线性效应部分亦有讨论。但企业推进数字化管理过程中，随着目标的转变和治理结构的创新，组织结构趋向网络化和扁平化、营销手段趋向精准化和精细化、生产模式趋于模块化和柔性化、产品设计趋于版本化和迭代化、研发过程趋向开放化和开源化、用工模式趋向多元化和弹性化（咸聿东和肖旭，2020），尽管这些结构优化并不能直接影响企业的盈利能力，但会在长期对企业投入产出效率产生显著作用（李晓华，2019）。

对于 MES/DCS 和 PLM 投资，四个模型的回归结果均表明，这类数字化投资项目能够有效地提升企业的投入产出效率，且其在私营企业中的推动作用更加明显。此外，MES/DCS 项目的应用场景大多为中高端制造业；PLM 项目主要为高新技术在企业数字化管理过程中的应用。在推行企业数字化管理的试点示范区域内，2010—2019年加强PLM项目投资的企业数明显增加，投入产出效率的提升促使企业的数字化投资意愿逐步增强。

（二）内生性问题

尽管上述分析发现了企业数字化项目投资与企业数字化投入产出效率的相关关系，但仍需进一步识别其因果关系。理论上，首先，企业推行数字化管理能够推动管理结构的优化升级，进而提高企业投入产出效率，企业投入产率的提高也会反过来进一步促进数字化项目投资。例如，ERP项目中管理类软件的应用极大地提升了企业经营管理效率，降低企业管理费用、生产费用和其他相关成本，提升了企业盈利能力，企业能够进一步扩大数字化项目的投资，深化数字化转型进程。其次，数字化管理能够推动企业固定资产尤其是生产设备的转型升级，提高企业劳动生产率，进而提升投入产出效率。最后，本章主要研究的三种数字化项目投资可能同时影响企业的数字化投入产出效率，同时，也可能存在影响投入产出效率和数字化投入的遗漏变量，如企业规模、企业所有制形式、生产线特征和企业所在地特征等，对这些变量的捕捉不仅可以解释其对投入产出效率的影响，亦可分析企业市场生态圈竞争模式中许多亟待解决的问题，如合作机制（王大澳等，2020）、市场进入机制（叶广宇等，2019）、委托代理问题（王垒等，2020）等。

实证中，由于使用GMM或SYS-GMM方法对短面板的分析会产生较大的偏差，于是本章选用工具变量法对内生性问题进行处理，进一步识别因果关系。具体而言，企业推行数字化管理主要从生产端和管理端两条路径展开，管理端方面主要是财务会计类和运营管理类两种；生产端方面则主要为车间的数字化和智能化改造。结合上述理论分析和数据特征，本章选取企业中联网数控设备数作为工具变量。首先，联网数控设备数是企业的固定资产，在企业选择投资ERP或MES/DCS项目时，需要考虑企业本身生产线的技术水平，因此满足相关性要求。其次，本章选用SFA方法测算数字化劳动产出率，其描述的是企业除数字化资产投入和数字化劳动培训投入外，其他投入和技术创新等方面的投入产出效率，联网数控设备属于企业数字化资产，满足外生性要求，因此，可作为工具变量。

根据ERP、MES/DCS、PLM项目的应用场景，PLM项目主要针对的是研发创新类的数字化项目，内生性问题较小，但是ERP和MES/DCS项目的内生性问题和反向因果问题较为突出，因此，本章针对ERP项目和MES/DCS项目的投资，分别进行了Tobit回归，并且构建了工具变量Tobit模型，对内生性进行检验（见表16-5）。由回归结果可知，ERP项目投资和MES/DCS项目投资在各个模型中的回归系数均显著为正，与基准回归相同，在一定程度上可以证明基准回归是稳健的。

表 16-5 内生性检验

变量	Tobit 效率值	Tobit 效率值	VI-Tobit 效率值	IV-Tobit 效率值	第一阶段 ERP 投资	第一阶段 MES/DCS 投资
联网数控设备					0.001*** (0.000)	0.001*** (0.000)
ERP 投资	0.051*** (0.002)			12.870*** (4.118)		
MES/DCS 投资		0.087*** (0.001)	15.380*** (5.618)			
_cons	1034.6*** (7.589)	938.0*** (0.234)	−1248.9 (6.118)	−886.6 (1026.8)		
sigma_u	1213.7*** (19.269)	1221.2*** (19.387)				
sigma_e	19.410*** (0.207)	11.420*** (0.120)				
控制变量	控制	控制	控制	控制	控制	控制
N	4514	4514	4514	4514	4514	4514
过度识别检验 F			9.640**	7.416**	9.590***	7.370**

注：*** $p<0.01$，** $p<0.05$，* $p<0.1$，（ ）内为标准误。

根据投入产出效率的测算和基准回归结果可知，各类数字化转型项目的投入均会对投入产出效率产生一定影响，但不同的数字化项目投资的效果也会因该项目应用场景的特征不同而不同。因此，本章在表 16-5 中对 ERP 项目和 MES/DCS 项目的相关特征进行了控制，包括企业规模、自动化排产车间占比、自动化监控车间占比、自动化生产监控车间占比和企业所有制形式等。利用 Tobit 模型分别针对 ERP 项目投资和 MES/DCS 项目投资进行分析，回归系数均显著为正，与基准回归相比系数基本一致，但是在加入联网数控设备数作为工具变量，运用 2SLS 的思想，构建工具变量 Tobit 模型进行回归分析时，回归系数显著增大，即在控制住内生性后，数字化项目的投入产出效果显著增强，说明数字化项目的投资对企业数字化产出效率提升的推动作用是十分巨大的，但亦会受到企业本身数字化程度和技术水平的影响，可能的原因在于企业管理数字化变革，需要企业具有相当规模才能更好地发挥数字化管理的规模优势。

三、稳健性检验

（一）企业规模的非线性效应

虽然上文证明了数字化转型投资项目对企业投入产出效率具有显著的正向影响作用，但基准回归和内生性分析均表明，企业规模可能是影响企业数字化投入产出效率的重要因素。理论上，企业实现规模效应递增的阶段中，企业的投入产出效率应当显著增长，在这一阶段，数字化转型项目投资应当显著为正，而基准回归中，外资企业的回归结果却与此不完全一致。除了企业应用 ERP 项目的数字红利递减效应带来的效果外，企业规模的不同对推行数字化变革这一较大结构性变动的效率效果亦可能不同。因此，本章针对企业规模的异质性特征，对数字化项目投资对企业投入产出效率的影响进行进一步剖析。由于 PLM 项目的应用场景主要集中在数字化创新领域，在高新技术产业中的中小规模企业，仍然会有较高的数字化投入产出效率，因此，本部分主要针对 ERP 项目和 MES/DCS 项目投资进行分析（见表 16-6）。可以发现，ERP 项目投资在企业规模较小的时候，对企业数字化投入产出效率具有较为显著的推动作用，随着企业规模的增加，对企业投入产出效率仍然具有显著的推动作用，但是效果逐步降低。而 MES/DCS 项目，在企业规模较小的时候，推动作用较小，随着企业规模逐步增加，回归系数显著增加，这一结果一方面可以证明基准回归结果是稳健的；另一方面可以说明，企业在数字化转型过程中，应当根据自身规模合理规划数字化项目的投资额度，政府在推动企业数字化改革的政策制定中，应当根据企业规模，合理设计政策激励体系。

表 16-6 不同企业规模与数字化投入产出效率

变量	ERP 项目		MES/DCS 项目	
企业规模	前 30%	后 30%	前 30%	后 30%
变量	效率值	效率值	效率值	效率值
ERP 投资	0.098*** （0.001）	0.075*** （0.001）		
MES/DCS 投资			0.068*** （0.001）	0.123*** （7.123）
_cons	1252.9*** （4.298）	641.900*** （4.293）	1339.8*** （4.362）	
sigma_u	1319.2*** （24.549）	865.0*** （15.911）	1319.9*** （24.561）	886.5*** （16.523）
sigma_e	12.870*** （0.159）	9.599*** （0.120）	13.060*** （0.161）	94.790*** （1.720）
N	3291	3201	3291	3201
控制变量	控制	控制	控制	控制
AIC	38687.8	35456.9	38787.1	46005.5
BIC	38834.2	35596.6	38933.5	46029.8

注：*** $p<0.01$，** $p<0.05$，* $p<0.1$，（ ）内为标准误。

(二) 行业异质性

结合假说3的理论分析和描述性统计可以发现，企业数字化的投入产出效率在行业间可能存在较为显著的异质性差异。本章将企业所属的细分行业进行统计（见表16-7）。可以看出，调查样本中，制造业所占比重较高，加工业次之，并且大多属于基础制造业，需要进行大量研发投入（R&D）的企业所占比重较少。

表 16-7　行业描述性统计

行　业	数量（个）	比重（%）
专用设备制造业	600	6.222
交通运输设备制造业	693	7.187
仪器仪表及文化、办公用机械制造业	165	1.711
农副食品加工业	238	2.468
化学原料及化学制品业	623	6.461
化学纤维制造业	127	1.317
医药制造业	351	3.640
印刷业和记录媒介的复制	78	0.809
塑料制品业	343	3.557
多元化集团	192	1.991
家具制造业	166	1.721
工艺品及其他制造业	224	2.323
废弃资源和废旧材料回收加工业	16	0.166
建筑业	110	1.141
批发和零售业	27	0.280
文教体育用品制造业	147	1.524
有色金属冶炼及压延加工业	181	1.877
木材加工及木、竹、藤、棕、草制造业	227	2.354
橡胶制品业	132	1.369
水的生产和供应业	9	0.093
烟草制造业	5	0.052
燃气生产和供应业	10	0.104
物流、仓储和邮政业	9	0.093
电力、热力的生产和供应业	118	1.224

续表

行　业	数量（个）	比重（％）
电气机械及器材制造业	795	8.244
皮革、毛衣、羽毛（绒）制造业及其制品业	76	0.788
石油加工、炼焦及核燃料加工业	24	0.249
纺织业	498	5.164
纺织服装、鞋、帽制造业	342	3.547
通信设备、计算机及其他电子设备制造业	577	5.984
通用设备制造业	1065	11.044
造纸及纸制品业	232	2.406
金属制品业	588	6.098
电子产品制造业	6	0.062
非金属矿物制品业	158	1.638
食品制造业	245	2.541
饮料制造业	65	0.674
黑色金属冶炼及压延加工业	181	1.877
Total	9643	100.000

资料来源：笔者整理。

企业所属的行业分为制造业、加工业和制品业，依据假说3的理论分析和基准回归模型，结合资本收益率递减规律进行分行业回归（见表16-8）。各类项目投资的回归系数与基准回归均相同。比较这些回归系数可以发现，不同类型的数字化项目投资对投入产出效率的推动作用表现出来较为明显的异质性，具体表现为：制品业中，ERP项目投资对投入产出效率的推动作用最高，回归系数0.082，并在1%的显著性水平上显著；加工业中，MES/DCS项目推动作用最高，回归系数0.080，在1%的显著性水平上显著；PLM项目在制品业中的推动作用较大。梳理数据结构可以发现，制品业多为轻工业企业，针对这一类型的企业，缩短生产过程和销售流程的流通时间，提高生产到销售的供应链传递效率，相较于优化内部管理结构，对提升投入产出效率具有立竿见影的效果；与之相对的，在资本构成较高的制造业和加工业中，优化内部管理结构，降低内部管理成本，实现扁平化、网络化的经营生产管理模式，对提高投入产出效率具有更加重要的意义。因此，在企业决策方面，应当根据企业自身行业特征，合理编制数字化管理预算，科学安排数字化投资计划；在政策制定方面，应当根据不同的行业特征制定有针对性的政策体系。

表 16-8 分行业回归

变量	制造业 效率值	加工业 效率值	制品业 效率值
ERP 项目投资	0.117*** (0.002)	0.029*** (0.003)	0.082*** (0.010)
MES/DCS 项目投资	0.032*** (0.002)	0.080*** (0.003)	0.002 (0.011)
PLM 项目投资	0.018*** (0.001)	0.0100** (0.004)	0.076*** (0.009)
_cons	859.9*** (0.403)	1020.1*** (0.935)	704.4*** (1.973)
sigma_u	1136.4*** (24.648)	1368.4*** (46.397)	1435.5*** (88.021)
sigma_e	12.060*** (0.177)	16.240*** (0.389)	19.280*** (0.855)
N	2318	889	270
AIC	27179.2	11210.3	3517.2
BIC	27219.4	11243.8	3542.4

注：*** $p<0.01$，** $p<0.05$，* $p<0.1$，（ ）内为标准误。

四、进一步分析

上述分析只能说明，ERP 项目和 MES/DCS 项目的投资能够推动企业数字化投入产出效率，但却无法回答企业管理数字化转型过程中应当投资多少的问题。因此，结合已有文献研究构建投资额的虚拟变量，选择 100 万（含）~200 万元投资额作为基准虚拟变量建立 Tobit 模型进行回归分析，同时将私营企业和其他所有制企业分组（见表 16-9）。可以看出，投资额在 200 万元以上的项目，能够有效地推动企业数字化产出效率，其中，ERP 项目的回归系数 387.308 在 1%的显著性水平上显著，私营企业的回归系数为 361.518，在 1%的显著性水平上显著；MES/DCS 项目投资 200 万元以上的投资额亦显著为正，系数是 449.091，在 1%水平上显著，私营企业项目投资的回归系数为 438.842（1%水平上显著），私营企业和其他所有制企业的差别较小。值得注意的是，无论 ERP 项目还是 MES/DCS 项目投资，其他投资区间均显著为负，但是随着投资额的上升，回归系数的绝对值逐渐减小，说明企业在推行数字化管理转型过程中，投资额和投入产出效率之间存在正 U 型的关系，即投入持续不断增加却发生效率没有明显提升甚至下降的"阵痛期"。作为基准变量 [100 万（含）~200 万元] 的回归系数经计算显著为正，说明在数字化转型投资中，"阵痛期"所在临界点体现在这一投资区间中。当投资额等于或大于这一临界点时，企业数字化管理的先发优势会得到显著提升。结合前文的劳动—资本产出弹性和异质性特征研究结论，企业如何根据这一临界点规划数字化转型投资的项目投资方向和投资规模，政府如何根据规模效应有针对性的制定数字化转型扶持政策，成为企业管理高质量数字化变革的一个重要问题。

表 16-9　进一步分析——项目投资额

变量	ERP 项目投资			MES/DCS 项目投资		
	全样本	私营企业	其他	全样本	私营企业	其他
投资额	效率值	效率值	效率值	效率值	效率值	效率值
10 万元以下	−607.348***	−558.484***	−689.487***	−482.618***	−463.748***	−504.415***
	(83.343)	(103.593)	(129.456)	(90.463)	(115.019)	(137.303)
10 万~50 万元	−402.727***	−420.644***	−402.672***	−304.957***	−218.4***	−407.445***
	(58.696)	(75.503)	(87.897)	(65.678)	(85.576)	(97.029)
50 万~100 万元	−269.546***	−247.457***	−291.705***	−163.990**	−125.246	−202.045**
	(59.642)	(79.235)	(86.327)	(66.884)	(89.188)	(96.841)
200 万元以上	387.308***	361.518***	407.645***	449.091***	438.842***	434.673***
	(54.025)	(75.364)	(75.54)	(61.200)	(85.909)	(85.998)
未投资	−565.658***	−604.068***	−468.917***	−455.048***	−435.813***	−500.128***
	(144.217)	(158.717)	(286.066)	(68.625)	(88.9)	(102.192)
企业规模	0.00019***	0.0004***	0.00045***	0.00019***	−0.00039	−0.00047
	(0.000)	(0.000)	(0.000)	(0.000)	(0.000)	(0.000)
_cons	1114.100***	867.300***	1029.3**	1200.1***	844.0***	1172.7**
	(415.335)	(270.791)	(465.228)	(419.620)	(282.881)	(469.963)
N	4514	2022	2492	4514	2022	2492
控制变量	控制	控制	控制	控制	控制	控制
固定效应	控制	控制	控制	控制	控制	控制
AIC	76677.8	42680	33912.4	76729	42694.4	33959.2
BIC	76947.2	42901.2	34052.7	76998.4	42915.6	34099.5

注：*** $p<0.01$，** $p<0.05$，* $p<0.1$，( ) 内为标准误。

第六节　结论和政策启示

一、结论

本章通过对全国第一个"两化"深度融合国家示范区内1950家企业连续五年（2015—2019年）推进数字化管理的追踪调查数据，以 ERP、MES/DCS、PLM 数字化投资项目为数字化变革的嵌入路径，使用 SFA 方法和 Tobit 模型，研

第三篇 数字技术推动中国中小企业高质量发展的理论与实践
第16章 企业管理数字化变革与投入产出效率的研究报告

究了企业推行数字化管理对投入产出效率的边际影响问题，并测算了数字化转型投资项目的投资合理区间及"阵痛期"临界点，得出以下主要研究结论。

第一，企业在推进数字化管理过程中的资本产出弹性远高于劳动产出弹性，并且资本和劳动的投入对数字化效益产出的影响会随着时间发生改变，因此，企业在推行数字化管理过程中，应当合理分配资本和劳动的投入比例，提高资本占比，进而更好地发挥数字化改革的优势。现有文献已从理论上推导证明出企业运用数字化技术可以估计价格需求函数、调整投资决策（Yu et al.，2016），进而提高企业绩效，然而，却缺少相对应的经验研究对其进行实证检验。本章在定量分析验证这一理论的基础上，计算了企业推行数字化管理的资本产出弹性和劳动产出弹性，比较二者的投入产出比例，确定企业应加大投资的重点要素，丰富拓展了企业管理数字化改革的资本—劳动产出弹性相关文献，为理论研究提供实证支持。

第二，行业类型、企业规模和所有制结构对企业推行数字化管理和投入产出效率具有明显的异质性影响，企业应依托如下具体的异质性分析结论，改进数字化转型项目的投资方向和投入比例，完善企业生产结构、数字化转型投资结构和管理模式，从而提升推行数字化管理的投入产出效率。已有研究针对技术变革，围绕异质性因素（Kusiak，2017）在现有政策条件下对协同创新效率和企业绩效产生影响的文献已较为成熟（郝项超等，2018；陈冬华等，2010；周开国等，2017），本章进一步量化了企业在异质性特征下推行数字化管理的投入产出效率，揭示企业应如何通过调整自身生产结构、数字化转型项目的投资方向、规模和结构等提升数字化的投入产出效率。具体而言：①针对化工品和建材类的加工制造业，其数字化管理的投入产出效率明显高于技术密集型的中高端加工制造业和劳动密集型的低端加工制造业。②ERP项目投资在制品业中对投入产出效率的推动作用最高，MES/DCS数字化转型投资项目在加工业中推动作用最高，PLM项目在制品业中的推动作用较大，因此，企业可以根据自身行业特征，合理编制推进数字化管理预算。③对于MES/DCS和PLM数字化转型投资项目，其能够有效地提升企业推行数字化管理的投入产出效率，并且这两项数字化转型投资项目对于私营企业的推动作用更加明显。④不同数字化转型投资项目带来不同的产出效率，同时会随着企业规模的扩大产生相应的递增或递减效果。对于ERP项目，当企业规模较小时，对数字化投入产出效率具有显著的推动作用，同时随着企业规模的增加，对此效率虽仍具有显著的推动作用，但效果逐步降低；而对于MES/DCS项目，企业规模较小时，推动作用较小，但随着企业规模逐步增加，回归系数显著增加，这说明企业应当根据自身规模合理规划数字化转型投资项目的投资额度。

第三，企业数字化投入和效率之间存在正U型关系，并且投资临界点在100

万~200万元，走过推行数字化管理动态波动的"阵痛期"，企业数字化管理的先发优势得到显著提升。

二、政策启示

本章结论为揭示企业推行数字化管理对投入产出效率的影响，以及各类数字化转型投资项目间的异质性提供了有利线索和经验证据。以全国第一个"两化"融合国家示范区为研究对象，具有一定的地域局限性，然而，作为2013年得到批准的我国首个"两化"融合国家示范区和"国家数字经济创新发展试验区"，其在全国省域中具有较为明显的先行优势，对这一"先行者"的研究可以为"追赶者"和"后发者"提供经验参考。具体而言，不仅可以为其他企业提供经过多年实践检验、并已平稳渡过数字化变革"阵痛期"的先进经验，也为广大企业管理者引领企业制定和实施长期持续数字化管理带来有益的决策参考，还能够为其他省份的政府部门制定更有针对性的政策提供新的指导和启示。

第一，提高数字化管理的资本预算占比。从本章对企业数字化管理投入产出效率的测算结论看，无论是否考虑时间的固定效应，信息化投资的产出弹性都远高于员工咨询培训的产出弹性。换言之，在数字化投入产出效率中，资本产出弹性远高于劳动产出弹性。数字技术在企业管理中的运用难以一蹴而就，这对于尚未进行或正在开展数字化转型的企业而言具有启示价值，应当结合企业自身资源禀赋，投入资本对信息设备、信息系统及业务流程等进行数字化改造。从不同规模企业的信息化建设需求来看，中型重点工业企业的信息化建设以推进ERP、MES/DCS等核心信息系统为重点，实现关键业务的信息化设施覆盖，提升企业整体信息化水平；大型重点工业企业的信息化建设以系统综合集成应用、智能工厂、大数据挖掘利用、供应链协同等为重点，结合新兴数字技术的融合应用，实现企业的组织变革、模式创新和价值增值。当然，也需要注重数字化人才的培养，提高劳动力的人力资本存量，以实现企业数字化转型价值的可持续释放。

第二，优化企业数字化转型投资预算结构。本章实证的结论之一是数字化管理投入对投入产出效率的影响具有较为明显的差异，MES/DCS项目在短期效果更为明显，而ERP项目和PLM项目长期推动企业投入产出效率更加明显。在以大数据、云计算、物联网等为牵引的数字经济浪潮下，应当引导企业制订符合自身实际的信息化专项应用规划，结合企业自身财务能力编制合理的数字化转型的预算，在短期计划内加强MES/DCS项目的投资布局，引导企业加大对生产管控环节的信息化建设重视程度；从长期看，加大ERP项目和PLM项目的投资布局，支持企业基于MRP管理思想，全面应用ERP六大模块，促使企业最大限度地整合资金流、信息流、决策流、要素流，充分释放数字化红利，同时，鼓励企业运用 PLM 系统进行产品全生命周期管理，将机联网作为数字化转型投资的重要支撑，加强生产制造、客户管理、供应链管理等系统的横向集成，全方位汇聚共享设计能力、生产能力、软件资源、知识模型等制造资源，增强企业全生命周期的数字化、流程化管理，以及产业链上下游更加密切的数字化协作关系，提高企业数字化转型投入的针对性和精准性。

第三，完善企业管理数字化变革的激励政策体系。不同行业、不用企业因行业结构、生产特征、发展需求各不相同，数字化变革的方向和重点也必然存在鲜明的差异化特征，这也说明实践中并不存在普适性的数字化战略和政策，必须实事求是地根据具体情况采取针对性的激励政策。从本章结论看，企业所处的行业、企业规模和所有制结构存在较为明显的差异，导致数字化管理投入产出效率存在较为明显的异质性特征，现阶段针对企业数字化转型的激励政策仍然比较笼统，应当结合企业所处行业、企业规模及所有制结构等因素，制定更为"精准滴灌"而非"遍地漫灌"的扶持政策体系。这对其他地区更有针对性地推进企业数字化转型具有启发性，可以分类分行业制定符合行业特性的数字化政策导向，如针对装备制造行业，重点在鼓励研发数字化建设方面上下功夫；针对电力电子、纺织服装、化工医药等行业，重点在鼓励管理信息化建设方面和生产管控自动化建设方面加大力度。同时，针对企业规模和所有制结构，制订更加精准化的数字化实施方案，在企业生命周期的不同阶段实施不同的数字化投入和管理策略，使数字化转型与企业发展阶段更加匹配。

第四，推出中小企业数字化转型的专项政策。本章发现，数字化投入与数字化效率存在正 U 型的关系，临界点在 100 万~200 万元，而大部分中小企业规模较小、实力不足，面临数字化转型"不敢转""不愿转""不会转""转不好""转得慢"等窘境，仅仅依靠企业自身无法有效跨越数字化转型的阵痛期。这一结论具有普适性，中小企业量大面广、铺天盖地，占中国企业总数的 99% 以上，无论哪个省份，中小企业都是市场主体"金字塔"的塔基，是数字化转型不可或缺的有生力量及数字经济发展的动力源之一。但囿于自身实力和资源有限，中小企业数字化转型资本投入面临较大压力，部分地区对中小企业数字化转型缺乏正确的引导，龙头骨干企业容易获得资金扶持和政策优惠，而普通的中小企业由于体量小，受限于各种政策前置条件，难以享受到政府的政策资源。对此，应制定符合中小企业数字化转型需求的融资、税收及补贴政策，探索实施"中小企业数字化赋能行动计划"，解决中小企业管理数字化变革面临的技术瓶颈、资源瓶颈、融资瓶颈等问题，帮助中小企业解决数字化转型的"显性缺陷"和"隐性障碍"。

三、局限性及未来研究方向

本章虽然进行了理论探索和实践层面的挖掘，但也存在不足之处和一定局限性，需要对企业管理数字化变革的未来研究继续拓展和深化。首先，企业样本容量的拓展问题。本章选取的是全国第一个"两化"深度融合国家示范区浙江省内1950家企业连续5年的追踪调查数据，未来研究可以将样本进一步拓展到国家先后批复的其他省份/地区/创新发展试验区，如2019年10月第六届世界互联网大会（乌镇峰会）公布的河北省、福建省、广东省、重庆市等第一批国家数字经济创新发展试验区，与此同时，通过更多年限的面板数据研究探索不同区域企业数字化管理的特征、绩效及省际差异。其次，本章以ERP、MES/DCS、PLM数字化投资项目为数字化管理的嵌入路径，揭示工业企业推进数字化管理提升投入产出效率的内在机制。除上述路径外，非工业企业推行数字化管理变革的方式手段更加多样，以这些形式体现的数字化管理变革带来的投入产出效率变动，可能是值得后续研究进一步深入探讨的问题。最后，本章局限于企业内部管理数字化，但未来的企业数字化之路会是开源式、生态化、协同性的资源整合与共享，因此，借助数字技术将生产模块、研发单元活动等分包给其他企业或平台化的跨企业、跨时空、跨地域企业数字化管理集成问题将是值得进一步深化和探讨的重要方向。

第17章 数字技术、BOP商业模式创新与包容性市场构建的理论研究

包容性增长（Inclusive Growth）理念强调经济增长的益处要惠及所有民众，让那些在经济或社会上被排斥的群体能够公平地参与市场、做出贡献和分享成果（Ali & Zhuang，2007；Mendoza & Thelen，2008）。而在微观层面，Prahalad 与 Hart（2002）及 Prahalad（2005）提出的金字塔底层（Bottom of the Pyramid，简称BOP）战略则指出，低收入群体内蕴含着巨大的商业潜能，如果企业可以采取创新的思维、模式与方法来有效服务于BOP市场，就能在获得经济回报的同时缓解甚至消除贫困。这种以商业化方式在BOP市场同时创造经济与社会价值的创新被称为包容性创新（Inclusive Innovation）（George et al，2012；邢小强等，2015），其重点是通过克服BOP的种种障碍来促进市场机制的有效发挥。这些障碍有多种表现，包括薄弱的基础设施、较低的教育水平与劳动技能、价值链缺失与制度空洞等（邢小强等，2015）。随着数字技术与互联网的快速、深入普及，广大BOP地区与中高端市场（Top of the Pyramid，简称TOP）之间的信息不平等（Information Inequality）问题日益凸显，成为数字经济时代限制穷人发展的重大障碍。

目前，中国信息化建设取得巨大进展，截至2019年6月，网民规模达8.54亿人，其中农村网民规模为2.25亿人，贫困村通宽带比例达到94%。在此情况下，互联网接入已不是中国信息不平等的主要问题，问题的焦点在于BOP人群缺乏适合自身需求的信息供给和利用信息创造与获取价值的能力和机会。一方面，尽管在TOP市场中存在信息过载的问题，但大部分信息与内容无论是在主题范围、话语体系还是表达风格上都不是专门面向BOP的，穷人能够接触的信息范围依然比较单一和狭窄，TOP与BOP之间存在结构性的信息不平等。另一方面，穷人自身作为信息生产者能力不足，这固然与教育水平有关，但也受制于信息载体本身。例如，当信息主要由文字表达时，对信息生产者与接受者的要求都很高，这就把大量文化水平不高的群体排除在外。反过来看，当借助特定信息载体创作与解读的成本越低，就越能包容更多的人群，而随着4G移动通信网络兴起的短视频则恰好符合条件。

具体来说，短视频指播放时长不超过5分钟的视频，是移动互联网时代新的信息载体与传播媒介，弥补了文字、图片、语音等信息传播方式中环境缺失、

"在场"不足等问题,从而能够表达出更为直观与丰富的信息(朱杰和崔永鹏,2018)。同时,数字技术相关软硬件的发展使短视频的拍摄与观赏都变得简单、快捷,从而为广大 BOP 群体参与信息生产与消费提供了新的机会。但围绕短视频,仅依靠数字技术自身并不能把机会转化为确定性的价值,从而改善 BOP 群体的生产与生活状态,数字技术的潜力还需要创新的商业模式予以实现。正如 Chesbrough 等(2006)指出,商业模式提供了一个连贯框架,把技术特征与潜力作为投入,并通过市场与消费者转化为产出。而 Zott 等(2011)与 Foss 和 Saebi(2017)也发现,相对于单纯的技术创新,商业模式创新强调用更为新颖、系统和整合的方式进行各种价值的创造与获取,焦点企业与关键利益相关者在其中均扮演着重要角色。但在现有文献中,大多从传播与文化视角对短视频现象进行探讨,缺乏从数字技术与商业模式创新角度对 BOP 群体卷入短视频生产与消费进行一般性的分析与理论建构。因此,本章通过对中国短视频行业两家头部公司(快手与字节跳动)的案例研究,分析、归纳与短视频相关的数字技术、商业模式创新与 BOP 群体的交互影响,以及这种影响如何促进了包容性结果的产生。

第一节　文献回顾

一、本地情景下的包容性创新研究

包容性创新是指企业等私营部门以可持续的方式为被现有经济社会体系排斥在外的 BOP 群体提供机会,从而使他们能够平等参与市场以提高收入、发展能力并扩大权利的新思想、新模式与新方法的开发与实现(邢小强等,2013)。在包容性创新视角下,穷人并非被帮助的对象,而是有价值、有资源、有能力的消费者、生产者与创业者,现有文献大多是基于 BOP 本地情景(Local Context)进行研究。

(一)穷人作为消费者

企业如果能够为 BOP 群体提供价低质优的产品与服务,就会改善其生活品质,实现反贫困的效果。因此,包容性创新的重点在于深入理解穷人及其环境并提供有价值的产品。一些研究从需求角度描述,归纳了 BOP 群体与 BOP 市场的消费与需求特征,划分出穷人的主要消费领域,并检查了每个领域穷人需求的满足状况(Gomez-Arias,2008),或展示出不同区域贫困群体未被满足的需求与当地市场的供给结构等(Acosta,2010)。很多文献从供给视角探讨如何创新才能满足穷人的多样化需求,如 Anderson 与 Markides(2007)提出了针对贫困消费者的创新框架,包含可负担、可接受、可获得与可感知四个维度。周江华等

(2012) 分析了"山寨"手机行业的厂商如何通过技术与商业模式的破坏性创新为 BOP 市场提供产品。邢小强等 (2015) 归纳出 BOP 产品创新的关键要素等。

（二）穷人作为生产者

对于 BOP 生产者，企业创新重点是克服 BOP 的生产性障碍与交易性障碍，来提高 BOP 的生产效率与收入，实现反贫困的效果（London et al, 2010）。其中，生产性障碍是指大部分穷人的教育程度低与劳动技能较差，导致生产效率不高的状况（Hammond et al, 2007）。交易性障碍则指 BOP 本地缺乏市场有效运作的基础设施，包括经济基础设施（如交通与能源）、市场中介、流通机构及信息设施（如通信网络）等的缺失或建设不足，导致 BOP 生产者无法以有利的价格与渠道销售劳动产出，难以获得公平的收入（Rivera-Santos & Rufin, 2010）。

针对上述障碍，企业主要通过商业模式或组织模式创新来介入 BOP 市场，在此过程中，BOP 生产者以参与企业价值链或价值网络的方式做出贡献，并获得生产能力，进而提升经济回报。赵晶（2010）提出资源开发型商业模式创新，通过对企业的供应网络、生产环节和销售网络的重新设计与有机整合，将 BOP 群体纳入企业价值体系，通过持续培训和开发来提高 BOP 群体的人力资源价值，最终使他们摆脱贫困。在实施过程与机制方面，邢小强等（2015）从本地公司视角发现，通过对分散的 BOP 生产者的组织与关系处理，既可以发挥规模优势来提高生产效率，也能够基于跨层次的社会资本来增强市场交易能力。万倩文等（2019）则从外部公司视角考察了企业进入 BOP 市场后选择个体合作者，进而提升个体合作者水平，以及最终形成制度化合作关系的过程与阶段特征。

（三）穷人作为创业者

随着研究深化，穷人通过创业来缓解贫困得到越来越多的重视（Fitz-Koch et al, 2018）。但 Bruton 等（2015）认为，维持穷人基本生活水平的生计型创业在缓解贫困方面的贡献较小，穷人主动开发和创造出的机会才具有更好的增长潜力（Alvarez & Barney, 2014）。Si 等（2015）归纳出中国浙江义乌地区成功脱贫的原因在于穷人能够主动进行低成本创新，从而开发出破坏性商业模式，进而挖掘出一系列创业机会并实现了资本积累与能力提升。

但在 BOP 情境下，穷人开发机会来创业存在很大的制度性障碍，即创业所需要的正式制度安排，如畅通的信息渠道、明晰的产权界定、完备的法律规定与有效的执行等均存在不同程度的缺失或者比较薄弱，形成制度空洞（Institutional-Void）（Mair & Marti, 2009）。穷人创业者因缺乏有效的产权而不能充分资本化自己的资产与能力，几乎无法获得信用和担保等基本的金融服务（De Soto, 2000）。正式制度的缺失也使穷人创业者普遍具有高度的社会化导向，强烈依赖社会关系来获得资源支持，导致 BOP 市场内的商业活动主要不是基于正式的法律合约进行，而是由关系和网络控制（Wheeler et al，2005；Mair et al，2012）。

因此，在穷人创业视角下，包容性创新的重点在于克服制度性障碍，为穷人创业提供可公平选择的机会并促进内生能力发展（Bhagwati & Panagariya，2013）。在 BOP 本地情景下，这往往需要企业联系、动员和促进 BOP 市场内外的不同组织、机构与个体共同组建一个跨部门（Cross-sector）的联盟网络或商业生态系统，帮助穷人创业者获得金融与技术等各类资源以更好地创造价值，最终实现能力与收入提升等反贫困效果（Rivera-Santos，2011；Ramachandran et al，2012）。随着数字技术与互联网的发展，打破了基于特定地理区域的 BOP 本地市场限制，拓展了穷人的创业机会范围与创业速度，成为新的研究热点。

二、互联网情境下的包容性创新研究

在互联网情境下，数字技术被认为是促进发展和减轻贫困的有效方式。由于数字技术可以把产品生产者、服务提供者、贸易者与远端消费者连接在一起，推动了商业模式创新与数字创业者（Digital Entrepreneur）的出现（Srinivasan & Venkatraman，2017）。Leong 等（2016）提出数字技术赋权草根创业者的概念，认为穷人虽然是在经济金字塔的底层，但却并非在知识与创新金字塔的底层，数字技术为贫困阶层提供了前所未有的选择与创业机会。具体来说，数字技术与商业模式创新对穷人创业的支持主要有以下几方面：

第一，即使在世界上的其他贫困地区，以智能手机为代表的数字技术也得到广泛使用（ITU，2011），扩大与提升了贫困创业者的连接范围与频率，改善了运营效率（Heeks，2010；Smith & Elder，2010）。Anwar（2015）发现，智能手机有助于建立信任和改善与其他商家沟通的效率，提升了印度尼西亚微型创业者的绩效。

第二，数字技术的应用降低了经济与社会交易成本，促进了穷人创业资源（尤其是金融资源）的可获得性与便利性（Njihia & Merali，2013），如肯尼亚的移动支付 M-Pesa 就为广大贫困人群带来了普惠金融服务（陈元志，2015）。张勋等（2019）基于实证分析发现，数字普惠金融的发展改善了农村居民的创业行为，并带来了创业机会的均等化，特别有助于促进低物质资本或低社会资本家庭的创业行为。

第三，互联网平台商业模式的兴起使贫困创业者可以依托互联网平台来建立自己的商业模式，并在网络社区内复制与传播（Leong et al，2016）。刘亚军（2018）从平台企业视角进行研究，发现互联网平台商业模式创新可通过结构、资源和心理赋权来提供使能，促进穷人从创业种子产生到创业集聚的自发式发展，实现物质与精神生活的双重提升。而邓华与李光金（2017）则基于平台上的创业企业视角，分析了包容性商业模式的构成要素并揭示金字塔底层（BOP）市场中价值创造、传递与分享的互动机制。

三、互联网情境下的信息不平等

信息作为一种生产要素，随着数字经济时代的到来而变得更加重要。在互联网情境下，信息的商品属性日渐凸显，个人的信息红利取决于各自能够支配和消费的信息商品和信息服务。当不同阶层、不同群体的信息资源配置不均时，就会导致信息不平等，表现为数字鸿沟、知识差距、信息穷人与富人的分化与信息贫困等多种形式（于良芝，2011）。

在信息不平等问题上，学术界存在两个相互交叉的研究社区（于良芝和刘亚，2010），一个是数字鸿沟研究，主要关注 ICT 接入与信息技术采纳、扩散过程中的不平等；另一个是信息贫困与信息分化研究，关注在信息生产、传播、获取、利用过程中的不平等。两类研究反映出结构与能动性的不同视角，前者强调要从外部的技术系统、财政支持、社会服务和信息来源等方面将信息在不同群体间更均衡地重新分配（Lievrouw & Farb，2003），后者更注重提升经济社会弱势群体的能力来有效获得信息、解释信息和应用信息。现有文献越来越强调对两个视角进行整合并把数字鸿沟也纳入信息贫困的研究范畴，如相丽玲与牛丽慧（2016）基于 Sen（1999）的权利方法，认为信息贫困是由直接信息权利失败和贸易信息权利失败引起的。直接信息权利失败指信息基础设施的缺失和个人信息素养低下，贸易信息权利失败则是由信息交换权利不对等引起的，信息富人的信息交换权利高于信息穷人的信息交换权利，最终导致信息资源配置不平等。

从信息平等或信息贫困的后果看，信息弱势群体会被剥夺参与经济社会活动的权利，无法获得数字信息产品与服务而为自己谋取利益（袁勤俭，2007）。而在区域层面，由于农村信息技术设施可接触的机会欠缺和互联网信息技术使用能力不足，农村地区（尤其是贫困地区）农户更难借助信息技术分享到信息红利并增加收入（Bonfadelli，2002）。贺茂斌与刘小童（2019）的研究发现，区域信息贫困会降低区域资源的配置效率，使区域经济增长要素无法实现有效的帕累托改进，进而降低区域全要素生产率。但反之，如果能够更有效地利用数字技术来获取与使用信息，则会以降低农户信息搜寻成本、形成较强价格效应、拓展市场参与范围及提升人力资本等方式达到增收效果（胡伦和陆迁，2019）。

因此，为提高低收入群体的信息化能力以增加收入，就需要降低信息不平等，消除信息贫困。郑素侠（2018）认为，由政府牵头的信息扶贫是"精准扶贫"战略不可分割的一部分，应在政府主导下加快信息基础设施建设、增强农村信息产品供给和推进信息技能培训。丁建军与赵奇钊（2014）针对农村信息产品的差异性，提出要构建政府主导型供给、市场牵引型供给和第三部门主导供给相结合的农村信息产品"三位一体"供给机制。而在市场化策略方面，汪向东与王昕天（2015）基于县域电子商务和涉农电子商务发展背景提出，信息扶贫就是将信息时代日益主流化的电子商务纳入扶贫开发工作体系，创新扶贫开发方式和改进扶贫绩效的理念和实践。许军林（2019）认为，农村电商是农村信息化在商业领域的应用，对农户有赋能作用，可以提升其信息获取与转化能力。斯丽娟（2019）也发现，农村电商平台依托数字技术集成和零散信息整合，提高了给农村用户供给信息的数量与质量。

四、研究述评

通过对包容性创新文献的梳理与分析可以发现：①大量研究主要集中于BOP的本地情景，核心逻辑是克服BOP群体自身与BOP环境内存在的种种障碍，把穷人纳入更加包容性的市场体系。②随着互联网的兴起，BOP研究对穷人关注的焦点逐渐从消费视角转向创业视角。基于数字技术与互联网平台商业模式创新，穷人可以有更多的创业机会选择并通过自身的商业模式来提高创业绩效。③在互联网时代，信息不平等成为限制BOP群体发展的重要障碍，在政府推进信息化建设的同时，发展电子商务是提升BOP信息能力并降低信息不平等的主要途径。但这些文献较少讨论BOP自身在信息的生产、传播与消费中的角色、作用及对降低与消除信息不平等的影响，也没有分析信息载体本身的影响。

综合上述研究，本章认为，在移动互联网环境下，随着信息载体从文字、图片逐渐转为（短）视频，信息生产成本逐渐降低，为BOP群体参与多元化的信息生产与内容制作提供了机会，这主要由数字技术来实现。而当大量BOP群体具有内容生产能力后，就可以通过市场化机制为其他BOP群体乃至TOP群体提供内容，这需要互联网平台商业模式创新来完成。而一旦互联网短视频市场发展起来后，会连接起BOP本地环境与TOP市场，BOP群体的角色就转化为基于数字内容的创业者、生产者与消费者，从而在降低信息不平等的同时获取物质与精神的多重收益。这依然符合BOP战略的理念，即穷人并非被帮助的对象，而是具有企业商业运营所需要的关键资源与能力的群体，企业需要与BOP人群及其他组织机构推动建立一个价值创造与分享的包容性市场，这个市场为参与各方提供了提升与发展自身的新机会。因此，基于短视频行业，本章将从数字技术与商业模式创新视角来分析BOP群体的内容生产、消费及包容性市场构建的问题。

第二节 研究设计

一、研究方法

本章采取双案例的对比研究方法，主要有三个理由：一是本章研究的问题是为什么短视频技术及平台企业能够消除 BOP 群体的信息贫困，以及探讨数字技术创新、BOP 商业模式创新与包容性市场构建的互动过程，而此类探索性研究属于解决"How（怎么样）"和"Why（为什么）"的问题，案例研究方法比较适用（Yin，2014）。二是采用双案例的研究设计，可以采用复制逻辑更好地识别因果关系，增加归纳的广度和外部效度。三是成为新型信息载体的互联网短视频近年来迅速发展，作为新生事物，其对 BOP 的影响机制与效果很少有成熟的理论指导，通过预设理论、案例数据和涌现理论的递归循环，有利于发现新的理论洞见（Eisenhardt & Graebner，2007）。

二、案例选择

与实证研究中的统计抽样原则相区别，案例研究对象的选择主要依据理论抽样（Glaser & Strauss，1967），即案例的选择主要基于对研究主题分析的契合，而不要求对总体的代表性，从而通过构念之间的联系得出理论上的洞察（Eisenhardt & Graebner，2007）。这种根据案例特殊性而非一般性的选择标准，即所谓的"探索性逻辑"（Yin，2002）。

根据本研究的核心问题与情景，本章将案例选择标准设定为：①短视频行业的代表性企业；②短视频行业的科技型企业；③企业在用户规模（以亿为量级）与覆盖范围（全国性）上尽可能广泛；④企业的用户群体中必须同时包含 TOP 用户与 BOP 用户。基于上述标准，本章最终选择了短视频行业中的两家企业——北京快手科技有限公司（简称快手）和北京字节跳动科技有限公司（简称字节跳动）作为案例研究对象。

首先，快手和字节跳动是短视频行业中的两家头部企业，月活跃用户均超过 4 亿人，同行业中已没有类似量级的企业，具有行业代表性。其次，虽然两家企业的用户分布在结构上略有不同，但是均存在大量的 BOP 用户（也被称为下沉市场用户），遍布全国各个地域，符合本研究的情景设定。再次，作为科技公司，两家企业在数字技术研发方面均投入了大量资源，可从两家公司的专利数量与内容得到反映，而两家公司的商业模式也一直在各种媒体被广泛讨论，符合本研究的问题设定。最后，两家企业均设立了专门针对 BOP 的组织部门，一家为快手行动（设置在市场部下）；另一家为字节跳动扶贫（设置在创新事业部下）。这两个部门都不是严格意义上的社会责任部门，而是放在商业化架构下运营，符合 BOP 研究设定。两家案例企业的基本信息如表 17-1 所示。

表 17-1 两家案例企业的基本信息

企业名称	快手	字节跳动
成立时间	2011 年 3 月	2012 年 3 月
总部所在地	北京	北京
月活跃用户数	已超过 4 亿人	突破 15 亿人
主要短视频产品	快手短视频	抖音、火山小视频、西瓜视频

资料来源：笔者整理而得。

三、数据来源

为提高案例研究的信度和效度，本章根据 Miles 和 Huberman（1994）所描述的三角测量法，从多个信息来源分析案例，通过数据来源的多样性与访谈个体的差异化进行研究数据的"三角验证"，从而减少信息偏差，避免回溯性释义及印象管理问题（Eisenhardt & Graebner，2007），提高研究的信度与效度。本章的数据主要有 5 个来源：①对两家公司的管理层、技术人员、企业社会责任部门的业务经理及一线员工进行的半结构化访谈；②两家公司内部的文献资料，主要包括快手内部发展报告、快手企业社会责任报告、快手公司对自身平台主播的调研等；字节跳动公司的技术手册、调研报告、企业社会责任活动的宣传资料、企业社会责任报告等；③对平台主播的半结构化电话访谈，主要是快手公司的 5 位平台主播和字节跳动公司的 5 位主播；④公开的文献资料，包括权威媒体对快手公司、字节跳动公司扶贫的相关新闻报道、公开发表的论文、公司官方网站的信息及国家知识产权与保护局公开的专利信息等；⑥对平台及其主播的观察及课题组成员亲自对快手、抖音、火山视频、西瓜视频等产品的体验笔记等。

本章的数据收集过程历时近 1 年（从 2018 年 10 月到 2019 年 8 月），具体分为六个阶段。

第一阶段，研究人员通过公开渠道获取信息，以及对两家平台的亲身体验，大致梳理出两家公司的盈利模式，并对其价值主张、对低收入群体的价值传递渠道、数字技术在公司的运用情况及用户的价值获取情况形成细致了解，具体包括对快手直播、抖音直播、火山视频、西瓜视频的信息搜索及服务体验。同时，通过研究人员之间的交流，大体勾勒出两家公司针对低收入群体的商业模式。

第二阶段，研究人员对快手公司的管理层、技术人员、业务经理及其快手平台的主播等进行半结构化访谈，访谈对象基本信息如表 17-2 所示，每次访谈时间均超过 2 个小时，访谈录音争取在访谈结束之后的 24 小时内转录为文字，并与快手公司的业务经理就访谈的文字信息进行了确认。

表 17-2　访谈对象基本信息

序号	企业名称	角色	数量	访谈次数	数据收集时间
1	快手	公司高级副总裁	1	1	2018 年 12 月
2		品牌副总裁	1	1	2018 年 12 月
3		快手行动部门负责人	1	2	2018 年 10—12 月
4		快手行动业务经理	4	3	2018 年 10—12 月
5		技术人员	2	2	2018 年 10—12 月
6		主播	5	1	2019 年 3 月
7	字节跳动	创新事业部负责人	1	2	2019 年 3 月
8		扶贫部门负责人	1	1	2019 年 3 月
9		部门经理	3	3	2019 年 2—3 月
10		技术人员	2	2	2019 年 2—3 月
11		主播	5	1	2019 年 3 月

资料来源：笔者整理而得。

第三阶段，在对快手公司进行调研的基础上，研究人员发现，在一些特定的方面，由快手公司访谈获得的信息与研究人员前期从公开渠道获得信息存在差异。研究人员进行了细致分析，确认这种差异产生的原因，并基于客观数据进行了对比验证，以确保调研数据及信息的真实性。

第四阶段，研究人员对抖音的母公司——字节跳动进行了调研。被访谈人员包括：字节跳动公司创新事业部的负责人、技术人员和业务经理，以及抖音平台的主播等，每次访谈也都超过 2 个小时，对访谈录音的处理同上。

第五阶段，研究人员通过对所搜集的资料进行分析，发现仍有部分疑惑或遗漏的地方，又通过电话、邮件、微信等形式进行了沟通，直到获得真实、完整的信息。

第六阶级，研究人员将研究成果及时与两家公司进行确认，对不准确的信息及分析予以修改。在调研过程中，由于两家公司存在部分竞争关系，为防止公司信息泄露，研究人员与每家公司只交流关于其自身的信息。

四、数据编码与分析

为了探究短视频企业在消除 BOP 群体的信息贫困过程中，如何利用数字技术创新与 BOP 商业模式创新进行包容性市场的构建，本章采用扎根理论对所搜集的资料进行编码工作。通过运用归纳与演绎等分析方法,进行螺旋式地理论抽象,自下而上构建理论。根据扎根理论的分析方法,本章借鉴周江华等(2012)的编码方案,采用开放式编码(Open Coding)、轴心式编码(Axial Coding)与选择式编码(Selective Coding)的方式,来提取原始资料中的初始范畴,识别范畴的性质及范畴间的关系(Glaser,1992;Strauss & Corbin,1990)。为了提高研究的效率,本章主要借助NVivo 11软件进行数据编码。具体的编码过程如下所示。

(一)开放式编码

开放式编码是指在没有既定编码表的情况下,通过通读原始资料,在对数据的深度和广度全面了解的基础上,找出潜藏在数据中的重要主题和概念,主要涉及原始资料的收缩、合并、概念化及范畴化,该阶段所得到的各个范畴之间的关系不明确(孙晓娥,2011)。本章几位作者围绕研究主题确定编码基本规则后,分别进行独立编码,其中一位负责核验。经过初步编码,得到产品易用性、视频制作去技术化、数据驱动、流量随机分配、BOP比较优势、虚拟社会资本积累、科技提升幸福感等153个概念。开放式编码示例如表17-3所示。

表17-3 开放式编码示例

初始范畴	典型引用
产品易用性	这可能是我们产品为什么会吸引这么多相对边缘地区的人的一个很重要的原因。他不认识字、教育水平低,没关系,只要他会用智能手机,他就会用这个产品(快手,品牌副总裁)
信息载体影响BOP用户采纳	基于这种短视频的内容发展比较快,再加上机器算法,我觉得这一部分下沉的用户能更好地适应这个平台。其实2015年主要还是图文的时候,下沉用户来适应这一块门槛还是比较高的(字节跳动,副总)
视频创作的去技术化	甚至一些更为复杂的操作,如视频画面转换时卡点音乐的转换与配合,以前这种操作需要非常专业的剪辑人员才能完成,但现在人工智能可以自动辨识画面的转换节点,然后它就在音乐库中寻找在相同时点也转换那个音乐进行匹配,出来的效果就非常棒(字节跳动,技术人员)
……	……
流量启动支持	给一些我们培训的农民创作者、小创作者一些冷启动的流量支持,包括贫困县的那些好风光项目、山货项目,在抖音上的曝光会给他一些广告化的流量(字节跳动,PC事业部经理)
去中心化的流量分配	一个"大V",你想能吸到多少流量啊!这个"大V"你不给他1000万次播放,他都没感觉。但是你将这1000万次播放量,放到1000个非常普通的人身上,是每个人1万次的播放量。对我们来讲,1万次的播放已经是一个巨大的刺激了。然后,就是在这种刺激之下,其实反倒有些人有机会出来(快手,高级副总裁)

第三篇　数字技术推动中国中小企业高质量发展的理论与实践
第 17 章　数字技术、BOP 商业模式创新与包容性市场构建的理论研究

续表

初始范畴	典型引用
教育培训	我们通过平台线上培训这件事情，让更多小的创作者能够在平台上获取流量。平台创作者怎么发能获得关注、怎么样寻找差异化的点，是有一些技巧的，这些技巧是创作者运营端的，我们会把这个东西教给他（字节跳动，扶贫组员负责人）
……	……
精神价值获取	不知道大家有没有去过农村，有些地方的文娱设施是非常差的，所以他们有孤独感。尤其是农村妇女，她们特别需要消解孤独。快手在消解孤独感上面具有一定的贡献（快手，品牌副总裁）
流量广告变现	主要是说用户和创作者都是不用付费的，然后只是靠好内容来吸引用户，然后用户数量大了之后，再通过广告的方式来盈利（字节跳动，副总）
……	……
基于内容与时间的信任关系	我跟他跟久了，你可能就会觉得跟这个人已经发生了深度的连接。哪怕这个人发的内容很无聊，我也愿意看。哪怕他唱的歌不好听，我也愿意听，因为我陪伴他太久了（快手，高级副总裁）
基于信任的商业交易	在其他电商平台上，人们是根据自己的需求购买产品，而在快手上，人们是出于对用户的喜爱而购买他们推荐的产品（快手员工）

资料来源：笔者整理而得。

由于本章主要探究企业与 BOP 相关的数字技术与商业模式创新，重点在于分析那些 BOP 人群参与线上、线下市场价值创造、传递与获取等相关活动与影响因素。因而通过对所归纳的初始范畴进行详细检查与比较，并经课题组成员一致同意，我们从 153 个初始范畴中剔除掉 21 个无关概念，并对部分内容类似的概念进行了合并，最终保留了 116 个初始范畴。

（二）轴心式编码

轴心式编码是指通过开放式编码得到初始范畴之后，基于"条件—行动/互动—结果"的逻辑范式，发现和寻找初始范畴之间的内在关联，从而形成对原始资料的二阶抽象，得到副范畴和主范畴的过程。如通过开放式编码形成的"工具支持""教育培训""数据反馈"和"制度激励"等初始范畴，可在逻辑范式下整合出一条"轴线"。在数字技术创新支持下，平台为大量 BOP 内容生产者提供各种工具来降低拍摄视频的门槛并提升质量，同时还会直接或间接提供创作与发布视频相关的技能培训，BOP 内容生产者创作并发布视频后还可以获得平台即时的数据反馈以帮助学习并进一步提高技能，而对那些制作良好和受欢迎的视频，平台在机制设计上会增大曝光量，这会激励 BOP 群体更好的创作。基于以上分

析，这 4 个范畴被整合为一个主范畴——"BOP 内容生产者赋能"。通过采用上述编码方法，本章对所得到的初始范畴之间各种可能的关系进行探索与归纳，并在对原始资料更多挖掘与比照的基础上对初始范畴进行二次编码，直至所有的初始范畴、副范畴在逻辑连接方面全部得到饱和，最终初始范畴被整合为 22 个副范畴并被纳入 9 个主范畴，轴心编码结果如表 17-4 所示。

表 17-4 轴心编码结果

主范畴	副范畴
数字内容技术	数字记录技术；数字处理技术
数字连接技术	数字传输技术；数字分发技术
信息平等的价值主张	信息生产平等；信息消费平等
BOP 内容生产者赋能	工具支持；教育培训；数据反馈；制度激励
"智能+人工"内容推荐	智能算法推荐；人工审核编辑
BOP 社交网络扩展	同层社交网络拓展；跨层社交网络拓展
共享式价值获取	BOP 无形价值获取；BOP 有形价值获取；平台变现与分成
BOP 资源的市场化	BOP 资源信息传播；BOP 资源价值激活；BOP 社会资本支持
BOP 人员的市场化	BOP 市场意识增强；BOP 市场能力提升

资料来源：笔者整理而得。

（三）选择式编码

选择式编码是指在对轴心式编码得到的主范畴的内涵和性质进行分析的基础上，结合原始资料，以"故事线"的形式分析主范畴之间的关系，进而形成整体理论框架的过程。本部分结合原始资料对 9 个主范畴的内涵和性质进行了分析，发现"数字内容技术"和"数字连接技术"是企业为保持平台运转和产品优化的基础技术，可归为"数字技术"；"信息平等的价值主张""BOP 内容生产者赋能""'智能+人工'内容推荐""BOP 社交网络扩展"和"共享式价值获取"5 个主范畴反映出企业支持 BOP 群体平等参与短视频内容市场的价值创造、传递与获取的策略与机制，可归为"BOP 商业模式创新"；"BOP 资源的市场化"和"BOP 人员的市场化"对应于 BOP 本地资源与 BOP 群体自身被纳入市场并重新资本化的过程，可归为"包容性市场构建"。通过对核心范畴之间关系和基本逻辑的分析，得到 3 个核心范畴所涵盖的故事线：短视频行业的头部企业基于不断改进的数字技术，通过商业模式创新将 BOP 群体纳入线上内容市场的价值创造和价值获取过程之中，进而通过线上市场带动 BOP 本地资源和人员的市场化，最终通过线上与线下市场联动与整合而构建起更具包容性的市场。短视频头部企业的编码结果与核心范畴关系如图 17-1 所示。

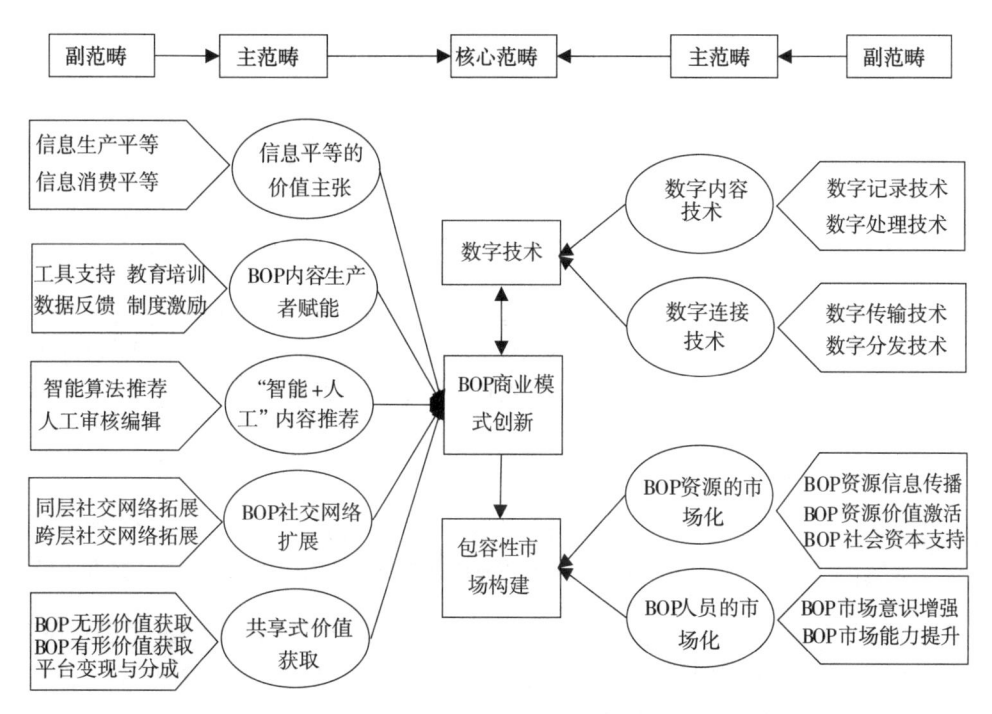

图 17-1　短视频头部企业的编码结果与核心范畴关系

第三节　研究发现

本节基于短视频的信息载体特征，揭示了数字技术与商业模式创新如何推动 BOP 群体介入短视频内容生产与消费市场，进而促进包容性市场构建的过程与机制。下面结合案例企业数据对主要理论范畴及其关系进行分析与阐述。

一、数字技术

数字技术是一种通用目的技术，包括硬件技术、软件技术与网络技术，人工智能、大数据、云计算、物联网和虚拟现实等都属于新一代的数字技术。在互联网短视频行业，数字技术既要支持短视频的拍摄与制作，也要实现短视频的传输与分发，可分为数字内容技术与数字连接技术两个维度。

（一）数字内容技术

数字内容技术的作用是支持创作者以短视频的形式对现实世界进行符合创作者意图的数字化呈现。这首先需要数字记录技术对存在于现实中的对象或事件进行数字转化与数字编码，进而允许创作者通过数字处理技术对经过转化的数字对象进行再现、调整、修饰、优化与创造，以实现创作者想要达到的效果。快手与字节跳动公司在这两个领域都申请了多项专利，案例企业数字内容技术示例如表 17-5 所示。

表 17-5 案例企业数字内容技术示例

技术类型	技术示例	功能介绍
数字记录技术	防抖动拍摄	该技术可以检测到预设画面下手机是否抖动，如果手机抖动，则弹出拍摄画面，可执行对应的拍摄操作
	方向自动校准	判断手机等移动终端平面偏离水平面程度，并设置拍摄对象的方向属性信息，从而在与水平面偏离程度较大时实现图像的正确展现
数字处理技术	视频自适应优化	对视频图像的感兴趣区域（Region of Interest）进行分析并优化，如视频里人脸区域的观感影响最大，该技术会把人脸区域检测出来，然后将码率做得更高，使得整体观感获得提升
	智能语音交互	利用循环神经网络、时延神经网络等技术实现高精度低延迟的语音识别，用户可以利用声音搜索、输入、控制特效、为视频加字幕
	歌唱修音	从各种音乐中分离出专业歌手的纯净歌声，以及各种唱歌技巧，通过修音技术将这些唱歌技巧应用到用户歌声，提升用户的演唱效果
	短视频自动配乐	通过视频标签技术和描述生成技术，找到用户想通过视频传递的主题与情感，与音乐信息进行匹配，自动找到适合当前视频的歌曲

资料来源：笔者整理而得。

从上面的技术示例可以看出，两家案例企业的数字内容技术（尤其是处理技术）更多表现为基于人工智能的计算机视觉技术、视频处理，以及语音与音乐识别技术等方面，这可以支持创作者对拍摄的短视频进行多样化处理与再创新，极大拓展了短视频内容创作的空间与可能性。这一方面降低了短视频内容生产的门槛，使 BOP 人群也可以更为便捷与低成本的参与短视频的生产与消费；另一方面，通过去技术化的方式，降低或消解了专业内容生产者与大众生产者之间的能力差距。

举例来说，如何为视频选择并嵌入合适的背景音乐对普通人来说并非易事，这取决于可获取的音乐资源及他们的鉴别力与鉴赏力。然而，通过图像识别技术并结合计算机的深度学习与训练模型，就可以根据视频特征来匹配音乐特征。这种去技术化对 BOP 创作者有重要的价值，正如快手公司一位高级副总裁所言："拍视频是一件特别难的东西，因为会想到摄像机、剪辑、编辑之类的，非常复杂。但今天你会发现，我们已经把门编辑槛降到极低了，你随便就可以加滤镜、加特效和换背景等，想加什么加什么。最关键的是，你还可以加音乐，加音乐基本上会让整个视频有个质的提升。比如，文字能看出咱们两个的差距，你写一篇文章，我写一篇文章，咱们的差距可能是 100 分和 20 分的差别，但是由于视频加上音乐以后，可以更好地表达情感，我的分数可能很快就能上到 60 分，你还是100分，但对我20分的人来讲，这是300%的一个变化。"

（二）数字连接技术

在本研究情境下，数字内容技术偏重于短视频的生产与制作，而数字连接技术则支撑与优化短视频内容在不同时点于用户间的传输与匹配。从数字内容传输来说，由于视频信号数字化后非常耗费网络带宽服务，无论是信道带宽提升还是编解码技术改进，都可以提高数传输速度和传输质量。由于观看短视频的不同终端类型及所处网络环境不同，数字传输技术也包括短视频内容呈现与终端及环境的适配等。而除了对视频内容进行功能性传输外，还需要以智能算法为代表的数字分发技术来提升人与内容的匹配。案例企业数字连接技术示例如表17-6所示。

表17-6 案例企业数字连接技术示例

技术类型	技术示例	功能介绍
数字传输技术	终端适配	用户拥有不同类型终端时，与平台产品适配会产生各种延迟，该技术会自动检测终端类型与网络环境并提供相应的适配方案，解决延迟并提升用户观看短视频的体验
	流媒体效率优化	该技术有助于降低终端设备的能耗和传输短视频的流量成本，有助于其实现稳定与长时间的网络播放
数字分发技术	数据多人分发	将一条数据分发给多人，可以得到多个人对同一条数据的处理结果，从排除单个人对此数据的错误处理，保证分发数据处理结果的准确性，提升数据分发的可靠性和准确性
	资讯筛选推送	实时监测订阅咨询内容更新，并通过设定规则对更新的咨询内容进行筛选，将筛选后的优质内容推荐给用户
	协同过滤	将所有用户对某个物品的偏好作为一个向量来算物品之间的相似度，然后根据用户历史偏好预测当前用户还没有表示偏好的物品，计算得到一个物品排序列表作为推荐
	熟人推荐	该算法有助于在向多人传递内容与信息时，可根据用户过往的聊天记录推荐提及人，提高了匹配效率

资料来源：笔者整理而得。

数字传输技术使BOP用户在手机质量不高或网络环境不佳的条件下也可以流畅地观看视频，增强了用户体验。数字分发技术则基于大数据分析实现了内容与人的高效匹配，不仅降低了BOP用户去主动寻找感兴趣内容的难度，通过协同过滤技术也扩大了用户可以获得的内容范围。更重要的是，通过数字分发技术实现的内容个性化推荐，会更加关注和理解BOP个体，使每个BOP个体都成为意义不同的终端，而不是永远将个体置于群体中去总体理解（童淑艳，2019）。正如Negroponte（1996）所言："在数字化生存的情况下，我就是'我'，不再是人口统计学中的一个'子集'。"这对尊重与凸显BOP个体价值具有重要意义。

而对 BOP 创作者来说，数字分发技术会使其创作的内容被更好地传递到目标用户，促进内容价值的最大化实现。

二、BOP 商业模式创新

在数字技术支持下，快手与字节跳动发展出新的平台商业模式，很多设计有利于 BOP 群体通过降低、消除信息障碍来生产和利用信息，进而进行价值的创造、传递与获取。本节把两家公司这方面的创新归纳为 BOP 商业模式创新，具体表现在以下五个方面。

（一）信息平等的价值主张

长期以来，由于受到地域、媒介与教育水平等的限制，广大 BOP 群体被排斥在有效的信息生产、传播与消费之外，穷人既无法获取（高质量的）的信息，又缺乏渠道与表达方式来向外界主动传递信息。而随着移动终端与宽带的普及，快手与字节跳动基于数字技术降低了短视频内容生产、传播与分享的门槛，使 BOP 群体可以直接参与信息生产与消费，其价值主张具有明显的信息平等特征。

从信息生产角度，尽管互联网打破了传统媒体的信息渠道垄断与内容生产的主体地位，使普通民众可以通过互联网来提供与分享他们的真实看法与新闻（Shayne & Chris, 2003），但这种权利仍然偏向具有一定能力、渠道、工具、知识及处于经济金字塔中高端位置的群体。相对而言，穷人很少有机会去自由地表达并被看到或听到，BOP 与 TOP 之间存在严重的信息不对称与信息不平等。而借助快手与字节跳动的短视频平台，通过上传自己拍摄的短视频，占据中国人口最大结构的城市"草根"阶层与农村群体的工作状态、生活方式与环境都可以得到展示，并获得不同程度的关注，这种对表达的释放与平等对待对 BOP 群体具有重要价值，降低了长期以来在信息生产与注意力（Attention）资源分配中的不平等。

从信息获取角度，快手与字节跳动平台利用数字技术汇集了大量的内容创作，促进了 BOP 人群的信息获取与消费。之前由于 BOP 环境的相对封闭性，人们的信息获取主要来源于社交关系中的熟人，致使该群体所能接触的信息规模有限，内容也比较单一。而即使能够使用互联网，很多媒体与内容创作者使用的话语体系与表达方式也往往不符合 BOP 群体的认知水平，专门针对 BOP 的信息供给狭窄且匮乏。而当 BOP 创作者进入平台后，就为 BOP 群体自身提供了丰富多样的内容供给，而短视频这种信息载体也使 TOP 内容更容易被 BOP 消费者所接受，这扩大与提升了 BOP 能够获取的信息范围与质量，拓展了对外部世界的认知与机会边界，降低了在信息获取上的不平等。

正如字节跳动扶贫组的负责人说："原来农民的（信息）消费不多，因为没人给他生产信息。没有人生产就不能消费。只有这个池子里面的鱼更多，大家才能分配到更多的鱼。如果一天只产生 100 条信息,那全国农民就只能消费这 100 条信息,其实意义不大。但如果所有人都在生产信息,那一天生产 10 万条信息,我觉得意义就不一样了。"

（二）BOP 内容生产者赋能

从价值创造视角,对于像快手与字节跳动这样的综合性信息平台,持续的信息供给是平台运转的内在动力。由于 BOP 群体规模巨大,鼓励与支持更多 BOP 内容生产者进入平台并持续、大量与多样化地提供优质内容对平台的发展影响深远。事实上,BOP 群体并不缺乏创作的素材与创造性,而是长期受限于技术性手段与渠道的匮乏,同时也缺乏创作经验与技巧。快手与字节跳动都采取了多种策略与手段来为 BOP 生产者赋能,以支持其在平台上更好的创作。

首先,平台提供了多种支持工具,如在拍摄环节的横竖屏拍摄、多段录制、片段回删、摄像头切换与缩放、美白磨皮、滤镜、AR 动画与自动配乐等,这些功能使用简单,易于学习,综合运用后可以有效提升短视频的质量。其次,平台为 BOP 生产者提供了直接的培训与支持。字节跳动启动的"扶贫达人"计划,通过线上线下培训,帮助贫困地区人群学习内容创作、新媒体运营等技能,而快手专门开辟了线上的"快手课堂",里面有很多有关内容创作的技巧与技能类短视频。由于线上培训的边际成本很低,相对线下小规模的培训,可以在长期内惠及更多 BOP 生产者。再次,平台为内容生产者提供了即时的数据反馈,包括其发布视频的播放量、点赞数与留言数等。BOP 生产者可以根据这些反馈来调整内容或风格等,同时也对其他热门视频进行揣摩与学习,在此过程中不断积累经验,提高技能。而当收到的反馈越来越正面与积极时,也会激发 BOP 生产者更好的创作。最后,平台会设计出针对性的激励机制。BOP 创作的每个视频都会被随机分配一些基础流量,这对 BOP 创作者非常重要。如快手一位访谈者所说:"随机分配的话,每个人都有机会被别人看见,要不然你在山东日照那个地方火一个人最多了。而且多数的情况下,假如我们总部搞运营的人,不熟悉这个事,你这辈子再无出头之日了。而我们在这种条件下,你会发现很多人会有机会（火）起来。很多人都会（火）起来,第一点是你给每个人发视频都会分配流量"。

另外,优秀的 BOP 生产者会获得更多的流量支持。在快手和字节跳动平台上,如果作品的播放率与观看完成率都很高时,就会被推荐到热门或首页,增加曝光量。而流量增加后,创作者就可以依据流量来获得盈利性的变现,这会激发 BOP 生产者的创作积极性。

（三）"智能+人工"式内容推荐

当包含大量 BOP 人群创作的短视频上传到平台后,平台需要及时把这些内容推荐给相应用户,实现对内容价值的匹配与传递。推荐的效率与效果直接关系到创作者与用户的体验，进而影响平台的用户留存与活跃度等指标。在这个意义上，内容推荐既是平台的关键活动，也是核心能力。由于存在海量且极具多样化的视频内容，快手与字节跳动公司都采取了智能算法和人工审核编辑相结合的内容推荐模式，既提高了内容推荐的效率，又能推动了平台内容生态的良性发展。

智能算法推荐本质是从内容池中运用技术性手段把用户感兴趣的内容挑选出来。特别是当平台存储和上传视频规模很大时，一个用户能够被推荐的候选会有几百万个到上千万个，怎么在几十毫秒几百毫秒之内能够找出他最感兴趣的十几个，是系统主要解决的问题。目前虽然不同平台采用的具体模型有差异，但推荐系统都要依靠三个方面的特征：一是内容特征，即视频主要表现什么样的内容，是新闻、娱乐还是情感类内容等；二是用户特征，主要包括用户的兴趣、身份与行为三类特征，如爱好、职业、性别、年龄与观看习惯等；三是环境特征，即用户特定时间观看短视频所处的具体场景，如地理位置、使用时间、天气情况与网络状况等。结合三方面特征分析，系统会推断出用户在特定环境中需要什么内容并予以推荐，用户视频推荐原理如图17-2所示。而推荐后的数据反馈也为推荐优化提供了不间断的实验与学习基础，如快手就基于全链路实时在线学习将用户的实时反馈秒级更新到算法模型来进行优化迭代。字节跳动公司的算法部门也会在大的架构下基于新算法的不断尝试来提升推荐效率与效果。可以看出，在这种智能推荐系统下，BOP创作内容与TOP创作内容在算法上会得到同等对待，被自动推荐给对其最感兴趣的用户。

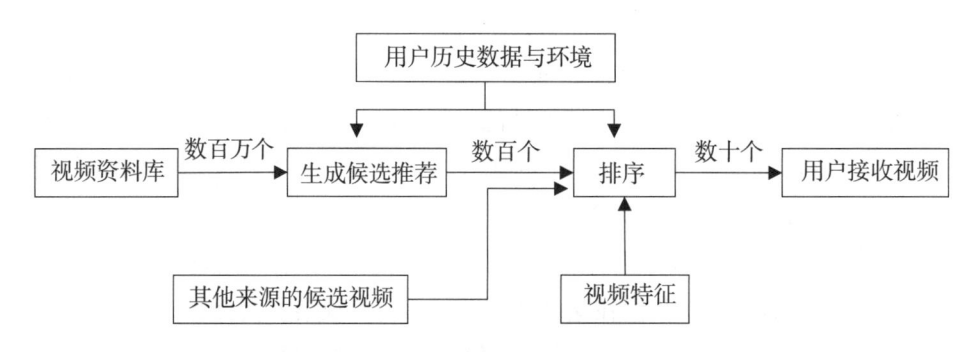

图 17-2 用户视频推荐原理

虽然智能推荐既提高了海量内容的分发效率，又优化了内容的配置效果，但仅仅依靠智能推荐也会引发多种问题。在实际操作中，需要人机结合，重视人工编辑与审核的地位。俞国明与耿晓梦（2018）划分出整体性、群体性与个体性三个层面的内容市场，分析了智能推荐算法在各个市场存在的问题。如整体性市场上算法对把握深层社会心理上严重欠缺；群体性市场上算法的二次过滤会加剧信息窄化，形成信息茧房（Information Cocoons）；而针对个体的个性化推荐有时会掺杂低级甚至违法违规内容（如造谣），单纯通过算法并依据用户兴趣进行推荐不可避免会隐含负面的价值取向（黄楚欣，2018）。特别对于有些 BOP 创作者，为吸引关注，创作的短视频有时会有很强的猎奇性内容，不仅会造成不良的社会影响，还会对 BOP 创作群体形成伤害。因此，对于上述各类机器理解非常困难的内容，平台要借助人工审核与编辑的介入。在快手与字节跳动，这种人工介入会和智能推荐相结合，深入到内容从生产到传播中的各个环节。在这两个公司中，相关的审核人员均已超过 8000 人。

（四）BOP 社交网络拓展

对快手与字节跳动来说，平台参与者之间的连接与互动有助于激发网络效应，增加用户对平台的黏性，有利于流量稳定与用户积累。因此，两家公司在产品端与商业运营中都设计了多种社交功能，包括关注、评论、点赞、同城、同主题创作、同屏 PK 和最直接的直播互动与交流等。这些功能结合智能算法推荐，可以把具有相同特征或对同类内容感兴趣的人联系在一起，使短视频平台不仅是内容展示平台，更是基于内容的社交平台，这有效拓展了 BOP 人群的同层与跨层社交网络。

BOP 生产者创作的内容往往和自身的工作、生活与环境息息相关，而这些内容在表达特征、话语方式与价值观念上也最容易被 BOP 消费者所接受，BOP 生产者本身也是 BOP 消费者的一部分。通过在平台上持续地发布与观看视频，信息对人的传递关系会自然转移到人与人的关系构建。因此，在 BOP 相关内容的生产与消费过程中，BOP 人群之间也在不断地进行人情互动，从而把现实传统乡土的"熟人社会"模式移植到短视频平台，基于共同的价值认同而重新巩固了人际关系的组成结构（刘娜，2018）。这种同一圈层社交网络关系的拓展最终会聚合成规模庞大的线上社群，进而形成专属的话语与仪式，典型如快手的"老铁"与"双击 666"等。当 BOP 人群不断重复这些话语与仪式时，会获得身份的认同与归属感，从而更加依赖平台提供的社群空间。

对很多文化教育水平不高的 BOP 人群来说，在以文字与图片作为主要信息载体时，很难与 TOP 群体在互联网上建立广泛的社交连接，不仅因为文字、图片包含的信息有限，而且双方的表达与理解能力也不够对等。而短视频作为新的信息载体，制作、发布门槛更低，其单位时间所内包含的信息也远超文字、图片与语音，更可以让 BOP 创作者结合丰富的场景进行充分的展示与表达。除去一些为博眼球的猎奇视频外（平台对此重点审查），大量短视频是对 BOP 环境下日常工作与生活的记录和个人才艺展示，这也为 TOP 用户提供了大量新鲜和多元化的内容，既丰富了 BOP 用户对世界的认知，也促进了 TOP 与 BOP 的互动。尤其大量 TOP 用户其实来自 BOP 环境，对 BOP 有更多的感受与理解，因此很容易从内容连接转化为情感连接，这也拓展了 BOP 人群与 TOP 之间的社交网络。

（五）共享式价值获取

短视频平台商业模式的核心构成包括短视频创作者、用户与平台三方，其中，创作者生产内容，用户贡献注意力资源（流量），而平台提供技术、产品与规则（治理），三方共同努力实现了多元价值的创造。只有三方都能相对均衡地从共同创造的价值中获得收益时，才能推动系统内商业生态的良性发展。

具体而言，BOP用户获取的主要是各种无形收益，如获取信息、学习知识、娱乐消遣和舒缓压力等。由于BOP用户规模巨大，在精神方面的价值获取对于保持稳定和激励正面情绪有很高的社会价值。而BOP内容创作者可以同时获得精神与物质收益。很多BOP创作者最初拍摄短视频只是为了自我表达与获得认同，但会逐渐发现一些商业化机会来获取经济价值，主要有三种模式：一是基于内容的电商卖货模式；二是基于关系的直播打赏模式；三是结合前两者的直播卖货模式。电商模式是指BOP创作者的内容与某些产品有关，就可以通过售卖货品来获得收入；直播打赏模式是创作者与用户在直播间直接互动，通过提供各种形式的服务（如歌唱、表演等）来获得打赏；直播卖货模式则是通过直播互动方式来销售货品，既可以销售自家产品，也可以销售别家产品，即俗称的"带货"。

最后，平台会基于BOP用户与创作者的贡献来获取自身收益。由于BOP用户提供了大量的注意力，平台会通过以广告为代表的营销模式把这些注意力资源进行变现，这也是互联网的主要盈利模式之一。字节跳动公司就依托庞大的流量与数据，利用智能技术而实行了多种广告模式的变现。而对于BOP创作者，平台就可以从其获得收入中进行抽成。目前，快手就从直播打赏、卖货交易（自营货品）、从推广佣金中按不同比例抽成。但同时平台也要为BOP群体的收入获取提供技术支持与基础设施服务，如在电商模式中引入专属的交易平台（如快手小店），提供订单处理等相关服务等。

总的来说，很多盈利模式与相应的平台功能都是随企业发展而不断涌现的，但核心原则是平衡三方的利益，过于偏重任何一方的利益都会对其他两方造成损害。正如字节跳动公司推荐与广告算法部门一位受访者所说："如果用户喜欢看什么就给他推什么，有些高质量作者就不愿意来这个平台了。或者如果商业化做得不好，那平台的变现就比较低，对用户来说没什么，但会影响创作者，他就不愿意创作了。这三方是相互约束的，不可能都兼顾，所以总要平衡，平衡这几方之间的关系。"

三、数字技术与BOP商业模式创新的关系

快手与字节跳动的BOP商业模式创新依然遵循价值创造、价值传递与价值获取的逻辑。首先，信息平等的价值主张让BOP群体都有着可以平等参与内容生产与消费的机会，这构成了BOP商业模式创新的基点。其次，围绕该基点，

第三篇 数字技术推动中国中小企业高质量发展的理论与实践
第17章 数字技术、BOP商业模式创新与包容性市场构建的理论研究

支持与激励 BOP 人群进行内容创作成为 BOP 商业模式启动与运转的起点，而由于 BOP 群体受到环境与技能约束，需要对其进行赋能，提高其创作能力与积极性。基于大数据分析的智能推荐与人工审核相结合，可以把 BOP 创作的良好内容推送并展示给合适的用户，有效建立起人与信息的连接。在平台社交功能支持下，人与信息的连接会引发多种形式的人与人之间的连接与互动，拓展了 BOP 人群同圈层与跨圈层的社交网络。最后，在大规模的人与信息、人与人的动态连接网络中，会涌现出多种盈利的机会与模式，为参与其中的 BOP 创作者、用户与平台带来各种有形与无形收益。这些收益会激发创作者更好的创作、用户更多的观看和平台更好的运营与创新，形成良性循环。

对于上述商业模式创新的每个环节，数字技术都嵌入其中，发挥着重要作用。首先，数字内容技术直接降低了内容生产的门槛，这种对 BOP 群体表达的释放是整个 BOP 商业模式创新逻辑成立的前提，支撑着 BOP 商业模式的新价值主张，也通过技术赋能的形式提升了 BOP 创作者的能力，进而扩大其潜在收益。其次，数字连接技术对人与内容乃至人与人进行精准匹配，不仅支持 BOP 商业模式的价值传递与 BOP 社交网络拓展，其对多种类型数据的分析、筛查与呈现，也会直接影响各参与方的收益。例如，广告过多会伤害用户体验，就需要基于大数据掌握用户的行为兴趣信息，并根据时空情境的动态特征来进行精准分发，才能提高广告转化率。因此，数字技术支持与影响着 BOP 商业模式创新的方方面面，但与此同时，BOP 商业模式创新也为数字技术提供了实时的应用场景，其中产生的行为、关系与内容大数据等资源为数字技术进步与创新提供了源源不断的养分。很多数字技术创新与改进都是基于创作者与用户不断演进的需求与反馈而得到提升的。表 17-7 展示了数字技术与 BOP 商业模式创新的对应关系。

表 17-7 数字技术与 BOP 商业模式创新的对应关系

		数字技术特征与功能	对应的商业模式创新
短视频平台企业	数字内容技术	降低短视频制作的技术门槛	信息平等的价值主张 BOP 内容生产者赋能 共享式价值获取
		推动短视频创作的多样性与可能性	
		缩短普通人与专业生产者的技能差距	
	数字连接技术	提升短视频观看的便利性与体验	信息平等的价值主张 BOP 内容生产者赋能 "智能+人工"内容推荐 BOP 社交网络拓展 共享式价值获取
		扩大用户可以获得的内容范围	
		提高大规模内容分发的效率	
		优化人与内容之间的精准匹配	
		促进人与人之间的互动	

资料来源：笔者整理而得。

四、包容性市场构建（Inclusive Market Building）

包容性市场是指市场的运作与发展有利于 BOP 人群获得平等参与的机会（Mendoza & Thelen，2008）。在 BOP 本地情境下，由于存在基础设施薄弱、价值链缺失等障碍，使大量 BOP 群体及其拥有的资源能力被排斥在正规的市场体系之外。但基于数字技术，快手与字节跳动通过商业模式创新加速了线上短视频内容市场的发展，使 BOP 人群在该市场中可以平等地参与价值创造并分享收益，进而带动了 BOP 本地资源能力以市场化方式创造出更多价值，从而在整体上构建出一个更具包容性的市场。案例分析表明，这种线上线下市场联动构建的包容性市场主要通过两个相互联系的途径实现：一是 BOP 资源的市场化；二是 BOP 人员的市场化。

（一）BOP 资源的市场化

现实中，穷人拥有各式各类、形态各异的资源，从劳动力到物质资产，如房屋、土地、自然资源等。但如果这些资源无法进入市场，就是僵化的资源（De Soto，2000）。从信息角度看，穷人信息匮乏及与外部市场的信息不对称是造成这种资源僵化的重要原因。而随着短视频及相关平台的兴起，在快手与字节跳动的商业模式中，很多 BOP 群体创作的内容在算法推送下会得到广泛传播。由于这些内容不可避免地会反映所处的 BOP 环境与资源，加之短视频本身表达信息的丰富性，因此，BOP 当地资源、环境就会以数字化的方式被大量外部用户看到，降低了 BOP 群体与外部世界尤其是 TOP 群体之间的信息不对称。

在 BOP 资源信息传播基础上，很多用户会因为自身需求与兴趣而捕捉到相关信息并与 BOP 发展出进一步的商业连接，使那些 BOP 本地环境中被闲置或被低效利用的资源能够参与市场价值的创造，从而激活了 BOP 僵化资源的商业潜力。这种 BOP 资源市场化的本质是通过拓展人与 BOP 信息的连接来带动人与 BOP 商品、人与 BOP 服务及人与其他 BOP 商业形态的连接。现实中，BOP 资源市场化有多种表现形式，最典型的就是用户会被内容吸引而去购买 BOP 创作者或所在区域的特产。也有 BOP 地区的风光比较优美，但不为人所知，人们观看短视频获知信息后会专门去游玩，带动了当地旅游市场的发展等。为此，字节跳动专门开辟了"山货上头条"与"山里都是好风光"两个栏目，对这方面的内容进行集中展示，既促进了 BOP 环境中优质资源信息的传播，也推动了线下资源相关的市场化交易与运营。当意识到 BOP 资源所蕴含的商业价值后，BOP 创作者就会专门创作包含商业信息的短视频，或者通过直播的形式对用户直接宣讲本地产品与优势，进一步带动 BOP 资源的市场化，扩大线下商业活动的规模与范围。

第三篇 数字技术推动中国中小企业高质量发展的理论与实践
第 17 章 数字技术、BOP 商业模式创新与包容性市场构建的理论研究

需要特别指出的是，在本研究情境下，BOP 资源市场化往往依赖社会资本积累。如前所述，BOP 商业模式创新会拓展 BOP 社交网络，使其既积累起纽带型（Bonding）社会资本，又建立起桥梁性（Bridging）社会资本。加之 BOP 群体本身具有高度的社会化导向，因此，在商业化连接建立之前，BOP 创作者往往已经与用户（粉丝）基于内容进行了长期的互动与交流，建立起不同程度的信任关系，这构成了 BOP 资源市场化的坚实基础。举例来说，用户购买 BOP 的土特产，是因为他从短视频获得了土特产相关的信息，但他为什么相信信息是真实的呢？一是因为场景真实；二是因为他信任创作土特产视频背后的人。事实上，很多 BOP 资源在商业化过程中并不严格符合 TOP 市场的标准，但用户还是愿意交易或购买，这正是因为对 BOP 人员的信赖。同样，BOP 创作者也非常重视这种信任，因为这关系到他整个商业的基础。

（二）BOP 人员的市场化

包容性市场不仅为 BOP 群体提供平等进入市场的机会，还要让 BOP 参与者能够具备良好的市场意识与能力并承担相应的市场角色。只有如此，BOP 人群才能以可持续的方式参与市场价值创造并获取收益。

在短视频市场发展初期，BOP 创作者并没有明确的商业化目的，更多是为了表达并获得认可。但当创作的内容受到更多关注时，在平台商业模式的运营逻辑中，这种流量的增加就具有了商业变现的价值，也使 BOP 创作者开始增强市场化意识，并会通过观摩其他人作品和分析播放数据等方式来学习，以更好地根据市场需求进行内容创作。其中，网络直播模式因为要直接面对用户并实时反馈，对 BOP 创作者的综合能力要求更高。随着短视频市场的进一步壮大，开始影响与带动线下 BOP 商业发展时，BOP 创作者要处理的任务就变得更为复杂，不仅要生产内容，而且要与用户、平台，以及线上、线下的其他市场参与者进行互动与协调，事实上是依托平台构建起自身的个体商业模式，涉足价值创造、传递与获取的全流程。在此过程中，BOP 创作者周边那些原本可能并不生产或观看短视频的 BOP 邻居或亲友也会被激发起来，或者参与某个分工，或者自己独立运营，也直接或间接提升了市场化意识与能力。如一位快手用户所说："以前他们不懂这些的时候，老认为我浪费时间，比如我是做养殖的，拍视频时会用饲料摆个造型、写个字，他们认为是浪费粮食，根本不知道我把这些视频发到快手上会有多少人看。后来看我挣到钱，他们也开始玩快手、拍视频、卖土产品。"

总之，这种线上与线下多种资源的整合与任务的复杂化会推动 BOP 人群不断学习与实践，最终很多人不再是传统农业、工业与服务业价值链中的薄弱环节，而成为具有市场意识、熟悉市场规则并具有一定市场能力（如讨价还价能力）的市场参与者。

五、概念模型

技术与商业模式的结合是实现价值的重要途径（Chesbrough & Rosenbloom, 2002）。本章基于扎根分析，进一步提出通过数字技术来支持 BOP 商业模式创新，进而推动包容性市场构建的理论框架。

具体来说，数字技术的重要特征是能够把现实物理世界进行数字化转换、处理、加工与改造，造成信息（内容）与实物的分离，并可以在更大范围内进行即时性的传输与再现。而随着数字内容技术进步，短视频作为新的内容载体，不仅可以传递丰富的信息，而且符合人们日益碎片化的注意力分配，更低的技术门槛也使 BOP 群体可以方便快捷地参与短视频的内容创作。同时，数字连接技术提升了短视频的传输与匹配效率，用户只要拥有基本的数字终端与互联网，就可以随时随地的观看符合自身兴趣与关注点的短视频内容。两类技术的结合支持了 BOP 人群平等参与短视频内容市场的价值主张。但把价值主张转化为 BOP 可以感知与获取的实际价值不仅需要技术支持，还需要更多的商业设计才能实现，如适宜的业务流程、价值网络与盈利模式等，这就涉及 BOP 商业模式创新的内容。

由于商业模式本身就是企业与利益相关者的交易结构（朱武祥和魏炜, 2007），基于数字技术的 BOP 商业模式创新就会产生新的线上内容交易结构，当这种线上交易拓展与叠加到庞大的 BOP 创作者与用户群体时，就会创造出新的市场结构，进而催生出线上与线下市场的联动。这种联动本质是通过线上内容市场的交流与人际互动来降低线下 BOP 市场的信息不对称，并在此基础上为 BOP 群体创造出新的价值，其中 BOP 积累的社会资本可以支持市场更有效的运转。而作为 BOP 商业模式的核心构成，很多 BOP 人群通过学习与实践而参与组织更多、更复杂的商业活动，塑造出更具市场意识和市场能力的新角色。可以看出，在新的线上内容市场与线下市场的结合中，BOP 人群拥有平等参与市场、创造价值并分享收益的机会，BOP 环境中各类闲置和被低效利用的资源也因为被纳入新的商业化环节中而得到更高效的利用，这是一种更具包容性的市场体系。

基于以上分析，本章把由数字技术推动的 BOP 商业模式创新视为推动包容性市场构建的主要机制。正是借助于商业模式创新，才把 BOP 人群纳入市场化的价值创造、传递与获取的各个环节，进而推动了包容性市场体系的构建。而 BOP 商业模式价值主张之所以能够得以实现，又依赖于数字技术的应用。数字技术、BOP 商业模式创新与包容性市场构建概念模型如图 17-3 所示。

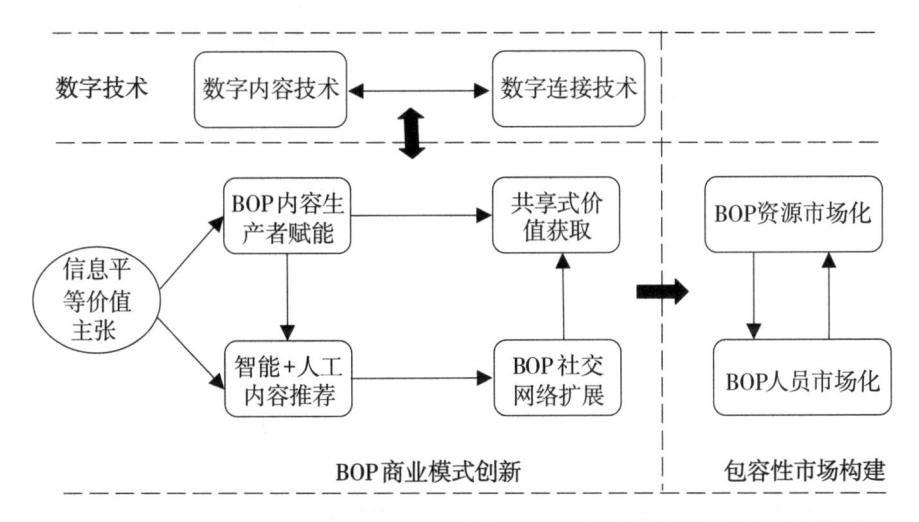

图 17-3　数字技术、BOP 商业模式创新与包容性市场构建概念模型

第四节　结论与建议

一、结论

在移动互联网时代，短视频作为新的信息载体，可以比文字与图片表达更为丰富的信息与内容。本章运用案例研究方法和扎根理论对互联网短视频行业两家头部公司的发展与运营进行了分析，发现数字技术既能有效降低短视频拍摄与观看的门槛并提升创作的质量与多样性，也能把大规模视频有效分发给对应的个体，这支撑了信息平等的价值主张。然后，通过一系列创新举措，BOP 人群被纳入互联网短视频价值创造与获取的商业模式主导逻辑并承担重要角色。在此过程中，随着 BOP 信息的广泛传播，BOP 本地资源的价值被激活，BOP 人员也日渐市场化，从而推动了包容性市场的构建。

下面对两个案例企业在理论框架内关键维度的差异进行比较，以深化对上述机制与模式的认识。并且，为了得出更具普适性的理论启示，将短视频模式与淘宝农村电商模式及 BOP 制造业模式进行比较，以提升本章结论的外部效度。

（一）快手与字节跳动的比较

本章基于对快手与字节跳动两家公司的案例研究，构建出一般性的理论模型，该模型归纳了两家公司技术与商业模式的主要特征。但由于战略与产品定位、组织架构与算法设计等方面的差异，两家公司在上述理论模型中某些构念与维度上的具体表现会有所区别并各有偏重，从而导致对 BOP 的影响机制与效果的不同。

（1）在数字技术层面，尽管两家企业研发的具体专利会有所差异，但在功能与效果上，都可被归类为数字内容技术与数字连接技术，在产品端的目的大多是为了提升创作者与用户体验，因此在本章情境下并不存在质的差异。

（2）在价值主张方面，由于两家企业客观上都促进了普通用户来拍摄、上传与观看短视频，因此都体现出信息平等的理念。但相对而言，快手上原生态的普通民众创作多一些，很多是对生活、生产场景的原始记录，而字节跳动旗下的短视频平台（如抖音）上专业生产的内容更多一些，运用的特效与技巧也更为丰富。

（3）在智能推荐方面，尽管都是使用智能算法进行分发，但两家企业的侧重点不同：快手注重创作者体验，而字节跳动更强调用户体验。这使快手采用了去中心化的算法推荐，即采用类似基尼系数的控制机制，既不鼓励特别高热的创作者，也不鼓励特别高热的视频。换句话说，在快手平台上，如果视频变的高热，在推荐流量分配上是降低或减少的，这使视频上升的势头得到抑制，因此快手上很难出现爆款或爆红的现象。而通过抑制头部流量的分配，快手节省下的流量可以分给更多普通用户，形成长尾。与此相比，字节跳动则更为注重效率，那些高热视频会得到更多的流量推荐，因此更多用户会看到，符合用户导向原则。

（4）算法推荐会影响人与人连接的广度与深度。由于快手去中心化的分发特点，使 BOP 用户更容易找到同一圈层生产的内容，整体社交网络也不会出现大的中心节点，更多是遍布着小的节点，而字节跳动的用户社交网络结构则更趋中心化。例如，在快手平台会有 10 个主播，每人有 1000 个粉丝，而在抖音上可能对应 1 个主播，拥有 1 万个粉丝。

（5）在盈利模式上，快手整个盈利模式都在产品内，主要是直播打赏分成，利润来自用户，而字节跳动更多是依靠它的信息流广告系统，利润来自第三方。

综上，可以看出，快手与字节跳动在同一理论模型下其实呈现两种不同但在各自商业模式中又自洽的运营逻辑：一种是基于公平的效率；另一种是基于效率的公平。正是由于快手重视流量的平均分配，才使普通用户有更多机会，小的节点也更容易建立信任关系与积累社会资本，这支撑了快手以直播为主的盈利模式创作者更有机会，这也是一种公平。而好的内容会吸引更多用户，流量集中也容易实现广告变现。因此，对 BOP 创作者来说，在快手平台更有机会被看到，而对 BOP 用户来说，字节跳动则提供了更多跨圈层的优质内容。快手与字节跳动的比较如表 17-8 所示。

表 17-8 快手与字节跳动的比较

类　别	快　手	字节跳动
企业口号	记录世界记录你	信息创造价值
内容特征	用户原创内容更多一些	专业生产内容更多一些
高层聚焦	偏产品	偏市场
平台偏重	创作侧体验	用户侧体验
流量分配	去中心化	偏中心化
主要盈利来源	直播打赏分成	信息流广告
运营逻辑	公平为基础的效率	效率为基础的公平

（二）短视频模式与淘宝电商模式的比较

在互联网情境下，以淘宝为代表的农村电商模式被认为是包容性创新与 BOP 战略的实践典范。作为面向广大中小企业和个人卖家的 C2C 电子商务平台，淘宝为农民提供了通过网络平台售卖产品来参与市场的机会，不仅提高了农民收入，还创造出很多社会价值（范轶琳等，2015）。通过比较本章研究的短视频模式与淘宝电商模式，可以发现两者涉及 BOP 的部分在机制设计与发展路径上有颇多相似之处，淘宝兴起也是互联网技术发展推动平台商业模式创新的结果（刘亚军，2017）。在技术与商业模式创新的相互作用下，淘宝克服了技术、地理与资金等方面的 BOP 障碍，降低了网上开店的门槛，从而把大量 BOP 人群转变为网络创业者，可以平等的参与市场创造价值并获取收益。在结果上，不仅促进了产品的销售，还提升了 BOP 人员的市场意识与市场能力，符合包容性市场的定义。因此，本章的一般性理论框架也适用于淘宝等农村电商的分析。

但是，在具体的技术功能与商业逻辑上，短视频模式与淘宝电商模式存在如下差异。

（1）在信息载体上，淘宝电商很长时间内都是使用文字与图片等方式进行信息表达，这事实上对创业者的能力素质有一定要求，也是为什么农村电商发展之初，抓住开网店赚钱先机的很多并不是严格意义上的农民，而是农民的孩子，一般比较年轻且具有中专或高中学历水平（邵占鹏，2017）。比较而言，拍摄短视频对知识水平要求不高，但表达的信息更为丰富，加之国家的信息化建设惠及了更多贫困地区，因此短视频也更容易直达底层民众。

（2）淘宝电商的商业逻辑起点是人与商品的连接，而短视频模式则是人与内容、人与信息的连接。这导致淘宝模式是以商品交易为核心，BOP 创业者在淘宝平台就是要售卖商品，并不必然要建立商业之外的人情连接。而在短视频模式中，很多 BOP 人群开始拍摄短视频时并没有明确的商业目的，而即使商业化程度变高之后,也基本遵循先建立情感连接然后再转为商业连接的路径。换句话说,在淘宝平台,消费者购买决策主要基于对商品自身的价格、品类与质量的判断,而在短视频平台,消费者购买商品很多是基于对主播的喜爱或信任,即由人与内容的连接转化为人与人的连接进而发展出其他商业连接。

(3) 淘宝本身聚焦于商品交易,从一开始就涉及对 BOP 线下资源的市场化与资本化。线上与线下结合才能构成商业模式的有机整体,因此对 BOP 本地商业或产业化有巨大的促进作用,有的地区甚至形成以淘宝为主要交易平台,以本地产品生产、电子商务销售为产业的淘宝村。而在短视频模式中,短视频的发布与观看乃至具有商业变现功能的直播打赏模式,都可以单纯在线上完成闭环,线下资源的市场化是在此基础上的叠加。因此,短视频模式线下商业化的程度目前还达不到淘宝多年经营的程度,虽然也有部分村落很多人都在用短视频并进行直播,拉动了当地产业,形成了类似淘宝村的快手村,但还远没有形成规模。

(4) 随着短视频成为互联网基础设施的特征越来越明显,在没有重大技术突破之前,农村电商也会采用这种新的信息载体来表达信息并建立新形式的连接。如淘宝正是意识到社交连接的重要性,才在 2016 年上线了淘宝直播功能,淘宝店主可以通过视频直播的形式与买家直接交流,意图在人与商品的交易关系上叠加人与人的社交关系,以促进商品销售。而与此同时,快手与字节跳动也都丰富与发展了他们的电商功能,双方商业模式的重叠开始加大,这也符合互联网企业发展的一般规律。

(三) 短视频模式与 BOP 制造业模式的比较

在包容性创新研究早期,很多文献基于制造业背景从新产品开发视角探讨如何为 BOP 人群提供高质低价的商品。如 Viswanathan 与 Sridharan (2008) 建立起一个包容性产品创新过程模型;邢小强等 (2015) 归纳、分析出包容性产品创新的关键要素等。而相对于这些微观视角的研究,周江华等 (2012) 通过对我国"山寨"手机行业的深入调查,得出面向 BOP 市场的破坏性创新的特征与机制,为本章提供了良好的比较基础。

具体来说,周江华等 (2012) 从技术和商业模式相匹配的视角研究破坏性创新,本章的概念模型与其构建的理论框架在整体逻辑上非常类似,都是由技术创新引发或促进商业模式创新而形成适合于 BOP 群体的价值主张,进而通过在价值网络、价值传递与价值获取等其他商业模式维度的创新来支撑并实现价值主张,最后在技术与商业模式的交互中产生包容性结果。但在周江华等的研究中,BOP 人群处于消费者的地位,没有参与商业模式创新,只是"山寨"手机的接受者与购买者,因此以产业化柔性组织、包容性伙伴与嵌入式顾客界面为特征的商业模式创新的结果表现为快速响应 BOP 市场需求并提供相应的解决方案。而

第三篇　数字技术推动中国中小企业高质量发展的理论与实践
第 17 章　数字技术、BOP 商业模式创新与包容性市场构建的理论研究

在本章中，BOP 人群则承担了创作者或创业者角色，是商业模式的核心构成（这也是互联网平台商业模式的主要特征），导致商业模式创新的结果是由 BOP 群体自发性创造与自组织而构建的包容性市场。总的来说，本章与周江华等的研究形成互补关系，一方面，无论把 BOP 群体视为消费者还是创业者，基于技术进步或创新而形成的商业模式创新都是解决 BOP 问题的重要途径；另一方面，由于 BOP 角色差异或解决问题的不同，在技术和商业模式创新的具体特征与构念维度上会有不同的表现，并产生不同的结果。在这个意义上，本研究提出的理论模型也可被用于分析其他行业的 BOP 问题，并可根据具体场景来予以调整或修正。

二、政策建议

本章选择了快手和字节跳动两家短视频行业的头部企业作为典型案例，采用扎根理论方法探讨了数字技术与 BOP 商业模式创新的互动，以及其对包容性市场构建的影响，主要研究发现如下。

（1）在互联网内容产业，数字技术包含数字内容技术和数字连接技术。其中，数字内容技术降低了内容生产的门槛，并拓展了内容创作的空间与多样性；数字连接技术不仅支持用户稳定流畅地观看内容，还能在大规模内容与用户之间建立个性化的连接，提高人与内容的精准匹配。两种技术都为 BOP 人群平等的参与信息生产与消费创造了条件。

（2）在数字技术支持下，BOP 商业模式创新具有信息平等的价值主张，并通过 BOP 内容生产者赋能、"智能+人工"式内容推荐、BOP 社交网络扩展和共享式价值获取等策略与活动来具体实现。从内在联系来看，上述商业模式创新的五个方面依然遵循了传统的价值主张、价值创造、价值传递与价值获取的基本逻辑，即在信息平等主张下，平台可通过工具、培训、数据和制度等方式为 BOP 内容生产者赋能以增加内容供给，同时以"智能+人工"的方式来进行精准分发，这在匹配人与内容的同时，也促进了 BOP 社交网络的拓展，更易于建立与积累同层与跨层社会资本，而基于内容生产与用户网络，BOP 人群会获取到无形的精神价值与有形的经济价值，平台也从中获得维持与推动自身增长的收益。

（3）在技术与商业模式创新的互动下，线上内容市场会带动线下 BOP 本地发展，推动包容性市场的构建，这主要表现为两种方式：一是 BOP 资源市场化；二是 BOP 人员市场化。资源市场化是指 BOP 创作的内容会广泛传播本地资源信息，降低了与外部市场的信息不对称，使那些 BOP 本地环境中的闲置或僵化资源市场潜力得到激发，创造出更大价值。由于围绕内容的人际连接会先于商业连接构建，因此，BOP 资源的市场化往往是建立在社会资本与信任关系基础上。在

此过程中,很多 BOP 创作者会涉入更多更为复杂的商业活动并带动周边人员参与商业价值创造与分配,并因此增强市场意识并提升市场能力。

(4)本章构建的理论模型不仅适用于短视频行业,也可以拓展分析其他涉及 BOP 的各个行业,关键是围绕技术进步与创新来设计与创造新的商业模式,使得价值主张适应于 BOP 人群作为消费者、生产者或创业者的需求,并通过具体的创新举措来实现,最终产生包容性的解决方案与结果。

三、理论贡献

(1)本章从移动互联网数字技术发展带来信息载体变化的视角来探讨包容性创新,以短视频作为新兴信息载体为背景,分析平台型企业如何通过数字技术与商业模式创新来实现包容性的结果,深化与拓展了数字经济时代的包容性创新研究。现有互联网情境下的包容性创新研究更多探讨 BOP 人群如何采纳和接受数字技术(Bailey,2013),缺乏对 BOP 群体自身如何有效利用数字技术来创造与获取价值的分析,更没有关注数字技术带来信息载体变化的影响。本章发现,数字技术带来的短视频兴起为企业与 BOP 人群都带来了新的机会与挑战,需要构建起全新的商业模式才能创造和实现新的价值。由于信息载体的变化,基于人与信息、人与内容的连接就可以构建起完整的 BOP 价值创造与获取闭环,同时依然可以兼容和叠加传统人与商品的连接。这既深化了对移动互联网时代包容性创新表现形态与特征的认知,也拓展了包容性创新研究的外延与边界。

(2)本章揭示了数字技术与短视频平台企业如何推动 BOP 人群向短视频内容创业者的转化,探讨了 BOP 人群作为数字创业者的角色、行为特征与创业结果,是对 BOP 创业研究的深化。正如 Fitz-Koch 等(2018)指出,创业活动是高度情境依赖的,而将 BOP 情景纳入创业研究将有助于丰富有关创业活动如何发生和发展的理论认识。本章发现,数字技术进步引发的短视频兴起为 BOP 阶层提供了新的创业机会,但该机会的识别与开发无法仅依靠 BOP 接入互联网(采纳数字技术)而自动发生,还需要企业设计出针对性的商业模式,以包容性的方式把平台、产品、服务、BOP 创业者与用户置于一个动态数字网络里才能实现,从而深化了对移动互联网时代 BOP 创业触发因素与创业机会开发等问题的认知。

(3)本章基于移动互联网短视频的市场情景,建立起从数字技术到商业模式创新再到包容性市场构建的完整理论框架,是对商业模式创新研究的丰富。Foss 与 Saebi(2017)基于对商业模式创新的详细综述归纳出推动商业模式创新研究的四个理论缺口(Gap),其中一个是辨识商业模式的前因(Antecedent)与后果(Consequence)并使其一致化(Congruence)。而本章的整合型框架不仅系统展示了 BOP 商业模式创新的前因(数字技术)与后果(包容性市场构建),

而且对模型中每个构念的细分维度与不同构念间的关系进行了详细探讨,清楚揭示了数字技术如何支撑 BOP 商业模式创新,以及两者共同推动实现包容性市场构建的逻辑与过程,对填补商业模式创新一致性的理论缺口贡献了新的内容。

(4) 本章基于企业视角探讨了如何通过技术与商业模式创新来缓解信息不平等,为信息贫困治理研究提供了新的角度与方向。现有针对信息贫困与不平等的研究大多从宏观或区域视角进行分析,认为政府部门在提供信息基础设施与促进 BOP 数字技术采纳等方面发挥着关键作用,建议政府加大对 BOP 地区的信息化投入与建设。本章从管理学的微观视角出发,指出在信息化建设与互联网接入基础上,企业等市场化主体可以通过包容性的商业模式创新来提升 BOP 群体应用数字技术的能力,这不仅能够创造与获取多元化的价值,还能降低和缓解信息贫困与信息不平等问题,是对传统贫困治理研究的有益补充。

四、研究建议

首先,本章遵循了严格的案例研究设计和扎根理论分析方法,探究信息载体变化条件下数字技术与商业模式创新对 BOP 人群的影响,但由于案例研究自身无法产生统计意义上的结论,未来可以根据本章的模型框架发展出更加具体的理论假设,通过大样本数据加以验证与补充。其次,由于本章主要聚焦于平台企业与 BOP 人群及其关系上,没有探讨其他关键利益相关者的角色。事实上,在本章情境下,中国(各级)政府部门无论在推动信息化建设还是激活 BOP 人群线下资源方面都发挥了巨大作用,未来既可以在本章基础上纳入政府的角色与影响,也可以对政府与市场相混合的信息贫困治理模式进行深入探讨。再次,本章得出互联网内容产业中数字技术、商业模式创新与包容性市场构建的一般性结论,未来可结合不同互联网企业各自技术与商业模式的特点进行分类研究。最后,本章案例企业通过数字技术与商业模式创新服务于低端和非消费市场的路径与机制,也适合从 Christensen(1997)提出的破坏性创新理论视角进行探讨,重点分析为何是快手和字节跳动这样的创业型企业而不是阿里巴巴与腾讯等互联网巨擘在短视频行业取得领先优势与地位。

第18章 中国数字经济高质量发展的靶向路径与政策的研究报告

数字经济的爆发式增长并与实体经济深度融合已成为推动中国经济高质量发展的强大动能。中国与美国共同构成全球数字经济的"双子星",但中国数字经济尚未取得绝对竞争优势和核心竞争力,数字经济出现"三二一"产业逆向渗透趋势,创新能力和核心技术不够强,信息孤岛和数据烟囱问题尚存。推动数字经济高质量发展,实现"产业数字化"和"数字产业化"双轮驱动,必须聚焦破解核心技术"卡脖子"难题,建设数字经济重大战略平台,打造世界级数字产业集群,提升数字技术对三大产业的融合度与渗透力。更深层次的是,打破制约数字化生产力发展和数字经济生态系统建设的政策制度障碍,构建与数字经济发展相适应的监管机制和多元共治的协同治理机制。

数字经济(Digital Economy)是继农业经济、工业经济等传统经济之后的新经济形态,[①] 以使用数字化的知识和信息作为关键生产要素,以现代信息网络作为重要载体,以通信技术的有效使用作为效率提升和经济结构优化的关键推动力,已成为驱动全球经济社会发展和技术变革的主导力量。[②] 中国开创性地将数字经济列为 G20 创新增长的重要议题,在杭州 G20 峰会上通过了《G20 数字经济发展与合作倡议》,这是全球首个由多国领导人共同签署的数字经济政策文件,标志着数字经济作为一致行动战略的国际认可度越来越高。[③] 数字经济正在推动新一轮科技革命和产业变革,促进人类生产方式变革、社会生产关系再造及经济和社会结构的全方位变迁。中国与美国构成全球数字经济的"双子星",但必须认识到的是,中国面临"前有标兵、后有追兵"的全球竞争格局,从动能转换态势看,必须抓住世界经济数字化的机会窗口,研究制订数字经济发展规划和行动计划,构建与数字经济发展相适应的法律法规制度体系,力争走在世界前列并助推中国经济高质量发展。

---

① 裴长洪,倪江飞,李越. 数字经济的政治经济学分析[J]. 财贸经济,2018(9):5-22.
② 世界银行. 世界发展报告:数字红利(2016年)[M]. 北京:清华大学出版社,2017:24-27.
③ 2017年汉堡G20峰会、2018年阿根廷G20峰会均将数字经济列为二十国领导人的主要议题之一。

第一节　数字经济：驱动中国经济高质量发展的新动能

目前，中国加快建设网络强国、数字中国、智慧社会，大力推进互联网、大数据、人工智能和实体经济深度融合。世界经济论坛评估表明，数字化程度每提高 10%，人均 GDP 增长 0.5%~0.62%，数字技术驱动高质量发展是中国经济新旧动能转换的重大历史机遇。

一、数字经济是现代化经济体系构架的重要支柱

新一轮科技革命与产业变革快速驱动全球经济向更高级的形态演进，不仅开启了数字经济发展的里程碑，[①] 而且推动经济迈向更深层次的质量变革、效率变革、动力变革。数字经济是全球技术创新、产业变革及现代化经济体系建设的新引擎，通过数字技术应用对传统产业进行全方位、全角度、全链条赋能，释放数字技术对经济发展的放大、叠加、倍增作用，是建构现代化经济体系、促进高质量发展的重要路径。这需要加快推动"互联网+"、大数据、人工智能和实体经济深度融合，促进数字经济与中国制造双向交融，构筑富有竞争力和辐射力的数字产业化和产业数字化生态体系，形成以数字经济为核心、新经济为引领的现代化经济体系。

二、数字经济是数字中国和网络强国战略的重要基石

从数字中国"三位一体"的基本构架看，数字经济是数字政府和数字社会的物质基础。全球发达国家纷纷布局数字经济以形成抢占新一轮世界经济锦标赛的主导权，美国实施"信息高速公路"战略、"智慧地球"战略及"先进制造业"战略，德国实施"工业 4.0"发展战略，日本 2001 年以来先后实施"e-Japan""u-Japan""i-Japan""智能日本 ICT"等国家战略。中国已取得全球数字经济应用领域的先发优势和比较优势，但并未取得核心优势和绝对优势，亟须深入实施网络强国、数字中国战略，培育具有全球竞争力的数字新技术、新产业、新业态、新模式。

三、数字经济是中国经济弯道超车的重要路径

以数字化、智能化、信息化为特征的第三次工业革命是一场嵌入在技术、业

[①] 朱晓明. 走向数字经济 [M]. 上海：上海交通大学出版社，2018：77-86.

态、模式、监管、制度等多维系统中的技术经济范式的深刻变革。[1] 面对这次迅速变革,中国与美国、日本、英国等发达国家基本站在同一起跑线上(见表18-1),应把握数字经济发展带来的战略机遇,纵深推进宽带中国、"互联网+行动"、大数据发展、人工智能等行动计划,把"大国效应""规模效应"特别是人口优势、市场优势、制度优势与数据优势紧密结合起来,[2] 以数字化推进生产智能化、产业高端化、经济耦合化,加速从"跟跑者"向"并跑者"乃至"领跑者"发起冲击,实现中国数字经济弯道超车乃至换道超车。

表18-1 全球数字经济竞争力Top10

国家	数字基础设施竞争力	数字产业竞争力	数字创新竞争力	数字治理竞争力	综合竞争力
美国	88.20	88.93	83.02	83.41	85.89
中国	50.30	84.10	58.92	54.97	62.07
新加坡	52.98	13.20	83.30	63.54	53.26
英国	37.98	31.58	69.47	72.78	52.95
日本	44.14	18.51	78.51	64.30	51.37
韩国	47.54	12.98	75.61	67.93	51.01
芬兰	38.76	7.21	88.09	66.51	50.14
德国	36.87	24.79	75.69	58.19	48.88
瑞典	41.62	11.52	73.68	66.26	48.27
荷兰	39.47	12.62	68.81	69.22	47.53

数据来源:《全球数字经济竞争力发展报告(2017)》。

第二节 从"技术—经济范式"透析中国数字经济发展短板

数字经济深刻变革演化出全新的"技术—经济范式"[3],以数字技术构成的主导技术体系作为新的关键要素投入,表现为新型基础设施、新兴生产要素及数字技术体系的导入和产业融合,促使生产模式和生活方式发生本质性改变,进而对宏观经济及微观经济运行模式带来显著影响。从这一范式相关维度剖析,中国

---

[1] 黄群慧,贺俊.第三次工业革命与中国经济发展战略调整——技术经济范式转变的视角[J].中国工业经济,2013(1):5-18.

[2] 胡鞍钢,周绍杰.中国的信息化战略:缩小信息差距[J].中国工业经济,2001(1):25-29.

[3] 大数据战略重点实验室.块数据2.0:大数据时代的范式革命[M].北京:中信出版社,2016:41-65.

数字经济面临一系列突出短板。

一、数字经济战略前瞻性和优势性尚存不足

战略规划是数字经济"技术—经济范式"的"纲"和"领",不少发达国家把数字经济作为经济转型、技术创新、产业变迁的战略重点(见图18-1)。据《2016年OECD数字经济展望》报告,80%的OECD成员国实施数字经济发展战略,[①]如美国2015年实施《数字经济议程》、德国2016年发布"数字战略2025"、英国2015年发布《数字经济战略(2015—2018)》、日本2009年制定《i-Japan战略》、新加坡2014年启动"智慧国家2025"工程。中国经济正在从高速增长阶段迈向高质量发展阶段,既面临与美国"双子星"的激烈竞争,也面临其他国家的穷追猛赶,建议将数字经济作为中国经济高质量发展的战略导向,系统制订时间表、路线图和任务书。

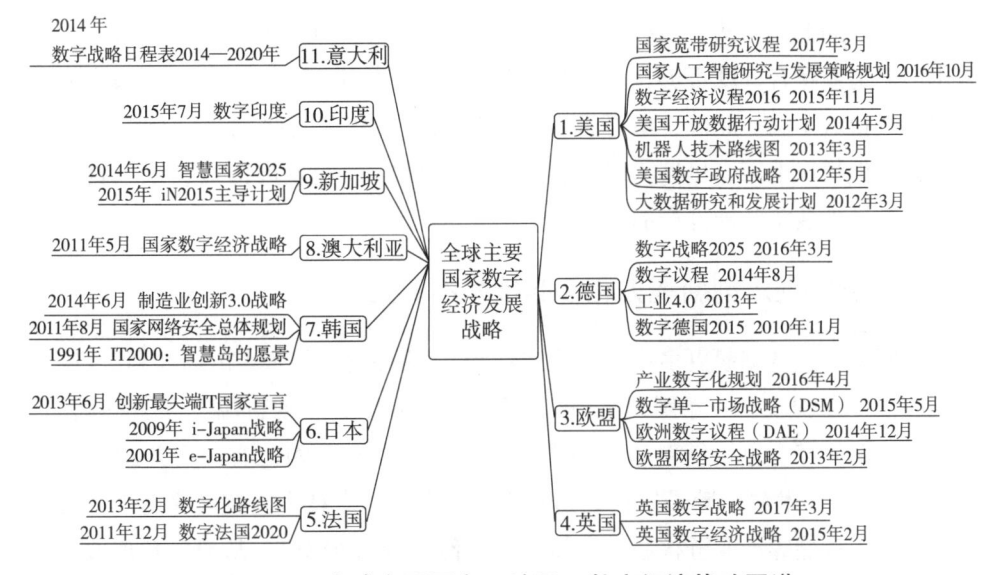

图18-1 全球主要国家(地区)数字经济战略图谱

资料来源:根据公开资料整理。

二、数字经济发展饱和度和均衡性不够

部分发达国家数字经济在GDP中比重超过45%,如美国数字经济规模达11万亿美元,占GDP比重59.1%;日本达3.8万亿美元,占45.9%;英国达1.43

---

① OECD. Measuring the Digital Economy: A New Perspective [M]. Paris: OECD Publishing, 2014: 45-49.

万亿美元，占54.5%。① 2008—2017年中国数字经济规模从4.8万亿元上升到27.2万亿元，占GDP比重从15.2%上升到32.9%，② 但与美国、日本等发达国家45%～60%的比重相比差距较大。③ 同时，均衡性也不够。第一梯队主要分布在北京市、广东省、浙江省、上海市、江苏省；第二梯主要分布在贵州省、福建省、新疆维吾尔自治区、云南省、宁夏回族自治区，平均规模不足4000亿元，在省域GDP中占比不到10%。"马太效应"明显，④ 东部与中部、西部之间，城市与农村之间，东南与东北之间"网络鸿沟""宽带鸿沟""无线鸿沟"明显，且向"云鸿沟"和"5G鸿沟"演化。

三、数字经济发展出现"三二一"产业逆向渗透趋势

消费领域、流通领域数字经济引领发展，但工业领域、农业领域数字化不够充分。2016年服务业中数字经济占行业比重平均值为29.6%，工业、农业分别仅17%、6.2%；二产、一产ICT中间投入占行业中间总投入的比重分别仅5.56%和0.44%，远低于三产的10.08%。⑤ 中国工业1.0、2.0、3.0并存，数字技术与制造业融合深度不够，传统制造业利用数字技术的投入强度大、投资专用性强、转换成本高。此外，电子商务、软件服务、移动互联网等"软"产业发展较快，但集成电路、机器人、通信装备等"硬"产业发展滞后，缺乏真正有竞争力的硬件装备和硬件产品。

四、数字经济创新能力和核心技术不够强

中国数字经济崛起更多依靠"人口红利""网民红利"⑥"市场红利"，突出表现在"一条腿长、一条腿短"，即"应用端"成熟、"创新端"和"基础端"薄弱，基础研究、原始创新和基础产业与国际先进水平相比有一定差距（见图18-2）。核心技术"卡脖子"问题迫在眉睫，发达国家技术封锁越来越严，集成电路、人工智能等产业链核心技术和关键器件"缺芯少魂"。从研发角度看，韩国、以色列、芬兰等国家数字经济研发投入占本国GDP比重超过1.2%，中国不

---

① 达尔·尼夫. 数字经济2.0 [M]. 大数据文摘翻译组，译. 北京：中国人民大学出版社，2018：19-26.
② 国家互联网信息办公室：《数字中国建设发展报告（2017年）》.
③ 钟春平，刘诚，李勇坚. 中美比较视角下我国数字经济发展的对策建议 [J]. 经济纵横，2017（4）：35-41.
④ 任贵生，李一军. 欧盟缩小数字鸿沟的策略及对我们的启示 [J]. 管理世界，2006（5）：144-145.
⑤ 中国信息通信研究院：《中国数字经济发展与就业白皮书（2018年）》.
⑥ 中国拥有8亿网民，互联网普及率达57.7%。其中，使用手机上网的网民达7.88亿人，比例达98.3%；网民人均上网时间达27.7小时/周。

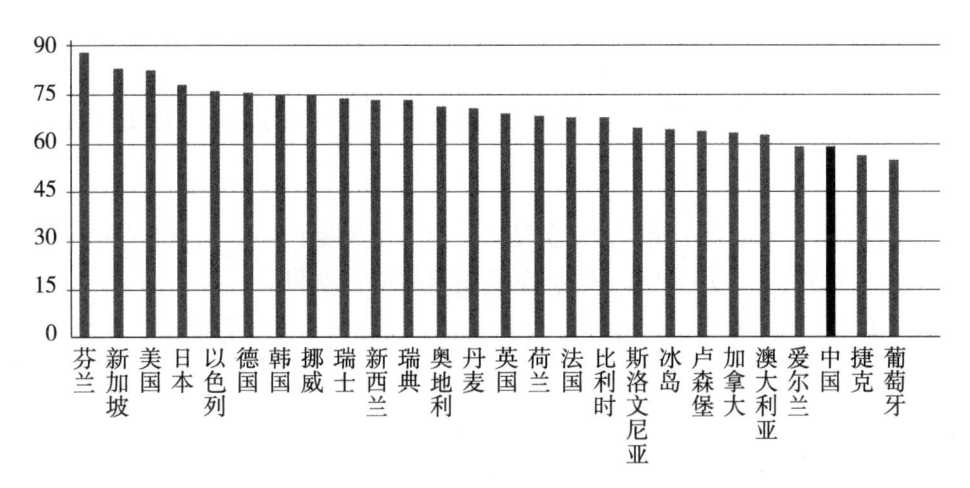

足 0.5%，超算中心、根服务器、大科学装置等缺乏。

图 18-2　全球各国数字经济创新竞争力指数

数据来源：《全球数字经济竞争力发展报告（2017）》。

五、数据孤岛和数据烟囱仍待改进

行业壁垒、地域壁垒、条块分割形成的数据孤岛、数据烟囱阻碍数据自由流动和开放共享。全国 80% 左右的大数据资源集聚在体制内，[①] 然而政府内部缺乏统一的大数据平台，海量数据难以开放共享和挖掘利用。以广东为例，存在 37 个网络孤岛、44 个机房孤岛、超过 4000 类数据孤岛。[②] 跨部门、跨层级、跨领域联办事项的业务流、信息流、数据流没有标准化，"数据跑路""信息跑路"存在"中梗阻"，部门业务协同难、数据共享难等问题突出。浙江通过国家数据共享平台对接了国家人口库信息、学历学位信息、企业信息等 17 类数据接口，但针对国家部委的数据共享需求清单仍有 362 项，涉及 26 个部委。[③]

[①] 李京文，甘德安. 建设"数字城市"的内涵、任务与对策 [J]. 中国工业经济，2001（10）：53-59.

[②] 数据来源：《广东省"数字政府建设"总体规划（2018—2020 年）》。

[③] 资料来源：浙江省人民政府《关于深化最多跑一次改革、推进政府数字化转型的工作报告》。

第三节　高质量发展数字经济的着力点与突破口

一、聚焦数字化生产力靶向，沿着核心技术创新及应用路径推进演化

中国数字经济发展的突出矛盾仍是生产力的先进性不够问题，建议实施数字经济重大战略行动，突破占据制高点的自主可控核心技术。

（1）实施数字技术"卡脖子"攻坚。数字经济核心竞争力源自自主创新和重大突破性科技成果，[1] 中国发展进入"爬陡坡、过深坎"特殊关口，建议加快构建支撑产业数字化转型的创新技术体系，集中力量开展核心技术、非对称技术、"撒手锏"技术、颠覆性技术等战略性前沿技术攻关，在集成电路、超导芯片、量子计算、超构材料等领域攻破一批重大技术瓶颈，推动产业共性技术研究、原发性技术进步和产业化。实施以高精尖为导向的重大科技攻关专项，启动集成电路"强芯行动"，强化对新一代集成电路、高性能磁性材料、高精度传感器等科技攻关。建设天地一体化信息网络、光网络、量子网络国家重点实验室，着力突破高端芯片、类脑计算、量子通信、视觉识别、移动边缘计算等关键技术。

（2）培育平台型企业。平台型企业形成高效率、低成本、多维度点对点链接，[2] 从传统的基于产业链的中心化、层级式、规模化的专业化分工形态与集聚模式逐步转变为基于互联网的分布式、协同化、定制化的资源共享与服务协同模式。[3] 以技术壁垒和用户规模为核心形成的寡头垄断是全球数据经济竞争的显著特征，[4] 在产业竞争生态化趋势下，要精心培育一批数字经济航母级平台型企业，支持百度自动驾驶、阿里云城市大脑、腾讯医疗影像、科大讯飞智能语音等平台型企业创新发展，推动数字经济平台型企业和独角兽企业海外上市，打造"平台型企业+独角兽"的孵化生态，加速形成富有吸引力和竞争力的数字经济生态圈。

（3）助推"企业上云"。工业云平台是数字经济发展的重要突破口，GE、Simens、IBM 等全球领军型企业纷纷构筑工业云平台（见表 18-2）。聚焦工业控制系统、高端工业软件等支撑能力不强，平台数据采集、大数据建模、工业 APP

---

[1] 金碚. 中国经济发展新常态研究[J]. 中国工业经济, 2015 (1): 5-18.
[2] 江小涓. 高度联通社会中的资源重组与服务业增长[J]. 经济研究, 2017 (3): 4-17.
[3] Eisenmann T, Parker G G, Van Alstyne M. Strategies for Two-Sided Markets[J]. Harvard Business Review, 2006, 84 (10): 92-101.
[4] 钱志新. 数字新经济[M]. 南京：南京大学出版社, 2018: 36-40.

等薄弱环节,大力发展工业互联网并推动工业云平台建设,培育国际领先的云平台和国内领先的行业云平台,着力攻关工业控制系统、工业技术软件化、虚拟制造和虚拟仿真、智能数控系统等技术,打造全球领先的云服务产业体系和云产业中心。开放研发设计、生产制造、检验检测、工程服务等公共资源,支持规模以上企业特别是龙头骨干企业进行数字化改造,降低中小微企业数字化转型成本,推动企业内部纵向集成、企业之间横向集成、产业价值链端到端集成。

表18-2 全球领先企业的工业云平台布局

平台	设备连接与信息采集	基于第三方开发的工业软件及开发环境	工业云平台
GE Predix	与 Cisco 合作开发 Gateways,内嵌 GE 操作系统/软件,与 Intel 合作开发内置芯片	Predix I.O、SDK、API	基于云的数据分析平台,集成多元化数据服务产品
Simens Sinalytics	Gateways、通过 SI-MATIC 集成西门子产品	TERADATA IBM 等软件	大数据服务平台,通过 TERADATA IBM 等软件工具丰富数据服务功能
Intel 平台	外置 Gateways,内嵌操作系统/软件,内置 Intel 芯片	通过 API Management Solutions 向第三方提供 API	Intel Datqacenter Manager,具备数据分析平台功能
Microsoft Azure	SQL Azure Gateway、ISS(智能系统服务)	Azure SDK for NET、Visual Studio	提供 IaaS 和 PaaS 服务的云平台
IBM Bluemix	外置 Gateways 硬件	为第三方提供开发服务和社区为扩展应用程序的功能,提供开发集成构架或 API	加载 Waston 应用,实现基于云平台的大数据分析应用
Oracle 平台	外置 Gateways,在设备布置协议转换器	JD Edwards Applications 组件实现第三方应用开发	提供 IaaS、PaaS 及 SaaS 云平台服务,基于原有产品体系提供大数据应用分析
Ayla	嵌入式固件在设备或网关	通过 AMAP 应用开发解决方案实现第三方应用开发,通知应用于移动应用	基于亚马逊云提供 PaaS 云服务,通过 Ayla Insight 提供 IOT 数据服务

资料来源:根据《世界互联网发展报告2017》有关资料整理。

(4)深化数字经济国际合作。深度参与全球数字经济治理,加强政府间和非政府间治理合作，介入数字经济国际规则和国际标准制定，提升中国在全球数字经济舞台上的话语权和主动权。落实《G20数字经济发展与合作倡议》，实施APEC互联网和数字经济路线图，推动数字"丝绸之路"、中国—东盟信息港、eWTP新型贸易中心等建设。启动数字经济国际合作示范项目和示范工程，共建联合实验室、国际技术转移中心、国际合作基金以及技术示范推广基地。构建全球数字贸易网，建设"一带一路"信息港，搭建"一带一路"沿线重点国家和城市数字经济战略联盟，共建网络空间命运共同体。①

二、聚焦数字产业辐射力靶向，沿着数字平台建设路径推进演化

与工业经济增长范式不同，数字产业实现大规模协作和实时化联动，② 建议着眼于全球数字经济竞争格局，建设数字产业重大平台，实现"数字化驱动—开放式创新—网络化协同"。

（1）高质量建设数字产业集聚区。以重大产业和重大产品线为导向，培育具有世界竞争力和影响力的数字产业集群。③ 创建全国"两化"融合示范点，因地制宜建设云计算产业园、大数据产业园、物联网产业园等，吸引跨国总部、研发中心、生产性服务业企业入驻，打造云计算、大数据等数字产业集聚区。在全国制造基础扎实、智能水平较高的地区，建设大数据技术先进、产品智能化过硬的智能制造示范基地。培育数字经济创新驱动的孵化器、创客空间及特色小镇，提升数字经济集聚能级。以产业园、产业集聚区等为载体，搭建数字化运营服务平台，推动软硬件一体化，提升园区智慧管控水平。

（2）高标准建设大数据交易中心。根据Synergy Research研究，全球超大规模数据中心已超过390个，预计到2019年年底将超过500个。目前大多数超大规模数据中心设在美国，占44%，中国仅占8%。建议加快制定中国大数据中心建设规划，在能源供给充足、信息设施完善、地质气象条件良好的地区建设全国大数据中心及灾备中心。复制推广上海数据交易中心"交易机构+创新基地+产业基金+发展联盟+研究中心"五位一体模式，打造国际一流的综合性大数据交易服务平台。开展大数据交易市场试点和衍生品交易，培育数据资产评估、大数据征信、大数据融资等业态，形成全球有影响力的大数据交易市场。

（3）高水平布局"云、端、网"。研究显示，每增加1美元ICT投资，将额

---

① 夏杰长. 数字贸易的缘起、国际经验与发展策略［J］. 北京工商大学学报（社会科学版），2018（5）：1-10.
② 史蒂夫·洛儿. 大数据主义［M］. 胡小锐，朱胜超，译. 北京：中信出版社，2015：87-99.
③ 杨蕙馨，焦勇，陈庆江. 两化融合与内生经济增长［J］. 经济管理，2016（1）：1-9.

第三篇 数字技术推动中国中小企业高质量发展的理论与实践
第18章 中国数字经济高质量发展的靶向路径与政策的研究报告

外获得 5 美元的 GDP 增长。[①] 围绕缩小"数字鸿沟"推进"云、端、网"全域化、均衡化和共享化,加强 5G 试验及商用、超宽带光纤接入及 IPv6、窄带物联网(NB-IoT)、低功耗广域物联网(LPWAN)等应用,打通陆上信息丝绸之路、海上信息丝绸之路、天地一体信息网络。[②] 根服务器是互联网和域名系统(DNS)的基础设施[③],亟须防范因国际互联网物理链路中断而导致的根域名风险。实施北斗卫星综合示范工程和高分辨率卫星遥感应用示范工程,重点研发核心路由交互、软件定义网络(SDN)、超高速大容量智能光传输等网络通信技术,构建实时感知、瞬时响应的全域感知网络。

三、聚焦数字技术产业化靶向,沿着新兴数字技术转化路径推进演化

数字技术进步需要突破摩尔定律,勇闯"无人区"快速迭代更新,提升数字经济核心产业能级。

(1) 主攻人工智能产业链。人工智能是智能系统、人工思维模型、大数据高效运算技术、知识更新系统等综合技术集成的复合技术,华为《全球产业展望 GIV2025》预测,2025 年全球 86%的大型企业将采用 AI 技术,创造 23 万亿美元的数字经济。要深入实施中国新一代人工智能产业发展行动计划,在算法、算力、算料上重点突破,打造具有全球影响力的人工智能创新高地。建设智能车间、智能工厂、智能产业链,着力打破人工智能的感知瓶颈、交互瓶颈以及决策瓶颈,优化网络协同设计、复杂系统设计、全息影像技术等智能服务,构筑更加系统化的智能制造全产业链,推动"制造为中心"向"智造为中心"转型。

(2) 突破大数据关键领域。根据梅特卡夫法则(Metcalfe Law),数据价值以用户数量的平方速度增长,超过某一临界点后价值呈爆发式增长。[④] 2020 年全球数据量迎来"数据核爆"。建议建设高水平国家大数据综合试验区,建设国家数据科学中心、亚太数据交换中心和全球领先的大数据产业中心,构建自主可控的大数据产业生态系统。制订面向重点行业、产业集群应用的大数据软硬件系统解决方案,研制智能海量数据存储与管理系统、非结构化数据处理、数据可视化等

---

① 黄茂兴,唐杰,黄新焕.G20 数字经济发展现状及提升策略 [N]. 光明日报,2018-11-29.
② 中国网络空间研究院. 世界互联网发展报告 2017 [M]. 北京:电子工业出版社,2018:44-49.
③ 全球根服务器只有 13 个,A—L 中的 10 个根服务器位于美国,其余 3 个分别位于英国(K 根服务器)、日本(M 根服务器)、瑞典(I 根服务器)。
④ 涂子沛. 数据之巅:大数据革命,历史、现实与未来 [M]. 北京:中信出版社,2014:55-81.

大数据产品。加大 EP 级数据存储、清洗挖掘分析、异构数据融合等大数据技术研发力度，深入开展多尺度立体感知、跨领域数据汇聚与管控、时空数据融合的技术应用。

（3）紧扣万物感知（端）、万物互联（管）、万物智能（云）发展物联网产业。物联网推动物理世界、数字世界与人类世界的边界逐渐消失，传感器与物联网终端不相适应的矛盾日益凸显。① 据国际电信联盟的数据，2020 年约有 250 亿套设备接入物联网，因此要加快建设物联网运行支撑软硬件平台，推进物联网在车联网、工业互联网、智慧城市等领域示范应用，打造全球物联网产业中心和世界级物联网产业集群。自动化、标准化、集中化生产逐渐向智能化、个性化、分布式生产转变，建议加快发展传感器、音视频采集、射频识别技术等数据采集设备及高性能、低成本、低功耗传感设备，实现智能终端万物互联。

（4）孵化集成电路、区块链、量子通信、柔性电子等新型业态。利用国家集成电路基金的杠杆撬动作用，聚焦嵌入式中央处理器（CPU）、工业控制、高端存储等重点领域，构筑包括芯片设计、芯片制造、封装测试在内的集成电路产业链。瞄准区块链前沿技术攻关，在非对称加密技术、分布式账本技术、共识机制技术、智能合约技术等领域进行突破，打造全球区块链技术应用高地。加强与国际集成电路龙头企业合作，研制 12 英寸乃至更高端的芯片，力争在国际领先的纳米先进工艺上取得根本性突破。推进虚拟现实（VR）和增强现实（AR）、显示器件、光学器件、人机交互等关键共性技术的产学研攻关，突破量子通信、量子传感、量子计算等技术研发以及应用，加强柔性显示、柔性传感、柔性固体器件等柔性电子产业化，培育新兴产业增长极。

四、聚焦产业数字化靶向，沿着数字技术赋能路径推进演化

数字技术改变产业运行逻辑，建议全方位、全角度、全链条进行数字化改造，② 助推经济向形态更高级、分工更精准、结构更合理的数字经济阶段演进。

（1）深度挖掘制造业数字化转型空间。数字技术与制造深度融合是经济转型升级的突破口，从消费互联网主导转向产业互联网主导，进而重构全球制造业

---

① 陈晓红. 数字经济时代的技术融合与应用创新趋势分析［J］. 中南大学学报（社会科学版），2018（5）：1-8.
② 根据中国信息通信研究院《2017 年中国数字经济发展白皮书》，2015 年中国传统产业借助数字技术所创造的价值 13.8 万亿元，占 GDP 的 20.5%；2016 年达 17.4 万亿元，占 GDP 的 23.3%。

体系。① 全面实施"数字技术+先进制造"战略,推进"大数据+产业集群""大数据+专业市场"建设,启动制造业数字化转型工程,构建工业互联网网络、平台和安全体系,大力推进产业集聚区、工业园、经济开发区、小微企业园等数字化转型和智能化改造。作为全球装备制造大国,加强工业互联网、智能控制、新型传感器、机器视觉等技术在装备制造中的集成应用,促进制造业向柔性化、智能化、精细化转变。

(2)深度挖掘服务业数字化转型空间。以数字内容产品为核心载体,构建数字内容产业链,向服务业产业链前后端衍生,进一步拉伸服务业数字化的链条长度。纵深推进工艺设计、现代物流、金融服务、检验检测、供应链等生产性服务业数字化转型,支持生产性服务企业利用互联网搭建智能设计、智慧物流、智慧供应链、智慧能源等面向特定环节、特定场景的平台。加强互联网、移动互联网、移动智能与生活性服务业深度融合,发展智慧旅游、智慧健康、智慧养老、智慧教育等新业态。加强文化资源的数字化采集、保存和应用,积极培育网络文学、网络影视、动漫游戏、数字影视、数字广告等数字文创产业。②

(3)深度挖掘农业数字化转型空间。探索数字农业发展模式,建设数字植物(育种)工厂、数字牧场,推广农田智能监测、养殖环境监测、设施精准控制等数字化农业技术,重塑农村传统生产模式和经营模式。深入推进农旅电商融合,实现农产品预订种植、社区直销和网络营销,拓展农业产业链深度和数字化程度。建设农业信息化示范基地,搭建全国统一的农产品质量安全追溯平台,建立农业遥感监测和应用体系以及农产品质量安全监管全流程追溯系统,构建对市场主体行为全生命周期的监管链,实现执法监管行为全环节、全流程、全要素的数字化留痕管理。

第四节 结论与建议

中国数字经济发展的突出矛盾是生产关系滞后且制约了生产力发展,建议重构数字经济发展生态系统,打破制约数字化生产力发展和数字经济生态系统建设的政策障碍和体制瓶颈,推动数字经济竞争范式从企业间竞争、产业间竞争、供应链间竞争转向生态系统竞争。

---

① 李海舰,田跃新,李文杰.互联网思维与传统企业再造[J].中国工业经济,2014(10):135-146.
② 范恒山.加快发展数字创意产业培育壮大新动能[J].宏观经济管理,2017(10):9-11.

一、加强法律法规"立改废释"

HiQ 公司起诉 LinkedIn 公司、阿里巴巴与顺丰关闭数据接口等事件揭示数据资源确权问题特别是数据共享与专享之间、数据控制与使用的资源配置及权属划分问题。[①] 建议围绕数据所有权、数据使用权、数据流转权等内容,制定法律法规或部门规章,形成权属清晰、灵活反应、兼容与可持续的法律法规体系。审查现有法律法规对数字经济的包容性和容忍度,及时废止有违创新规律、阻碍数字经济新业态发展的政策条款。针对涌现出来的数字经济新兴业态,及时制定行业管理规章制度,完善知识产权保护相关法律,将侵权行为纳入社会信用记录。

二、加强政府公共数据公开

打破政府系统内部的信息孤岛和信息烟囱、实现数据互联互通和开放共享是数字经济发展的前提。要深化数字经济领域"放管服"改革,整合部门专网、联通异构系统,建设全国统一的政务"一朵云",形成物理分散、逻辑集中、资源共享、安全可信的政务大数据体系,[②] 通过政府数字化撬动经济社会数字化和提高全要素生产率,最大程度释放政府数据红利。实行政务数据开放共享"负面清单"管理,完善公共数据资源目录体系,构建政府开放数据API,推进公共数据资源的统一采集、集中存储、集中管理,分级分类、依法有序开放公共数据。

三、加强数字技术标准供给

按照需求导向、共性先立、急用先行的原则,制订数据确权、采集共享、交易流通、跨境传输等关键共性标准。开展国家大数据交易等数据资源流通标准研制,引导资源型数字经济、技术型数字经济等领域基础共性标准、关键技术标准的研制及推广。探索数字经济标准国际化战略及技术路线,[③] 在标准尚未定型、用户尚未锁定的物联网、大数据、云计算等新兴产业领域加快标准国际化步伐,鼓励领军型企业在数字经济新领域的国际标准制定中发挥先行者作用,加快数字化、网络化、智能化制造技术、标准、产业化的全球化布局。

---

① 费方域,闫自信,陈永伟,等. 数字经济时代数据性质、产权和竞争 [J]. 财经问题研究,2018(2):3-21.

② 刘淑春. 数字政府战略意蕴、技术构架与路径设计——基于浙江改革的实践与探索 [J]. 中国行政管理,2018(9):37-45.

③ 连玉明,朱颖慧,张涛,等. 中国大数据发展报告 [M]. 北京:社会科学文献出版社,2017:60-72.

四、加强投融资和税收政策供给

利用政府性投资基金引导和撬动作用，建立对数字经济发展重点领域、重大项目、重大工程、重大技术、重大应用等引投和跟投机制，创新股权投资、贷款贴息、事前审核事后补助等多元化投入机制。① 开展知识产权和数据资产等无形资产抵押贷款，支持金融机构开展以知识产权为抵押物的信贷业务。鼓励数字经济中小企业在"新三板"等股权交易中心挂牌融资，支持符合条件的数字经济企业通过发行企业债券、公司债券、非金融企业债务融资工具等方式扩大融资。探索适应数字经济发展特征的税收征管制度，对数字新产品研发费用按规定在计算应纳税所得额时加计扣除。

五、加强市场监管制度供给

条块化和属地化分割的传统监管体系与数字经济跨界融合发展不相适应，倒逼传统线下监管向数字化、网络化、平台化监管方向转变。优化数据资源全生命周期管理机制，加强各类平台信息服务潜在风险的研究和预判，调整和完善融合创新领域行业管理规范和监管措施。建立以信用为基础的数字经济市场监管机制，探索符合数字产品、服务、技术、模式发展趋势的监管制度，利用大数据、人工智能等技术手段建立快速响应的监管反馈机制。实施行业准入负面清单制度，对尚未纳入负面清单的行业一律实行无门槛准入。

六、加强统计监测制度供给

数字经济融合性、渗透性、协同性的特质是常规国民经济核算方法难以全面测度其发展水平的重要原因。② 借鉴欧盟数字经济与社会指数（DESI）、世界经济论坛网络就绪度指数（NRI）、国际电信联盟ICT发展指数（IDI）等国际数字经济指标体系（见表18-3），建立与数字经济相适应的跨部门、跨层级、跨领域统计制度和统计方法，制定适应数字经济融合业务的国民经济行业分类标准，扩大数字经济数据监测与采集范围。开展针对数字经济新领域、新业态、新模式的专项统计，构建客观反映数字经济发展全貌和动态变动的指标体系，实行数字经济核心指标公开发布制度。

---

① 詹晓宁，欧阳永福．数字经济下全球投资的新趋势与中国利用外资的新战略［J］．管理世界，2018（3）：78-86．
② 张美慧．国际新经济测度研究进展及对中国的借鉴［J］．经济学家，2017（11）：47-55．

表 18-3　国际机构对数字经济的统计指数比较

国际机构	OECD	欧盟	世界经济论坛	国际电信联盟	埃森哲
发起时间	2014年	2014年	2002年	1995年	2015年
统计指数	数字经济测量推荐框架	数字经济和社会指数（DESI）	网络就绪度指数（NRI）	ICT发展指数（IDI）	数字化密度指数
核心机制	建立综合性和高质量的数据基础设施来提高度量能力，构建可将互联网作为数据源使用的统计质量框架，制定度量安全、隐私等相关指标	DESI设置了连接性、人力资本/数字技能、互联网普及度、数字科技融合、数字公共服务5方面共31项指标，用于追踪欧盟各成员国数字竞争力的发展趋势	NRI从信息通信技术环境、信息通信技术的准备就绪程度、社会实际使用最新通信技术的情况三方面进行监测，对全球主要经济体信息通信发展及竞争力进行评价	ITU主要构建了ICT接入指数、ICT应用指数、ICT技能指数三个指数，遴选了"每用户国际互联网带宽"等11个指标，对世界各国的信息通信技术进程进行跟踪评价	通过在线交易规模等50多项指标构建数字化密度指数，衡量数字技术在各国企业和经济中的渗透程度，包括数字化市场培育、数字化企业运营、数字化资源配置等

资料来源：笔者根据公开资料整理。

七、加强安全防控制度供给

发达国家纷纷将网络安全及数据安全列在国家政策优先位置，英国2017年颁布《数字经济法第1号条例》，美国2015年通过《网络安全法》，欧洲网络与信息安全局2013年发布《国家网络安全评估指南》。建议制订实施"中国数字安全行动计划"，健全国家网络安全保障体系，加强复杂网络、大数据汇聚、万物互联系统等各种条件下网络安全保障制度的建设。[①] 建立集风险报告、情报共享、研判处置为一体的网络安全态势动态感知云平台，加快发展拟态防御、电子认证、数据加密、容灾备份等网络安全新技术，提升中国数字经济安全能级。

---

① 董晓松．中国数字经济及其空间关联［M］．北京：社会科学文献出版社，2018：81-92．

第 19 章　互联网知识付费商业模式研究

随着中国移动互联网产业的迅猛发展，各类创新层出不穷，除借鉴或复制国外经验外，也在创造出契合中国情景与需求的新产品与商业模式，互联网知识付费（简称知识付费）就是其中之一。简单来说，知识付费是指借助互联网工具与平台把知识转化为产品或服务、满足用户学习需求并从中获取收益的商业形态。知识付费强调知识作为商品的独立性与可交易性，凸显知识的货币价值，这与知识在传统商业社会中的角色与作用有很大不同。

中国的知识付费行业发展迅速，涌现出多种形态各异的知识付费产品，如知乎推出实时问答产品"知乎 Live"、果壳网推出语音问答产品"分答"、罗辑思维通过"得到"APP 推出年度订阅专栏、喜马拉雅推出"好好说话"音频课程及新浪推出"微博问答"等。这些产品均获得爆发性的口碑传播与经济回报，为企业提供了新的盈利增长点，不仅推动形成专门的知识交易平台，也培育出更多的知识消费者。根据《中国分享经济发展报告 2017》的数据，2016 年知识技能领域市场交易额约为 610 亿元，同比增长 205%。使用者人数约 3 亿人。由于知识付费更多依赖于无形的知识与创意，属于轻资产运营模式，也在吸引更多新创企业进入该领域。但整体而言，该行业还没有进入发展的成熟期，既缺乏公认的行业标准，也没有形成稳定的市场格局，依然存在巨大的创新与探索空间。

对于知识付费的快速与多样化发展，尽管有媒体报道与行业研究对该现象进行了初步描述，但对把知识作为独立商业运营的特征与逻辑的深入分析较少。本章将根据具体企业案例来系统探究知识付费商业模式的构成与特征，揭示该行业价值创造与获取的内在机制，既能为互联网商业模式研究贡献新的内容，也为相关企业实践提供参考与借鉴。

第一节　文献回顾

一、知识付费

现有文献直接针对知识付费的研究还处于现象归纳与理论初步建构阶段，涉及的研究问题包括知识付费的概念界定、驱动要素、类型特征与用户付费意愿等，以国内文献为主。

（1）在概念定义上，《中国知识付费行业发展白皮书2017》认为知识付费是"内容制造者将书籍、理论知识、信息资讯等知识与自身知识积累相结合，并对其系统化和结构后梳理转化成标准化的付费产品，借助知识付费平台所搭建的付费机制与业务模式传递给用户，以满足用户自身认知提升、阶层归属、丰富谈资等需求的创新产业形态。"刘姝一则把知识付费定义为"移动互联网时代利用信息生产者与消费者之间的信息差，将信息包装成产品、服务并将其通过互联网售卖的行为"。这两个定义都强调知识产品化与互联网的平台和渠道角色，前者指信息或知识本身不能直接售卖，而必须先转化为产品，这是知识商业化的核心环节；后者强调互联网平台是连接知识产品供给与需求的中介。而在外延界定上，邹伯涵和罗浩认为知识付费本质上是知识共享的付费形式，可以理解为内容付费与知识共享的交集。

（2）对于知识付费兴起的原因，现有文献虽然表述不同，但大多结合需求与供给的双重视角分析，具体总结如下：①知识爆炸、信息冗余与人们时间日益碎片化；②消费升级与大众精神需求增加、版权意识增强；③互联网知识型社群涌现，知识成为新的社交货币；④移动支付工具的普及提供了付费的技术条件，人们已经养成在线支付的消费习惯；⑤存在大量具有丰富知识、经验和分享欲望的知识生产与传播者，他们有时间的灵活性且掌握互联网工具；⑥知识平台的出现与资本涌入。在上述要素的共同推动下，部分互联网用户愿意为满足自身需求的知识付费，同时进行高效的信息筛选，这反过来也会激励优质知识产品的再生产，推动形成完备的知识交易市场和商业生态。

（3）由于知识需要有具体载体和对应的传播方式，可把知识付费划分为不同类型。在产品形态上，知识付费包括音频录播、图文分享、在线问答、视频直播、视频录播与一对一咨询。方军则根据知识产品的交付方式（单次、连续还是交互）与产品目标（收入还是用户）而构建起知识产品矩阵，可以把不同知识产品分列其中。而对于具体的知识内容，喻国明与郭超凯认为知识付费中的"知识"主要指聚焦于某一垂直领域、一般经验中稀缺的具有高可操作性的知识。谭舒与李飞翔区分了具有科学实证基础的事实性知识与带有主观感知加工的价值性知识，认为知识付费需要的是广义的价值性知识，并在其中涵纳事实性知识。也有研究指出，知识付费的"知识"并非传统意义的知识，而是外延扩大的"泛知识"，在容量及型构上趋于碎片化，同时融入了互联网典型的交互式特征及泛娱乐化倾向。

（4）关于用户的付费意愿与行为，张帅等提炼出影响用户在线知识付费的7个因素，个体需求是最重要的因素，即用户购买知识产品主要是为完成某项具体任务和获取专业知识,相对不重要的是经济因素。周涛与檀齐基于社会资本的理论视角,揭示出社会交互连接、共同愿景和信任是影响付费意向的显著因素,其中信任作用最大。全贞花与谢情发现个人知识管理需求、绩效期望、感知趣味性与社会影响能显著影响未来使用。而完成初次消费后,影响用户持续付费的因素主要包括期望确认程度、感知有用性、主观参照和满意度。据此可知,个体因素与社会(网络)影响是推动用户为知识产品付费的两个主要范畴。

二、商业模式

进入21世纪以来,信息通信技术的深入发展与(移动)互联网产业的兴起创造出了全新的交换机制与交易架构,很多企业凭借独特的商业模式或对传统产业形成颠覆,或开创出新的产业形态,商业模式也被视为企业获取和确保竞争优势的新的关键因素。与此对应,学术界有关商业模式的研究成果呈现爆发式的增长,并从最初针对电子商务领域迅速拓展到分析各个实体部门的商业活动。

不同学者出于研究对象与视角差异对商业模式给出了不同的理解与界定,这些视角涉及战略、运营、营销、创新与技术管理等不同领域,迄今没有形成被普遍接受的定义,商业模式的典型定义如表19-1所示。

表19-1 商业模式的典型定义

代表性文献	商业模式概念界定
Amit 和 Zott(2001)	商业模式描述了交易内容、结构与治理的设计,从而可以通过挖掘商业机会来创造价值
Osterwalder 等	商业模式是包含一系列元素与关系的概念工具,可用以表达特定公司的商业逻辑。它描述了公司为了产生利润与可持续收入,向顾客提供的价值和与合作伙伴创造、营销与传递价值的架构
Zott 和 Amit	商业模式是指一系列活动和执行这些活动的资源能力,这些资源能力可以源于企业内部,也可以超越企业边界,来自和伙伴、供应商与顾客的合作
Teece	商业模式清楚说明了支撑顾客价值主张的逻辑、数据与公司因传递价值所支出成本与获取收益的可能结构。商业模式主要反映公司向顾客交付价值的好处、它如何组织以及如何从提供的价值获得一部分收益
Casadesus-Masanell 和 Ricart	商业模式是指公司逻辑,是公司运营和如何为利益相关者创造价值的方式,是公司战略实现的具体反映
Reim 等	商业模式描述了价值创造、传递与获取机制的设计或架构

随着研究深入，尽管存在视角分歧，但学者们也逐渐形成如下共识：①商业模式是不同于产品、企业、产业或网络的新的分析单位；②商业模式强调以系统和整体方式来解释企业是如何经营的；③商业模式以焦点企业为中心，但边界远超单个企业，焦点企业及其合作伙伴的活动扮演着重要角色；④商业模式既要解释价值创造，也要解释价值获取。由此可知，在一般意义上，商业模式作为独立的研究对象，主要探究焦点企业及其利益相关者如何通过执行一系列关键活动来实现价值创造并获取收益的。它既可以用以描述在位企业的商业运营，也可以展示新创企业的创新之处。

紧随商业模式的概念界定，对于商业模式的具体内容与构成要素也存在多种观点。在现有文献中，商业模式构成主要包含价值主张、资源、收入模式、网络、顾客、服务提供、战略、财务、渠道与采购等要素。不同学者由于秉持的分析视角不同，其构建的商业模式框架中也会采纳不同的要素。例如，Hamel 的商业模式模型只包含战略、价值网络与顾客界面三个要素，Zott 等认为商业模式由价值网络、价值创造、价值主张、价值传递与价值获取五个模块组成，而 Osterwalder 与 Pigneur 则采用更为综合的视角，构建了包含价值主张、细分市场、渠道、顾客关系、关键资源、关键活动、合作伙伴，成本结构与收益九个具体要素的商业模式画布。Wirtz 等认为，尽管对商业模式构成采取系统或整合视角的文献较少，但商业模式代表了企业组织价值创造并确保利润的概念框架，应同时考虑内外部各种要素以构建一个整体图景。因此，他们把各种要素归入战略模式（战略、资源与网络）、顾客/市场模式（顾客、市场与收入）与价值创造（制造、采购与收入）模式三个类别，而且三个类别之间并非严格区分，而是相互关联，特别是战略模式可以视为连接顾客/市场模式与价值创造模式之间的桥梁。汪寿阳等进一步从复杂系统与知识管理角度出发，提出商业模式的冰山理论，认为显性知识可以通过商业模式画布呈现，但隐性知识则需要新的研究方法，包含企业文化、外部环境、行业类别与技术等因素。

知识付费作为本章的研究对象，受信息通信和移动互联网技术的激发，同时也反映出人们在工作、生活中寻求优质知识的现时需求，在不同群体之间形成新的商业连接与网络。因此，通过归纳知识付费商业模式的框架与内容，可以揭示其价值创造与获取的关键要素。而且在整合视角下，新价值的创造与获取不仅取决于框架中每个具体要素的选择，不同要素之间的关系同样重要。这种整体分析与 Zott 与 Amit 所提倡的在系统层次思考与设计商业模式的重要性相一致，在现有文献中也得到广泛认可。

第二节 研究设计

目前,关于知识付费商业模式的研究还处于探索阶段,需要根据实践的发展来建构与发展理论,适合使用案例研究方法进行分析。

一、案例选择

案例研究中的样本选取并不遵循统计抽样原则,而主要依据理论抽样,即所选案例要契合研究的主题(Theme)。本章研究目的是从商业模式视角来探究知识付费行业内价值创造与获取中的主要角色、关系与关键活动,因此设立如下选择标准:①所选企业提供的产品与服务应主要是围绕"知识"而不是更广义的"内容";②企业的目的是获得商业收益与盈利,而不是免费的知识分享;③盈利的主要方式是用户付费;④所选企业在各自细分领域具有代表性。

根据上述标准并结合多案例研究特质,最终选取 5 家企业作为研究样本,案例基本信息如表 19-2 所示。这些企业均是知识付费行业的开拓者,也是各自细分领域的领跑者。它们提供的知识产品与服务涵盖不同类别且已获得市场认可,有风险投资注入,可进行专题对比。

表 19-2 案例基本信息

案例名称	主要知识产品与服务	上线时间*	生产方式**
罗辑思维(得到)	付费订阅专栏/听书/电子书/线下公开课	2015 年 11 月	PGC 为主
喜马拉雅	音频知识课程与节目	2016 年 6 月	PGC+UGC
知乎	直播讲座(知乎 Live)/电子书/线上咨询	2016 年 5 月	PGC+UGC
果壳网(分答)	音频付费问答/音频课程/付费订阅	2016 年 5 月	PGC+UGC
混沌大学	视频与音频课程/线下公开课	2017 年 6 月	PGC 为主

* 上线时间并不是企业成立时间,而是企业推出知识平台(APP)和主要知识产品的时间。

** PGC(Professionally-generated Content)指专业人士生产内容(知识),在领域内有专业背景与积累;UGC(User-generated Content)指普通用户产生内容(知识)。

二、数据收集

本章结合二手数据与一手数据收集。收集的二手数据主要包括:①学术期刊上发表的知识付费研究论文和图书章节；②企业领导人的公开演讲、访谈和公司管理文件；③研究与分析机构发布的涉及知识付费的调研报告；④针对知识付费的媒体报道和互联网资料；⑤对公司 APP 与网站信息的归纳梳理。同时，选取每家公司 3~4 名知识付费用户进行访谈，调研其知识消费情况和对公司产品与服务的评价。最后，在对上述数据充分整理与总结基础上，又对喜马拉雅与知乎两家公司的 3 名运营部门人员进行访谈，以获取对两家公司商业运营更全面的信息。在数据收集和整理过程中，课题组成员对资料进行反复审查，减少数据冗余并保证数据的完整与可靠。

三、数据分析

对数据的分析包括案例内分析与跨案例分析两个步骤。首先，把单个知识付费案例作为独立单位进行分析，找出该案例中与商业模式相关的内容，范围尽量宽泛，从中抽象出典型维度与个体特征。其次，对多个案例在不同维度上统一比较，辨识出相似与差异，在此基础上进一步理论抽象，归纳出相应的研究结论。在分析技术上，主要把不同来源资料转化为文本后进行数据编码，从中形成概念并找出概念之间的联系。编码由两名作者借助 NVivo 软件分别独立进行，同时明确尽量采用商业模式研究中的固有表述，避免随意创造出不必要的新概念，与现有文献保持理论对接。两人编码后进行一致性检验，对差异之处充分探讨，有重要分歧时求助第三方专家，然后再进行编码，直至趋于一致。整个编码过程不断重复上述操作，以确保分析具有一致的结构和质量。

第三节 研究分析结果

根据数据分析，可归纳出知识付费商业模式的 4 个关键维度，分别为价值主张、价值网络、关键活动与盈利模式，下面结合案例数据予以详细阐述。

一、价值主张

价值主张指企业为用户提供的主要利益与价值，通常与消费者的支付意愿紧密相关。知识付费价值主张要回答的首要问题并非消费者需要学习何种有价值的知识，而是消费者为何要付费来获取这些知识。数据分析表明，案例企业主要提供 5 类价值主张，不同企业在各个价值主张上的表现与关注各有差异，知识付费商业模式的价值主张如表 19-3 所示。

表19-3　知识付费商业模式的价值主张

价值主张 样本企业	功能价值	效率价值	心理价值	社交价值	娱乐价值
罗辑思维 （得到）	专家学者就某个知识领域循序渐进的系统传授；专家对精品书籍的精华提炼	基于接收场景对知识结构、密度、表达方式有专门设计，最大化降低用户学习成本	帮助用户实现"人格跃迁"，通过学习（知识消费）而变成"更好的自己"	基于"得到"平台或具体课程的学习社群，与专栏作者互动中的潜在连接	不明显（但罗辑思维社群运营中很多环节都有娱乐性，且有创新性）
喜马拉雅	分层次提供领域广泛的节目专栏与知识课程	知识内容集中、实用，收听场景广泛，时间灵活	"知识亦是财富"	建设喜马拉雅平台社群；听友圈；与主播互动	提供娱乐音频内容（如音乐与曲艺等）
知乎	邀请专业人士围绕具体专题进行直播讲座	讲座时间集中，现场提问和解答；有评价体系	通过学习"发现更大的世界"	本身是知识问答型社群，提供多种连接可能	很多问题/回答的内容与方式颇具娱乐性
果壳网 （分答）	向拥有不对称信息与专业知识的答主提问，满足求知欲与好奇心	就具体问题获得直接答案，利用碎片化时间掌握实用经验	更多技能与知识的习得可以改变自己与生活	相似问题汇集同类人群；与答主线下约见；好友免费收听	初期娱乐明星入驻，很多引爆性问题都和娱乐八卦有关
混沌大学	集中围绕创新与创业汇集行业专家、学者提供年度系列专题课程	利用碎片化时间可以获取类似商学院的课程体系与教师指导	师资是行业翘楚，学习可"拓展认知边界，升级操作系统"	设有班级制，学员在学习过程中有多种形式的交流与互动	在学员学习过程中有各种游戏性环节设置

（1）功能价值，即知识付费提供的知识产品与服务在内容上能够更好满足用户工作与学习需求并侧重解决具体问题。随着经济社会发展，人们的工作、生活节奏与场景发生很大变化，对知识的需求更加具体与实际，学习的方式也更为灵活。知识付费作为商业化运营，更强调从需求角度来开发产品，从而在选题、结构安排及场景性、精准性、时效性与接受性等多维度进行设计与权衡，以求更契合用户需求。如知乎与分答的付费问答产品，只要用户提出具体问题，就会有行业专家给出针对性的回答。而罗辑思维、喜马拉雅与混沌大学会围绕特定知识

领域提供动态更新的体系化知识,在内容设计与表达方式上充分考虑接收者的学习习惯与特点,能够帮助用户取得良好的学习效果。

(2) 效率价值,即通过付费,消费者可以更为快速与便捷地学习。很多知识产品开发之初的设计思路就是提高用户学习效率,在单位时间内传递更多知识要点。如"得到"打造的"每天听本书"系列就把经典名著的内容找专家提炼精华,在半个小时内讲解要点,以帮助用户快速掌握书籍大略。知乎 Live 则是让特定知识或技能领域的专家围绕具体专题进行直播讲座,用户可实时提问,实现集中学习。而基于移动互联网技术,用户在学习大部分知识时都可以灵活安排时间,也不拘泥于固定场所。同时,付费本身是个有效的过滤机制,能够把高质量的知识产品筛选出来,减少用户搜寻与评估的时间。例如,案例企业的平台上都有一些普通用户平时难以接触的名师与专家专门打造的知识产品,通过付费,用户就可以打破传统渠道壁垒来获取这些优质资源进行学习。而反过来看,没有付费,这些高质量的知识产品与服务也不会如此便捷的供给。

(3) 心理价值,即消费者通过付费获取知识来缓解社会焦虑、增强自我认同。中国在经济社会发展取得巨大成就的同时,也在涌现出新的问题,引发不同程度的社会焦虑。而相对于外部环境的不确定性与不可控性,通过学习来深入认识世界并更好自处,进而充实提高自己、借此取得新的成就与进步,则是比较明确且更具把握性的选择。因此,很多用户对付费购买知识的行为会赋予更多的意义(Meaning)与价值,它代表着向"更美好自己"或"更美好生活"努力的开始。因此,付费具有很强的仪式感与形式感,用户购买的不是知识,而是对自身的期许与自我认同。付费后如果学习效果好固然佳,但即使没有实际效果,心理价值依然存在。正如"得到"创始人罗振宇所说:"人买了不用,是不是意味着这个产业不成立?这个产业成立,因为让自己变得更好是一件逆人性的事。他买了,满足他自己内心的焦虑,让自己变得更好,这就是这些产品功能之一。"

(4) 社交价值,即通过知识付费,消费者可以建立更多社会连接并积累新的社会资本。一方面,随着消费升级,知识本身成为一种新的"社交货币",可以用于社交展示和圈层分界;另一方面,"付费"与"知识"本身就是两个选择机制,把那些"愿意为知识付费"和"为特定类型知识付费"的用户自动筛选出来,他们会自发形成学习小组或社群。如订阅"得到"同一专栏的用户就会建立学习微信群,在每期专栏更新后共同学习、组织研讨和分享心得。事实上,案例企业在大部分知识产品下都设有专门的讨论区或留言板,供用户讨论内容和交流体会,混沌大学还会直接把学员组织班级,并聚集在线下授课。此外,知识付费用户还可以与作者建立连接。很多知识产品在交付时就包含作者与用户之间定期的互动,就具体学习问题予以解答。而像"分答"这种知识问答型产品,提问者还可以与答主线下约见，以进一步请教与讨论。因此，通过知识付费，用户可以拓展社会网络和资源、机会边界，从中可能衍生出其他的价值活动。

（5）娱乐价值，即用户可以获得娱乐化的体验。这类需求并非求知探索或快速提升知识技能，更多是为了满足好奇感或增加新鲜体验。以"分答"为例，在推出付费问答产品初期，很多人付费提问只是为了获得与名人某种形式的接触，学习知识并非重点。而且很多问题的答案都是泛娱乐化的内容，比如名人隐私或者娱乐八卦等，并非帮助用户提升认知或技能。这类娱乐价值会吸引大量用户关注和参与，但很难成为单独、持续的价值主张。而除了名人效应外，通过对产品的游戏化设计也可以提供某种娱乐价值。如"分答"与"知乎"的问答产品都设有"偷听"机制，即用户通过支付少量费用就可以听到别人花费更高价格所问问题的答案，这种设计在激励知识分享外，也颇有趣味性。

二、价值网络

价值网络是指由拥有不同资源能力的利益相关者形成的协作（交易）关系与结构，以保证价值的创造、传递与接收。本章中价值网络的主体结构非常简洁，就是由案例企业连接起知识生产者与知识消费者的双边平台模式，在其中完成知识产品的打造、交易与消费的闭环。围绕该交易结构，还会有其他的资源提供方，包括风险资本、广告赞助、技术支持与供应商等。知识付费商业模式的价值网络如表19-4所示。

表19-4 知识付费商业模式的价值网络

价值网络 样本企业	主要成员[*]	职责	与企业关系
罗辑思维	专栏作者、书籍解读者、精品课讲师	撰写文稿、录制课程、定期更新内容；与平台共同进行用户管理，与用户互动等	战略合作 平台赋权
	出版社、出版公司	提供版权（电子）书；参与生产、共同推广音频书	战略合作
	得到平台	制定标准、协助打造产品、包装推广、交付与服务	—
	有道云笔记	提供学习工具	技术支持
	各种供货商	为得到商城提供各类商品	商业契约
	知识消费者	购买知识产品、与作者互动、参与其他社群活动	社群+交易

续表

价值网络 样本企业	主要成员*	职　责	与企业关系
喜马拉雅	音频主播	设定主题，规划内容，开发与录制音频专栏和节目，参与企业组织的各种推广活动	战略合作、平台赋权、自由契约
	喜马拉雅平台	用户定位、内容规划、体系设计与定价、市场推广	—
	知识消费者	订阅专栏，付费和参与社群活动	交易+社群
知乎	Live 主讲人、私家课讲师与付费答主	设计知识产品与内容，参与 Live 直播，开发与录制课程、回答付费问题	战略合作、平台赋权、自由契约
	知乎平台	设定标准；审核；讲座与课程的发布与组织	—
	出版社、出版公司	提供版权（电子）书	战略合作
	知识消费者	参与直播；购买课程；提问、打赏和与作者互动	社群+交易
果壳网	付费答主、小讲主讲人与社区专家	设定答题价格并回答问题；开发并录制音频课程；以文章和音频形式定期更新内容	战略合作、平台赋权、自由契约
	分答平台	设定机制；内容审查；课程与社区的管理与组织	—
	知识消费者	付费寻找专家提问、购买课程和与作者互动	交易+社群
混沌大学	授课教师	根据自身专业领域提供专题讲座或课程	战略合作
	混沌大学平台	课程开发与设计，整合师资，课程组织和学员管理	—
	学　员	购买课程，以网上班级为组织进行学习与交流	交易+社群

　　*案例企业价值网络都还包括风险资本、广告商及视频、音频技术支持商等，不再一一列出。

（1）知识产品生产者（简称生产者或作者）是打造并输出知识产品与服务的团体或个人，其水平直接决定了付费知识的内容与质量，在知识价值创造与交付中担任重要角色。根据案例资料，生产者可分为四类：一是各学科领域的专家学者，可以把存量知识重新解构、梳理和组合，提炼要点并向用户传递更易解读的知识；二是积累丰富行业经验的精英和专业人士，可结合自身实践提供专业知识与指导；三是在特定技能上远高于平均水平或在某个兴趣领域有长期积累的知识达人，可输出独有的方法与见解；四是普通用户，在某一点或某一类知识领域有自己的看法，或是单纯做知识传播工作。考虑到知识付费兴起的重要原因在于知识爆炸与降低学习门槛，生产者并不需要是知识的原创者，而是知识的筛选者、解读者与传播者，因此用户获取的也非原始知识，而是被生产者重新诠释的知识。在这个意义上，能提供高品质或独特知识的生产者会建立起魅力人格，具有品牌效应。

生产者与平台之间的关系可分为不同层次。对那些知名的专家学者与行业精英来说，本身就有很大的流量或粉丝，并不依赖于固定平台，两者之间的关系是战略合作，共同提升双方各自的势能。而有的生产者虽然自身具备实力与积累，但却并不具有品牌或市场号召力，需要平台进行包装与推广，平台成为生产者能力与影响力的放大器，有赋能作用，这类生产者对于平台的信任与忠诚度也较高。还有就是由大量普通互联网用户构成的知识生产者，根据平台规则来提供产品并获取收益，平台并不过多干预，是一种自由契约关系。在本研究案例企业中，混沌大学授课教师基本都是各领域的精英，而"得到"上则既有知名专家，也有自身推出的实力专家，剩余的三个平台则是三者兼具，既有知名人士来打造爆款，也有垂直领域的知识明星作为中坚力量，还依靠大量普通作者实现长尾匹配。

（2）企业推出的知识平台是知识付费商业模式的核心构成，承担着价值创造与传递的大部分环节，是实现知识商业价值的枢纽。平台不仅要吸引和协助知识生产者打造知识产品与服务，还要培育市场和促进知识消费，以实现网络效应。因此，对于生产者，平台主要通过流程优化、制度设计与提供工具和标准来提高知识生产的效率，使其可以把精力集中于打磨产品，从而增加知识供给的质量与数量；而对于消费者，平台则需要对知识产品进行包装、发布与推广，保证产品的及时交付并做好服务和用户关系管理工作。

（3）知识消费者是知识产品的用户，其货币化支付是知识付费商业模式形成闭环的关键。除购买产品外，消费者还需要投入时间、精力进行学习才能消化、吸收所学知识，学习效果或产品体验会影响后续的购买决策，继而影响整个行业的规模与发展速度。根据果壳网《2016知识青年报告》，目前知识付费最大用户群体是90后，其中"得到"20~24岁用户占比47.6%，"知乎"为53.1%，"分答"则为50.2%。这些年轻用户具有很强的学习动机与意愿，容易接受知识付费的创新形式，也更愿意分享与传播。因此，企业与消费者之间除交易关系外，企业还会推动建立知识社群以增加用户对平台的黏性，并为平台提供资源支持。例如，"得到"前身拥有巨大的社群基础，社群对企业品牌的信任不仅能降低购买的心理门槛，还会引发连锁需求与口碑效应，使"得到"推出的订阅专栏销售额屡创行业新高。

三、关键活动

围绕知识付费双边平台的交易关系与结构，案例企业主要从事4类活动，以持续高效地提供知识产品与服务，推动知识市场的发展壮大，同时获取自身的竞争优势。由于案例企业的战略定位不同，在各类活动上的具体表现也各有特色。

（1）吸引与孵化生产者。知识付费的基础是知识产品化，能够把知识与经验转化为优质产品的生产者是稀缺资源。特别是那些已经建立声誉的专家、行业精英、达人与明星等，很多能够跨界为企业带来巨大用户量，这对于突破平台初期发展瓶颈和实现网络效应具有重要价值，企业需要凭借自身优势并提供优厚条件来吸引这些头部知识生产者。如"得到"凭借先发口碑和精品化战略，吸引了包括北大、清华的知名教授、企业高管与杂志主编等推出订阅专栏，配备有专职运营人员与高额劳务费。但由于各个领域的头部资源有限，又是争夺焦点，企业还需要孵化新的生产者。特别是那些在特定领域有着良好积累和专业技能的人，如果同时具备知识输出能力，会为平台带来多元化的知识产品，扩大网络效应。企业要主动发掘这种腰部生产者并在技术、产品、包装与销售上给予支持，如喜马拉雅就提供了包括录音、剪辑、发布和增值收益等一整套服务。2018年年初，针对中腰部生产者的现实需求，喜马拉雅又宣布推出"万人十亿新声计划"，未来投入30亿元扶植音频内容创作者。由于知识内容的学习需要占用用户时间，而知识供给的边际成本几乎为零，因此流量最终会向优质知识产品或知识明星集聚，对于优秀创作者的招募与孵化是企业运营的重点活动。

（2）打造产品与制定标准。付费知识产品需要对知识重新解构与包装，以提供独特的价值来吸引用户消费。但由于平台定位不同，这个过程很难由仅具备知识储备的作者独立完成，因此每个案例企业都会不同程度的介入到（重要）知识产品的打造中，很多热销的知识产品其实是企业与作者深度合作的结果。如"得到"的订阅专栏，从确定方向、定义产品到测算知识量级和确定交付格式的全过程，两位企业创始人都会亲自参与。但随着市场逐渐成熟，会出现对各类知识产品的规格、形式与品质等统一的细节性要求，建立相应的产品与技术标准。根据Abernathy与Utterback的研究，产业发展初期，不同厂商会提供各自的产品规格与标准，但市场最终会从中选择一种作为主导设计，促使产业从定制化生产向规模化生产转化，提供主导设计的厂商也往往会成为占据重大市场份额的行业领导者。尽管该结论是否适合于知识付费行业尚无定论，但平台作为知识产品的集中提供者，只有明确了产品与技术标准，才有利于促进知识产品的稳定化供给并控制质量。2017年7月，"得到"向市场公布了品控手册，对平台上的订阅专栏、电子书与精品课等知识产品在多方面进行了详细规定，涉及作者资质、口语编辑、用户逻辑、定位导航、应用场景、音频图文与市场把控等多个维度，对知识产品的标准化进行了探索，这一方面为其他知识平台提供了参考与借鉴，同时也提升了"得到"平台自身的行业地位与影响力。

（3）挖掘与分析平台数据。企业的知识平台作为连接大量知识生产者与消费者的中介，在两者互动中天然会沉淀不同类型的数据，包括基本信息、行为数据与关系数据等，既可以从中归纳出用户需求特征与学习习惯等，建立用户兴趣图谱，也能对知识供给的分布与趋势予以把握。很多知识产品交付时间长，需要一定的学习周期才能完成，用户会因此留下更为细致与更多形式的数据，加之用户同质性较高，分析结果也会更加精准。数据分析有助于平台做出恰当推荐，提高产品与用户及其使用情景之间的匹配，降低使用成本（对音频尤其重要）并优化用户体验。企业还可根据数据分析来把握需求以推出更具针对性的产品，或聚拢数据引入其他盈利模式。如喜马拉雅是音频行业内最早启用大数据技术的平台之一，成立了专门算法团队对搜索与推荐进行系统研发，并推出"猜你喜欢"的个性化推送功能，使得用户使用黏性大幅增强。随着行业规模扩大与数据分析能力增强，数据驱动会成为知识付费平台业务发展的重要引擎。

（4）构建与运营用户社群。社群运营是指企业会促进购买知识产品的用户组成社群并与平台之间建立更多非交易性连接与互动，以积累多层次的社会资本，增加用户对品牌的信任感与忠诚度。对于知识付费而言，具有付费购买知识意愿与行为的消费者在认知等方面具有同质性，知识购买后还有一个学习过程，因此本身有相互交流学习体会与心得的社交需求，有的会自发形成社群；同时，知识产品消费不具有损耗性，同一用户对同一知识产品不存在二次购买，重复交易频率远低于一般性商品市场。加之用户在不同平台间的转换成本很低，企业必须既要鼓励现有用户增加对本平台知识产品的消费，又要吸引新用户加入，在此过程中，构建并运营社群在初期会起到积极作用。在案例企业中，尽管投入程度有差异，但基于知识产品都有相应的社群，还有制度化的设计以吸引用户和促进互动。其中罗辑思维会以论坛形式组织主题学习小组，用户需要打卡签到，专栏主讲会定期答疑；喜马拉雅有听友群；知乎本身就是中国最大的知识型社群，只是部分成员转化为付费用户；分答设有专门社区；混沌大学有学分制、学位制和线下毕业典礼，在学习过程中也充分激励学员互动，如学员之间作业互评等。

四、盈利模式

盈利模式是商业模式的价值获取（Value Capture）环节，主要描述企业如何从创造与传递用户价值过程中获取自身收益的方式与途径，具体表现为在价值网络角色、活动与关系结构确定条件下，企业与利益相关者之间的成本分担与收益分配。知识付费商业模式的盈利模式如表19-5所示。

表19-5 知识付费商业模式的盈利模式

样本企业＼盈利模式	主要成本支出	知识付费收益	平台与作者分成	衍生收益
罗辑思维	硬件成本；平台APP与网站的建设、维护成本；人工成本；营销推广；社群运营；技术支持；其他支出	专栏订阅收入 音频图书销售与订阅 电子书销售、公开课	得到APP和订阅专栏作者的分成比例为各50%	专栏赞助广告商城销售各类货品收入
喜马拉雅		音频专栏订阅收入 音频课程销售收入 会员收入	主播基于节目与广告收益分成比例介于30%到50%之间	首页广告 音频植入广告 自营硬件销售
知乎		直播收入、付费问答、电子书销售与打赏	平台向主讲人收取30%Live分成	问答嵌入广告
果壳网		问答佣金、小讲课酬付费社区订阅	平台按付费问答10%比例抽成	线下咨询
混沌大学		年度固定学费	教师拿固定报酬	少量赞助

从成本构成看，案例企业尽管具体业务形式有所不同，但结构差异不大，主要就是与运营相关的硬件成本、APP及网站建设成本、人工成本、宣传推广成本等。这些成本大都由企业承担，因用户规模与企业战略重点、运营策略不同而在数量上有较大差异。有的企业还会借助用户与社群力量来获取资金、实物与宣传资源等，可以视为是基于社群的成本节约。

收益获取及分配是知识付费的重点，其中用户为知识产品直接付费产生的收益是主要收入来源，可以分为直接购买与会员制两种，前者是用户挑选并对具体知识产品支付，主要有以下四类：一是"得到"与喜马拉雅主推的订阅专栏，用户选定某个专栏并购买后，就会在规定期限内以固定频率接收到相应的知识单元，作者在订阅期间不断更新；二是把知识产品提前制作完成，如"得到"提炼大量纸质书籍的内容并音频化处理，然后作为标准化产品出售；三是直播类知识产品，如知乎Live就是围绕特定主题以直播讲座的形式将知识分享给付费加入的观众，可分为单场与多课时；四是付费问答，如以"分答"作为平台，提问者向作者请教具体问题并获得答案后支付规定价格，旁人可以付费"偷听"答案，知乎的付费咨询也是类似性质。而会员制是用户付费加入会员后可以在规定期限消费企业提供的知识产品，如在混沌大学，学员只要交完学费，就可以在一年内学习所有课程。除出售知识产品的直接收益外，部分案例企业还有因用户聚集而衍生出的间接收益，包括电商、广告与线下咨询、授课等，如"得到"有专门的商城出售食品、图书与日常用品等各种商品，喜马拉雅的很多节目片头会有广告等。很多间接收益模式是传统互联网商业模式的主要盈利模式，但知识付费的重点在于为知识直接付费，这是该行业的重要特征。

在直接收益中，多数案例企业需要把售卖知识所得的相当部分分给知识生产者。这是由于知识产品的制作与传播更多依靠生产者个体的精神加工与努力，无法直接测量与监督，采用分成模式有助于激励生产者提高产品质量。影响分成比例的因素有很多，包括企业地位、企业介入知识产品打造的程度与生产者的讨价还价能力等。但在行业发展前期，为了鼓励产品创作与促进市场发育，会给作者相对高的分成比例。

五、整合框架

上述知识付费商业模式各个维度之间存在紧密联系，共同发挥作用才实现了价值的创造、传递与分享。而汪寿阳等强调环境对商业模式形成和变化具有重要影响，这一点在知识付费商业模式中也得到充分体现。首先，价值主张维度反映了环境变化引发的多样化知识需求，包括知识爆炸、消费升级（更注重精神消费）与人们在工作与生活中的时间日益碎片化等。其次，为了满足这些需求，就需要通过各种具体活动来开发出作为价值载体的知识产品与服务，并推动知识付费市场不断成熟壮大，而这些活动及成效受到平台之间的竞争、大数据技术与社群经济发展的影响。再次，由于创造与传递价值活动并非企业所能独立完成，因此会发展出一个由不同利益相关者构成的价值网络，每个网络节点都代表不同的资源与能力，在协作中形成稳定的关系与结构，其中最重要的资源就是具备知识创作能力人群的认知盈余。最后，当价值创造出来并传递给用户时，需要设计出适当的盈利模式来分配价值，以保证价值网络的所有参与者有足够的激励来继续投入资源并开展更多合作，形成可持续的商业生态。可以看出，四个维度从资源集合、活动转化到价值实现与分享，构成一个闭环结构，并嵌入在外部的技术、经济、社会与市场环境中，知识付费商业模式分析框架如图19-1所示。这个框架可既可以用来描述与评估具体知识付费企业的商业模式特征与绩效，也可以应用于整个产业层面来分析发展趋势与竞争格局。

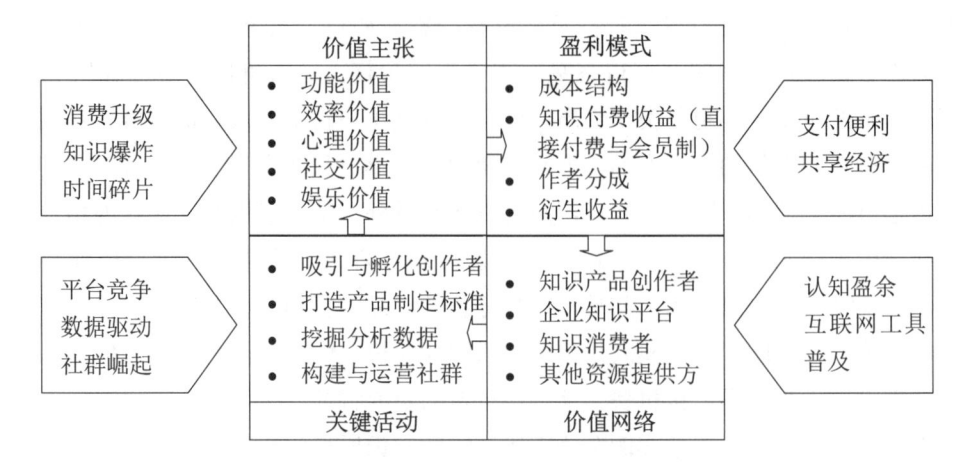

图 19-1　知识付费商业模式分析框架

第四节　结论与建议

知识付费作为中国互联网发展的新兴商业形态，在产品、服务的供给与需求端都既反映出经济社会发展的阶段性特征，也与整个互联网创新与创业的不断推进息息相关，需要建构新的理论来给予解释与引导。本章对中国知识付费行业5个代表性案例的研究表明，知识付费是基于互联网技术与平台对知识进行重新生产与分发，通过满足多样化知识需求来为企业及利益相关者带来直接与间接收益的商业模式，其主要特征与运营逻辑为：①知识付费主要是为满足互联网情境下人们高效率学习知识与技能、缓解心理压力与焦虑、增加社会连接与获取娱乐体验的需求；②企业通过建立知识平台来与不同层次知识生产者建立合作关系以推出知识产品与服务，对知识的重新解构与输出并借此塑造品牌是核心能力；③对高质量知识生产者的招募与孵化、打造产品、数据分析与社群运营是推动平台持续发展的关键活动；④知识付费的主要收益来自对知识的直接支付，由于定位差异而存在多种细分形式，也会衍生出间接收益。

综上，本章归纳的知识付费商业模式构成要素与理论框架既反映出新的时代特征与需求变化，也展现了数字技术和平台协作所推动的新的知识分工与生产模式，为互联网商业模式研究贡献出新的内容。同时，本章对商业模式维度的具体分析明确刻画了知识产品与服务传递的各类价值，辨识出焦点企业与其合作伙伴在价值网络中的角色与作用，详细描述了平台企业的关键活动，这都可为知识付费的企业实践提供参考与借鉴。

由于知识付费刚刚兴起，还存在颇多争议，未来有很大研究空间。首先，在产品与服务层面，由于尚没有明确的行业标准出现，知识产品的开发、设计与创新值得深入探究；其次，在企业层次，由于知识付费创业门槛相对较低，会有更多企业进入该行业，需要归纳影响企业绩效与竞争优势的关键要素及影响机制；最后，在行业层次，由于知识产品既不同于实体产品，也不同于更宽泛的内容产品，给定知识产品与用户偏好的分布，单纯依靠固定用户与固定产品，无法推动产业持续发展。行业发展需要横向的品类与用户扩张，不能依赖于重复交易，这使行业边界会越来越与教育、传媒与出版业等产生融合与交互，未来研究可以深入分析该行业的演化路径与规律。

第20章 中国工业互联网支撑制造业高质量发展的研究报告

国务院李克强总理在 2019 年政府工作报告中明确提出，打造工业互联网平台，拓展"智能+"，为制造业转型升级赋能。工业互联网（Industrial Internet）是制造业数字化的战略支点，[①] 已成为全球各国抢占制造业制高点的共同战略。工业互联网是以互联网为代表的新一代信息技术与工业特别是制造业系统深度融合所形成的新兴产业和应用生态系统。中国工业互联网正处于产业格局未定的关键期、市场培育的窗口期、抢占主导权的机遇期，[②] 但存在工业互联网平台引领力和辐射力不够大、企业深度应用工业互联网不够、工业数据采集能力和大数据建模能力薄弱、工业云平台缺乏标准等突出瓶颈。面对新一轮的全球制造激烈竞争局面，亟须建设低时延、高可靠、广覆盖的工业互联网基础设施，打造跨行业跨领域、具有国际水准的工业互联网平台，超前攻关工业互联网"卡脖子"技术，布局全球领先的工业互联网基础设施，推动工业企业深度应用工业互联网新技术，形成系统化的产业链。全球数字经济发展的热潮已经兴起，建议瞄准中国制造高质量发展的突出瓶颈和实际痛点，规划建设具有国际水准的工业互联网平台及一批行业级、区域级、企业级的工业互联网平台，打造更有国际竞争力的工业互联网平台体系，创新"以平台化驱动数字产业化、服务产业数字化"的工业互联网之路，成为工业互联网与制造业高质量融合发展的全球高地。

第一节 工业互联网嵌入制造的"三维"逻辑

工业互联网是以互联网为代表的新一代信息技术与工业特别是制造业系统深度融合所形成的新兴产业和应用生态系统，是加快推动互联网、大数据、人工智

[①] 王可，李连燕．"互联网+"对中国制造业发展影响的实证研究[J]．数量经济技术经济研究，2018（6）：3-20．

[②] 根据《2018 中国工业互联网创新发展白皮书》，中国工业互联网市场规模达 4709 亿元，同比增长 13.6%，增速领先全球各国。预计未来 3 年，中国工业互联网市场年均复合增长率将达 14%，2020 年达 6964 亿元。李克强总理 2019 年 3 月 5 日在第十三届全国人民代表大会第二次会议上所做的国务院政府工作报告中明确提出，打造工业互联网平台，拓展"智能+"，为制造业转型升级赋能。

能和实体经济深度融合的载体,其实质是以工业生产系统的互联互通为重要基础,通过对工业大数据的深度感知、实时传输、快速计算、高效建模及系统优化,实现智能控制、效率提升和生产方式变革,[1]是构建工业生态系统、实现制造业高端化发展的重要突破口。从宏观维度的逻辑看,全球工业互联网正处在产业格局未定的关键期和规模化扩张的窗口期,美国、日本、德国等发达国家以跨国领头企业为引领,围绕核心标准、技术创新、平台竞争等领域加速布局工业互联网,工业互联网的国际竞争越来越激烈,推动全球工业互联网驶入发展的快车道。[2] 当前应当发挥中国体制优势和市场优势,利用工业互联网的渗透性和融合性特质,推动产业上下游、跨领域的广泛互联互通,促使网络应用从虚拟到实体、从生活到生产的跨越,为网络强国建设提供新的空间。从中观维度的逻辑看,工业互联网是工业数字化和制造业高质量的突破口,已成为新工业革命的关键支撑和深化"互联网+先进制造业"的重要基石,对工业特别是制造业的高质量发展产生深层次和革命性的影响。工业互联网是以数字化、网络化、智能化为主要特征的新工业革命的关键基础设施,加快其发展有利于中国制造的数字化水平提升,通过信息流、数据流驱动技术流、人才流、资金流,更大范围、更高效率、更加精准地优化生产和服务资源配置,促进信息通信技术在制造业全要素、全领域、全产业链、全价值链的融合与渗透。[3] 从微观维度的逻辑看,工业互联网作为像水网、电网、路网等一样的通用性基础设施,通过多维度的信息集成、CPS的广泛应用与工业大数据发展相辅相成,促进信息共享、系统整合和网络化协同,建立从经营系统到生产系统贯通融合的数据流,加强对企业生产全过程的智能决策和动态优化,实现企业生产流程的自动化、个性化、柔性化,提高精准制造、高端制造、敏捷制造的能力,同时催生大量新技术、新业态、新模式和新产业。

第二节 工业互联网嵌入制造的演进方向

工业互联网的核心轨迹是面向企业协同、用户交互及产品服务优化,基于信息系统数据、制造执行系统数据、供应链数据、用户需求数据等高效集成处理和大数据建模分析,实现生产经营的动态优化调整,形成不同场景下的网络化协同

---

[1] Brynjolfsson E, Hitt L M. Beyond Computation: Information Technology, Organizational Transformation and Business Performance [J]. Journal of Economic Perspectives, 2000, 14 (4): 23-48.

[2] 王峰,杨帅. 工业互联网发展态势及政策建议 [J]. 开放导报,2017年(2): 84-88.

[3] 黄群慧,贺俊. "第三次工业革命"与中国经济发展战略调整——技术经济范式转变的视角 [J]. 中国工业经济,2013(1): 5-18.

和智能化制造模式。

一、创新驱动导向：构筑开放创新、资源富集的生态体系

工业互联网平台建设必须突出整体性和生态性，打造信息共享、协同研发、测试验证、咨询评估、数据利用、创业孵化等公共创新服务载体。面向工业互联网未来趋势和工业转型升级需求，进一步提升数据与工业知识、机理、经验的集成创新水平，促进边缘计算、人工智能、区块链等前沿技术在工业互联网中的应用探索，优化制造执行系统与产品全生命周期管理。采取外部合作和开发者培育等方式，打造基于工业互联网平台的生态体系，完善工业互联网的网络连接构架。[①] 激发整个工业互联网生态的内生活力。由先进信息技术企业和优势制造企业联盟打造国家级工业互联网平台，支持部分有较强技术与市场实力的龙头企业建设行业性的工业互联网平台，通过合作、收并购及平台应用开放等方式聚集关键技术企业及培育开发者，实现产业集群化和平台生态化，整合各方资源形成富有竞争力的产业生态系统。

二、产业孵化导向：强基础、建平台、促应用同步推进

工业互联网平台的核心要素包括数据采集体系、工业 PaaS（平台即服务）平台、应用服务体系，需要统筹各个节点综合能力，建设低时延、高可靠、广覆盖的工业互联网，鼓励工业企业进行数字化改造，建立数字镜像，提升设备设施信息化水平。同时，支持工业互联网平台商、制造业骨干企业、信息技术服务商共建产业链，推动垂直领域行业或产业链企业的数据集成应用，优化工业设计、生产制造、精益管理等环节的效率，实现智能制造、网络制造、协同制造。[②] 中小企业业务系统的云化改造和云端迁移也至关重要，最终实现大企业"建平台"与中小企业"用平台"双向迭代、共建共用共享。在发展通用平台解决方案的同时，针对重点领域根据行业特点开展技术分析，对平台应用进行探索和完善，构建面向工业应用场景的工业互联网产业生态，满足不同细分行业和小众领域的需要，使平台价值更加显性化和价值化。

三、制度供给导向：因地制宜实施工业互联网创新战略

制度供给在工业互联网创新及应用中至关重要。目前不仅国家层面出台了工

[①] 余晓晖，张恒升，彭炎，等．工业互联网网络连接构架和发展趋势［J］．中国工程科学，2018（4）：79-84．

[②] 张伯旭，李辉．推动互联网与制造业深度融合——基于"互联网+"创新的机制和路径［J］．经济与管理研究，2017（2）：87-96．

业互联网政策，江苏、广东、浙江、上海等省市也纷纷出台专项政策，工业互联网发展的政策制度体系逐步完善（见表20-1）。从政策比较看，各地不是简单地复制国家的政策，而是创新提出了各有特色的创新战略。例如，上海市主要是实施工业互联网"533"创新工程，即构建"网络、平台、安全、生态、合作"五大体系，落实"功能体系建设、集成创新应用、产业生态培育"三大行动，实现全面"促进企业降本提质增效、推动传统产业转型升级、助力国家在工业互联网发展中的主导力和话语权"三大目标。广东省主要是实施"互联网+先进制造业"行动，推动工业企业运用工业互联网新技术、新模式实施数字化、网络化、智能化升级。江苏省主要是启动工业互联网"528"行动，即打造"网络、平台、安全、生态、支撑"五大体系，以建平台和用平台为核心实施"数字化、网络化、智能化升级"等八大工程。

表 20-1　主要省市工业互联网政策比较

	政策名称	核心内容	量化指标
广东省	《深化"互联网+先进制造业"发展工业互联网的实施方案》《广东省支持企业"上云上平台"加快发展工业互联网的若干扶持政策》（2018年3月）	提出打造平台体系、加强产业支撑、开展应用示范、完善生态体系等6项重点任务，以及支持企业"上云上平台"实施数字化网络化智能化升级、开展工业互联网标杆示范应用推广、促进工业互联网产业生态创新发展3大点11条扶持政策	培育形成20家具备较强实力、国内领先的工业互联网平台，200家技术和模式领先的工业互联网服务商；推动1万家工业企业运用工业互联网新技术、新模式实施数字化、网络化、智能化升级，带动20万家企业"上云上平台"
江苏省	《深化"互联网+先进制造业"发展工业互联网的实施意见》（2018年8月）	启动工业互联网"528"行动，即打造"网络、平台、安全、生态、支撑"五大体系，"建平台、用平台"二大核心，从"夯实网络基础、构建平台体系、推进融合应用、加强产业支撑、强化安全保障"五方面部署八大工程	到2020年建设20个在国内有较大影响力的工业互联网平台、30个行业级工业互联网示范平台；到2025年建成2~3个达到国际先进水平的工业互联网平台，规上企业工业互联网应用覆盖率超90%

续表

	政策名称	核心内容	量化指标
浙江省	《深化"互联网+先进制造业"发展工业互联网的实施意见》（2018年6月）	启动"5+13"工业互联网行动，即"实施建设感知互联的基础网络、培育多级工业互联网平台、建立协同的安全保障体系、增强工业互联网产业支撑、推进工业互联网融合应用"五大任务，"推进工业企业网络改造升级、标识解析应用、培育跨行业跨领域工业互联网平台、提升产品与解决方案供给能力"等13项重点工作	到2020年，培育1个具有国际水准的工业互联网平台，承载10个行业级工业互联网平台；开发集成3万款工业APP，连接4000万台工业设备，服务10万家工业企业；到2025年，创建1个以上具有国际先进水平的工业互联网平台，30个行业领先的特色工业互联网平台，开发集成10万款工业APP，上平台企业数达30万家
北京市	《工业互联网发展行动计划（2018—2020年）》（2018年11月）	实施"535"总体部署，实现"推动规模以上工业企业产线和业务系统上云上平台"等五个目标，开展"推进基础设施与公共服务体系建设、推进高端供给能力建设、推进应用创新生态建设"三个行动，实施"网络建设、平台发展、应用创新、安全提升及生态培育"五大工程	打造1个以上具有国际竞争力的跨行业跨领域工业互联网平台，培育30家以上工业互联网平台及应用服务商。工业骨干企业云平台应用率达到75%，形成20个具有示范效应的工业互联网创新应用案例，开发5万个以上工业APP，重点工业骨干企业工业技术软件化率达到50%
上海市	《上海市工业互联网创新发展应用三年行动计划》（2017年2月）、《上海市工业互联网产业创新工程实施方案》（2018年7月）	实施"533"创新工程，即构建"网络、平台、安全、生态、合作"五大体系，"功能体系建设、集成创新应用、产业生态培育"三大行动，"促进降本提质增效、推动传统产业升级、提升主导力和话语权"三大目标	培育1~2个具有国际竞争力的通用型工业互联网平台，打造15个以上面向重点产业、重点环节的行业级平台，形成50个针对特定行业、特定区域的企业级平台，实现10万家企业上云

资料来源：根据公开资料整理而得。

四、动力生成导向：政府引导、企业主体、协同共生、利益共享

工业互联网平台涉及多元化主体、多领域技术，需要在强化企业主体地位的

基础上，整合政产学研用等各方力量。从实践视角看，主要是建立跨行业、跨领域的新型工业互联网产学研用联盟，利用政府性战略性新兴产业投资引导基金这只"有形之手"，加强对工业互联网核心技术研发、产品服务创新、平台载体建设、应用示范项目等方面的支持，撬动社会资本、风险资本支持工业互联网创新发展。更重要的是，必须打破制约工业互联网建设的体制机制障碍和政策障碍，发挥企业的主体能动性和市场的决定性作用，支持企业以市场化的方式探索新的技术路线、商业模式。[1] 政企合作制定共性关键标准，培育创新中心、开源社区、搭建平台，在确保平台建设自主可控的前提下，支持工业互联网平台开展对接、交流与合作，引导企业加入工业互联网平台生态体系。

第三节　中国工业互联网嵌入制造的路径

工业互联网正处于产业格局未定的关键期、市场扩张的窗口期、抢占主导权的机遇期，[2] 是支撑中国制造弯道超车甚至换道超车的重要突破口。工业互联网通过工业系统全面感知、数据集成、动态传输、实时分析，提高制造业的资源配置效率和核心竞争力，正成为企业竞争的新赛道、全球产业变迁的新方向、大国制造竞争的新焦点。[3] 在新一轮的全球制造竞争格局中，亟须加快建设低时延、高可靠、广覆盖的工业互联网网络基础设施，打造跨行业跨领域、具有国际水准的工业互联网平台，推动工业企业深度应用工业互联网新技术、新模式，形成系统化的产业链和价值链。

一、建设富有国际竞争力的高端工业互联网平台

工业互联网平台是工业全要素链接的枢纽，是制造资源配置的核心，以工业互联网为平台载体的生态链竞争加剧升级，需要我们把握全球工业互联网的竞争格局、技术标准尚未锁定的窗口期，积极抢占基于工业互联网平台的制造业竞争话语权。

（1）建构工业互联网平台体系。工业互联网平台是传统工业云平台的迭代升级，必须打破原有封闭、隔离、固化的工业系统，形成以数据为驱动的智能化工业。借鉴 GE、Simens、ABB、AT&T 等国际制造巨头的路径，建设跨行业跨领域、国际竞争力强的"一站式"服务平台，培育行业级、区域级、企业级等多

---

[1] 李晓华． "互联网+" 改造传统产业的理论基础 [J]．经济纵横，2016（3）：57-63．
[2] 陈肇雄．深入实施工业互联网创新发展战略 [J]．行政管理改革，2018（6）：17-20．
[3] 徐博．转型力量 VS 进化冲突：中国制造业变革发展研究 [J]．社会科学战线，2018（9）：79-84．

级工业互联网平台，汇聚共享设计能力、生产能力、软件资源、知识模型等制造资源，实现IT（信息技术）/DT（数字技术）与OT（自动化技术）的深度融合。产业链上游通过云计算、数据管理、数据分析、数据集成、边缘计算五类技术型企业为平台提供技术支撑，产业链中游通过智能装备、工业制造、通信技术、工业软件领先企业加快平台布局；产业链下游通过垂直领域用户和第三方开发者为平台动能。

（2）构筑工业互联网发展平台。从制造能力共享、供应链集成、质量全过程溯源等共性需求入手，推动区域内企业实施数字化、智能化、网络化推广应用，支持工业园区、产业集聚区、高新技术园区等建设工业互联网产业示范基地。建设低时延、高可靠、广覆盖的工业互联网网络基础设施，促进工业互联网在平台、网络、安全等方面突破关键共性技术，为中国工业互联网应用提供技术策源。

（3）创新工业互联网应用。标识解析系统是工业互联网的"神经系统"，是识别信息、机器、物理空间的基础资源，也是工业互联网互联互通的关键所在。开展工业互联网标识解析的产业化应用，推动工业供应链系统和企业生产系统的高效、精准对接，实现跨行业、跨企业、跨地区的工业产品全生命周期提质增效。加强协同创新，着力破解数据集成、平台管理、微服务框架、建模分析等关键技术瓶颈，整合产品设计、生产工艺、设备运行、运营管理等数据资源，汇聚共享设计能力、生产能力、软件资源、数据模型等制造资源，面向不同行业和场景开发模块化、低成本、快部署的应用服务。

二、广泛推动企业运用工业互联网

平台是工业互联网的核心，在"建平台"的基础上，更为重要的是向"用平台"发力，培育开放共享的工业互联网平台生态。要把工业互联网作为新一轮技术改造的升级版，在工业企业智能化、数字化、网络化改造的基础上，推动工业企业"上平台"，引导企业针对研发设计、生产制造、营销、服务、企业管理等全流程向智能化生产、网络化协同、个性化定制、服务化延伸转变。基于企业现场数据，集成整合生产制造过程智能化应用，实现供应链数据集成和企业数据垂直打通，探索基于网络、数据驱动的生产资源配置新模式，实现生产方式向智能化转变、需求响应向规模定制转变、产品服务模式向全生命周期管理转变。在研产供销服等各环节培育一批工业互联网创新示范企业，鼓励相关市场主体依托工业互联网服务平台和技术积极进行产品、业务、模式创新，针对传统工业门类确立一批细分行业的典型项目开展试点示范，推动建设一批创新活力强、创业环境好、市场影响大的工业互联网特色园区和示范基地。工业软件作为一种工具、要素、载体，为制造业高质量发展建构了一套信息空间与物理空间的闭环赋能体系，实现了物质生产运行规律的模型化、代码化、软件化，使制造过程在虚拟世界实现快速迭代和持续优化。应加快推动工业技术软件化，作为产业数字化的重要抓手，在工业互联互通条件比较成熟的地区开展重点行业（集群）工业技术软件应用试点示范。加快培育工业 APP，实施工业互联网 APP 培育工程，解决工业 APP"卡脖子"瓶颈。

三、超前攻关工业互联网"卡脖子"技术

工业互联网促使万物互联和人机交互，连接量、数据量、运算量均出现指数级的爆发式增长，为产业数字化和数字产业化提供了广阔空间，开辟这片蓝海需要强大的技术支撑。面向工业互联网未来场景，开展工业互联网络、核心智能装备、软件服务平台等共性技术联合攻关，促进边缘计算、大数据、人工智能、增强现实、虚拟现实、区块链等前沿技术在工业互联网中的应用研究与探索。以标准化为制高点的战略布局是工业互联网产业演化的核心技术路线。美国主导构建的国际工业互联网联盟（IIC）会聚 31 个国家（地区）250 多家成员单位，集聚 40 多家跨国企业，已成为全球工业互联网技术标准的掌控者。中国需要及时跟踪全球工业互联网技术创新、产业发展、标准变化趋势，加快工业互联网基础共性标准、关键技术标准和重点应用领域标准的研制（见图 20-1）。加强工业大数据运算技术的研发。工业数据之间的关联并不是数据字段的关联，其本质是物理对象之间和过程的语义关联，需要针对工业大数据多样性、多模态、高通量、强关联等特性，通过"基于云计算的全局优化+基于边缘计算的局部优化"提升工业大数据分析能力。云计算主要聚焦长周期、非实时的工业大数据分析，边缘计算主要聚焦短周期、实时化的工业大数据数据分析。[1] 聚焦重点领域开发工业大数据分析软件，围绕工艺升级、流程优化、质量提升、设备维护、智能排产等应用场景，开发工业大数据分析应用软件。建设工业互联网功能性服务平台，搭建工业互联网试验验证平台，开展工业互联网解决方案评估验证。建立工业互联网产业生态供给资源池，培育一批优质工业互联网平台商和服务商，建立清单化管理动态机制。支持第三方服务机构搭建孵化实验室、融资租赁、解决方案与需求对接等配套服务平台，为不同类型的企业主体提供配套支撑服务。

---

[1] 杨善林，周开乐，张强，等．互联网的资源观［J］．管理科学学报，2016（1）：1-11.

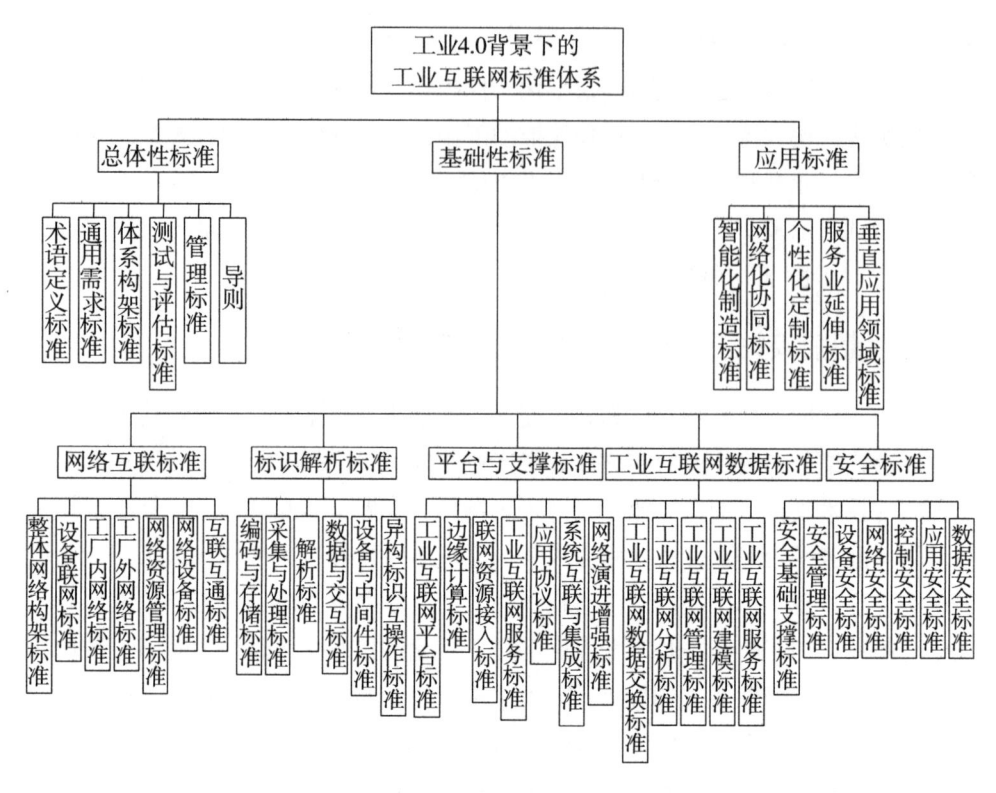

图 20-1　工业 4.0 背景下的工业互联网标准体系

资料来源：工业互联网产业联盟（AII）《工业互联网标准体系构架（1.0）》

四、高水平建设富有国际竞争力的工业互联网基础设施

工业互联网基础设施在深刻改变通信设施发展轨迹的同时，对产业变革和经济变迁也起着至关重要的基础性和先导性作用。从全球看，美国、德国、韩国等发达国家纷纷布局先进工业互联网基础设施。中国应加快推动 5G（第五代移动通信）等新一代网络通信技术应用。广泛推进在产业集聚区、高新技术园区、小微企业园、特色小镇建设低时延、高可靠、广覆盖的基础网络，加快 5G 网络覆盖和试商用，实施光纤宽带万兆进厂区，推动 IPv6 规模实验和试点应用。实施"千兆智联"行动，加快互联网骨干直连点建设，协调推进国家互联网交换中心试点和通信骨干直连点建设，促进国际通信专用通道运用推广。加强企业互联互通改造。以纺织、服装、化工、化纤等中国十大传统产业为突破口，推动工业企业开展基于嵌入式系统和在线服务的设备远程智能监控与维护服务。支持企业通过太网、新型传感器等新型技术装备改造生产现场网络和系统，实现工厂 M2M（机器通信）及与上层应用系统的集成与融合，构建支持工厂透明化生产的信息物理系统，使其具备大规模小批量个性化定制的基础能力。加强企业间产业链协

同，鼓励优势企业以行业云平台和互联网为支撑的互联互通改造，促进基于数据的生产、物流、仓储等环节高效协同，推动从企业内部纵向集成向企业之间横向集成和产业价值链端到端集成延伸，实现跨区域、分布式协同制造。

此外，工业互联网是与水网、电网、路网等一样的信息基础设施，工业互联网设施和平台的构筑，以及推动龙头骨干企业和中小微企业上平台，实现工业互联网价值是最终的落脚点。然而，一旦工业互联网基础设施形成及企业上"云"后，更为重要的是大数据的运算能力、人工智能的融合度，以及大量已知和未知技术的运用能力。换言之，未来工业互联网也将逐渐从1.0版向X.0版演化，逐步重构全球制造业竞争版图，随之而生的产业竞争模式应该是构建"工业互联网+上云+感知+大数据+算法+人工智能"融合体,[1] 打造工业互联网生态圈及产业生态系统，突破传统制造业的生产能力边界及信息、空间、时间等变量约束，重塑制造业的作业方式、业务流程、组织模块及管理模式。这需要基于制造业高质量发展的基本逻辑与运作原理，深度考量未来网络多元技术融合的趋势和工业互联网对未来网络技术的需求,[2] 构建数据驱动的智能网络构架体系，更好地满足数字经济高效性、融合性、安全性特质。

---

[1] 于少华. 工业互联网联网后的高级阶段：企业智能体. 光通信研究, 2019（1）：1-8.
[2] Ahlgren B, Dannewitz C, Imbrenda C, et al. A Survey of Information-entric Networking [J]. IEEE Communications Magzine, 2012, 50（7）：26-36.

第21章 中国中小企业数字化转型问题与建议的研究报告

在大数据、人工智能、工业互联网等为代表的第四次工业革命浪潮下，中小企业与数字经济深度融合已成为中国乃至全球高度聚焦的重大问题。中小企业是中国经济"金字塔"的塔基，量大面广、铺天盖地，是产业转型和跃升的微观基础，中小企业与数字经济深度融合事关中国制造从中低端迈向中高端，也事关中国经济的高质量发展。中国中小企业数量超过3000万家，贡献了全国50%以上的税收、60%以上的GDP、70%以上的技术创新成果、80%以上的劳动力就业，是"六稳"和"六保"的重要支撑力量。党中央、国务院2019年4月印发《关于促进中小企业健康发展的指导意见》，要求推进发展"互联网+中小企业"，为中小企业提供信息化服务。没有中小企业的数字化转型，就没有全面的经济社会数字化转型。中小企业数字化转型是传统产业实现质量变革、效率变革、动力变革的重要途径，对提升中小企业竞争力、促进中国制造业高质量发展具有重要意义。本章分析了中国中小企业数字化转型过程中面临的"不敢转""不想转""不会转""转不好""转得慢"等问题，认为应抓住全球大力发展数字经济带来的战略机遇，加快推进我国中小企业向数字化、智能化转型，实现中小企业高质量发展。

第一节 中小企业数字化转型需要破解的突出问题

中国中小企业与数字经济深度融合面临"内忧外患"的双重窘境，中美贸易摩擦对中国中小企业冲击较大，出口订单减少、销售利润降低，影响了企业数字化投入，同时中国对中小企业数字化转型的政策环境和保障政策还不够完善，中小企业与数字经济深度融合困难突出。

一、中小企业"不敢转"问题

（1）技术改造和设备投入大导致"不敢转"。中小企业数字化转型需要对生产制造流程进行改造，开发成本和后期运维成本较高，企业担心数字化改造影响正常生产经营，无法短期内带来明显利润，只能暂时搁置相关改造计划。

（2）投资回收周期较长导致"不敢转"。中小企业数字化转型过程漫长复杂，大额投入难在短期内取得收益，投资回收期较长，部分中小企业反映，生产线数字化投资回收期大约需15~20年，导致对数字化转型持观望态度。

（3）数据安全隐患导致"不敢转"。有些中小企业担忧第三方数字化平台存在数据泄露、隐私泄露的安全风险，产品数据、运营数据、用户数据等一旦泄露，将给企业带来严重风险和隐患，特别是物联网云服务需要企业将数据采集并传输到云端，存在核心数据泄露导致企业丧失市场竞争力的巨大风险。

二、中小企业"不想转"问题

（1）对数字化转型认识不够。有些中小企业将数字化转型等同于办公自动化，对数字化转型了解不深，有些中小企业甚至没有数字化转型战略方面的考虑。据对5461家中小企业数字化转型的问卷调查，32.3%的中小企业对数字化转型了解不深，50.6%的中小企业暂时没有数字化转型战略方面的考虑。进一步调查发现，22.7%中小企业管理者无转型意识，23.9%的中小企业管理者认为无须数字化转型。

（2）数字化转型规划不足。部分中小企业缺乏系统的顶层设计、战略规划，数字化技改仅限于设备更新、机器换人等方面，未能深入到企业研发、生产、物流、营销及售后服务等环节，不少中小企业内部未设置信息化管理部门或配置信息化专人管理岗位。

（3）数字化转型基础薄弱。中小企业"重硬件、轻软件"现象普遍，信息化建设投入仅停留在硬件的添置上，自动化程度不高，40.6%的中小企业能实现基于二维码、条形码、RFID等标识技术进行数据采集，23.7%的企业实现关键业务系统间的集成，但仅有5.9%的企业采用大数据分析技术。

三、中小企业"不会转"问题

（1）数字化转型人才紧缺。中小企业数字化转型的方案设计、研发、集成及运营人员极为短缺，难以支撑企业数字化转型需求。抽样调查发现，拥有数字化技术服务长期合作机构的中小企业占比不到20%，制订数字化转型方案的中小企业占比仅50%，数字化投入超1000万元的中小企业占比只有12.6%。

（2）数字技术运用不够。纺织、服装、箱包、化工等传统行业的中小企业仍停留在实施ERP、CRM等数字化层次，缺乏MES、PLM等较高层次的应用，存在管理信息化环节缺失、"人、机、物、法、环"数据不全、接口协议不统一等问题，难以形成基于整厂及供应链数字化的个性化定制、协同制造等新兴制造模式。

（3）技术改造投入不足。大量中小企业仍处于低价同质化竞争阶段，信息化投入能力比较有限，难以进行车间工厂的数字化改造。调查发现，中小企业研发费用占营业收入的比重为2.8%，科研经费投入明显不足，必然影响企业数字化转型速度。

四、中小企业"转不好"问题

（1）数字技术应用不够。大量中小企业未安装传感设备、数据集成设备，无法实现数据采集、数据传输、数据挖掘等工业互联的基础功能。根据第四次全国经济普查数据，中小企业数字化装备应用率、信息系统覆盖率、设备联网率分别为45%、40%、35%，远低于大型企业的80%、65%和60%。不少中小企业设计与制造、管理与控制、产供销、决策支持等关键环节的数据集成较少，专业的算法库、模型库、知识库等工具应用不足。

（2）产业链配套不够。市场上的数据转型服务公司提供的多为普适性解决方案，无法满足中小企业的个性化、一体化需求。中小企业相关数字化设备、产品均集中在浅层领域，企业上云大多集中在云存储、云主机等云设施服务领域，而在云桌面、云ERP、云制造等云平台云软件服务方面不足，限制了企业数字化转型的深度。

（3）数字化改造存在设备兼容性问题。同一家中小企业可能涉及多个品牌的工业设备和系统，数据化改造时设备间不兼容现象时有发生。以国内某光学股份有限公司为例，该公司的机床涉及奥地利、日本、德国等多个国家的品牌，不同品牌软硬件难以兼容，且部分设备没有预留端口，也没有获得授权，需要通过加装组件和升级软件才能进行数字化转型。

五、中小企业"转得慢"问题

（1）第三方服务能力不足。大部分中小企业缺乏自主设计、规划数字化转型方案的能力，往往需要通过购买第三方服务开展数字化转型。但对于能帮助中小企业进行数字化转型的第三方服务商而言，他们更愿意将目标转向大中型企业，目前从事数字化转型服务的第三方服务商数量较少，服务层次不高。

（2）数据服务平台不完善。众多软硬件平台系统开发时间不同，企业间应用存在差异，平台系统间相互独立，数据交互共享存在难度。部分中小企业数据采集面窄，尚未构建覆盖全流程、全产业链、全生命周期的工业数据链，订单、物料、生产、设备、成品、客户等数据分散在独立的业务系统中，各环节系统无法做到有效联通，形成企业内部大大小小的"数据孤岛"。

（3）数字化转型权威标准缺乏。中小企业的技术、装备、系统的标准规范体系不完善，缺乏统一的技术标准、数据接口标准，设备与设备之间互联互通十分困难。同时，工业装备种类繁多、生产厂家众多、应用场景复杂，不同环境有不同的工业协议，数据格式差异较大，兼容起来困难重重。以工业以太网协议为例，目前五个主流的工业以太网协包括 Ethernet/IP、PROFINET、POWERLINK、EtherCAT、SERCOSIII，工业设备互联互通需转换通信协议才能实现上云联通，严重制约了中小企业上云进程。

第二节 深度数字化转型的维度考量

数字经济有利于中小企业技术创新和模式创新，提质降本增效，为中小企业的质量变革、效率变革、动力变革提供了契机。人工智能是新一轮科技革命和产业变革的重要驱动力量，是事关我国能否抓住新一轮科技革命和产业变革机遇的战略问题。推动中小企业与数字经济深度融合，必须把握以下几个维度。

（1）把新兴信息技术的广泛应用作为中小企业转型升级的战略方向。众所周知，新一代信息技术在中小企业的渗透融合催生了一系列基于互联网的新模式和新业态。个性化定制在纺织服装、鞋帽袜业、家居家电等行业领域广泛应用，服务型制造模式成为化工化纤、装备制造、船舶修造等传统行业转型升级的新路径，制造业"双创"平台促进行业龙头企业与中小微企业通过"平台"实现深度融合，有效带动跨企业、跨界融合发展。

（2）把上云作为中小企业的战略制高点。中小企业上云实现了企业快速的转型升级，对中小企业智能运营、降低成本、开拓市场至关重要。特别是云计算在企业生产、经营、管理、决策等领域的普及应用，促使企业降低生产成本、提升竞争力、加快转型升级。应当以补短板、提质量、上水平、扩市场为方向，推动中小企业加快上云的步伐，进一步突出深度用云的战略导向，支持企业管理系统、业务系统加速向云端迁移，促进中小企业的数字化转型。

（3）把"短平快"的信息化改造作为中小企业与数字经济深度融合的先行棋。中小企业与大中型企业的比较优势不同，信息化的侧重点有所差异。大中型企业的信息化改造主要是以信息系统的综合集成应用、智能工厂、大数据挖掘利用、供应链协同等为重点，利用人工智能、大数据、云计算、工业互联网等新兴技术的融合应用，实现企业的组织变革、模式创新及价值增值，全面提升企业整体信息化水平和综合竞争力；中小企业的信息化建设则主要以推进 ERP、MES、SCM 等核心信息系统为重点，实现关键业务的信息化覆盖。

（4）把行业的差异性作为中小企业信息化提升的重点考虑因素。不同行业因行业结构、生产特征、发展需求等条件各不相同，两化融合发展的水平呈现明显的差异化特征。电力电子、装备制造、生物医药、化工化纤等相关行业的两化融合发展水平较高，但重点各有侧重，主要围绕智能制造、互联网化、大数据开发等方面进行转型；纺织服装、电力电子、装备制造等相关行业的信息化专项规划制定比例较高，行业内企业选择符合实际的信息化发展路径；电力电子、装备制造、纺织服装等相关行业的 ERP 普及率处于前列，行业内企业 ERP 的功能模块应用逐步深化拓展。

（5）把电子商务、工业互联网等运用作为中小企业数字化转型的一致行动。目前，纺织服装、化工医药、装备制造、电力电子等领域的电子商务普及应用比例较高，行业内企业积极利用电子商务平台开展在线业务，进行商业模式创新；工业设备联网率方面，化工医药、纺织服装等行业的装备数控化率和工业设备联网率较高，行业内企业进行生产装备信息化、数字化水平改造的动力比较强；企业上云普及率方面，家居建材、食品饮料、纺织服装等行业企业上云普及率领先，行业内企业加快利用云产品推进数字化转型。展望未来，电子商务、工业互联网将作为基础设施，成为中小企业发展必不可少的组成部分。

第三节　对策与建议

中小企业与数字经济的深度融合是经济提质增效升级的重要方向，要抓住全球大力发展数字经济带来的战略机遇，借鉴欧盟、德国、日本等中小企业转型发展的有益经验，加快推进中国中小企业向数字化、智能化转型。

一、建设中小企业数字化技术改造平台

依托龙头企业、互联网企业、行业协会、高校院所、云服务商等各方力量，建立中小企业数字化技术改造产业联盟，推动产业链上下游之间数据的互联互通，促进中小企业生产要素数字化、生产过程柔性化及系统服务集成化。支持龙头企业整合行业云服务商、智能制造服务商等优势资源，搭建面向本行业的数字化转型赋能中心等公共服务平台，为中小企业提供精准适用的个性化解决方案，形成大中小企业协同转型发展的格局。培育数字信息工程服务公司，为中小微企业提供数字化产品、数字化技术、数字化应用解决方案。建设资源共享、能力开放、业务协同的工业互联网平台，制订出台工业技术软件化行动计划，实施工业互联网 APP 培育工程，解决工业 APP 的"卡脖子"瓶颈。

二、降低中小企业数字化转型成本

运用国家智能制造成熟度模型，分行业分层级筛选、培育一批具有示范意义的标杆项目。广泛征集数字化解决方案，协调开展重点数字化技术攻关，为中小

企业提供高质量、低成本的解决方案。按照优胜劣汰、动态管理原则，征集发布数字化工程服务推荐目录，支持互联网巨头企业、制造业龙头骨干企业、传统软件企业参与中小企业数字化改造市场。通过购买服务、技术改造贷款贴息等方式鼓励中小企业与服务平台合作，解决数字化生产过程中的技术难题。针对传统数字化改造投资大、周期长、运维复杂问题，鼓励数字工程服务机构、工业互联网平台发展模块化、订阅式的数字系统，为中小企业提供成本低、见效快、集成灵活、升级便捷的云产品和云服务。

三、积极推进中小企业智能化改造

中小企业智能化改造不是选择题，而是必答题。借鉴德国、日本等中小企业智能化做法，探索实施"中小企业数字化赋能行动计划"，推进"智能+"中小企业，实施中小企业智能化改造工程，建设智能制造单元、智能生产线、数字化车间及无人车间、无人工厂，推动数字化新技术、新工艺、新装备在中小企业应用推广，实现企业生产方式向柔性化、智能化、精细化转变。顺应生产链和供应链全球化的态势，创新"互联网+制造"模式，建设制造资源网络化协同平台，培育发展协同设计、众包设计、协同制造、云制造、虚拟仿真、虚拟制造等新业态，促进中小企业生产设计、物流、仓储等环节高效协同，促使供给侧与需求侧精准匹配。基于智能产品和智能装备，为广大中小企业提供远程运维、质量诊断、过程优化等在线服务，促使向"智能制造+智能服务"转型升级。

四、支持中小企业应用工业互联网

上云是中小企业数字化的重要支撑，也是中小企业高质量发展的突破口。促进中小企业上云、用云，重中之重是推广设备联网上云、数据集成上云等深度用云，助推中小企业数字化转型。利用工业互联网平台整合制造商、供应商、销售商、物流服务商和客户资源，推动中小企业与龙头骨干企业之间生产制造、客户管理、供应链管理等系统的横向集成，汇聚共享设计能力、生产能力、软件资源、知识模型等制造资源，推出面向不同行业、不同场景的模块化、低成本应用服务。建设共性技术研发、测试验证、数据利用、咨询评估、创业孵化等公共创新服务综合体，为中小企业提供咨询服务，促进从"资源上云"向"管理上云""业务上云""数据上云"迭代升级，形成智能化生产、网络化协同、个性化定制、服务化延伸等应用模式。落实国家减负降成本政策，降低中小企业互联网专线接入资费水平，鼓励基础电信运营商与中小企业合作，提供面向不同场景、不同需求的个性化、差异化资费套餐与服务模式。

五、构建中小企业的全产业链数据共享圈

围绕产业链开发数字化运营方案，实现研发、设计、采购、生产、销售、物流、库存等业务在线协同。紧扣中小企业转型的痛点和难点，加快推广集中采购、共享生产、协同制造、智慧物流、新零售等解决方案，构建线上采购、线下配送、智慧物流相结合的供应链网络。支持中小企业加快传统制造装备联网、关键工序数控化等数字化改造，优化工艺流程与装备技术，建设智能生产线、智能车间和智能工厂，实现全产业链精益生产和协同制造。创建中小企业数字化创新示范园，支持中小企业基于产业集群，与供应链上下游企业打通不同系统间的数据联通渠道，实现数据信息共享、制造资源共用、生产过程协同。搭建行业内和行业间的共享信息平台，依托线上对接平台，完善公共服务+中小企业体系。

六、加强中小企业园区数字化改造提升

探索建设数字化中小企业园区，培育数字经济领域科技企业孵化器、大学科技园、平台型龙头企业，建成一批面向中小企业高质量发展的特色小镇、"双创"示范基地和众创空间，孵化数字经济领域的科技型中小企业。基于大型龙头骨干企业数字化转型平台，构筑面向中小企业的数字化赋能平台，通过大企业"建平台"和中小企业"用平台"双轮驱动，推动中小企业园区数字化资源协同和对接。创新园区数字化资源共享模式与机制，强化数字技术对中小企业的黏合、承载及赋能，推广协同制造、协同研发、协同采购、协同供应链，降低中小企业数字化改造的难度和成本。探索公共服务"零上门"机制，开发应用中小企业园数字化管理服务平台，建立园区共建共享的数据资源体系、先进的信息技术体系、协同有效的政策制度体系、科学统一的标准规范体系，为中小企业生产经营提供高效精准的服务。推动园区软硬件一体化部署，加强园区公用设施、环卫设施、地下管网等基础设施数字化改造，建设市政设施管理感知网络系统，实现建筑管理、能源管理、污染排放管理、安全管理等数字化智慧化，形成高效、普惠、精准的中小企业数字化智能化公共服务体系。

七、落实对中小企业数字化转型的政策扶持

研究制定《中小企业数字化促进条例》，为中小企业数字化改造和提升提供法律保障。借鉴欧盟"创新券"做法，由地方政府发行"创新券"，鼓励中小企业利用"创新券"开展智能化改造、跨境电商、供应链运作。借鉴德国《数字化战略2025》经验，设置中小企业数字化投资项目，建设中小企业数字化赋能中心，纳入"中小企业创新计划"和"中小企业未来行动计划"。落实中小企业

税费优惠政策，扩大政府购买数字化服务范围，对中小企业数字化转型投入视同研发投入给予政策支持。引导金融机构针对中小企业数字化转型提供专项授信政策，推出"融资、融物、融服务"的产业数字化金融解决方案。打造数字化公共技术服务平台，整合各类数字化技术、人才、资本信息和资源，促进中小企业与数字技术资源对接，有效解决数字化转型中"找得到、用得起、精准化、有保障"的问题。积极推动公共数据资源向中小企业开放，面向中小企业园、专业市场建设行业性数据中心，推动专业领域行业数据高端要素和数据资源汇聚，培育数据交易市场，构建完善的行业数据产业生态，为中小企业数字化转型提供支持。

第 22 章 中国数字经济独角兽和超级独角兽企业发展的研究报告

"独角兽"是指尚未在主板市场上市、在私募股权市场估值超过 10 亿美元的创业创新企业,[①] 具有指数型增长潜力,是新技术、新模式、新业态、新产业的开拓先锋,对区域经济结构优化、高质量发展具有重要引领作用。近年来,以数字经济为标志的新经济发展方兴未艾,互联网、大数据、人工智能与实体经济融合蝶变,涌现出一大批高速成长的独角兽企业,新产业、新经济发展态势良好。本章着重分析了中国数字经济领域独角兽企业发展面临的主要问题,建议有关部门聚焦数字经济高质量发展,加快培育独角兽企业,为中国数字经济发展提供政策支持。

第一节 数字经济独角兽企业的四大趋势性特征

在新一轮科技革命和产业变革的宏观背景下,中国独角兽企业数量和规模出现爆发式增长,既遵循新经济、新业态发展的一般性规律,也具有明显的地域特色和时代特征,实地调研发现,四大趋势性现象值得关注。

一、数字驱动的新业态、新模式创新是独角兽企业爆发的主要方向

中国数字经济发展走在全球前列,与美国共同构成全省数字经济竞争的"双子星",特别是互联网、跨境电商、智慧安防、大数据产业发展全球领先,爆发了一批快速成长的"互联网+"业态和模式创新独角兽企业。随着大数据、云计算、区块链、人工智能等前沿技术的进一步深入应用,分享经济、智能经济、数字经济领域将成为独角兽企业爆发式增长的重点领域。

二、以阿里巴巴、腾讯、百度等为核心的大企业是独角兽企业的重要孵化平台

平台型企业围绕产业链上下游,通过业务拆分、并购收购、风险投资等孵

[①] "独角兽"这一概念最初由美国著名投资人 Aileen Lee 于 2013 年提出,主要是指发展速度快、稀少、投资者青睐的初创企业。一般认为,独角兽企业就是指估值 10 亿美元以上的初创企业,满足创立时间较短(10 年以内)和未上市两个特征。应该说,独角兽企业既是科技创新驱动的得益者,也是未来科技变革的引领者。

化，成为中国独角兽企业的重要源泉。阿里巴巴直接拆分培育出蚂蚁金服、口碑网、钉钉、淘票票、阿里云等多家独角兽企业，且财富、人才溢出效应明显，据统计有78%在杭创业者曾经在阿里工作，80%左右的独角兽企业创始人团队来自阿里。超级企业的孵化平台将继续在今后独角兽企业培育中发挥重要作用。

三、一流创业创新生态将是独角兽企业诞生成长的关键因素

创业创新生态成为孵化独角兽的重要因素，世界一流园区成为独角兽的成长高地。例如，上海张江高科、杭州滨江、北京中关村、深圳南山区、武汉光谷等高新区都拥有集聚高端要素特别是顶尖人才的较高能级，具有鼓励创业创新的良好文化氛围，能形成创新资源良性循环的生态系统，为独角兽企业提供了诞生成长的"热带雨林"系统。

四、风险投资成为独角兽企业迅速壮大的关键因素和加速器

"天使""VC"等创新资本是独角兽企业快速成长的"饲料"，80%以上的独角兽企业经历了2轮以上的融资，创新资本和独角兽企业越来越成为共生共荣的"孪生兄弟"。估值65亿元以上的独角兽企业基本上经历过B轮以上的私募股权融资，其规模获得迅速扩张，盈利能力逐步增强，估值水平较快提升并得到资本市场认可（见表22-1）。

表22-1　2020中国独角兽企业TOP50

排名	企业	成立时间	领域	地区	估值（亿元）	排名	企业	成立时间	领域	地区	估值（亿元）
1	蚂蚁金服	2000年1月	金融科技	杭州	13860	9	比特大陆	2013年1月	区块链	北京	970
2	字节跳动	2012年3月	传媒娱乐	北京	5200	10	小屋信息	2017年11月	房产服务	天津	690
3	小桔科技	2012年7月	汽车出行	北京	4000	11	车好多	2015年7月	电商零售	北京	620
4	陆金所	2011年9月	金融科技	上海	2700	12	京东数科	2012年9月	金融科技	北京	608
5	菜鸟网络	2013年5月	物流服务	深圳	2000	13	苏宁金融	2006年12月	金融科技	上海	560
6	快手科技	2015年3月	传媒娱乐	北京	1980	14	商汤科技	2014年11月	人工智能	北京	520
7	大疆创新	2006年11月	硬件设备	深圳	1660	15	云杉世界	2014年12月	电商零售	北京	480
8	微众银行	2014年12月	金融科技	深圳	1500	16	满帮集团	2017年12月	物流服务	贵阳	450

续表

排名	企业	成立时间	领域	地区	估值（亿元）	排名	企业	成立时间	领域	地区	估值（亿元）
17	威马汽车	2016年12月	汽车出行	上海	410	34	每日优鲜	2014年1月	电商零售	北京	200
18	微医云	2016年3月	医疗健康	杭州	380	35	度小满	2016年4月	金融科技	西安	200
19	优必选	2012年3月	人工智能	深圳	350	36	地平线	2015年7月	人工智能	深圳	200
20	柔宇科技	2012年5月	硬件设备	深圳	350	37	搜车网	2012年11月	汽车出行	北京	200
21	联影医疗	2011年3月	医疗健康	上海	330	38	深兰科技	2012年8月	人工智能	上海	200
22	自如	2015年1月	房产服务	北京	310	39	车和家	2015年4月	汽车出行	北京	200
23	橙行智动	2015年1月	汽车出行	广州	280	40	爱回收	2010年5月	电商零售	上海	170
24	知乎	2011年6月	传媒娱乐	北京	240	41	寒武纪元	2014年9月	人工智能	北京	170
25	喜马拉雅	2012年8月	传媒娱乐	上海	240	42	拜腾汽车	2017年12月	汽车出行	南京	170
26	奇安信	2014年6月	信息技术	北京	230	43	准时达	2010年1月	物流服务	成都	170
27	云从科技	2015年3月	人工智能	广州	230	44	依图科技	2012年9月	人工智能	上海	150
28	银联商务	2002年1月	金融科技	上海	220	45	葆扬投资	2013年4月	电商零售	广州	150
29	小船出海	2015年6月	教育服务	北京	200	46	呼哧智能	2015年6月	金融科技	杭州	150
30	猿力教育	2012年3月	教育服务	北京	200	47	麒麟合盛	2014年9月	软件服务	北京	120
31	小红书	2013年8月	电商零售	上海	200	48	马蜂窝	2007年11月	旅游服务	北京	140
32	优客工场	2015年4月	企业服务	北京	180	49	新潮传媒	2007年4月	传媒娱乐	成都	140
33	奇点汽车	2014年1月	汽车出行	上海	200	50	同盾科技	2012年1月	企业服务	杭州	140

资料来源：iiMediaResearch发布的《2020中国独角兽榜单TOP100》。

第二节　中国数字经济领域独角兽企业发展面临的主要问题

中国独角兽企业虽然发展势头十分迅猛，但是快速成长中遇到的市场准入、资本对接、政策支持、核心技术等问题需引起重视，这些问题能否解决某种程度上决定了独角兽企业是否具有可持续发展能力和核心竞争力。从调研的情况看，主要包括以下问题。

一、核心技术不够强

中国数字经济领域的独角兽企业在大数据、云计算、人工智能等技术应用方面能力较强，业态创新、模式创新、产品创新的优势比较突出，但在核心技术、关键技术、前沿引领技术等硬科技、黑科技方面创新不足。高端设计及制造领域的芯片研发能力滞后于美国等发达国家，新能源汽车、增材制造、智能硬件、生物制药等高端制造核心技术掌握不足，不仅影响数字经济产业链和价值链提升，也影响高端项目引进和高端人才集聚。

二、准入门槛不够宽

大数据+金融、大数据+教育、大数据+医疗、大数据+文娱、大数据+交通等新业态、新模式普遍存在行业准入、业务许可等问题。金融科技领域，网络支付、网络小贷等牌照发放和备案均已暂停。医疗健康领域，医疗支付、进入医保、医疗云建设准入等遇到较大困难，生物制药、医疗器械、医药新产品不仅研发投入大、周期长，而且面临新药审批时间长、新产品进入医保难等问题。教育领域，企业提供在线服务时存在培训业务准入风险。文娱领域，互联网和大数据业务遇到内容审核、业务许可等制约。新能源汽车领域，由于缺乏整车生产牌照，只能与传统车企合作代工生产。

三、资本对接不够通畅

大部分独角兽企业因创立初期大量"烧钱"形成"资本深坑"，处于亏损或盈亏平衡，引入战略投资时往往设置同股不同权的 AB 股，但这不符合现行 A 股市场上市发行制度。在境外资本对接方面，受制于中国较为严格的资本项目外汇管制，数字经济领域的独角兽企业通过海外并购重组实现对国外技术、专利、品牌、人才等高端要素快速整合的渠道不畅。此外，在"去杠杆"和金融风险攻坚战的大背景下，市场化风险投资基金普遍谨慎投资，政府引导母基金和市场化风险投资基金对数字经济独角兽企业的支持不足。

四、政策配套不够精准

独角兽企业发展势头迅猛，但各地在人才保障、办公厂房、硬件设施、软件配套等往往跟不上。芯片制造、人工智能、金融科技、量子通信等数字经济领域的顶尖人才政策吸引力不够。税收政策方面，部分独角兽企业反映，营改增后总体税负仍较重，如金融科技领域企业普遍反映税负比传统金融机构要高。科技立项、财政奖补、政府采购等对独角兽企业的支持力度需要加大。此外，尽管中国大力实施国家"千人计划"，大力从海外引进高层次人才，但却频频面临美国等发达国家的百般阻挠和严重打击，需要制定更加严密的人才保护政策方案。

第三节 对策与建议

在产业结构变迁和经济结构调整的背景下，应当把加快培育发展独角兽企业作为以新经济为引领的现代经济体系的重要抓手，以改革创新的思维和前瞻性视野，构筑独角兽企业成长壮大的生态优势，打造动能强劲、特色鲜明的"独角兽企业群落"，培育更多千亿级超大企业、形成重量级的新兴产业。

一、建立独角兽数据库和培育库

加快建立独角兽企业数据库，实施独角兽企业培育工程，重点扶持在人工智能、区块链、量子通信、虚拟现实、智能制造等数字经济领域颠覆性创新的独角兽企业。对技术领先、发展势头迅猛、辐射力强的准独角兽企业"一事一议"，大力培育"新生代独角兽企业"，对通过认定的独角兽高新技术企业给予认定和奖励。平台型企业通过产业链上下游业务拆分和并购重组成为孵化独角兽企业的重要源泉，中国平台型企业孕育的独角兽企业多达31家，占全国独角兽企业总量的24%，总估值2182亿美元，占比超过44.7%。大力支持"平台型"企业发展，依托平台型企业强大的资金集聚、资源整合以及成熟的流量、渠道、变现能力，打造"平台型企业+X独角兽企业"的孵化生态。

二、构建独角兽企业"苗圃—孵化器—加速器—产业园"接力式孵化链

发挥上海张江高科、北京中关村、深圳南山区、杭州滨江区等一流科创平台的集聚效应和辐射效应，搭建科技创新要素资源良性循环的生态系统，为独角兽

企业提供"保姆式"全程服务和良性竞争的"热带雨林"①。积极举办全球独角兽企业大会、国际独角兽企业峰会、全球独角兽企业产融对接大会等高端交流合作平台,定期发布"全国独角兽企业榜单"和"全球独角兽企业发展报告"。实施名企名校名院名所独角兽企业培育工程,支持世界500强、中国企业500强、民企500强投资孵化独角兽企业,鼓励中国科学院、中国工程院、清华大学等名院名校进行科技创新成果产业化。建立国际创新资源要素集聚平台,鼓励到美国波士顿、以色列特拉维夫、印度班加罗尔等地设立海外产业基金、孵化器、离岸"双创"中心等,引进跨国公司、国际组织、国际知名高校院所来中国创办独角兽企业。

三、加强对独角兽企业的政策支持

顺应独角兽企业爆发式、颠覆性、自成长规律,清理和简化数字经济领域的前置审批等行政许可事项,② 探索在行业准入、商事登记、业务许可、内容审核、行业监管等重要环节形成改革试点。制定科技专项和财政奖补政策,探索五年内给予年度新增税收的地方留成部分按一定比例财政奖补,参照小额贷款公司给予金融科技企业适度财政奖补支持。创新针对独角兽企业的土地拍卖出让办法,支持条件成熟的地区建设独角兽产业园。设立独角兽企业创投引导基金,完善政策性担保和周转基金政策,加快推进创投引导基金及子基金与国际一线投资机构合作。③ 鼓励各类金融机构针对独角兽企业提供个性化金融创新产品,加快推进投贷联动试点。制定数字经济高层次人才专项政策,针对独角兽企业高端人才个人所得税的地方留成部分按一定比例给予财政返还,加大人才租赁房、国际化学校、国际化医院等配套政策扶持。

四、支持独角兽企业对接资本市场

根据科创板政策和方向,探索开通超级独角兽、独角兽、准独角兽分类登陆

---

① 聚焦打造"独角兽企业成长乐园",谋划"独角兽企业培育发展工程",规划建设若干个独角兽企业产业园区,明确"独角兽企业群落"发展目标,如五年内实现估值65亿元以上的独角兽企业和估值6.5亿元以上的准独角兽企业数量翻番、总估值翻番,推动一批独角兽企业海内外上市。

② 进一步放宽行业准入门槛,把"互联网+医疗、互联网+教育、互联网+文娱、互联网+交通、互联网+民生服务"等领域纳入改革盘子,规范前提下适度放宽医保支付、医保目录、在线教育、竞技彩票等领域市场准入,提升社会民生领域的市场供给能力。

③ 应当进一步落实《关于促进创业投资持续健康发展的若干意见》(2016年国务院53号文件),创新完善商事制度、税收抵免、国有创投管理、投贷联动等重点环节政策,设立做强生物制药、人工智能、智能硬件、高端制造等领域的专项引导基金,积极参与大型企业主导的专业性产业基金。

科创板的绿色通道。开展数字经济独角兽快速上市改革试点,支持营业收入不低于30亿元人民币且估值不低于200亿元人民币,以及拥有自主创新国际领先技术、在同行业竞争中处于领先地位的独角兽企业作为优先上市辅导对象。[①] 加快推进独角兽企业在境内外并购重组,借助国家"一带一路"倡议,推动以高端技术、高端人才、高端品牌为重点的跨境并购。积极支持独角兽企业围绕上下游产业链并购优质资源、优质标的、优质项目,促使独角兽企业快速提升市场竞争力。

---

① 在独角兽企业发展加速的时期,应加强与港交所、美国纳斯达克等交易所的战略合作,及时对接和把握证监会关于对创新型企业的上市政策,积极为独角兽企业上市提供政策服务,加强对独角兽企业高管团队的上市政策培训,拓宽创新型企业特别是互联网企业的上市通道。

第23章 民营企业数字化转型的研究报告

数字经济是世界经济的未来。[①] 在新一代信息技术嵌入经济高质量发展过程中,数字经济出现了历史性的井喷式和爆发式发展,数字技术和商业模式迭代速度加快,中国经济逐步从传统经济向数字经济转型,[②] 民营企业数字化转型无疑也迈上了快速发展之路。在这一过程中,数字化理念和技术对民营企业带来了机遇和挑战,必须针对民营企业数字化转型的堵点、痛点和难点,坚持需求导向、问题导向、绩效导向,构建政府引导、平台赋能、企业应用、多元服务的联动机制,通过更加普惠的数字化赋能,构建数字化转型的生态系统,激发民营企业数字化转型的内生动力。

第一节 数字化转型是民营企业高质量发展的关键路径

一、数字化转型是民营企业提升核心竞争力的新引擎

浙江省民营企业正在经历从要素驱动向创新驱动转型升级的阵痛期,由数字化、网络化、智能化引导的"新工业革命",既为民营企业转型升级提供了战略性机遇和方向性指引,又提供了源源不断的创新动力和技术手段。数字化转型对企业内生性、长远性的提质增效具有巨大作用,民营企业面临的创新能力不足、生产成本上升、融资困难、出口严峻等问题,迫切需要通过数字化改造提质降本增效,形成新的竞争优势。

二、民营企业数字化转型是浙江高质量发展的新动能

一批优秀民营企业抓住数字化机遇,已逐渐成为浙江省新旧动能转换的关键

[①] 全球企业市值最高的10家公司中,7家为数字企业,包括苹果、谷歌、微软、亚马逊、脸书,还有中国的阿里巴巴、腾讯。当前,全球主要发达国家及地区都在积极布局企业数字化战略,力图抢占发展先机。

[②] G20杭州峰会发布的《二十国集团数字经济发展与合作倡议》指出,根据数字化发展程度,企业数字化的发展阶段基本上划分为信息数字化、业务数字化、数字化转型。数字化转型不仅拓展新的经济发展空间,促进经济可持续发展,而且有利于传统企业改造提升,是民营企业转型升级的不二选择。

力量。发挥这些龙头企业的示范作用,带动广大民营企业实施数字化转型,是浙江省高质量发展的重要着力点。[①] 同时,民营企业数字化转型也为浙江省数字产业化带来了巨大需求,无论是工业互联网的网络、平台、安全体系的应用,还是新型工业软件、工业APP和工业大数据解决方案,都有广泛的需求潜力,是进一步拓展浙江数字经济已有优势的新空间,也是推动浙江省高质量发展的新蓝海。

三、民营企业数字化转型是浙江省全面实施数字经济"一号工程"的主阵地

浙江省数字经济发展中存在着较明显的不均衡问题,差距主要在于一些地区数字经济融合部分发展还不充分,量大面广的民营企业数字化转型滞后。缺乏人才、资本、平台等优势的地区发展数字经济,应聚力聚焦在产业数字化。民营企业是数字经济的重要实施主体,加快民营企业数字化转型,对克服浙江省数字经济发展中存在的不充分、不平衡问题,全面打造国家产业数字化转型示范区,具有广泛和直接的促进作用。

第二节 民营企业实施数字化转型的短板与不足

热问题需要冷思考,尽管浙江省实施了数字经济一号工程,数字经济发展十分迅猛,但也要清醒地认识到,当前数字经济发展仍然面临核心技术创新能力不强、制造领域的融合应用深度不够、地区发展不平衡、数字基础设施支撑不足等问题。对此,加长板、补短板,抓住数字经济发展的时间窗口,不断提高数字经济综合实力,加快形成引领未来发展的新优势。

一、民营企业数字化转型的能力与内生动力不足

从调查情况看,当前的数字化转型的成效主要体现在一些大型龙头企业和示范企业,还没有实现较大面积的推广。大多数中小企业数字化转型尚处在起步阶段。机器换人、企业上云等行动还主要局限在企业单体层面应用上,大部分企业的数字化技术与经营管理人才短缺,职工数字化素养不高。不少民营中小企业认为,数字化投资回报周期长、转换成本高、见效时间慢,普遍存在数字化转型顾虑多拍板难、数字化技改投入能力弱、技改后数字化生产线维护难等问题,缺乏数字化转型的内生动力。

[①] 发展数字产业必须发挥企业的市场主体作用,加大领军企业的培育支持力度,鼓励领军企业做大做强,加大高成长企业的扶持力度,促进独角兽企业、准独角兽企业快速成长。

二、民营企业数字化转型的服务支撑能力不够强

核心自主技术是数字经济发展的"牛鼻子"。国家层面反复强调,"关键核心技术是要不来、买不来、讨不来的""互联网核心技术是我们最大的'命门',核心技术受制于人是我们最大的隐患"。从工业互联网而言,基础体系尚不完善,核心工业软硬件、工业云和大数据平台、系统解决方案供给能力不足,现有的信息工程服务公司和智能制造系统解决方案供应商还不能满足各行业的民营中小企业数字化转型需求。产业集群数字化服务平台缺失或者作用不够明显,缺乏企业间数据的交换、融合,行业数据资源的挖掘利用程度不深,缺乏较为成熟的数据驱动产业转型升级的路径与模式。民营企业的信息安全特别是云安全问题压力增大。

三、民营企业数字化转型的环境与政策保障不够充分

部分地区对发展数字经济缺乏正确的理念,热衷于关注引进大项目,对民营企业数字化转型融合性、广泛性、长远性的提质增效作用缺乏认识,缺乏因地制宜的推进举措。政策扶持偏向锦上添花,重点示范企业能够获得较多渠道的资金扶持和政策优惠,而一般民营中小企业却难以享受这些政策。政府公共数据面向民营企业开放的程度还不高,应用潜力和开发价值尚未有效释放。

第三节 对策与建议

民营企业数字化转型是一项系统工程,应坚持系统思维和数字思维,以"数字产业化、产业数字化"为主线,加快推进全国数字产业化发展引领区、产业数字化转型示范区、数字经济体制机制创新先导区和具有全球影响力的数字科技创新中心,健全民营企业数字化转型的指标体系、工作体系、政策体系、评价体系,建立专项财政激励措施,加强对重大平台、重大项目及试点示范支持,加强用地、用能、排放、创新等要素资源优化配置和重点保障。

一、研究编制民营企业数字化转型方案

(1)加强民营企业数字化转型顶层设计。对民营企业数字化转型进行政策引导,推动民营企业与互联网企业、大数据企业开展跨界合作,聚合互联网、大数据新理念,创新重大示范应用场景,支持新技术、新产品、新服务、新模式的首用先试、迭代优化和产业化发展。深化民营企业"两化"融合登高计划,通过"三工程、一平台、一创新"等举措增强民营企业数字化转型的内生动力,

以普惠性政策和措施引导广大中小企业夯实数字化基础，形成行业内可复制、可推广的数字化转型模式。

（2）加强政府数字化转型和民营企业数字化转型互动。深化"最多跑一次"改革，有效发挥政府数字化转型载体的作用，建立政府与民营企业数字化的互动平台，健全民营企业决策参与机制和服务民营企业长效机制，搭建民营企业诉求直通平台。大力推广应用"浙政钉"和"浙里办"，加快实现"掌上办事""掌上办公"，简化管理流程，为民营企业数字化转型提供便利服务。

（3）大力推进政府数据资源向民营企业开放。编制公共数据资源开放共享目录，加快跨部门、跨层级、跨领域的数据资源共享和联办事项系统平台建设，为民营企业数字化转型提供数据服务。重点在全省特色块状经济产业带和年交易额在20亿元以上专业市场建设行业大数据中心，推动专业领域行业大数据高端要素和数据资源汇聚，培育数据交易市场，构建完善的大数据产业生态。强化政务大数据与企业、社会大数据的汇聚融合和关联分析，推动面向民营企业的产业、财税、商务、金融、科技、人才等领域大数据的挖掘利用。利用大数据强化市场主体的信用管理，对失信行为进行预先控制和过程控制。

二、构筑民营企业数字化转型公共服务平台

（1）打造数字化公共技术服务平台。整合各类数字化技术、人才、资本信息和资源，面向民营中小企业提供服务支撑，有效解决数字化转型中"找得到、用得起、精准化、有保障"的问题。促进民营企业与数字技术资源对接，同时提供公共标准、检验、测试、实验、专利事务等科技服务，推动产品研发设计工具、生产设备及零配件等资源共享。

（2）打造民营企业数字化转型平台。建成一批具有综合影响力、辐射全省的数字经济特色小镇、"双创"示范基地和众创空间，加快培育数字化民营企业。加快建设智慧工业园区（小微企业园、开发区），推动园区软硬件一体化部署，提升园区信息基础设施、智慧管控和服务水平，打造智慧园区和智慧集群。推进园区和供应链间的数字制造资源协调共享，促进企业分享研发和生产能力，逐步实现协同创新、协同制造、协同发展。

（3）打造针对区域数字化产品和人力资源服务平台。充分利用各类资源为民营中小企业提供市场调研、展览展示、应用场景示范、路演对接、品牌推广、渠道建设、新媒体运用、经验交流等市场拓展精准服务。提供各类数字化研发、设计、技能、管理专业人才培训、创业辅导和人力咨询等中介服务，开展人力资源外包服务，帮助民营企业尽快弥补数字化人才不足的缺陷。

三、实施民营企业数字化转型"催化剂工程"

（1）实施民营企业数字化赋能计划。加快推动民营企业数字化改造，支持民营企业深耕自身优势领域，做精、做深、做优产品和服务，形成一批细分领域的"隐形冠军"[①]。针对适应民营企业特点和高质量发展需求，量体裁衣制订数字化优秀解决方案。加快面向民营中小企业的工业系统软件研发，构建以新型工业操作系统和工业 APP 架构为重点的智能服务生态，为民营中小企业提供制造场景、制造过程、生产组织与资源配置优化、提高生产效率与产品质量、减少污染等一系列的在线服务，提升民营企业数字化管理水平、生产效率和市场竞争力。

（2）实施民营企业上云行动。建立完善民营企业"上云用云"的标准体系，加快推进云计算广泛覆盖，推广设备联网上云、数据集成上云等深度用云。以打造"1+N"工业互联网平台体系和行业联盟为抓手，面向民营中小企业智能制造单元、智能生产线、智能车间、智能工厂建设，加快培育浙江省本土系统解决方案提供商。鼓励行业龙头骨干企业通过数字化转型积累知识和经验，成立面向行业和产业集群的信息工程服务公司，以数字化技术、产业链协同和平台化服务为民营中小企业技术赋能与管理赋能。

（3）实施民营企业数字化护航工程。针对民营中小企业网络安全与数据安全意识和保障能力不足的问题，在加强网络安全教育、提升企业网络安全风险防范和数据流动监管水平的同时，强化网络安全、数据安全监督检查，指导企业增强安全态势感知、预警和防御能力，提升网络安全、数据安全保障能力。建立网络安全监测预警平台、网络可信身份管理平台、网络溯源取证管理平台、工业控制系统安全监测与评估平台等，全面提升网络安全防御能力。

四、打好民营企业数字化转型政策组合拳

（1）降低民营企业数字化转型的税负成本。落实民营企业税费优惠政策，扩大政府购买数字化服务范围，对数字化转型软件和解决方案在民营企业首试先用给予奖励。进一步推动民营中小企业专网降费用、提速率，努力降低企业数字化转型成本。省工业与信息化发展及振兴实体经济（传统产业改造）等专项资金可从传统的扶持方式转向支持企业体验模式，引导企业主动投资实施全面改造。深化"亩均论英雄"改革，加强民营企业数字化转型用地、用能、排放、

---

① 重点是以工业互联网、企业上云、智能化改造为抓手，加快推进"机器人+"，推广数字化新技术新工艺应用，加强工程服务公司培育，着力建设一批"无人车间"和"无人工厂"。

创新等要素资源优化配置和重点保障。

（2）实施民营企业数字化转型专项金融扶持政策。发挥政府产业投资引导基金的作用，引导企业资本投入数字化转型项目。鼓励引导金融机构针对民营企业数字化转型提供专项授信政策，推出"融资、融物、融服务"的产业数字化金融解决方案，强化对民营中小企业数字化转型的金融扶持。小微企业信贷"增氧"计划要把数字化改造作为重点任务，拓展企业数字化转型的融资渠道。推广供应链金融服务，降低供应链整体管理成本。盘活现有资源，加强对民营企业数字化关键共性技术攻关、成果转移转化、基地和开放平台建设、创新应用示范等的投融资扶持。

（3）大力培养民营企业"数字工匠"。支持民营企业与各类院校合作，建设一批数字经济产教融合联盟和人才培育基地，每年培育1万名既精通本行业业务技能又熟悉信息化知识的"数字工匠"。培养造就一批带领数字化转型的知名企业家。用好省里搭建的人才信息云平台，加强民营企业数字化管理人才、专业技能人才的引进和培育，加大力度培养企业首席信息官（CIO）或首席数据官（CDO）、职业技术人才，并给予相应的人才优惠政策。鼓励高校和有关机构建立数字化技能人才公共实训基地，为民营企业培育大批实用型"数字工匠"。各地可组建数字化转型专家团队，围绕区域重点行业，帮助民营企业进行数字化改造的规划、诊断。

第24章 浙江省工业互联网发展战略的研究报告

工业互联网是制造业数字化的重要支撑，也是高质量发展数字经济的重中之重，对"先进制造业+互联网"具有重大战略支撑作用。[1] 李克强总理在2019年3月国务院政府工作报告中明确提出，打造工业互联网平台，拓展"智能+"，为制造业转型升级赋能。根据《2018中国工业互联网创新发展白皮书》，中国工业互联网市场规模达4709亿元，同比增长13.6%，增速领先全球各国。[2] 浙江省应抓住工业互联网发展的潮流，结合制造业高质量发展需求和数字经济"一号工程"战略布局，加快打造"1+N"工业互联网平台体系，规划建设具有国际水准的基础性工业互联网平台和一批行业级、区域级、企业级工业互联网平台，探索"以平台化驱动数字产业化、服务产业数字化"的工业互联网之路，力争成为全国工业互联网应用的示范区，为浙江省数字经济"一号工程"建设提供重要支撑。

第一节 浙江省发展工业互联网的基础

工业互联网作为新一代信息技术与制造业深度融合的重要方向，已成为新工业革命的关键支撑，必将对未来制造业发展产生全方位、深层次、革命性影响。浙江省作为数字经济大省，在工业化和信息化"两化"融合方面走在全国前列，工业互联网发展迎来了前所未有的历史机遇。

一、"两化"融合国家示范区建设取得明显实效

2013年，浙江省被工信部批准为全国首个"两化"深度融合国家示范区，5年来，浙江省两化融合发展指数从2013年的全国第七提升到2016年的全国第二。全省制造业与互联网融合不断向纵深推进。列入工信部"两化"融合管理体系贯标试点企业数位居全国第四。创建省级"两化"融合示范试点区57个，

---

[1] 根据赛迪发布的《2018中国工业互联网创新发展白皮书》，工业互联网主要是指工业企业在研发设计、生产、经营、管理等全流程领域，以构建互联互通的网络化结构、提升智能化和数字化水平为导向，所采用的生产设备、通信技术、组织平台、软件应用及安全方案。

[2] 全球各国参与工业互联网发展的国际竞争日趋激烈，中国与发达国家在工业互联网领域的建设基本同步，但与发达国家相比，核心技术和高端产品对外依存度较高，关键平台综合能力不强，人才支撑和安全保障不足，与建设制造强国和网络强国的需要仍有一定差距。

重点行业典型企业的 ERP、MES、PLM、SCM 普及率，设备数控化率和机器联网率等指标处于全国领先。全省每年新增工业机器人应用 1 万台左右。2017 年全省开展"十万企业上云"行动以来，新增上云企业 12 万家左右。

二、工业互联网平台发展势头良好

（1）面向制造流程优化的工业互联网平台，通过生产设备数据的互联互通，进行运行数据的采集、分析、挖掘，并与业务系统、供应链系统等实现互联，优化全生产工艺流程。典型的有阿里云 ET 工业大脑，中控 supOS 工业操作系统、和利时 Hia-Cloud 等。阿里云 ET 工业大脑通过对中策橡胶在研发、质检、生产等环节积累的海量数据的深度学习，结合行业知识，运用人工智能匹配最优的合成方案，成功提升混炼胶平均合格率 3~5 个百分点。中控 supOS 是一款集工业大数据全集成、工业智能 APP 组态开发、工业大数据分析、工业人工智能引擎服务等为一体的工业操作系统，赋能用户以集成化、数字化、智能化手段解决生产控制、生产管理、企业经营的综合问题。

（2）面向物流供应链管理的工业互联网平台，从商品生命周期看，在完成了研发生产后，商品即进入了物流环节，传化智联依托其遍布全国的公路港，推出了面向制造企业的智能物流供应链服务平台，实现在线支付结算、在线配载、路径优化、货物跟踪、仓储优化等功能，并通过挖掘行业大数据实现物流收费标准化，力争大幅降低国内物流成本。

（3）面向电商的产能共享工业互联网平台，典型的有阿里巴巴推出的淘工厂平台和网易推出的严选平台，前者通过平台汇聚海量工厂，帮助电商解决找供应商难、小单试单难、翻单备料难等问题，打造柔性供应链；后者依托自身电商平台，与品质制造商合作，从产品设计、材料采购、生产制造、质量检测，到物流配送、售后服务，实行严标准选择、全过程控制。

（4）面向块状经济的专业工业互联网平台，如嘉兴洪合镇毛衫块状产业集群打造的"毛衫汇"工业互联网平台，实现设计端的互联网化协同创新，流通端的互联网化营销、消费端的客户体验在线反馈等，并将智能化协同制造、产品质量检验监管，智慧物流仓储等功能作为工业互联网平台建设二期重点，最终使毛衫行业摆脱低小散乱的格局，实现"提质、增效、减量"的转型要求。

三、工业互联网网络与安全支撑体系健全

（1）具有大连接、广覆盖、低功耗、低成本特性的窄带物联网 NB-IoT 已完成全省覆盖。在 NB-IoT 芯片模组方面，浙江新华三、利尔达等企业已开始全面布局，发布了支持 NB-IoT 的无线通信模块，可以满足海量物联终端接入，实现

终端互联。此外，由中国移动浙江公司联合浙江大学、华为等单位，联合建设的国家级物联网开放实验室已正式启用。

（2）浙江已初步建立了工业控制信息系统安全保障体系。建立了工控信息安全省市联络员机制和安全事件通报机制，建立了省级工控安全专家库，开展全省重点工控系统抽检查和评估工作，发布了"浙江省工业控制系统安全风险评估报告"。目前，浙江正在规划建设省级工业互联网安全服务平台，提升工业控制态势感知、系统仿真、漏洞挖掘、危机应对等能力。

第二节 工业互联网发展的典型样本剖析

浙江省两化深度融合国家示范区建设加速推进，企业信息化从"机器换人""机器联网""智能制造"到"企业上云"持续推进，为工业互联网发展奠定了坚实基础。随着国务院出台《关于深化"互联网+先进制造业"发展工业互联网的指导意见》，浙江省工业互联网进入快速发展期，涌现出了一批典型样本。

一、杭州市"1+N"工业互联网平台模式

杭州市围绕"1+N"工业互联网平台体系建设目标，到2021年要实现建成1个国家级工业互联网平台、3个省级工业互联网平台。国家级平台覆盖行业5个以上，每个行业接入设备数量1万台（套）以上，开发集成工业APP 1万款以上，服务工业企业1万家以上。省级行业级、区域级平台接入设备5000台（套）以上，服务工业企业1000家以上；省级企业级平台接入设备数量500台（套）以上，服务工业企业数量50家以上。上平台用平台企业数量显著增加，深度应用水平不断提升，形成一批可复制可推广的典型做法和经验。

（1）推进工业互联网平台建设。重点推进"supET"工业互联网平台建设，打造成为培育国际领先的工业互联网公共平台。按照工信部工业互联网创新发展工程要求，推进阿里云的"supET"工业互联网平台试验测试环境建设项目和中控工业控制系统内建安全核心技术能力提升及应用项目建设。培育恒逸石化、万向集团、新迪数字等12家省级工业互联网平台，帮助平台技术创新。积极与工信部信通院合作，将迈迪信息承担的工业互联网标识解析体系二级节点建设成为国内有影响力工业互联网服务平台。

（2）推广工业互联网应用示范。以实现生产智能化、产品智能化和服务智能化为重点，通过工业互联网技术，鼓励企业对产品、制造、服务等环节开展数字化改造，每年征集100个制造业数字化改造项目。发挥阿里云、万向、中控、力太和优稳等工业互联网服务机构成为G60科创走廊九城市推荐服务商的优势，

大力开展长三角区域的示范应用。积极树立省级上云标杆示范企业。实施工厂物联网和工业互联网示范试点项目。

（3）加强工业互联网人才培育。落实人才政策，用好各类引才平台，引进工业互联网高水平研究型科学家和具备产业经验的高层次领军人才。推动院校、科研院所、企业等机构依照产业转型升级和工业互联网发展需求，形成人才培养体系，培养IT（信息技术）、IE（工业工程）、IoT（物联网）和AI（人工智能）等多类学科相结合跨领域复合型人才。支持创新中心、产业联盟、协会等机构，采用会议、专题讲座、慕课、微课等方式培训企业人员，共同打造工业互联网人才培育体系。

（4）支持关键技术研发。支持企业、科研院所面向应用需求，开展时间敏感网络、确定性网络、低功耗工业无线网络等新型网络互联技术研究。推动基础软件发展，形成了以ET工业大脑、中控supOS操作系统为代表的基础性支撑软件。加快可视化编程、复杂系统建模、工业APP开发工具等关键共性技术和产品研发，推进边缘计算、深度学习、增强现实、虚拟现实、区块链等新兴前沿技术在工业互联网的应用研究。加快高性能网络设备、工业芯片与智能模块、工业互联网网关、智能传感器、机器人及智能装备、工业软件等工业互联网软硬件产品研发与产业化，形成一批具有自主知识产权的核心关键技术和产品。

二、宁波市"互联网+先进制造"模式

随着《中国制造2025》的不断深入，工业互联网已经成为各国积极探寻产业融合创新的必争之地，成为数字经济浪潮的桥头堡和主战场。宁波市紧紧围绕"制造强国"和"网络强国"两个强国建设，大力实施数字宁波建设，按照《关于深化制造业与互联网融合发展的指导意见》《深化"互联网+先进制造业"发展工业互联网的指导意见》等政策文件，深入探索"互联网+先进制造业"的宁波模式与宁波路径，有效推动工业互联网发展。

（1）注重平台建设，打造工业互联网发展核心载体。工业互联网平台是发展工业互联网的核心，宁波市以工业互联网重点平台建设作为促进工业互联网发展的重要突破口，围绕工业互联网操作系统、工控安全系统和工业大数据，积极谋划培育包括行业云制造平台、工业大数据平台、工业物联网基础平台在内的工业互联网重点平台，已初步形成具有宁波特色的各类工业互联网平台。已累计认定中小企业云制造平台、生意帮云制造平台、文谷工业大数据平台等9个制造业重点服务平台，培育中科极动云、众车联、工业物联网大数据创新平台等10余个行业级企业级工业互联网平台。一是突破工业PaaS平台。成功引进浙江中控创始人褚健团队，组建了针对工业操作系统、工业信息安全等多项核心技术的研

发机构——宁波工业互联网研究院；吸引国内工控领域标杆企业和利时集团落户宁波，集中力量攻关工业互联网操作系统，力争填补中国工业互联网操作系统和工控安全系统的空白。二是培育重点行业云服务平台。生意帮作为定制化的生产需求和本地区中小微工厂的产能对接的云平台和云工厂，已经拥有合作工厂1.5万多家，形成了完整的结构件产业链，被国家发改委认定为首批制造业共享经济示范单位；宁波物联网家电创新云平台已服务欧琳、永发、奇帅等250余家宁波家电企业，已成为国内知名的第三方物联网家电云服务平台；宁波蓝源资本创新"产业链+互联网+金融资本"新模式，已在全国打造多个涵盖不同传统行业的垂直生态系统，其"众陶联""众车联"等平台已成为供给侧改革的典型案例。三是培育跨行业跨领域的SaaS平台。浙江中之杰智能系统有限公司搭建的中小企业云制造平台——"一云通"已为6600家成长型中小企业提供了云制造及数字化制造系统集成解决方案服务，国内互联网巨头腾讯公司已与其合作在宁波成立腾讯云产业基地，网络协同制造工业互联网平台测试床项目被列入2018年工业互联网创新发展工程，获得2018年工业转型升级资金2000万元支持；用友（宁波）工业互联网创新中心正式成立，用友精制工业互联网平台将以宁波用友网络科技公司为主体向工业企业开展智能制造服务。四是培育龙头企业工业互联网平台。宁波慈星股份有限公司打造"简单、高效、智能"的针织品智能柔性定制平台，结合其智能制造解决方案已广泛应用纺织服装、制鞋等行业，是"个性化定制，柔性化生产"的生动示范；宁波海天智造科技有限公司依托海天集团遍布全球的注塑机市场建成国内首个"海天智造注塑云平台"，在线汇集不同区域、不同工厂、不同职能的注塑机，为注塑企业提供注塑机在线运维、生产决策等服务；此外，宁波奥克斯、宁波雅戈尔等行业龙头企业也基于企业在国内的市场地位搭建了服务于行业的工业互联网平台。宁波柯力传感科技股份有限公司的"以龙头企业为启动云的工业物联网产业孵化能力开放平台"、创客157创业创新双创平台等被列入国家、市级制造业"双创"平台。

（2）注重技术应用，夯实工业互联网发展基础支撑。一是夯实网络基础。网络智能化综合化不断升级，已实现了光纤网络全市覆盖、4G网络全市覆盖、免费WIFI网络的城市公共场所全覆盖，开展5G试验网试点，网络基础设施建设走在全国同类城市前列。窄带物联网（NB-IoT）初步实现了全市覆盖，目前已具备宁波区域快速接入NB-IoT网络的能力，为NB-IoT网络在智能抄表、智能停车、智能家居、智慧城市等领域的广泛应用打下坚实基础。二是培育产业突破。市委市政府高度重视软件产业发展，提出创建特色型中国软件名城、建设宁波软件园，加快推进宁波软件产业高质量发展。市政府办公厅正式印发了《关于创建特色型中国软件名城的实施意见（甬政办发〔2018〕115号）》，强化政策协同和资源集聚，提升产业能级、培育龙头企业、集聚软件人才、营造产业生态。2018年，全市实现软件业务收入640亿元，同比增长20.1%；宁波国技互联信息技术有限公司等3家企业被评为宁波市服务业十佳创新之星企业。软件业服务化、平台化趋势明显，浙江中之杰、浙江文谷等多家软件与信息服务业企业列入市智能制造工程服务公司、云服务公司；工业软件特色发展，在汽车、塑机、纺织服装等制造业重点领域，吉利汽车研究院、均胜电子、弘讯科技、海天驱动、云鸟软件等一批软件企业快速成长。三是推动应用创新。组织实施工业物联网应用试点，推动物联网技术广泛应用于生产过程和产品智能化，2018年，新立项30个工业物联网项目，3年内将完成100个工业物联网试点项目的组织实施。① 在互联网与服务业融合方面，构建跨境电商综合信息平台、跨境电商物流信息平台等，抢占跨境电商发展高地。如"世贸通"通过集"找订单"和"做订单"于一体的一站式、全程化、全方位的进出口服务模式，为国内外客商一站式供应链管理服务，实现交易的便利化、规范化。四是强化工控安全。高度重视重要信息系统安全，完善重要信息系统等级保护制度，提升工业控制系统安全。加强工业领域工控系统风险隐患的排查整改，组织开展针对全市重点行业企业和重要工控系统的专项检查。探索建立工控系统信息安全工作体系，印发《2018年宁波市网络与信息安全工作要点》，加强《工业控制系统信息安全防护指南》《工业控制系统信息安全事件应急管理工作指南》的宣贯，强化工控系统信息安全技术防范措施。引进浙江国利网安科技有限公司，聚焦工控安全解决方案和产品，开展工控安全攻防实验室（工控靶场）建设，形成较为完善的工控安全防护产品体系。

（3）注重产业融合，培育工业互联网应用场景。融合应用是工业互联网的生命力所在，宁波市以企业上云、试点示范、智能制造为主要抓手和路径，为工业互联网发展不断拓展实际应用场景。一是上云企业不断增加。全市累计上云企业数达6万余家，其中，工业企业占70%以上，海天塑机、舜宇、美康生物等22家宁波企业获评浙江省首批上云标杆企业。云服务商不断成长，"生意帮""一云通""纺织服装云"获评浙江省首批行业云应用平台，占全省获评企业数的1/4。二是试点示范纵深覆盖。细化市级"两化"示范企业认定标准和扶持政策。对列入市级以上"两化"示范企业和通过贯标评定的企业，其信息化提升

---

① 在互联网与制造业深度融合方面，雅戈尔、公牛、贝发等龙头企业建设网络化开放式个性化定制平台，通过线上、线下多渠道采集对接用户个性化需求，发展动态感知、实时响应消费需求的个性化定制新模式。海天、柯力传感等企业探索从提供设备向提供系统集成总承包服务转变，由提供产品向提供整体解决方案转变。

项目按软性投入额给予一定补助。① 三是智能制造立体推进。推进传统制造业企业智能化诊断和改造"三年两覆盖"工程，目前已累计完成1871家需求企业智能化诊断。2018年全市在建"机器换人"技改项目579个，累计实施16个自动化（智能化）成套装备生产线改造项目，成功研制了钣金自动化生产线、汽车功能件自动化生产线等10条（套）自动化（智能化）成套装备生产线，累计组织实施市级数字化车间/智能工厂项目42个，成功建成均胜电子汽车电子智能工厂、中银电池"黑灯车间"、镇海炼化智能工厂、慈星股份针织品智能柔性定制平台等一批智能制造试点示范项目。同时吉利罗佑发动机数字化车间等7个项目列入工信部智能制造综合标准化和新模式应用专项，万华化学智能工厂等5个项目列入工信部智能制造试点示范专项。

三、温州市"1+5+N"平台模式

温州工业互联网发展以促进工业创新发展为主线，以推动工业数字化转型为主攻方向，以电气、汽摩配、泵阀、鞋服和包装五大行业为起步阶段主战场，全面构建以数据为关键要素，以现代信息网络为重要载体，以"1+5+N"为平台架构，以行业上下游网络协同为主要内容，以政府、企业和行业组织三方协作为主要机制，以个性化定制、服务型制造为主要转型方向的工业数字经济体系。力争到2022年，建设国内先进的工业互联网平台体系、网络基础支撑体系、先进应用体系和创新与产业体系，打造1个国家级中小企业互联网云平台，培育建成5个资源富集、服务先进、应用活跃、行业领先的行业级工业互联网平台，培育100家高质量的企业级平台，开发、集成500款工业APP，工业互联网创新集成应用企业超过1000家，培育10家技术先进、服务领先的工业互联网服务商，成为全国工业互联网发展创新示范区。

(1) 工业互联网载体构建路径——实施网络筑基行动、争取建设国家级工业互联网云计算中心。五大行业每年各推动50家企业以IPv6、工业无源光网络（PON）、工业无线、窄带物联网、工业过程/工业自动化无线网络、智能网关等技术和设备改造企业内外网络及系统，形成支撑工业互联网平台应用的基础环境。利用好温州光网城市建设优势，在乐清、苍南、文成、泰顺等地布局工业互联网云计算中心。

(2) 工业互联网云平台构建路径——"1+5+N"架构。"1"是争取国家中

---

① 认定市级两化深度融合示范企业53家，对宁波东方电缆股份有限公司等41个通过国家贯标评定和市级以上"两化"示范企业的信息化项目给予扶持。新增国家级"两化"贯标试点企业19家，新增家数为历年之最，宁波市共有市级以上贯标试点企业66家，其中国家级48家。

小企业互联网云平台落户温州。加强与国家电网信产集团对接，依托工信部委托其建设的国家电信"国网云"，争取工信部支持，将全国的中小企业互联网云平台建设试点和基础层云平台基地落户温州，并争创中国（温州）中小企业工业互联网应用试点城市。"5"是在五大产业分别建设行业级工业互联网平台。①"N"是各产业推动建设一批依托于行业级工业互联网平台的企业级工业互联网应用。各行业以现有工业互联网（跨企业）协同应用为重点，以龙头企业为依托，分别培育20个左右企业级工业互联网平台，带动一批企业升级发展。

（3）行业上下游网络协同体系构建路径——建设标识解析体系、强化行业方案供给、实施企业上云深化行动、组建工业互联网产业联盟。建设标识解析体系，五大行业各选一个公共服务平台建设工业标识解析二级节点，面向行业提供标识申请、注册、分配、备案和标识解析系统授权认证、安全监测等公共服务。每个行业每年推动50台套终端设备和50台套生产设备实现标识应用，提升行业物联水平。建立工业互联网产业生态供给资源池，制定行业平台资源开放规则，以竞争性方式面向市场动态遴选优质的工业互联网平台服务商、解决方案商充实到资源池，提升服务供给能力。实施企业上云深化行动，推动模块化工业互联网设备和系统在中小企业中的应用，继续推进平台系统、业务应用、经营管理、生产制造上云，实现全要素资源云上汇聚。组建工业互联网产业联盟，引导五大行业骨干企业牵头组建分行业工业互联网产业联盟，率先推动高耗能、高风险隐患、通用性强、优化价值潜力高的生产设备上平台，形成带动效应。

（4）政府、企业和行业组织三方协作机制构建路径——组建温州市工业互联网创新中心和工业互联网学院。在民营经济"两个健康"先行区框架下，联合已与温州发展信息化合作的中国交通通信信息中心、浙江大学、清华紫光、华为、腾讯、SAP、天心天思等单位，依托温州大学、温州智能制造研究院和重点企业研究院组建温州市工业互联网产业创新中心，着重在设备联网、设备通信技术及模块、智能联网装备等工业互联网关键设备产品领域开展研发攻关。在此基础上组建工业互联网学院，面向政府和企业提供工业互联网培训服务，提升工业互联网发展的实践水平。

（5）个性化定制、服务型制造转型路径——实施互联网型工业设计示范、制造企业分离发展服务业示范、大数据个性化定制示范、"先进制造+人工智能"

---

① 电气行业以乐清电气云平台为基础，整合浙江电信的云设施和力太科技的解决方案；泵阀行业以NB-IoT智能泵阀联合创新实验室为主体，引入工业互联网解决方案提供商搭建平台，逐步向全国泵阀行业拓展；汽摩配行业抓住浙江电信参与瑞安汽摩配云平台建设的契机，搭建汽摩配行业工业互联网平台；鞋服行业以中津研究院为基础，联合温州智能制造研究院和行业协会，并引入具备鞋服制造基因的工业互联网服务商搭建平台；包装行业由行业协会牵头组建区域产业联盟，由该实体联合工业互联网服务商、软件企业等主体搭建平台。

示范。每年筛选资助或引导实施10个互联网工业设计示范点建设、5个制造企业分离发展服务业示范、10个大数据个性化定制示范、10个"先进制造+人工智能"示范，多种形式加以推广，加快工业互联网发展生态体系建设。

四、绍兴市传统产业智能化改造模式

绍兴市发展工业互联网的主要目标是：初步建成低时延、高可靠、广覆盖的工业互联网网络基础设施，基本建立标识解析体系；开发集成工业应用程序（APP）3000款以上，连接工业设备500万台，服务工业企业1万家；推动一批工业企业深度应用工业互联网新技术、新模式，实施数字化、网络化、智能化升级；培育一批行业级、企业级工业互联网平台，基本建立工业互联网安全保障体系，成为全省工业互联网发展先行区和传统产业智能化改造示范区。

（1）构建基础网络。推进工业企业网络改造升级。支持全市工业企业以IPv6、工业无源光网络（PON）、工业无线等技术设备改造生产现场网络及系统。加快推进工业互联网标识解析应用，基本建立标识解析服务体系。

（2）打造平台体系。培育行业级工业互联网平台。充分发挥陀曼轴承云、环思纺织生态云、创博龙智袜业云平台的示范引领作用，培育一批具有引领作用的行业级工业互联网平台。培育企业级工业互联网平台。实施底层网络化、智能化改造，支持构建企业级工业互联网平台。提升工业互联网平台服务能力。鼓励平台运营方开放平台资源，支持开发者、创客基于平台开发面向重点行业需求的新型工业APP。

（3）推进融合应用。深化实施"企业上云"行动，实现企业全要素资源汇聚于工业互联网平台。2020年，全市企业上云数量超过3万家。推动企业工业互联网创新应用。推进传统产业智能化改造。推广轴承行业智能制造"新昌模式"和康立科技的纺织行业智能化改造方案，实现规上企业智能化改造诊断全覆盖。推进实施工业机器人应用倍增计划，力争在役工业机器人超过1.2万台。

（4）强化产业支撑。加大关键共性技术攻关力度。开展共性技术标准试验验证，制定一批工业互联网技术标准、应用标准和安全标准。提升产品与解决方案供给能力。实施工业APP培育工程，推动工业企业、软件企业紧密联动，形成一批具有行业特色的工业互联网整体解决方案。建立智能制造服务体系。鼓励有条件的智能装备企业为传统产业企业智能化改造提供系统解决方案和设备，为企业智能化改造提供专业、优质、高效服务。

第三节 工业互联网面临的挑战和存在的问题

一、数字经济大省纷纷抢占工业互联网高地

（1）政策规划方面。上海市实施工业互联网"533"创新工程，力争培育1~2个具有国际竞争力的通用型工业互联网平台，打造15个以上面向重点产业、重点环节的行业级平台，实现1000个工业APP加载、10万家企业上云上平台。广东省实施"互联网+先进制造业"行动，力争培育形成20家具备较强实力、国内领先的工业互联网平台，200家技术和模式领先的工业互联网服务商。江苏省启动工业互联网"528"行动，力争建设20个在国内有较大影响力的工业互联网平台、30个行业级工业互联网示范平台；到2025年规模以上企业工业互联网应用覆盖率超90%。

（2）项目扶持方面。深圳市对技术改造中智能化部分给予投资额资助的比例最高达20%，金额最高为2000万元。上海市对工业互联网创新应用、工业软件等项目支持额度一般为项目总投资的30%，支撑平台和集群发展类项目支持额度达项目总投资的50%，重点项目支持额度最高为2000万元。杭州市在"机器换人"、工厂物联网等项目扶持的力度尚显不足。

（3）平台载体方面。上海市打造"工业互联网创新中心"和"工业互联网公共服务平台"两大平台，前者开展基础试验验证和标识解析平台研究，后者开展工业云和工业大数据应用服务。苏州市建立智能工业融合发展中心、苏州工业大数据创新中心、中国制造知识服务中心（苏州）、苏州智能制造产业协同创新中心等协同创新平台。

（4）搭建舞台方面。上海市2016年5月成功举办了首届国际工业互联网大会，广州市2018年11月召开中国工业互联网大会，2019年举办中国（广州）国际工业互联网展览会，深圳市2018年12月举办了中国（深圳）工业互联网大会暨粤港澳大湾区CIO峰会。

二、浙江省工业互联网平台引领力和辐射力不够大

从全球比较看，与GE Predix、Intel 平台、Simens Sinalytics、Microsoft Azure、ARM Mbed、Oracle 平台等国际领军型工业互联网平台相比，浙江省尽管建立了一些工业互联网平台，但工业控制系统、高端工业软件等支撑能力不强，平台数据采集、大数据建模分析、工业APP等比较薄弱。据《2018中国工业互联网创新发展白皮书》对"全国十大工业互联网平台"的排行榜，浙江省阿里云ET工

业大脑平台位于第 10 位，与青岛海尔的 COSMO Plat 平台、航天云网的 INDICS+ CMSS 平台、华为 Ocean Connect IoT 平台、浪潮工业互联网平台、用友工业互联网平台、富士康的 BEACON 平台等相比，存在一定的差距。面对制造业领域众多的行业、不同的细分门类以及不同的工艺，浙江省"supET"平台的实用性和通用性还有欠缺，存在较大的推广应用困难。温州市等地企业反映，尽管在纺织、泵阀、包装等行业形成了一批工业互联网平台，但工业微服务集成能力和海量工业数据处理、工业数据建模分析等能力不足，尚未形成行业协同效应。

三、传统制造业企业深度应用工业互联网还不够

（1）企业应用工业互联网的投入比较大。受传统发展模式、运营思维和投入产出等因素影响，大量中小企业认为软件应用、网络改造、平台搭建等投入产出周期太长，基础设备数字化改造前期投入较多、回报不明确，短期难以满足企业提高效益、降低成本的需求。① 应用工业互联网需要升级生产现场网络、对设备进行数字化改造，前期投入较多、回报不明确、相关补贴不能及时到位，导致不少企业持观望态度。

（2）企业上云政策补助力度偏弱。据相关奖补政策，2017 年省财政补助温州市上云企业 1460 万元，共补助 14432 家，相当于每家补助 1000 元，对企业上云而言是杯水车薪。例如，报喜鸟公司为打造企业云，前后投入超过 3 亿元。

（3）企业应用工业互联网存在法律纠纷风险。企业应用工业互联网后，大量运营数据沉淀到工业互联网平台，数据安全主要依靠行业自律机制保障，缺乏强制性监督，平台企业和工业企业业务边界难以限定，工业知识产权归属可能产生纠纷。出于信息安全的考虑，不少中小企业将重要数据保存在本地服务器中，不愿意与外部互联网交互。

（4）企业对数据安全存在顾虑。工业互联网数据涵盖设备、产品、运营、用户等多个环节，一旦数据发生泄漏或被篡改，企业整个生产流程将陷入瘫痪，转型企业对使用工业互联网之后的数据安全普遍存在担忧。调研的台州市双环传动公司反映，其已将办公和部分管理数据迁移到云上，但考虑到数据安全问题，财务数据、生产数据、工艺数据等敏感数据仍在云下，未能实现数字化转型效益最大化。

四、工业物联网发展和运用的层次不够

（1）工业数据采集能力薄弱。数据采集是工业互联网平台的基础，部分龙

---

① 对台州、温州、宁波等地的企业调研发现，信息化建设只能覆盖到财务等支撑性业务，核心业务的自动化、智能化程度依然较低，50%左右的中小企业未设置信息化管理部门或配置信息化管理岗位，信息化建设投入停留在硬件添置上，缺乏软件建设与应用。

头骨干企业的数控装备没有联网,需要通过加装传感器等方式实现设备联网,导致工业互联网平台数据采集难、成本高、效率低。浙江省鞋服、泵阀、包装等领域的中小企业仍基于人工手段采集生产数据。企业生产设备尤其工控设备的网络协议、物联网应用协议种类众多,且兼容性较低,各种工业互联网平台与制造生产过程的连接渗透程度不一,缺乏完整、高效、低成本的设备连接和数据采集方案。① 总体上看,全省80%以上的机器设备没有实现联网。

(2)工业大数据建模能力薄弱。构建基于海量工业大数据的分析体系是工业互联网区别于传统数字化、网络化、智能化解决方案的重要特征,受限于数据采集瓶颈和工业大数据自身的专业性、关联性、流程性、时序性和解析性等特点,现有工业互联网平台工业大数据建模分析能力较为薄弱。台州、温州、衢州等地反映,工业大数据分析技术、供给能力无法满足市场需求,工业机理、工艺流程、模型方法等方面知识积累不足。现行产业政策与工业互联网扶持不够适应,现行制造业扶持政策仍是原有制造业发展思路的承袭,但工业互联网项目不同于传统固定资产投资项目,属智力密集型、人才密集型,软件改造投入力度比较大,以轻资产运营居多。2018—2022年,浙江省"4+1"重点项目共357个,大多是投资量大、投资额高的"重项目",数字经济项目极为少见,仅有13个,占总数的3.6%,投资额仅占1.2%。例如某云制造平台企业,统计上划为服务业企业,但实际经营业务属于制造型企业,由于设备属于融资租赁,很难享受到技改扶持政策。

五、工业互联网应用基础和支撑条件不够。

一是制造业企业数字化水平普遍不高。实地调查发现,已开展数字化转型的企业,约70%的项目处在数字化转型探索阶段,主要解决数据采集、连接及自动化控制等问题,离工业互联网要求的企业数字化还有一定差距。二是运营商提供的上云服务不够完善。例如,温州市现有云服务商30多家,绝大多数云服务商只能提供云存储等基础上云服务,存在个性化不强、与行业结合度不够等问题,企业上云深度应用严重滞后。据统计,2018年温州市共有14432家企业上云,上云内容主要集中在云存储等基础层面,占上云总数的53.7%。三是数字化专业人才匮乏。工业互联网需要企业拥有复合型人才,既具有工业互联网理论基础知识和基本技能,同时也熟悉企业生产工艺和流程,但工业企业缺少精通云计算、大

---

① 据统计,浙江省重点企业装备数控化率为35.7%,机器设备联网率为28.3%,中小企业数控化率更低。慈溪市、余姚市等地部门反映,行业之间、企业之间由于协议标准不一、接口不同,数据难以在系统之间、行业之间交流、共享和融合,从而形成了大量"数据孤岛"和"数据烟囱"。

数据等新一代信息技术的人才,而互联网软件企业大多不懂工业知识、流程、业务,成为阻碍工业互联网推广应用的突出瓶颈。四是工业 APP 数量不多、质量不高。[①] 现阶段平台上的工业 APP 大多是由工业云平台上的云化软件迁移过来的,基于工业 PaaS 上的行业机理模型开发的工业 APP 更少。此外,传统工业软件、体系架构大量掌握在国外企业手中,通过国内服务商提供存在风险和难度。五是数据标准统一和产业协同不够。目前,工业互联网软件种类繁多、数据标准不一,已经开展数字化转型的企业仍以内部综合集成为主入口开展工业互联网建设,产业链之间协同不够紧密。调研的台州市金宇机电反映,目前公司使用速达 EPR 系统,实现了公司生产、销售、仓储、物流等流程信息化,但是该系统没有物联网模块端口,无法实现原材料、产品上云、设备感知等全流程物联。全国优秀工业互联网 APP 如表 24-1 所示。

表 24-1 全国优秀工业互联网 APP

工业互联网 APP 开发单位	省市	工业互联网 APP 解决方案
北京工业大数据创新中心有限公司	北京市	高价值设备智能远程运维应用解决方案
北京兰光创新科技有限公司		兰光工业互联网 APP 应用解决方案
北京索为系统技术股份有限公司		制导飞行器总体快速设计集成(APP 应用)平台
和利时科技集团有限公司		和利时 Holli Machine 智能设备云工业互联网 APP 应用解决方案
用友网络科技股份有限公司		用友精智设计云服务工业互联网 APP 应用解决方案
天津卡达克数据有限公司	天津市	汽车研发设计工业互联网 APP 应用解决方案
宜科(天津)电子有限公司		基于宜科 IoT Hub™ 平台的宜科工业互联网 APP 应用解决方案
沃德(天津)智能技术有限公司		沃德智能工业互联网 APP 应用解决方案
天津海云创数字科技有限公司		基于 COSMO Plat 平台的大规模定制工业互联网 APP 应用解决方案
天津市天锻压力机有限公司		天锻大型锻造装备远程运维工业互联网 APP 应用解决方案
天津路曼科技有限公司		路曼科技远程运维解决方案

---

① 各类工业互联网平台建立的工业 APP 仅 1000 个左右,难以满足工业企业的巨大应用需求。尽管浙江省"1+N"平台体系已初步形成,创建了一大批工业互联网培育平台,但没有一家企业开发出获得广泛应用的工业 APP。

续表

工业互联网 APP 开发单位	省市	工业互联网 APP 解决方案
鼎捷软件股份有限公司	上海市	鼎捷工业互联网 APP 应用解决方案
上海顶逸信息科技有限公司		基于 3i 平台的上海顶逸信息科技有限公司工业互联网 APP 应用解决方案
上海宇航系统工程研究所		上海宇航系统工程研究所空间机构数字化协同设计仿真系统工业互联网 APP 应用解决方案
常州霍思金信息技术有限公司	江苏省	常州霍思金信息技术有限公司冷轧工艺优化 DELAB 四维仿真工业互联网 APP 应用解决方案
江苏海宝软件股份有限公司		海宝 i-MES 智能制造系统解决方案工业互联网 APP 优秀解决方案
江苏金思维软件有限公司		金思维生产管控工业互联网 APP 应用解决方案
朗坤智慧科技股份有限公司		基于苏畅工业互联网平台的设备故障预测与健康管理工业互联网 APP 应用解决方案
南京科远自动化集团股份有限公司		科远 PDS200 智能预警系统应用解决方案
南京南瑞信息通信科技有限公司		南瑞信通科技/电力通信调运检移动运维平台工业互联网 APP 应用解决方案
南京擎天科技有限公司		基于擎天绿色低碳工业互联网的企碳资产管理工业互联网 APP 应用解决方案
苏州同元软控信息技术有限公司		同元系统设计与仿真验证平台 MWorks 工业 APP 互联网 APP 应用解决方案
杭州新迪数字工程系统有限公司	浙江省	新迪协同研发设计工业互联网 APP 应用解决方案
绍兴安瑞思网络科技有限公司		化工安全环保工业互联网 APP 应用解决方案
浙江工企信息技术股份有限公司		基于柔性设计平台的浙江工企信息技术股份有限公司工企 MES 智能制造系统工业互联网 APP 应用解决方案
浙江汉腾物联科技有限公司		基于宽窄带一体化平台的汉腾物联智慧能源监测管理系统工业互联网 APP 应用解决方案
浙江精工钢结构集团有限公司		精筑 BIM+项目管理平台工业互联网 APP 应用解决方案
鸿富泰精密电子（烟台）有限公司	山东省	富士康（烟台）设备智能管理工业互联网 APP 解决方案
浪潮软件集团有限公司		基于开源工业 PaaS 的行业通用 APP 解决方案——浪潮 PS Cloud
山东恒远智能科技有限公司		蜂巢设备云——机械加工行业的工业互联网 APP 应用解决方案
山东万腾电子科技有限公司		万腾腾云工业互联网 APP 解决方案

续表

工业互联网APP开发单位	省市	工业互联网APP解决方案
广州鲁邦通物联网科技有限公司	广东省	广州鲁邦通物联网科技有限公司+工业互联网APP应用解决方案
珠海格力电器股份有限公司		基于大数据平台的中央空调全生命周期管理工业互联网APP应用解决方案
软控股份有限公司		软控轮胎工业数据服务APP
深圳华龙讯达信息技术有限公司		腾讯木星工业互联网平台工业APP应用
深圳美云智数科技有限公司		一站式企业数字化运营平台整体解决方案
深圳市老狗科技有限公司		老狗科技工业互联网APP应用解决方案
福建闽光软件股份有限公司	中国钢铁工业协会	设备点检APP系统
南京钢铁股份有限公司		基于JIT+C2M平台的南京钢铁股份有限公司工业网APP应用解决方案
北京经纬纺机新技术有限公司	中国纺织工业联合会	经纬e系统工业互联网APP应用解决方案
山东尚牛智能制造有限公司		山东尚牛智能制造有限公司ASPOP服装工业互联网平台整体解决方案
工业和信息化部电子第五研究所	中国电子信息行业联合会	赛宝功能安全工业互联网APP应用解决方案
天津美腾科技有限公司		天津美腾科技有限公司煤炭工业智能化系统工业互联网APP应用解决方案
北京航天智造科技发展有限公司	中国航天科工集团	北京航天智造科技发展有限公司+基于IN-DICS平台的模具云协同服务解决方案
中国航天科工集团第四研究院第四总体设计部		云架构产品数据管理平台（CPDM）工业互联网APP应用解决方案
中国航天科工集团公司上海浦东开发中心		航天科工基于协同共享智造平台的装备产品全寿命周期综合保障工业互联网APP应用解决方案

续表

工业互联网 APP 开发单位	省市	工业互联网 APP 解决方案
江西洪都航空工业集团有限责任公司	中国航空工业集团	基于 MBD 的数字化检验设计系统工业互联网 APP 应用解决方案
金航数码科技有限责任公司		三维工艺设计与管理 APP
厦门天马微电子有限公司		掌上天马工业互联网 APP 应用解决方案
西安飞机设计研究所		航空紧固件装配智能设计系统
上海申博信息系统工程有限公司	中国船舶工业集团	上海申博 5S 安全管理工业互联网 APP 应用解决方案
上海外高桥造船有限公司		上海外高桥造船有限公司/精细派工 APP+工业互联网 APP 应用解决方案
中船黄埔文冲船舶有限公司		中船黄埔文冲船舶有限公司面向船舶全生命周期的知识驱动型维修保障工业互联网 APP 应用解决方案
中国汽车工业工程有限公司	中国机械工业集团有限公司	中汽工程车间一体化智能管控移动端
中铝视拓智能科技有限公司	中国铝业集团有限公司	电解铝智能制造解决方案

第四节 对策与建议

从未来趋势看，工业互联网将从信息孤岛和系统割据向无边界流通转变，工业通信网络将从预设组网向灵活组网转变，工业安全从"IT 防护"向"IT+OT 防护"转变，制造业研发模式将从单点作战向协同互补转变，工业互联网工具将从单机软件向工业 APP 转变，工业大数据基于网络互联网和大数据、云计算技术，贯穿于企业的设计、工艺、生产、管理、服务等所有环节。对此，工业互联网的建设和布局必须顺应这一发展趋势，实施具有长远性和前瞻性的战略措施。

一、高标准建设工业互联网平台

（1）积极参与建设长三角工业互联网平台体系。针对全球工业互联网平台呈现IaaS（基础设施即服务）寡头垄断、PaaS以专业性为基础拓展通用性、SaaS（软件即服务）专业纵深发展态势，在全省遴选10~20家具备一定实力的"平台型企业"重中之重扶持。着眼于长三角一体化国家战略，加大通用型、行业级工业互联网平台的应用共享力度，共建长三角工业互联网产业联盟，协同开展上云上平台、服务目录推荐、产融对接等。成立长三角首席信息官（CIO）联盟，推动工业互联网复合型人才的跨区域流动和优化配置，助力打造长三角世界级先进制造业集群。

（2）支持杭州市打造工业互联网发展示范区。加快建成低时延、高可靠、广覆盖的工业互联网网络基础设施，重点扶持杭州的"1+N"工业互联网平台，促进杭州工业互联网在平台、网络和安全方面突破关键技术，为浙江省乃至全国的工业互联网提供技术策源。支持杭州建设迈迪等企业的工业互联网标识解析二级节点，争取国家级顶级节点在杭州市落地。积极争取工信部对浙江省开展企业内外网改造、建设标识解析节点。

（3）加快推进以supET平台为核心的"1+N"平台体系的广泛应用，推动行业级、区域级、企业级平台与supET开展对接合作。[①]

（4）加大工业互联网专项支持力度。应当改变现行的对重点项目以固定资产投资额评判的政策扶持标准，把工业互联网等数字经济项目纳为重点项目给予支持，重点工程建设中对工业互联网项目进行单列。政策支持力度需要加大，广东3年投入20亿元用于支持企业"上云上平台"和开展工业互联网标杆示范应用推广；江苏省2018年投入3亿元支持制造业与互联网融合发展；上海2018年投入1.5亿元用于支持工业互联网创新发展。浙江省用于工业互联网的省级专项资金为1亿元，建议集中财力办事关企业转型升级的大事，加大财政专项支持。

[①] 支持平台加强协作创新，着力破解数据集成、平台管理、微服务框架、建模分析等关键技术瓶颈，充分整合产品设计、生产工艺、设备运行、运营管理等数据资源，汇聚共享设计能力、生产能力、软件资源、知识模型等制造资源，加快推出面向不同行业和场景开发模块化、低成本、快部署的应用服务。

工业互联网平台典型案例

案例 1：supET 工业互联网平台

2017 年年底，浙江省汇集阿里云、中控、之江实验室等省内现有优势力量，共同打造了 supET 平台，作为"1+N"平台体系的核心，为"N"级平台和大企业提供基础、共性、通用服务。supET 平台在阿里云公共云平台（IaaS）的基础上，提供三种核心的工业 PaaS 服务。一是工业物联网服务，对设备实现云边端一体化的在线可视化管理，为开发者提供一站式物联网开发平台。例如，阿里巴巴淘工厂平台利用工业物联网服务，为近百家服装企业进行轻量级数字化改造，可以帮助企业提高 6%排产效能、缩短 10%交付周期。二是工业数据智能服务（ET 工业大脑），实现了海量工业数据的智能化分析应用，帮助企业提升产品良品率、降低设备故障率、优化生产流程、降低能源消耗、提高工作效率等，已经服务了橡胶、光伏、化工、电力、水泥、钢铁等数十个行业。例如，为中策橡胶提升了 5%炼胶合格率，为恒逸石化降低了 2.6%煤炭消耗，每年可节约数千万元。三是工业 APP 运营服务，实现一站式的工业 APP 开发、集成、托管、运维服务，帮助传统工业软件开发商实现平台化、线上化推广，帮助系统集成商实现"云上一站式集成"，极大地降低了中小型服务商的技术门槛和市场门槛。例如，博拉科技通过使用平台服务，节省了数百万元研发经费和半年的研发时间。目前，supET 平台逐渐走出了一条"以平台化驱动数字产业化、服务产业数字化"的发展道路，官方网站（www.supet.com）已开通运行，与 20 多家行业龙头企业签订了框架合作协议，为近百家淘工厂和数十家淘宝天天特价工厂实施了数字化改造，吸引了 50 多家工业互联网专业服务商与平台开展深度合作。例如，丝网印刷是制作光伏电池电极最普遍的生产工艺，丝网间距、室内气温、下压压力、丝网间隙等不同维度的数据都在影响丝网扩散的质量，传统的人工经验可以发现两个单独因子之间的关联，而工业大脑通过实时、快速地分析计算，可以挖掘出 5 个甚至更多因子之间的关联，远远超出了人力所及。通过对丝网印刷设备进行参数优化，并在产线实际应用过程中进行对比测试、反复调优，最终帮助天合光能实现电池片生产良品率增加 7%，可提高年利润数千万元。

案例 2：(轴承) 行业工业互联网平台

浙江陀曼智造科技有限公司借助在轴承行业深耕近 20 年所积累的经验，针对轴承生产企业的基础条件、关键痛点和共性需求进行调研和分析，为轴承企业定制开发了一套实用版的微型智能制造系统（简称"TM-e 系统"）。这套系统既能满足大部分轴承企业进行提质、增效、降本及管理提升等基本需求，具有低成本、易应用的特点，企业通过简单培训就能使用。截至 2018 年 12 月底，陀曼智造已与 162 家轴承企业签订合同，改造设备 12753 台，107 家企业 10612 台设备实现上平台，已改造的轴承企业设备有效产出率平均提升了 13%，达到目前的 68.71%；预计可提高 20% 左右，行业平均综合成本可降低 12%~15%、劳动用工可减少 50% 左右，同时帮助企业从经验管理转变为数据化和智能化管理。新昌普佑轴承在 2017 年年初率先试点安装实施 TM-e 系统后，通过数据分析发现其设备有效利用率（OEE）与原来预想的差距很大，该企业的生产线中最高 OEE 为 82%、最低为 38%、平均 OEE 为 58.7%。针对这种情况，为企业制订了三个阶段的提升计划。第一阶段，补短板。重点把 OEE 低于 70% 的生产线进行问题分析，提出改善方案，通过问题消除和改进实现所有生产线 OEE≥70%。第二阶段，推行标准化作业和管理。在第一阶段基础上，推行工艺流程、工艺参数、员工作业方式等标准化管理，同时通过进一步问题改善把所有生产线 OEE 提升到 80% 左右。第三阶段，实现 1 人多线管理。通过设备硬件改善、新技术应用、标准化信息化管理等系统解决方案，从目前 1 人 1 线实现 1 人 2 线管理，生产线 OEE 平均达到 85% 左右。企业在不增加生产设备投入的情况下，产量提升了 25.5%、单位用工成本和单位耗电成本下降 20% 左右，企业产值 2016 年为 3000 万元，2018 年在不增加设备和人员的情况下，产值达到 7500 万元。如实现第三阶段目标，则预计产量可提升 47.5%、单位用工成本降低 82%、单位耗电成本降低 32%。

案例 3：网络协同制造工业互联网平台（Tengnat）

由浙江中之杰智能系统有限公司建设，已入选 2018 年国家工业互联网创新发展工程，主要面向离散制造行业，借助工业互联网平台，实现企业内部管理、设计研发、生产制造、供应链协同等方面的优化，使企业价值链最大化，主要体现在降成本、提效率、控品质、优化交期。目前，平台已高度集成了云商城、云 ERP、云 MES、云 OA、云 CRM、云条码、云 PLM、云盘、云邮件、微微等 20 多款核心信息化应用系统，为 5900 多家提供了企业提供了云制造及数字化制造系统集成解决方案服务，能够降低中小微企业近 80% 的信息化建设维护成本，并打通企业内外部营销、生产、销售、仓库、物流、售后全产业链，实现资金流、信息流、业务流、物流的四流合一。斯捷尔传动机械（杭州）有限公司主要从事十字轴万向联轴器及各类农机用传动轴、工程机械传动轴的开发和制造,产品广泛用于机械、冶金、化工、农业、汽车等行业。该公司的信息孤岛与繁多的物料造成生产、仓库和财务管理工作困难,如生产计划排班、生产产品容易出错,仓库出入的品种、成本和库存数据不准确,各部门对某些半成品零件的叫法不统一等,部门间的协同效果比较差,生产过程比较混乱,与上游供应商及下游客户的沟通协调也存在很大的时间差和错误率。通过应用网络协同制造工业互联网平台,打通企业内外部系统,从最初的业务下单,到生产环节的跟踪,再到根据物料需求计划核算整个订单的用料、成本等全线打通,将每个部门有效地串联成一条线,整个公司的业务流程呈闭环状态,保证了信息传递的准确性和及时性。提高公司流水线品质和在线工艺管理水平,实现车间生产计划、生产进度、品质管控、设备管理的精益化生产,整个公司的运营效率也得到了极大提升。对采购部来说,通过系统的安全库存提醒物料的需求情况,可以及时安排采购,库存周转率提升了70%,原材料采购周期缩短了50%;通过系统的汇总功能,由之前的按单采购,逐渐转为预测式集中采购,成本降低了20%。并且,平台采用云端部署,企业可节省硬件和人员投入,不需要再支付昂贵的服务费和IT人员的费用,这种云模式的总体费用低于传统信息化服务模式费用的近80%,公司经营成本整体下降,利润提升了20%。

案例4:传化网工业互联网平台

由传化智联股份有限公司建设,逐步形成了"136+N"供应链服务平台体系,已经建成城市物流中心、智能系统和金融支付服务三大基础设施,具备了供应链金融服务、物流供应链服务、干线和城配运营智能调度服务、园区智能信息服务、物资采购信息查询服务和智能制造科技服务六大服务功能,未来通过链接外部制造、商贸企业及B2B、金融服务、技术服务等平台,整合行业资源,最终形成一个"中国物流大脑"。传化在全国已布局超过120个公路港城市物流中心,其中65个已开展业务,全国重点城市覆盖率达69.4%。传化网为客户提供支付、融资租赁、保险、理财等服务,连接制造、物流企业及各类平台2000家。2018年,传化支付获得了人民银行颁发的互联网支付牌照,一年多的时间,支付流量已累计达3500亿元。某化工企业年销售额28亿元,上下游供应商和客户7000多家,订单小批量、多批次,年订单18万笔、承运车辆1500多辆,企业数字化程度低,系统独立分散、缺少有效数据,物流供应链管理效率低,线下作业、协同差、费用高。引入传化网平台后,实现物流派单、调度、发货智能化,实现了"一单到底",实现企业采购/销售订单分布与状态管理、物流过程监控预警、厂区监控、供应链全程信息的可视化。在采购环节，每年可减少 504 个工时；在运输环节，可将企业一票货物的平均运输时间从 5.6 天缩减到 2.9 天；在仓储环节，可帮助企业将仓库库容利用率从 70% 增加至 90% 以上。从行业来看，传化网能够有效提升物流供应链水平，发货和到货及时率从 80% 提升到 96%；车辆平均排队提货时间从 3 小时下降到 0.6 小时；实现供应链过程"一杆到底"，平均订单执行时间从 17 小时降到 13 小时，结算处理时间从 9 个工作日下降到 3 天；降低综合成本、费用，物流管理费用下降 40%，供应链支付成本下降 50%。

案例 5：机泵安康管控工业互联网平台

由杭州哲达科技股份有限公司建设，通过在机泵等关键设备的外表面安装智能安康传感器，利用大数据、云计算技术，结合 AI 数学模型，可以及时发现机泵故障的早期征兆，避免和减少重大生产事故的发生，有效延长机泵运行寿命，降低维修费用，提高机泵全生命周期的运行整体效率。目前，平台已经在多个机泵项目进行了应用，提供以微统计、微监控、微管理、云健康和云能效为主要内容的安康管控、能源管控，连接工业设备达 45 台，工艺流程传感器数据采集测点达 1026 个，工业软件和 APP 的月平均用户订阅数达 206 次，平台服务企业用户总数 8 个。通过对某化工企业一期、二期工厂内包括离心压缩机、灰水增压泵、灰水循环泵等上百台机泵设备安装布置智能安康无线传感器，将水表和电表的数据和生产设备的相应工艺参数包括振动、温度、流量、压力以及产量进行实时关联，并利用统计过程控制中的相关原理和方法，形成统计报表，实现了机泵健康状态实时监测、故障诊断、智能维保等功能，对发现的机泵设备健康隐患，及时下达检查、维护保养指令，降低了企业运维成本，提高了生产管理水平，实现了"数字化安康+智能化维保"。

案例 6：中小企业云制造平台（一云通）

由宁波市政府、SAP（思爱普）、浙江中之杰智能系统有限公司三方共同建设，中之杰公司负责运营，是工信部 2017 年制造业与互联网融合发展试点示范工业云平台、工信部 2017 "云计算优秀典型案例"、浙江省服务型制造示范平台（第一批）、宁波市公共技术服务示范平台、2016 年度优秀"制造业+互联网"公共服务平台。一云通以"互联网+制造"的思维，高度集成云 ERP、云 MES、云 OA、云 CRM、云 OLM、云条码、云盘、云邮件、微微等核心信息化管理系统，运用云计算技术为成长型中小企业提供云制造平台解决方案，让企业无须再购买服务器等软硬件设备，即可实现企业内部系统互通、业务交互、数据互联，帮助企业实现全面的信息化管理。自2013年发展至今，平台已为4000多家成长型中小企业提供了云制造及数字化制造系统集成解决方案服务。一云通集成各类核心信息化应用系统，运用云计算技术为成长型中小企业提供云制造平台解决方案，企业无须再购买服务器等软硬件设备，采用购买服务的方式能大幅度削减运维人员，以降低近80%的成本，解决中小微企业管理过程的财务、采购、销售、库存、生产、人力资源、工资管理、无线条码数据采集、协同OA、大数据分析、商务智能（BI）、移动终端办公等等方面一系列问题，打通电商建店、内外部营销、生产、销售、仓库、物流、售后全产业链的协同，实现中小微企业的资金流、业务流、信息流、事物流的四流合一，同时平台支持 Mac \ Windows \ iOS \ Android 等电脑、手机端同步使用，提供标准及开放的数据接口与上下游业务伙伴信息集成，推动制造业转型升级，实现数字化、网络化、智能化。

案例7：东磁磁性材料行业工业互联网平台

由横店集团东磁股份有限公司建设，通过引入省企业互联网发展优秀服务机构、重点工业应用软件企业，以及云计算授权服务商，打造行业级具有国际竞争力的"一站式"服务平台。目前，平台服务企业用户10余家，平台注册用户数超500家，并于2018年成功列入工信部工业互联网试点示范项目。工业互联网平台采集球磨、成型、烧结、研磨、检分等磁性材料各生产工序现场设备共计1396台、监测点15646点的生产状态各种数据。实现了整个接入工厂生产过程的实施监控和智能分析，降低物料及能源消耗，节约管理运营成本，取得了良好的经济和社会效益。

第一，真正实现了管控一体化。根据现场的工艺管控要求，对部分设备进行自动化升级改造，实现现场控制的少人化、无人化，实现了管理控制一体化，提高企业的高效运营管理。

第二，提供了部分关键管理难点的可行的解决方案。建立灵活、高效的制造过程控制体系，通过实时监控，及时发现异常，快速处理，从而提高生产过程的稳定性，降低不良率。

第三，将生产的全要素管理纳入系统平台，实现精益化管理。智能化管控平台将计划、工艺、质量、成本、设备、能源等生产管理的全要素进行了整体设计，并融入了精益管理思想，既保证生产管理的精细化和有效性，又实现生产管理的简单化和高效率。

第四，建立产品快速追溯体系，提高分析能力、信息化管理水平。智慧工厂以工厂建模为基础，获取的产品工艺基础数据的定义和成品生产计划，根据工艺路线定义进行计划排程后,生成生产工单,并将生产工单下达到生产现场,同时将生成的工单反馈给系统,并从数采 I/O 服务器获取在线工艺和质量检测的异常信息和设备运行的异常信息反馈给系统,同时以图形化的形式实现对生产执行过程的监控,实现生产过程的追溯和管控。基于工业互联网平台解决方案,生产周期缩短 35%,产品合格率提高 12%,原材料一次利用率提高 5%,直接提升企业经济效益 20%以上。在提升生产过程标准化、规范化管理等方面,均取得了良好的效益,具有较高的推广和示范价值。

资料来源:根据实地调查资料整理。

二、全力支持企业上平台用平台

(1)开展企业上平台用平台试点示范。积极引导企业针对研发设计、生产制造、营销、服务、企业管理等全流程,向智能化生产、网络化协同、个性化定制、服务化延伸转变。引导基于企业现场数据集成整合的生产制造过程智能化应用,实现生产方式向智能化转变;引导基于网络、数据驱动的生产资源配置新模式,实现资源配置向大众创新转变;引导基于供应链数据集成和企业数据垂直打通,实现需求响应向规模定制转变;引导基于产品全流程数据采集分析的智能化服务,实现产品服务模式向全生命周期管理转变。

(2)提升龙头企业工业互联网创新和应用水平。支持龙头企业进行底层网络化、智能化改造,积极构建企业级工业互联网平台,打造互联工厂和全透明数字车间,从"资源上云"向"管理上云""业务上云""数据上云"升级,形成智能化生产、网络化协同、个性化定制和服务化延伸等应用模式,构建工业"4.0""互联网+先进制造业"生产体系。

(3)大力培育工业互联网应用市场。实施"智能化诊断"行动,为规上企业开展智能化改造"一对一"诊断服务,推动企业深度应用智能制造新模式与工业互联网新技术。鼓励相关市场主体依托工业互联网服务平台和技术积极进行产品、业务、模式创新,针对传统工业门类确立一批细分行业的典型项目开展试点示范,推动建设一批创新活力强、创业环境好、市场影响大的工业互联网特色园区和示范基地。

(4)加快推进工业技术软件化。研究制订出台浙江省工业技术软件化行动计划,将工业技术软件化作为产业数字化的重要抓手,大力实施工业互联网 APP 培育工程,以解决工业 APP 培育"卡脖子"瓶颈。

工业互联网应用案例

案例1：正泰太阳能

2018年，正泰太阳能与杭州阿里云计算有限公司首次在太阳能制造板块深入合作，引入阿里ET工业大脑，利用AI图像识别技术，依托正泰太阳能多年来积累的大数据，同时结合深度学习算法，解决了国内太阳能电池组件制造领域从未攻克的难题，成为实现多晶硅电池组件EL瑕疵自动检测，首家实现电池片EL全检的光伏企业。项目的实施，使质检人力成本下降50%，全检能力提升100%，检验速度提高200%，投资回报率在1.33年，经济收益显著。

案例2：春风动力

春风动力应用工业互联网，全面提升在设计、制造、销售、管理上的能力，将CAD、CAE、UG等设计所需要的图形工作站、设计软件等统一设置并部署在云端，不采用虚拟化技术，而是多人共享云工作站的资源，研发中心人员只需要通过web页面实现访问并操作云端设计软件，而设计所涉及的所有模型和数据也均存放在云端，通过云端设计软件运行与图形处理能力，以及产品模型数据等设计资源整合，实现用户在本地无须安装任何设计软件和分析应用软件，即可随时随地通过网络访问云设计平台，实现设计资源灵活调配与设计应用。制造上以MES系统为核心，进行订单数据管理，智能计划排程与160多个单元的模块化分解、生产调度与生产过程控制，实现MES云端数据集成分析与应用，有效提升大规模个性定制的敏捷交付。同时，基于ERP系统、SCM系统，实现云端齐套率预警模型应用与采购计划的分解，并与供应链数据进行集成与协同，实现各供应商及公司相关部门可直接云端访问并应用。销售上运用阿里云，实施云端电商系统、CRM系统、销售APP、商流等部署，不仅实现全球经销商管理与业务协同，同时在云端进行产品展示推广、在线客服、交易管理、支付管理等，实现销售线索、客户、商机、跟进记录等大数据实时存储运算等应用。在管理上，以私有云模式，建设BPM管理平台，实现全业务链、全信息流的有效集成、协同与同步，同时实现云上企业文件存储和备份业务，并通过分权分域管理和不同范围内的数据共享，提高公司核心数据的运算与安全、共享应用。应用工业互联网，降低了IT管理成本，并通过云计算与云端协同业务的开展，提高了设计效率与生产组织效率及管理效率，促进公司投入成本降低30%；产品研发周期缩短14.3%；生产效率提升26.5%；同时，通过大数据的应用，公司新产品企划能力不断提升，渠道管理更精细化，新产品开发成功率基本达成100%，客户增值服务能力增强，满意度不断提升。

案例3：慈星针织品柔性个性化定制平台

针织品智能柔性定制平台由宁波慈星股份有限公司建设运营，于2017年7月上线。平台基于"工业4.0"和"互联网+"的创新理念，应用传感器和RFID等多项物联网技术，实现个性化定制针织服装鞋帽的快速生产。该平台依托慈星股份强大的针织设备产业基础，整合上游原料和下游代工厂产能资源，通过数据采集、信息交互、在线交易、智能工艺、自动化生产等手段，实现全产业链的分工协同，使产业链上的个性消费者、自由专业设计师、代工厂、平台运营者、物流配送、支付等多方受益，打造共赢共生、各取所需的生态体系。慈星针织鞋服柔性供应链平台APP发布，同时开放针织世家个性化定制体验馆。消费者通过线下体验店和APP等方式进入平台电子商务系统，基于专业设计师提供的设计数据库，自主设计选定针织品的材质、纹路、花色等元素。平台利用整合的终端销售商、设计师、智能代工厂、棉纱原料供应商、物流配送服务方以及支付结算服务提供方等资源，通过平台数据交互，使消费、设计、生产、物流等各环节形成一个完整的闭环，实现原料供应商的棉纱到消费者手中针织成品的直接产出链条，大大降低了具有高风险性的库存积压，和物流、销售成本。

案例4：报喜鸟云翼智能服务平台

浙江报喜鸟服饰股份有限公司是一家从事品牌西服和衬衫等男士系列服饰产品的设计、生产和销售的上市公司。2015年，报喜鸟就成为浙江省唯一入选全国100家互联网与工业融合创新试点的企业。报喜鸟云翼智能服务平台包括一体两翼，以MTM智能制造透明云工厂为主体，以私享云定制平台和分享云大数据平台为两翼，实现从传统制造向智能制造的成功转型。上线该平台以来，报喜鸟生产效率提高50%，智能生产效率是传统手工效率的6倍，是普通大流水线的2倍。物耗下降10%，能耗下降10%，交付时间由15个工作日缩短至7个工作日，单条流水线，实现日产量达1000套，年产量35万余套，同等产量生产人员精简10%。

案例5：庄吉"云衣智造"

庄吉服饰是一家专门从事服装设计、生产和销售的服装企业。自2010年以来，由于企业自身过度融资和投资失误，外加宏观经济整体下行及担保链出险等多种因素叠加，最终导致庄吉集团资金链完全断裂。2012年该公司与山东如意集团资产重组以来，不再重走传统老路，试水智能制造。"云衣智造"项目投资1.65亿元，目前建成一条从面辅料仓库到成品入库一体化全智能的生产线，自主安全可控装备达到100%，达到国际领先水平。同时，庄吉服饰改变传统服装行业的销售模式，搭建O2O平台，建成一套全品类服装的线上线下快速定制、网络化虚拟试衣和实体试衣一体化综合系统，让顾客成为"设计师"，推动其提前下单，实现O2O+C2M订单化生产。项目投产当年，企业运营成本降低35%；生产效率提高65%以上；新款服装研发周期缩短67%；不良品率降低90%；定制服装产能提升11.7倍；毛利润提升3.2倍。

资料来源：根据调研资料整理。

三、加强工业互联网先进技术研究

（1）加快建设工业互联网创新中心。加强工业互联网产学研用协同创新，重点推进工业控制芯片、人工智能芯片、工业传感器、5G物联网通信模块、工业智能硬件、现场数据采集与集成、工业数据分析、生产建模仿真等重点领域技术研发与应用。面向工业互联网未来发展，大力开展工业互联网络、核心智能装备、软件服务平台等共性技术联合攻关，促进边缘计算、大数据、人工智能、增强现实、虚拟现实、区块链等前沿技术在工业互联网中的应用研究与探索。

（2）加快建设一批功能型工业互联网平台。支持第三方机构建设国家级的工业互联网试验验证平台，开展工业互联网解决方案评估验证。支持第三方服务机构搭建孵化实验室、融资租赁、解决方案与需求对接等配套服务平台，为不同类型的企业主体提供配套支撑服务。借鉴广东省经验，建设工业互联网产业生态供给资源池，培育一批优质工业互联网平台商和服务商，建立动态清单化管理机制，对企业满意度较低的服务商淘汰出资源池。

（3）加强工业互联网技术标准的制定和修订。按照"共性先立、急用先立"的原则，引导加快工业互联网基础共性标准、关键技术标准和重点应用领域标准的研制。在国家工业互联网标准框架下，开展企业内外网改造和介入标准、平台搭建和接入（接口）标准、应用服务标准、安全保障标准等的研制，加快制定和推广相应的接口标准与数据通信标准。加强对标准执行过程的监管，支持行业协会、产业联盟与企业共同推广工业互联网技术和共性标准。建立与欧美日等国家和地区重点企业的对话机制，围绕工业互联网标准制定和行业应用示范，组织开展技术交流与合作。

四、建设全球领先的工业互联网基础设施

从全球看，各国纷纷加大先进工业互联网基础设施建设。

（1）建设全球领先的网络基础设施。加快推动5G（第五代移动通信）、NB-IoT（窄带物联网）、SDN（软件定义网络）、NFV（网络功能虚拟化）等新一代网络通信技术应用部署。全面推进在重点园区、产业集聚区及周边区域建设低时延、高可靠、广覆盖的基础网络，加快5G网络覆盖和试商用，实施光纤宽带万兆进厂区，推动IPv6规模实验和试点应用。实施"千兆智联"行动，支持杭州

建成全国首个千兆用户省会城市。加快互联网骨干直连点建设，协调推进国家互联网交换中心试点和通信骨干直连点建设在杭落地，促进国际通信专用通道运用推广。

（2）加强企业互联互通改造。以纺织、服装、化工、化纤等浙江省十大传统产业为突破口，支持企业开展基于嵌入式系统和在线服务的设备远程智能监控与维护服务。[①]

（3）推动网络提速降费。落实国家减负降成本战略决策，大幅降低中小企业互联网专线接入资费水平，鼓励基础电信运营商与工业企业加强合作，促进大中小企业网络融通发展，提供面向不同场景、不同需求的个性化、差异化资费套餐与服务模式。在专线、3G、4G、窄带物联网等资费标准的基础上，再减免费用或免费获得网络重点保障增值服务。

（4）加强工业互联网系统安全和数据安全保障。建设网络安全信息汇聚共享和关联分析平台，加强大数据环境下防攻击、防泄漏、防窃取的监测、预警、控制和应急处置能力建设，同时完善基于工业互联网的数据安全相关法律法规，推动数据安全管理规范化和制度化。加快公共数据开放共享进程，建立健全公共数据采集、存储、交易等制度，保障数据有序、规范、安全使用。

---

① 支持企业以工业以太网、新型传感器等新型技术装备改造生产现场网络和系统，实现工厂 M2M（机器通信）及与上层应用系统的集成与融合，构建支持工厂透明化生产的信息物理系统，使其具备大规模小批量个性化定制的基础能力。加强企业间产业链协同，鼓励优势企业以行业云平台和互联网为支撑的互联互通改造，促进基于数据的生产、物流、仓储等环节高效协同，推动企业内部纵向集成向企业之间横向集成和产业价值链端到端集成延伸，实现跨区域、分布式协同制造。

第四篇 标准化战略驱动中国中小企业高质量发展的理论与实践

第25章 中国制造业标准国际化战略的研究报告

目前,大量传统制造的国际标准被发达国家掌控,如鞋类制造标准 ISO/TC216 被西班牙掌控,纸制造技术 ISO/TC6 被加拿大掌控,家具制造标准 ISO/TC136 被意大利掌控,水泥制造标准 ISO/TC74 被比利时掌控,木材制造标准 ISO/TC218 被乌克兰掌控,烟草制造标准 ISO/TC126 被德国掌控,中国尽管是国际公认的制造大国,但并没有真正掌控相关领域的国际先进标准,这是中国制造高质量发展难以绕过去的重大现实问题。

标准之争是全球制造竞争的制高点(黄群慧、贺俊,2015),[①] 标准制定的水平决定了中国制造质量的高低。综观全球,标准国际化已成为发达国家推进工业 4.0 和制造业回流、扩大国际贸易乃至掌控世界经济话语权的必争之地,以美国、德国、日本等为典型代表实施的标准国际化战略深刻揭示了以技术标准作为武器确保实现国家核心利益的战略意图,他们把标准竞争作为贸易竞争、产业竞争、经济竞争、国家竞争的突破口,竭尽全力推动本国标准上升为国际标准,抢夺国际标准主导权、话语权乃至控制权(Clougherty and Grajek,2014)。[②] 世界经济论坛报告(WEF)指出,中国制造规模居世界之首,但制造标准滞后于制造产业,参与制定和采用国际标准是中国制造"走出去"必须破解的症结。《中国

[①] 黄群慧,贺俊.中国制造业的核心能力、功能定位与发展战略[J].中国工业经济,2015(6).

[②] Clougherty J A, Grajek M. International Standards and International Trade: Empirical Evidence from ISO 9000 Diffusion, International Journal of Industrial Organization, 2014, 36 (2): 70-82.

制造 2025》明确提出"制造业标准化提升计划",这从政策的角度揭示,实现中国制造高质量发展,亟须实施标准国际化战略。标准具有质量符号效应、接口兼容效应、贸易壁垒效应甚至"赢者通吃"效应,是发达国家推进工业 4.0 和制造业回流、扩大国际贸易乃至攻占全球经济竞争制高点的必争之地。美国、日本、德国等纷纷把标准竞争作为制造竞争、产业竞争、贸易竞争乃至国家竞争的战略支点,抢夺国际标准主导权、话语权乃至控制权是中国制造高质量和国际化的突破口。与美国、德国、日本等制造强国的标准国际化战略相比,中国的技术标准仍有一定差距,尚未建立与国际接轨的标准体系,现行技术标准体系与中国制造大国地位不相匹配,难以适应"一带一路"背景下中国制造加速"走出去"的战略需要。应抓住《中国制造 2025》战略机遇,加快推进制造标准国际化赶超,改革现行的标准化管理体制机制,破解标准供给能力不强、市场化主导机制尚未建立、新兴产业和传统制造业标准"双向锁定"、国际标准提案介入障碍因素较多等瓶颈,把数字经济和先进制造作为主战场,建立行业技术标准联盟机制,争取国际标准化组织技术委员会的稀缺席位,构建与中国制造大国地位相匹配的先进标准体系。

第一节 文献梳理及评述

国际标准化组织(ISO)认为,标准是"经协商一致制定并经公认机构批准,对实际或潜在的问题规定的共同使用或重复使用的规范性文件。"标准化的过程紧随技术创新过程呈现出"技术—标准"双螺旋结构或"R&D—专利—标准"三螺旋结构,[①] 构成"技术专利化—专利标准化—标准产业化"的路径图,推动整个技术标准化过程的螺旋式上升,积极开展技术创新的企业更有能力和机会进行标准化,以扩大市场份额和追逐最大化利润。[②] David 和 Greenstein (1990)认为,标准定义了产品的生产程序和具体的技术规范,是生产者和消费者减少信息不对称和信息不确定的重要依据,也是产品获得外部市场验证和认可的重要"符号"[③]。标准过程的制定者由于较早地进入标准制定过程及相伴随的信息交流过程中,比"局外人"更有竞争优势,对扩大市场份额无疑具有先发优势,建立以国际标准和国际规则为导向的标准治理体系和运行机制,有助于建

[①] 孙耀吾,赵雅,曾科. 技术标准化三螺旋结构模型与实证研究 [J]. 科学学研究, 2009 (5).

[②] Farrell J, Saloner G. Standardization, Compatibility, and Innovation [J]. Rand Journal of Economics, 1985, 16 (1): 70-83.

[③] David P A, Greenstein S M. The Economics of Compatibility Standards: An Introduction to Recent Research [J]. Economics of Innovation and New Technologies, 1990, 1 (1): 3-41.

立便于国际市场竞争的贸易模式。① Chen（2008）等认为区域合作中的标准治理，能够实现在行业层面不同类型的标准，可以增加区域参与国之间的贸易。②

关于技术标准对国际贸易的实际影响，国内外一些文献进行了验证。Swann等（1996）根据英国标准学会（BSI）的数据考察了英国的技术标准数量对贸易的影响，研究结果发现，英国的国家标准数量显著地促进了本国的进出口贸易，英国的国际标准数量也促进了本国的出口贸易，但是结果并不十分显著，也就是认为，标准的贸易效应是现实存在的。③ Blind（2000）对德国标准化学会（DIN）的标准数据进行了分析，探讨了德国的标准数量分别对出口、进口的影响，结果发现德国的标准数量和贸易额之间存在比较显著的正向关系。④ Moenius（2004）基于扩展的贸易引力模型对标准的贸易效应进行了研究，结果发现标准的确促进了贸易流动，但这种贸易效应具有差异性，也就是对不同的产业标准带来的贸易效应不同。⑤ Shepherd（2007）以欧盟范围内的15国与其他200个国家的纺织服装贸易品种为样本，实证考察了技术标准数量与贸易多样性之间的关系，研究发现，欧盟范围内的标准数量与纺织服装贸易品种的多样性是反向关系，也就是欧盟标准数量每增加10%，纺织服装进口贸易的品种会减少6%；采用国际标准的比例每提高10%，纺织服装进口贸易的品种会增加0.2%。⑥ Reyes（2011）运用新新贸易理论分析了欧盟标准对异质性企业国际贸易的影响，结果发现，贸易双方标准的一致性也就是提高欧盟标准与国际标准的一致性会促进美国向欧盟区域的出口，因此从扩大国际贸易的角度看，应进一步提高区域标准与国际标准的一致性，这对企业进入国际市场是重要的支撑。⑦ Mangelsdorf等（2012）进一步的研究发现，中国国家标准特别是强制性国家标准对中国的出口

---

① Baller S. Trade Effects of Regional Standards Liberalization: A Heterogeneous Firms Approach [J]. Policy Research Working Paper 4124, 2007, 59（1）: 1-44.

② Chen M X, Mattoo A. Regionalism in Standards: Good or Bad for Trade? [J]. Canadian Journal of Economics/revue Canadienne Déconomique, 2008, 41（3）: 838-863.

③ Swann G M P, Temple P, Shurmer M. Standards and Trade Performance: The UK Experience [J]. Economic Journal, 1996, 106（438）: 1297-1313.

④ Blind K. The Impact of Technical Standards and Innovative Capacity on Bilateral Trade Flows [J]. Fraunhofer Institute for Systems and Innovation Research, 2000, 78（3）: 123-149.

⑤ Moenius J. Information Versus Product Adaptation: The Role of Standards in Trade [J]. SSRN Electronic Journal, 2004.

⑥ Shepherd B. Product Standards, Harmonization, and Trade: Evidence from the Extensive Margin [D]. Policy Research Working Paper, No. 4390, World Bank, Washington, DC, 2007.

⑦ Reyes D. International Harmonization of Product Standards and Firm Heterogeneity in International Trade [D]. Policy Research Working Paper Series, No. 5677, World Bank, Washington, DC, 2011.

贸易具有显著的促进效应,采用国际标准同样也具有显著的贸易促进效应。[1] 围绕技术标准对出口影响的"双刃剑"效应,刘淑春(2018)基于引力模型和三元边际分解进行了实证检验,研究表明,技术标准化对中国装备制造"走出去"的数量效应有显著影响,但并非线性关系,而是"倒U型"关系,标准国际化不仅会促进中国装备制造的海外扩张和竞争力提升,还会促进上下游装备制造业的出口联动。[2] 杨丽娟(2012)利用中国1990—2008年的时间序列数据进行了定量分析,结果发现,国际标准和国家标准对中国的进出口贸易均具有正向的促进效应,而且国际标准的影响更为显著,它们对贸易总额的影响系数分别为0.2706和0.0629。[3]

从现有文献看,技术标准的经济效应和贸易效应已经得到了检验,但对不同发展水平国家的标准国际化战略和机制的理解和解释还不够透彻。虽然从标准化角度研究对贸易及福利的影响富有意义,但单纯从贸易总量研究标准化的促进作用或抑制作用存在不可忽视的缺陷。国外大多数实证研究基于贸易出口额来界定被解释变量,无法判断标准化对产品出口的影响到底是因为低成本带来的数量扩张还是高技术含量及高质量带来的价格提升。同时,现有研究主要着眼于国家标准或国际标准对发达国家之间双边贸易的实际影响,较少对标准本身进行比较研究。且中国制造业产品种类十分庞杂且覆盖范围广,不同行业出口存在完全不同的性质和诸多不可比因素,即便同属制造业范畴的重工业制造品与芯片等技术密集型制造品也存在不小的行业差异,对此本章从标准比较视角及发达国家的标准国际化视角切入,探讨分析中国制造标准国际化的现实路径,这对于高质量发展背景下的中国制造"走出去"具有重要的现实意义。

第二节 制造业标准在智能化趋势下的信号效应

一、制造系统的集成性和互联性为技术标准带来"纽扣效应"和"棘轮效应"

随着制造的数字化和智能化,以制造环节智能化为核心,以端到端数据流为基础,以网络互连为支撑,兴起了跨领域、跨单元、跨系统、跨生命周期的前所

---

[1] Mangelsdorf A, Portugal-perez A, Wilson J. Food Standards and Exports: Evidence from China [J]. World Trade Review, 2012, 11 (3): 507-526.
[2] 刘淑春. 技术标准化、标准国际化与中国装备制造走出去 [J]. 浙江社会科学, 2018 (8).
[3] 杨丽娟. 国家标准、国际标准与中国对外贸易发展 [J]. 亚太经济, 2012 (3).

未有程度的系统集成（Akerlof，1970），其技术标准化过程与传统制造有着本质区别，尤其是通过有线或无线等通信技术实现装备之间、装备与系统之间、企业之间及系统之间的一致性和互操作、集成和互联互通，需要智能生产单元的协同、海量数据的实时共享，以及生产系统、传感系统、控制系统、检测系统和云系统的实时同步，制造环节之间技术标准相互匹配、环环相扣、深度咬合，通过标准化技术规范和接口协议实现模块集成、信息交互、数据共享、业务协同，存在极其显著的"纽扣效应"。而且，智能制造的标准化需求与智能制造的系统构架之间存在"一一映射"的物理映射关系，关键技术标准特别是识别与传感技术标准、人机交互系统标准、数据采集和控制系统标准、网链技术标准等更新换代的速度很快，动态升级具有"不可逆性"，冲击国际标准"领跑者"推动了"棘轮效应"加速。①

二、制造智能化趋势下技术标准兼容性/不兼容性带来"网链效应"和"锁定效应"

智能制造热潮下的产业网络性特征越来越明显，识别与传感、控制系统等装备技术标准，大规模个性化定制、运维服务等智能服务标准、人工智能、大数据、边缘计算等智能技术标准，网联技术、智能工厂等工业互联网标准，都可以通过物理兼容、信息兼容、习惯性兼容等工具及网链技术，设置极强的技术"排他性"和产品"不兼容性"，如果标准不兼容性不仅会带来高昂的转换成本（Switching Costs），还会被锁定在市场外围和排除在网络外部。② 由于网络效应及直接和间接的外部性存在，兼容性或者接口标准有助于市场的外部扩张。③ 处于标准领先地位的国家或企业为了维护其市场地位，往往采用非兼容和排他性策略，④ 进而达到削弱他国企业竞争力从而获得垄断地位的目的，对标准竞争中地位优势明显的国家及其企业往往形成"赢者通吃"效应（Winner-take-all Effect）。

三、制造业标准的隐形壁垒带来贸易的"门限效应"和"受控效应"

作为国际产业链分工中的重要"枢纽国"及供应链竞争中的"居重国"，美

---

① Akerlof G. A. The Market for Lemons: Quality Uncertainty and the Market Mechanism [J]. The Quarterly Journal of Economics, 1970, 84（3）：488-500.
② 刘淑春，林汉川. 标准化对中国装备制造"走出去"的影响——基于中国与"一带一路"沿线国家的双边贸易实证 [J]. 国际贸易问题，2017（11）.
③ Katz M, Shapiro C. Network Externalities, Competition and Compatibility [J]. American Economic Review, 1985（75）：424-440.
④ Malueg D A, Schwartz M. Compatibility Incentives of a Large Network Facing Multiple Rivals [J]. Journal of Industrial Economics, 2006, 54（4）：527-567.

国等发达国家对中国的打压越来越常态化地实施知识产权保护、技术标准贸易壁垒及强制性技术转让，尤其是作为技术性贸易壁垒的标准，在发达国家过度标准化（Over-standardization）情况下，经常被作为贸易保护主义的操作工具。[①] 智能制造的基础共性标准、关键技术标准、网络设备标准具有极强的"门限效应"[②]，通过设置技术标准"门限"、跨国"标差"迫使中国产品不得不受控进入国外市场甚至被拒之门外。[③] 根据联合国贸发会议贸易政策重要数据及趋势报告，技术性贸易壁垒影响70%的世界贸易，数量和价格控制措施影响15%的世界贸易，检验检疫措施影响10%的世界贸易。技术标准的内核技术越先进，标准的强制性程度越高，相应的进入该国市场的门槛就抬得越高，达到相应标准的技术改造和生产成本也就越高。[④] 如果难以满足高技术标准国家的标准规范，产品出口极可能因标准限制而被排斥在外。[⑤]

第三节 中国制造业标准国际化问题

综观全球制造竞争，标准化的广度、宽度、深度在很大程度上决定了制造业发展的速度、质量和效益。发达国家借助"标准利器"实现本国制造在国际市场上的攻城略地，背后深层次逻辑在于，标准话语权相当于技术控制权、产业主导权及市场话语权。中国已发布实施《国家标准化体系建设发展规划（2016—2020年）》及《标准联通"一带一路"行动计划》，旨在推动标准国际化，但与美国、德国、日本、英国、法国等ISO常任理事国的标准国际化战略相比，中国标准实力、国际标准地位与自身的GDP尚不匹配（见图25-1），国际标准竞争格局中仍处于比较滞后的地位，尚未建立与发达国家接轨的先进标准体系，现行标准难以有力支撑中国制造的大国地位，难以适应"一带一路"背景下中国

---

① Swinnen J, Vandemoortele T. Trade and the Political Economy of Standards [J]. World Trade Review, 2012, 11 (3): 390-400.

② Maskus和Wilson (2001) 提炼了标准成为技术性贸易壁垒的四个条件：标准的实施和严格执行增加企业生产成本，降低生产和交易效率；标准设置超过了生产者在国内的标准水平；标准实施存在明显的歧视性和贸易保护主义特质；标准的强制性超过了进行正常风险规避的水平。

③ 赵志强，胡培战. 技术标准战略、技术贸易壁垒与出口竞争力的关系——基于浙江出口美日欧的实证研究 [J]. 国际贸易问题, 2009 (10).

④ 发达国家凭借技术优势，利用技术标准的合理性和隐蔽性，设置技术性贸易措施，以维护其国际贸易竞争优势。Unnevehr (2000) 认为，发达经济体越来越倾向于通过标准共享或标准联盟对发展中国家进行贸易排挤，在卫生、安全、环保、健康等方面的技术标准加强对发展中国家形成新型贸易壁垒。

⑤ Gandal N, Shy O. Standardization Policy and International Trade [J]. Journal of International Economics, 2001, 53 (2): 363-383.

制造加速"走出去"的战略需要,也不利于中国参与全球产业链、供应链竞争。

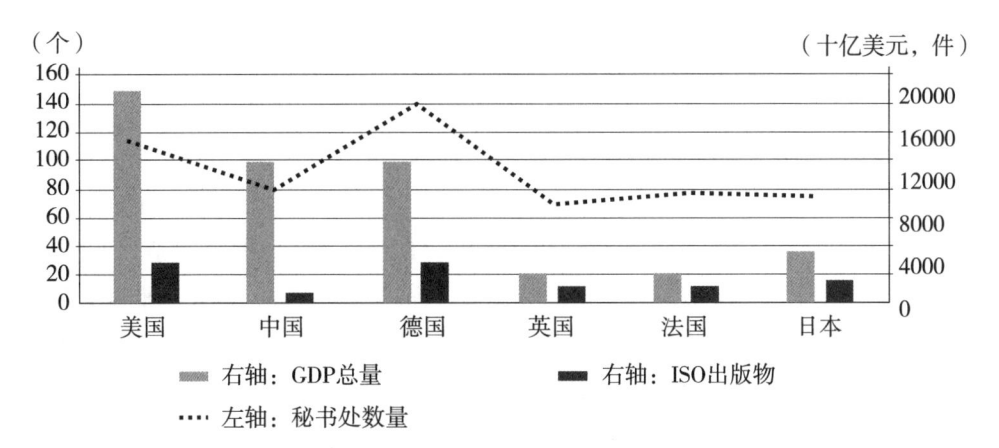

图 25-1 ISO 常任理事国 GDP 与 ISO 出版物和国际标准组织秘书处数量关系

资料来源:笔者自制。

一、逆全球化抬头对今后一个时期标准国际化带来冲击

以美国为首的部分发达国家推动逆全球化抬头,必将对中国的标准国际化进程形成强力阻滞。根据 WTO 发布的《世界贸易统计评论 2019》统计数据,中国占世界货物出口份额达 13.1%,进口份额占全世界的 11.0%,是全球生产网络的重要节点和基地,也是亚太地区生产网络的核心枢纽,已全面融入全球生产网络和供应网络之中,美国、日本等发达国家不仅实施企业从中国撤离或回迁本土计划,而且高举知识产权、标准、专利、安全等大棒打压中国产业,通过技术标准制高点控制影响关键技术产品和服务的产业链、供应链,这对中国产业链、供应链安全和中国制造"走出去"带来了前所未有的冲击和史无前例的考验,也必将影响技术标准的国际交流合作及国际标准在中国的扩散与融合。中国嵌入经济全球化网络的程度很深、外向度很高,受中美贸易摩擦影响,美国等对中国高端并购项目严加审查限制,高科技领域跨国并购受阻,技术标准和知识产权严格被限制,设置"隐形台阶"或"旋转门"阻碍中国介入国际标准化的核心领域和关键环节。全球产业链、供应链的"断裂"风险还可能进一步加速跨国公司从中国向外转移,从原来的"中国+1"模式转变为"中国+n"模式,毫无疑问这将大大延缓甚至阻滞中国标准国际化战略的实施进程。

二、新兴产业和传统制造技术标准"双向锁定"

目前,国际标准大多被发达国家锁定,美国、德国、日本、英国、法国五个发达国家主导制定了全球 95% 的国际标准,中国主导的国际标准仅 195 项,仅占全球国际标准总量的7.2‰。近年来发生的"华为5G技术标准之争""大唐电信TD-SCDMA标准之争""中美WAPI之争""电动汽车快速充电技术标准之争"等重大事件无不反映了国际标准的激烈竞争，越来越多的领军型企业参与国际标准竞争，尝试突破发达国家的标准封锁和技术性贸易壁垒（见表25-1）。但总体上看，与美国ANSI标准、德国DIN标准、日本JIS标准相比，中国制造面临着发达国家的"标准合围"和"标准锁定"。一方面，中国没有及时抢占新兴产业前沿领域的国际标准，在云计算（ISO/IEC JTC1 SC38）、增材制造（ISO/TC 261）、纳米技术（ISO/TC 229）等国际标准方面均受制于人，新兴产业金字塔的塔尖被制造业强国掌控（见表25-2）。近年来，美国、德国、日本等发达国家瞄准工业化和信息化深度融合的数字经济领域，千方百计争抢人工智能、物联网、大数据、云计算、区块链等新兴领域的标准话语权，而中国在这方面的行动还局限于被动地跟跑。另一方面，中国在传统制造领域同样缺乏标准话语权。鞋类制造标准ISO/TC216、纸制造技术ISO/TC6、家具制造标准ISO/TC136、木材制造标准ISO/TC218、烟草制造标准ISO/TC126等均掌握在其他发达国家。比如美国材料和试验协会（ASTM）发布的玩具强制性标准（ASTMF963）比之间版本ASTM F963-11版有新提高，明确了玩具超载和稳定性要求、纽扣电池/硬币电池的标签要求、锂电池的温度和限流、膨胀玩具的测试技术规范、磁铁的浸泡和抗压测试规范，对中国玩具制造企业出口影响甚大。作为制造大国，中国在标准领域仍属于被动的"跟跑者"，如果不尽快从国际标准竞争中解锁，那么长此以往在国际市场竞争格局中可能会被低端锁定。

表25-1　国际标准竞争解锁案例

案例	动因	国际标准竞争	标准合作	政府角色
EVD	规避专利税	BLU-Ray HD DVD FVD	与LSI、Logic、ON2进行合作	由政府发起，但逐步商业化
AVS	规避专利税	Mpeg4、H.264	国际合作	由政府发起
TD-SCDMA	规避专利税，提高中国电信竞争力	WCDMA、CDMA2000	国际合作	政府大力支持并设立专项
WAPI	安全因素	IEEE 802.11	无	政府强力支持

续表

案 例	动 因	国际标准竞争	标准合作	政府角色
RFID	提高中国电子标签领域的竞争力	EPC	无	政府发起
IGRS	提高中国数字家庭领域竞争力	DLNA	闪联、DLNA	行业主导

资料来源：笔者根据互联网公开资料整理。

表 25-2　新兴制造领域的国际标准话语权

国际标准	所属领域	国际标准主导国家
ISO/TC 276	生物技术	德　国
ISO/TC 299	智能机器人和机器人设备	瑞　典
ISO/IEC JTC1 SC38	云计算	美　国
ISO/TC 261	增材制造	德　国
ISO/TC 229	纳米技术	英　国
ISO/TC 180	太阳能	澳大利亚
ISO/TC 281	微泡技术	日　本
ISO/TC 159	人体仿生学	德　国

资料来源：笔者根据国际标准化组织 ISO、IEC 公告整理。

三、国际标准互认和提案介入障碍因素较多

由于国情、文化等因素，中国标准与发达国家的兼容性和互通性不高。例如在国际电力市场领域，世界上广泛采用的行业标准大多由发达国家制定，特别是 IEC（国际标准）、ASME（美国机械工程师协会）、US（美国标准）等标准，中国电力标准体系与国际上通行的电力标准体系差异很大，国内电力新兴技术在申请 IEC 标准时经常被国外专家认为与国际市场需求及国际电力行业技术发展不匹配，导致中国大多数海外项目建设不得不采用西方发达国家标准，这严重阻碍了中国电力行业的开放发展。在国家大力推行"一带一路"建设和标准"走出去"战略的背景下，越来越多的本土企业开始参与国际标准制定，但由于对国际标准申请流程及相关规程制度不够熟悉，导致技术标准提案频频失败。例如，大量中国企业对 IEC 标准申请流程和 IEC 相关管理办法不熟悉，没有掌握 IEC 国际标准与中国 GB 标准在制定程序方面的差异（见表 25-3），当 IEC 秘书处在其他国家

的时候，必须先获得秘书处认可，这是第一道门槛；然后是 IEC 标准提案的适用性、可行性审查，这是第二道门槛，这两个门槛极大地增加了国际标准化活动的复杂性与难度系数，尤其是对没有 TC 或 SC 国际秘书处的领域几乎很难介入。更深层次的原因则在于，大量制造业领域面临技术瓶颈，核心关键技术受制于人，核心基础零部件、关键基础材料、先进基础工艺、产业技术基础等不少"四基"领域被美欧日发达国家卡脖子，缺乏让国际认可的重大技术创新成果。

表 25-3　IEC 国际标准和中国标准的制定程序对比

	预备阶段	提案阶段	准备阶段	委员会阶段	询问阶段	批准阶段	分发阶段
IEC：国际标准	技术委员会（TC）	（1）提出提案：①国家团体；②TC或SC秘书处；③联络组织；④技术管理局或其咨询组之一；⑤秘书长（2）表决与批准立项：TC/SC成员（3）注册：办公室	（1）WD制定者：TC或SC建立的WG/PT（2）登记转入下一阶段：中央办公室	（1）分发CD：TC或SC秘书处（2）提出意见：国家团体	（1）分发CDV：中央办公室（2）投票：国家团体（3）公布投票结果：TC或SC秘书处准备，中央办公室分发各国团体（4）登记转入：中央办公室	（1）分发FDIS：中央办公室（2）投票：国家团体（3）分发表决报告：中央办公室	面向全球分发国际标准：秘书长
GGB：国家标准	预备阶段	立项阶段	起草阶段	征求意见阶段	审查阶段	批准阶段	出版阶段
	项目评估：技术委员会（TC）	（1）提出提案：任何单位、个人（2）项目征集与审查：行业部门、TC和省级质监局（3）审批、下达计划：国标委	（1）WD制定者：TC建立的标准编制工作组（WG）（2）登记转入下一阶段：TC	（1）分发CD：TC（2）提出意见（3）处理意见：WG（4）登记转入下一阶段：TC	（1）审查：TC成立的标准审查委员会（2）登记转入下一阶段：TC	程序审核和协调：国务院标准化行政主管部门	编辑修改与出版：中国标准出版社

资料来源：笔者自制。

四、市场主导的标准制定机制尚不健全

与美国、德国等发达国家市场化主导标准化的机制不同,中国标准国际化驱动力主要由行政力量主导,[①] 标准"立项—制定—审查—发布—维护—监管"等过程大多数情况下仍由市场监督管理部门(机构改革前为质量监督部门)主导,企业及行业协会参与标准制定的动能不足,标准制定的体制机制比较僵化,市场化驱动、标准化管理、激励约束机制、市场动态跟踪能力等存在短板。政府部门"有形之手"不仅主导了公共安全、卫生健康、环境保护、国防安全等强制性标准,而且介入了高端技术、装备制造、新兴产业等市场化程度较高的领域。目前,70%的制造标准为一般性产品和服务标准,企业自主制定的标准需到政府的市场监督管理部门备案,国家标准、行业标准、地方标准的制定仍依靠科研院所,政府、企业、高校院所、行业协会中介组织进行标准制定或修订的边界不够清晰。龙头骨干企业参与标准国际化的意愿不够强,仅40%左右的企业采用国际标准,企业的技术标准参数与国际对标达标不够,国际标准活动参与的力度和深度不够。

五、ISO、IEC 等国际标准组织介入深度不够

尽管中国承担的制造业领域的 ISO 和 IEC 的 TC、SC 秘书处数量逐年有所增加,2000 年仅 4 个,2018 年增加到 81 个,但总量在全球所有国家中的比重仅 0.7%,这与中国制造占全球出口比重约 14% 的国际地位严重不匹配。发达国家基本控制了国际标准化组织的话语权,ISO/IEC 主席、副主席、秘书长、TC/SC 秘书处等职位多由美国、德国、日本等发达国家担任。从 ISO 的技术委员会主席数量看,美国占 15.9%、德国占 13.3%、日本占 6.7%,相比之下中国差距巨大(见图 25-2)。同时,美国参与了 80% 的 ISO 技术委员会,承担了 140 多个 ISO 技术委员会和 500 多个工作组召集人工作;德国以积极成员资格参加了 97% 的 ISO/TC 组织;日本一直努力争取 ISO/IEC 委员会主席、召集人和秘书职务,而中国实质性参与的标准国际化活动则比较少,落户中国的国际标准化技术委员会 TC/SC 秘书处中,担任技术委员会主席的只有 65 个,难以在国际标准制定过程中发出有力的"中国声音"。与此同时,ISO 和 IEC 发布的由中国作为主要起草国制修订的国际标准数量呈现上升态势,2000 年为 4 件,2003 年最少为 2 件,2016 年增加到 46 件,但增加的幅度低于 TC、SC 秘书处数量的增幅。ISO、IEC 等国际标准组织 TC、SC 秘书处数量的增加,并不代表制定的标准数量会同比大

---

① 吕铁. 论技术标准化与产业标准战略 [J]. 中国工业经济,2005(7).

幅增加，关键要最大程度地发挥 TC、SC 秘书处的话语权，推进龙头骨干企业、高校院所、行业协会联盟，代表国家利益参与标准国际化活动。

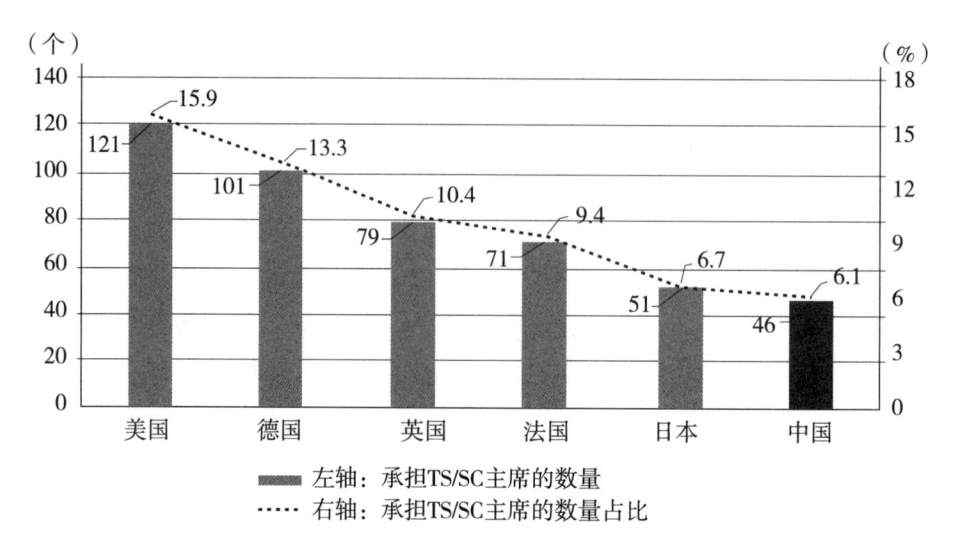

图 25-2　ISO 6 个常任理事国承担 TC/SC 主席数量比较

资料来源：笔者自制。

六、标准供给能力滞后于中国制造"走出去"

中国制造在全球制造格局中的分量越来越重，早在 2010 年制造业增加值（1.955 万亿美元）就超过了美国（1.952 万亿美元），成为世界第一制造大国，但与此同时，标准供给能力跟不上发展需要，标准国际化战略制定和实施滞后于制造"走出去"的速度，标准在国际市场上的竞争力不够强。[1]

（1）标准"老迈"问题突出。中国制造标准制定周期长，更新速度慢，"标龄"普遍高出美国、德国、日本等发达国家，有些标龄甚至长达 30~40 年。

（2）国际采标率不高。中国制造标准与国际标准对标不够，缺乏应对国际市场变化的活力，没有与国际市场需求互动。美国采用国际标准和国外先进标准的比率超过 80%，德国、日本高达 90%，中国仅 40% 左右。

（3）"标出多门"问题突出。标准重复、交叉现象不少。现行国家标准、行业标准、地方标准中仅名称相同的就有 2000 多项，健康、安全、环保等强制性标准涉及制定主体多达 28 个国家部门和 31 个省（区、市），强制性国家、行业、地方三级标准超过 1 万项，有些标准技术指标不一致甚至冲突。例如，国家标准

---

[1] 林洲钰，林汉川，邓兴华. 什么决定国家标准制定的话语权：技术创新还是政治关系［J］. 世界经济，2014（12）.

GB/T 32481—2016《隧道照明用 LED 灯具性能要求》与交通行业标准 JT/T 939.2—2014《公路隧道 LED 照明灯具》等标准适应范围和技术要求存在交叉重复问题。

（4）标准主体统筹协调不够。在市场利益驱动下，许多标准制定主体单纯追求标准数量，随意拆分标准，导致标准多头研制，标准协调性比较差。企业热衷于产品标准和检验标准的重复制定，而与之配套的通用标准比较冷落，导致标准体系的功能协调缺陷，标准不协调进一步导致标准执行难，部分强制性标准束之高阁、形同虚设。

第四节 国际先进标准门限：基于 LED 标准的案例解析

LED 被誉为"21 世纪新固体光源时代的革命性技术"，凭借节能环保在国际市场上的占有率和销售量不断攀升。中国是全球 LED 的生产大国、出口大国及消费大国，根据中国照明电器协会统计显示，2011—2019 年中国 LED 产品出口总额逐年上升，从 20 亿美元增长到近 260 亿美元，占全世界 LED 市场的 20%以上，美国、日本、欧盟等国家和地区是中国照明产品出口的主要市场，但不得不正视的问题是，中国 LED 产品出口到美欧日等发达国家市场在满足中国技术标准的情况下，还必须通过进口国更为严格、苛刻的技术标准门限（见表 25-4）。LED 标准涉及电磁兼容、光色、寿命、光源、辐射、节能等上百项技术标准及测试认证，全球范围关于 LED 的技术标准并不统一，美国、欧盟、日本都制定了自身的标准，中国产品出口美欧日市场必须经过他们的技术检测和标准认证。[①] 以进入欧盟市场为例，需要通过 CE 认证（安全合格标志），符合欧盟有关 LED 灯具的能效标准；若要进入美国市场则需要符合 UL 标准、能效标准、FCC 电磁兼容标准、ROHS 环保标准等多项标准。如果中国 LED 企业由于技术标准原因达不到美欧日标准要求，将面临产品禁入、被召回或销毁的不利局面。

表 25-4 LED 产品的 IEC 国际标准与 GB 国家标准的比较

标准名称	IEC 标准号	GB 标准号	差异性
LED 安全标准			
《灯的控制装置第 1 部分 一般要求和安全要求》	IEC61347—1：2003	GB19510.1—2004	差异

---

① 资料来源：中国计量大学课题组研究报告《国外技术贸易措施对中国跨境电子商务影响和应对措施研究》，2020 年 3 月。

续表

标准名称	IEC 标准号	GB 标准号	差异性
《普通照明用 50V 以上自镇流 LED 灯安全》	IEC 62560	GB 24906—2020	差异
《灯和灯系统的光生物安全性》	IEC 62471	GB/T 20145—2006	差异
《普通照明用 LED 模块 安全要求》	IEC 62031—2008	GB 24819—2009	差异
LED 性能标准			
《灯的控制装置 第 2~13 部分：LED 模块用直流或交流电子控制装置的特殊要求》	IEC 61347-2-13：2006	GB19510.14—2009	差异
《灯具的一般要求和试验》	IEC 60598-1	GB7000.1—2007	差异
《LED 模块（组件）用直流或交流电子控制装置-性能要求》	IEC 62384：2006	GB/T 24825—2009	差异
LED 电磁兼容标准			
《电气照明和类似设备的无线电骚扰特性的限值和测量方法》	EN 55015	GB 17743—1999	差异
《电磁兼容 限值 谐波电流发射限值（设备每相输入≤16A）》	IEC 61000-3-2	GB 17625.1	差异
《电磁兼容 限值 对额定电流≤16A 的设备在低压供电系统中产生的电压波动和闪烁的限制》	IEC 61000-3-3	GB 17625.2	差异
《一般照明用设备电磁兼容抗扰度要求》	IEC 61547：1995	GB/T 18595—2001	差异

资料来源：笔者搜集相关资料整理而得。

一、进入美国市场面临的技术标准门限

美国对进口 LED 产品的先决条件是获得 UL 认证，UL 认证是全球最严格的安全认证，尽管不属于强制性认证，但如果不进行认证消费者就不会购买。因此，中国 LED 企业进入美国市场仅仅凭借自己的国家标准是完全行不通的，必须申请通过美国标准的认证和检测。

（1）能效标准门限。美国能源部 DOE 发布了 LED 球泡（整体式 LED 灯）能源认证规范 V1.4 版，规定了非标准灯和替换灯的能效标准。例如，LED 的电参数反映了其电学特征和性能，中国标准 GB/T 24908—2014 中未对光强参数作出规范，但美国采用的 IEC 62612—2013 对光强分布、最大光强和光束角的符合性作了明确规定，而且会进一步对峰值光强和光束角的平均值进行规范。

（2）安全技术标准门限。LED 产品进入美国市场销售必须接受消费品安全

管理委员会（CPSC）的安全标准实施监管，通过美国国家认可测试实验室（NRTL）的安全标准认证。美国对于 LED 产品的安全技术标准要求主要体现在控制模块、光模块、电源模块及相关配件。其中，UL 8750（用于照明的发光二极管设备的安全标准）对 LED 模块、控制模块、电源模块等方面提出了详细的安全标准要求。电源安全标准参照 UL1310（二类电源设备安全标准）、UL1012（非二类电源设备安全要求）及 UL60950-1（技术设备的安全第一部分）相应规定，UL1598（灯具安全标准）、UL1993（自镇流灯和灯适配器安全标准）、UL1574（轨道灯系统安全标准）等系列 UL 有关传统照明设备的标准也对半导体照明终端产品提出了严格的安全规范。

（3）电池兼容标准门限。美国联邦通信委员会（FCC）制定了无线电、电信通信、电子电气等设备有关电磁兼容、频率范围等方面的技术标准，这些标准被纳入联邦法规（CFR），成为具有强制性要求和普遍约束力的技术标准规范。制造商或出口商需要将产品在 FCC 指定的美国实验室认可协会 A2LA、美国国家实验室认证系统 NVLAP 等合格检测机构对产品进行检测，符合 FCC 标准规范后才能在产品上加贴相应 FCC 标志。上述这三类标准均属于美国市场准入的强制性标准，中国 LED 产品进入美国市场销售必须遵照和认证。

二、进入欧盟市场面临的技术标准门限

中国 LED 产品要想进入欧盟市场，必须首先通过欧盟 CE 认证，这个认证背后实际上就是强制性技术标准，包括低电压指令及其协调标准所规定的安全要求、电磁兼容指令及其协调标准规定的电磁兼容要求、ROHS 和 WEEE 指令中的环保标准。[①] 如果不执行相关标准认证或"隐形进入"欧盟市场，则可能会遭遇欧盟非食用危险产品快速预警系统（RAPEX）的惩罚。2019 年欧盟公布了 LED 产品通报案例，被通报的产品主要违反了 EN 60598、EN 60335、EN62115（玩具安全指令）、POP 法规、ROHS、EN60320、EN61558 等欧盟指令及相关标准，处置措施包括召回、撤出市场、禁入、禁售、销毁等（见表 25-5）。

表 25-5　2019 年欧盟 RAPEX 部分 LED 产品通报及责令措施

警报号	行业	产品	企业品牌	危害类型	违反技术标准	责令措施
A12/0803/19	LED	灯串	Taizhou Tianze Lamp	触电	低电压指令；EN60598	召回

---

① 王万成，高松波，叶亦旭，等. 国内外 LED 产品标准体系研究［J］. 照明工程学报，2012（6）.

续表

警报号	行业	产品	企业品牌	危害类型	违反技术标准	责令措施
A12/0854/19	LED	温室灯	Shenzhen Xinjia	触电	低电压指令；EN60228	从亚马逊网站撤回
A12/1454/19	LED	便携式灯	Xin Yonghong	烧伤、火灾	低电压指令；EN60598	召回/撤出市场
A12/0319/19	LED	头盔灯	STEEDS	环境污染	ROHS2标准	撤出市场
A11/0005/19	LED	泛光灯	TRIXLINE	触电	低电压指令；EN60598	撤出市场
A12/0052/19	LED	泛光灯	Lexxa	触电	低电压指令；EN61558	召回
A12/0471/19	LED	植物灯	Excelvan	触电	低电压指令；EN60598	销毁产品
A12/0786/19	LED	玩具手链	未知	化学危害	玩具安全指令；EN62115	召回/撤出市场
A12/0884/19	LED	套件	Deckenleuchte	触电	低电压指令；EN60598	销毁产品

资料来源：笔者根据相关公开资料整理而得。

欧盟LED标准主要包括三方面：一是低电压指令及其协调标准。低电压指令（Low Voltage Directive，LVD）为所有进入欧盟的低电压产品确定了安全技术标准，必须遵循低电压指令规范中明确的EN60598（欧洲安规标准）系列标准，按照相关协调标准进行技术检测和标准认证，LED产品才能被允许出口到欧盟市场。根据欧盟对LED提出的能效要求，自2014年9月起，LED能效指数如果不能达到0.2以上就不能进入欧盟市场，这是我国规定标准的2.2倍，导致中国LED产品出口欧盟的难度进一步增大。二是电磁兼容指令及其协调标准。中国LED产品进入欧盟的前提是必须符合欧盟电磁兼容指令（2014/30/EU），测试标准依据照明设备的EMC（电磁兼容性）标准，欧盟EMC指令相关协调标准包括电磁骚扰、抗扰度、谐波电流、电压波动等。三是ROHS和WEEE指令中的环保标准。欧盟发布的《在电子电气设备中限制使用某些有害物质指令》（ROHS，2011/65/EU）和《报废电子电气设备指令》（WEEE，2002/96/EC）规定了有害物质限量和废弃产品回收标准。如ROHS指令规定投放欧盟市场的电子电气产品不得含有超标的铅（Pb）、六价铬（Cr^{6+}）、多溴联苯（PBB）、多溴二苯醚（PBDE）等有害物质，特别是电子电气设备的每个均质材料中有害物质含量不得超过1000mg/kg（0.1%），这对中国LED企业进入欧盟市场设置了标准门限。

三、进入日本市场面临的技术标准门限

日本LED标准主要参照IEC标准和美国LED标准，与中国相关标准兼容性

并不一致，2011年日本颁布《关于修订电气用品安全法施行令的部分内容的政令》要求未粘贴PSE标志的LED产品不得进入日本市场。

（1）电磁兼容标准门限。中国LED产品进入日本市场必须强制性满足J55015（PSE认证电磁兼容要求）标准，主要是J55015《电气照明和类似设备的无线电干扰特性的限值和测量方法》（强制性），这一标准适用于频率范围为9kHz~400GHz，用于户外的街道/泛光灯、照明设备的独立配件等设备的无线电干扰。该标准规定所适用设备的干扰电压、辐射电磁干扰等技术指标，旨在提供充分的无线电保护，将干扰抑制在合理的限制范围内，以切实保障产品质量。

（2）PSE（电器及材料产品安全）强制性安全认证。PSE认证是日本政府针对电子电气产品实行的市场准入制度，授权厂商认证机构进行产品的符合性评估测试和签发证书，用以证明电子产品已通过日本《电气和原料安全法》或国际IEC标准的安全标准测试。日本《电器装置和材料控制法》规定，457种产品进入日本市场必须通过安全标准认证，这是中国LED产品进入日本市场的前提条件。

（3）LED产品性能标准门限。JISC8153《发光二极管模块的直流或交流供电电子控制装置性能要求》规定了LED模块用交直流控制装置的性能要求，该标准中的LED模块控制装置是设计为供应恒定电压或者恒定电流的型式，规定了LED模块用交直流控制装置测试标准，这与中国LED产品相关性能标准有所差异，进一步拓展日本市场必须推进相关标准的衔接和趋同。

目前，LED产品在世界市场保持高速增长态势，中国大量LED企业在出口导向发展路线下实现了走出国门，但不少企业难以生产出符合美欧日等发达国家标准认证的产品，不得不被动遵从发达国家更为严格的技术标准认证限制，在一定程度上影响了中国LED产品出口的广度和深度。这主要体现在：①与国际接轨的先进标准供给不足。长期以来中国企业对标准国际化并不够重视，特别是对国际标准制定参与比较少，对美欧日等国家的标准变化跟踪不及时，使LED产业"走出去"面临标准"卡脖子"。②缺少具有自主品牌和知识产权的龙头企业，缺乏具有国际标准化视野的技术标准人才，导致LED辐射安全、能效及光电、色度等标准滞后于美欧日等发达国家。③标准认证不严格。部分企业为抢占国际市场，盲目接受标准检测机构"加速老化"等检测服务。据不完全统计，2014—2019年欧盟非食用危险产品快速预警系统（RAPEX）通报中国LED产品出口多达上百次，大部分是由于绝缘性能不佳、电源线存在短路、采用非隔离电源等，导致出口产品质量标准不达标，更深层的问题在于企业发展注重"规模扩张"和"出口导向"，忽视了技术升级和标准升级，对国际先进标准研究不透彻、应用不规范，没有认识到技术标准所导致贸易壁垒的隐蔽性、歧视性、合法性以及善变性,从而导致中国制造企业在进入国际市场的时候经常受制于人甚至被动挨打。

第五节 全球"制造强国"标准国际化路线与战略重心

标准已成为超越产品竞争、技术竞争甚至品牌竞争的更高层次的竞争形态,标准国际化不仅是企业作为市场主体进行技术创新成果转化的过程,更是世界各国(地区)根据市场竞争需要以及政府的公共利益考量,企业主体、标准组织、行业联盟、政府介入等多方力量复杂博弈的结果。特别是美国积极推行"标准国际化战略",德国把标准化战略列为"工业4.0"八大行动计划之首,实施《德国2020高科技战略》等战略,日本先后实施《标准化官民战略》和《国际标准综合战略》(见表25-6),均以空前力量争夺国际标准制高点,用自身经济实力、技术创新、国际关系等影响标准国际化进程,这是全球制造产业链和供应链竞争必须高度关注和研究的重要现象。

表25-6 "三大制造强国"标准国际化战略重心与政策供给

国名	战略导向	战略重心	政策供给
美国	"控制型+争夺型"战略	突出新兴技术标准的全球扩张,使国际标准反映美国技术	《国家标准化战略》《美国标准化战略(2015)》
德国	"控制型"战略	充分利用一国一票制(27票),提高德国标准体系乃至欧洲标准化体系的国际地位	《标准化政策性理念》《德国标准化战略(更新版)》《德国2020高科技战略》
日本	"争夺型"战略	抢占日本关注的领域,争取承担更多的国际标准化组织	《标准化官民战略》《国际标准综合战略》"开发新市场的标准化制度"

资料来源:笔者根据公开资料整理而得。

一、精心设计标准国际化路线

美国不是全球最先开始实施标准强国战略的国家,但其借助经济实力和科技实力最强及国际贸易话语权较强的优势,在全球化浪潮中强势推行本国标准。[①]

---

① 美国标准化学会(ANSI)、美国标准技术研究院(NIST)等1998年9月做出了制定国家标准战略的决议。

2000年8月正式发布《美国国家标准化战略》（NSS），2015年修订发布《美国标准化战略（2015）》（USSS），战略核心是加强国际标准化活动，争取更多的ISO、IEC、ITU技术委员会席位，使国际标准反映美国技术，实现国际贸易规则的主导权和控制权（见表25-7）。

表25-7 美国标准国际化的目标定位和主要路径

路径\目标	目标1：加强政府对自愿性标准的制修订	目标2：提升标准体系对消费需求的响应	目标3：积极推进国际公认的标准制定原则	目标4：加强美国标准在全球范围的推广	目标5：加强美国标准体系的合作与一致性
1	标准化机构、政府和企业合作确定标准提案	鼓励和支持消费者适当参与委员会的工作	推动国际利益相关方积极参与标准程序	帮助别国利益相关方理解美国流程及其众多好处	符合美国国家标准（美国国家标准化机构）设计原则
2	政府应更多地参与自愿性标准制修订	将消费者调查用作标准化活动和决策的基础	保持和支持标准制定中公私合作的独特性和优势	促进与国外和国际标准组织的对话	将重复的标准制定活动减到最少
3	遵循《国家技术转让与促进法》条款	启动标准信息和参与项目	促进国际公认的标准化原则的一致性诠释和应用	促进新兴市场利益相关方在标准化活动的参与度	及时提供有关拟订的监管行动信息，减少标准冲突
4	积极应对标准的国际效应	投入精力宣传美国的健康标准、安全标准及竞争力	加入世界各地的标准制定机构	持续改进标准制修订流程	维持稳定的美国标准体系的融资模式
5	积极支持国家标准优先发展项目	动态发布消费领域的技术标准清单	与利益相关方合作，确保国际标准表决流程顺利	建立数据库，存储美国国家标准，编制行动方案	满足重点领域和新兴技术领域的标准化需求

资料来源：笔者根据公开资料整理。

德国是出口型经济大国，为确保并提高自身产品和技术在全球市场上的竞争力，2005年发布本国首部标准化战略，对制造标准进行了战略定位；2009年在《德国标准化政策性理念》中细化标准化目标；2010年德国标准化协会（DIN）颁布实施《标准化战略（更新版）》，致力于帮助企业通过标准化开拓区域乃至全球市场。2016年德国启动"标准化研究2030",目标是提升国家核心竞争力,把国家标准化战略与国家创新战略、国家竞争战略等协同起来,作为维护德国一流工业大国核心利益的战略工具。[①] 日本在制造强国进程中致力于推进本国制造标准国际化,[②] 2014年5月提出全面实施《标准化官民战略》,战略基点主要包括构建官民协作机制,全面提升企业参与标准化的积极性与参与水平,通过"开发新市场的标准化制度"为企业标准化提质增效;提高日本认证体系的国际适用性,针对性地与各国开展认证及实验室互认;强化与亚洲各国的标准化合作,积极参与亚洲各国的标准制定和认证体系的构建,迅速对接东南亚市场准入要求。

二、突出新兴技术标准的全球扩张

美国通过产业部门、行业协会、标准制定组织及国际合作项目提供的联盟和程序,支持新兴技术和重点领域的标准制定工作,[③] 特别是对于能源技术、纳米技术、网络安全、电子通信等新兴技术领域标准化活动,建立跨部门跨领域跨行业合作机制,以满足美国制造国际竞争的标准化需求。日本积极抢占新兴产业领域的国际标准,在电子通信(WAPI、TD-SCDMA)、电气工程、新能源、新材料等战略性新兴产业领域,基于"开发新市场的标准化制度"(见图25-3)和"标准化应用支援合作制度",积极推动将本国标准转化为国际标准;同时大力推进纳米材料、能源环境、信息通信、人工智能等未来技术领域的标准化,新设标准项目并进行效益评估。在新兴技术标准推广方面,德国十分突出标准化与知识产权的密切配合,积极推动企业技术研发和标准制定的协同,将标准化和知识产权作为互补的战略工具,通过独特的专利卖点获取竞争优势,确保本国产品以最快速度抢占国际市场,[④] 通过标准提高制造技术兼容性,加强创新科技领域的资源整合,将自身标准推广至国际标准体系。

---

① Dosi G. Technological Paradigms and Technological Trajectories: A Suggested Interpretation of the Determinants and Directions of Technical Change [J]. Research Policy, 1993, 22 (82): 102-103.

② 日本早在1999年6月至2001年9月就已制定标准化战略,2015年9月提出"推进中小企业研发与标准化的一体化"方针,致力于在技术研发阶段导入先进标准。为应对跨领域尖端技术无法标准化问题,经济产业省在"顶端标准制度"基础上,2015年起实行"开发新市场的标准化制度",支持制定国内标准(JISC)和国际标准(ISO/IEC)草案,以进一步抢夺尖端技术领域的国际标准话语权。

③ Baller S. Trade Effects of Regional Standards Liberalization: A Heterogeneous Firms Approach [J]. Policy Research Working Paper 4124, 2007, 59 (1): 1-44.

④ Aggarwal & Kumari K. Process Study of A Complex Technology Transfer and Integration: The Case of Digital Interactive Broadcast Media [J]. Imperial College London, 2005.

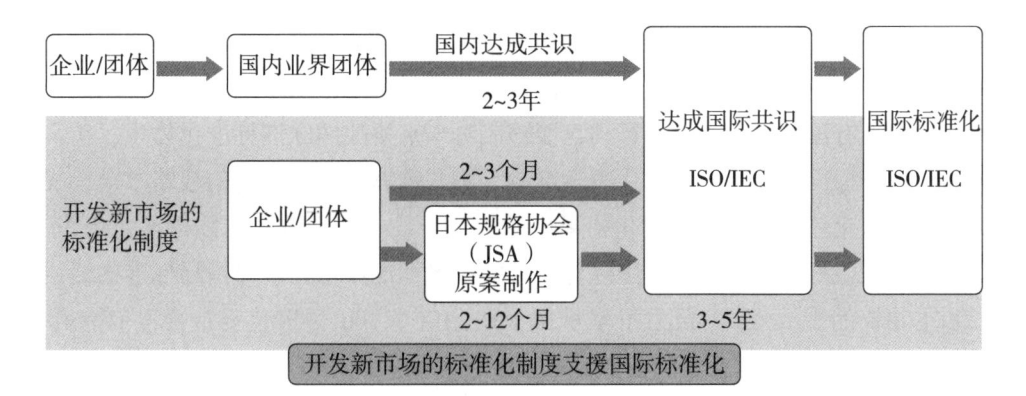

图 25-3 日本"开发新市场的标准化制度"支撑标准国际化战略

资料来源：国家标准委《全球标准化战略汇编》。

三、加强标准化联盟机制构架

标准联盟本质上是一种准市场式的契约型治理结构，通过成员"谈判力"来优化组织的"租金配置"，运用联盟机制使组织内部的交易成本最小化。美国协调联盟各方推动《世界贸易组织技术性贸易壁垒协议》《关于国际标准制定原则的决策》等国际公认的标准化原则的一致性诠释和应用，扩大标准国际化的范围和领域，把所有涉及标准国际化行为的组织、机构、力量、资源等均纳入标准体系，面向全球输出美国先进技术、先进标准、贸易规则及标准价值。同时，支持企业及利益相关方最大限度地介入世界各地的标准制定机构，在安全、环保、健康等重点领域开展标准国际化活动，致力于制定反映美国利益的国际标准。除政府力量外，调动跨国企业、行业协会、国际组织等产业界力量，在国际上全方位开展标准化活动，《国家技术转让与促进法》（NTTAA）及白宫管理和预算办公室发布的行政通函 A-119 鼓励企业、政府部门、行业组织等将自愿性标准制定者作为合作的纽带。日本政府部门与商工会议所、JSA 等合作，研究支持中小企业制定标准草案的方法和途径，为中小企业提供其他国家的标准动态演化信息；同时开设面向中小企业的标准化及认证工作的咨询窗口，为拥有先进技术和创新产品的中小企业提供标准化及认证支持。德国以市场力量为驱动，推动企业等利益相关方参与德国、欧洲乃至国际层面的标准化活动，为国际标准合作提供清晰的定义与要求，与全球范围内的重要客户签订标准合约。

四、推动本国制造标准向国际渗透

建立以国际标准和国际规则为导向的标准治理体系和运行机制是美国、德国、日本等制造大国参与国际贸易竞争的普遍趋势。德国按照"一个标准、一次测试、世界通行"理念，构建全球通行的国际标准体系，鼓励本国企业、标准化机构参与国际标准化活动，使德国标准在欧洲乃至全球范围得到认可和应用。同时，建设具有国际视野、高效行动且能够应对未来挑战的欧洲标准化体系，扩大德国在欧洲标准化方面的利益代表者群体，协调欧洲标准化机构的战略方向，提高欧洲标准化体系在国际标准化格局中的地位。日本特别重视国际标准化组织、国际行业联盟对建立适应标准国际化需求的技术标准体系和争夺国际标准的话语权和主导权的重要性，[①] 极力争取承担 ISO、IEC、ITU 标准化委员会（TC/SC/WG）主席、召集人和干事的职务，积极参与国际标准审议，培养熟悉国际标准制定规则的高层次专业人才和标准化专家。日本持续强化与各国标准化合作，与欧美发达国家广泛开展认证、标准互认，参与各国特别是亚洲地区的标准制定和认证体系建设，利用开发新市场的标准化制度和标准化应用支援合作制度，将信息技术标准、环保标准、基础技术标准等作为主攻领域，立足亚洲市场进攻国际市场。[②]

第六节　对策与建议

世界产业竞争格局迎来百年不遇的大变革和大调整，这为中国制造在全球产业链供应链重构过程中赢得了十分难得的机遇。标准国际化对中国制造"走出去"具有显著的数量效应、价格效应和外延效应，实施标准国际化战略是中国制造在全球产业链供应链深度洗牌过程中从"跟跑"到"并跑"，再迈向"领跑"的必由之路和不二选择，标准供给越丰富、质量越高，越有利于中国制造"走出去"的规模扩张、价格提升和种类拓展。当前，亟须抓紧研究和借鉴美国、德国、日本制造标准的技术路线图，对接全球制造变迁轨迹和工业 4.0 标准体系，全链式推进标准研制、标准实施、标准更新和标准推广，建立与国际接轨的技术标准体系，获取中国制造"走出去"的"通行证"，打破"中低端标准+中低端技术+中低端市场"锁定，实现从传统的"产品化→标准化→产业群"向"标准化→产品化→产业群"发展路径的切换。从实施路径看，需要政府、企业、行业协会三个维度着力。

---

① Saugstrup D, Henten A. 3G Standards: The Battle between WCDMA and CDMA2000 Digital Policy, Regulation and Governance, 2006, 8 (8): 10–20.
② 日本经济产业省通过整合"顶端标准制度"与本次新设的"JSA 标准化支援计划"，确立了"开发新市场的标准化制度"，以解决尖端技术在日本国内无法标准化的问题。该制度旨在让具有技术优势的企业绕开国内复杂的团体业界达成共识的环节，从而节省企业的国内、国际标准化的时间和经济成本，加速生成国内标准（JISC）和国际标准（ISO/IEC）草案。日本规格协会（JSA）负责日本国内标准（JISC）草案起草工作和国际标准（ISO/IEC）的日本国内审议工作，日本政府支持特定企业参与起草国际标准。

一、政府维度的具体路径

（1）进一步完善现行的标准化管理体制机制。美国、德国标准化实行市场驱动，不直接由政府主导，只有在市场力量和民间组织无法体现公共意志的情况下才由政府发布专用标准，而且严格限定在公共资源、公共安全、公众健康、环境保护、国防安全等公共领域。政府"有形之手"与市场"无形之手"边界不够清晰，影响了企业、行业协会、标准化机构等制订标准的积极性，市场主体内在动力未能充分释放，影响了标准化功能的有效发挥。政府主导制定的标准，应侧重于守底线、保安全；市场自主制定的标准，应侧重于强优势、拓市场。探索设立标准化治理体制改革领导小组，统筹推进标准化重大改革任务，特别是加强对跨行业跨部门跨领域标准制定和实施的重大问题的协调。明确标准化管理部门和行业主管部门的职责，推动建立法规、规章和规范性文件对标准的引用机制，在标准制定、实施和评价中形成社会广泛参与机制。深化标准化运行机制改革，进一步简化标准制修订的流程，缩短标准制修订的周期。积极培育第三方评估机构，引导社会各方参与标准起草、制定、修订、实施、评估、监督、反馈等全过程。

（2）制定和实施制造标准国际化战略。参与制定国际标准首先需要考虑的不是付出多少，而是权衡如果不争取未来会失去多少。美国、德国、日本的标准化战略导向十分明确，共同点是致力于推进本国标准国际化，争夺国际标准竞争的制高点。在全球产业链和供应链竞争不断升温的国际宏观背景下，为进一步提升中国制造企业在全球价值链中的地位，扭转企业在国际市场竞争中的长期被动状态，标准国际化已迫在眉睫，应当密切跟踪全球特别是美国、德国、日本制造的技术变迁和工业 4.0 标准演化态势，制定实施中国制造标准国际化战略。坚持自主研制标准和采用国际标准"两条腿"走路，争夺制造领域的国际标准话语权。围绕《中国制造 2025》的深入推进，实施"标准国际化行动计划"，加快推动中国制造标准与国际接轨，增强标准国际化对制造转型升级的保障、支撑和引领功能。实施中国制造标准引领工程，发挥"标准化+"对新技术、新模式、新业态的催化效应，重点攻克国际国内标准一致性问题，推动中国标准上升为国际标准，以标准"走出去"推动制造"走出去"。复制推广中国台州"智能马桶"标准突围策略（见表 25-8），探索设立国际标准创新奖，奖励对推动经济高质量发展产生重大影响的标准国际化项目，最大限度地激发市场主体进行标准创新的内在动能。欧盟利用在国际标准提案中"一国一票"的制度优势，大力推行欧洲标准体系，成功实现了预期目标，这启示我们，中国应当利用亚太贸易协定、区域全面经济伙伴关系协定等经济贸易协定，深化与瑞士、韩国、澳大利亚等已签订自贸区协定国家的标准合作。

表 25-8　中国台州"智能马桶"标准突围策略

策略组合	突围路径图	影响效应
标准提档策略	设立全国智能马桶标准化技术委员会，组建全国第 1 个智能马桶行业协会，建立全国唯一的国际级智能马桶监督检验中心，按照"国际先进、国内一流"定位，制定国内第 1 个智能马桶团体标准《智能坐便器》，其中清洗、防漏电、加热保护等 9 项指标高于国际先进标准，新增防贱污性、防虹吸性等 11 项指标，填补行业空白	台州智能马桶行业产值从 20 亿元升至 60 亿元，在全国的市场占有率达 50%，成为全国最大的智能马桶产品制造基地。2017 年台州智能马桶产品国家检测质量合格率达 83.3%，比 2015 年提高 70.8 个百分点
对标提质策略	制订对标达标方案，开展"浙江制造"标准制定研讨会、"标准规范"专家学者授课、"认证达标对标诊断"等活动 20 余场，指导企业采用国际标准和国外先进标准，实施智能马桶国内外标准接轨工程、企业标准自我声明公开和监督工程	20 家整机企业全部签署实施《台州市智能马桶行业协会团体标准》承诺，9 家智能马桶企业全部建立标准化体系，4 家通过标准化 A 级验收，智能马桶生产企业标准公开率达 100%
标准推广策略	对为主起草国际标准、国家标准、行业标准、地方标准的企业分别给予 100 万元、20 万元、15 万元、5 万元的奖励。举办 2017 年智能马桶盖及关键零部件技术标准国际研讨会，认定国际新技术、新标准 8 项，10 家企业代表参与智能马桶检测方法国际标准制定研讨	2017 年 2 月，国家质检总局在台州成立智能马桶"政产学研"联盟，启动全国智能马桶产品质量攻坚行动，首批 10 个型号的新一代关键零部件陆续投产。在国内超 500 万人的大城市设立体验推广中心

资料来源：《台州市加强质量标准品牌建设助力智能马桶产业发展报告》。

（3）围绕数字经济和先进制造实施富有前瞻性的技术标准研发计划。从国际上看，德国制造标准主要瞄准高技术产业、装备制造、电气工程等产业，美国制造标准重点是新能源、信息产业、生物医药等产业，日本制造标准主攻汽车技术、信息技术、电器制造等产业。此外，美国、德国、日本等发达国家均在 5G 通信、物联网、人工智能、氢能汽车、大数据等方面加快布局。抓住全球产业链布局调整，实施富有前瞻性的高端技术标准研发计划，加快推动数字经济和先进制造的标准研制和推广。围绕大数据、云计算、集成电路、量子通信、物联网等行业，研制关键技术标准、基础性标准和应用标准，推动优势标准转化为国际标准，助推互联网、大数据、人工智能与制造业深度融合和弯道超车，特别是工业互联网作为新一代信息技术与工业深度融合的产物，是制造业数字化的战略支点，应加快推动工业互联网的技术标准化，通过对工业大数据的深度感知、实时传输、快速计算、高效建模及系统优化，实现智能控制、效率提升和生产方式变革，形成以互联化驱动数字产业化、服务产业数字化的工业互联网之路。以高质量发展和建设现代化经济体系为导向，实施先进制造标准化规划，建立先进制造标准体系，加大关键共性技术标准的研制力度，为中国制造高水平走出国内提供支撑。启动智能制造和装备制造标准化升级工程，加强高端装备技术标准研制，提高装备制造产品性能、可靠性、稳定性等技术标准指标，助推中国高铁、核电、通信、桥梁等装备制造"走出去"。

二、企业维度的具体路径

（1）建立标准创新体系。标准国际化是企业有效参与国际市场竞争的必然过程，也是企业赢得国际核心竞争力的核心要素之一。应结合《中国制造2025》战略实施，支持企业技术研发与标准创新同步推进，促使技术创新成果向标准化的方向转化，逐步将规模优势、市场优势转化为技术优势和标准优势，加快向产业链和价值链的中高端迈进。鼓励国内各类重点实验室、工程实验室、技术试验中心、企业技术中心等科创平台大力开展标准创新体系建设，发挥基础研究计划、重大技术攻关项目对标准创新的带动作用，加快研制一批领先的、关键性的技术标准，加快建立知识产权标准化体系。积极对标国际先进制造标准，强化人工智能、生物医药、工业互联网、新能源、新材料、高端装备等战略性新兴产业的标准创新驱动作用，同时提升传统制造业标准水平，推动传统制造业向价值链高端延伸。加快推进标准成果化和成果产业化，开展科技成果转化技术标准改革试点，鼓励技术创新与标准创新同步推进，建立能与国际先进标准比肩的高水平标准。发挥标准促进科技成果转化的桥梁纽带作用，在重点行业和龙头骨干企业建立技术研发与标准化同步推进机制。探索在人工智能、高端装备、物联网、AR/VR等领域建立标准创新基地，构建开放共享的标准创新生态圈。

（2）推进技术标准与技术创新、知识产权的结合。标准化阶段的技术标准"量变式"阶梯上升，随着市场需求不断升级，原有的技术标准难以适应新的市场变化，标准制定主体逐渐对现行标准进行升级;[①] 市场形成一定规模容量后，通过标准化推动规模化，趋向于制定行业标准、国家标准甚至国际标准，技术领先的企业借助已有的企业标准，成为更高标准的制定者，从而拥有更大的市场话语权和主动权。美国、日本、德国大力支持以标准化为目的的技术研发，把技术创新政策和标准化政策作为国家产业竞争力的"车之两轮"，协同推进标准化和

---

① Clougherty J A, Grajek M. International Standards and International Trade: Empirical Evidence from ISO 9000 Diffusion [J]. International Journal of Industrial Organization, 2014, 36 (2): 70-82.

技术创新,利用国际标准将本国产业推向全球。[1] 对此,应加强标准与技术创新、知识产权的结合,促进标准合理采用新技术,加强标准中知识产权运用,促进标准制定与技术创新、产业化同步。建立"产业技术—知识产权(专利)—技术标准"联合体,加强共享技术、专利池与标准研制的相互协调,构建以自主知识产权为支撑的标准体系。标准的"制定—实施—修订"过程也是企业对技术的"创新—应用—再创新"过程,技术标准促使技术创新成果向现实生产力转化,使技术创新企业获取最大的经济效益。

(3) 激发企业主体制定(修订)标准的动力。支持中国龙头骨干企业瞄准美、日、德等国际领军企业进行对标、采标,实施"标准化+行动计划"和"企业国际化对标工程",建立领军企业主攻国际标准的机制,推动中国产业采用国际先进标准形成支撑产业升级的标准群。瞄准行业"第一"和"唯一",推动龙头骨干企业、行业"隐形冠军"企业制定(修订)标准,支持领军企业参与标准国际化活动,推动本土优势标准攻占国际标准制高点。全面建立企业标准自我声明公开制度,支持企业主动公开标准,鼓励标准化组织机构对企业标准进行第三方独立评价。大力推广 Haier 全球研发中心与标准化机构紧密对接推进"防电墙"标准、华为 NGN 国际标准、海康威视 SAVC 安防标准等标准国际化经验,借助海外并购重组导入国际先进标准,推进国际标准引进、消化吸收和再创新。此外,把关键技术标准研制列入科技攻关计划,应用科技报告制度促进科技成果向标准转化,推动先进适用的军用标准转化为民用标准。

三、行业协会的具体路径

(1) 全力争取国际标准化组织技术委员会稀缺席位。美国、德国、日本等发达国家在争夺 ISO、IEC、ITU 领导权上不遗余力,竭尽全力争取承担更多的国际标准化组织的秘书处,通过掌控国际标准为本国发展争取最大化利益,而且并没有停止或减缓国际标准化行动的脚步。[2] 中国如果不积极参与或过慢地参与国际标准化活动,就只能被动地执行发达国家制定的游戏规则。因此,相关技术标准行业协会组织应探索与国际标准化组织的合作路径,加强与 ISO/IEC(国际标准委员会)、DIN(德国标准化学会)、ANSI(美国标准学会)、NIST(美国标准技术研究院)、JISC(日本工业标准调查会)、CEN(欧洲标准化委员会)、CEN-

---

[1] 宋明顺,张华. 专利标准化对国际贸易作用的机理研究及实证 [J]. 国际贸易问题,2012 (2).

[2] Chen M X, John S Wilson, Tsunehiro Otsuki. Standards and Export Decisions: Firm-level Evidence from Developing Countries [J]. Journal of International Trade & Economic Development, 2008, 17 (4): 501-523.

ELEC（欧洲电工标准化委员会）等标准化组织的合作，深度介入国际标准制定（修订），承担更多的召集人和秘书等职务，拓宽中国制造标准"走出去"的通道。开展双边和多边标准国际化合作，推动与重点国家签署标准化合作协议，构建与主要国家互通互认的先进制造标准体系，力争在国际标准化组织中占据更重要的地位。

（2）建立行业技术标准联盟。《标准化法》明确了团体标准的法律地位，应鼓励行业协会等社会团体协调领军企业、高校院所、中介组织等形成标准联盟，加强国际标准动态跟踪和评估，联合攻关重大国际标准和关键标准，推动本土优势标准攻占国际标准制高点。探索建立金砖国家标准化合作新机制，转化适合市场需求的国际标准。中国2015年10月公布"中国标准联通'一带一路'行动计划"，这是以标准"走出去"推动中国装备制造"走出去"的"集结号"和"动员令"。应大力推行"高铁出海模式"①，通过标准"走出去"推进国际产能和装备制造合作，在航天航空、船舶制造、电力设施、海洋工程等重点装备制造领域加快标准"走出去"，推动认证认可的国际互认和采信，增加标准互认的国家数量和标准数量。建立龙头企业、行业协会、政府部门等共同参与国际标准制定的联盟机制，深化与"一带一路"沿线国家的标准互联互通，加强与"一带一路"沿线主要贸易伙伴国的标准互认。

（3）为中国企业参与国际标准化活动提供基础支撑和保障。行业协会应以市场需要为现实基础，深入研究国际标准（IEC、IEEE、CIE）、欧盟标准EN、德国标准DIN、英国标准BS、法国标准NF、日本标准JISC等国际通行标准和专业技术标准及国际市场反应等情况，及时开展国际标准和发达国家先进标准的采用和转化工作。同时，最大可能掌握相关行业的技术前沿信息，对收集到的信息进行概括分析，提炼出行业制定标准的根据，指导业内技术标准的制定，以保证所制定的标准具有竞争力和前瞻性。积极为行业领域有标准国际化需求的企业提供信息、资料、联络、会议组织、提案审核与协助等方面的帮助，具体包括：及时向企业提供国际标准、国际标准草案和文件资料；组织代表团参加对口的ISO、IEC、ITU等国际标准组织机构的秘书处会议；向企业传递所属行业领域国际标准化的发展趋势和技术创新动态等信息；协助企业联络国家标准委或国际国内标准化组织；审查行业企业新国际标准提案的具体内容，协助企业开展国际标准提案工作。

---

① 历经10多年漫长的引进、消化和吸收之后，通过"关键系统自主化+关键技术标准化"，形成了CRH2A、CRH2B、CRH2C、CRH2E、CRH3、CRH3A、CRH380A（L）、CRH380B（L）、CRH5等完全标准化的高铁装备，促进了铁路机车、动车组、交流传动机车等高端装备的整体出海。中国高铁主导起草行业技术标准691项、国家标准174项、国际标准56项，实现了国际标准"零"的突破。

第26章 中国制造"走出去"背景下的标准"质量信号"与企业出口绩效的研究报告

在中国制造"走出去"的背景下,本章基于信号理论探讨分析在产品质量信息不对称情况下的标准"质量信号"对企业出口绩效的影响。以省域范围内的企业在国家市场监管部门公开声明并认证发布正在施行的国家技术标准数量作为该地区"质量信号"的代理变量,研究发现标准"质量信号"对企业出口绩效产生显著为正的影响,不仅促进企业出口扩张,而且显著提升企业外向度。标准"质量信号"对不同盈利性的企业出口绩效影响结果都十分显著,但不同盈利性的样本企业并没有体现出明显差异。制度环境对标准"质量信号"影响企业出口绩效具有十分显著的影响,市场化进程指数的影响强于减少政府干预指数和法治化进程指数。标准"质量信号"对企业出口外向度的影响效应显著存在。本章建议,在推动企业产品"走出去"过程中,省级层面政府需要更为重视和关注标准"质量信号",从提升"质量信号"、加强技术标准供给、实施质量提升行动等方面着手,增强本土产品在出口市场上的渗透力。

囿于技术、制度、环境等因素的地理差异性,产品质量普遍存在一定程度的不完全性和不对称性(Akerlof, 1970; Leland, 1979),然而"信号理论"(Signaling Theory)认为,产品"质量信号"强弱及能否有效传递对解决信息不对称问题具有积极促进作用,那么在不同区域乃至不同省域的制造存在不可忽略的分化趋势以及内部差异性的情境下(罗勇等, 2005),"质量信号"为辖区内企业产品提供的信用背书和"信号显示"是否有可能促进消除产品在市场上的信息不完备性和不对称性,从而帮助企业实现出口扩张和提高出口绩效呢?

已有的相关文献不乏微观企业层面的产品质量对企业产品"走出去"的影响研究,如通过获取ISO9000认证等方式解决产品质量信息不对称问题,但现实中除了企业自主进行产品质量认证和品牌宣传外,国际市场上可能会将企业所属区域的"质量信号"作为额外的信息来源和购买行为的决策依据。Cage 和 Rouzet (2015)、Chisik (2003)研究了"国家质量声誉"对本国企业出口产品的影响,结果发现"国家质量声誉"的低劣会阻碍本国企业的出口贸易,从而导致该国出口贸易陷入"低质量陷阱"。叶迪和朱林可(2017)的研究同样认为,在产品质量信息严重不对称的情况下,一个区域的质量声誉的确对企业出口产生显著影响。本章借鉴已有的从国家质量声誉或"质量信号"角度进行研究的成果,从省域视角锲入探讨标准"质量信号"对辖区内微观企业出口绩效的影响。

本章创新点及贡献主要在于:首先,与以往对企业出口绩效影响的研究主要从技术创新、市场战略、产品品牌、并购重组、制度环境及经济活动集聚(Lance & Xu, 2002;Mika, 2005;Koenig et al., 2015;许和连等,2018;李强,2016)等因素介入不同,本章不局限于企业的个性特质因素影响分析,而是从企业所处辖区即省域这一角度切入进行探讨。其次,本章寻找并构建了刻画"质量信号"强弱的代理变量。鉴于具备强制性和权威性的技术标准向市场传递的商品"质量信号"能够减少市场交易的信息不对称性和国际贸易活动的不确定性,[①]以及考量到技术标准是产业技术范式的系统反映,本章将省域维度的技术标准水平作为该区域"质量信号"的代理变量,并将其与工业企业出口绩效相联系。最后,在考虑微观企业异质性特征的基础上,进一步考虑企业所属区域制度环境的差异性,以及"质量信号"对企业的外向度是否产生影响。

第一节 传导机理简析

新古典主义市场模型通常假设企业的产品同质且市场交易双方拥有对产品交易的完备信息,市场在供求机制、价格机制作用下达到帕累托最优状态,但现实中产品质量在市场交易中的信息不对称不完备是普遍存在的突出问题。[②] Spence(1973)基于买卖双方信息不对称的互动情景分析提出了信号理论。信号有强弱之分,信号强度越强越容易被接受者识别并产生市场效果(Grossman,1981)。Kirmani 和 Rao(2000)构建基于信号传导机制的基础模型,对企业传递信号的条件进行了分析。大多数信号传递模型将质量视为可以区分的特性(Ross,1973),认为市场通过企业的"质量信号"显示来辨别和判断产品质量的高低。

标准定义了生产技术参数及工艺流程规范,是生产者和消费者减少信息不对称性的重要依据,具有公认性、权威性及第三方独立认证特性,是交易双方达成契约的重要基础(Akerlof,1970),有效区分产品质量优劣和防止低"质量信

[①] "质量信号"发出路径除标准之外,还包括品牌、声誉、认证、广告、担保、口碑等(Nelson, 1970;Tirole, 1988;Kennedy, 1994),但后者的公认性和权威性要弱于标准,而且标准是由独立的第三方认定的可以权威评价质量的信息。品牌形成私人物品,而政府的标准体系则形成公共物品。声誉机制的建立前提是重复博弈,不能是一锤子买卖,为增加重复博弈的可能性,需要对市场实行资格认证或市场准入,而市场准入和认证认可容易暗箱操作、难辨真伪,需要法律保障和政府管制。

[②] "新—新贸易理论"即异质性企业贸易理论提出后,不少模型从微观层面考量企业不同维度的异质性因素(Melitz, 2003;Bernard, 2003)。

号"发出者利用信息不对称误导质量识别（见图26-1）。

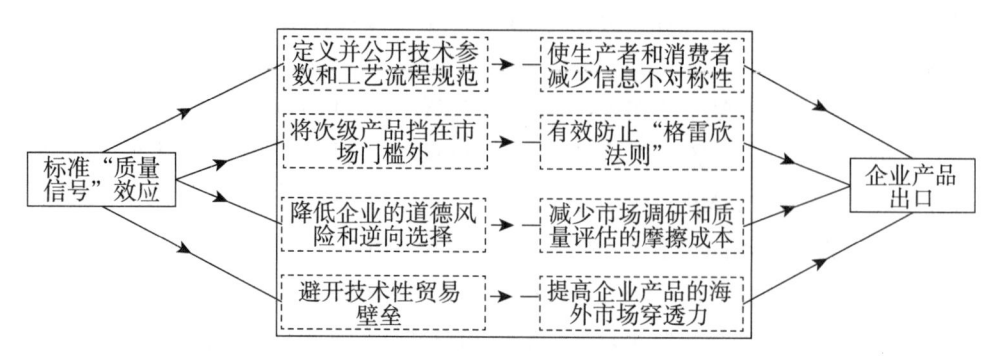

图 26-1　标准"质量信号"影响企业出口的传导机理

Leland（1979）的研究认为，"柠檬市场"（Market for Lemons）上的产品信息是不完全的，导致市场失灵及产品质量的下降。Hudson 和 Jones（2003）认为，标准是国际贸易中产品质量的重要信号（Quality Signal），能够满足市场观察所需信息的基础和不可见的能力，为解决信息不对称问题提供了可行的技术路线和解决方案。技术标准是企业对产品特征和性能的自愿性保证，也是官方和民间第三方组织对企业产品进行监督的重要依据，从技术层面上将劣质产品和次级产品排除在市场之外，避免了"格雷欣法则"（Gresham's Law）。这不仅是产品供给方为了借助一定信号减少信息的不对称性，也为需求方进行信息甄别提供了必要的可靠依据。Akerlof（1970）研究表明，买方和卖方之间的信息不对称导致逆向选择及严重的市场失灵，如果买方在作出市场购买行为前不能甄别产品质量，那么产品质量较高的卖方将很难维持合理的溢价（Price Premium），当缺乏这种溢价时，或者高质量产品的卖方成本高于低质量产品的卖方时，高质量的产品卖方将被迫退出市场，从而出现劣币驱逐良币的"逆淘汰"现象。因此，技术标准是减少不确定性的重要依据，也是获得外部市场认可的重要信号（David & Greenstein, 1990）。

从进口角度看，不需要花费过多的时间和精力去做市场调研和质量评估，因为透过产品标准可以获取产品质量及性能信息。Salop 和 Scheffman（1987）认为，建立产品技术标准是企业的市场竞争策略，如果标准水平低下，反映产品的"质量信号"较弱，那么进口方对产品质量监测的时滞会延长，对产品质量判断会出现一定风险。Chen 等（2008）的研究认为，技术标准的"质量信号"主要体现在内置了质量标准（Quality Standards）、设计方法（Design Standards）、检验认证（Testing and Certification）、标签要求（Labeling Requirement），降低了进口者对产品认知的不确定性，从而提高了进口意愿和水平。Christian 等（2010）的研究认为，标准虽然不能直接揭示产品质量，但标准的生产程序对产品制造过程的严格规定和精密控制使产品质量有较高的可信度,所以标准成为市场上买卖双方交易的重要依据。Leland(1979)认为,代表"质量信号"的标准是买方信息甄别的重要依据,买方在购买前就能有效地将高质量的产品从低质量的产品中区分开来,从而使使用标准的卖方维持与其优质产品相对应的市场价格。更重要的是,标准的质量认证向买方传递了可靠的性能信号,帮助买卖双方降低信息成本,便于跨过国际贸易壁垒建立交易关系和信任关系,这对于信息不对称普遍存在的跨国贸易显得极其重要(Terlaak & King, 2006; Leonidou & Theodosiou, 2004)。

"质量信号"有效降低跨国间的信息鸿沟(Information Gaps)和贸易成本。这个"质量信号"的价值不仅体现在通过对产品信息的甄别促进双边贸易,而且可能会通过技术扩散、知识转移等传导渠道提升本区域内企业的市场竞争力(Rogers, 1995)。Hudson 和 Jones(2003)认为,"质量信号"能够提高符合标准的企业出口竞争力,积极制定国家标准对发展中国家对外贸易具有重要的促进作用。Clougherty 和 Grajek(2014)观察 ISO9000 标准在不同国家的执行状况,研究发现产品质量标准能够通过信号显示功能改善其企业出口绩效表现。刘淑春等(2017)对中国与"一带一路"沿线国家的贸易关系进行了实证研究,结果发现信号效应可以降低谈判成本及协调成本、监督成本、执行成本、损害索赔成本,有利于促进产品走向海外市场。Moenius(2004)运用引力模型分析了 1980—1995 年 12 个国家的 471 个行业的"质量信号"与双边贸易额之间的关联性,结果发现"质量信号"与贸易额存在显著的正向关系,"质量信号"每增强 1%,贸易额增长 0.32%,说明"质量信号"为进口国提供了可靠的产品信号显示作用。Cage 和 Rouzet(2015)研究认为,一个国家或地区的"低质量"标签会使得这个国家或地区陷入"低质量陷阱",进口者在购买商品时只根据这个国家或地区的产品质量形象对产品定价,"低质量"标签不利于一国或地区的企业出口行为。

基于上述文献,三方面问题值得探讨:一是中国制造区域之间的分化极为明显,不同省域之间存在较强的异质性,单纯从国家层面进行研究具有局限性。以省域范围内的标准"质量信号"为对象,分析其对辖区内微观企业出口行为的影响具有现实意义。二是产品质量和标准化行为均存在异质性(Blind, 2004),需要在控制企业个体特征的同时,进一步考量"质量信号"的外部性对辖区内企业的出口绩效是否产生影响,以及这种影响是否存在其他的异质性特征。三是企业的出口活动是在特定的制度环境下进行的。依据信号理论,信号发出时所处的环境对降低信息不对称程度具有一定影响,特别是制度环境优劣对信号是否失效或失真有着不可忽略的影响(Milgrom & Roberts, 1986)。换言之,企业所处的制度环境可能会直接影响其出口行为,有必要探讨在差异化的省域制度环境下,"质量信号"对企业出口绩效的影响是否存在差异性。

第二节 研究设计

一、模型设定

中国政府治理体系中,省级政府作为中国经济核算最基本的单元,是省域政策的直接供给者,对推动省域发展起着承上启下的重要作用。现实中,每个省(自治区、直辖市)实施的强制性国家标准为当地企业必须执行的标准,本章采用省域内所有规模以上工业企业执行的国家技术标准数量代表该省域的"质量信号",构建以下回归模型

$$\ln exp_{i,k,t} = b_0 + \alpha_1 \ln sig_{k,t} + \alpha_2 \ln ass_{i,t} + \alpha_3 \ln tfp_{i,t} + \alpha_4 \ln age_{i,t} + \alpha_5 \ln cap_{i,t} + \alpha_6 \ln inn_{i,t} + \varepsilon_{i,t} \quad (1)$$

其中,i 表示企业,k 表示省域,[①] t 表示年份。$exp_{i,k,t}$ 表示 k 省企业 i 在 t 年的出口交货值,这是衡量企业产品进入国际市场的核心指标。$sig_{k,t}$ 表示 k 省在 t 年的"质量信号",其回归系数 α_1 表示"质量信号"对企业出口绩效的影响,是本章着重考察的核心变量。$ass_{i,t}$ 表示采用总资产衡量的企业 i 在 t 年的规模。[②] $tfp_{i,t}$ 表示企业 i 在 t 年的劳动生产率,本章采用人均工业总产值来衡量,具体根据企业工业总产值与从业人员数量相除而得。$age_{i,t}$ 表示企业 i 在 t 年的市场成熟度,采用观测年份减去企业成立年份加 1 进行衡量。$cap_{i,t}$ 表示企业 i 在 t 年的人均资本强度,采用(企业固定资产合计-折旧)/总从业人数衡量,表示资本的密集程度。$inn_{i,t}$ 企业 i 在 t 年的创新水平,采用企业研发费用与企业营业额之比即研发密度进行衡量。$\varepsilon_{i,t}$ 是随机扰动项。

二、"质量信号"度量

国家质量技术监督部门权威认定的技术标准,其信号强度、能见度及信任度较高,在一定程度上能够代表产品的"质量信号",每年公布和实施的国家技术标准相当于持续发出"质量信号"并减少信息不对称性(Branzei,2004)。技术标准是"质量信号"效应的刻画指标,技术标准越多说明产品质量可靠性越高

[①] 鉴于经济社会政治制度的特殊性和差异性,本研究对象不包括香港、澳门和台湾地区。

[②] 数据库中衡量企业规模的指标包括固定资产、资产总计、营业收入等指标,本研究参照马述忠等(2017)做法及考虑数据完整性因素后,选择采用总资产指标。

（Blind，2004），为企业带来正面声誉影响，从而增加企业出口产品的机会。本章采用省域制定的国家技术标准文件数量的总量来衡量"质量信号"，基础数据来源于 NSSI（国家标准文献共享服务平台）及中国国家标准化管理委员会的企业标准信息公共服务平台。具体而言，借鉴 Blind（2004）等已有文献做法，将国家标准化委员会发布的以"GB"开头采用唯一编码的具有权威性和公认性的技术标准文件数量来反映"质量信号"。国家标准委发布的技术标准包括制定标准、修订标准、废除标准 3 类，本章采用省域范围内实际施行的技术标准文件存量来衡量省域 k 的"质量信号"。假设 k 省在 $t-1$ 年制定和修订的技术标准文件存量为 $stan_{t-1}$，t 年制定的技术标准文件数量为 $stan_a$，修订的技术标准文件数量为 $stan_b$，废除的技术标准文件数量为 $stan_c$，那么 t 年 k 省的标准化水平为：$stan_t = stan_{t-1} + stan_a + stan_b - stan_c$。因此，本章将省域 k 的"质量信号"公式表达为：$sig_{k,t} = \sum stan_{k,i,t-1} + stan_{k,i,a} + stan_{k,i,b} - stan_{k,i,c}$。

三、数据处理

本章数据主要来源于国家统计局根据《规模以上工业统计报表》统计而得的中国工业企业数据库，[①] 样本区间为 2002—2007 年，[②] 并对数据库做如下处理：①对法人代码、区划代码、行业代码 3 类代码进行重新编码。尽管原则上每个企业的法人代码不变，但由于每年统计都存在新增样本和消失样本，个别企业还可能改换企业名称或法人代码，同时行政区划代码和行业代码在样本期也发生了变动。本章将省级代码统一为样本首年即 1999 年的代码（GB/T 2260—1999）。②借鉴 Ahn et al.（2011）的方法，剔除出口企业中的贸易中间商，也就是剔除企业名称中包含"贸易""经贸""外贸""工贸""进出口""科贸"等样本，剔除"营业状态"为"停业""筹建""撤销""其他"的样本，同时设置企业出口交货值>0、工业产值>0、固定资产>0、科技研发投入>0 等限定条件，进一步整理后得到 42386 个出口企业观测值。[③] ③鉴于中国工业企业数据库从 1999 年开始统计，因此所有数据均以 1999 年为基期，剔除价格因素和汇率因素影响，价格指数和汇率的有关数据源自国家统计局。

---

① 该数据库的统计对象与《中国统计年鉴》的工业部分及《中国工业统计年鉴》的覆盖范围一致，主要为规模以上工业法人企业，包括国有企业和年主营业务收入超过 500 万元以上的非国有法人企业。覆盖了中国工业 40 多个大类、90 多个中类、600 多个小类，是国内最为全面和权威的企业数据库。

② 学界认为，中国工业企业数据库在 2008 年及之后的数据质量不够高。本章样本区间选择点截至 2007 年。

③ 中国工业企业数据库 2002 年企业数 181557 家、变量数 86 个；2003 年企业数 196222 家、变量数 74 个；2004 年企业数 279092 家、变量数 135 个；2005 年企业数 271835 家、变量数 126 个；2006 年企业数 301961 家、128 个；2007 年企业数 336768 家、变量数 123 个。

第三节　面板实证结果与分析

一、基准估计结果

本章样本中的某些企业在某些年份数据可能缺失，如企业倒闭或被兼并、不再参与调查及新的企业可能在某些年份加入调查中来，因此每个年份观测到的企业不完全相同，需要进行非平衡面板（Unbalanced Panel）估计。[①] 从表25-1 基准回归结果看，"质量信号"对企业的出口绩效具有正向促进作用，其影响相当显著且稳定，回归结果均通过了 1% 水平的显著性检验。这与 Cage 和 Rouzet（2015）、Chisik（2003）、叶迪和朱林可（2017）等已有文献的结论发现相一致，"质量信号"在本行政辖区范围内具有较强的辐射效应，对辖区内的企业产品质量形成强烈信号，有助于企业开辟国际市场空间。正如 Link（1983）研究认为，技术标准作为产品的"质量信号"，可以通过专业化、标准化、规范化的生产工序来有效保障产品质量和工艺质量，从而巩固技术优势、市场优势及贸易优势。这在一定程度上可以解释为何有些省份致力于打造类似"浙江制造""上海制造""江苏制造""广东制造"等省域质量标签。从表26-1 基准回归结果看出：企业规模越大越有利于出口，影响高度显著；企业劳动生产率越高，出口越多。令人意外的是，企业年龄越大，出口越少。其原因可能在于，新生代企业往往是"高、新、尖"技术企业，产品往往更加适应国际市场需求；年龄相对大的企业往往是比较传统的企业，随着市场竞争加剧和低端产能淘汰调整，在国际市场上的竞争力有弱化之势。人均资本强度对企业出口水平的影响显著为负，这一结论与马述忠等（2017）的研究结论相一致，主要与中国工业产品出口扩张更多的是依靠劳动密集型的比较优势有关。此外，企业创新能力越强越有利于出口，这一回归结果也在 1% 的水平上显著。

表 26-1　基准回归结果

变　量	（1）	（2）	（3）	（4）
lnsig	0.2046***	0.3827***	0.0361***	0.0208***
	(18.6861)	(22.3043)	(2.8300)	(4.9080)

[①] 平衡面板可能存在的最大问题是，如果那些原来在样本中出现但后来丢失的企业，如果丢失的原因是内生的，即与扰动项相关，那么可能使样本丧失代表性（不再是随机样本），从而导致估计量不一致。显然本章对样本企业的选择是随机处理，所以不再从非平衡面板数据中提取平衡面板数据子集，否则损失了样本容量并降低了估计效率。

续表

variables	(1)	(2)	(3)	(4)
lnass	0.5328***	0.5580***	0.5366***	0.5729***
	(82.0690)	(86.2897)	(81.1689)	(86.9363)
lntfp	0.4396***	0.4135***	0.4166***	0.4054***
	(40.5801)	(39.3019)	(38.8716)	(38.6166)
lnage	−0.1100***	−0.1110***	−0.1169***	−0.1090***
	(−10.1045)	(−10.4141)	(−10.8533)	(−10.2695)
lncap	−0.4282***	−0.4087***	−0.4264***	−0.4151***
	(−48.4763)	(−47.8889)	(−48.8175)	(−48.7894)
lninn	0.0528***	0.0541***	0.0521***	0.0533***
	(8.4008)	(8.7901)	(8.3951)	(8.7118)
$cons$	2.6683***	0.3678***	2.7807***	1.1782***
	(35.9905)	(3.1186)	(35.7009)	(7.6581)
P FE	NO	YES	NO	YES
Y FE	NO	NO	YES	YES
N	42386	42386	42386	42386
R-sq	0.3050	0.3437	0.3169	0.3505
Wald chi2(6)	10028.98	50953.14	10825.17	53991.88
Prob>chi2	0.0000	0.0000	0.0000	0.0000

注：( ) 内为 t 统计值，在省域层面进行聚类。***、**、* 分别表示在 1%、5%、10% 的水平上显著。P FE 表示省份固定效应，Y FE 表示年份固定效应。

资料来源：笔者利用 Stata13 计算得出。

二、稳健性检验

（1）采用省域质量竞争力指数（qci）进行检验。这一指数由国家统计局和国家质量技术监督总局发布，这个指数通过分析与质量相关的因子后建立评价指标体系并运用指数化评价方法量化测评而得，[①] 不仅包括技术标准水平等 2 级指标，还包括质量管理水平、质量检验水平、市场适应能力等 3 级指标，以及产品质量等级品率、工程技术人员比重、质量管理体系认证率、质量损失率、技术改造经费比重、产品监督抽查合格率、出口商品检验合格率、人均产品销售收入、国际市场销售率等 4 级指标，较为综合地反映了省域企业产品的质量竞争力。从表 26-2 的稳健性检验结果看，qci 通过了 1% 水平的显著性检验，在一定程度上

---

① 指数测算过程中，必须解决数据统计的滞后问题。对此，质量管理体系认证证书数、产品监督抽查合格率、产品质量等级品率、质量损失率、出口商品检验合格率等 5 个指标使用当年数据，技术改造经费比重、工程技术人员比重、国际市场销售率等 3 个指标使用上一年度数据。原始数据来自国家统计局和国家质量技术监督总局对大中型工业企业的统计。

验证了基准回归的稳健性。本章进一步采用省域 R&D 人员当量占比（rds）、省域科技人员占比（pst）等指标进行稳健性检验，与基准回归也一致。

表 26-2　稳健性检验结果

variables	lnsig	lnass	lntfp	lnage	lncap	lninn	cons	N	R-sq
lnqci	3.7893*** (15.8075)	0.5325*** (81.9782)	0.4587*** (42.1821)	-0.1066*** (-9.7425)	-0.4252*** (-48.0509)	0.0483*** (7.6686)	-13.6624*** (-12.8492)	42386	0.3056
lnrds	0.2878*** (23.6855)	0.5335*** (82.6607)	0.4313*** (39.8128)	-0.1134*** (-10.4155)	-0.4199*** (-47.6619)	0.0499*** (7.9540)	3.7195*** (51.1964)	42386	0.3118
lnpst	0.1056*** (6.1048)	0.5245*** (80.3238)	0.4809*** (44.0363)	-0.1045*** (-9.4882)	-0.4320*** (-48.5955)	0.0510*** (8.0580)	3.1995*** (44.4392)	42386	0.3019

注：lnqci 采用质量竞争力指数，lnrds、lnpst 分别采用省域 R&D 人员当量占比、各省科技人员占比衡量"质量信号"。（　）内为 t 统计值，在省域层面进行聚类。***、**、* 分别表示在 1%、5%、10% 的水平上显著。

资料来源：笔者利用 Stata13 计算得出。

（2）通过调整样本进行检验。"质量信号"可能影响企业在不同省域的进入和退出，从而影响企业的出口绩效，这可能造成样本选择问题。本章对非平衡面板进行了必要的处理，利用连续出口 6 年企业的平衡面板数据来处理这一问题。结果表明，"质量信号"效应确实有所变化，lnsig 的回归系数为 0.3023，明显高于基准回归结果的 0.2046（省份和年份均不固定）和 0.0208（省份和年份均固定），且在 1% 的水平上显著。

（3）考虑到样本中包括一定数量的大型企业，这些企业的出口量占所在地区较大份额，其出口绩效很可能对同一地区的其他出口企业产生示范作用从而对其他企业出口绩效产生影响，这可能会带来逆向因果问题（叶迪等，2017），对此，去除出口值超过所在地区出口总值 1‰ 以上的企业样本，排除可能由大型企业出口行为产生的内生性问题，"质量信号"对企业出口的正向影响依然在 1% 的水平上显著（lnsig 的系数估计值为 0.1819）。尽管本章在处理样本企业时，已对贸易类企业进行了排除，但仍有生产型企业出口量比较大，特别是有些企业外向度超过 80%，剔除外向度超过 80% 的企业样本后再次进行稳健性检验，结果同样稳健，lnsig 的系数估计值为 0.1812，且通过了 1% 显著性检验。

第四节　"质量信号"在不同条件下的异质性影响

一、企业特征的异质性

依据异质性企业贸易理论（Baldwin & Okubo，2006），本章从企业所有制、

第四篇 标准化战略驱动中国中小企业高质量发展的理论与实践
第26章 中国制造"走出去"背景下的标准"质量信号"与企业出口绩效的研究报告

所处行业、所属区域、规模等维度考量企业异质性问题。首先，国有企业拥有国家信用背书，在获取公共资源方面具有不可比拟的绝对优势，能够在标准化乃至产品质量建设方面获得更多的政府资源，民营企业毫无疑问在获取政府资源的公共关系和能力上要次于国有企业（马述忠等，2017）。据此，本章从所有制角度进行必要的异质性分析，结果发现，"质量信号"对国有企业和民营企业出口的影响均十分显著（见表26-3），首先，从回归系数看，"质量信号"每增强1%，国有企业出口绩效提高0.33%，民营企业出口绩效提高0.11%，也就是"质量信号"对国有企业出口绩效的影响要强于民营企业。这一结论是符合经验判断的，众所周知，国有企业是国家标准和国家质量的先行者，也是"质量信号"效应的受益者。从行业异质性看，"质量信号"对重工业的影响效应高于轻工业，"质量信号"每增强1%，会促进重工业出口绩效提高0.27%、轻工业出口绩效提高0.16%。这说明不同行业的出口表现对"质量信号"的反映存在差异，生产工艺复杂、生产环节较多、技术含量较高的重工业企业出口受"质量信号"效应的影响更大。其次，从区域看，[①] 省域"质量信号"效应在中部、西部表现更强一些，省域质量效应每增强一个百分点，中部地区的企业平均出口绩效会提升0.55个百分点，西部地区的企业平均出口绩效会提升0.36个百分点，均高于东部的0.10个百分点。这一结论有悖于预判，可能的原因在于，中西部地区相对于东部地区而言，企业产品质量相对处于劣势，标准执行带来的"质量信号"改变对该区域企业出口绩效的边际影响更为显著。此外，为了检验不同规模情境下的"质量信号"对企业出口绩效的影响，本章引入了企业规模和"质量信号"的交乘项进行检验，[②] 结果发现，企业规模对"质量信号"的出口效应具有显著的增强作用，规模越大的企业越有利于从"质量信号"中获取出口机会和外贸优势。

表26-3 "质量信号"在不同条件下的异质性影响 I

variables	重工业	轻工业	国有	民营	东部	中部	西部
lnsig	0.2766***	0.1646***	0.3330***	0.1156***	0.1032***	0.5552***	0.3620***
	(15.4572)	(12.3956)	(15.7421)	(9.3523)	(8.2624)	(8.8535)	(5.3969)
lnass	0.6437***	0.4850***	0.6808***	0.5545***	0.5620***	0.4746***	0.5531***
	(57.8180)	(51.5937)	(47.3520)	(74.7176)	(79.2440)	(23.0682)	(18.8541)

---

① 东部地区包括北京市、天津市、河北省、辽宁省、上海市、江苏省、浙江省、福建省、山东省、广东省、海南省（11个省市）；中部地区包括山西省、内蒙古自治区、吉林省、黑龙江省、安徽省、江西省、河南省、湖北省、湖南省、广西壮族自治区（10个省区）；西部地区包括重庆市、四川省、贵州省、云南省、西藏自治区、陕西省、甘肃省、青海省、宁夏省、新疆维吾尔自治区（10个省市区）。

② 囿于篇幅，实证结果未能呈现。

续表

variables	重工业	轻工业	国有	民营	东部	中部	西部
ln*tfp*	0.3957***	0.4276***	0.4716***	0.3879***	0.4357***	0.3389***	0.4573***
	(21.0687)	(33.7352)	(19.1161)	(34.5118)	(37.9026)	(9.1962)	(8.5973)
ln*age*	-0.1493***	-0.1007***	-0.1007***	-0.0912***	-0.0993***	-0.0928***	-0.1404***
	(-9.1121)	(-7.1471)	(-4.8065)	(-7.5223)	(-8.3252)	(-2.8674)	(-3.3260)
ln*cap*	-0.3682***	-0.4278***	-0.3613***	-0.4352***	-0.4410***	-0.3786***	-0.1435***
	(-20.4332)	(-42.6164)	(-15.2220)	(-49.3170)	(-48.1856)	(-10.7010)	(-3.0341)
ln*inn*	0.0590***	0.0573***	0.0499***	0.0681***	0.0653***	0.0150***	0.0679***
	(5.7896)	(7.5051)	(4.0649)	(9.8807)	(9.7005)	(0.7558)	(2.4280)
cons	1.1600***	3.2886***	-0.2825***	2.9905***	2.7108***	3.1009***	0.3019***
	(8.2195)	(33.0180)	(-1.5236)	(36.1591)	(33.8315)	(14.0079)	(0.7883)
N	19548	22838	12958	29428	35753	4143	2491
R-sq	0.2783	0.2903	0.3319	0.2781	0.3226	0.2851	0.3153
Wald chi2 (6)	4814.96	4248.57	3581.92	7335.31	8972.67	962.30	679.77
Prob>chi2	0.0000	0.0000	0.0000	0.0000	0.0000	0.0000	0.0000

注：（ ）内为t统计值，在省域层面进行聚类。***、**、*分别表示在1%、5%、10%的水平上显著。所有方程均控制了省份固定效应和年份固定效应。

资料来源：笔者利用Stata13计算得出。

二、外向度及盈利性的异质性

在不同的外向度情景下，"质量信号"对企业出口绩效可能会产生不同影响。本章采用工业企业以现价计算的出口交货值与以现价计算的销售总产值的比值来衡量企业的外向度，并根据外向度变量取值分布情况，将35310家样本企业划分为"高外向度""中外向度"及"低外向度"三组进行比较。① 表26-4的"质量信号"在不同条件下的异质性影响Ⅱ显示，在三类不同的外向度水平下，"质量信号"的影响均在1%水平上显著，但与外向度介于76.3%和16.7%的中等水平的工业企业相比，"质量信号"对外向度低于16.7%的工业企业和外向度高于76.3%的工业企业的影响更大。"得标准者得天下"，作为"质量信号"的技术标准是区域经济向中高端转型升级的主攻方向，那么盈利性强的企业是否更有可能从"质量信号"辐射中获益呢，对此，本章根据样本企业盈利性变量取值的分布情况，将42366家样本企业划分为"高盈利性""中盈利性"及"低盈

---

① 样本中工业企业的外向度介于区间（0.01%, 99%），外向度超过100%的企业承担了部分代理出口，不属于纯粹的生产型企业，带有"贸易型"特质，对此本章删除了外向度>100%的样本企业。

利性"三组进行比较。① 表 26-4 的异质性回归结果并不支撑本章前述的推断，"质量信号"对不同盈利性的企业出口绩效影响结果都十分显著，不同盈利性的样本企业组之间并没有体现出明显差异。

表 26-4 "质量信号"在不同条件下的异质性影响 II

变量	外向度的异质性（ede）			盈利性的异质性（inn）		
	高外向度 ($X \geq 0.763$)	中外向度 ($0.763 > X > 0.167$)	低外向度 ($0 < X \leq 0.167$)	高盈利性 ($X \geq 0.078$)	中盈利性 ($0.078 > X > 0.032$)	低盈利性 ($0 < X \leq 0.032$)
lnsig	0.0573*** (5.9484)	0.0241*** (2.9814)	0.1114*** (7.2415)	0.1838*** (8.9470)	0.2107*** (10.6447)	0.2003*** (11.9674)
lnass	0.7956*** (149.3700)	0.7909*** (159.9676)	0.6979*** (71.5757)	0.5392*** (41.2277)	0.5729*** (53.0788)	0.5359*** (58.5333)
lntfp	0.5232*** (53.7496)	0.5919*** (59.8414)	0.4805*** (27.4590)	0.3227*** (13.5541)	0.4501*** (23.1867)	0.4684*** (31.5583)
lnage	-0.0084 (-0.9439)	-0.0069 (-0.8719)	-0.0338** (-2.2247)	-0.1191*** (-5.1024)	-0.1531*** (-8.1927)	-0.1392*** (-9.1613)
lncap	-0.3414*** (-40.0368)	-0.4028*** (-46.4575)	-0.2858*** (-18.6528)	-0.3052*** (-15.0581)	-0.4521*** (-28.3434)	-0.4645*** (-39.1801)
lninn	0.0236*** (4.4881)	0.0209*** (4.1098)	0.0534*** (5.6393)	0.3875*** (10.6001)	0.1378*** (3.1231)	0.0391*** (3.8313)
$cons$	0.9232*** (15.7492)	-0.0894*** (-1.4892)	-1.5426*** (-12.8908)	1.9964*** (12.5892)	2.1546*** (12.1126)	3.1059*** (28.1838)
N	7052	14129	14129	10470	13477	18419
R-sq	0.8946	0.8463	0.5232	0.2748	0.3350	0.3262
Wald chi2（6）	40357.87	48830.93	8723.18	2786.28	4427.28	4782.37
Prob>chi2	0.0000	0.0000	0.0000	0.0000	0.0000	0.0000

注：( ) 内为 t 统计值，在省域层面进行聚类。***、**、* 分别表示在1%、5%、10%的水平上显著。所有方程均控制了省份固定效应和年份固定效应。

资料来源：笔者利用 Stata13 计算得出。

---

① 样本中工业企业的盈利性水平介于区间（0.0001, 0.836），盈利性水平用企业利润与营业收入之比来定义。

第五节　进一步深化分析

一、制度环境对"质量信号"显示的影响

政府拥有强大的经济调控能力是中国经济体制的突出特征（Frye & Shleifer，2007；Faccio，2006），制度变量对政府"有形之手"和市场"无形之手"形成一定规范和约束，促进企业按照公平的制度规则行事，减少市场主体的不确定行为和机会主义。已有文献从不同维度捕捉制度环境如法律公平和权威性（Chakraborty，2016）、政府质量（焦豪等，2017）、政府管制（Holburn & Zelner，2010）等对微观企业出口行为的影响。本章基于已有文献预判，不同的制度环境对"质量信号"的显示功能会产生一定影响，在政府干预市场较少、法治环境比较健全及市场化程度较高的区域，"质量信号"的辐射和传递功能可能会愈加明显，从而越有利于辖区内企业的出口绩效。为此，借鉴 Levchenko（2007）、谭智等（2014）研究方法，在基准模型基础上引入地区制度变量（rie），设置地区制度变量与"质量信号"变量的交乘项，构建如下回归模型

$$\ln exp_{i,k,t} = b_0 + \alpha_1 \ln sig_{k,t} + \alpha_2 \ln ass_{i,t} + \alpha_3 \ln tfp_{i,t} + \alpha_4 \ln age_{i,t} \\ + \alpha_5 \ln cap_{i,t} + \alpha_6 \ln inn_{i,t} + \alpha_7 \ln rie_{k,t} \times \ln sig_{k,t} + \varepsilon_{i,t} \tag{2}$$

模型（2）中，$rie_{k,t}$ 代表省域制度环境变量，具体指标采用樊纲等（2011）编制[①]的中国各省市场化进程指数（MPI）、各省减少政府干预指数（GII）及各省法制化进程指数（LEI）。考虑到必要的稳健性检验，表 26-5 中分别采用省域国家标准施行存量、区域质量竞争力指数刻画"质量信号"，从 $\ln rie \times \ln sig$ 的回归结果看，制度环境对"质量信号"影响企业出口绩效具有十分显著的影响。换言之，法治环境、市场环境、政务环境越优越，他们对"质量信号"的释放效应就会越有利，减少政府对市场主体行为的微观干预并且加快形成公平竞争的法治化环境，有助于"质量信号"的辐射及扩散，从而助推提升辖区内企业的出口绩效。同时，考虑到制度环境对国企和民企的行为约束效应可能有差异

[①] 樊纲等（2011）编制的地区制度指数由 23 个指标构成，设定基期年份各单项指标评分的最大值和最小值分别为 10 和 0。当指标数值大小与市场化程度高低正相关时，第 i 个指标得分 = $(V_i - V_{\min})/(V_{\max} - V_{\min}) \times 10$；当指标数值大小与市场化程度高低负相关时，第 i 个指标得分 = $(V_{\max} - V_i)/(V_{\max} - V_{\min}) \times 10$。对基期以后年份的指数计算公式为，第 i 个指标 t 年得分 = $(V_{i(t)} - V_{\min(0)})/(V_{\max(0)} - V_{\min(0)}) \times 10$（适用于正项指标），第 i 个指标 t 年得分 = $(V_{\max(0)} - V_{i(t)})/(V_{\max(0)} - V_{\min(0)}) \times 10$（适用于负项指标）。脚标（0）代表基期年份，脚标（t）代表计算年份。

性，本章分别对国有企业和民营企业的 ln*rie* × ln*sig* 进行分析，结果发现，无论国有企业还是民营企业，制度变量对"质量信号"的出口效应释放均有正向促进作用，而且与国有企业相比，制度变量对民营企业"质量信号"出口效应释放的影响更大。更进一步的是，不同的制度环境指数对"质量信号"效应的释放存在差异化影响，市场化进程指数的影响要强于减少政府干预指数和法治化进程指数，这揭示出，改善企业出口绩效需要更为注重市场化改革，提升辖区内的市场化治理水平。

表 26-5　制度环境对"质量信号"影响企业出口绩效的效应

变量	市场化进程 MPI (1)	市场化进程 MPI (2)	减少政府干预 GII (1)	减少政府干预 GII (2)	法治化进程 LEI (1)	法治化进程 LEI (2)
ln*sig*	0.9337*** (12.5316)	0.1121*** (6.3217)	0.0284 (1.1192)	0.1312*** (10.3857)	0.0105 (0.2799)	0.0375** (2.1527)
ln*rie* × ln*sig*	0.4336*** (15.6030)	0.3275*** (22.3218)	0.0820*** (9.9923)	0.0400*** (10.1688)	0.0742*** (6.1075)	0.0988*** (12.6838)
ln*ass*	0.5387*** (83.4975)	0.5520*** (85.3027)	0.5317*** (82.0793)	0.5351*** (82.6325)	0.5305*** (81.5831)	0.5344*** (82.5859)
ln*tfp*	0.4343*** (40.3193)	0.4234*** (39.4820)	0.4350*** (40.1892)	0.4328*** (40.0134)	0.4378*** (40.4133)	0.4318*** (39.9366)
ln*age*	-0.1119*** (-10.3225)	-0.1052*** (-9.7184)	-0.1126*** (-10.3668)	-0.1103*** (-10.1734)	-0.1127*** (-10.3476)	-0.1114*** (-10.2426)
ln*cap*	-0.4241*** (-48.4588)	-0.4184*** (-47.8798)	-0.4235*** (-47.9724)	-0.4236*** (-48.0221)	-0.4261*** (-48.2341)	-0.4225*** (-47.8731)
ln*inn*	0.0533*** (8.4908)	0.0529*** (8.5057)	0.0504*** (8.0430)	0.0507*** (8.1076)	0.0531*** (8.4411)	0.0528*** (8.4254)
cons	3.1554*** (39.1618)	0.2791*** (2.1147)	2.9105*** (37.7160)	2.5487*** (33.9223)	2.8803*** (34.7699)	2.2896*** (28.8411)
N	42386	42386	42386	42386	42386	42386
R-sq	0.3141	0.3192	0.3074	0.3085	0.3063	0.3099
Wald chi2 (6)	10488.18	10697.72	10187.76	10185.79	10147.36	10314.50
Prob>chi2	0.0000	0.0000	0.0000	0.0000	0.0000	0.0000

注：(1) 和 (2) 分别采用省域国家标准施行存量和区域质量竞争力指数来衡量"质量信号"。( ) 内为 t 统计值，在省域层面进行聚类。***、**、*分别表示在1%、5%、10%的水平上显著。所有方程均控制了省份固定效应和年份固定效应。

资料来源：笔者利用 Stata13 计算得出。

二、"质量信号"对企业外向度的影响

在质量信息存在不对称性的贸易环境中，"质量信号"对企业"走出去"的

深度和广度可能会产生一定影响。换言之，在其他条件不变的前提下，省域较强的"质量信号"可能会提高企业的外向度，反之则产生抑制性。为验证省域的"质量信号"对企业外向度的影响，本章将被解释变量设定为企业外向度（ede）。表 26-6 中第（1）列的回归结果显示，对出口外向度而言，"质量信号"效应依然存在；"质量信号"越强烈越有利于企业外向度的提升。与此同时，本章采用省域质量竞争力指数、省域 R&D 人员当量占比、省域科技人员占比等指标对"质量信号"进行稳健性检验，从表 26-6 第（2）~（4）列的回归结果看，"质量信号"对企业外向度的影响效应仍然显著存在。这一结论的启示价值在于，在开放型经济的情境下，企业统筹利用国际国内两个市场，特别是挖掘海外市场潜力，不仅需要企业自身修炼内功和不断努力，也离不开地方政府尤其是省级政府层面的有效作为，通过政府有形之手增强区域"质量信号"，对辖区内企业拓展海外市场具有推力作用。

表 26-6　"质量信号"对企业外向度的影响

variables	（1）	（2）	（3）	（4）
lnsig	0.2840***	5.0784***	0.3443***	0.2924***
	(25.3203)	(20.5011)	(27.5567)	(16.8260)
lnass	0.2385***	0.2395***	0.2396***	0.2472***
	(36.3556)	(36.3535)	(36.6985)	(37.3798)
lntfp	0.1249***	0.0943***	0.1256***	0.0820***
	(10.9170)	(8.1581)	(10.9200)	(7.0922)
lnage	-0.1035***	-0.0963***	-0.1051***	-0.0971***
	(-9.1498)	(-8.4371)	(-9.2677)	(-8.4740)
lncap	-0.0423***	-0.0392***	-0.0342***	-0.0470***
	(-4.5641)	(-4.2130)	(-3.6968)	(-5.0205)
lninn	0.0270***	0.0212***	0.0232***	0.0254***
	(4.1705)	(3.2533)	(3.5732)	(3.8834)
$cons$	1.1895***	-20.6928***	2.5363***	2.0881***
	(15.3655)	(-18.8333)	(32.9909)	(27.6017)
N	35309	35309	35309	35309
R-sq	0.1832	0.1782	0.1893	0.1738
Wald chi2 (6)	4758.54	4386.37	4858.77	4248.92
Prob>chi2	0.0000	0.0000	0.0000	0.0000

注：(1) 和 (2) 分别用省域范围内的国家标准实施存量和质量竞争力指数衡量"质量信号"；(3) 和 (4) 分别采用省域 R&D 人员当量占比、科技人员占比反映"质量信号"。( ) 内为 t 统计值，在省域层面进行聚类。*** 、** 、* 分别表示在 1%、5%、10% 的水平上显著。所有方程均控制了省份固定效应和年份固定效应。

资料来源：笔者利用 Stata13 计算得出。

第六节 结论与建议

本章主要研究在企业产品质量信息不对称的情况下，省域范围的"质量信号"对企业出口绩效的影响，以实际施行的国家技术标准存量作为"质量信号"的代理变量，实证结果发现，"质量信号"的确显著促进企业的出口扩张，不仅促进企业出口，而且提升企业外向度。为验证结论的说服力和公信力，本章进行了较为严格的稳健性检验，进一步支撑了基本结论的有效性。这在一定程度上弥补了目前关于省域范围的"质量信号"对微观企业出口贸易行为影响研究比较匮乏少见的现状。拓展分析还得出如下结论。

第一，"质量信号"对国有企业和民营企业出口的影响都十分显著，但对国有企业出口绩效的影响要高于民营企业；从行业看，"质量信号"对重工业的影响效应高于轻工业；从区域看，省域质量的信号效应在中部、西部表现更强一些；企业规模对"质量信号"的出口效应具有显著的增强作用。

第二，"质量信号"对不同外向度的企业出口绩效均有显著影响，但与外向度介于 76.3% 和 16.7% 的中等水平的工业企业相比，"质量信号"对外向度低于 16.7% 的工业企业和外向度高于 76.3% 的工业企业的影响更大。"质量信号"对不同盈利性的企业出口绩效影响结果都十分显著，不同盈利性的样本企业并没有体现出明显差异。

第三，制度环境对"质量信号"影响企业出口绩效具有十分显著的影响，但不同的制度环境指数对"质量信号"影响存在差异性，市场化进程指数的影响要强于减少政府干预指数和法治化进程指数。

第四，"质量信号"对企业出口外向度的影响效应显著存在。

中国对外开放大门越开越大，促进制造"走出去"是极其重要的一个命题。本章出发点和落脚点聚焦的问题是，在中国制造内部严重分化的现实背景下，单纯从国家战略层面推动中国制造"走出去"可能有所局限性。产品质量信息不对称问题是拓展国际贸易的重要瓶颈，但从本章面板回归结果看，增强区域范围的"质量信号"是解决微观企业层面的产品质量信息不对称问题的有效途径之一，这解释了为何沿海开放大省纷纷出台政策、花很大力气打造省域质量标识（如"浙江制造""上海制造""江苏制造""广东制造"等）的内在动因，对于从省域维度推动中国制造"走出去"具有政策启示。加快推动中国制造"走出去"不仅要从国家宏观政策层面推动，也有必要从省域层面发力进行政策助推。对此，首先，鼓励各省因地制宜制定适合各地实际的政策，推动省域之间开展"质量信号"锦标赛，从提升"质量信号"、塑造质量品牌、实施质量提升行动等方面着手，制订实施专项行动计划，通过省域制造"走出去"促进中国制造"走出去"。其次，鉴于标准存在"质量信号"效应，应加快建立政府主导强制性标准和市场主体主导一般标准协同推进的标准供给体系，实施标准创新激励制度和标准化试点示范，支持各地开展标准竞赛，高质量加强标准供给。最后，从制度层面着手，支持省域优化制度环境包括市场环境、政务环境及法治环境。此外，值得更深入探讨的是，由于代表"质量信号"的国家标准与国际标准存在不一致性，对企业产品出口而言，采用国际标准无疑是更强的"质量信号"，但中国主导制定的国际标准数量极少，仅占全球7‰，国际标准带来的"质量信号"效应需要通过其他角度进行探讨，这是本章进一步深化的方向。

第 27 章　建设国家人工智能技术标准高地的研究报告

标准话语权代表行业话语权和市场话语权，正所谓"得标准者得天下"。人工智能作为引领新一轮科技革命和产业变革的战略科技，已成为发达国家谋求科技竞争、经济竞争及产业竞争主导权的核心领域，是全球各国正在激烈争夺的战略高地。按照《国家技术标准创新基地建设总体规划（2017—2020 年）》《国家技术标准创新基地申报指南》及《国家智能制造标准体系建设指南（2018 年版）》，[①] 加快建设人工智能国家技术标准高地，对标全球发达国家人工智能标准化趋势，聚集标准化优质要素资源，高效对接科技和产业资源，搭建创新成果转化为技术标准服务平台，发挥创新基地的平台作用、引领作用、辐射作用，对国家人工智能发展战略、抢占新一轮科技革命和产业变革制高点有重要的意义。

第一节　建设国家人工智能技术标准高地的意蕴

技术标准高地是人工智能产业参与全球竞争的重要突破口，落实国家新一代人工智能发展规划，加快建设国家人工智能技术标准高地，加强人工智能基础研究和关键核心技术的研发，开展重大创新成果应用示范，打造人工智能产业聚集高地，对人工智能产业高质量发展和数字经济发展壮大具有重要促进作用。

一、高质量发展人工智能产业亟待建设人工智能国家技术标准创新基地

作为新型基础设施建设的重点领域，人工智能被视为新发展格局下助力传统行业跨越式发展、打造经济增长新动能、推动中国经济转型升级的重要突破口，发展新一代人工智能是国家极其明确的重大战略任务。党中央、国务院抢抓人工智能发展的重大战略机遇，结合人工智能产业发展实际研究制定实施了一系列政策文件，包括《新一代人工智能发展规划》《关于促进人工智能和实体经济深度

---

① 2019 年 10 月，根据科技部关于支持杭州建设国家新一代人工智能创新发展试验区的函，支持杭州市建设国家新一代人工智能创新发展试验区，重点是围绕国家重大战略需求，探索新一代人工智能发展的新路径新机制，形成可复制、可推广经验，发挥在引领浙江数字化转型、全方位融入长三角一体化发展中的重要作用。

融合的指导意见》《促进新一代人工智能产业发展三年行动计划（2018—2020年）》《"互联网+"人工智能三年行动实施方案》《国家新一代人工智能创新发展试验区建设工作指引》等（见表27-1）。这些重要政策文件均对人工智能的标准体系和基础共性、互联互通、行业应用、网络安全、隐私保护等技术标准提出了要求。围绕《中国制造2025》等国家重大产业规划和战略布局，建设人工智能创新基地是进一步贯彻落实国家创新核心发展战略、构筑中国人工智能发展先发优势、推动形成经济发展新动能、加快构建新发展格局的重大战略举措。

表 27-1 人工智能相关政策清单

序号	政策文件编号	政策制发单位	国务院及部委的政策文件	时间
1	国发〔2015〕28号	国务院	中国制造2025	2015年5月
2	—	十二届全国人大四次会议通过	中华人民共和国国民经济和社会发展第十三个五年规划纲要	2016年3月
3	国发〔2016〕43号	国务院	"十三五"国家科技创新规划	2016年7月
4	国发〔2016〕67号	国务院	"十三五"国家战略性新兴产业发展规划	2016年11月
5	国发〔2017〕35号	国务院	新一代人工智能发展规划	2017年7月
6	—	中央深改组	关于促进人工智能和实体经济深度融合的指导意见	2019年3月
7	发改高技〔2016〕1078号	国家发展改革委、科技部、工业和信息化部、中央网信办	"互联网+"人工智能三年行动实施方案	2016年5月
8	工信部联规〔2016〕453号	工业和信息化部、国家发展改革委	信息产业发展指南	2016年12月
9	工信部科〔2017〕315号	工业和信息化部	促进新一代人工智能产业发展三年行动计划（2018—2020年）	2017年12月
10	工信厅科〔2018〕80号	工业和信息化部办公厅	新一代人工智能产业创新重点任务揭榜工作方案	2018年11月
11	国科发规〔2019〕298号	科技部	国家新一代人工智能创新发展试验区建设工作指引	2019年8月

续表

序号	政策文件编号	政策制发单位	国务院及部委的政策文件	时间
12	国科函规〔2019〕184号	科技部	关于支持杭州建设国家新一代人工智能创新发展试验区的函	2019年10月

资料来源：笔者根据互联网公开资料整理。

二、打造人工智能高能级战略平台亟待建设人工智能国家技术标准创新

人工智能具有覆盖面广、技术渗透性强、产业融合度高的鲜明特质，建设人工智能高能级战略平台的重要支撑条件是人工智能国家技术标准。从宏观战略层面审视，中国缺乏具有国际竞争力的人工智能高能级战略平台，相关要素资源未能最大化集聚利用，人工智能产业技术，尚未形成具有全球影响力的生态圈和产业链。按照《国家技术标准创新基地建设总体规划（2017—2020年）》要求，探索建立人工智能国家技术标准创新基地，打造国家高能级标准化战略平台，充分汇聚分散在社会各个行业、领域的人工智能大中型企业、大专院校、科研院所等机构，统筹整合各方面优质标准化资源、技术资源、产业链资源和金融资源，形成全面高质量创新合力，利用创新基地的资源聚集和辐射带动作用，持续输出研究应用成果，为中国制造迈上更高台阶提供强大动能。

三、打造全球人工智能产业高地亟待建设人工智能国家技术标准创新基地

标准是技术积累和提高创新效率的基础，是科技创新成果转化的桥梁，是实现人工智能新技术、新产品市场化和产业化的有效手段。打造全球人工智能产业高地，关键是加快人工智能技术在终端用户垂直领域的广泛应用，这离不开人工智能技术创新的发展与突破。建设人工智能技术标准创新基地，要以满足行业内不断涌现的创新需求、标准化需求和产业化需求为导向，探索建立科研与标准互动支撑体系，吸引各相关单位探索跨学科、跨领域的技术合作和产业链合作，共同开展标准化研究和应用实施项目，推动科研与标准研究、科技成果转化与标准制定、科技成果产业化与标准实施"三同步"，实现"科研成果—标准—市场化、产业化"三级跃升，以更快速度、更高效率、更高质量推动人工智能新技术、新产品市场化和产业化，助力人工智能创新高地建设和经济高质量发展。中国人工智能产业发展趋势如图27-1所示。

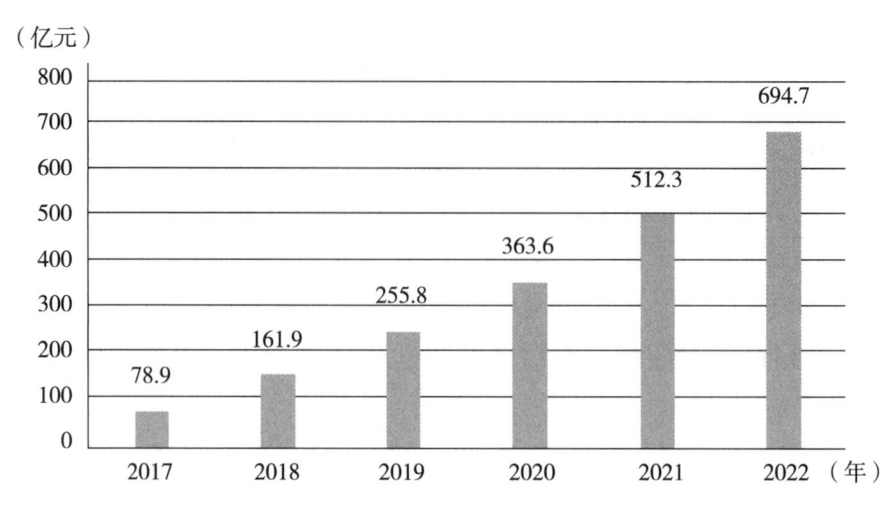

```
(亿元)
800
                                              694.7
700
                                      512.3
600
500                           363.6
400                   255.8
300          161.9
200   78.9
100
    2017   2018   2019   2020   2021   2022  (年)
```

注：数据来源于互联网数据中心。

图 27-1　中国人工智能产业发展趋势

四、抢夺全球人工智能标准"话语权"，亟待建设人工智能国家技术标准创新基地

从全球人工智能竞争格局看，"谁制定标准，谁就拥有话语权；谁掌握标准，谁就占据制高点"。与美国、德国、日本等发达国家相比，中国人工智能技术标准化比较滞后，国际标准化能力和水平相对较弱，国际标准话语权不足，严重影响了中国人工智能技术、产品的国际化发展。建设人工智能技术标准创新基地，整合、运用和提升国际标准化资源，有效解决中国人工智能标准化服务的服务层次不高、信息化水平不够、体系化程度不足等问题，更好满足人工智能技术国际标准化需求，推动中国人工智能领域优势创新技术和技术标准向国际标准转化，以标准国际化引领带动人工智能技术、产品实现国际化发展，助力相关技术和产品"走出去"。

第二节　建设国家人工智能技术标准高地的集成优势

一、紧紧把握住长三角区域一体化国家战略优势和区位优势

长三角区域一体化 2018 年 11 月正式上升为国家战略，是中国经济发展最活跃、开放程度最高、创新能力最强的区域之一，在人工智能产业发展方面具有得天独厚的优势。自党的十九大报告提出加快人工智能与实体经济深度融合后，长三角着力发展人工智能产业，已成为中国人工智能三大产业集群区之一，同时在

高端装备制造业、金融、电子商务、新零售、信息技术等领域，长三角地区积累了雄厚的研发基础与产业化能力，人工智能已广泛应用到制造、医疗、交通、家居、安防、网络安全等多个领域。统计显示，长三角地区数字经济规模达8.63万亿元，占全国的28%，超过珠三角地区与京津冀地区的总和。长三角三省一市以产业优势互补、资源共享、合作共赢发展理念，以G60高速公路和沪苏湖高速铁路为轴线，合力打造长三角一体化的国家战略平台"G60科创走廊"，设立100亿元"G60科创走廊人工智能产业基金"，目前已成为比较完备的先进制造业产业集群，建立了人工智能、新材料、高端装备、集成电路等11个产业联盟和11个产业合作示范园区，快速集聚了华为、谷歌、商汤科技、科大讯飞、阿里巴巴、腾讯、网易科技、大华科技、仪电人工智能创新院等一批国际、国内领先的人工智能相关企业，G60科创走廊正成为长三角区域乃至全国人工智能产业发展的高地和重镇。

二、紧紧把握住数字经济强省牵引的产业基础优势

从全国发展格局看，浙江省毫无疑问是中国数字经济的先行者、引领者及示范者之一。早在2003年，浙江省就实施了《数字浙江建设规划纲要》；2016年浙江省获批建设全国首个国家信息经济示范省；2017年省委经济工作会议将数字经济作为"一号工程"来抓；实施"数字经济五年倍增计划"，探索创新数字经济发展体制机制，数字经济成为经济高质量发展的主引擎。浙江省数字经济总量从2014年的1.1万亿元增长至2019年的2.8万亿元，增长2.54倍；占地区生产总值比重从27.2%上升至45.1%，年均提高3.5个百分点，数字经济发展质量和水平走在全国前列，成为展示"数字中国"建设成效的重要窗口。特别是杭州列入国家新一代人工智能发展试验区，以杭州为核心的人工智能产业集聚区，已形成了从核心技术研发、智能终端制造到行业智能化应用的完整产业链。截至2019年年底，浙江省人工智能产业企业已达482家，实现总营业收入1987.37亿元，形成千亿级产业规模，浙江省人工智能产业区域发展竞争力评价指数排名全国第四位，位于全国第一梯队。2020年1—4月浙江省人工智能产业制造业生产更是实现逆势增长，人工智能产业制造业增加值125亿元，同比增长13.4%。此外，浙江省加快构建以浙江大学、西湖大学、之江实验室、浙江清华长三角研究院、宁波新材料研究所等科研院校和领军型企业为核心的人工智能创新生态，初步构建起全球性、联合性的国际协同创新大网络，形成了富有活力的网络信息产业生态环境和多元竞发的创新创业格局。

三、紧紧把握杭州建设国家人工智能创新发展试验区的先发优势

2019年10月科技部支持杭州建设国家新一代人工智能创新发展试验区以来，

杭州市根据国家新一代人工智能发展规划，研究制订《建设国家新一代人工智能创新发展试验区行动方案》，着力打造新一代人工智能技术创新策源地、产业发展主阵地、场景应用先行地、高端人才集聚地，为国家新一代人工智能创新发展提供样板和模范。以杭州城西科创大走廊、杭州城东智造大走廊、杭州高新开发区（滨江）等为核心平台，加快建设中国（杭州）人工智能小镇、中国人工智能谷（信息港小镇）、中国V谷、杭州人工智能产业园等，建成之江实验室、西湖大学、阿里达摩院、浙江大学人工智能研究所等创新重器。同时，杭州市加快打造计算机辅助设计与图形学等4个人工智能相关国家重点实验室和脑与脑机融合前沿科学中心、人工智能协同创新中心、国家数据智能技术创新中心、城市大脑和视频感知国家新一代人工智能开放创新平台5个国家级创新平台，建成全国首个基于人工智能的数据资源平台"祥云"DRMS系统，形成强大的资金、人才、技术、项目集聚效应。根据中关村数智人工智能产业联盟发布的《中国人工智能城市产业发展指数》，杭州市排名全国第三位，仅次于北京市、上海市，其中核心产业规模居全国第二位。

四、紧紧把握住新型研发体制机制优势和国家实验室平台优势

浙江省把创新作为现代化建设全局的核心，加快打造综合性国家科学中心和区域性创新高地，举全省之力打造之江实验室、紫荆实验室、生命科学与生物医学实验室、数据科学与应用实验室四大实验室。建设国家实验室是构建现代化创新体系的基石，是推动科技创新从"高原"迈向"高峰"的重要举措。浙江省聚焦"互联网+"、生命健康、新材料"三大高地"，加快建设四大实验室，发挥浙江省数字经济优势、数据优势和人才优势，提高科学技术研究水平和浙江省在全国乃至全球的竞争力和优势地位。以之江实验室为例，围绕智能感知、智能网络、智能计算、智能系统等重要方向，科学布局了具有计量、检验检测等功能的科学装置，构建"科研+标准+检验+测评"生态圈。聚焦应对日益微型化、集成化、网络化、智能化的传感器发展趋势，在微纳水平上开展敏感材料、智能化信号采集和处理芯片等方面的基础研究和工艺技术开发，解决中国微纳加工技术领域的卡脖子问题。聚焦解决工业设备工艺参数、产能信息等关键数据在网络空间汇聚对工业互联网计算与安全的重大需求，研究突破工业控制系统泛在精准的状态感知、实时智能计算、内生安全、数字孪生等关键技术。聚焦满足智能社会对物理空间和社会空间自主智能感知的需求，研制大规模、低能耗、高效率、高智能的感知技术和装备，规划建设超级智能感知科学装置。

五、紧紧把握住全方位集成技术研发优势

基于"高原造峰"发展理念，浙江省深入实施尖峰、尖兵、领雁、领航等

计划，集成力量建设创新策源地，以之江实验室、浙江大学、阿里巴巴、海康威视、新华三等单位为依托，加快完善以企业为主体的技术创新体系，初步形成包括基础理论、核心技术、支撑平台、产业应用等全方位的项目集群。一是加强人工智能理论研究。浙江大学早在1982年就成立了人工智能研究室，是国内人工智能研究的起源地之一。西湖大学、之江实验室、阿里达摩院等都把人工智能作为研究的重点领域。二是加快布局新兴前沿技术。围绕新型架构芯片、先进人工智能算法、脑科学与类脑计算、智能应用平台等科研项目攻关，快速形成一批突破性技术成果。三是加快技术突破。围绕人工智能产业需求，以算法为核心，数据和硬件为基础，加强关键核心技术研发布局，形成感知与计算硬件突破、智能计算平台支撑、算法应用多面开花的技术体系。四是建设公共技术平台。依托西湖大学、浙江大学、阿里云平台等，建设国家新一代人工智能开放创新平台，支持人工智能开源社区建设。

第三节 建设国家人工智能技术标准高地的靶向

紧紧围绕人工智能与制造业深度融合导向，以打造全国乃至全球人工智能产业高地、科创高地、人才高地为牵引，以探索科技创新与技术标准"双轮驱动"生态系统为支撑，以智能感知、智能计算、智能网络、智能系统等重点领域为靶向，以龙头型高校浙江大学和平台型企业阿里巴巴及相关的产业链供应链为依托，着力打造国内领先、国际知名的人工智能标准化创新和实践基地，实现我国人工智能技术标准在国际地位的提升和突破。

一、聚焦聚力构筑全球人工智能领域技术标准研发和创新高地

聚焦国家新一代人工智能创新发展试验区建设目标，发挥人工智能创新基地"孵化器"作用，紧紧围绕人工智能产业发展需求，充分利用人工智能领域的重点实验室和大科学装置，加强关键核心技术研发布局，瞄准国际先进水平，创制一批重点核心技术标准，开发一批战略性技术产品，推动人工智能先进技术策源地优势转化为先进技术标准创新高地，形成具有国际影响力的人工智能技术标准。

二、聚焦聚力打造全球人工智能标准化资源共建共用共享平台

聚焦建设国家新一代人工智能开放创新平台，将人工智能技术标准高地作为人工智能领域标准化战略的"连接器"和"枢纽点"，在横向方面，联通人工智能科技创新资源、人才资源、资金资源、标准化资源；在纵向方面，连接国际国内标准化技术组织、成员单位、重大研发团队，形成一个枢纽型标准创新平台，联合

骨干企业建立基础数据库和共享开放平台，推进"天枢"人工智能开源开放平台建设，支持人工智能开源社区建设，服务支撑人工智能产业高地发展大局。

三、聚焦聚力探索人工智能"科技创新链"与"标准创制链"双轮驱动模式

聚焦人工智能与实体经济的深度融合，加快打造具有国际竞争力的人工智能产业集群，通过创新管理机制和激励机制，加强科技研发与标准研制的联动发力，推动在科研项目预研时同步部署标准项目立项，在科技研发同时开展标准研制，在科技成果转化时开展标准实施，探索形成"科技创新链"与"标准创制链"协同融合的"技术创新与技术标准"双轮并进的新模式。

四、聚焦聚力塑造全球数字经济领域的人工智能技术标准国际竞争力

聚焦浙江省数字经济"一号工程"建设的战略需求，推动数字产业和传统产业智能化升级，加快技术标准在智能生产线、数字化车间、智能化工厂的应用，发展人工智能产业集群，充分发挥团体标准市场反应灵敏、制定周期灵活的特点，快速转化一批具有自主创新技术和专利的团体标准，培育行业广泛采用、应用，逐步塑造数字经济领域的标准制高点。

第四节 建设国家人工智能技术标准高地的战略措施

一、全力打造具有国际影响力的人工智能技术标准品牌

打造全球人工智能产业高地，前提是打造人工智能技术标准高地。首先，构建数字经济技术标准创新联盟。结合数字经济发展的先发优势，以"立足全国、辐射亚太、面向国际"的战略定位，筹建数字经济技术标准创新联盟，作为人工智能标准发布和实施的主体。其次，基于联盟开展标准制定程序规则、专利处置、利益共享等制度创新。对标国际一流标准，深入分析 IETF、WAPI、IEEE 等具有全球影响力的国际标准化团体和联盟的路径，以及 ASTM、UL、API 等龙头型行业协会的运行机制及模式，探索制定标准制修订程序、必要专利处置规则、利益共享规则等制度规则，完善数字经济标准创新联盟运行机制。最后，打造具有国际影响力的数字经济技术标准。协调数字经济标准创新联盟成员，联合攻关研制高质量的团体标准，并在行业范围内大力推广和应用，提升标准在行业领域

内认可度和影响力，打造人工智能领域的高端标准。

二、探索人工智能科技创新成果，跳出"死亡之谷"的新模式

人工智能技术标准高地的建设和产业的高质量发展，必须打破从基础研究、应用研究到产业化的"死亡之谷"，促进科技成果产业化。首先，协同推进"专利标准化"和"技术专利化"。探索建立符合人工智能产业发展的行业细分领域标准体系，梳理挖掘智能感知、智能系统等人工智能领域的科技创新成果，跟踪工业互联网、智能车联网等研究领域最新成就，充分发挥创新基地标准化枢纽平台作用，主动对接相关技术组织，推动先进适用科技成果向专利、标准转化，取得一批高层级、有代表性标准化成就。其次，协同推进"科技创新链"与"标准研制链"。围绕人工智能产业集群和企业集群，特别是智能计算、智能计算系统、智能网络研究、智能芯片研究等重点领域，将技术标准要素深度融入科技创新过程中，推动科研立项、科技研发、成果转化的"科技创新链"与标准立项、标准研制、标准实施"标准创制链"协同融合，以科技创新支撑技术标准创制、以技术标准应用促进科技成果转化。最后，协同推进人工智能技术市场化和产业化。建设开放包容多元的创新创业生态，制定人工智能相关技术标准，规范人工智能技术和产业发展。

三、集中力量搭建标准化资源共建共用共享平台

抢占全球人工智能产业的制高点，关键要打造基础性、关键性共享平台。首先，建立基于标准创新的优势科创资源整合平台，吸纳人工智能领域优势科研力量，共同开展人工智能标准化研究与创新。其次，主动对接 ISO、IEC、ITU、3GPP 等国际标准化组织及全国信息技术标准化技术委员会、全国信息安全标准化技术委员会等国内人工智能领域相关技术委员会，打造人工智能标准化交流基地。构建符合人工智能产业发展态势的创新基地组织治理体系，建立决策制度、议事制度、联络制度、成果共享制度等基地运行制度。再次，搭建人工智能标准试验测试平台。统筹建设运行计量、合格评定、检验检测、质量基础设施，推进技术标准的验证测试能力建设。围绕数字经济一号工程实施，建立检测、校准资源公共服务平台，提升标准试验测试能力。最后，以标准化项目管理系统与标准文献查询系统为主体，提供一站式的标准管理与标准文献查询服务，推动标准化工作的全流程精细化管理。

四、全方位构筑人工智能标准创新生态系统

只有建立开放多元的创新生态，优化空间、服务、技术、数据、安全等支撑

体系，才能促进人工智能的可持续发展。首先，加强人工智能国际科技和产业合作，广泛引进国际人工智能创新资源，针对工业互联网、智能网络、信息安全等重要领域，以及城市大脑、金融科技、量子传感等交叉融合领域，构建人工智能技术专家库、标准化专家库，为基地建设提供智力支持。其次，制定人工智能领域的公共数据资源开放共享制度，搭建人工智能创新基地标准信息共享平台。加强国际、国内人工智能有关技术信息、标准资料的收集和共享，建设覆盖智能感知、智能计算、智能网络、智能系统等科研领域的标准数据信息平台。最后，利用国际标准化会议、标准制修订等标准化工作，全方位掌握国际标准化工作规则，提升开展标准制定、国际谈判等能力。探索建立标准化基础知识、标准编写、国际标准化等全流程培训体系，提升标准化人员和科研人员标准化专业能力。建立标准能力评定等级和人才认定体系。

五、以更加开阔的格局深度参与人工智能国际标准治理

对标人工智能国际一流标准，系统性建立对标赶超机制，深度参与国际标准治理。首先，加快推动本土人工智能标准走出去。落实国家标准联通共建"一带一路"行动计划，适时加大与"一带一路"沿线重点国家或区域交流合作力度，推动优势人工智能标准"走出去"，扩大中国标准在国外应用的广度和国际影响力。其次，实时跟踪人工智能领域相关标准化动态，加强 ISO、IEC、ITU 等国际标准化组织联络，掌握国际人工智能标准化动态趋势，参与相关国际标准制定工作。结合人工智能技术发展情况，争取在一些细分领域提出国际标准提案，实现由参与国际标准制定到主导国际标准制定的转变。最后，积极参与人工智能国际标准化活动，参加人工智能相关国际标准研讨、国际标准化会议，积极承担国际标准化组织专业标准技术委员会、工作组秘书处工作，担任国际标准化技术委员会、工作组领导职务，为赢得国际标准制定权提供支撑。

第五节 启示与建议

从世界范围看，人工智能领域标准化工作仍在启动过程中，尚未形成完善的标准体系，中国基本与国外处于同一起跑线，存在快速突破的机会窗口。如果瞄准机会，快速布局，完全有可能抢占标准创新的制高点，反之，则有可能错失良机。当前，要充分发挥创新基地的平台作用、引领作用、带动作用，加快布局人工智能国家技术标准创新基地，积聚力量加强人工智能领域顶层设计，加快对人工智能技术及产业发展的研究，以标准的手段促进中国人工智能技术、产业蓬勃发展。

一、以高端标准平台支撑人工智能产业高质量发展

人工智能理论、技术和应用已取得了重大突破，成为推动新一轮科技和产业革命的驱动力，人工智能将成为中国中长期经济发展新引擎，标准化是人工智能发展的重要支撑，从新一代人工智能技术和产业发展进程来看，人工智能标准化工作具备广阔的发展前景，但需要构筑一个长期稳定的标准化工作平台，发挥平台的组织机制优势，集聚业界主流产学研单位资源，梳理工人智能产业生态体系脉络，围绕人工智能标准化需求，深入开展术语、参考框架、算法模型、技术平台、安全隐私和伦理道德等重点亟须标准的研制，积极参与国际标准化活动，搭建人工智能标准化标准复合型测试公共服务平台，以标准化支撑相关政策的制定，拓展人工智能的应用领域，有效支撑产业发展。

二、以高端标准平台支撑深度参与人工智能国际竞争

人工智能国际标准也正在成为各国争夺的对象，美国发布的《国家人工智能研究与发展策略规划》，欧盟发布的"人脑计划"，日本实施的"人工智能/大数据/物联网/网络安全综合项目"，均提出围绕核心技术、顶尖人才、标准规范等强化部署，力图抢占新一轮科技主导权。标准是产业竞争的制高点，是国际竞争的话语权，目前全球产业标准制定权大多握在欧美巨头手中，要提高中国在人工智能价值链的地位，需要加快部署面向国际的人工智能标准化平台载体，积极组织力量提出参与国际标准化活动，实质性参与国际标准制修订，支撑国际标准化双多边合作，推动标准互认，推动我国掌握人工智能国际市场竞争和价值分配的主动权。

三、以高端标准平台支撑人工智能资源深度整合

据中国电子学会预测，2022全球人工智能市场将达到1630亿元，2018—2022年CAGR达31%。但目前行业对人工智能的内涵、应用模式、智能化水平当前尚未达成共识，相关标准、规范发展滞后。标准化工作在产业快速发展阶段最活跃，当前人工智能领域标准化资源内容丰富、分布广泛，急需一个国家级高端平台整合联动，统筹整合各方面优质标准化资源、技术资源、产业链资源和金融资源，形成全面高质量创新合力，发挥平台的资源聚集和辐射带动作用，持续输出人工智能核心研发能力和服务能力，以支撑人工智能产业高质量高水平发展。

第 28 章　"高标准"推动中国制造高质量发展战略的研究报告

制造是立国之本、强国之基、兴国之器，制造质量事关经济质量。受中美经贸摩擦和国际政治经济格局调整影响，"逆全球化"潮流近年来不断涌现，贸易保护主义引发的摩擦和国际经济纠纷不断升级，各类区域性的贸易投资协定碎片化，美欧的贸易政策、投资政策、监管政策等都朝着"逆全球化"方向发展。可预见的是，今后相当长一个时期，以美国为首的发达国家凭借其先进的技术和管理理念构筑起来的技术性贸易措施将是制约中国全面开放新格局及浙江省开放型经济发展的因素。党的十九大明确指出，瞄准国际标准提高水平。从全球看，德国、美国、日本等发达国家纷纷把标准竞争作为产业竞争、贸易竞争、经济竞争乃至国家竞争的战略支点，千方百计争夺国际标准制定权、主导权乃至控制权。中国经济已由高速增长阶段转向高质量发展阶段，亟须抓住《中国制造2025》战略机遇，制定实施中国制造标准化战略，加快推动制造标准先进化和国际化，为中国制造高质量发展和高水平走出去提供坚实支撑。

第一节　"高标准"是中国制造高质量的基石

一、标准保障是中国制造质量保障的基石

"车同轨、书同文"。标准是世界"通用语言"，也是"生产之法"。标准实施的广度和深度决定了中国制造质量的高低和优劣。企业贯彻实施新标准的过程就是推广和应用新技术的过程，也是推动产业和经济提质增效的过程。通过严格的标准实施，破解市场上"劣币驱逐良币""优质不优价"等问题，保障产品的技术先进性、质量稳定性和功能可靠性，减少无效和低端供给，扩大有效和高端供给，提高供给系统对需求系统的适应性，从而实现低水平供需平衡向高水平供需平衡的跃升。因此，守住质量安全底线标准，加快推行先进标准，以全面标准化实施促进全面质量管理，有利于推动中国制造向中国创造转变、中国产品向中国品牌转变、中国速度向中国质量转变。

二、标准升级是中国制造升级的基石

"三流企业卖产品、二流企业卖品牌、一流企业卖标准"。标准代表规则话

语权和竞争制高点，标准的先进性影响甚至决定中国制造的先进性。目前，中国标准"老迈"现象比较突出，标准制定周期过长，标准更新速度偏慢，这不利于中国制造转型升级。同时，中国制造标准与国际标准对标不够，本土标准的国际认可度不够高。制造业的转型升级亟须建立支撑传统制造加快改造提升、倒逼落后产能淘汰的标准体系，真正摆脱"低技术、低标准、低价格、低附加值"的困境，最大程度释放标准化在新旧动能转换和高质量发展中的门槛效应、催化效应和倍增效应，以标准升级引领和倒逼中国制造的质量变革、效率变革、动力变革。

三、标准"走出去"是中国制造"走出去"的基石

"得标准者得天下"，谁掌控标准话语权，谁就占据产业主导权、拥有市场主动权。中国制造在全球制造格局中的分量越来越重，已成为全球制造第一出口大国，但制造业大而不强的问题比较突出，标准供给、品牌建设、技术创新、知识产权等能力和竞争力不强。尽管中国是世界制造大国，传统制造基础雄厚，但缺乏标准制定权和话语权。例如，鞋类制造标准 ISO/TC216 掌握在西班牙手里，纸制造技术 ISO/TC6 掌握在加拿大手中，家具制造标准 ISO/TC136 掌握在意大利手中，水泥制造标准 ISO/TC74 掌握在比利时手中等。据统计，美国、英国、德国、法国、日本五个发达国家主导制定了全球95%的国际标准，而中国主导的国际标准仅195项，仅占全球国际标准总量的7.2‰。当前，亟须以"一带一路"建设为纽带，以标准国际化促进贸易互联互通，促使更多中国企业拿到"走出去"的通行证，形成面向全球的贸易、投融资、生产、服务网络，助推中国制造"产品+装备+技术+服务"全链条"走出去"。

第二节 全力应对标准等技术性贸易措施的路径

技术性贸易措施是国际贸易过程中，商品进出口国家（地区）通过颁布法律、法令、条例、规定等，建立技术标准、认证制度、检验制度等方式，对其他国家（地区）进出口产品制定严格的技术标准、合格评定程序、卫生检疫标准、商品包装及标签标准，从而提高进出口产品的技术要求，最终达到限制贸易的目的。[1] 在全球贸易保护主义之风盛行的背景下，美国、欧盟等实施了越来越多的技术性贸易措施。技术性贸易措施的实施客观上对国际贸易产生一定影响，甚至

---

[1] 目前虽然已意识到技术性贸易措施对产业有阻碍和倒逼的双重作用，但由于技术性贸易措施中的核心问题是标准问题，在研究认识层面还仅仅把技术性贸易措施作为单纯的技术标准问题，没有从战略、政策、规则、创新等战略高度去通盘考虑。

被用作变相限制进口、进行贸易保护的工具。中国作为开放大国和出口大国,技术性贸易措施已成为中国出口面临的主要贸易壁垒,[①] 对本土产业"走出去"构成了较大威胁。对此,必须加强技术性贸易措施的评估、预警、评议、磋商等,尽力扫清各类贸易保护障碍,切实帮助本土产业走出去。以沿海经济大省浙江省为例,应对技术性贸易措施的主要路径包括以下几方面。

一、强化技术性贸易措施信息的评估和预警,及时提醒企业做好风险防范

利用已建成的"浙江省应对技术性贸易措施信息服务平台",年均发布WTO/TBT措施通报约2000余条,提供出口受阻信息和国外标准化动态3000余条。构建"标准化与市场准入"微信号、QQ群等移动服务平台,年均向企事业单位推送原创性技术性贸易措施信息200余项;自办《国际贸易与技术壁垒》杂志,年均免费向企事业单位发放1.2万余册。

二、扩大技术性贸易措施的评议,减少相关产业出口受阻损失

浙江省主导或参与评议的国外技术性贸易措施通报340余项,其中86条意见得到对方国采纳,影响的产业年均出口额近100亿美元,避免直接损失额为50亿美元。其中,对欧盟电视机能效标签的通报评议意见被欧盟采纳,对美国机顶盒的待关机测试程序及能耗通报评议意见被美国采纳,评估期间欧盟、美国撤销了上述通报要求,这也是欧盟、美国第一次因中国评议意见而撤销通报,开创了中国以通报评议应对国外技术性贸易措施的里程碑。

三、持续开展特别贸易关注磋商,维护企业核心利益

中国WTO/TBT贸易代表团在WTO/TBT委员会日内瓦例会期间提出的特别贸易关注意见60%以上由浙江省市场监管部门提供,TBT专家多次受国家总局国际合作司邀请成为中国WTO/TBT贸易代表团成员,成为中国地方派员参加TO/TBT委员会日内瓦例会的首例。其中,通过在瑞士日内瓦提出对美国"复合木制品甲醛排放标准"特别贸易关注磋商,经过多轮磋商,美国宣布取消相关要求,这也是美国第一次因中国不断要求而取消标准法规情况,在维护企业利益的同时,提升了中国的国际话语权。

---

① 广义的技术性贸易措施不仅包括《技术性贸易壁垒协议》内容,还包括WTO《实施卫生与植物卫生措施协议》《知识产权协议》《服务贸易总协定》中的有关动植物卫生检疫规定、绿色壁垒和信息技术壁垒等内容。

四、对标国际深挖标准信息，指导企业实现标准提档

自欧盟宣布纺织品生态标签法规以来，浙江省毛纺产业过程中可吸收有机卤化物排放量不但是制约产品出口因素也是影响浙江省生态环保的重要因素。对此，浙江省市场监管部门组织专家追溯欧盟生态标签法规制定中标准背后的产业发展背景和技术因素，为企业开展毛纺产品的后整理技术提供了一条新的思路，不但解决了浙江省产业发展中的水环境污染问题，还有效地促进了毛纺产业的标准提档和转型升级。

第三节 中国企业出口面临的"标准困境"

根据对部分外贸企业的调查，中国外贸出口形势十分严峻，部分国家利用产品"标准"制约中国企业出口的情况越来越频繁，中国企业出口面临标准方面的卡脖子。

（1）取消认可中国标准导致释放产能过剩。随着各国物资紧缺情况的逐步缓解，外国政府突然取消认可中国标准，导致外贸企业库存大量囤积。

（2）新设各类检测标准，阻碍国内企业出口。部分国家对进口产品新设检测标准，外贸企业短时间内难以甚至无法达到新标准，只能放弃国外市场。宝纳制茶有限公司表示，摩洛哥是浙江省重要的茶叶出口市场，每年约从浙江省进口约6万余吨茶叶，但其从2019年下半年开始制定进口茶叶农业残留限量标准，其中15项指标比中国标准严格10倍以上，公司出口摩洛哥的茶叶占比从95%降至20%~30%，预计今后一个时期的下降幅度将更严重。

（3）加速相关标准变更，推高企业经营成本。部分国家对进口产品标准变更较快，外贸企业为适应标准，需不断对生产线和产品进行更新，运营成本不断上升。五一机械有限公司反映，其主要生产电动葫芦产品，部分产品出口欧洲，2020年1月起欧盟将该产品标准进行变更，从以前的以小时为单位变为以循环次数为单位，企业只能更改产品设计及机械部件，仅重新制造模具就耗费30万元。

（4）变更产品检验办法，增加出口被退概率。部分国家不断更新迭代产品检验办法，利用产品技术检验办法的差异性，将原本合格产品认定为不合格，导致出口被退。摩卡童装厂之前购入一批色牢度使用单纤维法检测合格的布匹，加工成童装出口国外，但出口时国外经销商对色牢度采用多纤维法进行检测，导致检测结果不合格，只能做退回处理。

（5）频繁变动认证规则，加剧企业违约风险。部分国家频繁变动认证规则和政策，造成国内企业无法及时交货，加剧违约风险。振德医疗股份有限公司反

映，美国、欧盟等国开通了 FDA、CE 认证的快速通道，其通过认证后随即接单组织大规模生产，但产品还未发往国外，美国、欧盟就宣布关闭快速通道，通过快速通道获得的证书也随之失效，导致产品不能及时出口，企业面临近 2000 万美元的违约损失。

第四节　建立中国制造高质量发展的标准体系

一、实施新兴产业标准领航工程

顺应工业 4.0 演化态势，探索中国制造标准国际化弯道超车的战略及技术路线，这对于中国制造的国际市场突围和"走出去"极为迫切重要。建立健全新兴产业标准体系，紧紧围绕新技术、新业态、新模式、新产业，构建标准制修订直通车机制，编制新兴产业领域的技术标准引领发展的路线图和施工图，进一步增强标准对新兴产业发展的支撑性和引领性。加快抢占新兴产业领域的国际标准制定权，在标准尚未定型、用户尚未锁定的工业互联网、物联网、大数据、云计算、5G 通信等数字经济领域，以及人工智能、生物医药、量子通信、新能源、新材料等新兴产业领域，建立标准创新基地，构建开放共享的标准创新生态圈，对标国际先进加快赶超步伐。深入实施新兴产业标准化发展规划，密切跟踪国际标准动态发展形势，精准扶持新兴产业细分领域的"第一"和"唯一"，加大关键技术标准研制力度，提升新兴产业的国际竞争力。

二、实施高端装备标准化试点

装备是"现代工业之母"，装备标准水平直接关系到劳动生产率、市场竞争力和全要素生产率。深入推进《中国制造 2025》战略，大力实施富有前瞻性的高端制造标准研制计划，积极推广高端装备技术标准，促进装备制造标准产业化。制定智能制造和装备制造标准升级规划，实施智能制造和装备制造标准化升级工程，瞄准无人车间、智慧工厂、智能传感器、智能机器人、AM（添加制造）、3D 打印领域等重点智能装备领域制定先进标准。建立一批有国际影响力的标准综合体，积极研制重大成套装备技术标准，提高装备制造产品性能、可靠性、稳定性及寿命指标，促进重大技术装备制造走出去。加快优化制造业高端化标准体系，制定高端装备和关键零部件（元器件）基础共性技术标准、智能制造标准，完善工程建设规范和标准，加快培育一批技术水平领先的国际标准、国家标准和团体标准。

三、实施标准联通共建"一带一路"行动计划

以"一带一路"倡议为龙头牵引，通过高水平标准"走出去"推动中国制造高质量"走出去"，构建以技术、标准、质量、工程等为核心的国际贸易竞争新优势，将有力地促进中国制造的国际竞争力和全球市场占有率提升。借助中国和东盟"10+1"、亚太经合组织（APEC）、中亚区域经济合作（CAREC）等现有多边合作机制，加强与"一带一路"沿线各国的标准对接，实施重大建设项目标准化合作示范工程，建立双边标准化合作示范区。利用中国在铁路、电力、桥梁、水利、新能源等领域的优势，面向"一带一路"重点工程、重点项目、重点产业，建立"一带一路"标准化合作重点项目沟通机制，与东盟、俄罗斯、中亚、中东欧等重点国家和区域加强标准化互联互通合作。以"标准走出去支撑互联互通"为目标，结合海外工程承包、重大装备出口和对外援建，加快标准先行走出去，促进中国电子通信工程、建筑工程、交通工程、船舶工程、装备制造等国际产能合作。深入研究"一带一路"沿线重点国家技术法规和标准，开展中国与"一带一路"沿线国家和区域进出口商品贸易和标准比对分析，为"一带一路"倡议纵深推进提供精细化服务。

四、纳入"一带一路"建设平台

将技术标准等技术性贸易措施作为推进"一带一路"建设工作领导小组机制的组成部分，作为推动开放强国建设的重大举措。将"浙江省技术性贸易壁垒信息服务平台"纳入省推进"一带一路"建设工作领导小组省推进"一带一路"建设工作领导小组办公室（简称浙"一带一路"办）服务平台，为各成员单位收集信息、研判形势、制订应对措施提供基础支撑；同时，切实打破各层级、各领域、有关部门的信息孤岛和信息壁垒，实现技术性贸易壁垒信息服务"一个平台、一张网"，由浙"一带一路"办牵头，统一在平台上发布各成员单位获取的相关技术性贸易措施信息。

五、加快传统产业改造提升和新旧动能转换

（1）加快形成传统产业标准群。针对纺织服装、化工化纤、五金配件、农副食品等十大传统产业，要主动对标德国、意大利、瑞士、法国、日本、韩国等国际先进标准，探索传统制造"弯道超车"的可行战略及技术路线，实施"标准化+行动计划"和"龙头骨干企业国际化对标工程"，加快推动传统产业采用国际先进标准形成支撑转型升级的标准群，助推传统产业改造提升。

（2）多管齐下培育壮大新动能。针对机器人、柔性电子、环保装备等新动

能产业,要变"被动应对"为"主动利用",切实改变单纯研究技术标准的做法,分析技术性贸易措施中标准、技术法规背后隐藏的产业标准体系、产业发展法律法规、技术创新政策等要素和关键,从源头上构建和完善标准体系、创新路径以及赶超战略。

(3) 加快"筑篱"领跑优势产业。针对浙江省小商品、五金、小家电、特色中医药等特色产业和医疗器械等进口依存度高且关系国计民生的产业,要合理利用WTO等国际规则,拉高标准水平,调节贸易和加强防范。在标准尚未定型、用户尚未锁定的电子商务、大数据、云计算、跨境电商等新兴产业领域,以及机器人、3D打印、节能与新能源汽车等重点制造领域,精准扶持每个细分行业的"第一"和"唯一",加快构建"浙江制造"先进标准。

第五节 对策与建议

紧紧围绕"一带一路"倡议,全面融入"开放强国"战略,以战略应对技术性贸易措施为抓手,加快实现从独唱向合唱转变、从被动应对向主动出手转变、从措施应对向标准制定转变,积极参与国际贸易规则制定,打造全面开放新格局。

一、健全标准化治理体制机制

中国标准化治理体制缺乏应对国际市场变化的活力,没有与市场需求形成良性互动。特别是牵涉面广、涉及职能部门多、利益多元化诉求强烈的标准,协调起来难度较大,往往越重要也越"难产"。对此,亟须划清政府与市场参与标准制定的边界,尽快破除与标准化不相适应的行业壁垒、部门分割、制度障碍和政策碎片化,加快建立统一协调、运行高效的标准化管理体制,全链式推进标准研制、标准实施、标准更新和标准推广。积极鼓励创新型企业、产学研联盟、协同创新中心以及各类重点实验室、工程实验室、技术试验中心等科创平台大力开展标准创新体系建设,建设国家标准创新基地、标准创新平台,将技术创新成果转化为先进标准。加强标准化领域重大改革与法律法规的有机衔接,进一步制修订标准化相关法规、政府规章和行政规范性文件。

二、健全企业和社会团体标准制定机制

目前,中国标准"立项—制定—审查—发布—维护—监管"等过程主要由行业主管部门和行业协会等力量主导,企业参与标准制定的内生动力不足,市场化驱动、激励约束机制、实施情况动态跟踪等短板比较明显。对此,应实施企业

标准领跑者计划，建立企业标准"领跑者"培育库，支持龙头骨干企业和中小企业"隐形冠军"制修订标准，推动一批中国标准向国际标准转化和推广应用，引导企业走"技术专利化、专利标准化、标准高端化"的发展路线。实施团体标准培优计划，建设一批具有国际影响力的团体标准制定机构，鼓励行业协会、联合会、产业联盟等社会团体参与国际标准制定，联合攻关重大标准和关键标准。深入落实《关于培育和发展团体标准的指导意见》，引导各类组织制定发布团体标准，拓宽标准有效供给的渠道，通过团体标准促进标准与专利相结合，提升标准的科技水平和市场适应性。

三、健全标准全面实施和监督机制

全面建立企业标准自我声明公开制度，鼓励标准化组织机构对企业标准进行第三方独立评价。全面实施标准认证制度，健全标准实施情况动态反馈和评估制度，聚焦破解标准缺失、标准滞后、标准老化等问题，建立标准实时监督、统计分析及信息反馈机制，加强标准复审、标准评价和标准更新。严格实行标准标识管理制度，实行抽查企业、抽检产品、检测机构"三随机"，将企业执行标准情况纳入企业信用记录，将不按标准组织生产的企业纳入异常经营名录。加强标准制修订信息互联互通，建立国际标准对标数据库、质量政策信息资源库、行业标杆比对信息资源库、质量创新实践信息资源库等，鼓励社会公众和组织进行标准比对、验证、评价和监督，防止不同层级、不同区域、不同领域的标准之间相互打架、交叉重复，形成对企业实施标准强有力的激励约束机制和质量监管机制，确保标准贯彻执行到位。

四、主动参与国际（区域）双、多边贸易规则的制定

浙江省作为中国改革开发的代表省份，要积极研究和对接"一带一路"倡议，以中国（浙江）自由贸易试验区建设为契机，紧紧抓住当前国际区域之间的贸易规则涌现与并存的趋势，主动参与金砖国家合作、中国—东盟自贸区、中东欧"16+1合作"等国家双、多边贸易标准和规则的制定，发挥浙江省在中国改革开放领域的先导优势，扩大开放广度和深度，进一步谋划双、多边贸易合作的重大产业、重大平台、重大项目、重大载体，提高浙江省开放型经济水平，为推动形成全面开放新格局提供浙江经验。

第29章 基于电力技术标准的浙江制造标准国际化差距的研究报告

标准是企业有效参与国际市场竞争的核心要素。在全球贸易竞争不断升温的国际宏观背景下，单一推行国际采标战略不仅会使中国电力行业失去难得的提升国际影响力的机遇，而且将使中国电力行业在技术发展路径上长期受制于发达国家，成为"躯体型"行业而非"头脑型"行业。对此，应结合"一带一路"倡议布局，制定实施技术标准国际化战略，将电力标准特别是电力自主创新技术的标准化、产业化、国际化确立为制造国际化战略目标，推动电力技术、装备、工程、标准的联动输出，使中国标准在国际上立得住、有权威、有信誉，为中国制造走出去提供"通行证"。

第一节 浙江省缺乏国际标准话语权

一、缺乏技术标准的国际话语权

在当今国际市场中，广泛采用的行业标准大多由西方国家制定。目前，美国、英国、德国、法国、日本五个发达国家主导制定了全球95%的国际标准，而中国仅占7‰。由于各方面原因，中国电力标准体系与国际上通行的标准体系差异很大。大多数海外项目中都使用西方标准，中国企业对这些标准熟悉程度不高，标准不同严重阻碍了中国电力行业"走出去"的开放战略。与德国DIN标准、美国ANSI标准、日本JIS标准相比，中国制造仍然是标准的"追赶者"，面临发达国家的"标准控制"和"标准锁定"。为了加强国际间技术交流，提升中国电力企业在全球价值链的地位，扭转电力企业在国际市场竞争中的长期被动状态，中国电力标准化体系亟待"走出去"，电力标准国际化已迫在眉睫。

二、电力标准国际领域浙江省仍然空白

浙江省是耗电大省，工业用电集中，海底电力高功率输送技术、智能变电站、光纤芯交换机、智能电表等电力技术先进，起草并通过了诸如"GB/T 51190—2016《海底电力电缆输电工程设计规范》""GB/T 51191—2016《海底电力电缆输电工程施工及验收规范》"在内的众多国家及电力行业标准，初步

形成海缆领域的技术标准化系统,拥有许多海缆领域国家标准及行业标准建设项目。特别是在电能表领域,浙江省已发布电能表领域的技术标准达70项,涵盖电能表产品设计、软硬件设备、采购验收、检定检测、运行监督等环节。浙江省电力曾在穿刺绝缘线夹领域有过IEC提案的尝试,但由于对整个申报程序的不熟悉,未能按时召集五个发起国,导致提案失败。实事求是看,与国外通行的技术标准体系差异较大,在电线电缆、电能表及电容器等领域,国际标准立项方面尚未有成功的案例,一定程度上阻碍了浙江省电力标准的国际化进程。

第二节 浙江省电力国际标准的主要问题

一、"卡脖子"和"甩膀子"现象明显

传统领域存在技术瓶颈,核心关键技术受制于人,被欧美日发达国家"卡脖子"。尽管近些年电力技术水平有了很大提升,但仍难出现让国际认可的重大技术创新成果,面临严重的技术瓶颈,而且中国电力系统科学体系很大程度上借鉴了国外IEC标准体系,在电力科学系统上还缺乏自主创新能力,目前很大程度仅能做到跟踪研究国外技术。与此同时,新兴技术难被发达国家认可,存在"甩膀子"问题。国际上,IEC标准制定的根本目的是满足市场需要,标准所涉及的技术必须具有一定的市场化价值。随着中国近几年技术研发水平的不断提高,电力领域涌现出一批新兴技术,对国内电力整体水平的提升起到了至关重要的带动作用。但中国电力新兴技术在申请IEC标准时经常发生被国外专家公认为技术超前,与国际需求及国际整体电力行业发展不匹配的问题,阻碍中国电力新兴技术的国际化进程。

二、国际环境和国际规则阻碍重重

电力技术标准国际化实施过程中仍会遇到很多问题,对没有国内秘书处的领域几乎束手无策。截至2017年年底,IEC已经制定了超过1.2万个已经被更新或被替代的国际标准。当IEC秘书处设在其他国家的时候,需要获得秘书处的认可,这是第一道门槛;IEC标准提案的适用性、可行性审查,这是第二道门槛。国内企业对IEC标准申请流程和IEC相关管理办法不太熟悉,这两大门槛极大地增加了国际标准化活动的复杂性与难度。在国家大力推行"一带一路"建设和标准"走出去"的背景下,越来越多的企业开始尝试参与制定国际标准,但由于对IEC标准申请流程和IEC相关管理办法不熟悉,导致提案频频失败。

三、标准的国际兼容性和互通性不高

中国部分电力国家标准是通过 IEC 标准等同采用形成的，因此国内电力标准与 IEC 标准存在整体上的相似性。但由于国情不同，中国电力技术标准体系和 IEC 电力标准体系仍旧存在一定的差异。一是中国标准覆盖了电力专业领域、生产流程的所有环节，实现了"全闭环"，而 IEC 标准往往只对和市场相关的电力技术做出标准规定。二是中国标准内容侧重实践总结，在标准中明确给出结论和执行技术要求，而 IEC 标准内容侧重原理性，标准中一般只给出概念定义、公式、推导原理等，较少给出具体结论。因此，中国电力标准国际兼容性和互通性仍有待进一步提高。

四、高层次标准国际化人才匮乏

标准国际化人才需要具备较强的外语能力、高水平的专业技术能力，熟悉国际标准化规则。目前，中国电力领域拥有一批高水平的专业技术人员，但能够流利使用外语与外方进行技术交流的不多。目前各国际标准化组织基本以英语为官方语言，而英、法、德等欧洲各国又能熟练使用英语，所以在国际标准化活动中往往能够占据主动。此外，标准国际化是一项需要遵守和掌握许多标准化规则、程序的工作，从业人员还要对国际标准化组织、相应的制修订程序等有相应了解，中国在标准化方面的教育体系还存在缺失，标准化人才培养仅有中国计量大学等为数很少的几所高校。目前，三者兼备的标准国际化人才较为缺乏，难以满足中国电力日益增多的海外工程和国际交流需求。

五、英文版标准推广力度有待加强

目前，电力技术标准翻译出版各项工作稳步推进，但从技术标准体系的系统性、完备性角度看，翻译出版的数量仍偏少，英译版尚未形成相对完整的体系，与中国的电力技术实力不相匹配，还不能满足电力"走出去"的需求。电力技术标准英文版的推广主要依靠高层互访赠送、人才培训及部分带资的"走出去"项目，从宣传推广路径上看较为零散、不成体系、不够深入，部分电力技术标准英文版尚未得到适时宣传或推介，电力技术标准国际化的成效未能充分体现。

第三节 对策与建议

一、加强电力新兴技术领域标准国际化的顶层设计

浙江省电力技术标准国际化的路径和手段有限，国际化需求和重点领域尚需

广泛深入地调研，相关工作的总体布局和顶层设计需要进一步加强。一要充分发挥我国担任国际标准化组织常任理事国、技术管理机构常任成员等作用，全面谋划和参与国际标准化战略、政策和规则的制定修改，提升中国对国际标准化活动的贡献度和影响力。二要鼓励、支持中国专家和机构担任国际标准化技术机构职务和承担秘书处工作，重点争夺高技术领域，如与电力密切相关的先进制造技术、新材料技术、能源技术、信息技术等。三要挖掘优势特色领域，避开国际上德国、法国、英国、美国、日本等国家重点掌握的核心技术领域，在风电、光电、生物质发电及电力配套新兴零部件等领域加快发力，确定并划分好国家电力的主攻技术领域及功能，重点做好部分新兴领域中可实施国际标准化技术的顶层设计，以回旋式方法弯道实现电力新兴技术领域的标准国际化。

二、实施电力标准国际动态跟踪策略

对标突破是实现国际赶超的基础策略，是有效采用、实质参与优势主导的基本依据和重要保障。全面了解国际标准态势和标准化战略，全面跟踪 ISO、IEC、ITU 和有关国际组织的标准化动态，密切关注美国、日本、德国、法国、英国、荷兰等重点国家和相关国家的标准化机构的重点突破，重点跟踪和掌握其核心动向。利用中国成为 IEC 主席国等优势，在梳理国际标准化组织 TC/PC 架构基础上，组建体现电力自身优势的对口技术部门，推动电力标准国际化的加速实施。建立标准技术池，选取可实施国际化的拥有自身特色的标准技术入库标准技术池，推动新型科技成果转化。每年按计划多批次推动技术池的入库和评选，实现每年的持续化的国际标准申报。

三、积极采用国际标准和国外先进标准

合理整合、吸收采用国际标准和国外先进标准是引进先进技术的重要措施之一，是提高中国电力技术标准国际竞争力的重要途径。一是制订合理整合、有效采用国际标准的办法和规定。应遵循以下原则：技术上合理、适用；对经济、贸易发展有利；对骨干企业不构成壁垒；对中国有利的国际标准、国外先进标准要快速转化；对不合理的国际标准提出合理化建议。二是确定当前中国电力技术标准与国际标准的整合任务。中国电力技术标准目前 1.2 万多项，将其与国际标准进行适应性分析，解决哪些标准需尽快与国际接轨、哪些标准需要自身完善和改进、哪些方面需向国际组织提出合理化建议等问题，是中国电力技术标准科学整合任务的重点。

四、选择优势技术、优势领域、优势细分行业作为突破口

优势主导是实现中国电力企业"实质参与"战略的标志，本着有所为、有

所不为的原则,选择电力技术领域的优势技术、优势理念等作为突破口,突出实施重点,提高在国际上的技术标准的地位。一是坚持特色优势技术国际化,持续增强重点领域技术标准创制能力。实时、多渠道地跟进国内外电力行业高端技术成果的研究进展,及时梳理国家新兴产业和公司特色优势领域的国内先进、国际领先的技术成果,寻求国内国外多方合作共建,共同推进高端技术成果标准化,在新兴领域形成特色标准。二是积极在电力大领域下小而精的技术、方法中寻求突破口。针对各领域中小而精的技术点,结合重点工程开展深入的调研和可行性分析,如从电缆、电表、电容器方向的检测标准、疲劳测试、疲劳寿命等小处入手,深入挖掘并进行系统性梳理,明确国际标准立项申报技术突破点。在相关成熟技术已形成国标、行标或企标且具有一定国际市场容量的基础上,推动该技术的国际化进程,从而形成国际标准。三是技术标准应考虑先进理念的融入。电力技术标准要想得到国际的认可,必须融入国际先进理念,并考虑有发展潜力的领域,扩大标准的内涵,提高标准的创新性,从而在国际标准市场中获得一席之地。四是将电力领域领先的专业技术优势作为突破口,如中国智能电力、海底电缆等领域。通过科学整合、优势分析,确定优势技术,进行重点投入、研发。五是在技术标准国际化的进程中,注重技术创新能力的培养、自主知识产权的保护,建立有效的激励机制,将优势技术更好更快地发展起来,健全中国电力技术标准体系,作为进军国际标准市场的先锋力量。

五、大力推动专利标准融合策略在电力技术标准国际化中的应用

专利与标准的融合是新的经济发展趋势和发展新动能的重要来源。实现专利标准的国际化,就意味着获得巨大的市场份额,甚至获得全球产业的垄断地位。专利标准的国际化已成为支撑和掌握国家发展主动权的关键。德国在标准化战略实施过程中,积极推动企业技术研发和标准制定的协同发展,并将标准化与专利制度两个工具结合起来使用,确保创新产品能够以最快的速度抢占市场。这使21世纪国际标准竞争越来越聚焦于专利标准的国际化,并逐渐以此形成国际标准竞争的新趋势和新特征。应加强标准与技术创新、专利的结合,促进标准合理采用新技术,加强标准中知识产权运用,促进标准制定与技术创新、产业化同步。建立产业技术—专利—标准联合体,加强共享技术、共享专利池与标准研制的相互协调,根据竞争优势制定国际标准,或形成事实上的国际标准。

六、建立技术标准与科研创新相结合的机制

能否在全球电力标准竞争中增加话语权和参与权、推动形成平等参与的世界标准化治理新机制,在很大程度上取决于电力企业自身的实力。世界各国的产业

成长突破了"先研发、再应用、后推广"的传统模式，推广与研发同步进行，科研与标准研制、科研成果推广与标准发布、实施同步，标准成为科技创新成果产业化链条中的一个关键环节。在应对全球标准竞争中，科技创新能力是基础，标准转化能力是关键，标准与科研只有紧密结合才能产生强大的竞争力。因此，发达国家实施标准化战略过程中，都强调对以标准化为目的的研究开发工作给予积极的财政支持。对此，应建立标准与科研紧密衔接机制，在加大科技创新能力培育的同时，做好标准化和科技发展的配套和衔接，将形成标准作为各项科技项目立项、研究和成果评价的重要考核指标。在科研项目立项之初即建立标准化的跟进机制，实现科研与标准研究、科研成果转化与标准研制、科研成果产业化与标准实施推广的"三结合"与"三同步"，以加快技术创新成果的产业化，有效增强科技创新和标准转化能力。

七、加强与国际标准化组织 TC 的实质性对接

实质参与是指中国电力企业在参与国际标准化活动程度上有实质性的新突破，包括国际和国外标准的跟踪及采用、国际标准提案、主持起草国际标准、承担国际组织秘书处。发挥标准化对"一带一路"倡议的服务支撑作用，加强技术标准专业工作组与国家、行业、团体标准化技术委员会的交流互动，在申报策略、申报技术方向等方面深化合作，通过 IEC/TC 国内归口单位建立与对应 IEC 技术委员会的联系。加强与对应领域内掌握国外最新科技动向及国内国际标准制修订情况较为敏感的企业或其他组织之间的交流。实质参与战略的目的是使国际标准反映中国电力技术要求，维护中国电力行业的经济利益，重点要解决的问题是：①国际标准跟踪研究不够的问题；②未有效采用国际标准问题；③未重点参与国际标准制定、对国际标准影响程度低的问题；④核心技术转化的国际标准少、承担国际组织秘书处数量少及国际标准没有充分体现中国电力技术要求和经济利益问题。

八、发挥标准化相关行业协会的力量

电力相关行业协会作为维护电力行业共同利益、反映电力行业共同要求的社会团体，应为中国电力企业参与国际标准化活动提供必要的信息保障。

（1）行业协会应以市场需要为现实基础，掌握电力行业的技术发展信息，了解国际市场的通行标准和专业技术标准及市场对已有标准的反应等情况，保证技术标准制定及国际化工作的有效性。

（2）对收集到的信息进行概括分析，提炼出电力行业制定标准的根据，指导业内技术标准的制定，以保证所制定的标准具有活力和前瞻性。

（3）积极为对口领域有标准国际化需求的电力企业提供信息、资料、联络、会议组织、提案审核与协助等方面的帮助，具体包括：①向对口领域电力企业传递对口领域国际标准化的发展趋势和工作动态等信息；②及时向企业分发国际标准、国际标准草案和文件资料；③协助企业联络全国标技委或其他国内技术对口单位；④积极组织代表团参加对口的 ISO、IEC 技术机构的国际会议；⑤审查电力企业新国际标准提案的具体内容，积极协助企业进行国际标准的提案工作。

九、培养技术、标准、国际语言文化兼具的标准化复合型人才

目前，浙江省懂技术、懂标准又懂国内外文化交流的人才缺口很大。

（1）建立高水平标准化人才库，利用高校及国家标准化创新基地优势，打造一支"技术+外语+国际规则"水平一流的标准化先进队伍，形成自身的标准化培养体系。

（2）研究制定技术标准专业人才选拔、培养制度，定点定向精准培养懂技术、懂标准、擅长国际交流的专业技术人才，培养专业技术人员的国际标准申报意识。建立各市公司之间的标准化工作交流联网体系，做到每个单位都有相应的标准化工作人员，强化人才激励机制，积极推动先进技术成果标准化。

（3）建设与省内卓越高校资源、科研机构、创新型企业紧密合作的标准化人才培养基地及技术标准创新平台，推广校企联合发展模式，促进产学研合作，推动高新技术成果向核心标准转化，解决标准的兼容性、互操作性及接口融合问题，增强标准的兼容性、连接力、保障力和竞争力。

第30章 "一带一路"背景下以"高标准"推动浙江制造高质量"走出去"的研究报告

从全球各国看,德国、美国、日本等发达国家纷纷把标准竞争作为产业竞争、贸易竞争、经济竞争乃至国家竞争的战略抓手,千方百计争夺国际标准制定权、主导权乃至控制权。在全球制造业竞争背景下,应以"一带一路"倡议为牵引,深化标准化综合改革试点省建设,加强与"一带一路"沿线国家的标准合作,加快推动浙江制造标准"走出去",构建以技术、标准、质量等为核心的国际贸易竞争新优势,为提升浙江制造国际竞争力、建设全球先进制造业基地提供坚实支撑。

第一节 实施"一带一路"标准化重点行业、重点项目、重点工程

得标准者得天下。谁掌控标准话语权,谁就占据产业主导权,拥有市场主动权。应加强与"一带一路"沿线各国的标准对接,实施重大建设项目标准化合作示范工程,建立双边标准化合作示范区,形成无空白、无交叉、无冲突的标准合作规范和模式。面向"一带一路"重点工程、重点项目、重点产业,瞄准装备、技术、品牌、服务"走出去"对标准化的迫切需求,确定浙江制造标准化的重点领域和重点行业,打造标志性产业链。利用浙江装备制造大省优势,在新能源汽车、工业机器人、智能制造、数字安防、现代纺织等重点领域,加快推进浙江标准向国际标准转化,让更多的浙江制造拿到"走出去"的通行证。针对"一带一路"沿线部分国家基础设施薄弱的现状,利用浙江省在铁路、电力、建筑、交通、新能源等装备制造优势,开展基础设施工程项目建设合作。支持行业协会、产业联盟、科研机构、高校院所和龙头企业等协同攻关,面向东盟、俄罗斯、中亚、中东欧等重点国家和区域开展标准化互联互通项目合作。建立"一带一路"标准化合作关键项目沟通机制,加强项目储备,为产业合作和互联互通提供标准化支撑。

第二节 联盟"一带一路"沿线重点国家主攻国际标准

"一带一路"沿线65个国家，人口44亿，占全球的63%；GDP达21万亿美元，占全球的29%；对外贸易总额7.2万亿美元，占全球贸易总额的21.7%，未来将进一步延伸扩大，是浙江制造高质量"走出去"的重大战略机遇。在全球制造业竞争的背景下，应抓住"一带一路"机遇，以标准化国际合作为突破口，加强国际创新园、国际技术转移中心等创新载体建设，推动数字经济、先进制造、战略性新兴产业等领域的技术标准化，加强与"一带一路"沿线国家通信、交通、电力、安防、新能源、智能制造等领域标准对接与互认。深化杭州、宁波跨境电子商务综合试验区建设，推动跨境电子商务技术标准化，构建面向全球的跨境电商技术链、供应链、产业链，着力打造全球数字贸易高地。利用中国担任国际标准化组织（ISO）主席、国际电工委员会（IEC）副主席、国际电信联盟（ITU）秘书长等优势，与欧盟、东盟、中亚、海湾地区等沿线重点地区建立标准联盟。鼓励各行业实质性参与专业性国际和区域组织的标准化活动，支持社会团体和产业技术联盟、领军型企业参与国际标准制定。在数字经济、人工智能、量子通信、集成电路、高端装备、生物医药、新能源汽车、新材料等重点产业领域，以及中医药、茶叶、丝绸、纺织、化工、化纤等传统优势领域，依托浙江省现有技术标准，联合沿线重点国家开展国际标准研究，争取国际标准化组织技术委员会秘书处落户浙江省。

第三节 以浙江制造标准国际化带动制造全链条"走出去"

实施"一带一路"贸易畅通行动计划，构建"买全球、卖全球"市场网络，大力推广使用浙江省纺织服装、家用电器、五金机械、建筑工程、安防电子等优势标准，培育一批标准先进、技术领先、具有较强国际竞争力和产业带动力的本土跨国企业，打造一批世界级先进制造业集群和标志性产业链。开展浙江制造全球贸易推广活动，结合海外工程承包、重大装备出口和对外援建，加快标准先行走出去，助推电子通信工程、建筑工程、交通工程、船舶工程、装备制造等国际产能合作。深化与沿线重点国家标准化合作，加快推进纺织、服装、化工、化纤等十大传统产业的标准互认，打响浙江制造"品字标"区域公共品牌。支持龙头骨干企业、科研机构、高等院校、行业协会等选派人员进入国际标准组织，深度参与标准国际化战略、政策和规则制定，加大国际标准跟踪、评估和转化力度，推动浙江标准乃至中国标准成为国际标准。围绕浙江制造全链条走出去，推动设立国家海外知识产权纠纷应对指导中心浙江分中心，积极引进设立世界知识产权组织技术与创新支持中心（TISC），为浙江省企业掌握运用海外的专利制度规则、提升海外专利保护和运用能力搭建通道。

第四节 实施浙江制造标准对接"一带一路"专项行动

制定浙江制造标准，对接"一带一路"专项行动，统筹开展标准化战略规划、技术路线、政策研究，系统梳理国际标准及重点国家标准情况，组织空白领域标准攻关。制定浙江标准"走出去"的实施计划和可行路径，特别是在国际产能和装备制造合作重点领域，制定实施加快浙江标准"走出去"及助推国际产能和装备制造合作方案。借助国内行业标准化技术委员会力量，组建由标准化委员会、质监部门、高校院所、行业联盟、龙头企业等构成的标准化协同创新平台，开展面向"一带一路"沿线国家标准"走出去"需求调研。结合浙江省的对外贸易结构和战略布局，深入开展与东盟、西亚、中亚、东南亚等重点国家和重点区域的进出口商品贸易和标准分析，梳理分析沿线重点国家大宗进出口商品类别，依托相关标准化技术委员会、区域标准化研究中心，研究沿线重点国家技术法规和标准，开展优先领域大宗商品标准比对分析，形成优先领域大宗进出口商品标准比对分析研究报告，为"一带一路"建设提供标准信息服务。加快建设标准化高水平智库，开展面向阿拉伯国家、中亚、蒙俄、东盟等重点国家和区域的标准化法律法规、标准化体系、发展战略及重点领域相关标准研究。

第五节 对策与建议

（1）加快推进金砖国家标准化（浙江）研究中心建设，利用金砖国家标准与技术法规信息交互平台，对金砖国家标准化法律法规、标准战略、体制机制、标准系统等内容进行研究，促进浙江省与金砖国家产能合作和贸易拓展。

（2）与"一带一路"沿线国家建立标准合作载体，利用海外创新孵化中心、联合实验室等科技创新平台，研究制订"一带一路"建设标准化实施方案，挖掘一批具备标准化工作基础的优势领域、优势技术和特色产品，提炼一批重点工作任务和标志性合作项目，在杭州市、宁波市等浙江省城市与国外知名城市间进行标准化合作试点。

（3）以东盟国家和南亚国家等为重点方向，以中蒙俄、中国—中亚—西亚等国际经济合作走廊为重点，推动与主要海合会国家标准化合作，构建稳定、通畅、高效的标准化合作机制。通过中欧、中德、中英、中法、中国—东盟等多双边合作机制及区域、国际标准化活动，探索形成沿线国家认可的标准互认程序与工作机制。

（4）聚焦沿线重点国家产业需求，建立标准化合作工作组，发挥产业技术协同创新联盟作用，深化关键项目的标准化务实合作。

第31章 海尔"四次变革"对制造高质量发展启示的研究报告

海尔是中国企业改革创新的标杆企业，也是中国制造高质量崛起的领军企业。34年前的海尔是一家资不抵债、濒临倒闭的集体小厂；而如今脱胎换骨成为"全球白电第一品牌"。2018年中国品牌价值100强榜单中，海尔品牌价值2092亿元，高于阿里巴巴（1280亿元）、联想（1065亿元）、腾讯（1009亿元）、美的（895亿元），连续17年蝉联中国品牌第1位。1984年海尔创立之始营业收入仅348万元，亏损147万元；2017年营业收入达2419亿元，利税突破300亿元，在从"短缺市场"到"过剩市场"的10年中，海尔年均利润复合增长率达30.6%，是年均营收复合增长率的5倍。海尔在国际国内经济形势复杂多变和传统产业艰难转型过程中的靓丽表现，为中国企业树立了标杆（见表31-1）。[①]

表31-1 海尔凤凰涅槃的历史轨迹（五个战略阶段）

时间	1984—1991年	1991—1998年	1998—2005年	2005—2012年	2012年至今
发展阶段	名牌战略阶段	多元化战略阶段	国际化战略阶段	全球化品牌战略阶段	网络化战略阶段
战略重心	抓质量、定标准、创品牌	以"吃休克鱼"的方式兼并大陆18家企业，实现家电规模化	改变出口"创汇"，加强出口"创牌"	从制造业向服务业转型升级，走出去、走进去、走上去	为用户提供按需设计、按需制造、按需配送的个性化体验
管理模式	全面质量管理模式	OEC管理模式	市场链流程再造模式	人单合一双赢模式	人单合一双赢模式

资料来源：根据调研和公开资料整理。

第一节 海尔"四次变革"

第一次变革：引进德国标准，掀起标准化变革。海尔1984年创业时，中国

---

① 海尔从"砸冰箱"到"砸库存"，再到"人单合一"观念颠覆，五个战略创新发展阶段充分体现了"永远自以为非"的精神。

企业质量意识普遍淡薄，只注重产量，不关注质量。但海尔坚持认为"有缺陷的产品就是废品"。"张瑞敏砸冰箱"，一把大锤砸毁了 76 台不合格的冰箱，砸醒了海尔人的质量意识。海尔以高质量创出知名度，引进德国利勃海尔的技术，树立的核心理念是：技术上检验合格的产品并不是合格产品，用户满意的产品才是合格产品。1996 年 5 月，海尔通过 ISO14001 认证，成为中国第一家通过此认证的企业，随后又通过 UL、CSA、SAA、VED、CE、SASO 等认证，为进军海外市场提供了重要支撑。海尔数十年磨一剑，在美国、德国、日本、澳大利亚等国建设了十大研发中心，构建全球一流研发资源一体化的交互生态圈。海尔是中国参与制定国际标准、国家标准、行业标准最多的家电企业，累计参与 77 项国际标准的起草，"防电墙"标准、双动力技术标准（32 项专利+17 项发明专利）、网络家电技术标准（63 项专利+6 项国家行业标准）等先后成为国际标准提案，2005 年当选为 IEC/PACT（国际电工委员会/高技术顾问委员会）委员，成为第一个进入 IEC 国际标准组织核心机构的发展中国家企业，并进入 4 个 IEC 国际标准工作组专家委员会。目前，中国家电领域 80%的国际标准提案、80%的国际标准专家来自海尔。

第二次变革：整合全球资源，掀起并购重组变革。这个阶段，海尔"拆掉自己的围墙"，让企业资源变成社会资源，把社会资源转化成企业资源。1993 年海尔在 A 股上市，筹集到 3 亿元多资金，抓住机遇开启并购重组之路，以"吃休克鱼"方式兼并 18 家企业，实现家电快速做大、做强。1995 年海尔并购红星电器。2011 年 10 月并购日本三洋电机在日本和东南亚部分地区的白色家电业务，成功在日本及东南亚地区布局 2 个研发中心、4 个制造基地、6 个区域本土化销售公司。2012 年 12 月，海尔完成对新西兰国宝级家电品牌"斐雪派克"公司股份 100%增持，实现在澳洲市场的研发、制造、销售三位一体本土化运营。2016 年 6 月，又完成对美国 GE 家电业务的收购，进一步提升了海尔在全球家电领域的综合竞争力。海尔提出"世界是我们的研发部""世界是我们的人力资源部"，在全球建立了 10 个全球研发基地、108 个制造中心和 24 个工业园，布局了 66 个营销中心和 143330 个销售节点，摸索出一条在全球开放整合资源、以无形资产盘活有形资产的新路。

第三次变革：布局全球市场，掀起品牌化变革。海尔坚持在海外创自己的品牌，拒绝做代工。1996 年，张瑞敏提出"国门之内无名牌""下棋找高手"，走出国门与国际品牌同台竞技。海尔认为，品牌只停留在国门之内，不可能创造世界名牌，必须到国际市场去搏击，制定了"走出去→走进去→走上去"三步走的全球化品牌战略，为中国制造在世界舞台上赢得了尊严。海尔连续 9 年蝉联全球大型家电第一品牌，连续 17 年蝉联中国市场第一位最有价值品牌。核心产品继续蝉联全球第一品牌,冰箱连续 10 年蝉联全球第一品牌。2018 年 3 月,世界品牌实验室(World Brand Lab)发布世界品牌 500 强,海尔位居全球品牌第 50 位。目前,海尔家电产量已占全球市场 40%以上、冰箱占全球市场的 17.3%、洗衣机占全球市场的 14.6%、冷柜占全球市场的 20.6%、酒柜占全球市场的 13.5%、电热水器占全球市场的 15.7%,占有率均位居全球市场第一位。

第四次变革:创新商业模式,掀起平台化变革。张瑞敏认为,"没有永远的企业,只有时代的企业"。海尔主动适应时代变迁的脚步,全面推行"人单合一"的变革,加快搭建工业互联网平台,倡导"企业无边界、管理无领导、供应链无尺度",推进"企业平台化、员工创客化、用户个性化"变革,加快实现"从出产品的企业"向"出创客的平台"转型。海尔推出了全国首家国家级工业互联网示范平台——COSMO Plat,并成为全球最大的大规模定制解决方案平台。通过"用户零距离交互"驱动全方位资源整合,让每个员工和用户需求黏合在一起,搭建"创客工厂+创客资源平台+创客学院+创客实验室+创客金融"六位一体的"海创汇"平台,从过去的大规模制造产品变成大规模定制,从原来制造产品的企业转型为孵化创客的互联网平台,从原来封闭的科层制组织转变成共同创造、共同增值、共富共赢的生态圈。2017 年海尔社群交互产生的交易额突破 1 万亿元,"海创汇"聚集投资机构 1333 家、创投基金 120 亿元、孵化器 108 家、创业项目 2700 个。孵化 200 多家小微公司,超过 100 家小微公司年营收过亿元,52 家小微公司引入风投,18 家小微公司估值过亿元,2 家小微公司估值过 20 亿元。

第二节　海尔变革的精髓

海尔的发展历程像是在"群山"中不断攀登,是众多持续不断的"微创新""微变革"的结果。如今的海尔已经不是一个传统的制造家电的企业,而是转型为一个能够实现多方共赢的产业生态圈。海尔在战略、组织、制造三大方面进行了颠覆性探索,打造出一个动态产业循环体系。

(1) 以"人单合一"为引领,始终保持与科技同进步、与时代同发展。从海尔诞生伊始,张瑞敏就一直管理着这家企业,他的思想极富创造性、前瞻性,在海尔具有绝对领导地位。例如,他在 20 世纪 80 年代就提出名牌化战略,坚持以高质量创品牌,而不是做代工、创外汇,这种眼界和洞察力在当时来看非常难能可贵。近年来,海尔还先后整合 AQUA、新西兰国宝级家电品牌斐雪派克、美国 GE 等全球一流品牌,连续 17 年位居中国品牌价值榜首位。进入互联网时代,张瑞敏的思想又一次优化升级,提出了"三个无、三个化",即"企业无边界、管理无领导、供应链无尺度",企业无边界即企业的平台化;管理无领导就是创客化,每个员工都是创客;供应链无尺度体现在用户的个性化。在此基础上,他在2005年首次提出"人单合一"模式,"人"指的是员工、顾客等各方利益体,"单"指的是市场需求、社会资源等各方价值,简单来说就是以"用户零距离交互"驱动全社会资源再整合,从过去的大规模制造产品变成大规模定制,最终实现多方共赢增值。

(2)以"组织变革"为动力,全面贯彻人单合一、用户交互核心理念。"人单合一"理念确定后,通过一系列的组织变革,进一步倒逼职能转变、机制和流程的再造,从内部唤醒企业新活力。海尔的生态圈平台上只有两类组织,即平台和小微;只有三类人,即平台主、小微主及小微成员。平台是小微成长的土壤,小微做大后可发展成为平台。例如"雷神"小微,成立时只做游戏笔记本硬件产品,随后通过开放的社群交互和做生态圈,成为游戏生态圈平台;又如"水平台",之前只是一个提供净水产品的"小微",后来一方面为城市用户提供"健康水"的整体解决方案,另一方面在农村建立"水站",发展成为新的平台组织。目前,HOPE、海立方、海创汇、雷神交互平台、日日顺等各式平台不断壮大,空气盒子、水路盒子等200多个小微公司加速涌现。为激活"小微体质",海尔在机制上将决策权、用人权、薪酬权让渡给小微公司,并鼓励他们自创业、自组织、自驱动,所有薪酬根据创造用户价值来决定,让每一个员工都成为创业合伙人。

(3)以"互联工厂"为抓手,真正让按需生产、人人定制成为现实。放眼全球,美国、德国、日本等发达国家都把打造工业互联网平台作为智能制造的重要举措。作为中国最早探索大规模定制的企业,海尔推出了全国首家国家级工业互联网示范平台——COSMO Plat,用户通过众创汇提交任何有关家电的创意和想法,自主定义所需要的产品,在形成一定规模需求之后,通过海尔互联工厂进行生产,从而真正实现人人定制。2017年,COSMO Plat聚集了3.2亿用户和390万家企业,实现交易额3133亿元,定制定单量达到4116万台,70%由客户定制,70%产品不入库,订单交付周期缩短50%,已成为全球最大的大规模定制解决方案平台。2018年又建12家互联工厂,累计达到21家。海尔COSMO Plat平台作为"人单合一"模式的具象落地平台,已经成为全球制造未来的方向。

第三节 对策与建议

一、制订实施标准国际化行动计划

海尔之所以取得今天的非凡成就,很大程度上得益于创办之始植入了德国的技术标准基因，掌握了家电领域的标准话语权。目前，德国、美国、日本、英国、法国五大发达国家主导制定了95%的国际标准。从6个常任理事国承担的ISO的技术委员会主席数量看，美国占15.9%、德国占13.3%、英国占10.4%、日本占6.7%，中国只有6.1%。要密切跟踪全球特别是发达国家先进制造的技术变迁和工业4.0标准的演化态势，制定实施浙江制造标准国际化战略，力争在某些重点领域实现稳定持久地对国际技术标准有较强影响力的战略目标。

（1）实施"标准国际化行动计划"，借鉴华为（NGN国际标准）、海康威视（SAVC安防标准）、海尔（"防电墙"国际标准）等标准国际化经验，建立领军企业主攻标准的机制，探索基于海外并购的国际标准导入路径，推进国际标准自主创新、研制与推广。

（2）实施"浙江制造标准引领工程"，探索浙江制造标准国际化"弯道超车"战略及技术路线，在标准尚未定型、用户尚未锁定的物联网、大数据、云计算、跨境电商等新兴产业领域，以及MBD（数字化定义技术）、AM（添加制造）、3DP（3D打印）等重点制造领域，拓宽浙江省龙头骨干企业抢夺国际标准制定权，推动中国标准与国际标准互认互通，以"浙江标准"走出去带动"浙江制造"走出去。

（3）积极开展标准国际化双边和多边合作。借鉴美国ANSI标准、日本JIS标准、德国DIN标准国际化经验，主动介入ISO/IEC（国际标准委员会）、CEN-ELEC（欧洲电工标准化委员会）、NIST（美国标准技术研究院）等标准组织，支持跨国性龙头骨干企业、行业联盟和社团组织参与或主导国际标准研制，推动本土优势标准抢占国际标准制高点。

二、大力实施"凤凰行动"，特别是"并购重组行动"

海尔通过"吃休克鱼"快速做强做大，这对全球资源大整合背景下的"凤凰行动"实施路径是有益启示。2017年浙江省已经印发实施《推进企业上市和并购重组"凤凰行动"计划》，但这一行动计划需要随着国家宏观经济政策特别是企业上市政策进行必要的调整，在IPO审核越来越严的态势下，把并购重组行动摆在"凤凰行动"更为突出的重要位置。

（1）制定实施上市公司境内外并购重组的专项政策。积极推动上市公司开展以高端技术、高端人才和高端品牌为重点的境内外并购，培育一批技术含量高、发展质量好、产业带动强的跨国行业龙头企业，尽可能链接更多的海外优质要素资源。

（2）上市公司的新建项目和技术改造项目优先列入当地重点工程和重点技术改造项目。引导"上市公司+私募股权投资（PE）"产融发展模式，围绕主业发展和核心竞争力提升开展产业整合,强化区域产业配套链、信息技术链、金融服务链、人才供给链等基础配套建设。

(3) 完善企业并购重组土地政策。并购重组后,在符合城镇控制性详细规划,不改变土地用途的前提下,经依法批准提高现有工业用地容积率的不增收土地价款,并减免相应的城市基础设施配套费。

三、制订实施品牌国际化行动计划

海尔"永远不做代工"的启示在于,唯有建立自己的品牌国际化战略,才能促使企业在经济全球化潮流中越走越远,扩大品牌的国际影响力并占有更多国际市场份额,提升在全球资源配置和利润分配中的优先权。根据英国品牌公司Brand Finance 发布的《2018 年全球品牌500 强》报告,全球价值最高的500 个品牌中,美国占据了43%,位列第一;中国占据了15%,位列第二;德国、日本以7%的占比并列第三。从浙江省看,只有阿里巴巴(第12 位)、网易(第121位)、吉利(第291 位)、海康威视(第411 位)4 家企业进入世界品牌500 强。浙江省进入世界品牌500 强的所有品牌价值之和只有苹果品牌价值(1463 亿美元)的60%左右。标准供给能力和品牌创造能力不足导致"产业低端锁定"及"三明治陷阱",这是浙江制造的短板和弱点。当务之急,需要在浙江制造品牌建设三年行动计划实施基础上,制订实施"品牌国际化行动计划"。

(1) 实施"浙江制造品牌企业培育工程"。大力培育更多能够与国外品牌同台较量的"浙江制造"品牌,支持有条件的行业和龙头骨干企业通过海外参股、并购、战略联盟等方式,实现品牌全球化布局。力争用3~5 年时间,全省出口企业国际商标注册率提高到45%以上,重点培育500 个国际自主品牌,打造50个产业聚集度高、带动作用强的具有较高知名度和国际竞争力的地域品牌,加工贸易自主品牌产品出口占比提高到35%,国际品牌产品出口占全省比重达40%以上。

(2) 大力推进商标国际注册和国际认证。建立商标国际注册重点企业名录,积极开展马德里体系、欧共体协调局、比荷卢联盟等境外商标注册和专利申请,实行国际通行的质量管理体系、环境管理体系等国际标准认证。支持龙头骨干企业开展国际认证活动,获得地理标志保护和生态原产地产品保护,引进第三方认证机构,提高企业国际认证的便利化水平。

(3) 全面严格实施质量"黑名单"制度。1887 年,英国议会规定所有从德国进口的产品都须注明"Made in Germany",其对德国产品的排斥和抵制迫使德国开展了一场"为质量而战"的攻坚战。最终"德国制造"甩掉了"劣质德货"帽子,一步步从"山寨"变成了"名牌"。我们应该主动对标德国制造、日本制造等国际一流制造，全面加强质量管理，实施质量监督普查制度，绝不能"劣币驱逐良币"，使"浙江制造"在国际市场上成为受人尊敬的区域品牌。

四、制订实施企业平台化行动计划

海尔商业模式变革的核心路径是"三化"，即企业平台化、员工创客化、用户个性化，重中之重是企业平台化。随着全球制造业迈向互联化、数字化和智能化，工业互联网平台在先进制造的竞争格局中成为主流，随着全球全产业链、全价值链、全供应链的大整合，GE 的 Predix 平台、富士康的 BEACON 平台、亚马逊 AWS 平台、微软 Azure 平台等都在内紧外松、攻城略地。

（1）大力培育具有国际竞争力的工业互联网平台。针对全球工业互联网平台呈现 IaaS（基础设施即服务）寡头垄断、PaaS 以专业性为基础拓展通用性、SaaS（软件即服务）专业纵深发展态势，在全省遴选 10~20 家具备一定实力的"平台型企业"重中之重扶持，支持阿里云 ET 工业大脑等工业互联网平台内拓外扩，构筑能与国际领先工业互联网平台同台竞技的核心优势。

（2）打造比较完整的工业互联网产业链。下功夫建设一批工业互联网平台，力争培育 1~2 家具有国际水准的工业互联网平台、5~10 家国内领先的的行业工业互联网平台、30~50 个具有带动效应的企业级工业互联网平台，完成 1 万家工业企业内网互联网化改造。

（3）培育行业级工业互联网平台。面向毛衫、经编、袜业等浙江省块状经济和纺织、印染、化工等十大传统产业，培育具有产业特色的行业工业互联网平台，支持 ICT 企业、互联网企业、第三方平台服务商等建设垂直领域行业性工业互联网平台，推动浙江省传统产业腾笼换鸟、脱胎换骨、凤凰涅槃。

第五篇　数字化营商环境助推中国中小企业高质量发展的理论与实践

第32章　国家数字经济创新发展试验区的"两省一市"比较研究报告

数字经济是农业经济、工业经济之后的又一次经济形态飞跃,是经济运行模式与生产函数的一场范式变革,通过对经济系统的要素、生产、交易、消费等各环节的数字化改造,形成物理与虚拟融合、数字产业化与产业数字化共生的现代数字经济体系。[①] 新一轮科技革命和产业变革正在席卷全球,数字技术与实体经济加快深度融合,产业数字化和数字产业化的潜能不断释放,[②] 人类社会已全面进入数字经济时代。第六届世界互联网大会正式发布《国家数字经济创新发展试验区实施方案》,明确浙江省、广东省、福建省、重庆市等为首批"国家数字经济创新发展试验区"。本章主要比较分析了浙江省、广东省、福建省、重庆市四个国家级数字经济创新发展试验区的相关指标,以及战略布局、核心路径、重大平台,结合浙江省数字经济"一号工程"战略的实施,提出若干对策建议。

---

① 需要关注的趋势是,以数据驱动为特征的数字化、网络化、智能化深入推进,数据化的知识和信息作为关键生产要素在推动生产力发展和生产关系变革中的作用更加凸显。从产业经济学理论的角度看,我国在数据采集、数据比对、数据库管理、数据智能处理、数据挖掘、数据存储、数据安全、数据交易等环节形成了全链条的数据产业系统,数据应用价值值得进一步挖掘。

② 《中国数字经济发展与就业白皮书(2019年)》从生产力和生产关系的角度提出了数字经济"三化"框架,即数字产业化、产业数字化及数字化治理,认为数字经济的发展不仅推动了经济质量变革、效率变革、动力变革,更加速了政府、组织、企业等治理模式的深刻变革,体现了生产力和生产关系的辩证统一。

第一节 四大国家级数字经济创新发展试验区的指标比较

数字经济的加快发展已成为中国经济的核心增长极之一,中国数字经济规模不断迈上新台阶。根据中国信息通信研究院(CAICT)发布的《中国数字经济发展白皮书(2020年)》,2019年中国数字经济增加值规模达35.8万亿元,占GDP比重达36.2%,按可比口径计算名义增长15.6%,高于同期GDP名义增速约7.85个百分点,2005年以来年均复合增长率达20.6%。数字经济对GDP增长的贡献程度不断提升,2014—2019年,中国数字经济对GDP增长的贡献率始终保持在50%以上,2019年数字经济对中国经济增长的贡献率达到67.7%,成为驱动中国经济增长的中坚力量。

浙江省、广东省、福建省、重庆市作为首批"国家数字经济创新发展试验区",数字经济发展无疑具有典型代表性和示范引领性,我们基于四大国家试验区的比较分析发现:①从总量看,2019年广东数字经济继续领跑,浙江、福建数字经济增加值超过1万亿元,重庆超过5000亿元。②从比重看,广东、浙江、福建数字经济在GDP中占比超过40%,重庆超过30%。③从结构看,广东的数字产业化优势明显,2019年数字产业化增加值超过1.5万亿元,浙江近6000亿元、福建近3000亿元、重庆约1600亿元;广东、浙江产业数字化优势明显,增加值均超过2万亿元,福建近1.5万亿元,重庆为7000多亿元。④从增速看,福建数字经济领跑,增速超过20%,重庆、浙江超过15%,广东为12%。⑤从侧重点看,广东重点以第三产业数字化转型为驱动大力发展数字经济,福建侧重于制造业数字化、网络化、智能化发展,重庆侧重于以大数据智能化为引领的创新驱动发展战略。

第二节 广东省数字经济的战略布局和发展重心

基于实地走访和调研,我们发现,广东省数字经济启动早,在全国具有一定代表性,主要围绕以下几个方面进行布局。

一、战略定位:"一条主线、两大方向、八大领域"即"128"战略

以"数据驱动"为一条主线,引领带动数字产业化和产业数字化两个着力方向,推进大数据、新一代信息技术产业、数字基础设施、制造业数字化、服务

业数字化、融合新动能、政府数字治理、区域内联外延8大重点领域发展，用5~8年时间将广东建设成为"国家数字经济发展先导区""数字丝绸之路战略枢纽""全球数字经济创新中心"。"国家数字经济发展先导区"方面：创新数字经济发展模式和体制机制，促进数字经济与实体经济深度融合，引领全国数字经济发展。"数字丝绸之路战略枢纽"方面：促进与"一带一路"沿线国家数字基础设施互联互通，推进大数据、云计算等国际产能合作和装备制造合作，以数字经济的国际化发展推动数字丝绸之路建设。"全球数字经济创新中心"方面：抓住粤港澳大湾区建设的重大机遇，围绕粤港澳全球科技创新中心建设，打造全球新一代信息技术创新高地和全球数字经济融合创新应用标杆，构建具有世界一流水平的全球数字经济发展极。

二、中期目标：到2025年数字经济发展水平迈入世界先进行列

广东省提出的目标是到2025年，数字经济进入全面扩展期，整体发展水平进入世界先进行列。具体量化目标包括：大数据创新应用体系基本形成，大数据及相关产业规模超过1万亿元；电子信息制造业产值超过8万亿元，软件和信息服务业总收入超过2万亿元；数字基础设施达到国内先进水平，光纤宽带网、无线宽带网、窄带物联网在全省全面深度覆盖，建成珠三角世界级智慧城市群；制造业数字化转型成为国家标杆，到2025年形成具备国际竞争力的工业互联网网络基础设施和产业体系，形成1~2家达到国际水准的工业互联网平台，工业互联网创新发展能力、技术产业体系以及融合应用达到国际先进水平；服务业数字化水平全国领先，信息消费年均增长15%以上，电子商务交易额突破10万亿元，信息技术与实体经济融合催生的新业态、新模式层出不穷。

三、平台抓手："双核、一廊、两区"

以广州、深圳为核心节点，按照"立足珠江三角洲、面向粤港澳大湾区、辐射带动全省"的发展战略，发挥广深科技创新走廊的创新引领作用，形成"双核引一廊、一廊引两区、两区带全省"的总体格局。"双核"即广州、深圳两市，广州重点在技术创新，实体经济、社会治理及民生服务等融合应用攻关，建设全省数字经济综合发展示范基地；深圳基于科技综合实力和区域创新能力全国领先的优势，培育和聚集一批世界领先、全国领军的数字经济企业，建设具备较强国际竞争力的数字经济创新基地。"一廊"即广深科技创新走廊，打造全球科技产业技术创新策源地、全国科技体制改革先行区、粤港澳大湾区国际科技创新主要承载区、珠三角国家自主创新示范核心区。"两区"即"珠江三角洲国家大数据综合试验区"和"《中国制造2025》国家级示范区"，从"数字产业化"

"产业数字化"两大方向协同推进数字经济高质量发展,形成集"国家大数据发展"《中国制造2025》"数字经济发展"三大战略协同的国家级示范区。

四、核心路径:从"九大方面"楔入提升数字产业能级

发展新一代信息通信产业,研发基于新一代移动通信和支持IPv6规范的网络设备、终端和关键芯片,加快建设京广深量子保密通信干线。发展高端芯片核心技术,打造集成电路制造"广东芯",实施集成电路设计协同创新计划,建成1~2条国内先进的晶圆代工生产线,集成电路封测水平达到国内领先,成为国内领先、具备全球竞争力的集成电路创新基地。实施"新型显示产业集聚工程",形成以面板为中心的"材料—模组—面板—整机"产业链,全力打造以广州和深圳为核心的新型显示产业集群,力争到2025年,全产业链营业收入超过5500亿元。实施"4K电视生态完善工程",力争到2025年培育形成5~10家4K内容生产基地,构建完善的4K电视行业标准体系。推进智能终端产业创新发展,打造具有互联网后台支撑、具备自学习功能的智能家居产品体系。提升高端软件供给能力,重点支持高端工业软件、新型工业APP的研发和应用,支持骨干企业提升工程化、平台化、网络化信息技术服务能力。拓宽云计算示范应用,推动政务云、行业云、"互联网+"云计算发展,力争在车联网、智慧城市等场景率先实现规模应用。实施"人工智能创新体系建设工程",力争到2025年建成5~8家省级人工智能产业园,打造50家具有核心竞争力的人工智能企业,核心产业规模超过1000亿元。实施"区块链应用促进工程",前瞻布局区块链,加快研究共识算法、非对称加密、容错机制、分布式存储等区块链关键技术,力争到2025年全省区块链总产值超过500亿元,建立3~5个区块链创新基地平台。

第三节 福建省数字经济的重点布局和发展重心

一、目标定位:以"数字化、网络化、可视化、智慧化"建设"数字福建"

总目标是数字产业规模与创新能力走在全国前列,人工智能等新兴数字技术深入应用,工业互联网建设全面推进,形成制造业数字化、网络化、智能化的发展体系。具体目标包括:到2020年,基本建成以大数据为核心要素、以大平台为营运支撑的信息网络经济产业集群;电商交易额突破2.5万亿元,互联网经济总规模实现倍增,电子信息产业产值超过1.2万亿元,信息网络经济成为国民经济重要支柱;实施"十百千万"工业互联网工程,培育形成不少于10个工业互

联网行业示范平台和100家以上应用标杆企业,建设不少于1000个"互联网+先进制造业"重点项目;建成高效便捷的在线政府,核心业务信息化率达100%,核心数据共享率达80%。

二、关键突破:数字经济核心技术攻关

福建省依托重点企业、科研院校,重点在云计算、大数据、物联网、人工智能及芯片设计等有基础和有优势的领域进行突破,推进"工业云制造""机器人基础部件与系统集成产业""数字化装备与柔性制造""物联网智能感知应用产业"等工业互联网创新中心建设。加快集成电路产业集聚,积极对接国家集成电路基金,扩大集成电路芯片28纳米制程量产规模,力争在国际领先的7~10纳米先进工艺上取得突破。实施"先进制造+人工智能"示范工程,推进北斗导航终端质量检测东南区域中心、卫星通导遥应用研发中心等基础设施建设,引进落地国家北斗导航位置服务数据中心福建分中心、海丝卫星数据服务中心等项目。组建数字经济产业联盟,加快建设数字福建(长乐)产业园、数字福建(安溪)产业园等重点大数据园区,以及福州软件园、厦门软件园等产业园。实施"龙头企业改造升级行动计划(2018—2020年)",支持龙头企业实施"机器换工"、数控技术、智能装备应用、智能服务等智能化改造项目,省级财政对智能制造样板工厂补助标准为1000万元。

三、平台抓手:建设软件园和产业园

建设两岸和中国—东盟信息化及电子商务枢纽,支撑服务福建自贸区和21世纪海上丝绸之路核心区建设。支持福州、厦门建设"中国软件名城",鼓励泉州、莆田、南平、平潭综合实验区等地建设软件园。建设厦门闽台云计算产业示范区,争取列入国家重点软件和云计算产业园区;建设数字福建(长乐)产业园和中国国际信息技术(福建)产业园,争取纳入国家数据中心建设规划布局。打造大数据产业集聚区,支持大数据产业重点园区建设"海西高端信息服务聚集区",规划建设与当地经济发展相匹配的互联网产业园、互联网孵化器,推动工业园区、电子商务园区向行业性、综合性互联网经济园区转型。

第四节 重庆市数字经济的重点布局和发展重心

一、目标定位:打造"全国数字经济示范区"

重庆市于2020年6月印发《重庆建设国家数字经济创新发展试验区工作方

案》，实施以大数据智能化为引领的创新驱动发展战略行动计划，力争到2022年数字经济总量达到万亿级规模，占GDP比重达到40%以上，累计培育100家数字经济龙头企业、500家高成长创新企业和5000家"专特精尖"中小微企业，建设10个在国内具备较强竞争力的工业互联网平台、50个智能工厂、500个数字化车间，创建25个行业级智能制造标杆企业，建设12个智能制造示范园区，基本建成覆盖重点行业的工业互联网生态体系，84%以上规模工业企业迈入数字化制造阶段，64%以上规模工业企业迈入数字化、网络化制造阶段，"两化"融合发展水平指数达到62，智能制造关联产业产值突破400亿元，部分重点引领企业初步实现智能化制造，带动规模工业全员劳动生产率、主营业务收入利润率、工业产品合格率不断提升和万元工业增加值能耗稳步下降。

二、核心路径：实施数字化"七大计划"

实施"数字化装备计划"，推动全行业企业应用智能搬运机器人、无人搬运车（AGV）、码垛机器人、射频识别技术（RFID）、智能定位终端、智能立体仓库等仓储、物流设备。实施"信息管理系统集成应用计划"，推动企业建设应用研发设计、工艺仿真、数据采集分析、企业资源计划（ERP）、制造执行（MES）、供应链管理（SCM）、产品全生命周期管理（PLM）、仓储物流管理（WMS）等信息系统。实施企业"上云上平台计划"，支持大型企业联合工业互联网平台和云服务企业采用私有云、混合云架构，逐步实现信息系统和制造设备"上云上平台"。实施"培育智能制造新模式计划"，建立网络化制造资源协同平台或工业大数据服务平台，实现基于云的设计、供应、制造和服务环节并行组织和协同优化。实施"智能制造研发平台建设计划"，重点研究计算机听觉、自然语言理解、新型人机交互、高级机器学习、类脑智能计算、量子智能计算等算法，开发人脸识别、语音识别、步态识别、知识引擎、无人系统、虚拟环境和开发框架软硬件。实施"智能制造关联产业培育计划"，加大工业机器人、智能制造装备、工业软件、智能传感器等相关领域企业引进培育力度。实施"智能制造支撑服务体系培育计划"，着力智能制造标准体系建设、系统解决方案供应商培育、标杆项目示范、智能制造园区建设等环节，打造完善的智能制造服务支撑体系。

三、平台抓手：重庆两江数字经济产业园

重庆两江数字经济产业园总规划面积40.8平方千米，旨在打造成为重庆最大的数字经济产业园、智能重庆的"核心区"和"先行区"及"全国数字经济示范区"。园区开发方向主要有三个维度。数字基础型产业方面：依托两江新区

大数据发展基础,以数据采集、数据存储、数据分析挖掘等为重点,普及采集终端、建立完善数据采集体系,加快推进两江云计算中心建设。数字应用型产业方面:依托重庆作为全球最大笔电基地、中国最大汽车生产基地等制造业基础,加快推进通信设备、电子元器件等电子信息制造产业的引进,并运用大数据、智能化技术对传统产业进行智能化改造。数字服务型产业方面:依托互联网产业园、服务贸易产业园、新型金融产业园等载体,大力发展"互联网+""大数据+""智慧+"等新型业态,形成数字服务型经济新增长极。

第五节 省域比较及启示

总体看,省域数字经济百花齐放、百家争鸣,产业数字化成为驱动省域数字经济发展的主引擎,各地产业数字化占数字经济的比重均超过60%,这其中,既有共性的规律性趋势,也有地域特色的个性化特征。

一、省域层面的数字经济发展战略比较清晰,但跨省域的战略谋划不够

无论是广东的"128"战略、福建的数字福建战略,还是重庆提出的"全国数字经济示范区"建设战略,共同点是从省域层面出发提出的发展战略,缺乏省际联动的更广范围的战略谋划。数字经济竞争必须突破省与省之间的竞争,瞄准区域与区域之间乃至国家与国家之间的竞争。对浙江而言,地处长三角是得天独厚的优势,长三角是中国经济发展最活跃、开放程度最高、创新能力最强的区域之一,在全国经济版图中具有举足轻重的战略地位。长三角数字经济总量达8.63万亿元,远超珠三角的4.3万亿元和京津冀的3.46万亿元,以占全国3.7%的土地面积,聚集了全国16%的人口,创造了全国23.5%的经济总量。浙江应该从长三角一体化的角度,以更大的格局谋划数字经济发展战略,谋求在全球数字经济竞争中的战略优势。

二、重大战略性支撑平台是数字经济核心竞争优势的关键所在

从广东省、福建省、重庆市的战略路径看,都提出了打造若干重大战略性支撑平台,比如广东的战略路径是"双核、一廊、两区",福建省积极创建国家数字经济(福厦泉)示范区,推进智能制造试点示范,重庆市主要依托重庆两江数字经济产业园,实施数字化"七大计划"。对浙江而言,应从自身的基础条件和比较优势出发,与广东、福建、重庆等地差异化竞争,着力建设全国数字产业化发展引领区、产业数字化转型示范区、数字经济体制机制创新先导区和具有全

球影响力的数字技术创新中心、新型贸易中心、新兴金融中心，特别是要借鉴"一图一码一平台一指数"经验，打造浙江数字经济的核心竞争优势。

三、"高端标志性项目"成为未来一个时期省域间抢建数字经济高地的决定性因素

广东正在建设人工智能与数字经济实验室、全球数字经济产业中心、"天河二号"等高端项目；福建公布了2020年度福建省数字经济重点项目名单，确定了251个数字经济重点建设项目，正在加快建设东南健康医疗大数据中心、中电数据产业园项目、第三代半导体数字产业园项目及数字福建（长乐）产业园。重庆在2020年重大建设项目中，新基建占据了相当的比重，重中之重是打造两江数字经济产业园。无论从与长三角的比较看，还是从与广东、福建、重庆等省市的盘点看，"应用性"是浙江数字经济的重要突破口，需要在做强做实"应用端"方面下功夫，建成全球先进制造基地、国际领先的"数据大脑"及世界级"数字湾区"。

四、数字经济治理体制机制创新是试点省尚未涉及的领域

广东省、福建省、重庆市等纷纷发布了数字经济的战略布局、核心路径、平台抓手，但尚未深度涉及与数字经济发展相匹配的治理体制机制。构建数字经济发展生态系统，实现数字经济竞争范式从企业间竞争、产业间竞争、供应链间竞争转向生态系统竞争，关键要打破制约数字化生产力发展和数字经济生态系统建设的体制机制障碍和政策障碍，包括法律法规"立改废释"、政府公共数据公开、数字技术标准、投融资和税收政策、市场监管制度、统计监测制度、安全防控制度等。浙江省坚持数字政府与数字经济建设双轮驱动，在数字经济治理体制机制方面具有先发优势，应当在全国率先开展数字经济治理体制机制创新示范。

第六节 对策与建议

从全球和中国数字经济发展的态势看，当前和今后一个时期是数字经济加速发展的重大战略机遇期，中国必须坚持新发展理念，把握高质量发展导向，着眼于数字中国和制造强国战略，加快引导实体经济企业数字化升级，突破数字经济领域的关键核心技术，提高数字经济治理能力并完善治理机制，实现数字经济的创新发展和高质量发展。

一、前瞻性战略设立"长三角"大数据试验区

根据工信部发布的《大数据产业发展规划（2016—2020年）》，到2020年，

中国将建设 10~15 个大数据综合试验区，目前国家层面已有京津冀、珠三角两个跨区域类大数据综合试验区。建议浙江、江苏、上海、安徽"三省一市"紧密合作，着眼于全球竞争的需要，设立"长三角大数据试验区"，共建长三角区域大脑，打造数字长三角的神经中枢，推进数据整合、共享、开放和运用，积极发展新技术、新产业、新业态和新模式。长三角地区是中国乃至世界的数源高地，网络普及率高、网民数量群体大、企业上云量丰富、经济密度高，应探索建立长三角数据港，汇集数据资源、促进数据流通，大力发展数字枢纽经济，形成长三角地区率先站位全球数字经济高地的战略旗帜。通过数字一体化推动经济一体化，长三角地区要率先打破数字空间与现实空间分离的状态，全方位整合路网数据、医疗数据、人口数据、教育数据、交通数据等，构建跨城市、跨行业、跨地域的长三角统一公共数据池和长三角地区数字共享网络平台，逐步形成立一体化的"长三角城市大脑"。长三角三省一市需要把"四朵云"变成"一朵云"，把整个区域内的数十个"城市大脑"融合成一个"长三角大脑"，为长三角区域内的数字经济发展赋能。[①] 以数据流引领技术流、物资流、资金流、人才流，促进长三角经济结构转型升级和一体化高质量发展，打造具有全球竞争优势的跨区域综合试验区。

二、建设 X 个数字经济"重大战略性支撑平台"

加强战略性支撑平台建设，依托之江实验室、阿里巴巴达摩院、浙江清华长三角研究院、中科院宁波材料所等重大创新平台，加快建设一批国家重大实验室、重大试验验证平台、重大制造业创新中心和产业创新中心，着力破解关键核心技术"卡脖子"问题。全力打造"互联网+"世界科技创新高地，把杭州湾大湾区作为浙江省数字产业主战场，积极支持杭州城西科创大走廊、西湖大学、国家自主创新示范区、产业创新服务综合体等一大批创新平台高质量建设。加快推进建设一批重大科学装置，依托杭州、宁波等大都市及之江实验室、浙江大学、西湖大学等主体，在智能制造、机器人、新材料、智能云平台、量子计算、工业互联网等产业领域，建设一批高水平的重大科学装置。加强基础技术开发平台建设，重点建设满足机器学习、大数据挖掘、自主决策等智能计算需求的新型计算集群共享平台，构建智能软硬件、大数据、智能云相互协同的分析处理服务平台，建设融合语音识别、图像识别、多种生物特征识别的基础身份认证平台。

---

① 浙江大学数字长三角战略研究小组. 数字长三角战略 2020 数字治理 [M]. 杭州：浙江大学出版社，2020：38-41.

三、坚持把"高端标志性应用项目"作为数字经济的突破口

打造"全球数字产业集群高地",以 5G、高端芯片、"城市大脑"、高性能材料、生物医药等为主攻方向,加快形成一批引领全国的标志性成果。大力建设数字安防、云计算大数据、跨境电子商务、智能网联汽车等若干个世界级产业集群,培育 2~3 家在全国有影响力的工业互联网平台,提升数字经济核心产业能级。建设"全球数字贸易中心",支持阿里巴巴推进电子世界贸易平台(eWTP)全球化布局,争取平台的秘书处落户浙江省,探索建设"电子世界贸易平台试验区",设立浙江省大数据交易所。实施"园区数字化改造计划",积极推进以大江东、杭州湾新区制造业为重点的数字化转型示范区建设,推动科技城、小微企业园、经济开发区、工业园区等进行数字化改造,在全省打造 50 个左右的数字化转型示范园。实施"制造业数字化示范工程",深入推进"大数据+""机器人+"行动,发展新一代工业机器人,建设一批"无人车间"和"无人工厂",深入实施"企业上云"行动,实施传统产业重大技术改造升级行动。

四、探索创新"数字经济新型治理机制"

数字化治理是国家治理体系和治理能力现代化的重要组成部分。浙江省应探索制定数据定价规则。借鉴国内外大数据交易平台通常采用的第三方定价,积极培育大数据交易市场,研究制定数据交易规则,由大数据交易平台根据数据量、数据时间跨度、数据稀缺程度等推动数据供求双方撮合定价。全面推行首席信息官制度(Chief Information Officer,CIO),负责落实、协调、督办数字经济发展和数字政府推进工作,鼓励和支持数字经济新业态、新模式创新发展,对于那些未知大于已知的新业态,在看不准、吃不透的时候,给予包容和过渡期,留有一定的"观察期"。建立数据质量管理机制和追溯制度。制定规范的数据质量评估机制、监督机制、问责机制,应用先进的质量管理工具,构建数据质量管理闭环,对数据作假等不法行为进行追溯追责,推动数据要素全面深度应用。深度参与数字经济国际治理体系。加强与联合国、G20、金砖、东盟等数字经济多边机制的对接,推动与相关国际组织、产业联盟等开展战略合作,推进数字经济技术、标准、平台、规则、服务等领域合作的试点示范,培育若干个具有示范性、引领性、标志性的国际合作项目,制订并推广数字经济治理的中国方案和浙江样板。研究制定数字经济相关产业规划,结合"十四五"规划编制,出台数字经济产业布局规划,发挥各地产业基础和特色,避免无序竞争。建立数字经济联席会议制度,着力解决部门职责交叉、监管信息碎片化、服务保障缺位等难题。研究制定《浙江省数字经济促进条例》,建立数字经济发展和信用体系。

第33章 基于淘宝村的数字技术赋权与包容性创业的研究报告

亚洲开发银行在 2007 年提出 "包容性增长"（Inclusive Growth）概念，寻求社会和经济的协调发展。包容性增长倡导机会平等，其核心是公平合理地分享经济增长带来的成果。金字塔底层（Bottom of the Pyramid, BOP）理论提出应该把低收入人群当作消费者和生产者，利用商业机制来解决贫困问题。随着 BOP 理论研究的不断深入，学者们提出企业应把低收入人群当作合作伙伴纳入价值链中，共同嵌入当地社会文化环境中，才能一起创造价值。BOP 理论发展到 3.0 阶段，倡导让低收入人群融入主流经济中，通过创业行为分享机会均等带来的经济增长的益处，即强调通过创业实现包容性增长。

处于金字塔底层市场的低收入人群，在创业中面临很多约束，他们缺乏人财物等资源，缺乏识别创业机会的能力，缺乏整合资源的能力。因此，在传统条件下低收入人群不太能创业成功。近年来，中国政府在互联网基础设施和数字技术等方面进行了巨大投入。截至 2018 年年底，中国网民数量达到 8.29 亿人，农村互联网普及率为 36.5%。互联网等基础设施的发展使农民可以低成本地使用数字技术，克服各种资源约束，进行包容性创业。

淘宝村[1]是包容性创业的典型代表。农民通过使用数字技术，打破资源约束、机会约束和能力约束，进行包容性创业。本章认为，其中的机制是数字技术赋权。在包容性创业中，赋权的机制如何实现、赋权结果如何，目前还少有研究。本章通过对 8 个淘宝村案例的探索性研究，分析归纳出包容性创业中的赋权机制和赋权结果，为理解包容性创业提供参考。

第一节 文献综述

一、从 BOP 理论到包容性创业

BOP 理论是 Prahalad 和 Hart 两位学者提出的，其核心是利用商业机制来解决贫困问题，把低收入人群当作消费者，使跨国公司能找到新市场和新的增长

---

[1] 阿里研究院. 淘宝村研究微报告 2.0 [R/OL]. 阿里研究院官网, 2013-12-27.

点。继 Prahald 和 Hart 之后，Karnani 提出应该把低收入人群当作生产者，帮助他们扩展知识、提高生产等技能，让他们参与跨国企业和其他公司的生产活动，这样才能增加收入，提高购买力，从而提高生活水平。把低收入人群当作消费者和生产者，可以看作 BOP 理论的 1.0 版。随着 BOP 研究的不断深入，学者们提出了 BOP 理论的 2.0 版，即企业把低收入人群当作合作伙伴纳入价值链中，共同嵌入当地的社会文化环境中，才能一起创造价值。BOP 理论发展到 3.0 阶段，即包容性创业理论阶段，倡导让低收入人群融入主流经济中，通过创业行为分享机会均等带来的经济增长的益处。包容性创业能够发生以及低收入人群能平等享有机会，很大程度上得益于技术的推动，即以互联网为代表的数字技术的出现，为低收入人群参与主流经济和社会活动提供了可能性。

包容性创业（Inclusive Entrepreneurship）是随着包容性增长概念的提出和发展，逐渐引起学者、创业者和政府关注的。但现有关于包容性创业的文献中，并没有形成完善的、通用的定义。主要是因为包容性增长概念本身也包含丰富的含义，被广泛讨论和应用。目前，与包容性创业相关的概念大致可以分为四类，表 33-1 总结了主要的概念用词及其含义，还有代表作者。根据对与包容性创业相关概念的梳理，本章把包容性创业界定为以公平分享经济增长带来的新机会为目的，实现经济、社会可持续发展的创业活动，尤其是让穷人和社会弱势群体能够抓住经济新机会，并共享这种新机会带来成果的创业行为和活动。这一定义包含两方面意义：一方面，强调包容性是公平分享经济新机会，这种"新"机会可能包含的是经济、技术和制度变革带来的新机会；另一方面，这一定义强调了穷人和弱势群体能够抓住新机会，并能共享新机会带来的成果。

表 33-1　包容性创业的相关定义

概念表述	基本含义	代表作者
生存型创业（Subsistence/necessity Entrepreneurship）	由于没有其他就业选择或对其他就业选择不满意而从事的创业活动；低收入、低保障网络的创业；将创业作为提供生存收入的一种手段	Reynolds；Arenius 和 Autio；Dabson；Schoar
微型创业（Micro-entrepreneurship）	微型创业是一种自我雇佣，"被劳动力市场不自觉地排斥"或者受"贫穷"动机驱动	Gabriel 等；Franck
农民创业（Rural Entrepreneurship）	农村创业反映了不同的创业机会，并且受到不同条件的限制；农村环境对创业过程有较大影响，这是它与城市创业的区别所在	赵西华等；林斐

续表

概念表述	基本含义	代表作者
包容性创业（Inclusive Entrepreneurship）	经济合作与发展组织（OECD）对欧洲的包容性创业政策进行了研究，旨在探究创业可以作为实现包容性的渠道，但没有给出确切定义	OECD

资料来源：笔者根据文献整理。

二、赋权理论

赋权概念经常被理解为人们之间的关系，指的是只有较少权力与较多权力的人们之间的关系。在这个意义上，赋权是终极目标，通过在权力不等的人群之间解决权力不公问题来实现。另一种赋权概念指的是"将权力赋予（Power to）"和"权力让渡（Power Within）"。在这个意义上，赋权指的是一种变化过程，是为那些只有较少权力的人提供一些途径，从而得到自下而上的参与主流活动的权力，从而对于决策过程有更多控制，进而影响他们的生活。在这种情况下，赋权是一种工具，变化依赖于弱势人群的能力，能客观地反映他们的状态，明确可能的解决方案并基于可能的选择来采取具体行动步骤。本章采用赋权的这一含义来解释包容性创业中赋权发生的机制与结果，即低收入人群如何利用互联网等数字技术在创业过程中主动进行选择，并且能把这些选择转变为理想结果，这是一个主观能动过程。已有研究关注这种意义的赋权，形成了理论框架来评估个人采用数字技术带来的赋权结果。本章在以上研究的基础上开发了一个框架来评估包容性创业中数字技术对个人和社区的赋权机制和结果。

第二节 研究方法

一、方法与案例选取

由于包容性创业的相关研究仍处于理论构建的初级阶段，因此没有太多成熟的研究可以借鉴。对包容性创业的探讨属于探索性研究，不适合采用定量研究方法，更适合采用案例方法进行研究。本研究采用多案例研究方法，先界定研究问题和相关概念，然后对多案例进行分析并归纳观点，从而对已有研究进行补充和完善。Yin指出，案例研究适用于回答"为什么"（Why）和"怎么做"（How）的问题。本章要探讨包容性创业的发生机制和结果，是"为什么"和"怎么做"的问题，因而适于采用案例研究方法。

根据 Yin 的理论抽样原则，本章把案例选取原则归集到能体现包容性创业和赋权，还兼顾了淘宝村主营业务多样性、地理广泛性以及淘宝村发展水平不完全一致等情况。经过不断寻找、调研和评估，本章最终确定了 8 个案例作为研究对象（见表 33-2）。

表 33-2 本章淘宝村案例简介

淘宝村	主营业务	进入规模发展期年份	地理位置	特 点
东风村	家 具	2010	江苏睢宁沙集镇	网商群体规模大；发展速度惊人；产业链完备；包容性发展；"网络+公司+农户"
青岩刘村	各种小商品	2010	浙江义乌	"抱团串货"到"网货超市"；适合创业的基础条件；体系化发展；带头人的领导力和经验
军埔村	服装、皮具、玩具和五金等	2013	广东揭阳	产业基础；经商传统与社会网络；当地政府支持
培斜村	竹席、茶叶、生态旅游	2013	福建龙岩	产业优势；多元化产业格局；村委会强有力领导
北山村	户外用品	2012	浙江缙云	自有品牌；龙头企业示范作用；分销模式降低创业门槛；淘宝大学；"农户+网络+企业+政府"
丁楼村	演出服装、民族服饰	2013	山东菏泽	产业"从无到有"；首批创业者的带动作用
遂昌淘宝村	农产品	2010	浙江丽水	电商带动农产品产业链发展；遂昌网商协会发挥作用
东高庄村	羊绒制品	2010	河北清河	强大的产业支撑；传统商户转型；政府营造电商生态

资料来源：笔者根据调研和二手数据整理。
①阿里研究院．沙集模式调研报告［R/OL］．阿里研究院官网，2011-02-22．
②白静岩．清河淘宝村八成农户开 5000 家网店垄断羊绒销售［N］．河北青年报，2013-07-02．

二、数据收集

根据 Yin 提倡的数据收集原则，遵循三角测量方法，本章使用来自不同渠道的数据进行相互印证，以提高研究结论的信度和效度。同时，在案例收集中建立数据库，将从不同渠道获得的一手和二手数据进行整理和储存，为后续案例分析提供可供追溯的证据。首先，通过查阅大量公开资料（包括期刊、行业报告、电商网站和新闻媒体报道等）的二手资料来获得有关案例对象的背景资料，大致涉及淘宝村发展历史、与包容性创业相关的内容等。其次，进行更为系统的数据收集，主要采用半结构化访谈的方法，通过实地访问淘宝村电商、当地政府相关负责人以及物流和通信运营商等利益相关者来收集信息。单次访谈时间为 1~3 小时，还有电话访谈形式。上述资料收集活动经历了大量循环反复和后续补充。在实地调研过程中，本章根据访谈得出的新发现和临时出现的新问题修改访谈提纲，使之逐渐完善。对所有现场访谈都进行了录音和现场记录，访谈结束后根据录音和笔记进行整理，并撰写完整的研究报告。

三、数据分析

本研究对数据的分析包括案例内分析（Within-case Analysis）和跨案例分析（Cross-case Analysis）两类。将每一个案例及其主题作为独立的整体进行深入分析，找出该案例中产品创新的主要特征并对每一个因素都做详细描述，目的是尽可能熟悉所有具体案例，发现每个案例的独有模式，进而依托同一研究主旨，在单个案例分析基础上进行案例相互比较，再进行理论抽象，从中发现以前没有预料到的新概念或新事实，归纳出相应的研究结论。在分析技术上，本章主要采用了扎根理论的内容分析法，对不同来源的数据进行逐级编码，从资料中产生概念，进而螺旋式提升概念及其关系的抽象层次，最终发展成理论。

第三节 研究发现

一、数字技术对包容性创业的赋权机制

在包容性创业中，数字技术对低收入人群和社区的赋权机制在于缩减了低收入人群与主流市场之间的空间隔离和信息隔离，突破了地域限制，帮助他们获得资源，实现资源和信息共享。低收入人群和社区的能力在包容性创业中得到提升，创业结果体现为收入增加、选择多样化、选择自由及社会公平（包容性）。

（1）缩减空间隔离。低收入人群在地理上非常分散，通常住在交通设施比较差的边远地区，空间隔离使得低收入人群难以融入主流市场，降低了产品价值。电子商务能缓解这种隔离，促成低收入人群作为购买者或者销售者与主流市场参与者之间的交易。沙集镇东风村是位于苏北偏远地区的一个小乡村，通过仿制宜家家具，村里几乎家家户户开办网店，把物美价廉的家具销售到全国各地。仅 4 年时间，东风村从"破烂村"变成闻名全国乃至世界的"淘宝村"。互联网打破了空间区隔，使偏远的苏北地区农民融入电商创业的洪流中。

（2）减少信息隔离。信息分离指低收入人群与主流市场消费者和传统商品

提供者之间有关需求以及其他市场条件的信息不对称,后两者拥有更多信息。这种信息隔离不仅使低收入人群在市场竞争中处于天然劣势,还会导致作为生产者的低收入人群所提供的商品可能不被主流市场认可,从而使之蒙受损失。数字技术能帮助低收入群体获得与主流市场人群相同的信息,减少了信息隔离,有利于进行包容性创业。庆元县的吴宗满是中国最早从"竹炭"产品上看到商机的人,但是苦于老家没有渠道把竹炭销售出去。2006 年,他带着竹炭生意来到了青岩刘村,凭借"淘宝第一村"的信息优势,吴宗满把竹炭卖到了全国各地,甚至海外。

(3) 突破地域限制。农民生产销售的产品有很大一部分是农产品和手工艺品,这些产品无法在短时间内大量生产,规模小且分散的生产无法带来规模效应。在常规市场环境下,受地域限制,农民销售产品的范围非常有限,辐射半径小,因而在有限区域内的需求也很有限,无法形成规模经济。电子商务将农民的销售范围从一个村、一个县扩大到全国范围,大量零散需求被集中起来,形成了规模经济。例如,山东曹县大集镇之前就有影楼服饰、布景加工等生产加工基础,但这个产业一直处于家庭作坊式零散加工状态,成交量低、销量不稳定,无法带来大规模的生产需求。电子商务兴起后,全乡共有网店 1 万多家,地域限制被突破,零散需求集中。大集镇的产品从最初的儿童表演服饰发展到现在的民族服饰、摄影道具、舞蹈鞋、绣花、布料和服饰辅料等。

(4) 帮助获得资源。互联网技术降低了资源获取成本,低收入创业者获取资源比以往更容易且更廉价。例如,线上金融服务减小了低收入创业者的资金压力,降低了进入主流市场的资金壁垒。2014 年 4 月,广东省第一个普惠金融服务中心挂牌成立,为军埔村网商提供理财、投资和融资服务。深圳市共信赢金融信息服务有限公司揭阳军埔分公司正式投入运营,为电商创业者提供融资、个人理财等金融服务。

(5) 资源信息共享。数字技术的发展使人们更便于实现资源和信息共享。例如,在广东揭阳军埔村网商推出模特穿着新款式服装的照片,其他网店可以分享。如果服装被卖出去,卖货网店只需找服装设计网商进货即可。实际上,在淘宝村这种资源共享、信息共享是普遍现象。大部分淘宝村是经过资源共享、信息共享发展起来的。青岩刘村的"抱团串货"也是建立在信息共享基础上的,数字技术的发展使这种共享变得更加便利。

在信息趋于对称的情况下,协作、开放、分享、互相依赖和诚信逐渐成为网络时代的行为原则,低收入群体可以更有尊严地融入市场经济。

二、包容性创业中个人和社区的能力提升

(一) 个人能力提升

Robert Chambers 指出,在用能力方式来分析贫困人群及其生活方式时,需要

第五篇　数字化营商环境助推中国中小企业高质量发展的理论与实践

第33章　基于淘宝村的数字技术赋权与包容性创业的研究报告

人们自己来定义他们觉得看上去很重要的标准。这可能带来一系列可持续的生活方式标准，包括自尊、安全感、幸福感、压力、脆弱性、权力和被排斥等要素，以及更多传统的物质考虑。赋权概念的多方面特性意味着它不是能定量和可测量的。贫困社区的赋权非常依赖情境，某种活动在一种情境下是赋权，而在另一个情境下可能就不是。因此，赋权是一个不可见的过程，只有近距离接触到特定发展环境中的人才能理解。因此，评价框架优先考虑淘宝村案例中当事人的意见和感受，根据在当地社区进行的小组访谈得出。本章总结出包容性创业中数字技术对个人赋权的四个维度：信息沟通能力、商业意识和能力、人力资本及自尊等心理因素。

（1）信息沟通能力。信息沟通能力是指低收入人群通过数字技术有效获取信息和传播信息的能力。例如，使用搜索引擎、互联网和电子邮件等。青岩刘村村民刘炎仙起初连电脑都不会用，她的"经验值"是靠着邻居们在淘宝网上开店卖衣服逐步积累的。军埔村的村民学会了从淘宝带头人许壮滨的QQ空间里下载"品牌数据包"，把服装的图片、价格挂在自己的淘宝店，接订单后就去许壮滨那里拿货，信息沟通能力的提升使村民几乎可以"零风险、零成本"赚钱。

（2）商业意识和能力。商业意识和能力指的是诸如诚信意识、与供应商和顾客的沟通能力以及新产品开发和营销等能力。东风村淘宝店主文道兵说："网店最珍惜买家'好评'，最怕'差评'。"这会促使农民电商增强服务意识、诚信意识和契约意识。东风村的家具产品不断升级换代，从最初简单的木条插接装饰，到板式家具，再到如今的实木儿童床。原来只懂种地的东风村村民，在电子商务历练中蜕变为精明商人，村里每家每户都对电商运营的每个环节颇有心得。

（3）人力资本。人力资本能力体现为管理和领导力技巧。例如，有能力召集会议、能指导和监督他人以及高水平的沟通协调能力等。刘文高是青岩刘村最早接触电子商务的人，他先后想出"抱团串货""网货超市"等主意来推动青岩刘村电子商务的蓬勃发展，还吸引不少外地人到这里经营电商。2009年底，刘文高负责筹建江东街道电子商务协会，并任副会长兼秘书长，之后他还发起成立了义乌市网商协会，并担任副会长兼副秘书长。刘文高的领导力可见一斑。

（4）心理因素。个人能力提升的第四个维度是自尊等心理因素。通过包容性创业，村民们收入增加，能力提升，全村经济和社会地位在当地也得到提升，从而增强了个人和社区的自尊心。军埔村很多年轻人告诉记者，"现在出门，别人得知我们是军埔村的，就会很客气、很羡慕，说我们很会做生意，这让村里的年轻人都觉得很自豪"。

（二）社区能力提升与变化

讨论赋权结果不仅要关注个人，还应关注包容性创业对社区带来的影响。本章总结了数字技术对社区赋权的五种结果：整体信息能力提升；经济发展与经济形态变化；组织模式（产业链）变化；本地文化改变；社区影响力提升。要强调的是，在这五大维度的许多方面，个人与集体的赋权结果存在重要的相互依赖。同时，对个人和社区分别进行分析，有利于区分数字技术在较小范围（个人）和更复杂组织内（社区）带来的赋权结果。

（1）社区整体信息能力提升。社区信息能力提升关注的是数字技术对社区整体信息能力的强化和对其他相关能力的广泛影响。义乌被称为"全球小商品之都"，电商事业的蓬勃兴起使这里连电脑都不会用的普通农民搭上了淘宝这艘"巨轮"。"义乌购"致力于把全球最大的小商品市场搬上网络，平台有近80万注册用户，销售商品数超过270万种。目前，"义乌购"英文版和阿拉伯语版均已上线，这些举措都显示了义乌地区包括青岩刘村在内的社区整体信息能力的提升。

（2）社区经济发展/经济形态变化。社区经济发展和经济形态变化指的数字技术驱动的创业是否提高了社区总收入、促进了就业，以及是否对现有经济形态有所改变等。青岩刘村拥有居民1700多人，但从事电商人数却超过15000人，这包括外来淘宝村创业的人群。他们汇集于此，开出2800多家网店，年销售额超过25亿元。在遂昌县，竹炭、烤薯、笋干、菊米、土鸡和土猪以前都只是遂昌本地人自己吃或者用来简单送礼的东西，通过网络渠道，这些东西成为销售火爆的土特农产品。电子商务带动了整个农产品产业链的发展，改变了过去村民只能靠种地赚取收入的经济形态。

（3）社区组织模式（产业链）形成与变化。在引入电商创业之前，村镇经济以传统农业为主。通过电商创业，当地产业结构和产业链发生了变化，有更多支持经济发展的相关产业形成了产业链，不再是单一产业模式。在军埔村，品牌商、网店和代工厂形成电商产业链雏形。培斜村经过多年摸索建立起"网店+实体店"的经营模式，通过形成物流集散地、在外设置基地等发展方式，形成"店铺很小、仓库很大、网络很畅、销售很远和效益很高"的电商模式，成为名副其实的"福建淘宝第一村"。北山村电商在吕振鸿的"北山狼"带领下，逐步形成以北山狼户外用品有限公司为龙头，以个人、家庭及小团队为分销商的农村电商"北山模式"。

（4）本地文化改变。包容性创业对当地传统文化形成了冲击，以前存在的游手好闲现象不存在了，家家户户忙着电商创业，互帮互助，分享信息和创业经验，社区更加和谐向上。东风村"淘宝第一人"孙寒说："以前没开网店时年轻人经常一起玩,现在没那么多时间,每个人都有压力,都很忙。"北山村吕露彬说:"村子里搞电商的氛围特别好,周围叔叔、伯伯都热心地帮助我。刚开的时候,都是生意做成了,再到周围叔叔、伯伯家拿货,不用花一分钱的成本。"

(5) 社区影响力扩大。在包容性创业中发展良好的社区,不仅能促进经济发展、村民收入增加,更重要的是有助于提升社区整体影响力,对周围地区产生产业辐射,同时赢得良好口碑。例如,电商创业改变了军埔村的精神面貌和生活环境,以前的"问题村"如今成了周围村子竞相效仿的"先进村",电商创富的效应辐射到周围村落,直接带动了整个揭阳市的经济发展,解决了大量劳动力就业问题,并重塑了良好的社会风气。

三、包容性价值创造

数字技术缩减了低收入人群与主流市场的隔离,提升了个人和社区的能力,创造出包容性价值,体现为个人收入增加、选择多样化、选择自由及社会公平与包容性。这些维度不是固定不变的,可能会随着机会的出现及个人或者群体赋权进行选择而变化。从表32-3中可以看到不同淘宝村在这些维度上的表现。

(1) 收入增加。低收入人群进行包容性创业的目的之一就是增加收入、提高生活水平、更好地融入主流经济中及享受经济发展成果的益处。例如,青岩刘村童志达做旅行收纳包批发的电商业务,开店四年逐渐积累起电商经验,并建立了自己的品牌。2018年童志达的箱包生意销售额达到了1000万元。来自河南的寒门子弟石豪杰,到青岩刘村租廉价房屋开网店创业,他的大学学费是靠贷款交纳的,2009年为了解学校情况他曾夜宿义乌火车站,但石豪杰在2012年毕业时,开着价值百万元的奥迪Q7离校,他公司的月均营业额近400万元。这种创富神话在青岩刘村比比皆是。

(2) 选择多样化。低收入人群由于缺乏资源(包括信息资源、资金资源和能力资源等),只能从事简单的生产劳动,并且囿于本地环境,很难离开本土本乡。同时,他们从事简单生产活动更多考虑解决温饱问题,很少顾及其对环境和社会可能带来的负面影响。数字技术赋权使得村民能进行电商创业,就业途径拓宽,个人和家庭收入增加。他们对于本地社区和环境的考虑也更多,同时村民能选择的就业和生活方式也更多。例如,东风村在转型生产家具前,传统产业是废塑加工,对环境危害较大,但村民苦于没有别的选择,只得从事这个行业。自从上网"触电"后,东风村的主业逐渐转向家具生产和网销,解决了困扰村民多年的环境污染问题。村民们终于能够选择自己希望的、有利于自身和环境的生产和生活方式。在遂昌,每个人都有不同的选择和进行选择的自由。农民既能种田,又能在网上销售土特产品赚钱,从事客服、物流工作也能有不错的收入。80

岁的左右任是集邮爱好者，集邮 20 年已经攒下 20 多万枚邮票，2011 年他在淘宝开店卖邮票，与网友分享集邮心得，进行邮票交易，这样丰富多彩的老年生活是左右任以前没有想到的。

（3）选择自由。当低收入人群受限于资源匮乏和自身能力不足时，他们对于就业、生活方式及生活在何处等问题的选择是没有自由的。数字技术促成的包容性创业使村民对于自己的生活有更多选择。例如，培斜村村民赖健伟之前在外打工，既辛苦又不能照顾家庭。自从村里建起"淘宝一条街"，电商氛围越来愈浓，赖健伟跟城里长大的妻子一起回村开网店。赖健伟觉得自己当老板有干劲，而且村里创业环境很好，自然环境比大城市好多了，同时还能照顾家庭，他对现在的生活状态很满意。北山村村民赵丽琴和丈夫以前在外开早餐店，起早摸黑很辛苦。现在回村给一家网店做客服，上班时间从早晨八点到下午五点，每月收入3000 多元，比开早餐店收入高多了，而且不用起早摸黑、风吹日晒。电商的出现为他们的生活带来更多选择。北山村农民的新生活方式已经变成"放下锄头，点下鼠标，生意做成"。

（4）社会公平与包容性。数字技术降低了创业门槛，使低收入群体等弱势群体能享有与主流人群同等的机会，通过创业提高收入，过上体面生活。北山村村民吕林有年少时患上了肌肉萎缩症，几乎没有劳动能力，缺乏收入来源。2009年，吕林有看到邻居都上网当起了老板，也开始自学电脑和上网创业。2014 年，吕林有的野外部落户外专营店为他带来了 10 余万元的收入。

根据上述分析，本章总结了包容性创业赋权模型（见图 33-1），并据此总结了每个淘宝村创业过程中的个人和社区能力提升及赋权结果（见表 33-3）。

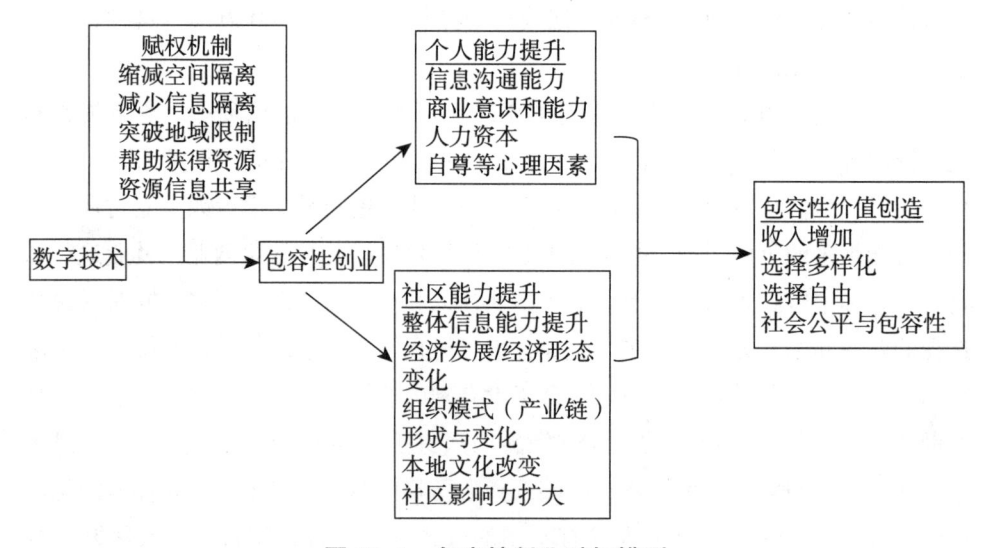

图 33-1　包容性创业赋权模型

表33-3 包容性创业赋权结果

淘宝村	个人能力提升					社区能力提升				包容性价值创造		
	信息/沟通能力提升	商业意识/能力提升	人力资本增加（管理、领导力）	自尊等心理因素改善	整体信息能力提升	经济发展/经济形态变化	组织模式（产业链）变化	本地文化改变	社区影响力扩大	收入增加	选择多样化	选择自由	社会公平（包容性）
东风村	√	√				√	√	√		√	√		√
青岩刘村	√	√	√	√	√	√	√	√		√	√		√
军埔村		√		√		√	√		√	√	√		√
培斜村		√			√		√	√		√		√	
北山村							√	√		√		√	√
丁楼村	√			√		√	√		√		√		√
遂昌淘宝村						√	√			√	√		
东高庄村		√				√	√			√	√		

第四节 结论与建议

本章采用多案例研究方法,讨论了数字技术通过赋权机制对低收入群体和社区产生影响。数字技术缩减空间隔离、减少信息隔离、突破地域限制、帮助获得资源及实现资源信息共享,使低收入人群能进行包容性创业,参与主流经济发展。在此过程中,个人能力的提升体现为信息沟通能力增强、商业意识和能力提高、人力资本增加及自尊等心理因素得到改善。对社区而言,整体信息能力提升、经济发展和经济形态发生变化、组织模式(产业链)发生变化、本地文化改变及社区影响力扩大。赋权结果体现为收入增加、选择多样化、选择自由及被纳入主流经济与文化中,实现了社会公平,体现出包容性。

正如本章引言部分所提及的,本研究是一项探索性较强的研究。包容性创业相关研究缺乏成型的理论框架,由于本研究是在摸索中前进,因此许多工作显得较为粗糙,研究中的不足之处有待后续研究补充完善。本章研究数字技术推动的包容性创业中的赋权,关注的是电商群体,但赋权过程中也涉及政府和其他利益相关者,比如中介组织和服务提供商等。在包容性创业中,他们的权力变化也是值得探讨的。此外,权力的转移和个体、群体层面的赋权及变化都需要持续观察。因此,为了保证研究的科学性和适用性,未来研究可以在定性、定量结合基础上,继续对研究对象进行持续观察并加以探讨。

第34章 信用数字化逻辑、路径与融合的研究报告

随着政府数字化转型提速和数字经济井喷式发展,通过信用数字化技术倒逼信用体系变革,降低数字经济交易成本和行政监管运行成本是当前亟待研究的重大议题。信用数字化有助于破解"信用碎片化""市场柠檬化""监管割裂化"等难题,路径上需要注重数据系统和业务系统同步,基于业务协同关系界定数据供需关系,按照"信用数据模块定义→信用数据需求清单→信用数据接口集成→信用数据流验证"迭代路径,促进信用业务协同和信用数据共享。应体系化编制公共信用信息目录,建立符合政府数字化转型内在逻辑的信用监管流程,实现对全部主体信用的精准画像和精准分析,强化信用数字化的技术标准供给。适应政府数字化转型趋势,探索建立以信用承诺为主的双轨审批制,将信用数字化建设纳入公共服务流程,推进公共信用信息平台与金融信用信息平台融合,全方位嵌入社会治理数字化转型。

第一节 问题提出及文献评述

随着政府数字化转型的提质增效,数字治理(Digital Governance)范式与构架不断演化拓展,[1] 数字治理体系和治理能力成为越来越凸显的焦点问题之一,[2][3] 尤其是信用数字化问题成为政府数字治理和数字经济发展亟待破解的"交集"。新古典经济学假定"信息完全对称"和"零交易费用",竞争均衡状态下任何违背信用的行为皆不可能发生,比如"阿罗—德布鲁"一般均衡模型(Arrow—Debreu)假定信息对称且交易费用为零,排除了对交易主体失信行为的分析,[4] 但随着新古典经济学假说的非现实性以及引起的市场失灵等问题越来越凸显,特别是信用信息不对称(Asymmetric Information)导致"逆向选择"(Ad-

---

[1] Dunleavy P, Margetts H, Bastow S, et al. Digital Era Governance: IT Corporations, the State and E-Government [M]. Oxford University Press, 2006: 45-69.
[2] 鲍静, 贾开. 数字治理体系和治理能力现代化研究: 原则、框架与要素 [J]. 政治学研究, 2019 (3): 23-32.
[3] 鲍静, 张勇进. 政府部门数据治理: 一个亟需回应的基本问题 [J]. 中国行政管理, 2017 (4): 28-34.
[4] 程民选. 信用的经济学分析 [M]. 北京: 中国社会科学出版社, 2010: 135-139.

verse Selection）和"道德风险"（Moral Hazard）行为以及交易成本客观存在的事实，信用信息问题成为政府"有形之手"治理失效和市场"无形之手"治理失灵不得不重新审视的重点问题。"放管服"改革逐渐深化之后，如何实现"事前管标准、事中管检查、事后管处罚、信用管终身"，特别是利用数字化推进信用监管全覆盖迫在眉睫，上海、杭州、深圳等地探索构建公共信用信息平台，但截至目前尚未有效破解的难题是信用的条块化分割和碎片化分布带来的"信用孤岛"和"数据烟囱"①，对信用数字化、系统化集成的解决方案缺乏深透的研究影响了中国信用体系乃至政府治理体系的整体性塑造。② 通过信用数字化技术倒逼信用体系变革，降低数字经济的交易成本和运行成本，也就是信用关系技术化问题成为亟待研究的重大议题。③

通过 CiteSpace、BibExcel 等文献计量法发现，国内外文献研究主要集中在信用考量与传导机制或传染机制④、信用的正外部性与自利或他利的行为倾向⑤、信用风险模型与动态演化分析⑥⑦、信用秩序和信用环境与信用制度供给⑧、"市场驱动型、政府驱动型、双重驱动型"信用体系模式选择⑨等方面。现有文献以及政策层面基本认识到信用数字化具有易互联、易传导、易应用的特征，政府治理和市场治理的高效性与协同性必须基于信用的全面数字化支撑来实现，⑩ 但对

---

① 黄璜. 数字政府的概念结构：信息能力、数据流动与知识应用——兼论 DIKW 模型与 IDK 原则 [J]. 学海，2018（4）：158-167.
② 陈丽君，杨宇. 构建多元信用监管模式思考 [J]. 宏观经济管理，2018（12）：45-54.
③ 易宪容，陈颖颖，位玉双. 数字经济中的几个重大理论问题研究——基于现代经济学的一般性分析 [J]. 经济学家，2019（7）：23-31.
④ Giesecke K, Weber S. Cyclical Correlations, Credit Contagion, and Portfolio Losses [J]. Journal of Banking and Finance, 2004, 28（12）：3009-3036.
⑤ Roderick M K. Trust and Distrust in Organizations: Emerging Perspectives, Enduring Questions [J]. Annual Review of Psychology, 1999, 50（1）：569-598.
⑥ Wilson C. A Model of Insurance Markets with Incomplete Information [J]. Journal of Economic Theory, 1977, 16（2）：167-207.
⑦ Altman E I, Marco G, Varetto F. Corporate Distress Diagnosis: Comparison Using Linear Discriminate Analysis and Neural Networks [J]. Journal of Banking and Finance, 1994, 18（3）：505-529.
⑧ 俞思念. 对我国社会信用体系建设的再思考 [J]. 湖北社会科学，2018（1）：26-30.
⑨ 刘建洲. 社会信用体系建设：内涵、模式与路径选择 [J]. 中共中央党校学报，2011（3）：50-53.
⑩ 翁士洪. 数字时代治理理论——西方政府治理的新回应及其启示 [J]. 经济社会体制比较，2019（4）：138-147.

信用数字化的实现逻辑和路径研究比较匮乏,[①] 主要沿着三条脉络演化：一是基于"平台"视角探索利用政务云平台和政务服务网推进公共信用资源整合和集成;[②] 二是基于"数据"视角探索信用"设施层—数据层—功能层"构架,为信用最大程度共享提供基础性支撑；三是基于"价值"视角探索信用监管系统、信用评级系统等运行。综上,对信用数字化问题缺乏深透的研究,特别是对信用数字化的实操路径及内在机理缺乏系统深入的探讨,更底层的信用大数据集成和穿透式分析仍未得到有效延伸,信用数字化路径包括信用业务协同、信用数据共享等方面存在大量有待破解的难题,关于信用数字化加速信用扩散并深度嵌入行政审批、市场监管、社会治理等重点领域的研究也极为匮乏。

第二节 信用数字化靶向：基于相关理论嵌入现实问题的逻辑阐释

靶向之一：从信息不对称理论（Asymmetric Information）审视,以信用数字化破解"市场柠檬化"问题。信用是促进市场交易和降低交易成本的"润滑剂"[③],也是解决信息不对称导致的逆向选择问题,特别是"柠檬市场"的关键突破口。[④] 电信诈骗、套路贷和"裸贷"、P2P 非法网贷、假冒伪劣等市场秩序紊乱现象层出不穷,背后的深层次原因在于信用缺失和信用信息不对称导致监管失效。通过信用数字化重塑全社会征信系统,把信用信息孤岛互通成网,有助于破解信任甄别机制缺失问题、信息不对称问题以及交易主体的机会主义行为,[⑤] 这是重构数字产业生态系统的重要支撑。[⑥] 特别是以法人和组织为主要对象,实施守信"红名单"和失信"黑名单"制度,构建跨地区、跨部门、跨领域的失

[①] 从政策维度看,国家"十二五"规划提出建设社会信用体系,国务院 2014 年颁布实施《社会信用体系建设规划纲要》,对信用基础性法律规章、信用服务市场体系、社会征信系统等进行了通盘考虑,但对于如何通过信用数字化来促进信用体系化和治理现代化仍缺乏设计与规划。

[②] 连镇殿,连昕. 大数据背景下城市公共信用信息平台建设研究 [J]. 宏观经济管理, 2017（2）：59-66.

[③] Ferris J S. A Transactions Theory of Trade Credit Use [J]. The Quarterly Journal of Economics, 1981, 96 (2): 243-270.

[④] Deutsch M. Trust and Suspicion [J]. Journal of Conflict Resolution, 1958, 2 (4): 265-279.

[⑤] Akerlof G. The Market for Lemons: Quality Uncertainty and the Market Mechanism [J]. Quarterly Journal of Economics, 1970 (84): 488-500.

[⑥] 刘淑春. 中国数字经济高质量发展的靶向路径与政策供给 [J]. 经济学家, 2019 (6): 52-61.

信联合惩戒机制和守信联合激励机制，① 设计覆盖红黑名单信息推送共享、奖惩措施实施反馈的模块化产品，有助于从机制执行层面真正实现"守信者处处受益、失信者处处受限"②。

靶向之二：从系统经济学理论（Systems Economics）审视，以信用数字化破解"信用碎片化"问题。中国基础信用信息基本掌控在政府系统，对企业而言56%的征信数据掌握在政府系统，对公民而言70%的征信数据掌握在政府系统，③ 但这些信用数据普遍存在碎片化问题，表现在"条块分割、烟囱林立、孤岛密布"。政府部门纵向业务应用系统互不连通，部门自建物理隔离的专网系统和数据中心难以互通，无法实现跨部门、跨层级、跨领域信用信息全链条、协同式共享共用。④ 与此同时，地区之间、部门之间信用建设技术路线不统一、信用数据接口标准不统一、信用数据格式不统一，⑤ 出现大大小小的"业务孤岛、数据孤岛、系统孤岛、信用孤岛"。运用数字化技术将碎片化信用信息串成线、连成面、织成网，构建跨部门、跨层级、跨领域信用信息系统融合、数据共享机制，彻底打通各类业务系统的数据烟囱和信息孤岛，有助于推动信用数据全面归集及信用治理。

靶向之三：从制度经济学理论（Institutional Economics）审视，以信用数字化破解"监管割裂化"问题。"放管服"改革最难啃的硬骨头是"管"，关键是"监管链"处于纵向层级之间、横向部门之间、时间上先后之间的割裂状态。这个割裂带来的问题是监管缺位风险、断链风险以及信用主体自利行为倾向的嬗变，⑥ 极可能导致"劣币驱逐良币"及"违法者大行其道"。破解"监管割裂化"问题及监管负荷过重、监管平均用力、监管资源不足等问题，关键突破口是建立以信用为基础的新型市场监管体系，创新基于"大数据+云计算"双轮驱动

---

① 根据国务院办公厅关于构建以信用为基础的新型监管机制的政策意见，以行政处罚、行政强制、司法裁判等处理结果为依据，将涉及性质恶劣、情节严重、社会危害较大的市场主体违法失信行为纳入失信联合惩戒名单。

② "失信者处处受限"主要包括三种情形：一是行政性惩戒措施，包括依法依规限制失信联合惩戒对象 IPO、招标投标、申请财政补助、享受税收优惠、出入境、出口退税等；二是市场性惩戒措施，包括依法依规限制融资授信、限制高消费、禁止乘坐飞机高铁；三是行业性惩戒措施，比如行业禁入、公开谴责等。

③ 谢新水，吴芸.新时代社会信用体系建设：从政府赋能走向法的赋能［J］.中国行政管理，2019（7）：31-35.

④ 徐晓林，明承瀚，陈涛.数字政府环境下政务服务数据共享研究［J］.行政论坛，2018（1）：50-59.

⑤ 李重照，黄璜.中国地方政府数据共享的影响因素研究［J］.中国行政管理，2019（8）：47-54.

⑥ North D C. Institutions, Institutional Change and Economic Performance［M］. Cambridge：Cambridge University Press，1990：39-55.

的全要素、全链条、全生命周期监管模式,① 建立全面覆盖企业、自然人、社会组织、事业单位、政府机构等主体的公共信用信息数据库,② 形成事前提供查询、事中分类监管、事后记录信用的全流程闭环监管机制,使信用成为政府精准监管和高效治理的重要依据。

第三节 信用数字化路径：业务协同与数据共享

信用数字化的系统思考和路径设计必须置于政府数字化转型的逻辑构架之内统筹谋划,注重数据系统和业务系统同步、③ 数据标准和业务标准匹配、数据流④和业务流统一,统筹技术架构、业务流程、数据算法、标准体系,构建业务融合、数据融合、技术融合"三元融合"数字化平台。⑤ 从数字化的操作路径看,具体按照"物理分散、逻辑集中、纵向到底、横向到边"的原则,建立业务协同机制和数据共享机制,构建统一信用代码、统一信用数据库、统一共享交换体系、统一信用目录体系、统一信用标准体系以及一体化信用信息服务平台,推动信用信息归集归档和共建共用。从全国范围的审视比较来看,浙江省信用数字化建设无疑走在前列,其利用上述逻辑构建了531X信用平台,以数字化方式统筹管理信用信息资源,覆盖239万家企业、4233万18周岁以上自然人、5.4万家社会组织、3.4万家事业单位及4853家政府机构。

一、信用业务协同逻辑与路径

业务协同是实现信用数字化的前提条件和核心环节,⑥ 基本原理是分析信用业务关联部门的协同关系,明确相互之间的逻辑关系和信用业务流程,确定协同任务清单、协同业务模块、协同工作机理及协同路径（见图34-1）。从业务模块层面、核心业务层面、业务功能层面对业务协同边界进行清晰界定,打破政府部门权力割裂、业务割裂、系统割裂以及随之产生的数据割裂、信息割裂,以"整

---

① 刘淑春. 数字政府战略意蕴、技术构架与路径设计——基于浙江改革的实践与探索［J］. 中国行政管理, 2018（9）: 37-45.
② Salamon L M. The New Governance and the Tools of Public Action［J］. Fordham Urban Law Journal, 2002, 28（5）: 1611-1674.
③ Frosio G F. Reforming Intermediary Liability in the Platform Economy: a European Digital Single Market Strategy［J］. Northwestern University Law Review, 2017, 112（19）: 1-28.
④ 黄璜. 对"数据流动"的治理——论政府数据治理的理论嬗变与框架［J］. 南京社会科学, 2018（2）: 53-62.
⑤ 刘淑春. "三元融合"全链路数字化——基于浙江省经济运行监测分析数字化平台的解构［J］. 中国行政管理, 2019（11）: 53-62.
⑥ 张勇进, 鲍静. 基于大数据分析的政府智慧决策新模式［J］. 南京师范大学学报（社会科学版）, 2017（2）: 53-59.

体性政府"的理念对传统部门分散、割裂的业务流程进行整合优化。

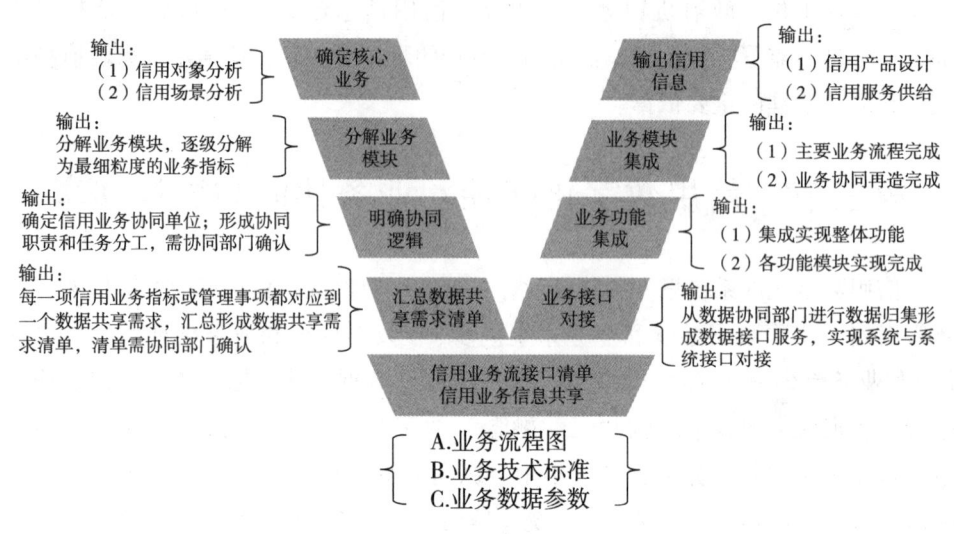

图 34-1 信用业务协同逻辑与路径

（1）穿透式分析信用业务。依据公共信用信息目录对信用业务进行地毯式和穿透式分析，层层分解为业务子模块以及细化的业务颗粒度，对照《公共信用信息管理条例》形成标准化的信用业务清单，据此建立信用信息采集目录。比如浙江省对公共信用信息进行界定分类，编制形成五类主体公共信用信息目录，涵盖46个省级部门、169个信息项、2648个数据项。在注册登记、资质审核、公共服务、动态监管等过程中准确记录信用主体的行为，做到信用信息能归则归、应归尽归、可查可验、可核可溯，在此基础上构建信用评价模型，将归集到的信用信息加工形成信用评价、信用等级等公共信用产品。

（2）精准界定核心业务模块。基于全国信用信息共享平台和国家"互联网+监管"系统，构建公共信用评价、公共信用档案、红黑名单、信用监管、联合奖惩等模块，形成信用数据共享、信用产品转化、信用业务协同、信用风险监测的闭环机制。从模块外延和结构看，公共信用评价模块和公共信用档案模块应包括企业、自然人、社会组织、事业单位、政府机构公共信用评价等子模块，红黑名单模块应包括国家共享红黑名单、省级认定红黑名单等子模块，信用应用模块应包括项目审批服务、便民服务、公共资源交易、政府购买服务、招投标等子模块，信用监管模块应包括政府部门监管、行业监管等子模块，联合奖惩模块应包括守信联合激励、失信联合惩戒等子模块。

（3）搭建信用业务协同机制。由政府主管部门制定开展信用监管的制度规范和奖惩措施，提出信用产品、信用档案、信用评价、红黑名单等信用数字化需求，以及不良信息、守信信息、惩戒信息等专项信用信息需求，信用信息数字化平台将归集的信用信息和加工形成的信用评价等公共信用产品通过数据共享接口推送至各地各部门开展应用，实现跨地区、跨部门、跨层级及跨系统的信用业务协同。利用公共信用信息数字化平台将信用综合监管评价结果进行汇总，向社会集中提供查询和展示服务，并推送到行政执法监管平台，根据不同信用等级实施分级分类监管，同时将公共信用评价、信用等级认定等产品嵌入行政审批服务、行政监管、公共资源交易、政府购买服务等领域，根据主体信用状况有针对性地采取分类监管、重点监管、联合奖惩等措施。

二、信用数据共享逻辑与路径

基于业务协同关系明确数据供需关系，按照"信用数据模块定义→信用数据需求清单→信用数据接口集成→信用数据流验证"的迭代路径，全面梳理每个事项的数据串、每个部门的数据仓，[①] 将每项业务指标或管理事项对应到数据共享需求，形成项目数据需求清单。这需要清晰地核定每个信用数据的对接路径，确立信用数据共享的体系架构，并定义系统之间的数据接口，形成信用数据需求清单、接口清单及共享清单（见图34-2）。

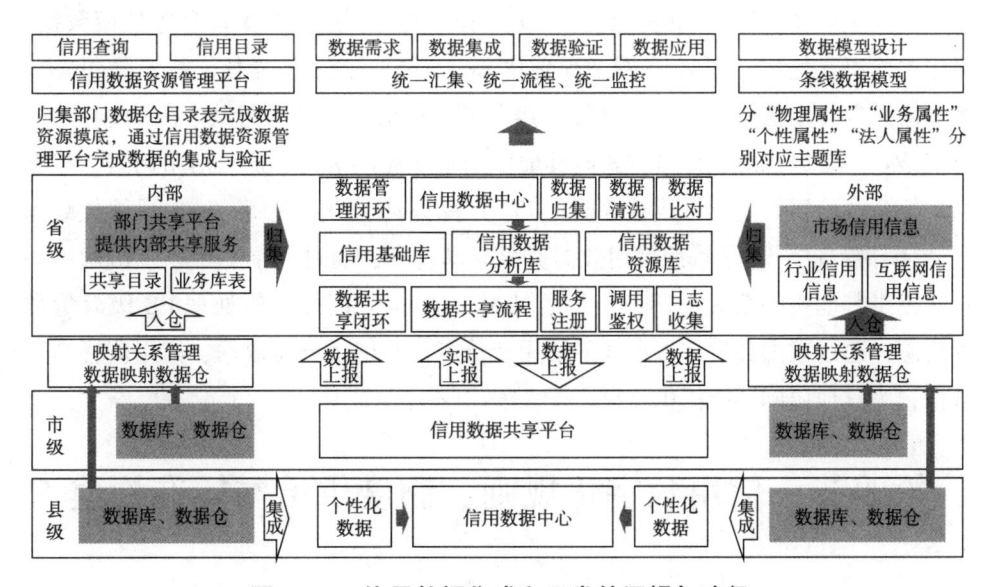

图34-2 信用数据集成和开发的逻辑与路径

（1）构建数据共享模型及顶层构架。坚持"业务与数据匹配、全量数据全量推送"原则，按照"全打通、全归集、全共享"要求，以统一社会信用代码为标识，推进全国信用信息平台、地方信用信息平台、行业信用信息系统互联互

[①] Gandomi A, Haider M. Beyond the Hype: Big Data Concepts, Methods, and Analytics [J]. International Journal of Information Management, 2015, 35 (2): 137-144.

通，全方位整合归集公共信用信息、市场信用信息、互联网第三方平台、公共资源交易平台、行政执法监管平台、金融风险监测平台等相关信用数据。依据公共信用信息目录做好数据归集，实现公共信用信息便捷、高效共享，根据共享到的数据进行校验、研发公共信用产品以及支撑信用业务协同。浙江省通过信用数字化方式，纵向覆盖省至乡镇四级共 1475 个政府单位，横向连接各级政务部门 8000 余家，接入政务外网终端 45 万余台。

（2）构建数据匹配机制和映射关系。信用数据之间存在丰富的相关性和耦合性，应当按照"一数一源、一源一码"原则厘清并分解出清晰的数据需求，制定精准的数据匹配方式和数据流映射关系，对数据共享接口、入参、出参等技术进行规范，通过数据匹配实现系统对接。聚焦"无低质数据、无碎片数据、无问题数据、无重复数据"，执行数据清洗、数据比对、数据校验、数据交换等程序后进入公共信用信息库。[①] 目前的问题是，信用数据质量不高、数据错误等现象普遍。浙江省失信被执行人（企业）信息社会统一代码异常率为 39.06%，仍处于较高水平。部分领域的信息仍采取人工填报方式，容易导致误差。

（3）构建数据共享机制及流程。应用数据共享平台、信用产品业务主题库以及全国统一社会信用代码信息、"双公示"信息、红黑名单信息等信用数据，采用自然语言处理（NLP）、图像识别技术（IRT）、商业智能核心技术（OLAP）等算法研发新型信用产品，通过数据共享机制将信用产品进行共享。[②] 核心路径有三条：一是以标准化接口方式向其他协同系统提供信用评价、信用档案、红黑名单等公共信用产品，形成从数据加工、产品设计、协同应用、逆向反馈的数据流"闭环管理"；二是按照信用数据资源共享规则，通过共享平台以接口调用的形式提供其他协同系统使用；三是通过 MaxCompute 高效分析处理 PB 级海量数据资源，通过数据分析加工形成的信用评价等公共信用产品数据、信用监管结果数据，为其他协同系统提供支撑。

第四节 信用数字化规则：制度供给与标准构建

一、强化统计制度供给

制定公共信用信息目录，按照基础信息、守信信息、不良信息等进行严格定义，将统一社会信用代码全面嵌入，明确信用信息的产生周期、更新频度和公开

[①] 这个过程中需要特别注重"一数多源"问题。
[②] 公共信用信息按数源单位确定的公开程度无偿向社会披露，日均查询量 34 万次，累计查询量突破 3 亿次。

程度。加强信用数字化统计产品和信用数字化统计服务，对公共信用评价、红黑名单、联合奖惩、信用异议、信用修复等功能生成可视化报表，探索创新区域信用评价产品、行业信用评价产品和政府诚信指数产品。根据信用评价指标和权重设置，对信用统计数据进行标准化处理，计算信用指标的测评值 X_n，通过公式 $f(x)=\sum_{n=1}^{m}A_nX_n$ 计算信用指数。① 制订信用信息发布规范流程，提供信用信息调用和发布入口，实现信用信息报送、校验、发布、推送全流程管理，同时明确信用信息异议处理流程，实现信用信息异议提交、审核、意见办理与更正、办理答复等标准化管理。探索研究制定信用修复管理办法，建立信用修复流程规范，促进信用修复办理与反馈闭环化，实现信用修复全过程留痕。

二、强化监管制度供给

依托国家"互联网+监管"系统构建基于"大数据+云计算"双轮驱动的新型监管模式，与政务服务一体化平台、行政执法监管平台、国家企业信用信息公示系统等衔接起来，建立符合政府数字化转型趋势的协同监管和信用监管制度（见图 34-3）。采取"双随机、一公开"监管与信用体系相结合，对信用风险地的市场主体，降低市场监管抽查比例和频次；对信用风险较高的市场主体，适当提高抽查比例和频次。利用数据分析平台建立信用监管通用构架，完善信用数字化监管工具组件，优化再造信用数字化监管流程，建立事前信用查询、事中分类监管、事后信用记录的全流程闭环监管体系和以信用为基础的新型监管机制。② 制定出台信用综合监管办法，明确信用综合监管相关的信用信息归集范围、信用等级分类标准、评价周期及与信用等级相对应的监管措施等内容。通过监管信息共享、平台工具共用、违法失信共管，将监管结果回流至信用数字化平台，实现监管执法检查数字化、信用画像全景化及"一网通管"。值得探讨的是，平衡信用信息使用与保护之间的关系是信用数字化无法回避的重大问题。借鉴欧盟 GDPR（The EU General Data Protection Regulation）规则下征信监管模式和美国 FCRA（Fair Credit Reporting Act）规则下征信监管模式，健全征信主体权利保护与救济体系。③

---

① A_n 代表指标权重，X_n 代表信用指标测评值，m 代表指标项数量。
② 2019 年 7 月，国务院办公厅印发《关于加快推进社会信用体系建设　构建以信用为基础的新型监管机制的指导意见》。
③ 吴旭莉．大数据时代的个人信用信息保护——以个人征信制度的完善为契机 [J]．厦门大学学报（哲学社会科学版），2019（1）：161-172.

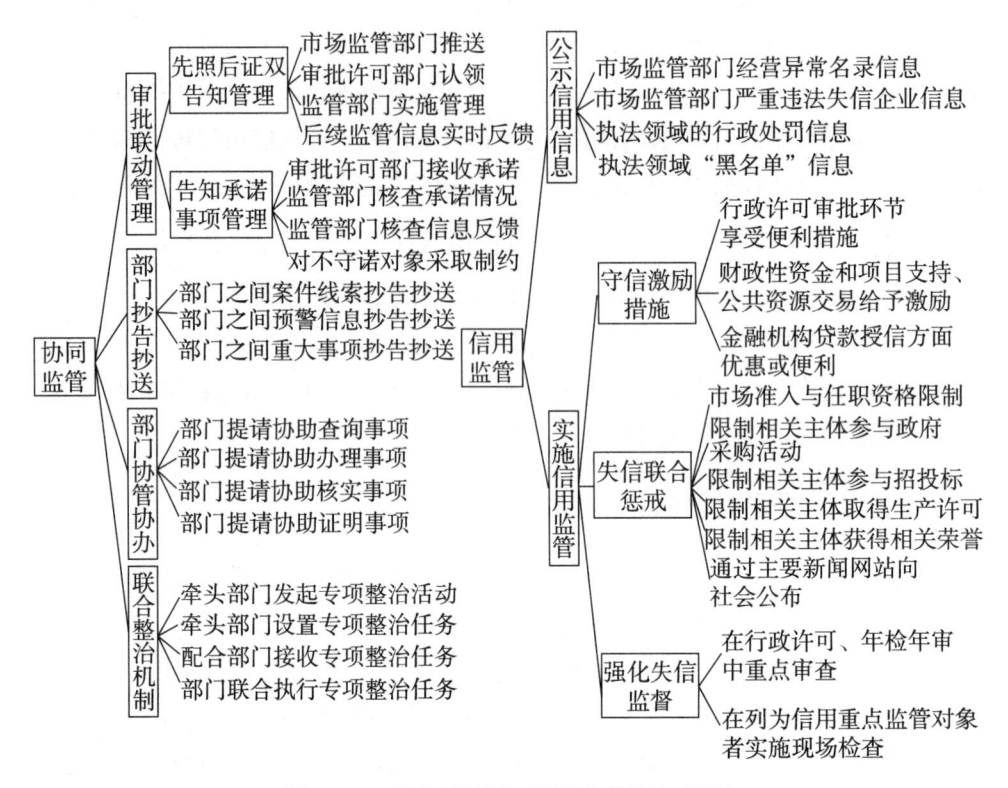

图 34-3　协同监管与信用监管运行机制

三、强化评价制度供给

按照"做成白盒子,而不是黑盒子"的方向,制订信用数字化质量评价制度,对归集共享的信用数据从数据标准、数据质量、数据清晰度、数据获取便捷度、数据可信度、数据需求关联性等方面进行评价,评价结果与政府部门的绩效考核挂钩。[①] 建立全域统一、科学权威、覆盖全面的公共信用评价体系,打造涵盖信用发布、信用查询、信用异议、信用修复等功能的信用体系应用工具池,迭代优化信用评价、信用档案、红黑名单等公共信用产品,实现对全部主体信用状况的精准画像和分析研判。目前,浙江省已归集红黑名单信息 349.9 万条,红名单覆盖 3 个部门,共计 3 类 232.7 万条;黑名单覆盖 21 个部门,共计 22 类 117.2 万条。但信用评价质量有待提升。目前,浙江省 4254 万自然人中评价数据覆盖率为 40% 左右,社会组织 95% 的信用评价结果集中在良好,评价结果区分度不够。2019 年 7 月,浙江省选取了 12 个领域开展信用分类监管试点,推动指标设置、模型构建、系统开发和制度创新,构建行业信用监管责任体系,但由于前

---

① 周民,吕品. 国家信用信息共享交换平台建设关键问题初探 [J]. 电子政务,2015 (10):42-47.

期各部门业务检查留痕不够,积累的业务数据难以支撑模型建立,客观上制约了试点工作的开展。截至目前,节能、工程建设招投标、物业服务、公路治超、道路运输等领域尚未形成分级评价模型。针对"失信成本过低、失信惩罚过轻"问题,建立健全失信联合惩戒体系,提高抽查比例和频次,加大失信惩戒力度,彻底解决失信行为易发、高发、频发的问题。建立信用监管多维度分析机制,对企业探索从金融财税、管治能力、遵纪守法、社会责任等维度进行画像(见图34-4),① 对政府探索从依法行政、政务公开、守信践诺、履职绩效等维度进行刻画。

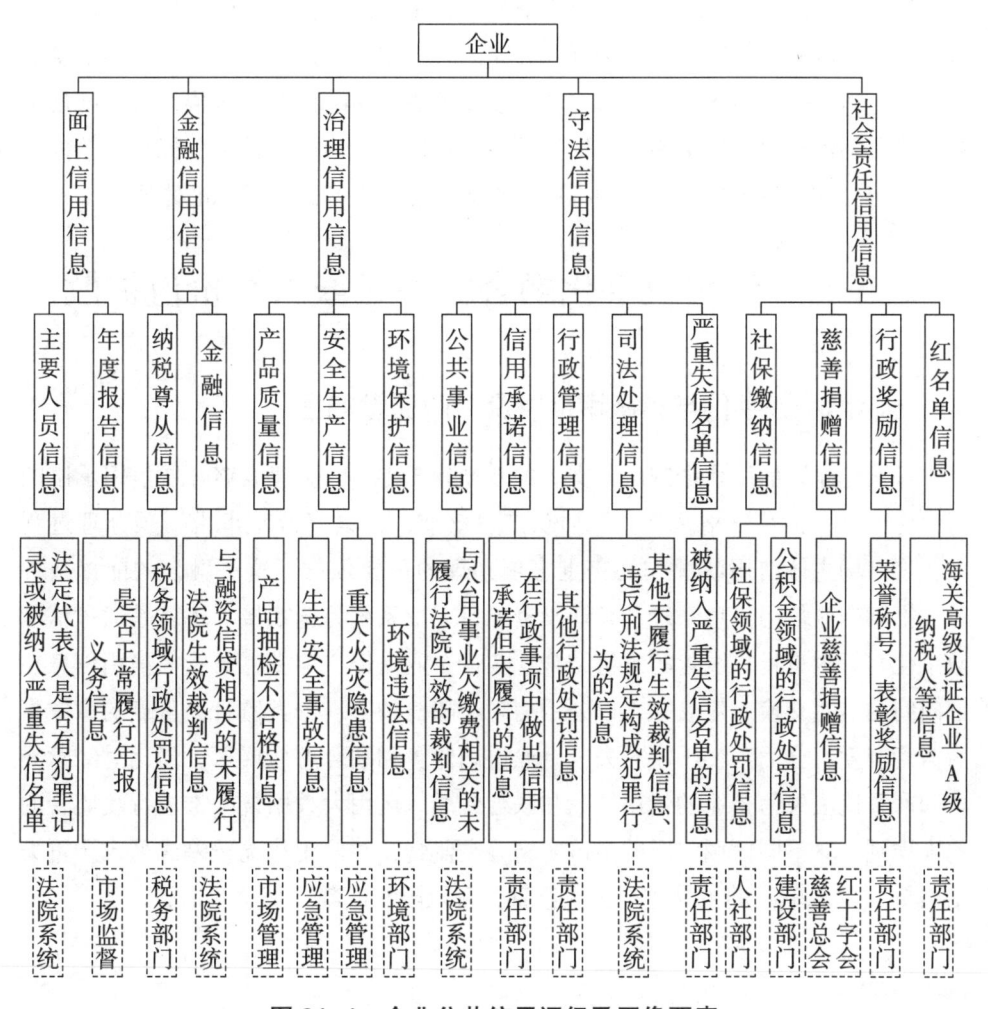

图34-4 企业公共信用评级及画像要素

---

① 美国个人信用报告市场有3家主要机构,Experian信息服务公司、Equifax和TransUnion,每年出售6亿多份信用报告,每天产生约200万份信用报告。

四、强化信用数据标准供给

信用数据具有结构复杂、类型多元、来源多样等特性，不同政府部门的数据存储格式不同、传输过程中的数据接口参数不同，导致归集之后的信用数据杂乱无章。① 中国信用信息索引标准、评价标准、应用标准、失信惩戒标准、信用修复标准等均未建立，信用数字化的顶层标准缺乏统一规划。② 对此，应紧密结合政府数字化转型整体框架，运用"标准化+"理念、手段以及技术，推动信用数字化按照"需求导向、规范统一、共性先立、急用先行"原则，构建以公共信用信息管理条例为核心，以个人身份证号码和统一社会信用代码为标识，以信用报告、信用修复、信用异议等制度为补充的政策体系。探索构建公共信用信息标准化指标体系和标准化评价体系，制定以业务协同系统标准化对接改造制度规范和联合奖惩措施建议清单为参考依据的一系列标准，形成涵盖业务标准、数据标准、应用标准、技术标准、管理标准、服务标准等内容的信用标准体系。

第五节　信用数字化融合：多元嵌入与价值扩散

一、信用数字化与行政审批以及行政监管融合

探索建立以信用承诺制度为支撑的双轨审批制，③ 梳理能够开展信用承诺的行政许可事项，在资格审查、资质认定、核准、备案等行政审批事项办理过程中，将市场主体信用状况作为审批事项办理的重要依据。这一融合的前提条件是，推动企业信用信息系统和企业投资项目审批系统无缝衔接，也就是通过信用数字化与行政审批在线化的紧密结合，实现企业登记、审批、监管等信用信息在部门间的实时交换。建立完善以公示信息、随机抽查、分类监管为重点的事中事后监管制度，全面落实国家对失信企业协同监管和联合惩戒要求，强化对经营异常和严重违法失信企业的信用约束和联合惩戒。运用大数据技术推进行政监管的精准识别，对不同信用状况的主体实施分类监管，对信用状况较差或列入严重失信名单（黑名单）的主体进行重点监管，采取限制或禁入等惩戒措施。

---

① Williamson A. Big Data and the Implications for Government [J]. Legal Information Management, 2014, 14 (4): 253-257.

② 截至 2018 年年底，涉及数字化转型标准总数为 428 个，其中，国家标准 196 个、行业标准 215 个、地方标准 17 个，但信用数字化标准极其匮乏。

③ 王湘军，刘莉. 冲击与重构：社会变迁背景下我国市场监管手段探论 [J]. 中共中央党校（国家行政学院）学报，2019 (2): 100-109.

三、信用数字化与公共服务融合

以政务服务一体化在线服务平台为载体，将信用数字化建设纳入公共服务流程，推动数字信用融入民生事项，结合政务服务网身份认证、用户授权、签章服务等政府数字化转型应用模块，助推掌上申请、掌上办理、掌上反馈等"掌上办事"功能更为便捷。通过信用数字化的实时动态评估，对信用评级较好的公民个人在公积金贷款、医疗卫生、社会保险等窗口服务事项中，试行"容缺受理"等便民化措施。集聚市场、行业、社会等各方面的信用惠民资源，对信用状况较好的公众给予免押金、送服务、享折扣等优惠或便利，试点推广信易租、信易行、信易游等"信易+"项目，根据失信"黑名单"和联合惩戒备忘录，在打击逃废债、税收征缴、社保缴费、政府招投标等领域建立跨部门联动响应和惩戒机制。在政府投资项目招投标、国有土地招拍挂、政府公开采购、矿业权招拍挂、基础设施和公用事业特许经营等领域，将主体信用状况作为资格筛选的重要依据。

四、信用数字化与金融供给融合

建立市场主体融资信用信息共享机制，推进公共信用信息服务平台与金融信用信息基础数据库的信息共享以及信息交换，打通公共信用信息服务平台与市场化征信系统。广泛推动金融机构应用公共信用产品，提升在融资服务、信用风险管控等事务中的应用，发挥金融服务对企业的守信激励和失信约束作用，开发"信易贷""税易贷""信易债"等守信激励产品，降低"红名单"市场主体的交易成本。如浙江省慈溪市企业云信用信息平台整合了市场监管、公安、税务、环保、国土等 28 个部门的数据，从资本实力、运营能力、盈利能力、偿付能力、发展潜力 5 个维度建立信用分析模型，为金融机构精准授信提供支持。截至 2019 年 1 月，该平台已完成 97 类 9300 多万条企业信用信息数据归集、清洗、比对、整合和入库，实现对慈溪市 4.1 万家企业和 15.8 万家市场主体的信用信息建档。加强对金融企业的信用监管，全面落实国家对上市违法失信相关责任主体联合惩戒制度，加大对违规披露信息、内幕交易、操纵市场、欺诈客户等违法失信行为的惩戒力度。

五、信用数字化与社会治理融合

探索将信用数字化建设嵌入社会治理数字化转型的框架之内，以"全网共享、全时可用、全程可控"为目标，把信用信息查询使用、第三方信用评价、信用报告核查等嵌入社会治理流程中，实现公共信用信息数字化平台和基层社会治理平台等系统互联互通，推动社会治理主体由单中心向多中心转变、治理手段由刚性管制向柔性服务转变、治理空间由平面化向网络化转变。健全信用风险预警与评估机制，运用数据挖掘技术和试验仿真技术等，构建信用风险评估体系，提升信用风险的识别能力和预警能力。[①] 逐步形成关口前移、源头治理、预防为主的信用风险预警体系。通过信用信息数字化平台关联分析企业市场准入、生产经营、违法失信、融资贷款等数据，提高对企业违法行为的发现、取证和应急处置能力。利用数字信用的预警预测功能，构建"城市大脑""智慧交通""智慧医疗"等应用平台，形成"治理结果进信用、信用产品进治理"的双向闭环，在社会治理网格化管理中提升信用重点预警区域和人员的监管力度。

第六节 对策与建议

毫无疑问，在政府数字化转型和数字经济井喷式发展同频共振的背景下，信用数字化成为大势所趋。无论是英国的"政府数字战略"（Goverment Digital Strategy）和"政府转型战略（2017—2020）"，还是美国的"数字政府战略"（Digital Government）及韩国的"智慧政府实施计划"（Smart Government Plan），它们在数字化框架内都对信用数字化进行了模块化设计。但同时必须意识到的是，信用数字化是政府数字化更深层次的组成元素，是对公众行为和市场主体行为进行定性或量化评价的"二阶数字化"，这决定了信用数字化的复杂性和识辨性。

（1）基于ICT技术植入的监管数字化有助于从根本上破解传统监管机制"碎片化、割裂化、错位化"问题，能够为"放管服"改革，特别是事中事后监管提供解决方案。[②] 这个问题的破解需要搭建数字化、标准化、通用化的行政执法监管系统和移动巡检监管系统，通过ICT技术将原则性、模糊性、动态性的执法监管要求，固化为可量化、可操作、可追溯的业务要求，构建对市场主体信用行为全生命周期的监管链，实现执法监管行为全要素全环节全流程数字化留痕管理。值得更深一步探讨的是，借鉴英国"数字政府即平台"理念，把信用数字化及监管数字化纳入政府数字化转型和政府治理体系现代化的大盘子中来，构建统一高效、互联互通、安全可靠的信用应用支撑体系、信用数据资源体系及信用

---

① Ferris J S. A Transactions Theory of Trade Credit Use [J]. The Quarterly Journal of Economics, 1981, 96 (2): 243-270.
② Provan K G, Kenis P. Modes of Network Governance: Structure, Management, and Effectiveness [J]. Journal of Public Administration Research and Theory, 2008, 18 (2): 229-252.

公共基础设施体系。[①]

（2）"全打通、全归集、全融合"是信用数字化转型的大趋势，但从实际操作层面看，跨层级、跨地域、跨系统、跨部门之间存在大量"信息孤岛"和"数据烟囱"，横向上部门系统、市县系统之间存在"护城河"及"防护栏"，纵向上垂直部门之间存在"信息烟囱"及"隔离带"，政府系统与行业系统（G2G）、企业系统（G2B）、社会系统（G2C）之间存在"玻璃门""弹簧门"及"旋转门"，这些因素导致信用数字化不成体系，制约了信用资源的开发利用。[②]因此，当前亟待对政府数字化包括信用数字化"一盘棋"通盘谋划的路径进行探索，[③] 在全国政府系统中全面设立"政府首席信息官"（CIO），[④] 实施公务员数字能力提升行动计划，自上而下而非自下而上对信用数据管理总体规划、顶层设计、标准规范等进行系统性建构，制定信用领域的数据技术、标准规范、运维管理及平台建设等相关政策。

（3）"事后管信用"及"信用管终身"的落地，需要深度运用数字化技术，逐渐向"掌上信用""刷脸信用"迭代升级。信息技术革命涌现了大量数字化技术，必将对数字政府和数字经济产生"触发器效应"[⑤]，这为信用体系建设提供了解决途径和操作方案。比如，运用数据挖掘技术和试验仿真技术，探索构建信用风险评估体系，形成关口前移、源头治理、预防为主的信用风险预警体系。信用数字化这道命题刚刚才开题，未来应借助TB/PB级数据分析技术（MaxCompute）、类脑计算、视觉识别、移动边缘计算等数字技术，依托统一身份认证体系联通所有信用信息平台，通过智能终端实现信用数据集成、高效处理和快速输出，最大程度实现"掌上信用"高值化和政府信用数据价值最优化。

---

① Brewer G A, Neubauer B J, Geiselhart K. Designing and Implementing E-Government Systems: Critical Implications for Public Administration and Democracy [J]. Administration and Society, 2006, 38 (4): 472-499.

② Fan J, Zhang P, Yen D C. G2G Information Sharing among Government Agencies [J]. Information & Management, 2014, 51 (1): 120-128.

③ 陈振明. 政府治理变革的技术基础——大数据与智能化时代的政府改革述评 [J]. 行政论坛, 2015 (6): 1-8.

④ 2013年日本就专门设立政府首席信息官（CIO）制度，负责落实、协调、督办数字经济发展和数字政府推进工作。

⑤ Barley S R. Technology as an Occasion for Structuring: Evidence from Observations of CT Scanners and the Social Order of Radiology Departments [J]. Administrative Science Quarterly, 1986, 31 (1): 78-108.

第35章 开发区（园区）数字化改造的研究报告

在全球产业演化的版图上，产业集聚成为产业结构升级和演进的必然趋势，自硅谷开创产业集聚先河以来，全球各国纷纷兴起产业集聚建设浪潮。以开发区（园区）为代表的产业集聚区建设，实质是强化产业集聚磁场引力，集聚高端要素、集聚高端产业、集聚比较优势，形成经济增长极。开发区（园区）是产业集聚的重要平台，也是支撑创新发展的重点领域。中国改革开放以来，开发区（园区）从无到有、由小变大、由弱变强，在促进区域经济和产业经济发展方面发挥了至关重要的作用，但面对传统经济转型升级的迫切要求，开发区（园区）原有的平台优势、制度优势、政策优势逐渐丧失。鉴于开发区原有发展模式逐渐滞后，在数字化浪潮中，应当加快推进开发区（园区）数字化改造，探索实施"开发区二次创业行动"，鼓励开发区（园区）嫁接技术、数字化改造，运用互联网、大数据、云计算、区块链等新一代信息技术推动体制创新、管理创新、营销创新、模式创新的持续融合，使开发区（园区）在经济高质量发展过程中发挥关键作用。

第一节 开发区（园区）数字化改造的战略必然

聚焦开发区（园区）数量多、规模小、能级弱、管理散等突出问题，通过系统的数字化改造，激发开发区（园区）经济活力，[①] 推动投资贸易便利化，大力发展开放型经济，加速建成一批具有国际先进水平的科创中心和研发平台，加速催生新技术、新产品、新业态、新模式，对推动产业迈向全球价值链中高端具有极为重要的促进作用。

一、开发区（园区）数字化改造是深入推进数字经济建设的重要任务

互联网大数据、人工智能与传统产业深度融合的基础能力建设是数字经济，

[①] 纵观全国乃至全球，成功的开发区（园区）一定是遵循产业集聚规律，注重生产链、供应链集成耦合，注重数字化的渗透融合，注重协同创新内生催化，注重产城融合双轮驱动，通过产业集群、要素集约、功能集成做强内核，从而构筑起强大而持久的根植力和生命力。

特别是产业数字化发展的关键，依托开发区（园区）构建涵盖"软（软件）、硬（感知与自动控制设备）、云（工业云与智能服务）、网（工业互联网）、数（大数据与人工智能）"一体、交融、聚变的数字化基础设施，提供行业公共性数字化服务，能强化数字技术对传统产业的黏合、承载、反馈和赋能作用，有效降低单独企业开展数字化改造的难度和成本。开发区（园区）数字化改造也是变传统生产方式、组织方式为精准化资源配置、自动化组织生产和网络化企业互联方式的基本路径，是开发区（园区）转型和跃升的创新动力与技术支撑。

二、开发区（园区）数字化改造是实现绿色发展的必由之路

"宽带、融合、泛在、安全"的园区数字化设施，是推行清洁生产、实施智能制造、提高生产效率的基础；数字化能源综合管理系统，可有效降低开发区（园区）能源运营成本，同时降低入驻企业的用能成本；数字化管理协同平台，能使开发区（园区）企业建立共生代谢关系，最大限度地减少资源消耗量和污染排放量。因此，数字化改造是建设生态园区，实现绿色、低碳、环保、可持续发展生产方式的有效手段。

三、开发区（园区）数字化改造是推进产城融合，加快新型智慧城市建设的有效载体

随着开发区（园区）逐渐由城市边缘地区转变为集生产与生活于一体的综合城区（产业新城、特色小镇），大量城市要素在区内并存聚集，开发区（园区）承载的功能正在日益多元化。智慧园区是智慧城市的重要表现形态，其体系结构与发展模式是智慧城市在一个小区域范围内的缩影。迫切需要通过园区数字化改造，以新型智慧城市的理念系统规划、管理、开发、运作产业园区，推进产城深度融合。

第二节 开发区（园区）数字化改造存在的症结

本章以浙江省为案例解剖麻雀，对开发区（园区）数字化问题进行剖析。据不完全统计，浙江省开发区（园区）总数达1010家，其中省级以上开发区（园区）有183家，市县自行设立的共827家。早在2013年，浙江省就发布了《浙江省开发区（园区）信息化发展规划》，浙江省开发区（园区）管理信息化、控制智能化、制造数字化和服务网络化水平明显提升。全省创建了省级"两化"深度融合国家示范试点区域54个（见表35-1），这些区域基本上都以开发区（园区）为依托，成为"两化"深度融合的平台和载体，有效支撑了机器换人、

机器联网、数字工厂、企业上云等数字化转型项目。尽管浙江省开发区（园区）数字化水平不断提升，但从总体看发展还很不均衡，主要存在以下问题。

表35-1 浙江省开发区（园区）区域分布

分布	国家级（40家）				省级（143家）					市县自行设立园区	共计
	经开区	高新区	特殊监管区	之江国家旅游度假区	产业集聚区（新区）	开发区	高新区	经贸合作区	工业园区		
全省	21	8	10	1	16	60	41	5	21	827	1010
杭州市	4	2	1	1	2	4	6			116	136
宁波市	4	1	4		2	9	3	1	3	191	218
温州市	1	1	1		2	5	2	1	2	154	169
湖州市	2	1			1	4	5			36	50
嘉兴市	3	1	1		1	9	7		2	43	67
绍兴市	3	1			1	4	6		2	48	65
金华市	2		2		3	6	5		3	70	91
衢州市	1				1	3	2			24	34
舟山市			1		1	3	2	1	1	26	35
台州市					1	9	2	1	1	80	94
丽水市	1				1	4	1		5	39	51

资料来源：笔者根据相关公告数据整理。

一、开发区（园区）数字化改造的企业动力不足

开发区（园区）企业上云等数字化改造主要局限在单体层面应用上，对提质增效降本的作用不够显著。大部分企业在研发设计协同化、生产过程智能化、能源管控集成化、服务模式延展化和个性化定制等方面尚处在较低水平。大多数中小企业认为数字化改造投资回报周期长、转换成本高，存在顾虑多拍板难、推动数字化改造形成合力难、技改后数字化生产线维护难等问题，缺乏数字化改造的内生动力。

二、开发区（园区）数字化服务能力不强

有的开发区（园区）缺乏以"用户为核心"的理念，满足于表面文章，有的只是增加一些摄像头提供安全防护，或者仅是一些服务项目加上了APP等，

有的信息系统没有从企业需求着眼,用户体验不好,利用率低,不能为园区集聚的中小企业数字化转型提供切实可行而又低成本的系统解决方案。

三、数据整合共享应用不足

开发区(园区)大数据平台缺失或者作用不够明显,缺乏企业间数据的交换、融合,工业大数据资源尚未有效挖掘和利用。信息孤岛问题比较突出,园区的环境、能源、物流、车辆、人流数据,呈相互孤立的收集与输出,不能做到整体分析与主动判断。政府公共数据面向企业开放的程度不高。同时,网络与信息安全特别是云安全压力不断增大。

四、与产城融合的数字化需求不相适应

与开发区(园区)城市功能相关的文化教育、医疗卫生、人力社保、社会管理等社会领域的数字化建设与应用的要求日益提高,但很多开发区(园区)还停留在单一生产功能上,运用数字化网络化智能化思维与手段开展社会治理与环境保护的能力不足。

五、可持续投入与运行的商业模式缺乏

对园开发区(园区)数字化改造的经济性、适用性和可持续性考虑不足,仅依靠政府投入难以长期为继,往往"虎头蛇尾"。开发区(园区)数字化改造的持续投入与运行缺乏有效的商业化路径与模式,社会化资本利用不足,政府负担过重。

第三节 对策与建议

一、以工业互联网创新应用为重点,着力提升开发区(园区)产业数字化水平

启动开发区(园区)工业互联网创新应用示范试点行动。把开发区(园区)作为通过系统构建工业互联网网络、平台、安全三大功能体系,打造人、机、物全面互联的新型网络基础设施的重要载体,加快SupET等跨行业、跨领域的工业互联网平台在园区的推广应用。围绕园区产业全要素、全产业链、全价值链连接需求,培育打造一批行业和园区工业互联网平台以及面向园区场景的工业APP,形成开发区(园区)数字化网络化智能化发展的新兴业态和应用模式。

实施开发区(园区)企业"两化"融合资源共享行动。围绕园区产业转型

升级需求，深化"机器换人""工厂物联网""企业上云"等专项行动，探索创新园区数字化资源共享的模式与机制，大力推广协同制造、协同研发、协同采购、协同供应链以及服务型制造、个性化定制等"互联网+制造"新模式，支持开发区（园区）联动推进"标准化+""品牌+""设计+"，打造一批示范园区。

提高开发区（园区）数字化改造服务能力。推广新昌陀曼智造在轴承行业"数字化制造、平台化服务"的经验模式，以开发区（园区）龙头企业和软件企业为基础，培育一批面向园区产业集群的数字化工程服务商，提高园区智能制造服务支撑能力，推动企业生产从智能生产线、智能车间迈向智能工厂。

二、以提高用户获得感为导向，夯实开发区（园区）数字化基础设施

提升开发区（园区）网络基础设施水平。以"宽带、融合、泛在、安全"为导向，夯实园区宽带网络建设。实施"千兆智联""NB-IoT 推广应用""IPv6 规模化部署""LPWAN 智慧园区"等专项行动，提升用户普及率和网络接入覆盖率，促进 4G 网络深度覆盖和光纤宽带提速，创造条件适时部署 5G 应用。改造园区企业内网，推进工业互联网标识解析应用，加快建设低时延、高可靠、广覆盖的开发区（园区）工业互联网网络基础设施。

打造开发区（园区）数字化公共服务平台。通过线上线下结合，围绕企业用户需求，提供包括基础物业、生活与商务配套、园区能源管理服务、金融服务、云服务等园区服务。基于统一的开发区（园区）云服务平台，以插件形式根据需求开发和扩展各项垂直服务，成熟一个，上线一个，最终形成相互支持的整体系统。

加快开发区（园区）基础设施数字化升级。推进开发区（园区）市政公用设施、环卫设施、地下管网等基础设施数字化改造，构建市政设施管理感知网络系统。实现建筑管理、能源管理、污染排放管理、安全管理和社会管理数字化、智慧化。建立健全开发区（园区）网络安全保障体系。加强开发区（园区）企业网络安全教育，提升网络安全风险防范和数据流动监管水平，打造基于主动防御的园区数据与网络安全体系架构。

三、建立开发区（园区）大脑，推进数据资源共享

建立开发区（园区）大数据管理平台（"园区大脑"）。整合改造提升传统数据中心功能，将"园区大脑"打造成为深度链接和支撑数字经济、数字社会、数字政府协同联动发展的园区数字化治理综合基础设施。使孤立分散的园区企业在通过"园区大脑"找到各自的节点和归属，推动园区内部与外部的信息互联

互通。对开发区（园区）内企业生产经营数据、工业建筑物的地理位置及建筑状况、人员、车辆等基础信息进行全录入，实现对开发区（园区）内基础信息的实采实录、实时更新。

以"园区大脑"带动工业大数据应用。应用"园区大脑"集成园区内产品、机器、资源和人员数据，探索整合应用工业大数据的机制，深度挖掘工业大数据价值。发挥开发区（园区）部分大型龙头企业已实现工业大数据分析与应用的优势，帮助中小微企业逐步实现数据实时采集，实现数据驱动的生产排程、产品质量管理、能源管控。[①] 通过大数据分析提高企业预测市场和经营管理的水平，推动开发区（园区）企业生产设备和原材料、零部件协同响应的市场需求。

发挥"园区大脑"信息枢纽作用。通过"园区大脑"后台数据分析整理功能，对所有园内企业的工商登记、产业门类、具体厂房楼层、生产经营状况、租赁合同期限进行动态管理。参考推广嘉善县创新建立"企房云管家"平台，实现小微企业园智慧服务管理模式，通过"园区大脑"对入园企业实施集中管理、动态更新和"一站式"服务，为开发区（园区）项目对接、日常监管和绩效评价等工作提供信息保障。

四、以政府数字化转型促进开发区（园区）治理能力现代化

着力优化开发区（园区）营商环境。以深化"最多跑一次"改革为引领，构建园区统一协调、互联互通的政务服务体系，大力推广应用"浙政钉"和"浙里办"，加快实现"掌上办事""掌上办公"，探索开发区（园区）政务服务"零上门"机制。借助综治工作、市场监管、综合执法、便民服务"四个平台"的基层治理力量，由开发区（园区）服务管理中心牵头，将综治、环保、安监、市场监管、新居民等部门整合成"一张网"，打造"信息收集全、职能发挥全、业务能力全"的"全科网格"队伍。

积极推进政务数据整合共享和开放应用。建立开发区（园区）信息资源目录体系和政府数据采集机制，完善园区人口、法人、信用等基础数据库。推动数据资源应用创新，强化园区政务数据与企业、社会数据的汇聚融合和关联分析，推动开发区（园区）产业、财税、商务、金融、科技、人才等大数据的挖掘和利用。

---

① 这个过程中，尤其要突出精细化全生活链服务、高效化交通出行组织、循环化能源资源利用、数字化规划建设运营、集约化绿色建筑营造、特色化人才吸引培育，加快实施开发区（园区）有机更新，建设数字园区与美丽园区共同体，提高吸引力、集聚力及辐射力。

第36章 市县政府数字化转型的研究报告

世界正面临百年未有之大变局，数字革命推动人类社会生产方式变革、生产关系再造、生活方式巨变。在"万物互联"的数字化时代，大数据是生产资料，云计算是生产力，互联网是生产关系，数字化浪潮给现代化建设带来前所未有的机遇和挑战。推进政府数字化转型、建设数字政府，是世界各国政府主动适应数字化时代潮流的战略选择。① 这是政府治理的一场深刻革命，是从理念到行为、从量变到质变、从制度与工具到方法的一个系统性过程，其实质就是通过流程再造和部门协同，打破部门分割，推动建设"整体政府"。与传统意义上的政务服务业务流程相比，协同化突破了各部门在横向上和纵向上"各自为政"的局面，② 要求部门在确定事项的受理条件、办理标准、业务流转、数据共享等内容时，充分考虑横向同级部门之间及纵向跨层级部门之间的协同性，③ 不仅需要打通横向部门之间存在的一些"信息孤岛"，也需要贯通省、市、县之间存在的"信息烟囱"。本章在部分市县调研的基础上，着重分析了政府数字化转型的症结和瓶颈，重点梳理了政府数字化转型的突出问题，提出了有针对性的对策建议。

第一节 市县政府数字化转型的实践样本

浙江的政府数字化转型过程是全国建设数字政府的一个缩影。特别是2003年以来，浙江省秉持打造最优政务生态系统和最优营商环境的坚定决心，大力推进政府数字化转型，以政府数字化转型撬动经济、社会全方位转型。目前，政务

---

① 美国最早提出政府数字化转型。20世纪90年代，提出构建"电子政府"（E-government），推进政府网站开发，加大对信息基础设施的投资力度。英国政府认为，"数字政府即平台"，建设促进部门协同的共享平台，加快推进政府数字服务，改善民众与政府之间的关系。较早地出台了平台、数据、应用等方面的框架标准，并通过智慧城市群网络（Smart-Impact）不断完善城市和部门之间的数据共享、辅助决策等机制。韩国在2013年启动实施"政府3.0时代"计划，即建设透明型政府、能力型政府和服务型政府，以实现政府更好的治理和国民更加幸福的生活。
② 政府部门业务流程主要是从本部门的角度进行设计，有关业务受理标准、监管内容和方式主要从本部门的需求出发，政务服务业务流程缺乏协同性。
③ 未来，随着大数据、云计算、物联网、人工智能等新一代信息技术的快速应用，数字政府治理工具和手段将越来越专业化、精细化、智能化，并将逐渐发展为具有即时感知、科学决策、主动服务、智能监管、开放协同、韧性兼容等特征的"智慧政府"。

服务网成为全国有影响力的公共数据平台，全面推行"一窗受理、一网通办、一证通办、一次办成"，推广掌上办事"浙里办"和掌上办公"浙政钉"，取得了开创性的突破，特别是杭州市、衢州市、金华市最具有代表性，本章对此进行了典型样本研究分析。

一、杭州市政府数字化转型

从调研情况看，杭州市以城市大脑为牵引，初步形成政府核心业务全覆盖、横向纵向全贯通的数字化应用体系，"互联网+政务服务""互联网+监管"全面深度应用，80%以上的政务服务事项"掌上可办"。电子政务基础设施实现集约利用，部门专网实现100%全整合，公共数据依法依规实现全面共享、有序开放。城市大脑超级应用的领域不断拓宽，政府决策科学化、治理精准化、服务便捷化水平显著提高。

（1）拓展数据归集共享体系。按照政府数字化转型要求，按需保质保量完成数据归集工作，拓展公共数据交换平台，新建时空数据、车辆数据和不动产数据三大专题库；升级公共数据共享平台，提高数据共享支撑效率，加强分类监管统计。运行公共数据开放平台，探索社会数据归集共享利用，向社会输出政府服务能力，做到对内共享、对外开放。

（2）做强数据支撑服务体系。发布《杭州政务数据资源目录》（2019版），抓好"按需归集率""共享使用率""电子印章使用率"100%、"数据流通率"90%、"事项颗粒化率"80%五项督查及可信电子证照库、电子文件规范化工作建设。将各类技术工具和手段广泛应用于数据校验、巡查、交换、共享、开放中，为城市运行、社会治理和民生服务注入鲜活、流动的数据血液。

（3）建立政府数字化转型实验室，实现公共服务事项智能搜索、智能客服、智能引导、叫号评价、个人材料、网签核验和溯源监督等服务能力输出。强化与省大数据发展管理局的沟通协调机制，建立基于政府数字化转型各项考核目标的事前预判、事中通报和事后考评体系。

（4）以信息化手段引领管理跨越。探索移动管理，依托"浙政钉"，建成移动工作平台，集成日常办公、信息传递、资源共享、远程培训和数据管理等服务。将全市数据资源管理服务涉及的人、组织、业务、数据连接起来，做到跨部门、跨层级扁平化统筹和通信、消息、业务、数据和协同五个"一键达"，实现实时跟踪数据流向，在线掌握应用动态，细化数据颗粒管理。

（5）继续开展难点痛点攻关。针对数据开放、数据质量、历史数据完善、数据资源平台建设等重点、难点工作，实施扁平化团队式管理，围绕课题进行技术攻关，研究解决方案并大胆实施，为数据应用的便利性提供技术支撑，形成数据共享与应用的"杭州经验"。

二、衢州市政府数字化转型

（1）系统性推进政府数字化转型。构建纵向贯通、横向协同、市县联动、覆盖全市的工作机制体系，加快建设"掌上办事、掌上办公"之城，争创全省数字化转型的先行区和示范区。同时，制定落实《衢州市政府投资信息化建设项目管理办法》，坚持统筹整合、融合打通、共建共享，严防形成新的信息孤岛。近两年来，市智慧办共受理申报项目94个，通过项目统筹、资金整合，实施项目32个，真正让资金用到刀刃上、让项目发挥效用、让数据共享成为现实。

（2）创新性推进政府数字化转型。全面实施"城市数据大脑"行动计划。基于城市数据大脑2.0，衢州市打造"雪亮工程"衢州样本，受到中央、省领导的充分肯定。积极谋划基于城市数据大脑开发交通、环保、平安、城管、经济、健康、旅游、信用等功能模块。全市域推进"叮叮钉"应用。衢州市以推广"政务钉钉"作为政府数字化转型抓手，作为打造现代政府、完善社会治理的主体工程，依托"政务钉钉"在工作交办、督查反馈、工作监管等方面的优势，创新建立"叮叮钉"全流程清单式督查工作体系。衢州市钉钉政务移动办公平台已横向覆盖党政机关事业国企，纵向贯通省市县乡村五级，全市注册激活用户近50万人，成为全国最大的"一钉通"市级钉钉集群。

（3）打造政府数字化转型一体示范市。按照业务流程再造、业务协同要求，以民生领域为重点进行个性化开发，整合部门热门应用（如社保、公积金等），结合衢州市电子证照库，打造衢州特色政务链，为掌上办事提供可查询、可验证、可监督、可追溯、不可篡改的数据存证和验证服务。实现信息孤岛100%全打通、数据资源100%全共享、网上办事100%全覆盖。从群众眼中的一件事出发，利用大数据分析技术，为掌上办事提供精准主动的消息推送服务。

（4）打造"无证明办事之城"。开发"一网通办"平台，解决部门自建系统与"一窗受理"的协同问题，推进"一网通办"平台、"一窗受理"平台覆盖市县乡三级、覆盖全市101个乡镇。衢州市"一网通办"平台、"一窗受理"平台可收件事项4490个，总收件量为68万件。其中市本级有1249个事项，总收件量为4.7万件。通过省、市两级数据共享平台和政务数据API资源池，并利用衢州市可信电子证照，简化群众和企业办事需要提供的材料。结合人脸识别、电子身份认证等技术实现"无证明办事"，率先引入身份证网证、人工智能、区块链等，为群众和企业提供及时、准确、便捷、智能的政务服务。

（5）全域推广"村情通+全民网格"。打造"村情通+全民网格"新时代"枫桥经验"，创造出"新速度"。在龙游县，"村情通+全民网格"覆盖全县262

个行政村，并向 10 个社区、2 个工业园区不断延伸"综治大网"，不仅打通了基层治理的"最后一公里"，同时也开拓了新时代共建共治共享的社会治理格局，为打造"枫桥经验"网络升级版提供了实践样本。

三、金华市政府数字化转型

（1）建成公共数据共享管理发布平台。按照全省"最多跑一次"改革"1253"共享体系建设要求，金华市公共数据共享管理发布平台已于 2018 年 9 月 1 日正式上线运行，完成人口信息等 493 个 API 接口封装注册。全力推进国家市场监管总局企业开办全程网上办"零见面"改革试点，2019 年 1 月底前，"企业开办零见面"平台可在浙江政务服务网上线运行，5 月底前全省推广使用。

（2）"标准地+承诺制"改革走在前列。"标准地"改革作为全省 26 条经济体制重点领域改革典型经验之一，在全省复制推广。政府审批从法定 30 天压缩到 13 天，中介服务从 53 天压缩到 38 天，一般企业投资项目"最多 100 天"实现率达 90%，位居全省第二。"标准地"出让宗数、面积占工业用地出让宗数，均居全省第二，实现全域全覆盖。狠抓落实，确保高质量完成"三个 100%"。全市已实现省政府提出的网上办事 100%全覆盖要求，8087 项政务服务事项开通网上办事；全市已实现省政府提出的数据孤岛 100%全打通，25 套系统按受办分离或统一收件码模式实现与"一窗受理"平台的对接改造；数据资源 100%全共享已基本完成，截至 2019 年 12 月 21 日，全市"最多跑一次"事项共享对接已完成 15097 项（占全省的 1/3）。

（3）重点推进民生事项"一证通办"。全市共梳理出民生事项 3102 项，全市涉及省规定 189 项民生事项的共享改造已全部实现，可实现"一证通办"的民生事项为 2043 项，实现率可达 65.8%。全面推进"政府收费无现金"模式。全市 29 个部门 35 项行政事业性收费、26 个部门的罚没收入、28 个部门的出租收入和 6 个部门的 11 项政府资源有偿使用收入接入统一公共支付平台，打通了 10 条线上线下支付渠道，全面实现线上线下一体化收缴。

（4）落实"五个零"数字化应用。围绕"零见面"审批、"零投诉"预警、"零扰民"执法、"零口供"办案和"零距离"服务，继续在市场监管领域深化数字化转型，确保走在全省前列，"五个零"数字化应用做法获省领导批示肯定。谋划部门间办事"最多一星期"。针对部门跟部门之间存在的"办事难、打太极、拖字诀"等问题，深入谋划部门间办事"最多一星期"改革项目，推动"最多跑一次"改革在政府机关内部运行中深化见效。

（5）加快政务专网整合。做好部门专网迁移到政务外网工作，市本级共拆除部门接入政务专网专线 169 条，每年可节约网络运维经费 107.2 万元。率先建成全国首个覆盖整个地级市规模的政务网络自动化安全防护平台，全市 625 个党政机关网站及互联网应用系统纳入政务网络风暴中心的玄武盾平台防护，1145 个站点纳入先知平台监测。金华市网络风暴中心项目在省网信办举办的 2018 年网络安全大会上获政务云安全服务创新成果奖。

第二节 政府数字化转型的场景应用：以杭州为例

一、市场监管的数字化场景

杭州市按照"一网受理、并联审批"模式，持续推进商事登记"一网通"系统运用，打通 33 个涉企证照审批部门业务系统，全市共 134 个市及市以下涉企证照事项全部实现"多证合一、证照联办"。2019 年以来，通过"一网通"共办理多证合一事项 82.7 万件、办结证照联办事项 3.5 万件。建成全国首个"市场监管互联网执法办案系统"，在余杭区开展工作试点，探索网络市场监管新路径。截至 2020 年 6 月，已录入案源 2900 件，其中经核实不予立案 1593 件，责令改正 10 件，立案查处 884 件，已结案 394 件，罚没款共计 41.7 万，大幅提升网络案件查办效率和成功率，立案查处数为 2019 年的 2.72 倍。推进信用监管，打通商事登记一网通与企业信用监管平台数据交互通道，实行批管联动。截至 2020 年 6 月，杭州企业信用联动监管平台已归集 112.28 万余家企业信用信息数据 1.28 亿条，涵盖 39 个市级部门，较 2017 年年底增加了 6730.42 万条。其中，实施部门联合监管的列入信用提示企业 1.03 万家，信用警示企业 2.29 万家，信用限制企业 7050 家，经营异常名录企业 8.01 万家，严重失信企业 4629 家；拦截"老赖"担任企业的法定代表人、董事、监事、经理及其他高级管理人员 2551 人次。

二、交通治堵的数字化场景

杭州市依托城市大脑建设，建成交通信号配时中心，并引入专业团队，创新信号配时工作机制，对市区交通信号等进行调控和优化，取得明显成效。以地铁网和快速路网施工区域信号优化为例，环城北路莫干山路口通行速度提升 7%，环城北路中山路口速度提升 8%。以大队交界处信号优化为例，丁桥区块平均行程时间缩短 3.5 分钟，余杭西湖交界处的文一西路高峰延误降低 5%。夜间交通信号周期优化后，夜间主干道均速提升 17%，市区总体延误下降 3%。实现以"试验田机制"和"容错机制"为先导，鼓励并推进将最新型的交通科技应用到全市路面交通实践先行先试，自主研发的无线同步移动交通信号灯，解决了移动信号灯"自适应""自匹配"与"可移动"方面的矛盾，有效应对突发交通事件，实现短途信号关联，提升路网交通通行效率。通过支付宝平台、浙江政务服务网等网络渠道交通违法罚缴一体线上处理，共为群众答疑解惑15000次，处理交通违法行为累计407万余起，缴款10.7亿元，同比上升104%和36.9%。

三、智慧停车的数字化场景

杭州市基于全市停车网格划分，融合高德行车轨迹、违停、车位占用率等数据，分时分区计算"停车难度指数"，量化描述杭州市各个区域不同时段的停车难易程度，为解决"停车难"奠定基础。利用视频分析、空间分析等技术，基于卡口流量数据，对停车网格内的过车量和驻车量进行实时计算，得出停车需求量，结合网格内的停车泊位数量，获取停车缺口数，为停车设施管理和优化提供量化依据。通过对违停、停车场占用率等数据进行融合计算，找到"停车盲点"，并分析其成因（停车收费高、缺少诱导或交通组织不完善等），进一步有针对性地采取调整收费价格、增设诱导牌、改善交通组织等手段予以"定点消除"。拓展动态车位查询、预约停车、泊位提醒、室内外一体化导航、反向寻车等停车服务，将原先"车到库"这种粗放的停车体验升华到"车到位"的精细化停车服务。

第三节 市县政府数字化转型面临的瓶颈

一、系统对接和系统打通不够彻底

市县均加快推进辖区内信息系统互联互通，但打通不够彻底，[①] 特别是一些部门自建系统与"一窗受理平台"并未实现互通，部分数据导入仍采用机械化方式。某设区市反映，省住建系统和市住建系统分别由两家公司开发，系统数据串标准不统一，造成省、市数据传输延时达到3小时以上。某县反映，目前在用信息系统共98套，其中国家级28套、省级系统61套、地级系统6套、县级系统3套，部门审批系统与"一窗受理"平台对接不够。某地行政服务中心反映，投资项目审批、商事登记、不动产交易登记、公安户籍和出入境、燃气水电等办件量大的垂管系统在业务上仍是各自为政，与当地权力运行系统、"一窗受理"系统没有实现业务集成。杭州部分区县反映，省里推行"浙里办"APP，杭州市推行"杭州办事服务"APP，老百姓办事平台不一致。

---

① 尤其是公安、人力社保、税务、海关、市场监管等部门存在纵向专网，大量的业务系统在专网上运行，成为制约信息系统互联互通、数据实时共享的关键瓶颈。

二、数据字段缺失、数据不一致等问题存在[①]

调研发现,在推进数据归集共享的同时,需要关注数据质量。某设区市反映,2018年调用公共数据650万次,收到数据质量问题反馈128条,其中身份证、结婚证、房产证无数据或错误分别占比49.1%、30.4%、9.9%。金华某县反映,出生医学证明仅归集了2014年以来的数据,不动产登记证归集了2016年9月以后的数据,存在因实时性问题而造成的应用风险。绍兴某地反映,户籍、教育、就业、生育、婚姻、企业营业执照等信息虽进行了数据归集,但由于档案电子化程度和原始数据质量等原因,仍处于碎片化状态,数据本身质量不高。还有些地方反映,部分业务共享数据更新频率偏低,婚姻历史等数据经常查不到;通信、电力、广电等数据归集不系统,相关单位以法律保护个人隐私为由拒绝提供。

三、信息基础设施重复建设、整合协同不够

信息基础设施"各自建、各自用"现象普遍,造成一定程度的重复投入。某区反映,电子政务外网网络裸光纤接入单位97家、198个行政村,但有自行互联网出口的单位49家;以视联网平台为主线的政务物联网接入视频会议系统83个点,整合各路监控8496个,但公安、城管、人社、国土、环保、交通等系统共享不够。杭州某地反映,各地系统接口不开放导致用于电子政务外网建设的接口费比较高,2018年人社部门投入110万,国土部门投入近300万。某区反映,省里一个数字证书对应一个电子印章,市里要求一个数字证书对应10个电子印章,县区在实际应用中一个数字证书对应数10个电子印章,一些地方不得不申请3个或以上数字证书。

四、市县全量数据"获取难"

市县调用数据需要通过共享平台,对于迫切需要的全量人口、企业、工商、税务等信息,省里尚未向市县开放权限。杭州某区反映,2018年申请的150项页面资源审批通过134项,16项未通过;49项服务资源审批通过23项,17项未通过,9项审批中;审批未通过主要集中在公安、社保、民政3个主管部门。某设区市反映,省共享平台接口提供的数据服务和部门业务实际需求存在不匹配的现

[①] 很重要的一个问题是,缺乏数据标准的整体规划和统筹设计,政府数字化转型标准体系涉及数据标准、技术标准、监管标准、安全标准、应用标准等各类标准,相互之间需要统一、兼容、协同,目前相关标准缺乏统一规划,特别是数据开放共享领域的相关标准明显缺失。

象，部分接口仅提供单条数据查询，而部门业务需要调用批量数据。某县反映，目前权力运行系统使用南威公司开发的"一窗受理"平台，与当地国土、工商、公安、社保、投资项目监管平台等互不相通，从原来的众多"小孤岛"变成了少数几个"大孤岛"。

五、相关法律保障滞后于改革

尽管浙江省针对政府数字化转型出台了不少法律法规，但在细分领域仍然需要加强制度保障。某设区市反映，工程建设项目审批制度改革中的免予办理施工许可证的标准是"工程投资额在 30 万元以下或者在 300 平方米以下的建筑工程"，沿用 1999 年出台的《建筑工程施工许可管理办法》规定。工程建设项目审批制度改革与其他一些改革的要求和标准不一致，比如投资项目在线监管平台与工程建设项目审批管理系统在项目分类标准、系统对接标准上存在一定差异。部分市县反映，数据属性界定、权利归属、使用标准等尚未建立明确的规章制度，电子证照出证缺乏配套制度设计，实际推行还存在很多困难，需要出台电子证照应用的实施细则。

六、数字化专业人才极为匮乏

数字化专业人才缺乏是各地反映的普遍问题。某设区市下辖 6 个县（市、区），每个县（市、区）政府办从事电子政务工作人员均只有 2 名左右，而且缺乏专业技术背景。随着数字经济"一号工程"步伐加快，数字企业虹吸效应十分明显。以杭州市为例，与阿里巴巴、网易、海康威视、大华科技等企业相比，政府机关对高水平数字化专业人才的吸引力远远不够。经济较发达的市县等反映，进入政府机关的数字化人才基本是二流、三流人才，一流人才基本集聚在阿里巴巴等领军型企业。某山区县反映，政府系统数字化专业技术岗位高级职称职数的比例只有 7%，与教育、卫生、农业、电力等系统 17%～30% 的比例相比明显偏低。

第四节 市县政府数字化转型的案例剖析

推进政府数字化转型、建设数字政府，对政务服务业务流程进行整体优化再造，贯通政府内部数据流，可以显著提升行政效率，推动建设"效率政府"。我们以杭州市的临安区政府为例，对市县政府数字化转型的红利和问题进行剖析。从实地调研情况看，临安区把"数字政府"建设列为"一号工程"，坚持需求导向、问题导向、效果导向，政府数字化转型不断加速。但同时，面临着信息基础设施支撑能力有待加强、政务数据资源共享建设仍需攻关、电子政务信息化服务水平不够深入、电子政务安全保障屏障亟须筑牢等问题，下一步需要以大平台、大系统、大数据、大集成为导向，着力打破政府部门在权力、数据、信息上的本位主义，以整体协同的理念对传统部门分散、割裂、碎片化的业务流程进行整合，推进部门之间、层级之间办事"最多跑一次"改革，在公共数据资源一盘棋整合方面进行突破。

临安区的实践表明，通过业务流程再造，应用互联网、大数据等新一代信息技术，可以精简业务环节、优化业务流程、减事项、减环节、减材料、减时间，实现审批事项全流程网上办理，让数据多跑路让群众少跑腿。

（1）以数字政府建设实现"零次跑"。建成临安区政务数据交换与共享平台，已归集区级数据共计1799768条数据。创新城管多事项"零次跑"，采用"六办三送"服务模式代替"群众跑"，实现30项办事事项"零次跑"。构建具有山区特色的"15分钟办事圈"，探索"人像认证""视屏面对面交流"等服务方式，全区2018年基层代办事项达40510件。

（2）以数字政府建设推进信用管理。建成由信用基础平台、应用系统和数据共享交换系统构成的信用平台，归集企业65069家、自然人69万余人；形成信息数据414万余条，其中红黑名单数据13888条，累计查询达12710次。制定《临安区联合奖惩措施清单》，构建"54321"招投标信用评价体系，把招投标主体全面纳入信用管理。

（3）以数字政府建设加强精准服务。依托浙江政务服务网平台，让社保"最多跑一次"业务下沉，通过社保专窗、自助机及"智慧人社"掌上APP办理个人社保综合查询、个人参保证明打印等36项个人事项。构建综合交通信息中心和公路治超非现场执法平台、公路信息化执法平台、临安运政微信公众平台"三个平台"，打造"超强大脑"。

（4）以数字政府建设促进有效投资。全面推行企业投资审批在线平台2.0版，构建全过程"闭合"服务机制，盯人盯事盯项目，实现项目建设速度和质量双提升。2018年全区固定资产投资同比增长20.3%；24个杭州市级重点实施项目（含省重点项目）完成投资51.4亿元，完成年度投资计划50.9亿元的100.9%。

（5）以数字政府建设强化社会治理。建立食品安全监管指挥中心和监管端、企业端、公众端，实现全区4046家餐饮单位全覆盖，254家阳光厨房接入APP远程可视，餐饮单位覆盖率和接入率达到"两个100%"，织就百姓舌尖上的安全网。全面推进智慧城管平台建设，接入实时监控视频1500个，月均立案达8000件。推行"格内+格外"基层治理模式，铺设覆盖全区所有行政村共计1000

余个网格。

但调研也发现,目前仍有不少难题亟待破解。

(1) 信息基础设施支撑能力有待加强。临安全区电子政务外网网络裸光纤接入单位97家、198个行政村,但有自行互联网出口的单位49家,电子政务外网尚未全面覆盖所有单位内部,政务网络整合度不高;以视联网平台为主线的政务物联网接入视频会议系统83个点,整合各路监控8496个,但公安、城管、人社、国土、环保、交通等信息化基础设施都各自为政,尚未统一建设政务云平台,各应用系统之间的业务关联及业务系统协同较弱。

(2) 政务数据资源共享建设仍需攻关。区级数据交换与共享平台已初步建成并采集8051577条数据,但公安、民政、人社、税务等各专项数据库资源尚未完全整合,跨部门的业务协同与共享尚未完全开展,例如,国土与住建的"多规合一""一张图"信息系统建设均可统筹考虑,共享共建。数据共享开放和基于数据的社会化应用程度低,目前只有人力社保局的社保信息数据实现数据社会化共享开放,数据红利还没有得到充分挖掘。

(3) 电子政务信息化服务水平不高。掌上办公、办事业务系统功能应用只停留在完成业务流的基础上,与淘宝、京东等商业化的应用系统相比,电子政务应用系统智能化水平不高,创新服务功能开发不足、应用不深,与新一代技术的融合度不高。浙江政务服务网临安平台、"浙江临安"政府门户网站、临安区党政办公系统等电子政务应用系统的服务体验有待优化,政务信息公开重点领域的深度和广度建设不够完善。

(4) 电子政务安全保障屏障亟须筑牢。2016年11月起,临安区电子政务办对政策性投资的信息化项目在20万元以上额度的项目进行了预审共计33次,99个项目,总计资金27332.91万元,但还欠缺对电子政务项目管理的全程监督与管理。全区各信息化主体建设单位88家、信息系统118个,已开展信息安全等级测评的系统104个,还有7家14个系统未开展安全等级保护工作。已测评的系统大部分未按等保要求整改到位,网络安全监察机制和保障机制不够完善。系统建设内的高内聚性低耦合程度不高,全区系统建设缺乏统筹管理,政务信息资源的有效利用、协同共享和安全管理需得到进一步重视。

第五节　对策与建议

政府数字化转型是一项复杂的综合性系统工程,必须运用系统思维和创新思维,以大平台、大数据、大系统、大集成为导向,在统一基础平台、统一开发标准、统一应用框架下,厘清数字政府建设的整体逻辑和结构层次,层层细化,逐级推进、反复迭代、螺旋上升、不断实现系统进化，让整个系统越来越成熟、越来越精密、越来越高效。

一、加强市县层面的信息基础设施和信息系统大整合

全面整合市县部门现有机房和 IT 资产，加速淘汰在用的各类自建系统，推动各市县、各条线业务专网的迁移，从根本上解决网络等基础设施分散规划、分散建设、分散使用等问题。整合后闲置的信息基础设施要充分统筹利旧，凡可重复利用的软硬件资源避免重复采购。统筹建设全省大一统的"一窗受理"平台，杜绝市县再上新的系统平台，① 避免各地重复建设。② 针对各条线系统较多、各类 APP 繁杂、系统功能重复等问题，进一步收集各条线信息化应用需求，建设统一的系统入口，实施统一的用户认证、统一的事件处理、统一的数据归集。积极推广下城区"1CALL 系统"模式，采取"人工+智能"手段，建立区县级业务信息收发的平台，实现基层信息一次录入、多处使用的目的，属地数据尽可能开放给属地使用。

二、在成熟的市县开展数字化转型示范试点

探索大数据驱动的新机制、新平台、新应用，大力推进"最近办""掌上办""刷脸办"，在杭州、衢州等地创建"数字化转型示范区"。支持市县推进"线上+线下"融合市场监管、"屏前+屏后"智慧城管、"格内+格外"基层治理、"智慧人社"+政银合作等，实施公共服务领域提升建设工程、社会管理领域提升建设工程、经济管理领域提升建设工程、政务服务渠道升级优化工程。对企业、项目、要素资源等数据进行挖掘分析，建立"亩产效益大数据中心"，通过"智能摸底、智能分析、智能预警、实际处置"四项功能对"五未土地"数据进行分析和管理。建立"一企一档"全关联市场监管数据库系统，推动远程监管、智能分析、预警防控，实现异常状况、潜在风险、重大事件发现快速化、智能化、可视化，让处置先于投诉、让数据跑赢风险。

三、推进部门之间、层级之间办事"最多跑一次"改革

以大平台、大数据、大系统、大集成为导向，打破部门在权力、数据、信息上的本位主义，以整体协同的理念对传统部门分散、割裂的流程进行整合优化，

---

① 部门不同程度地存在业务梳理不够全面、细致、量化的问题，业务指标和数据项还不明晰，指标颗粒度过粗，业务流程、跨部门协同关系还难以精准固化。

② 由于流程再造尚未到位，业务协同推进也不够快，跨部门、跨层级、跨地区的协同关系尚未全面建立起来。群众眼中的"一件事"事项尚未完全整合。

提供"一站式"的数字政务服务。以多业务协同打破各部门在横向上和纵向上"各自为政"的局面,推动各部门在确定事项的受理条件、办理标准、业务流转、数据共享等内容时,增强横向同级部门之间以及纵向跨层级部门之间的协同性,从而建立起协同高效、上下联动、一网通办的政务业务流程。以到政府办事"最多跑一次"为目标,以"集约化、平台化、服务化"为建设思路,制定政府运行数字化转型标准体系框架,打造贯通区、镇、街、社区各个部门的"一站式"协同工作平台,着力破解部门之间多次跑、多头跑、签字多、环节多等难题。大力推进政务流程数字化、精简化、标准化,建立相应标准体系、应用体系、信任体系、安全防护体系和运维保障体系,创新工作方式、促进信息共享、强化工作监督,为深化"最多跑一次"改革,实现"网上最多办一次",真正转变政府职能、提高行政效率、建设有为政府提供关键支撑。加强政务服务整体联动,做到线上线下一套服务标准、一个办理平台。

四、制定数据标准和信息基础设施标准

针对数据维度、标准不一等问题,建立全省统一的"数字政府"标准规范体系,形成统一的数据格式、管理规范和技术标准以及安全保障。开展政务信息化规范建设运营,实现标准统一、互联互通、数据共享、业务协同。完善对信息基础设施、平台和应用系统运行维护以及服务流程管理、维护服务评价,加强对系统建设和应用的绩效考核、投资效益评估、运营改善等,形成分级管理、责任明确、保障有力的"数字政府"运行管理体系。构建全方位、多层次、一致性的安全防护体系,加强数据安全保护,切实保障"数字政府"信息基础设施、平台和应用系统平稳、高效、安全运行。建设统一的政务云,采用"分布式"部署,[1] 纵向与省、市级政务云平台联通,横向整合区政务部门需求,深化政务云应用。

五、优化政府数字化转型的管控机制

省大数据管理局负责督促市县大数据管理部门明确机构职能、人员编制等"三定"方案,构建"统一领导、上下衔接、运作高效、统筹有力、整体推进"的数字政府组织体系。划清大数据服务和政务服务的边界,整合统一涉及电子政务相关职能,使"整体政府"的效果更加凸显。建立多部门数据采集、共享、

---

[1] 据不完全统计,浙江省各地已建成21朵政务云,共计18种版本,涉及阿里、华三、华为、九州等多家公司,这些政务云的建设模式、技术构架、接口标准、基础规格等差异较大,系统兼容有一定难度,云平台软件对硬件资源具有较强的耦合依赖,政务云的标准统一规范还面临不少难题,尚未最大限度地发挥云计算的大规模、高复用、扩展迁移等优势。

校验以及更新机制，着力解决数据来源多渠道、不共享的问题。建立全省统一的问题数据自动反馈机制，完善数据质量反馈纠错流程，形成保障数据质量的稳定机制。建立统一的数字政府运营绩效管理平台，定期从各地各部门的数字化系统爬虫获取运行数据，对业务应用开展情况和运行效能进行考核评估和公开展现。构建数据分层管理体系和数据资产管理体系，推动"数字政府"和政府"数字资产"的整体规划和精细化建设。

六、加强数字化人才以及法律法规保障

紧扣政府数字化转型的重点领域和关键技术，从新加坡、韩国以及上海、深圳等地引进一批数字化顶尖人才，采用互联网公司普遍推行的产品经理开发管理模式，让既懂业务、又懂开发的"产品经理"主导项目开发。设立省数字政府研究院。建立专门的政府数字化转型职称评价机制，设立政府数字化、电子政务序列高级职称，增加大数据领域工作人员中高级职称的比重。制定电子政务建设、运营管理、服务管理、网络安全保障等相关标准规范及政策法规，重点研究电子证照、电子签名、刷脸认证、数据安全等方面的地方性法规及配套政策。明确电子印章等网上办理的法定效力，杜绝多套系统并行、系统间反复切换、重复录入等问题，实现所有审批事项均能在网上系统进行数据流转、信息共享和业务办结。

七、健全数字化项目管理体系

针对数字化项目的系统功能、数据类型、应用领域等建立项目数据库，加强项目全过程管理，引导协调各信息系统的信息共享与数据交换，凡集约化技术体系能够支撑的基础设施、应用系统项目，避免随意新建，从源头上遏制电子政务的分散建设、重复建设。对项目实行全过程动态跟踪、实时督查、及时反馈、绩效考核，形成重点工作事前、事中、事后全过程管理机制。建设完善电子政务信息安全联合工作平台，上联省市、下联镇（街）、横联各政府部门，及时发布信息安全评估、监测、预警信息，提高政府部门信息安全管理水平和响应速度。从而优化项目实施环境，把控建设实施进程，建立网络安全保障制度，实现电子政务统筹有序、建设有节、管理有制、安全有度。

八、建立基础设施改造的标准体系

按照信息安全等级保护要求进行规范化管理，加快推进各部门专网向电子政务网络迁移和互联互通，形成由电子政务外网和涉密内网组成的统一的电子政务网络。以视联网平台为基础，高效运作"四平台"，提升基层治理综合信息平台

应用。建设统一的政务云，采用"分布式"部署，纵向与省、市级政务云平台联通；横向整合区政务部门需求，加快区级部门业务应用系统云化，深化政务云应用，做好应用软件的使用权限管理。制定基础标准规范和政务服务标准规范，构建起满足数字化政府转型发展需要的基础性、共享性设施，[①] 为数字政府快速发展提供有力支撑。

十、大力开展公共服务数字化建设

一是开展智慧化应用。基于"互联网+政务服务"体系建设基础，融合利用AI技术和政务大数据，打造智慧化政务服务应用尝试。二是探索移动管理。依托浙政钉，建成全区一站式移动工作平台，集成日常办公、信息传递、资源共享、远程培训和数据管理等服务。建立行为规范、运转高效、执行有力、公正廉洁的管理运行机制，确保"事事有回音、件件有落实"，增强政府机关执行力和公信力，提升政府治理能力和治理水平。

---

① 尽管政府数字化转型标准制修订工作从2005年开始进入加速期，但政府数字化重点领域标准供给明显不足，现有标准主要来源于近几年政府社会治理和公共服务领域的积累，但以数字化转型为目标和问题导向的标准相对欠缺，缺乏数据标准化底层核心技术标准，如数据采集、记录格式、分级分类、数据清洗、编码转换、质量评估等关键共性标准。另外，安全防护技术、个人隐私保护、入侵检测与防御、信息共享安全以及政务云安全等政务数字安全标准和数字监管标准缺乏。

第37章　基于经济运行监测数字化平台"三元融合"全链路数字化的研究报告

在ICT技术触发政府治理体系变革和政府数字化转型的态势下，以"业务融合、数据融合、技术融合"为靶向，构建经济运行监测全链路数字化平台，利用大数据技术对海量数据进行高效处理，将推动经济治理从"小样本""碎片化""静态化"向"全样本""系统性""实时化"转变。基于"V"字迭代建构"三元融合"模型，需要以事项数据共享需求和数据共享接口需求为导向，梳理部门业务，特别是核心业务，构建数据"处理技术—跟踪技术—交换技术—清洗技术"链条，建立数据清单、数据采集、数据仓、数据共享等全流程闭环机制，开发数字云图、数据下钻、移动端应用等组件，形成全面感知、实时动态、精准客观的智慧监测分析模式。政策供给方面必须破解操作系统、数据库、服务器等系统级安全问题，建立全生命周期的数据质量治理思维与战略。

新技术革命是现代政府治理变革的"催化剂"，新一代ICT技术加速推动社会迈入互联化、数据化、智能化的新时代，必然对政府的经济运行监测、宏观经济调控以及现代政府治理行为产生积极而深远的影响。[1] 数据治理是政府治理的重要支撑。[2][3] 著名社会学家丹尼尔·贝尔（Daniel Bell）1962年在《The Coming of Post-industrial Society》中预言，新兴智能技术用于公共政策研究和制定是大趋势，对大量相互联系、相互作用的决策变量进行分析有赖于以新兴智能技术和现代决策理论为依据的智能化。[4] 人类社会线上互联互通并进入"ZB"级数据核爆时代，[5] 基于海量、多维度、完备性的大数据进行精准、科学、动态的信息挖掘，具有政府治理体系变革和数字化转型的现实需要和技术可行性。[6] 以平台集

---

[1] 陈振明. 政府治理变革的技术基础——大数据与智能化时代的政府改革述评 [J]. 行政论坛, 2015 (6): 1-8.

[2] Alhassan I, Sammon D, Daly M. Data Governance Activities: An Analysis of the Literature [J]. Journal of Decision Systems, 2016, 25 (sup1): 64-75.

[3] 张晓, 鲍静. 数字政府即平台：英国政府数字化转型战略研究及其启示 [J]. 中国行政管理, 2018 (3): 27-32.

[4] 丹尼尔·贝尔. 后工业社会的来临——对社会预测的一项探索 [M]. 高铦, 王宏周, 魏章玲, 译. 北京：新华出版社, 1997：14-15.

[5] 1ZB=1024EB, 1EB=1024PB。PB级是大数据的临界值。

[6] Joseph R C, Johnson N A. Big Data and Transformational Government [J]. IT Professional, 2013, 15 (6): 43-48.

第五篇　数字化营商环境助推中国中小企业高质量发展的理论与实践
第37章　基于经济运行监测数字化平台"三元融合"全链路数字化的研究报告

成为基础构架的海量数据是贯穿现代政府治理过程的核心资源，[①] 不少研究探讨了数据治理在智慧交通、智慧医疗、便民服务、市场监管、应急管理等社会领域中的运用，对大数据在政府五大职能之首的经济调节中的应用研究较少。

本章从经济运行监测入手，以"业务融合、数据融合、技术融合"为靶向，探索破解系统互联互通难、信息共享共用难、业务协同集成难等关键瓶颈，对政府系统掌握的海量经济数据资源进行深度治理，构建宏观调控研判机制、政策供给与落地机制、评估反馈以及政策调整或纠偏机制，推动实现政府宏观经济调控闭环管理及精准施策。从全国各地创新实践看，浙江"最多跑一次"改革具有先行性和示范性，[②] 其在政府数字化转型构架基础上，综合集成硬件基础设施、网络计算平台、数据资源平台、应用服务平台、基础资源体系、数据支撑体系以及平台运维体系、安全体系、标准体系，建立"8+13"重大数字化平台，特别是经济运行监测数字化平台，[③] 推动横向全联动、纵向全打通、业务全协同、数据全共享，在2019年年底实现所有部门、所有市县平台在线监测分析100%覆盖，对加强复杂条件下的现代化经济治理具有实践启示价值。

第一节　基于大数据要素的经济治理变革靶向

一、从"小样本"向"全样本"转变

由于"随机抽样、小样本、时滞"的不完备统计方式和抽样统计数据，[④] 导致经济调节行为难以实现经济指标的大样本精准分析和决策掌控，大数据具有Variety（多样性）、Volume（规模性）、Velocity（时效性）、Vitality（可变性）、精准性（Veracity）及Complexity（复杂性）等特性，[⑤] 特别是非结构性海量数据处理能力滞后致使传统的宏观经济监测体系和调控体系难以支撑经济走势的科学

[①] 黄璜. 数字政府的概念结构：信息能力、数据流动与知识应用——兼论DIKW模型与IDK原则[J]. 学海，2018（4）：158-167.

[②] 浙江"最多跑一次"改革经验被写入李克强总理在2019年3月5日第十三届全国人民代表大会第二次会议上所做的政府工作报告。

[③] "8+13"即8个重大数字化平台和13个关键数字化平台，除"经济运行监测数字化平台"外，还包括政务服务网（掌上办事）平台、"浙政钉"掌上办公平台、公共信用信息平台、金融风险"天罗地网"监测防控系统平台、统一行政执法监管平台、统一政务咨询投诉举报平台、生态环境协同管理系统、国际贸易"单一窗口"平台、"采购云"平台、投资项目在线审批监管3.0平台等20个数字化平台。

[④] Roberts A. ORCON Creep: Information Sharing and the Threat to Government Accountability[J]. Government Information Quarterly, 2004, 21（3）：249-267.

[⑤] 刘淑春. 数字政府战略意蕴、技术构架与路径设计——基于浙江改革的实践与探索[J]. 中国行政管理，2018（9）：37-45.

研判。依托互联网、物联网、传感器、社交媒体、在线数据等对公共数据资源进行资产化管理，构建社会数据库（Society to Government）和政务数据库（Government to Government），将原有小规模数据集群整合为大规模数据集群，从"局部→整体"推理转向依据"实时、全样、巨量"大数据的相关性分析与深度挖掘，[1] 彻底改变以往依靠抽样调查所得到的少量样本数据进行经济运行决策的局限性。通过数据向上钻取（Roll up）和向下钻取（Drill down）及多层钻取，增加图层从汇总数据深入到底层数据观察，逐层查看颗粒度更细的指标数据，尤其是基于商业智能的核心技术（OLAP）多维分析，实现对大数据的全方位、多角度、多层次运算，以更加精准地挖掘大数据背后的实际价值和运行规律。

二、从"碎片化"向"系统性"转变

条块分割、系统林立导致数据碎片化分散形成大量"信息孤岛"和"数据烟囱"[2]"孤立特质"的传统统计机制对跨界别、跨部门、跨领域、跨层级的不同类型的海量数据之间的系统性及耦合性挖掘不深不透。数据接口、统计口径、更新周期等各不一致，缺乏专业化手段、技术工具以及大数据处理能力，[3] 需要繁重的手工报表编制及计算，经济形势分析的协同性和时效性较弱。通过部门之间、层级之间以及政府与市场、社会之间的数据资源共建共享、高效流动，[4] 形成稳定可靠、可弹性伸缩的关系型数据库（Relational Database Service），为经济运行监测分析提供充足的生产资料，极大地提高经济运行监测分析的质效，揭示传统技术难以展现的变量之间的关联性和因果性。运用 DataWorks 数据血缘分析功能模块，进行全局数据视图、元数据信息、数据生命周期追溯等操作，实现"端到端"跟踪数据之间的流向和关系，亟须设计开发大数据分析评价模型，剖析要素配置、供给需求、产业结构、投资结构、匹配性指标等内在逻辑，增强政府的经济运行监测能力、数据加工能力以及科学决策能力。

三、从"静态化"向"实时化"转变

政策供给与数据治理之间存在耦合性越来越强的"映射"关系，基于"业

---

[1] Vetro A, Canova L, Torchiano M, et al Open Data Quality Measurement Framework: Definition and Application to Open Government Data [J]. Government Information Quarterly, 2016, 33 (2): 325-337.

[2] 徐晓林，明承瀚，陈涛. 数字政府环境下政务服务数据共享研究 [J]. 行政论坛，2018 (1): 50-59.

[3] Williamson A. Big Data and the Implications for Government [J]. Legal Information Management, 2014, 14 (4): 253-257.

[4] Fan J, Zhang P, Yen D C. G2G Information Sharing among Government Agencies [J]. Information & Management, 2014, 51 (1): 120-128.

务融合、数据融合、技术融合"的大样本分析,由"离线静态化"转向"在线实时化"处理,促使政府决策越来越高效、精准、灵敏,[1] 有助于迅速地响应经济高质量发展需求。政府作为宏观经济调控主体,不可避免地存在着行为偏好、认知和效用期望,运用大数据工具与模型对经济运行数据归集、清洗、交换、接口等多个数据共享的技术环节进行监测和深度挖掘,强化以数据流为核心的全流程治理,[2] 通过实时数据、先进算法以及对决策需求的及时响应,形成政府调控宏观经济的神经系统(Nerves of Government);利用数字云图技术、可视化大数据技术等立体化、全局化、动态化展示经济运行态势,[3] 构建"用数据说话、用数据决策、用数据管理"的经济分析机制,必将掀起政府更大范围的"质量变革、效率变革、动力变革",全面提升行政效率、行政质量和政府公信力。

第二节 "三元融合"机理与施工图

大数据辅助政府科学决策和经济治理需要树立"大平台、小前端、富生态"思维,构建业务融合、数据融合、技术融合"三元融合"数字化平台,[4][5] 以及统一高效、互联互通、开放共享的公共数据资源体系,推进纵向联动、横向协同的经济运行监测分析数字化转型。[6] 基于"三元融合"理念以及扁平化、智能化、分布式原则,浙江以"最多跑一次"改革为突破口,改革现行的条块分割式的数据传递和决策模式,[7] 2018年3月启动编制经济运行监测数字化平台业务协同工作指引,构筑大数据集成的经济运行监测数字化平台,实现对15大模块、7层结构、401项指标的实时监测和动态分析(见图37-1),已初步完成数字化平台的开发、调试以及试运行。这项改革的实质在于,通过政务管理架构、业务架构、技术架构重塑,建立模块集成、功能完备、应用成熟的经济运行监测数字

---

[1] Brewer G A, Neubauer B J, Geiselhart K. Designing and Implementing E-Government Systems: Critical Implications for Public Administration and Democracy [J]. Administration and Society, 2006, 38 (4): 472-499.

[2] Mellouli S, Luis F. Luna Reyes, Zhang J. Smart Government, Citizen Participation and Open Data [J]. Information Polity, 2014 (19): 1-4.

[3] Deutsch K. The Nerves of Government: Models of Political Communication and Control [M]. New York, Free Press, 1963: 73-76.

[4] 鲍静,贾开. 习近平新时代信息化建设重要思想研究与阐释 [J]. 中国行政管理, 2018 (4): 33-38.

[5] 戴长征,鲍静. 数字政府治理——基于社会形态演变进程的考察 [J]. 中国行政管理, 2017 (9): 21-27.

[6] Layne K, Lee J. Developing Fully Functional E-government: A Four Stage Model [J]. Government Information Quarterly, 2002, 18 (2): 122-136.

[7] 郁建兴,高翔. 浙江省"最多跑一次"改革的基本经验与未来 [J]. 浙江社会科学, 2018 (4): 76-85.

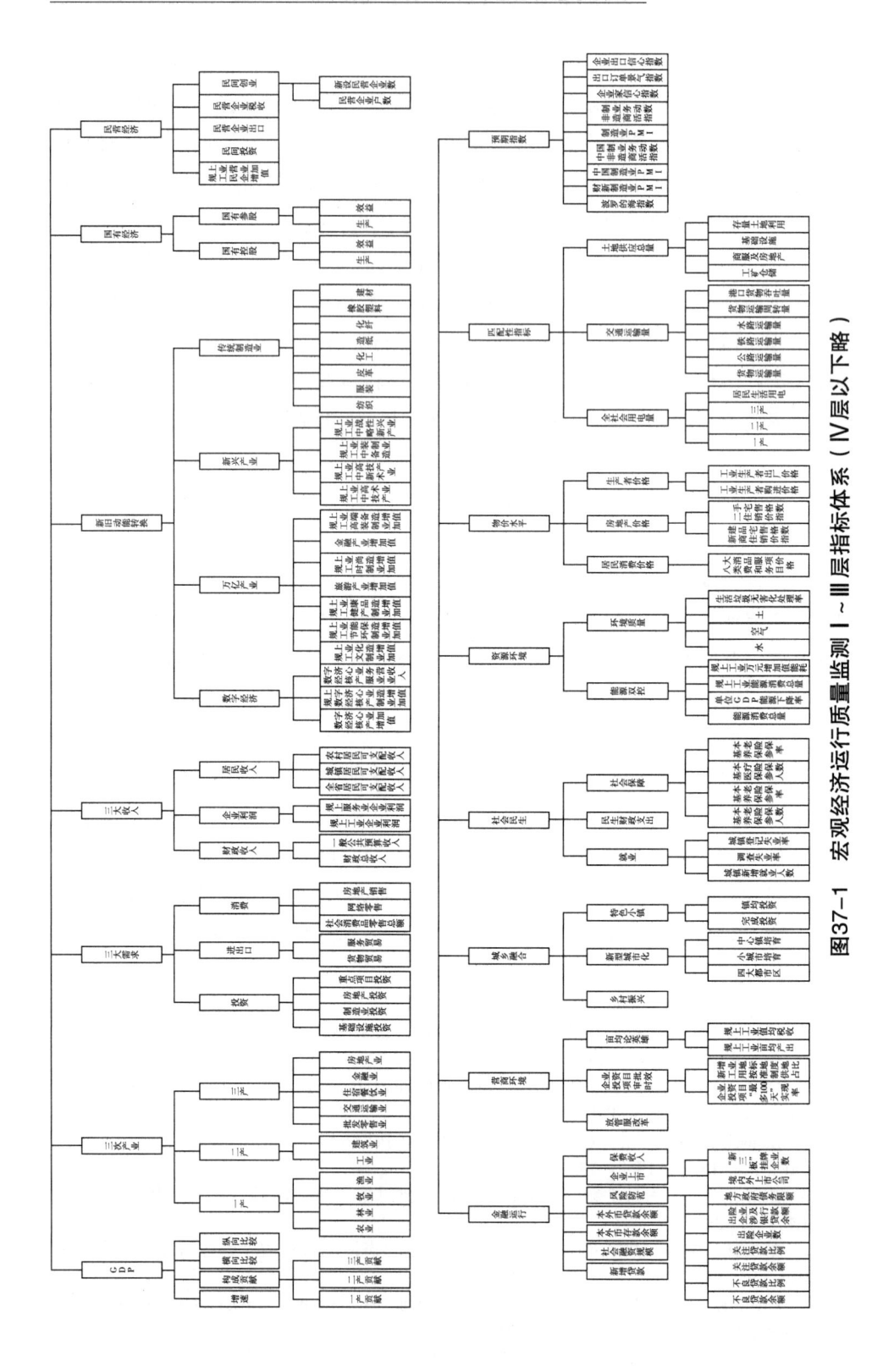

图37-1 宏观经济运行质量监测Ⅰ～Ⅲ层指标体系（Ⅳ层以下略）

化平台，全面归集共享经济运行数据资源，为剖析经济运行之"形"与"势"提供支撑；深远蕴意在于，通过数字化转型顶层设计和技术构架，构建大数据驱动政府治理的新机制、新平台、新方式，推动政府治理体系和治理能力现代化。

一、以"业务融合"为基点，基于流程优化构建业务协同模型

业务层的需求识别与数据层的深度挖掘紧密相关，[①] 构建业务协同模型的关键是按照国务院深化"放管服"改革和一体化大数据中心建设要求，打破条块分割、单部门内循环模式，建立跨部门、跨层级、跨领域的业务协同机制，全面梳理部门的业务，特别是核心业务，对业务流程进行重构与优化，逐级细化为子模块与更加细化的颗粒度。[②] 针对部门业务流尚未标准化导致的协同难问题，彻底改变条块分割的数据传递和分析决策模式，[③] 从横向上的部门之间和纵向上的层级之间，进行指标、数据、分析、措施、评价等方面的业务协同，构建统一的基础设施、数据资源、支撑体系、业务应用体系，沿着"业务协同—指标协同—政策协同"路径为经济运行决策提供基础功能模块（见图37-2）。

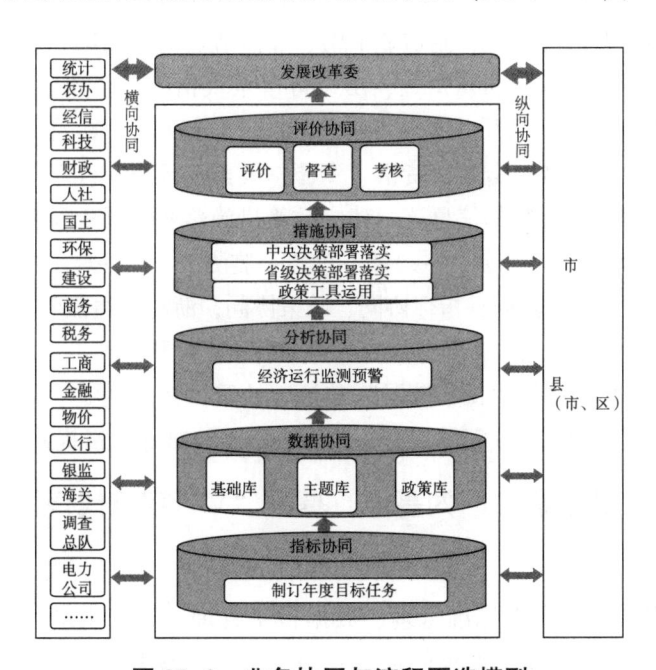

图 37-2 业务协同与流程再造模型

[①] 张勇进，鲍静. 基于大数据分析的政府智慧决策新模式［J］. 南京师范大学学报（社会科学版），2017（2）：53-59.
[②] 郁建兴. 中国地方治理的过去、现在与未来［J］. 治理研究，2018（1）：65-74.
[③] Boyd D, Crawford K. Critical Questions for Big Data: Provocations for a Cultural, Technological and Scholarly Phenomenon［J］. Information Communication and Society, 2012, 15（5）: 662-679.

（1）业务协同。按照体系全覆盖、最小颗粒度的方向,[①] 浙江省推进35个省级部门、11个设区市以及89个县（市、区）之间的业务协同，将经济运行相关数据及时归集、共享到平台，为经济运行监测分析和专项监测分析提供全方位数据支撑。2019年年底，浙江省35个政府部门对核心业务进行了系统梳理，优化再造业务流程，逐项逐层细化业务颗粒度，明晰业务清单和业务类别。部门根据业务协同模块架构，可以在统建平台基础上建设特色化专业应用平台，依托平台通用组件和数据资源开展专项分析，但不再自建大规模数据仓，只需在数据分析平台中加载算法并进行分析。

（2）指标协同。经济调节的背后是部门的业务集成，通过业务梳理进一步细化为不同层面的指标体系,[②] 明确指标协同任务、功能模块、职责边界，实现所有指标的有机协同。坚持"业务与数据匹配、全量数据实时推送"原则，动态归集相关部门经济运行数据仓，科学设置产业结构、投资结构、要素结构、工业增加值率、全员劳动生产率、亩均税收、高新技术制造业增加值占规模以上比重等指标。目前，浙江省依托数字化平台构建经济运行核心业务模块，下钻拓展到15个子模块，最低的下钻到第7层，最小颗粒度为401项指标。比如，预期指数模块包括波罗的海指数、制造业PMI、非制造业商务活动指数、企业家信心指数、重点监测企业运行预期指数、出口订单景气指数、企业出口信心指数等。最后，政策协同。突出高质量发展导向，归集整合政策工具箱，建立产业、投资、消费、开放、财政、金融、货币、资源、要素、环境、改革等政策库，针对经济运行大数据实时反馈的信息流，建立政策措施落实的评价及反馈机制，形成"数据汇集—清洗—加工—分析—决策—落地—监测—评估—反馈"的链条式闭环机制。通过上述的业务协同、指标协同、政策协同，浙江省通盘分析全省34827家规上企业和46166家用地5亩以上的规下企业投资、缴税、产值、耗电、用水、排污等运行数据，精准进行"低小散弱"整治、处置"僵尸企业"以及淘汰落后产能，2018年共排查出13730家低效企业，推动其中7428家改造提升或依法关停。

二、以"数据融合"为基点，基于"V"字迭代模型构建数据共享模型

数据共享模型由数据标准管理、数据目录管理、数据质量管理、元数据管理、数据地图/数据血缘、数据安全/系统安全等功能模块组成。[③] 数据需求定义

[①] Lee J, Ham J, Choi B. Effect of Government Data Openness on a Knowledge-based Economy [J]. Procedia Computer Science, 2016, 91 (6): 158-167.

[②] 施雪华，方盛举. 中国省级政府公共治理效能评价指标体系设计 [J]. 政治学研究，2010 (2): 56-66.

[③] Harvey F, Tulloch D. Local-government Data Sharing: Evaluating the Foundations of Spatial Data Infrastructures [J]. International Journal of Geographical Information Science, 2006, 20 (7): 743-768.

第五篇 数字化营商环境助推中国中小企业高质量发展的理论与实践
第37章 基于经济运行监测数字化平台"三元融合"全链路数字化的研究报告

是数据共享模型构建的前提,根据接口需求定义开发内部共享接口,按照"全打通、全归集、全共享、全覆盖"要求,编制数据需求清单①和数据接口清单,②归集共享经济运行数据资源,以端到端的数据血缘分析跟踪数据流向和关系,以数据地图化视角跟踪数据变更趋势。共享靶心不仅在于系统建设,更要聚焦整合部门专网、联通异构系统,建立一体化的数据共享交换平台和数据共享体系,做到"上下打通、内外联动、条线结合"。按照"数据模块定义→数据需求定义→数据接口集成→数据流验证"的"V"字迭代路径(见图37-3),对数据共享的技术架构、流程路径等进行梳理,注重数据系统和业务系统同步、数据标准和业务标准匹配、数据流和业务流统一。③

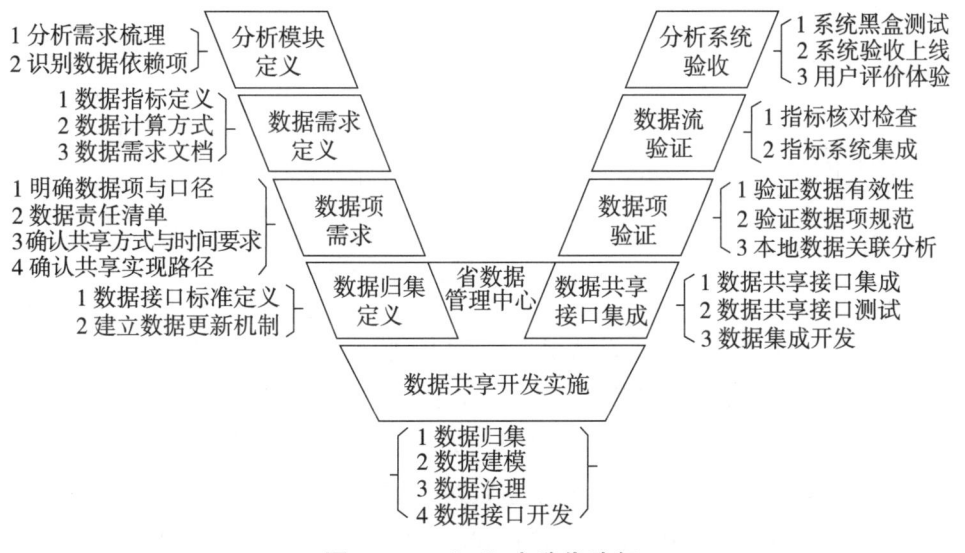

图37-3 "V"字迭代路径

(1) 构建数据共享、分析一体化开发流程(见图37-4)。按照"V"字迭代路径,界定数字化平台在数据共享方面与部门数据仓、大数据中心的协同关系,做好模块开发、数据采集和归集共享工作,对数据共享的接口、入参、出参等进

---

① 以"新旧动能转换"为例,数据需求清单包括数字经济核心产业增加值、规上工业高端装备制造业增加值、规上工业中高新技术产业增加值、规上工业节能环保制造业增加值、规上工业中战略性新兴产业增加值、淘汰落后产能涉及企业家数、整治提升"低散乱"企业(作坊)家数、处置"僵尸企业"家数、规上工业企业技术(研究)开发费、规上工业新产品产值、"三新"经济增加值、新设企业数、发明专利授权量、在册市场主体数量等27项。

② 数据化平台数据接口清单包括税收收入统计接口、企业注册信息统计接口、全社会用电量查询接口、用户日采电量查询接口、经济运行监测编码信息等。接口入参包括频率、维度编码、指标编码、数据时间等,接口出参包括频率、数据时间、指标编码、本期值、维度编码等。

③ Yang T M, Pardo T, Wu Y J. How is Information Shared across the Boundaries of Government Agencies? An e-Government Case Study [J]. Government Information Quarterly, 2014, 31 (4): 637-652.

行规范,将数据汇聚到数字化平台。如杭州市自"城市大脑"建设以来,向浙江省大数据中心推送 0.76 亿组数据,调用浙江省大数据中心 307 个接口,调用次数达 6106 万次;累计归集数据 465 亿组,开发数据接口 743 个。

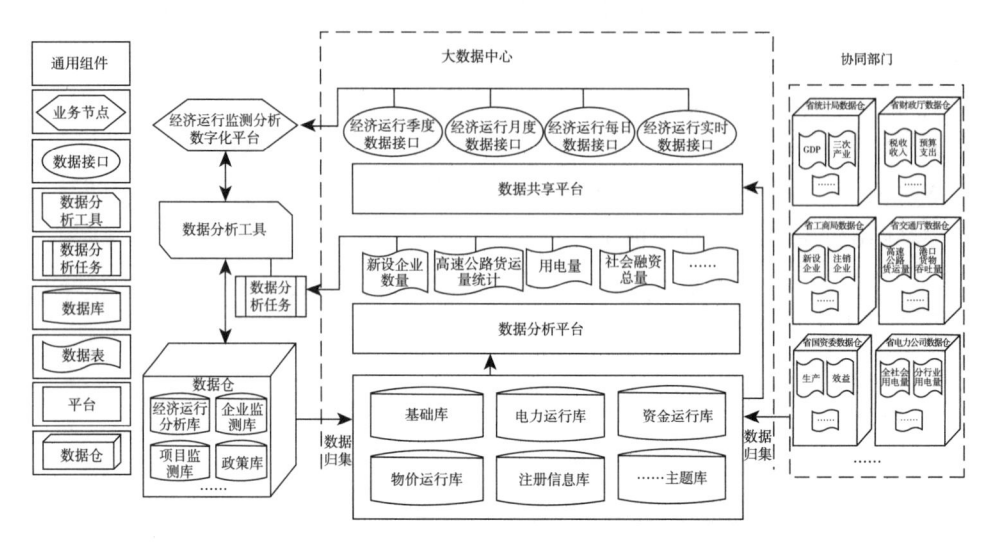

图 37-4　数据共享、分析一体化开发流程

（2）厘清数据采集层、存储层、分析层、服务层、应用层"五位一体"数据构架。采集层主要是通过数据归集、数据清洗、数据转换汇聚各业务部门的专业数据、政务基础数据及应用专题数据,如浙江省金融系统汇聚了 13 个省级有关部门的 924 个数据项,共计 8 亿多组数据;存储层主要是针对公共数据平台需要处理的数据类型和应用需求的多样性和复杂性特点,实现大数据批量实时计算和结构化、非结构化数据存储;分析层主要是支持对海量政务数据的深度挖掘与多维分析,在大数据支撑下使其具备事前预警、事中监管、事后追责的全流程管理能力;服务层主要是为政府部门提供面向大数据的应用服务功能,包括基础数据分析、自助分析和可视化分析等大数据应用服务;应用层主要是通过公共数据平台提供的基础服务,开展个性化应用、共性应用及融合应用。

（3）建构经济运行监测、预测、景气预警、评价"四大模型库"。构建企业投资、生产经营、绩效评价等指数监测模型。目前,浙江省每个季度都利用数字化平台在线监测分析,智能生成经济运行监测统计分析报告,摆脱了发改、统计等部门投入大量人力进行长时间手工计算的传统经济运行监测和统计分析路径。加强数据仓库与数据应用、企业监测数据与宏观统计数据的内在关联模型研究,开展短期指标预测和中长期趋势预测,建立经济运行绩效评价模型库。构建宏观经济景气预警模型库,强化经济运行数据资源和大数据资源的关联分析、融合应用。比如,数字化平台按照金融机构注册数据、网络运营渠道、平台用户数据、投资收益数据、资金流向流量数据等维度，对浙江省250多万家工商注册机构、19万家金融机构和类金融机构进行"穿透式"风险监测，精准刻画金融机构画像、高管画像和关联图谱等金融风险，累计预警高风险金融机构412家。

三、以"技术融合"为基点，基于系统平台构建数据处理模型

中国政府数据管理基本上附属在电子政务建设的轨道中，部门之间、层级之间、领域之间在数据技术方面没有建立系统性、协同性机制。平台的搭建不代表数据资源的价值挖掘，[1] 海量数据资源不代表强大的治理能力，多元化数据渠道不代表最佳的决策效果，作为数字政府的核心要素资源，大数据在政府治理层面的有效嵌入必须以数据的高效处理为前提，建立分析维度和度量规则，[2] 提供数据算力与实时数据流服务。[3]

（1）建立数据算法技术系统。根据"梅特卡夫法则"（Metcalfe Law），数据价值以用户数量的平方速度增长，超过某一临界点后价值呈爆发式增长。探索引入基于机器学习算法的AI技术，在共享数据供需基础上建立业务规则和计算规则，通过政务大数据平台、数据集成ETL等实现数据实时计算和并行计算。深度运用自然语言处理（NLP）、语言识别（ASR）、图像识别（IR）等技术，构建由数据库、知识库、推理机、解释器等组成的政府治理系统，在人机交互过程中提升对经济大数据的处理能力和效率。

（2）建立数据跟踪技术系统。以全流程数据跟踪的方式追踪输入部门前置库的每条记录，透视对应记录在交换、清洗、共享等各个库的状态与时间点，形成海量数据的及时性、一致性、准确性的实现机制。准确记录每条数据在共享平台的完整生命周期，全程留痕每条业务数据所在的数据节点、数据状态（待提取、异常、业务终点）、到达节点时间以及离开节点时间。

（3）建立数据交换技术系统。数据及时从源端（部门前置库）同步到目标端（平台前置库），加强部门前置库、中心前置库CPU、网络、磁盘、数据库程序的运行监控，保障整个交换通道的顺畅与交换程序的处理性能。[4] 加强数据源端与目标端的主机性能监控、数据库过期数据清理以及相关交换程序性能的监

---

[1] 黄璜. 对"数据流动"的治理——论政府数据治理的理论嬗变与框架［J］. 南京社会科学, 2018（2）: 53-62.

[2] Finger M, Pecoud G. From e-Government to e-Governance? Towards a Model of e-Governance［J］. Electronic Journal of e-Government, 2003, 1（1）: 52-62.

[3] 实时数据流主要包括统调用电量（电力部门）、银行信贷量（金融部门）、高速公路车流量（交通部门）、新设企业数（市场监管部门）、AQI实时数据（环保部门）等。

[4] 数据提供方通过前置交换软件、交换传输软件和中心交换软件，把交换的数据定向交换到目标前置库，接收方通过桥接软件从目标前置库获取数据并登记提取结果。库表交换能力通过服务器节点数量增加进行水平扩展，实际环境中的单节点、单表交换能力上限为3000条/秒。

控，按照系统的运行容量与运行指标做好通道的扩容。

（4）建立数据清洗技术系统。根据数据的元标准和字段实际情况配置清洗规则，与归集平台的对应记录进行轨迹留痕的数据校验（CRC 校验），确保数据的一致性与向前兼容性。着眼于全链路透明监控，加强清洗平台的运行监控，及时调用数据跟踪系统的相关接口，反馈对应在清洗平台的时间、状态，包括已被覆盖数据、被删除数据、违反规则数据、处理异常数据。利用大数据分布式技术提高数据清洗效率，① 探索超大数据量的离线计算清洗模式，采用 Lambda 架构设计底层公共数据清洗平台，对数据流进行实时动态清洗。

第三节　标准规范与深度运用

一、纵深推进数据标准一体化

数据资产已成为政府的核心资产，全国 80% 左右的大数据资源集聚在体制内，② 然而行业壁垒、地域壁垒、条块分割阻碍数据资源的自由流动和开放共享。③ 海量数据的资源价值并未最大限度地释放。对此，亟须填补数字化"规则空白"，制定数据目录、数据采集、数据应用、数据安全、监督考核等全流程数据标准，及时将数据"全量定时、按需实时"归集至数字化平台，重中之重是制定法人综合库数据分类、信息编码、基础数据元等相关标准规范，④ 基于逻辑关联整合法人数据。按照数据"谁提供、谁负责"的原则，做到"一数一源、一源一码"，确保同一数据在各类政务应用中名称、定义、分类、编码、数源、范围等要素一致，保障数据仓的覆盖度、质效性和权威性。制定统一的经济运行指标编码，元数据一旦发生变化及时通过授权修改共享方的相关数据项，确保共享数据的统一更新。按照"公开是惯例、不公开是特例"原则，制定"政府数据开放许可协议"（Licence for Open Government Data），编制数据开放目录和负面清单，⑤ 明确数据开放范围和标准。鼓励高校院所等社会力量利用开放数据开展

---

① 浙江数字化平台提升批处理计算每小时处理 38G 数据的性能指标，流式实时计算达到每秒单表清洗数据吞吐量 10M/s。

② 李京文，甘德安．建设"数字城市"的内涵、任务与对策［J］．中国工业经济，2001（10）：53-59.

③ 根据国家网信办发布的《数字中国建设发展报告（2017 年）》，浙江省开放有效数据集 304 个，可机读的数据集 113 个，仅占 37.2%。

④ 浙江全省法人综合库涉及 50 个省级部门和省级单位、2500 多个数据源字段，最终确定为 9 个一级分类、54 个二级分类、89 个三级分类。

⑤ 徐晓林，刘勇．信息化与当代中国城市政府决策模型研究［J］．管理世界，2006（7）：139-140.

增值服务，强化高质量的数据挖掘分析。

二、纵深推进数据分析智能化

以大数据、物联网、智能化等为主要特征的第三次工业革命是一场嵌入在技术、模式、业态、制度等多维系统中的技术经济范式的深刻变革，[①]"大国效应"特别是人口优势、市场优势、制度优势与数据优势紧密结合起来，[②] 使中国成为"数据大国"。数据源从体量较小的"结构化数据"演变为复杂的大型"非结构化数据"后，[③] 需要更加智能化的大规模计算、调度和运维能力，提供10亿GB级别以上的大数据存储和分析能力。加强IaaS/PaaS/SaaS层的全面丰富的云服务供给，提供云平台、大数据、物联网等全方位的云产品和解决方案。通过MaxCompute高效分析处理海量数据资源，提供快速、完全托管的PB级数据仓解决方案，利用Hadoop、Spark、Kafka、Storm等进行集群、作业、数据等"一站式"大数据处理分析服务。构建基于弹性虚拟机之上的开源大数据生态系统，加强大数据采集、实时处理、智能分析，开发数字云图、数据下钻等展示组件，为全链路数字化以及横向协同、纵向联动提供完备的工具（见图37-5）。

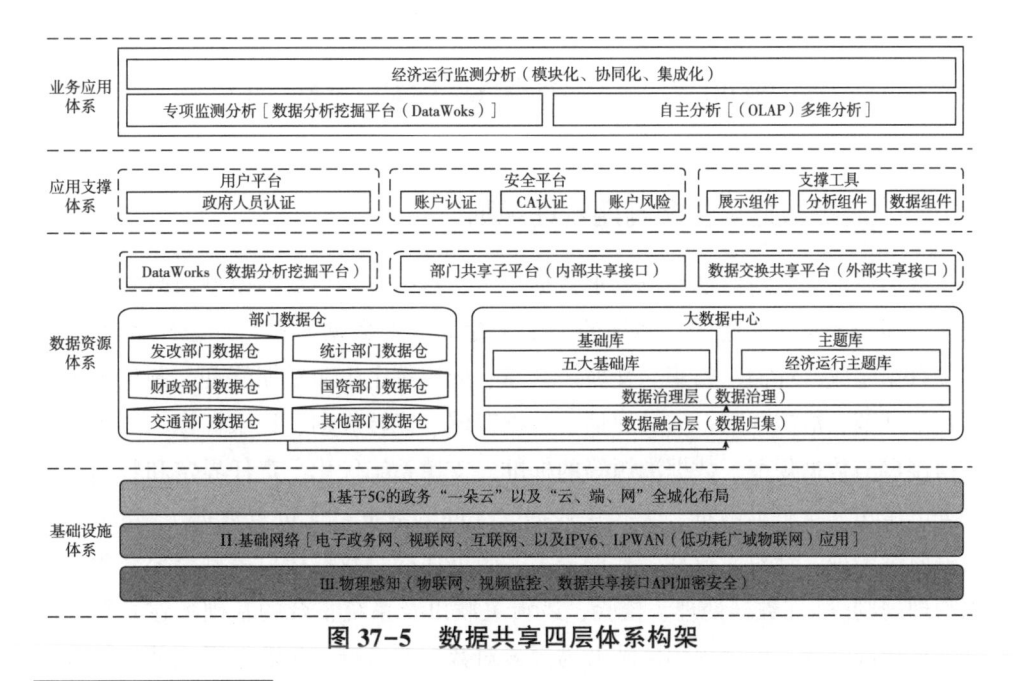

图37-5 数据共享四层体系构架

[①] 黄群慧，贺俊."第三次工业革命"与中国经济发展战略调整——技术经济范式转变的视角 [J]. 中国工业经济，2013（1）：5-18.

[②] 胡鞍钢，周绍杰. 中国的信息化战略：缩小信息差距 [J]. 中国工业经济，2001（1）：25-29.

[③] Gandomi A, Haider M. Beyond the Hype: Big Data Concepts, Methods, and Analytics [J]. International Journal of Information Management, 2015, 35（2）：137-144.

三、纵深推进指标监测可视化

运用热度声量分析、异动离群点分析、时间序列分析、变量关联模型等方法,通过图表关系图、地图空间图、仪表盘、坐标定位、数据云等多种表现形式,围绕数据全生命周期管理、数据供需关系管理、数据深度广度应用等多维度需求,展现数据内在逻辑关联,形成全面感知、动态可视、精准客观的智慧决策模式。利用 AI、BI(商业智能)等工具,构建三次产业、三大需求、三大收入、金融风险、营商环境、物价动态、匹配性指标等数字化分析模块,坚持界面风格统一、技术路线统一、展示模式统一,提供点、线、面的立体化、多层次、多视角分析,精准高效地研判经济运行的新情况、新特点以及倾向性、苗头性问题。从宏观、中观到微观,从总量、速率到结构,进行经济运行数据库、地理信息基础库、信用信息数据库、风险防控数据库等关联分析。基于移动终端设计智能化产品,实现经济运行数据分析结果的即时推送、实时查询、智能展示。浙江省深化改革的方向是,在"政务钉钉"中嵌入"8+13"数字化平台,开发移动端 APP 推行"指尖计划",实现经济运行的移动监测和可视化分析。

第四节 政策集成与机制协同

一、制定数据全生命周期管理规则

数据驱动的政府治理变革要求数据技术、数据应用、数据模型与政府组织的快速创新必须建立匹配的、系统的、全生命周期的数据质量治理思维和战略。[①] 围绕数据生成、存储、归集、交换、共享、应用等全生命周期管理,制定涵盖数据归集规范、清洗规则、质量评估、数据存储、流转规则、记录标识、异常上报数据接口与数据规范、数据溯源等的标准,支撑系统优化、责任界定和数据质量排查。聚焦"无低质数据、无碎片数据、无问题数据、无重复数据",系统进行数据质量治理,针对元数据、数据分类、数据匹配、数据接口等制定公开化的数据治理规则。[②] 在数据处理、校验、逻辑关联以及系统整合的基础上建立数据质量评估标准,通过配置规则屏蔽人为因素对数据的影响,对数据提供部门的数据质量进行评价,确保数据信度、效度和精度,控制非法、无效、不完整、不准确

---

① Moon M J. The Evolution of E-government among Municipalities: Rhetoric or Reality [J]. Public Administration Review, 2002, 62 (4): 424-433.

② Fan J, Zhang P, Yen D C. G2G Information Sharing among Government Agencies [J]. Information & Management, 2014, 51 (1): 120-128.

第五篇　数字化营商环境助推中国中小企业高质量发展的理论与实践
第 37 章　基于经济运行监测数字化平台"三元融合"全链路数字化的研究报告

等异常数据干扰。

二、建立与业务流相匹配的平台组件

统筹技术架构、业务流程、技术体系、数据算法，运用数据感知技术、云计算技术等 ICT 技术提升数字化平台功能和开发水平，特别是在网络空间与现实空间深度融合的趋势下，需要加强算法治理和组件搭建。加强公共支撑组件集成以及经济运行监测数字化平台所需的数据组件、分析组件、展示组件建设，包括大数据中心统一的用户平台、安全平台、支撑工具、数据分析挖掘平台（Data-Works）、数据交换共享平台等平台与组件的有机集成，推进监测模型、预测模型、预警模型、决策模型等模型组件的研发，为经济决策提供数字云图、图表管理、多维分析等展示组件（见图 37-6）。注重"扩展性"特质，在基础设施扩容、系统集成方面做到无缝对接，改进数据分析流程。①

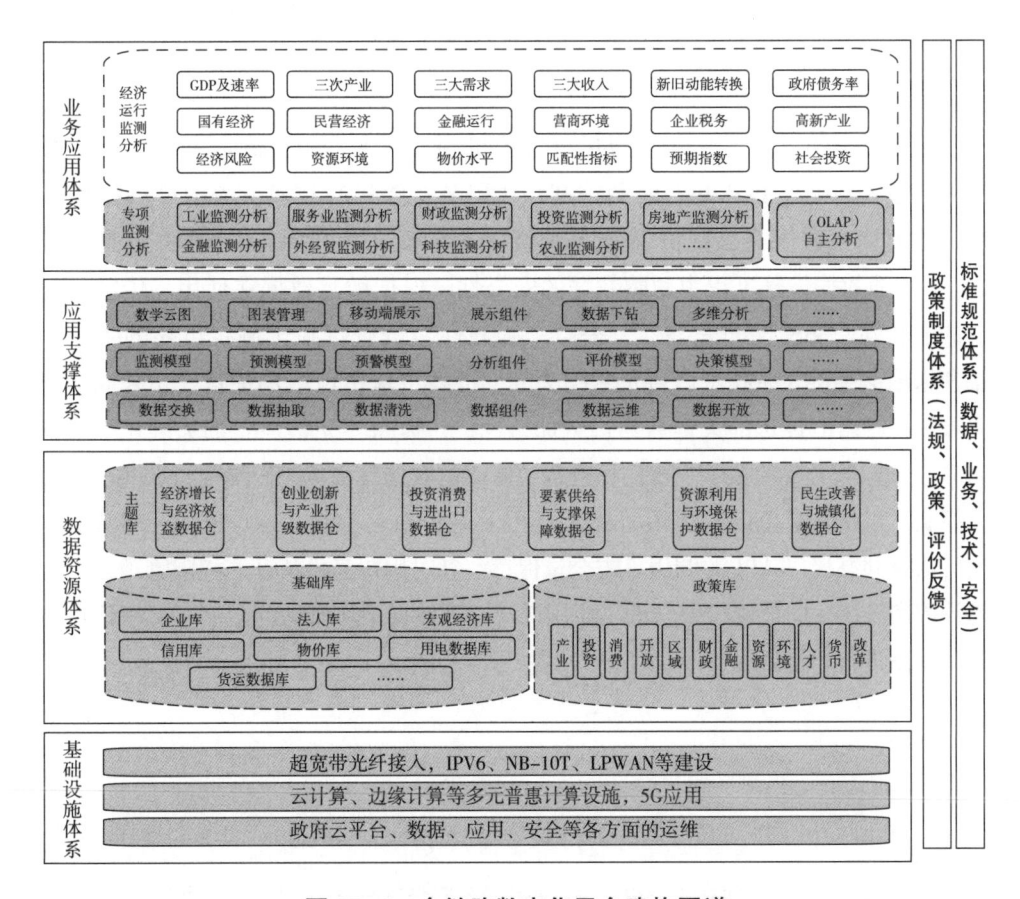

图 37-6　全链路数字化平台建构图谱

---

① 单表数据量小于 1000 万的统计速度 ≤3 秒，多表关联统计数量小于 5000 万的统计速度 ≤10 秒。

三、迭代升级"云、端、网"基础设施

加快新一代信息基础设施改造升级,推进"云、端、网"全域化、均衡化和共享化,支撑政务系统 IDC 基础设施、云平台、数据、应用、安全等各方面的运维服务。加强 IPv6、窄带物联网(NB-IoT)、低功耗广域物联网(LPWAN)等建设与应用,建设若干超大规模高等级绿色云数据中心,完善云计算、边缘计算等多元普惠计算设施,构筑高速宽带、无缝覆盖、智能适配的新一代信息网络,为经济运行监测乃至政府数字化转型提供基础支撑。① 根服务器是互联网和域名系统(DNS)的基础设施,全球根服务器仅 13 个,A—L 中的 10 个根服务器位于美国,其余 3 个分别位于英国(K 根服务器)、日本(M 根服务器)、瑞典(I 根服务器),亟须下功夫解决中国的根服务器空白问题,从"根上"来对待政府大数据系统建设问题,切实防范因国际互联网物理链路中断而导致的根域名风险。

四、构建系统安全运维机制

系统安全的重点是建立平台运行维护机制、容灾备份机制以及应急处置机制,突破大数据态势感知、漏洞挖掘、代码分析等核心技术,着力破解操作系统、数据库、数据仓、服务器等系统级安全问题。突出系统运行的稳健性指标,② 增强数据传输过程中敏感数据的安全性,保护敏感数据在使用、传输过程中的强壮性、保密性和完整性。提高"强壮性"的关键在于制定可靠的备份方案和采取必要的冗余技术以避免数据丢失,提高"保密性"的关键在于采取加密手段对在网络上传送的关键数据进行加密保护,提高"完整性"的关键在于采取 CRC 校验码等必要的技术手段确保查询或修改的数据真实可靠。加强数据共享的安全控制,包括共享接口 API 的加密,调用 IP 地址白名单制度、身份认证和密钥绑定,数据共享接口 API 的调用日志全量保存。针对用户身份认证、权限管理、安全审计等实施统一的严密权限管理,应用层与基础数据层实行访问限制,保密信息与公开信息进行严格区隔。③

---

① 中国网络空间研究院. 世界互联网发展报告 [M]. 北京:电子工业出版社,2018:125-137.
② 系统有效工作时间≥99.00%,系统平均故障间隔时间≥100 天,平均故障修复时间<30 分钟。
③ 段国华,后向东. 政府信息公开:成效可观未来可期——写在《全面推进依法行政实施纲要》颁行 10 周年暨《政府信息公开条例施行 6 周年之际》[J]. 中国行政管理,2014(6):9-13.

第五节　对策与建议

一、运用系统观念对数字政府建设进行设计

数字政府解决的不单纯是大数据算法和 ICT 技术升级问题,[①] 而是大数据分析处理与经济内在运行规律、新一轮政府机构改革"三螺旋"互动且相辅相成的问题，这需要对经济运行规律以及政府职能转变有深度认知，深层次理解海量数据背后揭示的规律和价值。换言之，不能仅将关注点聚焦于大数据的汇聚及运算层面,[②] 更要对经济运行的内在规律以及政府经济决策的触发机制和生成过程进行深入探讨。这衍生的问题是，全链路数字化平台建构单靠政府职能部门或单靠技术人员难以根本解决，需要引入互联网平台普遍适行的产品经理开发模式，让既懂政府业务、又懂技术开发的复合人才主导政府数字化项目开发，与阿里巴巴、百度、腾讯等领军企业构建政企深度协作机制。设立全国性的数字政府研究院和国家实验室，制定数字技术、运维管理、平台建设等相关规范、法规规章及配套政策，让政务业务与数据技术"两张皮"无间隙缝合。

二、加强横向联动和纵向协同

全链路数字化平台建构并不是一个独立的平台，而是基于政务大数据中心的功能性集成平台，旨在实现跨层级、跨系统、跨领域、跨部门、跨业务协同，这个特性决定了技术路线自下而上难以行通，需要自上而下的顶层规划和设计，着力破解"缺规划、少标准""重硬件、轻软件""重建设、轻运维"等难题。浙江某县级市反映，在用信息系统共 98 套，其中国家级 28 套、省级系统 61 套、地级系统 6 套、县级系统 3 套，商事登记等部门自建系统的数据与政务大数据中心并未在真正意义上实现数据无缝对接，只是以结果数据导入的形式完成机械化的数据显示，特别是投资项目审批、企业资金流动、不动产交易登记、燃气水电等垂管系统在业务上仍是各自为政。这说明，建立全链路数字化平台，需要处理好"上"与"下"的关系，自上而下打破横向、纵向的重重利益藩篱，实现数据资源的共享化、一体化、价值化。

[①] 何大安，杨益均.大数据时代政府宏观调控的思维模式［J］.学术月刊，2018（5）：68-77.

[②] 范梓腾，谭海波.地方政府大数据发展政策的文献量化研究——基于政策"目标—工具"匹配的视角［J］.中国行政管理，2017（12）：46-53.

三、建立数字化项目库

政府机构改革、政策制度规范、部门职责边界明晰度、政府公共信任度、部门是否归属垂直管理、业务流程重构等因素都会对 G2G 系统互联以及数据共享造成影响,[①] 经济运行监测大数据建设需要综合考量方方面面的变量因子。顺应政府机构改革和职能转变的趋势,借鉴美国政府、日本政府等机构设置做法,在省级和设区市设立"政府首席信息官"(CIO),统筹负责政务信息化需求、业务协同共享数据、数据资源规划、政务云平台建设等工作。全链路数字化转型的推进,需要运用工程化、项目化、矩阵式思维和策略,针对平台功能、数据类型、应用领域等建立数字化项目库,协调信息系统之间的信息交互与数据交换,凡集约化技术体系能够支撑的基础设施、应用系统项目,避免随意盲目新建。对数字化项目进行全链式管理,实时督查、绩效考核、闭环管理,形成事前、事中、事后全周期监管机制,实现推进有序、建设有节、管理有制、安全有度。

---

① Bailey A. Information Sharing Between Local and State Government [J]. Data Processor for Better Business Education, 2011, 51 (4): 53-63.

第六篇 技术创新驱动中国中小企业高质量发展的理论与实践

第38章 英国打造世界级"弹射中心"对企业科技创新启示的研究报告

第一节 英国打造"弹射中心"的靶向

科技成果无法高效地实现市场化、产业化,导致科技成果与产业化发展之间出现断层,被称为科技成果转化的"死亡之谷"现象。围绕破解"死亡之谷"难题,英国积极探索打造了10个世界级"弹射中心"(Catapult Centre),并计划2020年达到20个、2030年达到30个世界级"弹射中心",旨在精准化填补科技创新与成果产业化之间的"鸿沟"[①]。英国政府对自身在科技发展中的作用做了重新定位,彻底改变以往秉承自由主义、不干预创新的做法,强调政府在推动科技创新发展方面应该有所作为,制定长远发展规划。自2010年开始,英国创新署(技术战略委员会)投入巨资打造以知识转化应用为导向、聚焦关键创新领域、立足于全球高端创新价值链的非营利性创新机构——"弹射中心",推动英国特定领域高端创新迅速商业化,占据全球价值链高端,奠定该领域的全球未来竞争优势。迄今为止,英国已建设了10大"弹射中心",并计划于2020年建成20个左右的"弹射中心",2030年建成30个左右的"弹射中心"。

[①] 英国科技创新能力全球领先,以占全世界1%的人口,发表了占全球8%的高水平科研成果,但科技成果转化也是其痛点。2010年3月,赫尔曼·豪泽博士提交给英国政府《英国科技创新的现状及前景》,建议设立科技创新"弹射中心"的建议迅速被英国政府和议会采纳。

第二节　英国打造"弹射中心"的核心举措

一、填补创新研究与产业化的"鸿沟",精准化破解技术成熟度4~6级问题

技术成熟度(Technology Readiness Level)是欧美国家广泛应用的科技成果评价方法,指科技成果的技术水平、工艺流程、配套资源、技术生命周期等方面所具有的产业化实用程度,根据技术成熟水平划分为9个级别(见图38-1)。大学科研成果的技术成熟度通常为1~3级,市场需求技术的成熟度为6级以上,"弹射中心"的工作重点集中于解决技术成熟度为4~6级的科技成果转化问题,使学术创新能够连接市场需求,使科技创新释放更大的经济社会价值。目前,英国"弹射中心"已促进3000家学术机构与企业合作,推动科技创新成果跳出"死亡之谷"并实现产业化。

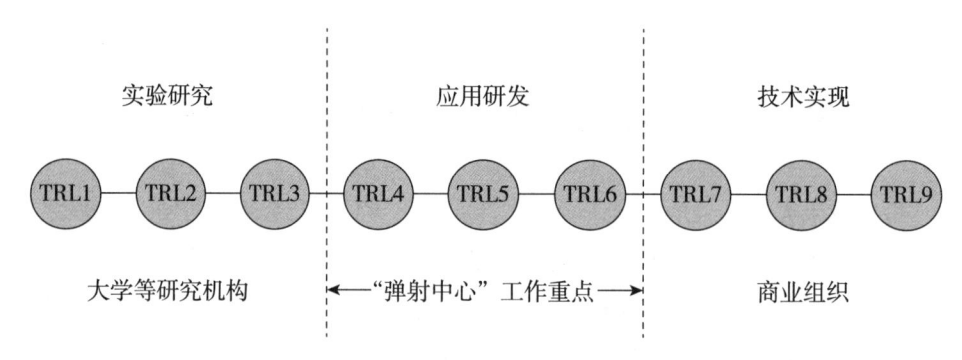

图38-1　"弹射中心"的功能定位

二、英国围绕最具增长潜力和最具经济效益的高增长创新产业,建立10大"弹射中心"

目前,英国10大"弹射中心"主要集中在高端制造、细胞疗法、可再生能源、数字经济等英国在世界领先的技术领域。10大"弹射中心"分别是:高价值制造"弹射中心"、海洋可再生能源"弹射中心"、细胞和基因治疗"弹射中心"、交通系统"弹射中心"、卫星应用"弹射中心"、未来城市"弹射中心"、数字"弹射中心"、能源系统"弹射中心"、复合物半导体应用"弹射中心"、药物发现"弹射中心"(见表38-1)。英国"弹射中心"主要依靠创新署组织专家评估,广泛征求研究界和实业界意见建议后确定,评估标准主要包括5个方面:①通过"弹射中心"实现的全球潜在市场价值能否达到每年数亿英镑,能否为

英国经济增长开辟全球机遇；②英国在该领域是否具有世界领先的研究能力；③英国企业是否有能力开发相关领先技术，持续投资在相关价值链中获取重要份额并嵌入其在英国的活动；④相关领域拟建设的中心能否使英国吸引国际化公司的知识密集化运营行为，并为英国带来可持续的财富创造；⑤拟建中心是否与优先型国家战略密切相关。

表 38-1　英国 10 大"弹射中心"的基本情况

名称	政策支持	现状及前景	合作企业或政府机构	主要参与高校
高价值制造"弹射中心"（High Value Manufacturing Catapult）	"创新英国"先后投资了 900 多万英镑用于服务英国先进制造战略（High Value Manufacturing Strategy）	为需要进行全球推广的企业提供尖端设备和技术资源，在全球制造业占据领先位置。下设 7 个技术创新中心：先进生产研究中心 ARC、先进制造研究中心 AMR、流程创新中心 CPI、制造工艺研究中心 MTC、国家复合材料研究中心 NCC、先进核制造研究中心 NAMRC、华威大学制造工程技术转移中心（WMG Catapult）。涉及领域包括生物能源、智能系统和嵌入式电子、生物技术、材料化学等	劳斯莱斯公司 波音公司 TIMET 公司 Aubert&Duval 公司 巴恩斯航空公司 TWI 公司	斯特拉斯克莱德大学 谢菲尔德大学 伯明翰大学 拉夫堡大学 诺丁汉大学 华威大学
海洋可再生能源"弹射中心"（The Offshore Renewable Energy Catapult）	2013—2018 年预计投资 4610 万英镑/年	加速开发、测试和部署海上可再生能源技术，降低海上可再生能源技术和经济成本涉及领域包括海上可再生能源技术（涵盖低碳风力、汐能技术开发与利用）等	The Crown Estate 公司 三星公司 Blade Dynamic 公司 GnoSys Global 公司	斯特拉斯克莱德大学 帝国理工学院 克兰菲尔德大学 爱丁堡大学 牛津大学 埃克塞特大学
细胞和基因治疗"弹射中心"（Cell and Gene Therapy Catapult）	2010 年以来，累计投资 280 万英镑，是英国再生医学战略（A UK Strategy for Regeneration Medicine）的一部分	将再生医学界科学研究与临床和商业需求相结合，致力于将英国再生医学产业打造成独立的、具有全球竞争力的产业集群目前涉及领域包括再生药物和细胞疗法、CTX 干细胞市场化生产，目前已带来数十亿英镑的市场效益	ReNeuro 公司 Videreg 公司	伦敦大学 利兹大学

续表

名称	政策支持	现状及前景	合作企业或政府机构	主要参与高校
交通系统"弹射中心"（Transport System Catapult）	获得"创新英国"和英国交通部为期5年的经费拨款，分别为4660万英镑和1690万英镑	致力于实现交通无缝对接，应对全球人口老龄化和城市化带来的交通压力。目前最重要的项目是LUTZ探路者计划，先期完成无人自动驾驶车辆设计，预计在2017年建立囊括飞机、火车、汽车等多种交通方式无缝对接的数据系统	民航管理局（CAA）谷歌公司 RDM集团 NATS公司	牛津大学 剑桥大学 莱斯特大学 利兹大学
卫星应用"弹射中心"（Satellite Application Catapult）	英国政府前期投资2100万英镑	卫星应用产业被认为是英国未来10年经济发展的重要领域，该领域的全球产业规模到2030年可达4000亿英镑。中心将依照英国《空间创新战略》和《增长战略》，实现到2030年创造10万就业岗位、世界市场份额从目前的6%提高到10%的目标。现有4个卫星应用项目：卫星探测技术服务商业化（Market Exploration）、卫星探测技术开发（Technology Exploration）、海上卫星技术应用（Maritime）、智能交通（Transport）	欧洲航天局（ESA）英国航天局（UKSA）Harwell公司	牛津大学 英国皇家艺术学院
未来城市"弹射中心"（Future Cities Catapult）	与交通系统技术创新中心存在紧密联系，共同服务于英国"智慧城市"计划	运用信息和通信技术手段感测、分析、整合城市运行核心系统的各项关键信息，在民生、环保、公共安全、城市服务、工商业活动等方面实现城市智慧式管理和运行。其中，米尔顿凯恩斯城市物联网（Milton Keynes' Internet of Things）、大曼彻斯特数据同步方案（Greater Manchester Data Synchronisation Programme, GMDSP）、感知伦敦（Sensing London）、无障碍城市（Cities Unlocked）等项目已逐步展开	Flexeye公司	英国开放大学

续表

名称	政策支持	现状及前景	合作企业或政府机构	主要参与高校
数字"弹射中心"（Digital Catapult）	英国数字经济战（Digital Economy Strategy）的一部分，2015–2018年预计投资500万英镑	有效推进数字化出版物与数码创意版权，数码创意从概念到商业化，创造新产品与新服务，促进英国数字化经济发展，在2020年为英国经济带来20亿英镑以上的版权收益	BleepBlee公司	牛津大学 南安普敦大学 爱丁堡大学
能源系统"弹射中心"（Energy System Catapult）	预计2018–2023年投资超过15亿英镑，以完成政府在2027年研发投资占GDP的比重达到2.4%的目标	旨在对接英国绿色增长的工业计划（Clean Growth Grand Challenge），预计近30年将带来数亿英镑的价值，到2030年英国低碳经济能够以11%增速上涨	Secure IT Environments公司	—
复合物半导体应用"弹射中心"（Compound Semiconductor Application Catapult）	英国创新署在2016年投资400万英镑，政府承诺至2027年之前投资数字基础设施10亿英镑，其中包括在5G技术上投入1760万英镑	目前已经与150家企业进行合作，致力于研究复合半导体材料的应用。该中心致力于提升英国电子产业的发展，通过5G、物联网等技术实现升级。预计2030年，复合半导体行业增长3%，超过90亿美元	工程和物理科学研究委员会（Engineering and Physical Sciences Research Council）	University of Bristol等
药物发现"弹射中心"（Medicine Discovery Catapult）	—	中心主要是利用技术、数据综合等方式加速创新药的发现过程，缩短时间。帮助英国中小生物医药企业、学术机构和发明者来共享和提供实验设备、数据等	The Francis Crick Institute, Harwell Oxford, the Wellcome Sanger Institute, BioIndustry Association等协会、企业	University of Dundee；华威大学等

三、采取"政府阶段性扶持+企业商业化运行"机制,科技创新资助来源实行"3个1/3"

"弹射中心"组织形式为非营利性的社团法人,注册为担保有限公司(英国公司法中的一种公司形式,主要适用于需要取得法人身份的非营利性机构),董事会以及执行管理团队独立负责制定业务规划和开展业务活动,对中心的资产、设施、知识产权等负责。同时,由英国创新署下设的咨询监督委员会负责监管所有"弹射中心","弹射中心"与立法部门紧密合作,在满足安全性等目标的前提下,最大可能简化技术创新过程,实现有效监管和快速创新之间的平衡。"弹射中心"的资金来源实行"3个1/3":即1/3的资金来自与企业订立的创新合同,1/3的资金来自合作研究和开发项目,两者属于竞争性资金,主要用于人力费用和启动项目;其余1/3的资金来自政府直接拨款,每年为每个"弹射中心"提供500万~1000万英镑支持,主要用于基础设施建设和研发设备购置,在最初3~5年内公共资金占主导地位,但随后企业竞争性资金逐步替代成为主导力量。

四、采取结构性精细化考核方式,构建"五位一体"评价体系

"弹射中心"围绕CREAM原则,即Clear明确、Relevant相关、Economic经济、Adequate适当/充足、Monitorable可监测,设计高质量创新评价指标。相关指标设计不仅借鉴了一般私营企业的考核方式,也针对"弹射中心"特点设置了更加细化的评价标准,如利用世界领先的科学和工程基地水平、中心服务企业获得尖端技术和专业知识等。"弹射中心"主要围绕5个评价维度制定一整套精细化关键绩效指标:一是在嵌入国家战略方面,注重国家创新战略推动和实现程度;二是在市场方面,关注"弹射中心"的创新职能和创新服务,以及产业化带来的经济社会效益;三是在服务大学和创新机构方面,专注于合作、交互式知识共享类型,如知识产权管理和出版;四是在财务方面,注重营业额、资金来源、资本国际化、公共资金、商业收入和商业参与;五是在技能方面,注重员工人数、研究能力、博士学位人数等。

第四节 启示与建议

一、根据"有优势、有市场、有前景"原则,在杭州、宁波等地聚力打造2~3个世界级"弹射中心"

浙江省很多企业研究中心(企业研究院)规模小、布局散、层次低,而英

国"弹射中心"侧重新兴技术领域的大布局,尤其是在世界领先的技术领域塑造未来核心竞争力。浙江省可参照英国"弹射中心"运行模式,对标世界、对标一流,紧密结合国家重大发展战略和浙江省现有优势科技领域,真正体现高端水准,立足人工智能、量子通信、生物医药、高端芯片、物联网、云计算、大数据等新兴产业和未来产业,依托之江实验室、西湖大学等现有高端创新平台,设置一批高端科学装置、国家实验室等核心载体,集中力量在杭州、宁波等地建设2~3个世界级"弹射中心",切实改变科研中心"满地开花""四处撒网"的盲目扩张现象,真正解决浙江经济的核心技术"卡脖子"问题。

二、借鉴"弹射中心"弥补"市场失灵"的功能定位,将科研和产业化"两张皮"黏合起来

英国"弹射中心"成功的一个重要原因在于将目标定位于研究解决商业化过程中的市场失灵问题,在一定程度上有效解决了一部分"死亡之谷"问题。在围绕技术成熟度4~6级的特定阶段,发挥财政资金的引导调节作用,搭建平台并整合各方面资源。浙江省建立的各类创新中心要当好"中立的召集人",在技术成熟度4~6级的市场失灵阶段,发挥在本领域的专业优势和政府背信,推动建立重大科技创新协同攻关机制,组织跨领域、跨部门、跨行业技术力量进行攻关,形成以企业为主体、以市场为导向,基于利益共享、风险共担合作原则的战略联盟,做到资源共享和优势互补,共同打造网络化的科技成果转化服务体系。

三、以"市场价值"论英雄,从根本上消除科研成果"重申报、重评奖、轻转化""重论文、重课题、轻应用"的现象

英国"弹射中心"的唯一衡量标准是创造的市场价值,各"弹射中心"基于各自的发展环境和技术参数,制定"弹射中心"关键绩效指标。目前,国内高校院所在职称评选、职务晋升、科研奖励方面的"硬杠杠"是论文、专著、课题立项。这样的机制下,过于追求前端的纸面成果,把后端的转化摆在一边,相当多的成果难以真正转化为现实生产力。借鉴英国"弹射中心"的做法,进一步健全和优化政府对科研项目投入的事前评估、事中指导、事后考核机制,从根本上消除科研成果"重立项、轻落地"的现象,改变科技创新"头重脚轻"的困境。在确定发展目标后,各类创新中心应根据实际情况,以实现市场价值最大化为导向自主制定相应的发展策略。

四、加大"政产学研介协同创新"力度，破解各类创新主体"画地为牢、各自为战、协同创新不力"的难题

英国"弹射中心"通过"政府+企业"运行机制及科技创新资助"3个1/3"机制，把各类创新力量较好地黏合起来。从当前的实际情况看，高校、科研院所、企业研发机构三大主力军以及中介服务机构、科技社团、投资机构、法律机构等大量辅助力量，协同攻关力度不够，"小作坊"观念较强，经常抱着"别人有不如自己有""自己有不如独有"的心态，条块分割、各自为战，资源不能共享、信息不能互通、优势不能互补，攻克一项科技难题的实际耗费数倍于协作研究，造成科技资源的浪费。建议设立"政产学研介协同创新"专项基金，协作实施一批有影响力的重大科技专项。鼓励高校院所与科技城、开发区、产业集聚区、高新技术园区及企业开展科技结对，共建协同创新中心、工程技术中心、博士后流动站，把经济社会发展急要的科技需求转化为重大科技任务，把与产业转型升级息息相关的关键共性技术转化为重大攻关课题，组织跨领域、跨部门、跨行业技术力量进行协同攻关。采用企业化管理、市场化运作的新机制，对于应用广、投入大、转化周期长的关键共性技术，由龙头骨干企业牵头，以股份制、理事会等方式联合高校、科研院所、行业协会等建立共性技术研发平台或产业技术战略联盟，整合相关资源进行联合承接和研发。

第39章 建设全球先进制造业基地的研究报告

制造是立国之本、强国之基、兴国之器，事关高质量发展和现代化经济体系建设，党的十九大报告指出，建设现代化经济体系，要把发展经济的着力点放在实体经济上，加快建设制造强国，加快发展先进制造业，促进中国产业迈向全球价值链中高端，培育若干世界级先进制造业集群。浙江作为制造大省、经济大省、市场大省，制造业是迈向现代化的战略基石和支撑力量，[①]需要按照"两手都要硬、两战都要赢"的要求，坚定不移将先进制造业作为建设现代化经济体系的主攻方向，聚焦打好产业基础高级化和产业链现代化攻坚战，加快建设具有国际竞争力的先进制造业基地，在制造强国版图中发挥浙江制造的"排头兵"作用。

第一节 先进制造业差距：基于制造业创新中心的比较

随着新一轮科技革命与产业变革的纵深推进，全球经济进入了空前的科技创新密集期，制造业创新体系的竞争格局正在加快重构，世界各国纷纷构建符合自身发展战略的创新网络，全面提升制造业核心竞争力。围绕中国制造发展战略，启动制造业创新中心建设工程，旨在打通技术转化、创新组织、商业模式、风险资本之间的分割与壁垒。截至2020年，全国已建成国家制造业创新中心16家，浙江省无1家入选。通过统计比较发现，浙江省有较大追赶空间（见表39-1）。

表39-1 中国16家国家制造业创新中心建设概况

序号	启动日期	中心名称	建设主体
1	2016年	国家动力电池创新中心	国联汽车动力电池研究院有限公司

---

① 建设先进制造业基地尤为重要，对此浙江省提出的量化指标是到2025年，全球先进制造业基地建设取得重要进展，制造业增加值占生产总值的比重稳定在1/3以上，制造业投资增速高于固定资产投资的平均增速，劳动生产率达到35万元/人以上，研发经费占营收比的重达到2.5%以上。

续表

序号	启动日期	中心名称	建设主体
2	2017年	国家增材制造创新中心	西安增材制造国家研究院有限公司
3	2018年	国家印刷及柔性显示创新中心	广东聚华印刷显示技术有限公司
4	2018年	国家信息光电子创新中心	武汉光谷信息光电子创新中心有限公司
5	2018年	国家智能传感器创新中心	上海芯物科技有限公司
6	2018年	国家集成电路创新中心	上海集成电路制造创新中心有限公司
7	2018年	国家机器人创新中心	沈阳智能机器人国家研究院有限公司
8	2019年	国家先进轨道交通装备创新中心	株洲国创轨道科技有限公司
9	2019年	国家农机装备创新中心	洛阳智能农业装备研究院有限公司
10	2019年	国家智能网联汽车创新中心	国汽（北京）智能网联汽车研究院有限公司
11	2018年	国家数字化设计与制造创新中心	武汉数字化设计与制造创新中心有限公司
12	2018年	国家轻量化材料成形技术及装备创新中心	北京机科国创轻量化科学研究院有限公司
13	2019年	国家先进功能纤维创新中心	江苏新视界先进功能纤维创新中心有限公司
14	2020年	国家高性能医疗器械创新中心	深圳高性能医疗器械国家研究院有限公司
15	2020年	国家稀土功能材料创新中心	国瑞科创稀土功能材料有限公司
16	2020年	国家集成电路特色工艺及封装测试创新中心	华进半导体封装先导技术研发中心有限公司

资料来源：赛迪智库科技与标准所编制《2019—2020制造业创新中心白皮书》，2020年5月。

一、国家制造业创新中心仍有获建名额

从国家制造业创新中心建设格局看，已经形成"东部多极、中西一带"的总体空间布局。目前，全国16家国家制造业创新中心中，北京有3家，上海、湖北、江苏、广东各有2家，辽宁、黑龙江共建1家，江西、内蒙古共建1家，湖南、陕西和河南等地均各布局了1家。按照国家工信部的部署，到2020年建成15家左右国家制造业创新中心，到2025年建成40家左右，未来5年全国还将建成20家以上国家制造业创新中心。

二、省级制造业创新中心建设基础较好

目前，全国已有24个省（自治区、直辖市）省区市开展了省级制造业创新

中心的认定和培育工作，覆盖了全国60%以上。截至2019年5月，全国已有19个省（区、市）共认定132家省级制造业创新中心（见表39-2），东部地区建设进展最快，广东、北京、山东走在前列，浙江省以10家的数量排名全国第5位，位列安徽（28家）、广东（18家）、北京（15家）、山东（12家）之后。

三、浙江省在部分重点领域仍有布局可能

截至2019年年底，已建成的国家创新中心集中在基础材料、核心器件、关键工艺、重大装备、信息软件5个领域，其中，核心器件领域布局最多，共有6家，其次为重大装备领域，布局有4家，仍有先进陶瓷材料、存储器、先进操作系统3个领域未建设国家制造业创新中心。浙江省有望推动数字化设计与制造、石墨烯等国家制造业创新中心在浙江省设立分中心，推动智慧视觉、先进印染领域争创国家制造业创新中心。

表39-2 全国各省制造业创新中心建设情况

类 型	覆盖领域个数（个）	建设省级制造业创新中心的数量（个）
第一类：建成领域	13	41
第二类：储备领域	19	48
第三类：潜力领域	24	43

资料来源：赛迪智库科技与标准所编制《2019—2020年制造业创新中心白皮书》，2020年5月。

第二节 北京市、广东省、江苏省的建设经验

制造业创新中心是打造先进制造业基地的核心内容，从全国来看，北京市、广东省、江苏省制造业创新中心建设走在前列，相关经验和措施值得借鉴。

一、北京"特色布局、梯度培育"模式

北京市坚持特色发展、突出重点，聚焦新一代信息技术、智能制造、"新能源+智能网联汽车"等10个高精尖产业布局，遴选具有较大影响力和号召力的龙头型、平台型企业发起组建制造业创新中心，梯度培育升级为国家制造业创新中心。建立产业创新体系，建设关键共性技术研发和转化平台，优化技术创新环境，推进创新链、产业链、资金链、政策链深度融合，跨越创新链条中的"死亡之谷"，加速技术成果转化落地。截至2019年年底，该市建成了3家国家制造业创新中心，认定北京石墨烯产业创新中心、北京医疗机器人产业创新中心等15

家省级制造业创新中心。

二、广东"需求带动、质量先导"模式

广东省面向制造业创新发展的重大需求，探索建立面向高精尖产业自主创新、协同创新、开放创新的新机制，贯通创新链、产业链、服务链，构建高精尖产业创新生态网络，通过严格把控省级制造业创新中心建设质量，对全省创新资源及产业链龙头企业进行摸底，对优质项目和优质企业进行一对一辅导，所有制造业创新中心均按照"成熟一个、批复一个"的原则进行组建，全面提升建设质量。截至2019年年底，该省在印刷及柔性显示、高性能医疗器械领域建成了2家国家制造业创新中心，在新一代信息技术、高端装备、新材料、生物医药、新能源等战略性新兴产业领域布局认定了18家省级制造业创新中心。

三、江苏"自愿创建、分批试点"模式

江苏省重视并在全国率先启动制造业创新中心建设工作，按照"行业推进、自主自愿、滚动培育、允许纠错、成熟一家、试点一家"的原则，每个制造业创新中心均建有理事会和专家技术委员会，采用"公司+联盟"模式开展运行，站在国际化角度将市场、技术、人才、资本等各种要素聚合起来，构建全产业链共享专利池，明晰了市场化运作机制，建设和完善了公司运行的内部管理机制，保障了创新中心市场化运作。截至2019年年底，该省布局建设了3批共9家省级制造业创新中心，其中2家升级成为国家制造业创新中心。

第三节　对策与建议

制造业是经济高质量发展的重要基石，建设全球先进制造业基地需要突出发挥市场在资源配置中的决定性作用，更好地发挥政府作用，打好产业基础高级化、产业链现代化攻坚战，推动制造业质量变革、效率变革、动力变革，提升制造业在经济大盘中的支柱性作用，促使经济稳中求进、行稳致远。

一、打造全球先进制造业基地，应当把创新驱动和科技引领摆在重中之重的位置

当前，发达国家纷纷布局建设重点制造业创新载体，力争跨越科技创新链上的"死亡峡谷"。科技创新是推动高质量发展的重要驱动力，也是浙江经济真正迈入内生增长轨道的关键所在。当前从浙江的情况看，"应用端"和"产业端"比较成熟，但"创新端"和"基础端"不够强，原始创新、高新尖技术、创新

能力等与国际先进水平相比仍处于"跟跑"阶段,核心技术"卡脖子"问题仍然突出。对此,应瞄准国际高端科技和产业创新前沿,以更大的力度实施产业基础再造工程,围绕信息通信、生命健康、新材料、高端制造等具有优势的重点领域,集中力量攻关"卡脖子"关键核心技术,不断向"无人区"迈进,逐步摆脱对国外技术和装备的过度依赖。大力建设国家自主创新示范区,助推企业创建国家重点实验室、技术创新中心、工程技术中心,高水平建设产业创新服务综合体,打造富有吸引力的创新生态系统。创新技术攻关机制,设立技术创新实验室,建立测试验证和中试平台,着力解决创新链条上的薄弱技术环节,提升行业关键共性技术供给能力。激发企业创新动力活力是产业升级的关键,要发挥领军型企业在产业链协同创新中的"头雁效应",建立上下游分工合作、利益共享的创新组织模式;同时大力培育高新技术企业和科技型中小企业,打造专精特新的"单打冠军"和"隐形冠军"。完善科技成果转移转化和利益分配机制,跨越从实验室到工程化、产业化之间的"死亡峡谷",打掉影响科技创新的条条框框束缚,进一步释放全社会的创新激情。

二、打造全球先进制造业基地,要把先进制造与数字经济深度融合作为重要战略

当前,全球经济加速向数字化转型,数字经济呈指数型、井喷式增长,成为驱动高质量发展的重要引擎之一,同时也为制造业向产业链和价值链高端跃升提供了新的机遇。浙江作为国家数字经济创新发展试验区,亟须紧紧抓住全球经济数字化浪潮的窗口期,深入推进数字经济"一号工程"建设,打造具有全球影响力的数字经济中心,促进先进制造与数字经济深度融合,实现"数据强省"和"制造强省"双引擎驱动。要把制造业的数字化转型摆在更加凸显的位置,加快推动传统制造及块状经济进行数字化改造提升,全方位支持企业以数字化、网络化、智能化为主线实施重大技术改造。围绕基础性、资源型、技术型、融合型、服务型五大数字经济领域,进一步推动集成电路、人工智能、量子通信、物联网等在制造业领域的应用,全方位构建智能制造体系。要把工业互联网作为制造业转型升级的重要撬动点,支持大型龙头骨干企业打造综合性工业云平台服务企业,促进量大面广的中小微企业上"云",让更多企业插上"云"的翅膀。

三、打造全球先进制造业基地,要把标志性产业链作为重要抓手

产业基础能力和产业链竞争力不够强已成为影响浙江省制造业高质量发展的"阿喀琉斯之踵"。新一轮的全球制造业竞争十分激烈,"浙江制造"要在国际先进制造格局中占得一席之地,必须抢抓机遇,打造具有国际竞争力的标志性产业

链。这要求主导产业与配套产业、上游企业与下游企业必须全方位高度集成耦合，构建起高效、稳固、富有弹性的网链结构，通过大规模定制和专业化协同形成国际竞争力。结合全球产业链分工及"浙江制造"的比较优势，重点培育产业集中度高、产品集成度高、生产协作度高的优势产业链，既包括新能源汽车、数字安防、绿色化工、高端装备等优势制造业，也包括集成电路、人工智能、量子通信、生物制药等新兴制造业，进一步提升产业链的竞争力和价值链的控制力。树立"强链、补链、延链"思维，实施产业链协同创新工程，推动更多制造业集聚集群，提升杭州钱塘新区、宁波前湾新区等标志性产业平台的能级，前瞻性建设未来科技城、青山湖科技城、之江实验室、梦想小镇等标志性项目，形成全球先进制造业基地的重要增长极。

四、打造全球先进制造业基地，要把全球化布局作为重要方向

坚持走出去和引进来"两条腿走路"，织密"买全球、卖全球"的国际市场网络，线上与线下一体化融合，构筑内外联动的全球化布局，① 提高全球价值链治理能力和供应链保障能力。国际贸易数字化是大势所趋，要加快建设电子世界贸易平台、数字自由贸易区、数字贸易丝绸之路等国际贸易平台，构筑与全球接轨的数字贸易开放体系。标准制定权代表市场话语权，亟须加快实施标准国际化行动计划，建立领军企业主攻国际标准的机制，探索基于海外并购的国际标准导入路径，推进国际标准自主创新、研制与推广，实现制造标准国际化"弯道超车"。要把品牌国际化作为重要靶心，培育更多能够与国外品牌同台较量的"浙江制造"品牌，支持龙头骨干企业通过海外参股、并购、战略联盟等方式实现品牌全球化布局。加强"一带一路"国际产能合作，强化重要资源、核心技术、高端装备的互利合作，持续扩大新兴经济体市场。

五、打造全球先进制造业基地，要把一流营商环境作为重要支撑

一流的营商环境缔造一流的制造业基地。要以"绣花功夫"精准服务民营企业，把企业的需求点作为政策供给和制度供给的落脚点，深化企业投资项目审批"最多跑一次"改革，加强重大制造业项目落地的全周期服务。② 打通制造业融资的"中梗阻"和"最后一公里"，加强制造业发展的融资保障，进一步增加

---

① 积极引导企业走出去，将研发设计、高端制造、管理总部等环节留在本土，推动海外企业本地化，强化重要资源、技术、产品、装备多元化供给和合作机制，支持龙头骨干企业全球布局，实现"走出去"和"引进来"相互促进。

② 对企业而言，需要在投资项目审批上给予最大化的便利，包括推动企业投资项目全生命周期一件事改革，督促审批类中介机构减费增效，建立政府服务企业综合平台，建立重大项目落地全过程服务机制，在政策制定和执行过程中充分考虑企业的实际需求。

制造业的中长期贷款、技改贷款和信用贷款，破解民营企业、实体企业以及中小企业的融资难、融资贵、融资慢、融资繁问题。构建多元化投融资渠道，建设一支以首席科学家为龙头、以领军人才为核心、以骨干人才为主体的专兼职结合、跨领域、多专业的高水平人才队伍。建立以资本为纽带的协同创新体系，形成知识产权信息共享、联合保护、利益分享、风险协同应对等机制。探索可持续发展模式，通过孵化企业、种子项目融资等方式，形成市场化运行模式。"法治是最好的营商环境"，进一步推动民营企业发展促进条例落地落细，严格执行公平竞争审查制度，健全执法司法对民营企业的平等保护机制，依法保护民营企业和企业家合法财产，进一步打造市场化、法治化、国际化营商环境。

第40章　着力打造全球新材料产业高地的研究报告

随着中美贸易摩擦的持续升级，美国对中国高新技术企业、军工类高校限制愈演愈烈，加快建设"三大高地"，特别是全球新材料产业高地对浙江省建设创新高地至关重要。① 新材料是指具有优异性能的结构材料和有特殊性质的功能材料，是现代高新技术的基础和先导，打造全球新材料产业高地对于抢抓新一轮科技革命先机，推动浙江省全面落实制造强国战略，加快建设全球先进制造业基地具有重大战略意义。美国、日本、德国、韩国等发达国家在新材料产业布局和开发上走在世界前列，具有先发优势，浙江省应借他山之石，加快建设"全球新材料产业中心"，使新材料进一步支撑全省战略性新兴产业发展，促进传统产业转型升级，加大其与数字经济、生命健康两大产业的深度融合，推动浙江成为高质量发展的重要窗口。

第一节　美国、日本、德国、韩国新材料产业战略布局

世界各国特别是一些发达国家为抢占未来经济发展制高点，都把发展新材料作为产业进步、国民经济发展和保证国防安全的重要推动力。据有关权威机构测算，2019年全球新材料产业规模已达2.82万亿美元，年均增长超过10%。从全球新材料产业空间分布看，主要集中在美国、欧洲、俄罗斯、日本、韩国、中国。美国新材料发展起步早，领域全，优势大；日本主要在IT先进材料、纳米材料等领域保持领先；欧洲在光电学、结构材料等方面具备优势；韩国的显示材料、高密度存储材料，俄罗斯的航空航天材料等均走在全球前列；亚洲新材料市场正在崛起。

一、美国新材料产业战略布局

（1）制定新材料产业发展战略。在国家层面把新材料列为影响经济繁荣和

---

① 新一轮科技革命和产业变革正在重塑全球经济结构，加强未来产业的超前布局尤其迫切和重要。2020年6月17日，浙江省第十四届委员会第七次全体会议提出，要集中力量、集聚资源、集成政策，全力打造数字经济、生命健康、新材料"三大科创高地"，构建具有国际竞争力的全域创新体系。

国家安全的六大类关键技术之首,把新材料发展置于国家战略高度。先后制定了关键材料战略(2010年)、材料基因组计划(2011年)、先进制造业国家战略计划(2012年)、材料基因组计划战略规划(2014年)、国家制造创新网络战略规划(2016年)等一系列政策(见表40-1),明确新材料的发展方向、发展重点,推动了其国内新材料产业变革,为相关领域起到了引领和支撑作用。

表40-1 美国新材料产业相关政策

战略及产业政策	发布时间	发布部门	涉及材料或内容
关键材料战略(2010)	2010年12月	国家能源部	大力推动清洁能源发展,解决材料供应领域安全问题
材料基因组计划	2011年6月	奥巴马政府	投资超过1亿美元,使美国企业开发、生产和应用先进材料的速度提高到当时的两倍
关键材料战略(2011)	2011年12月	国家能源部	重点支持风轮机、电动汽车、太阳能电池、能效照明等清洁能源技术中用到的稀土及其他关键材料
先进制造业国家战略计划	2012年2月	国家科学技术委	确定了纳米材料、纳米制造等8个主要支持领域
材料基因组计划战略规划	2014年12月	国家科学技术委	重点研究包括生物材料、催化剂、光电材料、储能系统、轻质结构材料、有机电子材料等材料
国家制造创新网络战略规划	2016年2月	总统行政办公室、国家科学技术委	组建材料制造创新研究所,加快发展先进合金、新兴半导体、碳纤维复合材料等重点材料领域

资料来源:笔者根据互联网公开资料收集整理。

(2)推动新材料产业一体化集群。美国拥有数量众多的全球知名新材料相关研发企业,如埃克森美孚、陶氏化学、3M、美铝、康宁等;材料相关的知名高校则有西北大学、麻省理工学院、斯坦福大学、加利福尼亚大学伯克利分校等;同时还有硅谷高新技术产业集群、波士顿生物技术产业集群等一大批新材料产业一体化集群。通过政府保障机制将高校、科研机构的科研成果直接就地进行产业化转化,共同推动产业变革,直接造就了美国在全球新材料研发制造领域的霸主地位。

(3)注重发挥新材料产业区域比较优势。就区域空间分布来看,美国新材料产业遍布全境,并无明显失衡,新材料产业集团遍地开花。东部、中部、西部、南部从事新材料及先进制造业相关人口数量比较平均。就新材料产业与区域特色结合来看，威奇托作为全美飞机制造中枢，包括西雅图等地新材料产业发展主要以航空航天材料为主，奥格登、托莱多、大急流城、底特律因为汽车制造产业链占主导地位，所以新材料研发上主要以高性能合金、新型金属材料为主导。圣荷西（硅谷）、棕榈湾、波特兰则以半导体先进材料著称。

二、日本新材料产业战略布局

（1）抓住若干新材料领域给予重点发展。将高温超导、纳米技术、功能化学、碳纤维、高性能 IT 等新材料技术在内的 10 大尖端技术确定为未来产业发展主要战略领域，并给予大力扶植。2018 年，作为其国内最主要的新材料发展领域，日本半导体厂商在全球市场的份额占比已经达到 52%，超过了半数。2019 年全球前十名的半导体生产设备厂商中，日本占据 4 家（东京电子、爱德万测试、斯科半导体、日立高科），总营收达到了 158 亿美元。

（2）通过法律制度助推新材料产业发展。日本政府高度重视新材料技术的发展，把开发新材料列为国家高新技术的第二大目标。为此，早在 1995 年，日本政府就制定了《科学技术基本法》，2016 年开始实施为期 5 年的科学技术基本计划。为推动循环经济，建立循环型社会，日本制定了一系列相关法规，例如《环境基本法》《循环型社会形成推进基本法》《资源有效利用促进法》《绿色购入法》等，为新材料的研发、实用化起到了积极的推动作用。

（3）推行独特的"产官学"合作体制。在日本的产官学合作体制中，政府处于主导地位，政府和民建成立了科技中介机构，在科研成果和企业间牵线搭桥。独立行政法人科学技术振兴机构和独立行政法人新能源产业技术综合开发机构，是分别隶属于文部科学省和经济产业省的科技中介机构，它们通过公开募集的方式，委托企业完成各项新技术开发，并提供所需的研发费用，研发成果归国家所有，参与的企业享有优先使用权，中介机构每年把上百项重要科研成果成功转化为产品。

（4）推动主导产业走集群式发展道路。从 21 世纪初开始，日本政府便推行了新的产业与区域发展政策（见表40-2），即产业集群政策。产业集群政策的目标是通过营造企业创新环境，提高创新能力，推动全国各区域利用本区域特色资源，发展新产业和创建新企业。在发展新材料作为主要战略思想的引导下，日本政府特别选择某些具有地理区位特征优势的新兴产业、企业进行重点扶植，起到一个导向的作用。日本集群政策不仅着力于促进区域创新，促进企业合作，同时也有利于形成产业集群，提升区域综合经济实力。

表40-2　日本新材料产业相关政策

战略及产业政策	时间	发布部门	涉及材料或内容
超级钢材料开发计划	1997—2007年	文部省及经产省	提升低碳素钢铁强度；提升钢铁材料耐热温度，并延长寿命
纳米材料工程计划	2001—2008年	经产省	发展纳米材料技术，建立纳米材料数据库，开发纳米玻璃、纳米涂导等新材料
日本产业结构展望（2010年）	2010年3月	日本政府	将包括高温超导、纳米、功能化学、碳纤维、IT等新材料技术在内的10大尖端技术产业确定为未来产业发展主要战略领域
制造业白皮书（2015年）	2015年3月	经产省	将3D打印产业项目确定为未来重点发展领域
第五期科学技术基本计划（2016—2020年）	2016年1月	日本内阁会议	日本政府未来5年将确保研发投资规模占GDP的比例在4%以上，促进新材料综合实力提升

资料来源：笔者根据互联网公开资料收集整理。

三、韩国新材料产业战略布局

（1）注重新材料产业整体战略规划。韩国在2001年就成为世界上第5个材料出口国，之后推出"Fast-Follower"战略，全力冲刺四强。2012年，韩国政府推出纳米融合2020项目。2016年，推出韩国3D打印产业振兴计划（2017—2019年），支持3D打印材料、技术发展，目标是在2019年使韩国成为3D打印技术的全球领先国家；同年12月宣布了材料工业发展的第4个总体规划，支持计划包括100种新材料的研发，并计划在2021—2025年的5年内投入1782亿韩元用于新材料领域建设（见表40-3）。

表40-3　韩国新材料产业相关政策

战略及产业政策	时间	发布部门	涉及材料或内容
纳米融合2020项目	2012年6月	韩国知识经济部教自科学技术部	到2020年将投入5130亿韩元（约人民币28.2亿元）推动纳米材料产业发展
第三次科学技术基本计划	2013年7月	韩国政府	将在5个领域推进120项国家战略技术（含30项重点技术）的开发，其中30项重点技术包括先进技术材料等

续表

战略及产业政策	时间	发布部门	涉及材料或内容
3D打印技术产业发展的总体规划	2014年10月	韩国政府	加强3D打印材料等技术开发，完善基本产业环境建设
韩国未来增长动力计划	2016年8月	韩国政府	集中支持新一代半导体、纳米弹性元件、生态材料、生物材料
韩国3D打印产业振兴计划（2017—2019年）	2016年12月	韩国政府	支持3D打印材料、技术发展，目标是在2019年使韩国成为3D打印技术的全球领先国家

资料来源：笔者根据互联网公开资料收集整理。

（2）做先驱者而非追随者。石墨烯可以广泛应用在许多不同的领域，包括太阳能电池、半导体、透明面板、发光材料等。虽然石墨烯是国外科学家首先发明的，但毫无疑问韩国在石墨烯产业研发创新上是"最早的行动者"之一。2016年，韩国是拥有国内和国际石墨烯专利最多的国家：三星225项，LG180项，成均馆大学147项，韩国科学技术高等研究院（KAIST）129项，以及首尔国立大学78项。在石墨烯应用领域相关的透明面板、发光材料等领域，韩国走在世界前列。

（3）多措并举营造发展环境。首先，注重"产学研"合作，推动知识和技术转移、培育产业，从而实现将教育、科研和生产集为一体的目标；其次，发挥政府引导作用，积极颁布政策法规，在相关市场专业管理机构配合下，逐步推进完善法律法规制度，并在税收、土地租金和购买方面实行优惠政策，为整体新材料产业发展营造良好生态环境和投融资环境；最后，注重国际交流合作，韩国频繁与其他国家进行技术、人才、投资等多维度的国际合作，期望通过多方技术融合突破自身发展瓶颈。

（4）集中研发生产力量。在韩国引以为傲的半导体高新材料产业领域，有关企业的厂址大多集中在韩国的京畿道，这其中就包括国际影响力巨大的三星电子、SK海士力等。韩国政府在进行产业规划时，有意将这些关于制造半导体产业的企业聚集到一起，目的是在提高工厂聚集性的同时，便利产品密集生产与研发。各种生产相关半导体产业零部件的企业同步聚集在周围，相关的配件设施也分布在周围，大大方便生产的同时也可以节约综合成本。

四、德国新材料产业战略布局

（1）制定有针对性的发展战略和政策（见表40-4）。早在2006年，德国政府就正式出台了《德国高技术战略》文件，明确提出加强包括新材料技术在内的17项高新技术科技创新的相关政策，此后在2010年、2016年、2018年又数次进行修改完善。德国政府也希望通过制度支持更好地推动新材料产业发展,为其提供引导、支持和保障。首先是专利保护制度,该制度鼓励企业积极参与发明创造,并尽快将成果推广或运用转化;其次是政府对企业的研发提供完善的资金和政策支持计划,包括一系列针对研发资金的税务减免、对研发人员进行资助和技术的转让支持。

表 40-4　德国新材料产业相关政策

战　略	时　间	发布部门	涉及材料或内容
德国 2020 高技术战略	2010 年 7 月	经济和技术部	重点推出含新材料在内的 11 项"未来规划"
纳米材料安全性研究项目	2012 年 6 月	德国联邦环境部	了解各类纳米材料可能对周边环境产生的影响,通过定量化方法对纳米材料进行安全风险评估
原材料经济战略研究项目	2012 年 11 月	德国联邦教研部	开发能够高效利用并回收原材料的特殊工艺,加强稀土、钢、镓、铂族金属等的回收利用
工业 4.0 战略	2013 年 4 月	德国联邦教研部、联邦经济和技术部	推动以智能制造、互联网、新能源、新材料、现代生物为特征的新工业革命
数字战略 2025	2016 年 3 月	德国联邦经济和能源部	确定了实现数字化转型的步骤及具体实施措施,其中重点支柱项目包括工业 3D 打印等
德国国家工业 2030	2019 年 2 月	德国联邦经济和能源部	通过国家适度干预扶持重点材料领域,确保德国工业在新一轮竞争中始终处于领先地位

资料来源:笔者根据互联网公开资料收集整理。

(2) 重视技术研发和领先。德国在国家层面十分重视新材料领域相关的高新技术研究,将其整个开发与基础研究过程都作为德国联邦政府的一项硬性任务。同时德国也极其重视技术研发的创新渠道和路径,为确保新材料技术的领先地位,充分发挥新材料在德国经济和国防中的支撑作用,将新材料列为本国优先发展的关键技术。2019 年,德国颁布《国家工业 2030》战略计划,希望通过国家适度干预扶持重点材料领域,确保德国工业在新一轮竞争中始终处于领先地位。德国高水平研究所数量也非常巨大,包括知名的海姆霍兹大研究中心联合会、德国马普学会、莱布尼茨研究联合会、佛朗霍夫协会等,并有诸如拜耳、汉高、赢创工业等科研、产出能力较强的企业为产业发展做引导。

(3) 多主体联动注重专业人才培养。德国战略性新兴产业发展的主体主要有企业、科研机构、中介组织等,其中龙头企业起产业带头作用,中小企业起重要支柱作用,科研机构提供技术支持,中介组织是联系政府、企业、科研机构的重要纽带,多主体联动,有序发展。此外,德国在发展战略性新兴产业的过程中注重科研人才数量的提升、高度关注人才培养和保护。德国研发与创新报告显示,德国科研人员数量在2012年时就已经超过50万人(总人口约8000万人)。在人才引进方面,德国的新移民法中,对研究人员申请移民的相关程序进行了简化,促进了优秀人才到德国发展。

(4)立足本土优势发展区域特色材料。德国新材料发展和本土产业基础有密切联系,进而顺应区域特色,大力发展对口新材料。慕尼黑、斯图加特、科隆、汉诺威等地是汽车和汽车配件工业生产基地,因此这里也成了先进制造业、新能源技术、高性能合金、智能交通技术等聚集地。德国南部地区主要集中电子制造业相关的高新技术企业,而近1/3的机器及装备制造业先进企业则主要集中在斯图加特地区。法兰克福、达姆斯达特地区结合历史发展,成为制药业、生物技术、化工新材料等聚集地,而图宾根地区是医疗设备制造业中心。

第二节 中国新材料产业发展分析

"新材料"及"新兴产业"是每年两会政府工作报告必定出现的关键词,当前国家也高度重视新材料产业发展,先后将其列入国家高新技术产业、重点战略性新兴产业和《中国制造2025》十大重点领域,并制定了许多规划和政策大力推动新材料产业的发展,新材料产业的战略地位持续提升(见表40-5)。目前,全国各地正积极推动新材料产业基地建设、加强资源整合,区域特色逐步显现,区域集聚态势明显,已经初步形成"东部沿海集聚,中西部特色发展"的空间格局,整体领域呈现出基础研究受到重视、研发投入加大、研发经费集中于战略性重点领域、政策扶持力度增强,以及企业在创新中作用突出的发展趋势。据有关研究机构测算,2011年中国新材料产业总产值仅为0.8万亿元,到2019年,中国新材料产业总产值已增长至4.5万亿元,年复合增长率超过15%(见图40-1)。

中国政府对新材料产业发展高度重视,并且颁布了诸多优待政策。同时,本土产业需求高,市场容量大,这对于新材料行业发展而言是最为重要的一个基础。中国也始终积极推进高水平的对外开放,开拓了全球范围的广阔市场。此外,近年来新兴材料亮点纷呈,机器人技术新材料、人工智能新材料、3D打印新材料等新兴先进技术,正在引发一场新的工业革命,所蕴藏的市场机遇非常大。从面临的挑战看,中国大批量新材料还需依赖进口,总体产量也有待提高,新材料整体项目发展起步较晚,易受他人牵制,那些起步较早、发展较好的国家和地区往往控制着制高点。国际环境变幻莫测，恶性打压时有发生，尤其是高新技术IT新材料等关键领域，中国在大力发展相关新材料的过程中容易受到多方面的技术围攻和政策打压。

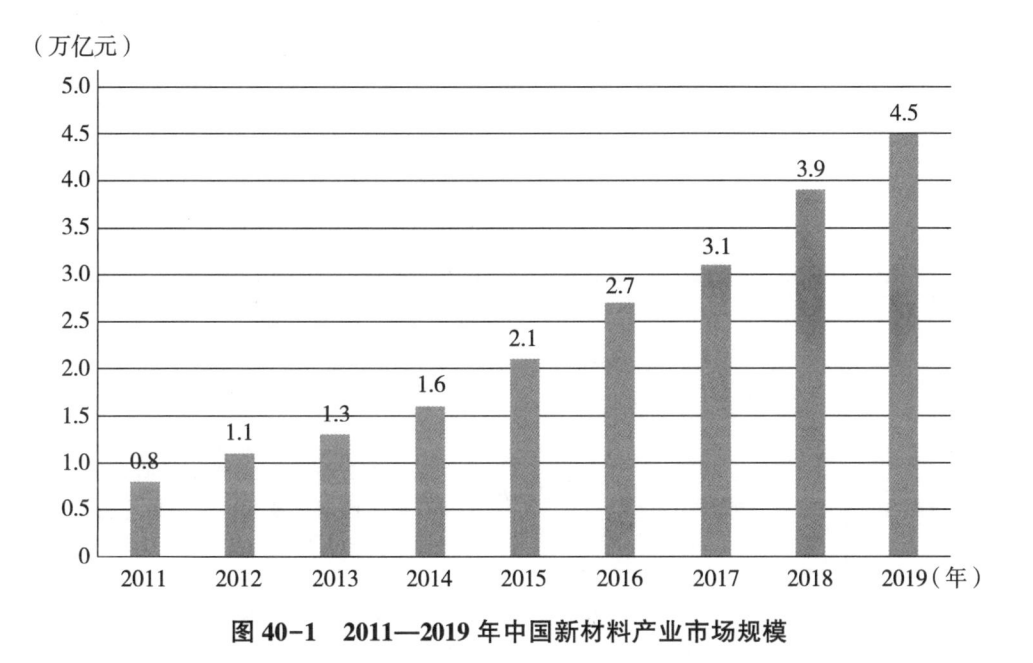

（万亿元）

年份	市场规模（万亿元）
2011	0.8
2012	1.1
2013	1.3
2014	1.6
2015	2.1
2016	2.7
2017	3.1
2018	3.9
2019	4.5

图 40-1　2011—2019 年中国新材料产业市场规模

资料来源：前瞻产业研究院。

尽管中国是全球材料大国，但还不是材料强国。据统计，在国家重大工程及国家安全领域，大多数高端制造业关键材料自给率只有14%左右。中国钢铁产量世界第一，一些品种供大于求，但质量达到世界先进水平的钢材不足20%，每年仍需进口3000多万吨优质钢材。中国水泥产量居世界首位，但高标号水泥只占总产量的17%。特别是中国新材料技术水平和产业整体水平还不高，不能完全满足本国经济和社会发展的需求。根据赛瑞产业研究资料，中国新材料产业仅有10%左右的领域为国际领先水平，60%~70%领域处于追赶状态，还有20%~30%的领域与国际水平存在相当大的差距，中国新材料产业的研发水平大致比发达国家落后5年。国家新材料专家咨询委梳理了70余种关键短板新材料，结果表明中国在新材料发展方面存在不少的短板和空白。例如电子化学品，目前关键核心材料光刻胶的自主化率仅为5%左右，其他关键品种如电子特种气体等的自主化率也仅为30%左右。新材料，已经成为制约中国制造业转型升级的突出短板。再例如在集成电路制造的关键电子气体材料方面，直到2017年，空气化工集团、液化空气集团、大阳日酸株式会社、林德集团等国外气体公司在中国电子气体市场上份额占比仍然超过80%，国内电子气体长期处于"卡脖子"状态。在新材料产业等领域我国还有不少"拦路虎",这给维护产业链稳定安全带来了不少挑战。尤其是当前,中美贸易摩擦从经贸领域扩大到技术领域,产生"长尾效应",冲击中国科技创新领域安全。中兴通讯被美国制裁事件给我们敲响了警钟,关键核心技术"卡脖子",就得受制于人。未来,美国或进一步收紧对中国的科技封锁,引发"技术脱钩"和产业链安全风险。中美贸易摩擦很可能会加剧,关键技术"卡脖子"和产业链安全问题将更加突出。在这种情况下,更迫切需要大力发展新材料产业,坚持自力更生,打破技术封锁。

表 40-5　中国近五年新材料产业相关政策及规划

时间	颁布单位	政策及规划	涉及材料或内容
2020 年 5 月	人大、政协	2020 年两会政府工作报告	推动制造业升级和新兴产业发展。全面推进"互联网+",打造数字经济新优势
2019 年 3 月	人大、政协	2019 年两会政府工作报告	深化大数据、人工智能等研发应用,培育新一代信息技术、新材料等新兴产业集群,壮大数字经济
2018 年 10 月	工信部、科技部、商务部、市场监管总局	《原材料工业质量提升三年行动方案(2018—2020 年)》	到 2020 年,我国原材料产品质量明显提高。明确了钢铁、有色金属、石化化工和建材四个细分行业的发展目标
2018 年 5 月	工信部	《关于印发国家新材料产业资源共享平台建设方案的通知》	到 2020 年,基本形成多方共建、公益为主、高效集成的新材料产业资源共享服务生态体系。到 2025 年,新材料产业资源共享服务生态体系更加完善
2017 年 4 月	科技部	《"十三五"材料领域科技创新专项规划》	重点发展基础材料技术提升与产业升级、战略性先进电子材料、材料基因工程关键技术与支撑平台、纳米材料与器件、先进结构与复合材料等
2017 年 1 月	工信部发展改革委、科技部、财政部	《新材料产业发展指南》	到 2020 年,新材料产业规模化、集聚化发展态势基本形成,实现 70 种以上重点新材料产业化及应用
2016 年 8 月	国务院	《关于石化产业调结构促转型增效益的指导意见》	重点发展高性能树脂、特种合成橡胶、高性能纤维、功能性膜材料、电子化学品等化工新材料

续表

时间	颁布单位	政策及规划	涉及材料或内容
2016年7月	国务院	《"十三五"国家科技创新规划》	重点研制碳纤维及其复合材料、高温合金、先进半导体材料、新型显示及其材料、高端装备用特种合金、稀土新材料、军用新材料等
2016年5月	国务院	《关于促进建材工业稳增长调结构增效益的指导意见》	加快推进玻璃纤维、碳纤维及其复合材料及玻璃基板、光纤预制棒等先进无机非金属产品制造与普及,扩大新材料产业规模
2016年12月	国务院	《"十三五"国家战略性新兴产业发展规划》	到2020年,新材料产业创新能力和竞争力明显提高,产业结构进一步优化。到2030年,战略性新兴产业发展成为推动我国经济持续健康发展的主导力量
2015年5月	国务院	《中国制造2025》	以特种金属功能材料、高性能结构材料、功能性高分子材料等为发展重点,做好超导材料、纳米材料、石墨烯、生物基材料等战略前沿材料提前布局和研制

资料来源:笔者根据互联网公开资料收集整理。

第三节 浙江省新材料产业发展现状及优劣分析

作为制造业大省,浙江省对新材料产业的发展定位是打造全球新材料产业高度,这与国家的战略导向是相互吻合的。2020年4月,习近平总书记在浙江省考察时指出,要抓紧布局数字经济、生命健康、新材料等战略性新兴产业、未来产业,大力推进科技创新,着力壮大新增长点、形成发展新动能。作为新材料产业大省,浙江省新材料产业在"十三五"期间发展迅猛,拥有一批优秀的新材料企业和技术领先产品,特别是磁性材料、氟硅新材料、高性能纤维等产业集聚优势突出,多个领域一直处于全国领先地位(见表40-6)。

表40-6 浙江省近五年新材料产业相关政策及规划

时间	颁布单位	政策名称	涉及材料或内容
2019年10月	杭州市经济和信息化局	《关于实施"新制造业计划"推进高质量发展的若干意见》	到2025年,全市制造业国家级高新技术企业2000家;全社会研发经费(R&D经费)支出占GDP比重达到4%,创建国家重点实验室3家、国家技术创新中心(国家工程技术研究中心)5家、国家企业技术中心45家

续表

时间	颁布单位	政策名称	涉及材料或内容
2019年4月	浙江省人民政府办公厅	《浙江省加快新材料产业发展行动计划（2019—2022年）》	到2022年，新材料产业年产值突破1万亿元，比2018年增长53%以上，年均增长11.2%，产业规模稳居全国前4位。建成化工新材料、高性能纤维及复合材料、磁性材料、氟硅新材料和光学膜材料等若干具有全球竞争力的产业基地。到2030年，基本建成全球知名新材料产业创新中心及全球有重要影响力的新材料研发制造高地
2016年12月	浙江省经济和信息化厅	《浙江省新材料产业发展"十三五"规划》	到2020年，形成产学研结合较紧密、产用协同良好、服务管理体系健全，具有较强自主创新能力、富有特色和竞争力的新材料产业发展体系。力争到"十三五"末，新材料产业规模比"十二五"末翻一番
2016年2月	浙江省人民政府办公厅	《中国制造2025浙江行动纲要》	到2025年，建成国内领先、有国际影响力的制造强省。基本形成有利于创新创业的制造业产业生态，制造业自主创新、质量效益、融合发展和绿色发展的水平进一步提升，制造业结构更趋合理，涌现一批国际竞争力领先的企业和产业集群，在全球产业分工和价值链中的地位进一步提升

资料来源：笔者根据互联网公开资料收集整理。

一、产业规模位居全国前列

2019年，浙江省新材料产业实现工业增加值1150亿元，同比增长8.8%。新材料产业工业总产值7159亿元，占全省战略性新兴产业的32.47%。新材料产业规模列江苏、广东、山东之后，居全国第4位。浙江省新材料产业主要分布在环杭州湾地区，其中，宁波市规模最大，约占全省的30%，杭州市占18%、嘉兴市占14%。全省形成了以宁波市高端功能合金、先进高分子材料及复合材料、电子信息材料，杭州市光电新能源材料，嘉兴市、绍兴精细化工新材料、高性能纤维，衢州市氟硅钴新材料、电子化学材料为特征的区域发展格局。以磁性材料为例，浙江省内有诸如英洛华、宁波招宝、宁波科田、宁波韵升、杭州永磁集团等大型企业专业研发制造新型磁性材料，中科院宁波材料所这类研发机构同样在永磁材料领域国内领先，助力了浙江省永磁材料的发展。

二、科研创新能力较强

在平台方面,浙江省新材料领域拥有4家国家重点实验室(全国有81个新材料国家重点实验室,北京占全国总数的35%),3家国家级工程技术研究中心,15家国家级企业技术中心,70多家省部级重点实验室、省级企业研究院和重大科技创新平台。中科院宁波材料所(浙江省工业技术研究院)、清华长三角研究院、国家海洋局第二海洋研究所、中国兵器科学研究院宁波分院、浙江省化工研究院等院所材料专业研发力量较强。在高校人才方面,浙江省拥有院士10余位、教授500余人,浙江大学材料学科ESI排名为世界高校第8位。浙江大学、浙江工业大学、宁波大学、杭州电子科技大学等一大批重点高校在新材料研究领域均具有丰硕的成果,学术、科研人才资源丰富,例如浙江大学的浙江加州国际纳米技术研究院、浙江大学可持续能源研究院、浙江工业大学的先进材料研究中心、杭州电子科技大学的浙江磁性材料研究院、浙江理工大学高分子材料表界面实验室等。在企业方面,巨石、久立、东磁、巨化、万华等10家新材料企业入选雄鹰企业培育名单,并围绕磁性材料、氟材料、纤维材料、新能源材料等领域建立了企业研究中心。

三、行业产品特色优势明显

部分产品处于领先地位。核电机组的蒸汽发生器传热管、高铁接触网铜合金导线、聚四氟乙烯树脂、热硫化硅橡胶、加成型液体硅橡胶、光芯片材料等一批新材料品种国内领先;T800碳纤维、电子级低氧超纯钛、高强高模聚乙烯纤维等产品填补国内空白;石墨烯规模化微片制备技术和液相增黏熔体直纺涤纶工业丝生产技术等处于国际领先地位。部分产品集聚效应突出。宁波市启动了新材料科技城建设,在先进高分子及合成材料、高性能金属合金材料、电子信息材料方面形成了产业集群;杭州市在光伏、光纤、Led光电材料、有机硅、差别化纤维等领域集聚了一批上下游企业;中国化工新材料(嘉兴)园区、柯桥萧山桐乡海宁高性能纤维,东阳磁性材料、绍兴铜合金等特色新材料已形成一定的规模。一批"卡脖子"技术、环节取得突破。由浙江大学和浙江金瑞泓科技股份有限公司牵头的"微量掺锗直拉硅单晶及其应用"获得2019年度国家技术发明二等奖。衢州金瑞泓公司成功量产集成电路用12英寸硅单晶棒,金瑞泓、杭州中欣12英寸集成电路用大尺寸硅片成功下线并实现送样。巨化集团突破了高端电子湿化学品制备技术,在集成电路28nm制程工艺、64层3D NAND和DRAM先进存储器制造领域实现批量应用,并走向国际市场。杭州高烯科技有限公司掌握了单层氧化石墨烯、石墨烯多功能复合纤维、石墨烯碳纤维制造等核心技术,打破了国外技术壁垒。宁波晶钻公司突破了金刚石工业制备技术，填补了国内空白。

四、相关政策力度较大

浙江省政府于2019年建立新材料产业发展联席会议，统筹协调新材料产业发展。政策方面，印发《浙江省加快新材料产业发展行动计划（2019—2022年）》，推动实施新材料产业发展七大工程；出台地方版重点新材料首批次应用保险补偿机制试点政策，首批14个首批次新材料产品的53个保险项目纳入试点。财政资金扶持方面，2019年新材料专项财政科技补助经费达1.84亿元，比上年增加20%。省工业和信息化专项资金共安排6767.2万元，支持新材料领域产业协同创新项目和首批次新材料保险补偿项目。杭州市、宁波市共安排8620万元用于首批次新材料产品资助和保费补偿。争取国家财政扶持资金2724万元，用于重点新材料测试评价平台区域中心建设和首批次新材料保险补贴。

近年来，在国家层面和浙江省级层面的多重利好政策强势推动下，浙江省新材料产业年产值增长率超过11%，到2022年，浙江新材料产业年产值预计将突破1万亿元，比2018年增长53%以上。其经济效益主要包括以下四个方面：①新材料产业发展基础好，产业链扩展覆盖面广，以新材料为核心的产业链也获得了进一步的延伸与扩展；②新材料突出的产品特点以及独特的材料优势让浙江新材料的发展前景开阔，市场空间巨大；③民营经济优势巨大，由此辐射产生的规模集聚效应将会产生更为广泛、巨大的影响；④新材料产业基地发展起步早，产业与市场结合紧密，有利于促进新材料和相关行业共同实现技术、效益进步。

同时也要实事求是地认识到，浙江省新材料产业也面临一些困境，需要尽快破解。

（1）创新能力不强，关键技术受制于人。浙江省新材料产业的整体创新能力不强，且存在技术创新薄弱的短板。虽然相关企业、高校、研究院数量多，但归根结底缺少有影响力的大型央企，缺少成规模且有竞争实力的高校，缺少大型研究院、研究所。浙江省重点骨干企业急需的32项关键新材料产品，主要依赖日本和美国企业，在中美贸易摩擦背景下，企业供应链及相关产业链存在较大风险。

（2）新材料技术产业化步伐总体依然较慢。新材料研发周期较长，转化为产业成果的过程同样非常漫长，整个周期从研发到大规模上市需要花费大量时间。例如，宁波有研发实力较强的机构中科院宁波材料所，在石墨烯材料研究领域全国领先，但石墨烯的产业化进程较慢，目前的应用产品还比较少。

（3）新材料企业与下游企业，特别是本地应用企业之间产业合作有待加强，新材料如何嫁接当地传统优势产业有待挖掘。结合产业发展趋势及当地产业发展基础，浙江省新材料产业未来重点需要着力推动新材料的产业化，以优势产业为核心打造链式集群，如在永磁材料领域，发展磁性基础材料—磁体元件—特种电机产业链；在导体材料领域，发展氟硅原料—超净电子化学品—半导体器件应用产业链。

（4）新材料产业集群效应有待提升。现有许多新材料集聚区块相关产业关联总体不强，产业间、产业内部横向、纵向协作、协同关系仍不够紧密。一些区块核心企业支撑作用不突出，企业集而不聚，没有形成产业链优势。例如浙江省磁性材料领域研发资源分散，同质化研究现象普遍，没有形成对行业的一些共性技术进行合力攻关、协同创新的局面。

（5）新材料产业化及规模化应用步伐依然较慢。新材料产业化受资金制约影响大，新材料开发要经过市场、工艺、应用、产业化等系列研究，周期长、投入大、风险高、见效迟，推广应用难度很大。

第四节　对策与建议

新材料产业是战略性、基础性产业，也是高技术竞争的关键领域。要树立并践行"材料先行"理念，在设计、制造、使用等环节充分认识材料全寿命成本的意义，促进材料应用从"末端治理"向"源头治理"转变。高起点谋划、高标准建设新材料科技创新高地，围绕核心环节、薄弱环节强化科技攻关、龙头带动、项目招引、平台支撑，加快实现弯道超车，甚至换道超车，努力从跟跑者、并跑者变成领跑者。

一、超前谋划新材料产业战略布局和全球定位

美国、日本、德国、韩国在新材料领域的一条重要经验，就是通过制定战略性产业发展战略、有关规划及相关推动措施来带动新兴产业发展。要在总结《新材料产业"十三五"发展规划》《"十三五"材料领域科技创新专项规划》实施经验的基础上，制定实施《浙江省加快新材料产业发展行动计划（2019—2022年）》，重点以编制"十四五"发展规划为契机，围绕国家战略和重大工程项目需求，深入思考浙江省新材料产业高地建设的整体布局、全球定位、重大平台、重大项目，科学规划新材料前沿研究、应用研究和市场化的创新链、价值链及产业链，明晰全球视野中的对标目标和赶超目标，为实现浙江全球新材料创新中心的建设目标提供战略引领。聚焦关键核心技术和短板技术，实施新材料产业链协同创新工程，瞄准先进结构材料技术、先进功能材料技术、变革性材料技术三大

技术领域打造一批优势特色产业链。先进结构材料技术方面，重点加强在新型高分子材料、高性能工程塑料、高性能纤维及复合材料、高端合金材料、纳米材料等领域打造标志性产业链。先进功能材料技术方面，重点加强在半导体、新型显示材料、高端磁性材料、新型生物医用材料等领域打造标志性产业链；变革性材料技术方面，重点加强在柔性电子、材料绿色制造等领域打造标志性产业链。

二、谋划建设"新材料国家实验室"

借鉴之江实验室创建国家实验室的经验，全面整合中科院宁波材料所、浙江大学国际纳米技术研究院、浙江大学可持续能源研究院、浙江工业大学先进材料研究中心、杭州电子科技大学磁性材料研究院、浙江理工大学高分子材料表界面实验室等新材料创新资源，吸收国内外高能级开放平台的先进理念和管理模式，举全省之力建设1~2个学科交叉融合、综合集成、对标世界一流的"新材料国家实验室"，以国家实验室要求进行高强度建设，探索和形成实验室建设的"浙江模式"。由省委、省政府出题进行重大技术攻关，实现浙江省新材料由跟踪为主转向跟踪和并跑、领跑并存。在省内高校院所建设2~3个材料领域国家一流学科，培育和引进5名左右材料领域的两院院士，在全球招聘一批新材料领域的海内外领军人才，为实验室建设提供坚实的人才和智力支撑。针对材料军民两用的特性，围绕"军民融合"国家战略，加强在技术、装备和人才方面的资源共享，建设材料研究与开发的军民科技协同创新平台和基地，推动形成完善的材料领域军民融合科技协同创新体系。

三、突出"全球三大高地"的深度融合

全球"三大高地"包括"互联网+"高地、生物医药产业高地、新材料产业高地，三者之间既要形成支撑浙江现代产业体系的"三足鼎立"之势，也要形成"双循环"的协同融合模式。发展方向上，依托计算机科学、软件开发、大数据管理、网络信息等一系列前沿学科，重点在数字经济需求材料、新能源汽车材料与生物医用材料、化工新材料等领域进行精细布局，使新材料产业研发成为助推数字经济、生命健康产业的重要动能。产业模式上，建立和优化链路关系，在发展新材料的同时，同步结合数字经济、生命健康领域当前最为或缺的薄弱环节或未来具有广泛市场的开拓增长点，从需求出发，带动新材料产业链从研发到生产走嵌实矩阵。人才培养上，加大企业与高校、科研机构的紧密互动，注重培养在数字经济、生命健康、新材料等领域交叉融合的复合型、跨学科的通用人才。加快组建产业创新联盟，支持高校、科研机构、龙头企业联合组建浙江省新材料产业创新联盟，构建跨区域、跨行业、跨学科的材料科技创新链，加强产学

研结合，实现从基础研究到产业技术的全链条发展。

四、打造支持新材料产业全链条的政策集成体系

（1）围绕政策痛点进行研究，统筹优化新材料领域的科研、创新、投资、金融、财税、人才、管理等措施，尽快制定《支持建设新材料产业发展的政策意见》。利用国家及省先进制造产业投资基金等资本平台，引导社会资金投入，支持共性关键技术研发、公共创新平台和示范项目建设，为特色新材料发展提供政策支持、发展平台及政策保障。

（2）加快产业集聚环境建设，结合浙江省杭州、宁波等区域新材料发展特色，通过制定相关引导政策、利用财政基金完善集聚区内基础设施建设与研发环境建设，协调好各地区新材料产业之间的利益关系。

（3）围绕"五大新区""五大科技城"，依托浙江大学和中科院宁波材料所等核心力量，尽快搭建一批具有影响力的新材料创新平台，培育和扶持一批新材料龙头骨干企业，将研究成果更好转换为产品，利用产业化服务平台加强企业与科研机构之间的交流与合作，加快科研成果转换的规模化、市场化。

五、打造新材料产业，服务"一带一路"重要窗口建设

坚持新材料产业"走出去"战略，把新材料产业作为浙江省对外开放的"特色名片"。加强与其他新材料发展特色国家、地区的交流与合作，学习和借鉴成功经验，拓宽发展思路，力争在新材料关键领域、卡脖子核心技术、重大科学装置等方面进行突破。进一步做大做强新材料产业高新技术产业园区，加快建成化工新材料、高性能纤维及复合材料、磁性材料、氟硅新材料和光学膜材料等具有全球竞争力的产业基地，力争到2025年新增20家以上具有全球影响力的新材料新型研发机构。进一步开拓"一带一路"沿线国家及非洲等新兴市场，提升新材料技术、新材料产品等出口比重，逐步提高浙江省新材料产业的国际知名度和影响力。加强与"一带一路"沿线国的政府、企业或相关机构合作，联合共建研究中心或实验室、国际技术转移机构、科技创新园区、新材料技术标准机构等平台，进一步推动"一带一路"沿线国家新材料领域的国际科技合作。

第41章　组织与技术双重嵌入视角下的液晶产业自主创新能力提升的研究报告

液晶产业近几十年的蓬勃发展为消费者带来了显示屏的大规模应用：电子表、计算器、手机屏幕、高清电视、电脑显示器等。在这个产业快速变化的背后，有太多的企业大赌大赢、大起大落。液晶显示领域属于半导体产业，遵循摩尔定律，这使得半导体显示性能的提升不仅快，而且看不到尽头。液晶周期的特殊规律是，在每个周期中，企业都要承担低谷期的巨大损失，并坚持逆势投资，然后才能在高峰时迎来更大的生产和利润。液晶面板产业是典型的技术、资本、风险三高型产业，且产品需求周期性波动，回报周期长。

京东方（BOE）是中国大陆液晶显示产业的开拓者和领导者，是中国唯一一家集自主研发、生产、制造于一体的半导体显示器产品（1.5~110英寸）企业。自2003年起，BOE先后在大陆多个地区投资建设多条多世代TFT-LCD生产线，标志着中国大陆的"无自主液晶显示屏时代"和"无大尺寸液晶显示屏时代"的终结，真正意义上实现了中国全系列液晶屏国产化生产。同时，BOE还拥有全球首条第10.5代TFT-LCD生产线以及中国首条第6代柔性AMOLED生产线，彻底解决了多年来困扰中国电子信息产业"缺芯少屏"中屏的问题，带领我国半导体显示产业实现了从无到有、从有到大、从大到强，成为全球显示产业举足轻重的一极。

技术竞争在技术发展和创新中起着重要作用。基于社会网络理论，组织的创新很大程度上受其所嵌入的技术竞争网络的影响，竞争网络中的竞争密度提高了企业的技术竞争能力和创新绩效。现有的许多联盟研究都研究了嵌入关系如何为组织创造卓越价值，组织间网络中的有利位置为公司提供了比其合作伙伴更多的从联盟中分配更多经济利益的机会。将社会网络和技术创新结合在一起，建立新的组织伙伴关系和学习方式至关重要。企业组织网络中的嵌入关系，嵌入结构和嵌入资源可以有效地提高企业的知识管理能力，极大地促进了技术创新绩效。组织的创新被双重嵌入到由知识要素之间的耦合构成的知识网络和由组织之间的协作关系形成的社交网络中。组织网络关系的存在在集群的组织和演变中起着重要作用。在此基础上，本章以BOE的发展过程为主要研究对象，同时对比上海广电集团（SVA）、韩国、日本等液晶企业的发展，从合资、并购、地方政府参股等不同组织关系网络的嵌入和由此带来的技术嵌入和溢出视角，探讨了液晶产业自主创新能力提升的关键因素和内在逻辑,并得出了相关产业发展的启示。

第一节 京东方科技集团发展历程

BOE 的发展可大致分为三个阶段:起步期、液晶期和战略转型期。BOE 在起步初期还处于摸索阶段,期间主要靠成立合资公司开展业务。直到将韩国现代液晶生产线收购,BOE 才正式步入液晶领域,开始了漫长而艰辛的技术学习。

一、第一阶段(1993—2002 年):组织嵌入

该阶段主要通过合资的方式发展业务,仅有组织嵌入的过程。1993 年,BOE 成立(当时公司名称为北京东方电子集团股份有限公司),董事长兼 CEO 由王东升出任,他带领 BOE 开启市场化、专业化、国际化的发展征程。1994 年,BOE 与日本旭硝子株式会社、日本日伸工业株式会社及日本端子株式会社合资成立北京旭硝子电子玻璃有限公司、北京日伸电子精密部件有限公司与北京日端电子有限公司,发展与 CRT 配套的精密零件与材料业务,于 1997 年成功上市。同年,下游产业布局完成,发展液晶面板业务。2001 年改名为京东方科技集团股份有限公司。

二、第二阶段(2003—2013 年):组织与技术双重嵌入初期

该阶段通过收购逐步完成了组织与技术的双重嵌入过程,并开展国际化布局。2003 年,BOE 收购韩国现代有限公司 TFT-LCD 业务、相关专利和团队,进入薄膜晶体管液晶显示器件(TFT-LCD)领域,标志着 BOE 液晶显示战略布局正式启动。2006 年 BOE 开展东南亚业务。2009 年开展手机显示屏和笔记本电脑显示屏业务。2010 年开展平板电脑显示屏业务。2012 年,BOE 布局北美洲。技术上推出全球首款 110 英寸超高清液晶电视,获吉尼斯世界纪录认证"世界最大的液晶电视"。2013 年,推出全球领先的全高清手机屏和 8K 超高清显示屏,显示效果是 4K 显示屏的 4 倍。

三、第三阶段(2014 年至今):组织与技术双重嵌入深化期

该阶段进一步拓展国际化布局,在组织与技术双重嵌入不断加深的过程中进一步实现了技术突破与自主创新能力的提升。2014 年,BOE 开展欧洲业务。2016 年布局南亚业务,推出了世界领先的 82 英寸 10K 表面显示产品,拥有全球创新的领先指标,成了世界半导体领域的第二大创新公司。BOE 意图通过企业的技术能力,将应用端与技术端融合起来,构成一套全面且开放的体系,并在全球

价值链视角下，在新的市场机会中，实现合作伙伴的共赢。

2017年，BOE布局中东、东欧、南美洲，推出全球领先的柔性OLED显示屏，可实现S形弯折。2018年，BOE智能手机、平板电脑、笔记本电脑、显示器、电视显示屏五大应用领域出货量均位列全球第一；世界知识产权组织发布2017年全球国际专利申请情况，BOE以1818件位列全球第七。新增专利申请量9585件，其中发明专利超90%，累计可使用专利超7万件，成为美国IFI Claims TOP20中专利授权量增速最快的企业。

第二节 京东方自主创新能力提升的关键因素

一、组织嵌入——地方政府入股，走出合资误区

（一）探索新融资渠道

资金是企业的生命线，尤其是BOE所处的这类资金密集型、需要用进攻型投资策略来争取市场的行业。一般来讲，企业的融资渠道主要是银行贷款，或者是上市发行股票。但这两种常规的融资方式都非常看重短期财务指标，需要接连不断的巨额投资但却无法在短期回馈投资者的BOE，在资本市场声誉不佳，所以这两种方法都不适合需要在低谷期逆势投资的液晶产业，也就无法成为BOE真正的融资渠道。

2013年，BOE在鄂尔多斯投产，由于内蒙古电网水平较差，生产经历了多次电网不稳定、短时停电的风波。除此之外，在地方招聘产业工人、租用土地，道路、用水、排污等方方面面的后勤保障都需要地方政府的政策性支持，于是最好的方法就是让政府入股，享受液晶生产的利润，主动提供政策性保障，同时分摊产业风险。这就是BOE摸索出的、适合中国液晶发展的新融资渠道，如此一来，不但解决的企业的资金来源，更得到了政府各方面的鼎力相助。

（二）高强度政府补贴

到目前为止，BOE的研发资金累计投入高达3000多亿元，是单个企业在中国工业史上最大的投资额。这些源源不断的投资除了来源于地方政府参股外，还有高强度的政府补贴。BOE迄今已获逾90亿元的政府补助。液晶面板产业是国家战略发展的新兴产业，BOE通过多年的努力已成为中国电子行业的领军巨头。政府免去了BOE的巨额债务，将其对企业的扶持力度展现得淋漓尽致，同时也充分证明了产业基金对BOE的大力支持。BOE已成为中国供给侧改革创新的模范。

（三）收购VS合资——与上广电集团对比分析

改革开放以来，国产与进口技术之间难以逾越的鸿沟让决策层逐渐形成了认

为引进外资能直接实现技术转化的误区。于是，中国开始大量引进外资，企图通过合资的方式，实现对技术的掌握。但事实是，合资工厂在中国疯狂地赚钱，中方无论经历多长时间都无法掌握核心技术。通过合资这种方式，外企的生产线整体运输到中国，在中国组装好后始终由外方技术人员控制和运作，中方无法插手任何生产过程，BOE只是分得产品的销售利润。所以，在过去所熟知的合资模式中，中方不可能有机会学习并发展自身的技术。

而收购则大不一样。2001年，液晶产业正好处于低谷期，韩国现代急需现金流，打算出售一条液晶生产线。BOE正好抓住了这个机会，收购了韩国现代的液晶生产线。于是，BOE正式成为被收购企业的主人，对液晶生产拥有了完整的自主安排权和控制权，并对最终产品负责，从而深入生产过程、要求外方技术人员传授技术等都能实现，该过程的关键是技术知识转移。从此，BOE便开始了漫长的技术学习。

与此形成对比的是，2003年，上海广电集团（SVA）也在投产液晶生产线，它选择了比较容易的合资方式。当时从表面上看，SVA的实力甚至强于BOE。然而合资生产恰好成了企业的短板，SVA由于外方的技术封锁，始终无法接触到液晶的核心生产技术，供应链方面也无从管控。在产业低谷来临时，两家企业都陷入了巨额亏损，但SVA却因不掌握核心技术而不敢继续投资，无法扩张生产。BOE由于掌握了自主技术和供应链，于是抓住机会逆势投资，最终在工业衰退期之后，2007年，因为产量巨大，成了一个盈利的公司。而SVA则继续亏损，最终在2009年黯然转让。

二、明晰产业特点

（一）产业发展历程——与日本、韩国液晶产业发展对比分析

美国早在20世纪60年代就发明了液晶显示模型，野心勃勃地想要把该技术应用于创造平板电视，但最终因技术不足而中途放弃。而日本企业在见到液晶显示新技术后，大喜过望，因为它们当时恰巧在研发钟表，正苦于显示方面的技术瓶颈，买来技术后先造出了液晶显示的电子表，然后将该技术用于计算机仪表显示等领域，在市场上取得了巨大的成功，并为以后的技术研发提供了资金支持，促进了LCD产业的持续发展。1992年，液晶显示屏引爆了市场，企业争相进入，独特的液晶周期出现。

1993—1994年，液晶产业进入了第一个低谷期，日本企业因为亏损，顺势削减产量，于是产生了一批失业的技术人员。韩国三星抓住这一机遇，成立研发机构，吸引这些工程师，这是迄今为止业内最为疯狂的反周期投资行为之一，激烈的进攻性投资战略一举打败了日企。日企正是由于未能充分理解这一行业规律

才会一溃千里。

（二）逆势投资策略

液晶生产线的"世代"指的是能生产显示屏尺寸的范围，如此对生产线的划分形成了液晶产业独有的特征——液晶周期：当某一世代生产线量产液晶屏进入市场后，满足了消费者对相应大小屏幕的需求，随后企业大规模盈利。于是越来越多的企业都对该世代生产线进行投资。然后，液晶显示器的这种规模迅速供过于求，面板价格下跌，所有屏幕制造商的生产规模都面临利润骤降，甚至亏损。然而，面板价格下跌的同时，消费者受益，低价的液晶显示器让更多的消费者选择使用，于是液晶面板的应用范围又迅速扩张，又导致产能不足，价格上涨，企业又会再次大量投资生产……

液晶周期与普通商品供需变化最大的不同就是，面板价格的下跌会衍生出越来越多原来不存在的需求，于是应用越来越广。液晶面板产业是典型的技术、资本、风险三高型产业，需要巨大的资本投入、技术投入，并且回报周期长，产品需求周期性波动。这样的周期让新企业在每一个低谷期都有新进入的机会。所以企业想要在液晶产业的竞争中胜出，一定要深入了解这个产业的特征，那就是必定要依靠投资战略，在产业低谷期大胆地逆势投资是关键。

三、技术嵌入——突破核心技术，打破垄断格局

（一）技术管理体系

BOE 这些年在液晶领域的跨越式发展，得益于企业对技术创新孜孜不倦的追求，这是公司发展的核心驱动力。BOE 经过多年努力在技术上实现的积累，以及在人才上实现的积累，均成为帮助其打造完备技术创新体系的基石，而技术创新体系又是驱动其实现跨越式发展的不竭动力。作为 BOE 的董事长，王东升始终坚信技术是企业的核心。秉持着这样的信条，BOE 才能多年在一个领域深耕并最终实现突破。BOE 建立了一套特有的技术管理体系。公司通过设立技术战略目标，寻求技术来源与技术人才，通过企业间战略合作打造与制定战略标准，进行知识管理与产业孵化。

（二）提升工厂技术

从技术吸收、学习到最终实现自主创新的过程中，专利也是一个重点。在日本企业为王的年代，其技术专利的数量在世界范围内遥遥领先。这种专利的特点是从理论转化为实践，科研人员在实验室研发，成功后再投入实际生产，从而实现研发转化。日本企业在技术方面的专利积累，主要来源于实验室。然而，液晶产业的发展绝不能单靠实验室技术，工厂技术也非常重要。工厂技术是指在实际生产中逐渐积累起来的经验技巧，它是一种默会知识，存在于各个员工的脑海和

他们的协作关系中。看起来非常不起眼,甚至比较低级,但正是对细小点滴的改进和累积,逐渐成为一系列竞争对手难以复制和赶超的技术,形成一种工厂化、组织化的大型生产能力。

例如,在液晶实际生产过程中,灰尘的避免是一个很关键的问题,一大块液晶屏只要混入10粒尘埃就得彻底报废。因此,液晶生产线上有非常高的无尘要求。起初,BOE 刚建立起自己的液晶生产线,就面临了一个非常严峻的问题——良品率不达标,只有60%左右,这使得企业的生产成本居高不下。无尘技术在小规模试验中很容易做到,但相对实际庞大的生产而言,实验室的无尘技术则毫无意义。大型厂房的实际条件是各种人员和设备混杂,将这种大型厂房建造成无尘车间需要实地的逐步探索、改进,这种工厂技术无法用实验技术来代替。BOE 面对良率低的问题,只能在想得到的地方一点点改进,逐渐把尘埃的数量降低。经过一段时间的努力后,生产技术人员在现场不断反复琢磨,把无数细小的地方进行调整,不断完善各个流程和环节,良品率终于提高到了95%。

(三)创新与规模并进

科技创新能力决定了国家实力。创新要在开放的环境下,企业要了解全球的创新发展趋势,要充分了解市场需求,与国际市场接轨,最终能实现经济效益的创新才是有价值的创新。另外,创新要与规模并进,BOE 在着力学习技术的同时,在产业周期的低谷实行了扩张战略,这一战略举措成功地将不少竞争者挤出市场。规模化是工业思维的一个重要体现。一个企业要想在某个产业中达到领先地位,必定要在规模上突破,并形成产业集群,这样的先行者壁垒才能让竞争企业望而却步。大规模绝不仅是对小规模的次数复制,当生产形成一个巨大的体系时,环节和风险都会剧增。

第三节 结论与建议

一、组织嵌入——模块化产业链分工

外界环境的快速变化使得竞争方式发生了彻底的转变,以往成功的思维定式反而会降低企业的动态能力,阻碍企业的变革。计算机的出现让硬件和软件逐步分家,颠覆了原有从设计到生产纵向一体化的企业形态,这是典型的破坏式创新。日本液晶企业正是由于拒绝这种创新,不愿放弃原有的纵向一体化,才从遥遥领先到一溃千里。现如今的数字时代,是通用技术的时代,电子产业的分工是高度标准化、全球产业链的大分工,已经不再是当初的纵向一体化,各家企业生产线的上游供应商、设备提供商、零配件商都差异较小。在数字时代,企业需要

摆脱固化的思维方式，不能再纯粹为了技术而技术，因为最主要的竞争方式已经从以日本企业为代表的高超工艺、独门绝艺时代，转向为依靠开发新产品速度、供应链控制、成本控制、营销推广等。没有市场需求的工匠精神逐渐失去意义。这种模块化生产的水平分工体系使得企业能够降低成本，更加快速地实现创新。

二、技术嵌入——产业养成模式

一项新技术从最初的发明到最终实现工业化量产，需要经历漫长、艰难的研发试验过程。在这个过程中，企业进行持续的 R&D 投资是最重要的因素。现代电子产业的变化非常迅猛，无法实现一步到位的目标，企业应该从小处着手，逐步开发市场，赚取利润，再投入研发，实现对产业循序渐进的养成模式。当产业逐步养成后，运营的重要性会逐渐超过制造，投资策略会逐步超过技术；工厂经验的重要性丝毫不亚于实验室研发出的专利技术，因为在实干中不断积累的技术、细节等，往往决定了产品的良率，决定了生产的效率和规模扩张的可能性。

三、技术组织双重嵌入——增强核心竞争力

一个企业的核心竞争力是其有别于其他企业，得以发展壮大的根本。核心竞争力会随着企业自身的成长以及外界环境的变化而变化，是一个动态发展体系。对于 BOE 来讲，它专注于半导体显示产业 25 年，累计专利数超 5.5 万，其核心竞争力就是在该领域的持续融资能力和技术能力。BOE 依靠自身不断的努力，摸索出了适合企业自身可持续的融资方式，其他融资方式无法取代，其他企业也无法轻易复制。BOE 技术能力的培养是其从无到有、从低到高逐渐学习追赶的过程，这种对核心技术的执着让其摆脱了中国企业企图通过合资方式获取国外先进技术的巨大误区，实现自主创新，达到了如今的产业地位。

四、技术外溢——实现产业延伸

坚实的技术积淀能带来技术外溢，从而实现持续产业延伸。BOE 已在液晶显示领域坚守了近 20 年，通过整合上下游产业链不断壮大，当在全球市场中占领重要地位后，企业开始考虑相关及前沿领域的扩张。BOE 以专业技术为核心竞争力，在半导体显示行业积累的大量经验，为其实现相关多元化战略奠定了坚实的基础。向数字医疗、智慧系统的延伸有着极高的准入门槛和壁垒，也需要依托强大的资金和技术作后盾。企业向物联网领域的扩张和转型战略充分体现了半导体显示技术的外溢性带来的产业延伸，有助于整合硬件与软件服务应用，进一步实现相关领域的融合与深化。

第42章 出口贸易对中国制造业企业创新影响的研究报告

随着全球化的发展，出口作为企业开展国际业务的主要手段，不仅可以帮助企业扩大市场，获得规模经济，而且还能提供获得国际经验和技术诀窍的机会。学者们已经认识到出口在全球经济中的重要性（Dhanaraj and Beamish，2003）。出口是进入国际市场的最常见手段之一（Azar and Ciabuschi，2017）。它使企业能够利用闲置的运营能力并提高生产效率，从而增加利润并确保在高度全球化的市场中生存（Matanda and Freeman，2009）。参加出口的公司可能会与本地或国际组织进行更多正式和非正式的互动（Belussi and Sedita，2012；Galbreath，2019）。这些互动为了解特定组织的技术方面或创新的获利能力方面提供了机会（Gertler，2001）。以开放的态度参与出口贸易可以补充公司的内部能力和外部资源的搜索策略。国际市场被视为一种关系网络，公司实体通过多种渠道和模式相互联系。这种情况下强调了国际竞争的角色，不是基于成本的竞争，而是产品设计，性能和客户服务，因为它重塑了企业的战略选择（Gkypali et al.，2018）。

关于出口对创新的影响，一些学者持出口促进理论，即出口可以通过规模、竞争、溢出和出口学习效应来促进企业创新（Seenaiah and Rath，2018）。Moreno-Menendez（2018）认为，出口行为和合作创新通过共同进化过程相互影响，出口活动对创新的影响更大。当面对出口市场不断变化的竞争压力时，公司表现出积极的创新行为。具体来说，Dai等（2018）发现，与非出口公司相比，在这种情况下出口公司的研究与开发（R&D）支出增长了11%，产品开发增长了近1.5倍。特别是，出口活动可以作为公司网络工作的附加渠道，因为外国市场准入可以提供机会与各种类型的外部知识合作伙伴建立关系，以收集技术或市场方面的专业知识（Tomiura，2007）。

但是，一些学者也提倡出口抑制论（Stokey，1991）。他们认为，不发达国家主要利用其在劳动力、资源和环境方面的比较优势，通过加工贸易、代工（OEM）等方式进入由跨国公司主导的全球价值链。它们的大部分出口都是劳动密集型的低质量产品，附加值也较低。因此，此类出口很容易被领先的发达国家跨国公司捕获，这使得长期的"低端锁定"困境难以克服，不利于创新（Grossman and Helpman，1991）。

本研究从理论上分析了现有文献，以推断中国出口贸易与企业创新之间的关系，并建立相应的假设。首先，我们使用中国工业企业的微观数据验证企业出口与创新之间的关系，在一定程度上缓解了宏观数据可能带来的内生问题。其次，我们进一步从企业性质、企业所属地区和所属行业技术水平三个方面研究了出口对创新影响的异质性问题。再次，我们验证并比较了企业出口影响创新的两个渠道，即出口学习效应渠道和规模扩张渠道。最后，根据中国情况得出了结论和启示。这项研究的边际贡献是，我们使用中国数据验证了出口贸易对企业创新的正向影响，并比较了出口贸易影响企业创新的两个渠道，发现规模效应渠道对企业创新的影响大于出口学习效应渠道。更大的出口市场吸引了更多新公司的进入，直接的市场规模效应不仅扩大了企业的出口市场，而且还提高了创新的回报率，更激烈的国际市场竞争也刺激了国内出口公司增加研发投入。

第一节　理论分析

一、文献回顾

本章主要研究出口贸易是否促进了企业创新及其内部影响机制。贸易、增长和创新的早期研究主要集中在进口贸易上（Bustos，2011；Bloom et al.，2016），而随后的研究则考虑了出口贸易。传统上，出口贸易的经济利益被认为是基于要素禀赋或产品和服务的质量（Wheeler et al.，2008）。潜在的积极联系是从研发创新到出口。大量研究通过出口流量、决策和绩效来考虑创新对国家（宏观）、行业和企业（微观）层面的出口的影响。涉及的机制包括自我选择效应、出口学习效应等。相比之下，很少有研究显示出反向关系（Ganotakis and Love，2011），直到内生增长模型意识到从出口到创新存在反向关系的可能性（Grossman and Helpman，1991）。知识创造过程和出口活动是相互关联的（Love and Ganotakis，2013），参与研发合作可能对创新绩效产生积极影响（Antonelli and Colombelli，2015），或产生负面影响（Gkypali et al.，2017）。

贸易政策对出口公司的创新行为也有很大影响，但有一定的时滞性。Buryi和Lahiri（2019）研究了两种政策工具，配套补助金和进口关税，鼓励国内公司在面对外国竞争时进行产品创新的研发。他们发现，为降低进口关税，国内公司总是减少其私人研发投资，但研发支出的总水平（包括公共支持）可能会根据关税水平而上升。特别是，如果最初的关税水平高于一定水平，则价格会上升。当关税是内生的时，关税的社会最优水平是正的。一个特别令人感兴趣的发现是，以配套补助金计划的形式支持私人对产品创新的尝试会让产品研发达到社会最优水平。Bernard 和 Andrew（1997）及 Clerides 等人（1998）研究了出口对生产率的积极影响。Lileeva 和 Trefler（2007）进一步得出结论，自由贸易协定促进了公司生产率的提高，受益的公司在采用新技术和产品创新方面进行了更多的投资，从而证明了出口与生产率和创新的因果关系。

一些学者讨论了出口贸易对企业创新影响的异质性。不同产品类型的出口贸易结构对创新的影响不同。一个不断出口劳动密集型产品的国家会增加其劳动力成本，从而增加创新成本，抑制企业创新（Grossman and Helpman，1991）。Yang（2018）研究了出口异质性是否以及如何影响企业的创新。他发现，总体而言，出口对促进研发和新产品销售方面的创新具有积极影响。出口的创新促进效果取决于出口的异质性。具有更多出口品种，更多多元化的市场和更高出口质量的公司与更高的研发倾向和更多的新产品销售相关，而过程出口与创新之间存在负相关关系。Feder（1983）将出口产品分为初级产品和制成品，以发现不同出口产品类型对企业创新影响的异质性。Damijan 等（2017）研究了企业出口状况与不同类型的创新活动之间的关系。他们发现两者之间存在系统的正相关关系，其中在产品创新的情况下相关性最强，在组织创新的情况下相关性最弱。虽然汇总数据显示创新成功随着公司规模的增加而增加，但他们发现出口对中型公司的创新影响最大。他们也探索了出口状况对创新影响的跨国差异，发现出口在国内生产总值（GDP）中所占份额较高，且在 R&D 上支出所占份额较高的国家通常显示出出口状况与创新之间有更强的相关性。出口强度与企业绿色创新正相关（Galbreath，2019）。Di Cintio 等人（2019）研究了直接出口还是间接出口的选择在出口企业的创新行为中是否起作用。他发现，与非出口公司和间接出口商相比，直接出口的公司引入产品创新的可能性更高。Fassio（2018）分析了出口活动对法国、德国、意大利、西班牙和英国公司创新绩效的影响。他认为，出口对创新的积极影响通常会在文献中找到，具体取决于出口目的地，并且他确定了出口目的地可能在两个维度上有所不同：可供出口公司使用的外国技术溢出水平（技术学习效应）以及出口公司能够获得的外国需求类型（外国需求效应）。实证分析表明，技术学习效应主要是增加新产品创新的动力，国外需求效应促进了工艺创新的采用。

二、提出假设

（1）出口学习效应渠道。出口学习效应强调知识和技术的吸收与转化，因此更多地侧重于学习产出诸如创新之类的活动（Salomon and Shaver，2005）。从外部资源中学习是在创新过程中获得有价值新想法的关键（Cruz-GonzáLez et al.，2015）。重要的技术外溢渠道可以促进外国技术向重点国家的传播和转移

(Greenaway and Yu，2004）。国际市场中的技术多样性为出口公司提供了学习机会。出口使公司能够更快地获取有关新产品和新工艺的知识，而进入国际市场可以扩大它们获取新思想、专有技术和其他重要资源的机会。企业可以从这些资源中提取创新过程所需的要素（Kylaheiko et al.，2011）。而且，在要求更高的国外市场上的竞争迫使它们继续改进产品和工艺。出口公司还可以观察和模仿国外公司的管理经验和经营方法，并将创新与公司自己的产品结合起来。在仍然远远低于技术前沿的开放经济中，De Loecker（2013）、Rebelo 和 Silva（2017）建议采取行动，以提高吸收能力和技术进步来促进创新绩效，因此，公司可以从单纯进入出口市场转变为获得学习的好处。

根据新贸易理论，公司在出口新产品时至少可以通过学习效应和知识溢出效应提高生产率（Krugman，2011）。自从 Bernard、Jensen 和 Lawrence（1995）的开创性工作以来，越来越多的研究证实，出口公司通常比非出口公司规模更大、工资更高、资本密集度更高，最重要的是，出口公司的生产率更高（De Loecker，2007；Dai et al.，2018）。出口公司的生产率优势可以归因于通过出口实现的生产率的提高。Crespi 等人（2008）发现，过去出口的公司更倾向于向外国客户学习，并显示出更快的未来生产率的增长。投资于研发的出口商是资本密集型行业中生产率最高的公司。对研发的投资使出口公司能够适应和吸收国外技术，从而提高生产率（Criscuolo et al.，2010；Dai and Yu，2013）。就发展中国家而言，出口公司可以通过与外国进口商和竞争对手不断交换信息和业务关系来获取先进的技术知识。这将使它们能够改善技术，获得贸易溢出效应并提高业务生产率（Greenaway and Kneller，2007；Damijan and Kostevc，2015）。

客户是创新过程中重要的外部知识来源（Prahalad and Ramaswamy，2004）。公司通过与客户紧密合作，以应对瞬息万变的环境并应对各种挑战，例如低成本，快速交付，高质量，灵活性和客户服务要求（Zhao et al.，2011）。公司将客户当作创新知识的主要来源，补充内部创新或独特发明的来源（Wang et al.，2016）。各种经验证据支持客户与企业创新绩效之间的关系，既有正面影响，也有负面影响，或微不足道的影响（Lau et al.，2010）。Chang 和 Taylor（2016）提出了客户参与度与产品创新之间的适度关系（Silva et al.，2019）。

与此同时，由于进口商在国际贸易关系中起着决定性的作用（Leonidou et al.，2011），它们为出口公司提供了与东道国零售商的连接（Yalcinkaya et al.，2007），并履行了许多对贸易至关重要的功能，如公司整体的平稳运营（Skarmeas and Robson，2008）。在国际商业贸易中，进口商是追求产品创新的企业客户的重要知识来源。由于进口商控制和了解如何进入本地市场，出口制造商有兴趣让它们参与产品开发（Li and Lin，2015）。进口商也有与出口公司合作开发产品的既得利益，因为它们在开发产品市场上进行了大量投资并承担类似的风险。此外，两者都将受益于便利的市场准入和出口产品质量的提高（Li and Lin, 2015）。出口公司可以不断从外国代理商和客户那里获得有关公司产品竞争的反馈，以及有关消费者对产品偏好的多样化信息，从而使他们能够进一步调整和改善生产流程并实现创新（Bernard and Andrew, 1997; Crespi et al., 2006; Bratti and Felice, 2012）。

假设1. 出口贸易通过出口学习效应促进企业创新。

（2）市场规模效应渠道。企业参与出口带来的直接市场规模效应是指市场规模的扩大、创新收入的增加以及国内出口企业的研发投资的增加（Atkeson and Burstein, 2018）。在国际市场上经营的企业可以避免本地市场需求的过度变化，从而降低研发投资的风险。出口活动不仅代表国际竞争和企业竞争力（Tsekouras and Skuras, 2005），还使公司能够通过扩大市场份额来扩展其知识库。Krugman（1991）在从需求方面分析了全球贸易对研发创新的影响之后，强调了企业参与出口所带来的规模经济，并鼓励企业实行研发创新机制。出口贸易扩大了公司的原始生产规模并带来了规模经济（Djankov and Hoekman, 2000）。即使企业投入更高的研发成本以减少边际成本并提高生产率，在特定的价格需求弹性下，它们也将实现更高的销售规模增长和更高的利润。更大的创新回报将激励企业进行更多的创新。同时，公司产品进入海外市场可以提高公司品牌知名度并改善公司绩效，从而增加公司创新的动力。

参与国际市场的企业具有更高的生产率和创新趋势（Castellani and Zanfei, 2007），因为竞争效应迫使出口商不断提高生产效率，而这种效率随着企业生产率的提高而消失（Melitz, 2003; Aghion et al., 2019）。技术创新被企业视为在激烈竞争条件下生存或维持一定利润水平的法宝（Aghion et al., 2005）。在激烈的市场竞争中，企业经常需要改善生产流程，升级机械设备，并在产品样式、质量和设计方面不断创新，以增加销售并产生更多利润，从而应对出口贸易的竞争压力（George et al., 2002）。同时，随着技术的传播和国际市场竞争的加剧，发达国家和发展中国家之间的技术差距正在缩小。由此产生的压力将迫使企业升级或保持持续的创新，从而保持国际竞争力并获得市场份额（Aghion et al., 2005）。与此同时，发展中国家的贸易渗透和贸易冲击将迫使当前创新状态迈向新一轮技术创新，从而在贸易出口与技术创新之间形成有益的互动。

假设2. 出口通过市场规模效应促进企业创新。

第二节 研究方法

一、数据采集

本研究中使用的数据来自 2000—2007 年中国工业企业数据库和中国海关数据库的匹配数据库。工业企业数据库来自《中国工业企业年度调查》（CASIF），由中国国家统计局进行。该数据库包含在中国大陆销售额超过 500 万元（自 2011 年以来超过 2000 万元）的工业公司，包括国有、集体、私营和其他内资公司；港澳台投资企业；外商投资企业等。根据 Brandt 等人（2012）的研究，2004 年，这些公司占中国制造业总产值的 90% 以上，占工业就业人数的 71% 以上。统计变量包括公司的基本情况、财务状况以及生产和销售。统计数据涵盖了中国工业制造部门的 40 多个大型行业、90 多个中型工业以及 600 多个子行业。

企业出口贸易数据来自海关总署发布的中国海关数据库。匹配的数据库不仅包含公司的生产、销售和其他财务信息，而且还涵盖公司的出口价格、数量和范围。匹配成功后，我们将按以下步骤进一步处理样本：①排除公司中核心变量缺失或少于 0 的离群值以及公司员工少于 15 名的样本；②排除不符合会计准则的公司样本数据标准。定义、数据源和主要变量的描述如表 42-1 所示。

表 42-1 定义、数据源和主要变量的描述

变　量	定义	数据源和描述
Innovation	企业创新	工业企业数据库；新产品产值
Export	出口	工业企业数据库；企业出口交货值
TFP	生产率	工业企业数据库；LP 法计算的全要素生产率
Market	出口市场规模	佩恩表；用公司出口目的地的总 GDP 表示
Size	企业规模	工业企业数据库；员工人数
Wage	工资水平	工业企业数据库；该年度应付雇员薪金总额/雇员总数
Finance	融资约束	工业企业数据库；利息支出/固定资产
Profit	企业利润	工业企业数据库；利润总额-补贴收入
Age	企业年龄	工业企业数据库；当前年份-成立年份+1

主要变量的描述性统计如表 42-2 所示。

表 42-2 主要变量的描述性统计

变量	均值	标准偏差	最小值	最大值	观测值
Innovation	1398177	0.7607	2.6099	0.0000	18.5159
Export	1665682	2.5028	4.2706	0.0000	19.0140
TFP	1614483	0.0376	0.0704	−0.0282	0.6057
Market	1604510	6.9875	1.2566	−2.6200	14.9883
Size	1645585	17.6457	1.4387	8.0297	21.2961
Wage	1656587	4.7293	1.1518	0.0000	12.1450
Finance	1635509	2.4581	0.6208	0.2548	10.6659
Profit	1614946	0.0221	0.0973	−0.7636	0.3377
Age	1607427	1.8649	0.9712	0.0000	7.6038

二、变量

根据先前的理论分析，出口和企业创新是本研究的两个核心变量。企业的创新能力可以通过研发投入和企业授予的新专利数量来衡量（Audretsch，1996）。但是，企业的 R&D 投资只能反映企业对创新的投资，而不能衡量企业的创新产出量。此外，公司的新专利数量在衡量公司的创新产出方面有一定的局限性，因此不可能准确地了解公司创新产出的价值。基于以上考虑，本研究利用新产品产值来描述企业创新 Innovation。出口 Export 作为自变量，通过出口强度，即企业年度总出口交货值来衡量。

在控制变量方面，企业规模 Size 由企业中的雇员人数来衡量。工资水平 Wage 表示企业的薪资水平。企业融资约束 finance 也会影响企业的创新投入，用利息支出比固定资产表示。企业利润 Profit 反映企业的盈利能力，使用企业的总利润和补贴收入之间的差额来衡量企业的平均利润率。Age 表示企业的年龄，这会影响公司的战略发展和运营，并可能影响公司的创新行为。本研究使用当前年份和公司成立年份之间的差额来表示公司的年龄。

三、实证模型

根据理论部分的分析，构建出口对企业创新影响的实证模型如下：

$$\mathrm{Ln}(Innovation_{it}) = \alpha + \beta \mathrm{Ln}(1 + Export_{it}) + \gamma control_{it} + \delta_f + \delta_c + \delta_s + \delta_t + \varepsilon_{it} \quad (1)$$

其中，i 和 t 分别代表公司和时间，解释变量 $\mathrm{Ln}(Innovation_{it})$ 代表取对数的企业 i 在 t 年的创新产出。解释变量 $Export_{it}$ 表示企业 i 在 t 年中的出口交货值加

1，此法能将出口值为零的企业一同纳入研究样本中，用于增加样本量。为了确保度量的稳健性，该模型结合了企业层面的控制变量来控制企业创新，包括企业规模、薪资水平、融资约束程度、企业利润和企业年龄。此外，该模型还包括企业个体效应 δ_f、地区 δ_c、国民经济 4 位数行业代码 δ_s 和年份 δ_t 的影响。ε_{it} 代表随机误差项。

第三节 实证结果

一、基准回归结果

估算全样本计量模型的基准回归结果（见表42-3），并控制企业、年份、地区和行业的固定效应。

表 42-3 基准回归结果

变量	(1)	(2)	(3)	(4)
Export	0.1411***	0.1409***	0.1251***	0.1249***
	(0.0015)	(0.0015)	(0.0018)	(0.0018)
Size	0.1935***	0.1916***	0.1995***	0.1984***
	(0.0060)	(0.0060)	(0.0073)	(0.0073)
Finance	0.3961***	0.3880***	0.2144***	0.2071***
	(0.0399)	(0.0399)	(0.0481)	(0.0481)
Wage	0.0516***	0.0526***	0.0459***	0.0465***
	(0.0053)	(0.0053)	(0.0064)	(0.0064)
Profit	0.0293	0.0261	0.1772***	0.1727***
	(0.0291)	(0.0291)	(0.0330)	(0.0330)
Age	-0.0255***	-0.0262***	-0.0400***	-0.0396***
	(0.0058)	(0.0059)	(0.0066)	(0.0066)
Cons	-0.6077***	-0.5989***	-0.5710***	-0.5668***
	(0.0356)	(0.0356)	(0.0433)	(0.0433)
Firm-fixed effects	Yes	Yes	Yes	Yes
Year-fixed effects	Yes	Yes	Yes	Yes
Region-fixed effects	No	No	Yes	Yes
Industry-fixed effects	No	Yes	No	Yes
N	1164435	1164431	869971	869966
R^2	0.705	0.706	0.730	0.731

注：( ) 内为标准误差；***、**和*分别表示在1%、5%和10%的水平下显著。

模型（1）仅控制企业和年份的固定影响，第（2）列控制企业、年份和行业的固定影响，第（3）列针对企业、年份和地区的固定影响进行控制，第（4）列控制企业、年份、行业和地区的固定影响。回归结果表明，参与出口贸易对企业的创新能力具有显著的积极影响，系数估计相对稳定范围为 0.1249~0.1411。因此，验证了假设1。参与出口贸易显著地提高了中国企业的创新能力。首先，考虑到市场规模扩张效应，企业加入出口市场中后，出口市场规模的扩张提高了企业的销售额，更多的创新回报可以鼓励国内出口企业增加研发投入。其次，考虑到竞争激励效应，当企业参与出口活动时，国际市场上的竞争会更加激烈，企业开始更积极地参与创新活动以赢得市场。最后，考虑出口学习效应，中国出口企业通过出口获得国际经验和先进技术，并获得绩效提高（例如生产效率或需求收入），从而增强了创新能力。根据第（4）列的结果，在其他条件不变的情况下，企业产品出口强度增加1%，企业产品创新产值增加0.125%。中国的出口公司有大量的加工贸易。加工贸易公司的研发水平和生产率通常很低，这导致中国出口公司的生产率并未明显高于非出口公司。参考 Wang 和 Lu（2018）的研究，该模型控制了企业的固定效应，因此加工贸易效应被企业的固定效应吸收，消除了加工贸易对回归系数的干扰。

关于控制变量，企业规模的回归系数显著为正，这表明企业规模越大，企业新产品产出就越多。可能的原因是，大公司比小公司受研发成本和技术水平的限制更小，而研发创新依靠规模经济的优势越多，新产品的产值就越高。此外，公司融资约束的回归系数为正。本研究使用利息支出与固定资产之比来衡量公司融资约束。该比率越大，企业获得银行和其他机构贷款的能力越强，融资约束越低。回归结果表明，融资约束程度越小，企业研发投资的能力就越强，这有利于创新活动的发展。企业工资回归系数表明，较高的工资可以为企业吸引更多的人才，并通过积累人力资本来帮助企业提高创新能力，从而生产更多的新产品。利润率回归系数显著为正，表明利润率越高，公司进行产品创新的能力就越高。同时，企业年龄显著为负。说明具有较长使用寿命的产品虽然通常在市场上具有优势，而没有此类产品的公司则更有动力开发新产品或追求产品创新。

二、内生性处理

在讨论出口行为对企业创新的影响时，还必须考虑到企业创新可能对出口行为产生的逆向影响，即自选择效应，企业的研发创新能力越强，其产品在国际市场上就更具竞争力。因此，创新型企业会更倾向于出口贸易。上述双向因果关系的存在不可避免地导致了内生性问题，从而导致实证模型的估计结果存在偏差。为了尽可能地克服内生性问题，我们对核心解释变量出口做一阶差分，来控制时间的影响,并用其滞后期作为工具变量的策略。工具变量的选择需要满足两个条件:一个是与干扰项无关,另一个是与自变量高度相关。企业出口的滞后一期与当前期的出口有关,但与当前期的企业创新无关,它仅通过影响当前期的出口来影响企业创新。因此,第一阶段的企业出口滞后一期可以用作当前内生性问题的工具变量。两阶段最小二乘法(2SLS)可以用于处理可能存在的内生性问题,其回归结果显示在表42-4 的第(3)和第(4)列中。同时,作为参考,表42-4 的第(1)和第(2)列还报告了核心解释变量滞后一期的OLS 估计结果。工具变量的回归结果表明,核心解释变量企业出口的回归系数在1%显著性水平上仍显著为正。与基准回归结果相比,系数符号和显著性没有变化。这表明解决内生性问题后,主效应模型回归结果仍然有效。

表42-4 处理内生性问题后的结果

变量	OLS		IV	
	(1)	(2)	(3)	(4)
Export(lag 1)	0.05311*** (0.0059)	0.0226*** (0.0058)		
Export(D1)			0.2447*** (0.0032)	0.2414*** (0.0034)
Year-fixed effects	Yes	Yes	Yes	Yes
Control variables	No	Yes	No	Yes
N	108633	102878	781840	692960
R^2	0.0026	0.0478	0.2131	0.2124
Kleibergen-Paap rk LM Statistic			2112.05***	2104.16***
Weak Instrument F Statistic			5835.67***	5053.48***

注:( )内为标准误差;***、**和*分别表示在1%、5%和10%的水平下显著。

此外,工具变量的合理性将直接影响估计结果的有效性和一致性。因此,对本研究中使用的2SLS 中的工具变量执行以下统计检验:

(1) Kleibergen-Paap rk LM 统计量为2112.05 和2104.16,相应的P 值为0.0000。在1%的水平上显著,工具变量识别不充分的原始假设被明显拒绝。

(2) 弱工具变量检验,F 统计量为5835.67 和5053.48,对应的P 值为0.0000,在1%的水平上显著,弱工具变量识别的零假设被显著拒绝,这表明本研究中使用的工具变量是有效的。简而言之,在解决了内生性问题之后,结论仍然一致和有效,即参与出口贸易是影响企业创新的重要因素。

三、异质性检验

按区域分类。考虑到中国幅员辽阔,地区之间的差异显著,我们将中国分为东部、中部和西部地区,以考察企业出口对企业创新的影响的区域异质性。不同地区的样本估计结果(见表42-5)表明,中部地区企业出口对企业创新的促进作用最强,明显大于西部和东部地区,而东部地区的促进作用最小。原因可能是,东部沿海地区是中国外贸公司最集中的地区,也是最早对外开放的地区,现已发展得相对完善和成熟。所以与中西部地区相比,其出口在刺激企业创新方面的作用相对较小。与西部地区相比,中部地区的地理优势和现有的基础设施更加便利,更有利于对外贸易,所以在促进企业的研发和创新方面作用更强。

表 42-5　异质性检验 1(按区域分类)

变量	东部地区	中部地区	西部地区
Export	0.0643***	0.4376***	0.1084***
	(0.0015)	(0.0057)	(0.0079)
Size	0.2204***	0.1589***	0.3037***
	(0.0075)	(0.0183)	(0.0199)
Finance	0.3004***	-0.0381	0.1525
	(0.0373)	(0.1119)	(0.1347)
Wage	0.0423***	0.0291*	0.1258***
	(0.0066)	(0.0161)	(0.0171)
Profit	0.0939**	0.3815***	0.2422***
	(0.0375)	(0.0773)	(0.0535)
Age	0.0043	-0.1153***	0.0404***
	(0.0068)	(0.0139)	(0.0134)
Cons	-0.6811***	-0.1775	-1.1559***
	(0.0446)	(0.1088)	(0.1184)
Firm-fixed effects	Yes	Yes	Yes
Year-fixed effects	Yes	Yes	Yes
Region-fixed effects	Yes	Yes	Yes
Industry-fixed effects	Yes	Yes	Yes
N	726190	141296	117136
R^2	0.719	0.754	0.743

注:( )内为标准误差;***、**和*分别表示在1%、5%和10%的水平下显著。

按行业水平分类。将行业细分为28个制造业子类,我们探讨了出口贸易对不同行业中企业创新的异质性影响。其中,纺织服装业、鞋帽皮革业、家具业、印刷业等分为中低技术产业,制药业、橡胶制造业和通信设备业等分为中高技术产业。我们发现,出口对中低技术产业的企业创新的影响要稍小于中高技术产业。

按企业性质分类。中国境内的外资企业大多是出口型企业,外资企业通常具有较大的出口倾向和出口价值。因此,考虑到不同企业性质可能对创新产生异质性影响,我们将企业分为外资企业和非外资企业。其中,中外合资经营企业、外商独资企业和中外合作经营企业归类为外资企业。国有企业、私人企业和集体企业被归类为非外资企业。实证结果显示,相比外资企业,非外资企业进行出口贸易对企业创新的促进作用更强(见表42-6)。

表42-6 异质性检验2(按行业水平和企业性质分类)

变量	低技术企业	高科技企业	外资企业	非外资企业
Export	0.1022***	0.1409***	0.0414***	0.0826***
	(0.0021)	(0.0029)	(0.0037)	(0.0071)
Size	0.1196**	0.4092***	0.1439***	0.6708***
	(0.0543)	(0.0809)	(0.0267)	(0.0574)
Finance	0.0036	0.0314***	0.3285	0.2652
	(0.0072)	(0.0112)	(0.2248)	(0.3474)
Wage	0.2370***	0.3756***	0.0354	0.1798***
	(0.0398)	(0.0590)	(0.0259)	(0.0581)
Profit	−0.0445***	−0.0010	0.0546	0.0732
	(0.0075)	(0.0110)	(0.1196)	(0.1071)
Age	0.2872***	0.7485***	−0.0485	−0.0324
	(0.0226)	(0.0362)	(0.0907)	(0.0830)
Cons	0.1022***	0.1409***	−0.3054	−2.5088***
	(0.0021)	(0.0029)	(0.2799)	(0.4382)
Firm-fixed effects	Yes	Yes	Yes	Yes
Year-fixed effects	Yes	Yes	Yes	Yes
Region-fixed effects	Yes	Yes	Yes	Yes
Industry-fixed effects	Yes	Yes	Yes	Yes
N	489982	386531	80291	39833
R^2	0.669	0.750	0.736	0.817

注:( )内为标准误差;***、**和*分别表示在1%、5%和10%的水平下显著。

四、稳健性检验

替换被解释变量的指标,也即企业创新的度量。在先前的分析中,新产品产值用于衡量企业的创新能力。在这里，我们用企业的 R&D 支出来替换企业创新的度量，并重新运行回归方程。结果显示在表 42-7 第（1）列中，对比基准回归结果（2），我们发现，出口对企业创新的积极影响依然保持显著和稳定。

表 42-7 稳健性检验

变 量	（1）	（2）
Export	0.0093***	0.1249***
	(0.0023)	(0.0018)
Size	0.3916***	0.1984***
	(0.0186)	(0.0073)
Finance	0.5082***	0.2071***
	(0.1199)	(0.0481)
Wage	0.1524***	0.0465***
	(0.0162)	(0.0064)
Profit	0.8228***	0.1727***
	(0.0644)	(0.0330)
Age	0.1163***	−0.0396***
	(0.0171)	(0.0066)
Cons	3.1889***	−0.5668***
	(0.1222)	(0.0433)
Firm-fixed effects	Yes	Yes
Year-fixed effects	Yes	Yes
Region-fixed effects	Yes	Yes
Industry-fixed effects	Yes	Yes
N	16428	869966
R^2	0.835	0.731

注：（ ）内为标准误差；***、**和*分别表示在1%、5%和10%的水平下显著。

第四节 作用机制检验

一、中介模型

在先前的分析中，我们验证了出口贸易对企业创新的积极影响。接下来，我们验证出口影响企业创新的渠道。根据理论分析，我们选择企业生产率 TFP 和出口市场规模 Market 作为中介变量，并选择企业出口 Export 作为核心解释变量。验证出口市场规模扩大效应和出口学习效应的中介效应模型设置如下：

$$TFP_{it} = a_0 + a_1 \mathrm{Ln}(1 + Export_{it}) + \gamma control_{it} + \delta_f + \delta c + \delta s + \delta_t + \varepsilon_{it} \quad (2)$$

$$Market_{it} = b_0 + b_1 \text{Ln}(1 + Export_{it}) + \gamma control_{it} + \delta_f + \delta c + \delta s + \delta_t + \varepsilon_{it} \quad (3)$$

$$innovation_{it} = c_0 + c_1 \text{Ln}(1 + Export_{it}) + c_2 TFP_{it} + c_3 Market_{it} \gamma + control_{it}$$
$$+ \delta_f + \delta c + \delta s + \delta_t + \varepsilon_{it} \quad (4)$$

TFP_{it} 是企业的全要素生产率。这项研究使用 LP 方法（Levinsohn and Petrin，2003）来测量。LP 方法不需要使用投资金额作为代理变量，而是使用更容易获得的中间产品输入指标。中国的大多数工业企业都没有关于短期或长期投资的完整信息。如果选择 OP 方法，则会浪费大量的样本信息。$Market_{it}$ 表示企业出口所获得的国际市场规模。每个企业对应的市场规模是通过对产品出口国的实际 GDP 进行加权和相加得出的。目的地国的实际 GDP 来自 Penn World Table 和 UNCTAD 数据库。

二、中介效应检验结果

从理论机制的分析中可以知道，企业出口主要通过提高企业生产率和扩大企业市场规模来促进创新。本研究采用中介效应模型来检验这两个渠道，并相应地重新运行方程式（2）和（3）。表 42-8 的第（1）至（5）列报告了核心解释变量 Export、中介变量 TFP 和 Market 与被解释变量企业创新 innovation 之间的回归结果。在表 42-8 的第（1）列中，企业出口的估计系数在显著性水平为 1% 时为正，表明企业参与出口显著提高了生产率。关于出口学习效应，中国出口企业通过出口获得了国际经验和先进技术知识，这有助于提高生产率。表 42-8 的第（3）列显示，出口的估计系数在 1% 的水平上显著为正，表明参与出口扩大了企业出口市场的规模。在第（2）列和第（4）列中添加了中介变量 TFP 之后，与基准回归结果相比，核心解释变量 Export 的回归系数降低了，而 TFP 和 Market 回归系数却变得显著。

我们使用 Sobel（1987）的方法测试这两种中介作用是否显著。特定方法需要测试通过中介变量的路径上的回归系数乘积项是否显著，即测试 H0：$a_1 c_2 = 0$ 和 $b_1 c_3 = 0$。如果拒绝 H0，则中介效果显著。我们计算标准偏差：$S_{a_1 c_2} = \sqrt{a_1^2 S_{c_2}^2 + c_2^2 S_{a_1}^2}$，$S_{a_1 c_2} = \sqrt{a_1^2 S_{c_2}^2 + c_2^2 S_{a_1}^2}$，其中 S 表示与相关回归系数相对应的标准误差。

根据表 42-8 中的回归结果，乘积项 $a_1 c_2$ 和 $b_1 c_3$ 的标准误分别计算为 6.81×10^{-5} 和 1.27×10^{-4}。此外，根据公式 $Z_{a_1 c_2} = \hat{a}_1 \hat{c}_2 / S_{a_1 c_2}$，$Z_{b_1 c_3} = \hat{b}_1 \hat{c}_3 / S_{b_1 c_3}$，计算出 $Z_{a_1 c_2}$ 和 $Z_{b_1 c_3}$ 的值分别为 5.45 和 13.55。在 5% 的显著性水平具有统计学意义。这些结果进一步说明，出口学习效应和市场规模扩张效应是出口影响企业创新的两个渠道。为了比较出口学习效应和市场规模效应的相对大小，我们参考 Wen

(2004) 的方法: $Effect_{tfp} = \hat{a}_1\hat{c}_2/\hat{c}_1$, $Effect_{market} = \hat{b}_1\hat{c}_3/\hat{c}_1$, 计算中介效应在总效应中的比例。根据表42-8，出口学习效应和市场规模扩张效应的相对幅度分别为 3.08×10^{-3} 和 1.43×10^{-2}，这表明在出口对企业创新的积极影响中，市场规模扩张效应渠道的作用更大。

表42-8 出口对企业创新影响的机制检验结果（中介效应模型）

变量	(1) TFP	(2) Innovation	(3) Market	(4) Innovation	(5) Innovation
Export	0.0140*** (0.0004)	0.1217*** (0.0018)	0.0174*** (0.0003)	0.1228*** (0.0018)	0.1204*** (0.0018)
TFP		0.0631*** (0.0041)			0.0265*** (0.0048)
Market				0.1156*** (0.0058)	0.0989*** (0.0071)
Size	0.3626*** (0.0027)	0.1772*** (0.0075)	0.5482*** (0.0025)	0.1328*** (0.0077)	0.1360*** (0.0079)
Finance	0.3584*** (0.0146)	0.1915*** (0.0490)	0.4921*** (0.0107)	0.1492*** (0.0482)	0.1556*** (0.0490)
Wage	0.3027*** (0.0023)	0.0254*** (0.0066)	0.2839*** (0.0019)	0.0126* (0.0066)	0.0081 (0.0067)
Profit	1.9608*** (0.0138)	0.0484 (0.0347)	1.3062*** (0.0087)	0.0196 (0.0335)	-0.0111 (0.0350)
Age	0.0341*** (0.0018)	-0.0418*** (0.0067)	0.0301*** (0.0013)	-0.0424*** (0.0066)	-0.0431*** (0.0067)
Cons	4.3358*** (0.0157)	-0.8417*** (0.0486)	6.5189*** (0.0146)	-1.3087*** (0.0598)	-1.3263*** (0.0619)
Firm-fixed effects	Yes	Yes	Yes	Yes	Yes
Year-fixed effects	Yes	Yes	Yes	Yes	Yes
Region-fixed effects	Yes	Yes	Yes	Yes	Yes
Industry-fixed effects	Yes	Yes	Yes	Yes	Yes
N	1072963	845142	1101851	869964	845142
R^2	0.831	0.734	0.936	0.731	0.734

注：( ) 内为标准误差；***、**和*分别表示在1%、5%和10%的水平下显著。

第五节 结论与建议

本研究使用中国工业企业数据库和中国海关贸易数据库来实证检验中国企业参与出口是否促进了企业创新。研究结果表明，首先，企业参与出口贸易能显著促进企业创新。其次，出口对于企业创新的影响具有异质性，其对中部地区的促进作用显著大于西部地区，对东部地区的促进作用相对最小。对高技术企业的促进作用大于低技术企业，对非外资企业的促进作用大于外资企业。相关机制检验结果表明，出口学习效应不仅可以提高企业生产率，而且可以促进企业创新。此外，企业通过出口市场规模扩张效应来不断激励企业创新。市场规模扩张效应对企业创新的促进作用要大于出口学习效应。

政策含义与政策建议如下：

第一，鼓励有能力的企业参与出口，走国际化道路，特别是中部地区的企业。企业参与出口被视为企业开展创新活动以增强其国际竞争力的一项战略行为。政府一直在鼓励本地公司"走出去"，同时提高它们的创新意愿和创新能力，鼓励出口公司进行创新，创新公司在良性循环中出口更多产品，从而加快了中国制造业企业的绩效提升。转型和升级的步伐将提升全球价值链地位。

第二，维护全球自由贸易体系，促进人类命运共同体的建设。在新形势下，全球贸易保护主义抬头，反对自由贸易的声音不时出现，贸易摩擦减缓了全球贸易的增长。作为全球化的受益者之一，中国应该始终是全球自由贸易的捍卫者和倡导者。中国应该为促进和发展全球自由贸易做出贡献，为全球经济合作开辟新途径，以包容和互利的方式促进全球贸易的发展。

第43章 基于演化经济学分析框架的技术选择"格雷欣法则"研究

第一节 引 言

在技术发展史上,不仅存在着高效率技术代替低效率技术的技术选择现象,还存在着低效率技术最终被市场认可而先进技术则被淘汰的技术选择现象。技术选择中是否存在格雷欣法则?[①] 这引起了学界广泛的研究兴趣。技术能否被市场所认可决定了一个企业能否获得持久竞争力。因此,探析"优胜劣汰"与"劣胜优汰"的技术选择,不仅具有一定的理论意义,而且对企业选择不同类型的技术活动具有决策参考意义。

新古典经济学理论认为,在市场经济条件下,竞争机制能够筛选出效率最优的技术。然而,在现实经济活动和技术发展史中,存在许多与新古典理论预期不符的案例。

第一个案例是 QWERTY 键盘。目前通用的标准键盘是 QWERTY 键盘(第一行由这六个字母排列而成),而该类型键盘的设计并非最有效率的设计。这样设计的初衷是当时的打字机容易因打字速度过快而出现阻塞故障,故为了降低故障发生率,发明者故意采用无序字母排列方式设计键盘来减缓打字速度。当阻塞技术问题得到解决,更为高效率的 DRORAK 键盘(AEIOU 五个元音字母排列在一行中)被设计出来与 QWERTY 键盘进行竞争。市场最终选择的结果是,低效率的 QWERTY 键盘成为标准键盘,高效率的 DRORAK 键盘则退出市场。

第二个案例是 Beta 版式与 VHS 版式录像带之争。20 世纪 70 年代中期,录像带市场上出现了 Beta 版式和 VHS 版式两种类型录像带。虽然在技术上大家一致认为 Beta 版式录像带要优于 VHS 版式录像带,但是市场最终选择了相对拙劣的 VHS 版式录像带,而淘汰了相对最优的 Beta 版式录像带。

第三个案例是等离子显示器和液晶显示器。多年前彩电行业有两条发展路径可选:一个是等离子电视;另一个是液晶电视。而现在市场上画质不如等离子电

---

① "格雷欣法则"是指在金银复本位制下,当金银市场比价与法定比价不一致时,市场比价低于法定比价的劣币将会增加,而市场比价高于法定比价的良币则会逐渐减少,即"劣币驱逐良币"。

视的液晶电视一枝独秀。起初,液晶电视发展前景不被业内人士看好,原因有二:一方面,在作为电视产品核心服务特征的画面显示方面,等离子电视具有更为先进的显像技术,画面不失真,色彩丰富有层次,亮度柔和且护眼。即使到现在,技术改进近于极限的液晶电视整体上在画质方面仍然逊于等离子电视。另一方面,等离子电视在生产成本上的优势也很明显。等离子电视与液晶电视在制造工艺上的精细程度具有巨大差异性,前者具有规模报酬递增优势,后者相对而言具有规模报酬不变的劣势。经过市场选择后,技术占优的等离子电视与液晶电视在技术和产业化竞争中处于劣势。

上述技术选择事实表明,新古典经济学最优选择配置理论无法在一个统一完整的分析框架内解释技术选择中并存的"优胜劣汰"与"劣胜优汰"现象。因此,技术选择理论有待进一步丰富和发展,本章试图通过构建一个统一的分析框架,探析市场对不同技术的选择机制。

第二节 文献回顾与评述

现有关于技术选择的研究主要集中于技术选择的理论机制、技术选择的影响与技术选择的类型、技术选择的实证检验三个方面。

技术选择的理论机制。面对可供选择的多样性技术,选择何种类型的技术才能够保持持久竞争力成为一个国家和企业利用技术的首要问题。就国家而言,由于不同层次水平的技术要求不同质量的要素按照不同比例进行组合,因此一个国家应根据当前要素的供给、价格及变化趋势选择技术,选择最优资本劳动投入比的技术来实现技术进步。新经济结构主义理论认为,要素禀赋结构决定了一个国家的技术选择,发达国家应选择资本密集型技术,后发国家应选择劳动密集型技术。虽然先进技术具有规模报酬递增效应和高附加值特点,但是先进技术需要相应的高水平知识和资本支撑。因此,后发国家若选择不符合自身要素禀赋的前沿技术,其技术进步就会受到限制,直至该国的资本密集度能够满足前沿技术需求为止,即发展中国家在选择技术时应遵循引进的技术要与其自身要素禀赋相匹配的原则。另外,当后发国家与先进国家要素结构互补且技术差距较大时,后发国家将通过引进符合自身要素禀赋结构的技术实现技术进步,若技术差距较小时,后发国家将选择"符合本国要素禀赋的自主创新"方式实现技术进步。就企业而言,技术选择是企业主体发育程度、技术环境变迁、市场结构等变量的函数。技术生命周期、技术类型、信息不对称等因素对企业技术选择具有重要影响,企业应根据上述因素的变化及特点选择最佳技术类型。就"劣胜优汰"的技术选择而言,Arthur(2010)利用报酬递增理论,认为正反馈机制能使偶然因素选择出来的技术逐渐成长为主流技术，无论这种技术在当时看是否是有效率的。

技术选择的影响与技术选择的类型。一个发展中国家若选择与其要素禀赋相一致的技术类型，该国经济将获得较快增长，但若背离了其要素禀赋结构决定的最优技术选择，该国资本积累与技术扩散的速度则会放缓，进而影响经济增长速度及是否能够向发达国家的收入水平收敛。而技术选择则是通过产业结构、收入分配以及就业结构等途径对经济增长产生影响的。产业结构优化能够促进地区经济增长，而技术选择效果是影响产业结构升级的重要因素，因此不同地区应根据各自经济、技术发展水平以及待选技术系统在该地区能力储量的积累程度选择合适的技术。技术选择在影响产业结构转变的同时，又对经济系统中的就业结构、劳动者收入分配产生重要影响，因此政府应对技术选择进行干预，以此加快经济结构转变和技术进步的速度，改善就业结构和收入分配。就技术选择类型而言，根据技术获取来源，一个企业可供选择的技术类型分为内部技术和外部技术，其中内部技术包括内部研发和内部整合，外部技术包括外包研发、合资、收购、技术许可和设备购买。根据是否能够带来竞争优势，可将企业所选择的技术类型分为基础技术、先进技术、全新技术三类。根据创新方式，技术选择类型可分为自主创新和模仿创新。根据技术发展战略，可将技术选择类型分为因势利导技术选择和适度赶超技术选择。按照技术创新路径，可将技术选择分为自主研发、协同创新或技术引进。

林毅夫（2002）通过对技术选择进行界定，构建了一个衡量国家制造业部门技术选择适宜度的指标，即技术选择指数，利用该指数测算了42个国家的技术选择适宜度，并实证检验了技术选择与经济增长的关系，即选择由要素禀赋决定的技术类型是否有利于经济快速增长。陈勇和唐朱昌（2006）利用DEA法对1985—2003年中国工业行业的技术选择和技术进步进行了评估，并实证检验了两者的关系，发现虽然技术选择通过外移生产前沿边界促进了技术进步，但并不具有稳定相关关系。康志勇（2013）基于2005—2007年制造业企业数据，实证检验了技术选择对创新绩效的影响，发现过度追求先进技术会损害企业的创新绩效，选择适宜的技术类型才能给企业带来最大化的创新绩效。董景荣等（2015）通过构建技术进步路径选择模型，实证检验了不同技术选择模式对技术进步的影响，发现选择技术引进在短期可实现经济增长，但易形成路径依赖，而自主研发的技术选择有利于经济长期增长。陈雯和苗双有（2016）通过利用2000—2006年中国制造业企业数据实证检验了技术选择与中间品贸易自由化的关系，研究发现中间品贸易自由化有利于企业选择高水平的生产技术，且对技术密集型企业技术选择的影响要高于劳动密集型企业。陈燕武和张绿原（2017）利用1995—2015年省级面板数据计算了Moran's指数，发现各省技术选择与经济发展存在显著的空间相关性，并通过空间计量模型验证了技术选择对经济增长的影响具有区域和时间差异性。陈生明等（2017）通过构建半参数空间计量模型检验了技术选择对产业结构和经济增长的空间影响，发现技术选择促进了产业结构，虽然在短期内不利于经济增长，但长期却产生积极效果。聂飞和刘海云（2017）利用2005—2007年企业层面数据，检验了技术选择适应性对生产效率的影响，发现技术选择错配导致制造业内生产效率低下。

尽管现有研究从不同的视角对技术选择进行了剖析，但大部分文献仍然沿用主流经济学中同质性研究假定以及静态分析方法，得出市场能够筛选出效率最优的技术类型的研究结论。而这种研究范式无法解释技术发展史上存在的低效率技术被选择、高效率技术被淘汰的现象，因此导致主流经济学研究将"劣胜优汰"的技术选择现象或视而不见或视其为偶然。鉴于此，本章认为仍然需要重构一个统一的分析框架对"优胜劣汰"与"劣胜优汰"并存的技术选择现象进行解释。基于演化经济学前沿理论，本章构建了技术选择动力方程，将技术异质性、消费者与生产者的技术需求统一纳入一个完整的分析框架，初步探析市场如何对不同质量技术进行动态选择。

第三节 技术选择的理论分析

一、技术演化过程的基本原则：选择动力方程

生物学中，个体群成员间差异性的繁殖速率是生物演化的前提条件：繁殖率快的成员生存下来，繁殖率慢的成员则被淘汰。借喻到演化经济学中，当经济主体以不同速率增长时，增速最快的经济个体就会被市场选择出来。根据费希尔原理，个体成员在个体群中的权重增长率由该个体的增长率与个体群的平均增长率之差决定，即种群内部成员之间差异化的增长率决定了不同成员在种群中的权重变化。鉴于研究对象是技术，因此本章假设个体群是技术个体群。技术个体群是指由生产满足同一欲望产品的若干类技术组成的个体群；技术个体成员的权重定义为该技术所生产的产品价值占满足某种欲望的所有产品价值的比重。

技术的市场选择导致了技术个体成员的动态变迁，一方面是技术成员自身绝对量的变化，即该技术市场需求（以其生产的产品市场需求数量来表示）的增长率，另一方面是技术成员相对于其他技术成员的相对量的变化，即权重变化。

（1）绝对量的变化。假设 i 技术 t 期的市场需求服从指数式增长 $g_i(t)$、$x_i(t)$ 和 $x_i(t+\Delta t)$ 为 t、$t+\Delta t$ 时期 i 技术的市场需求：

$$x_i(t+\Delta t) = e^{g_i(t)\times\Delta t} x_i(t) \tag{1}$$

(2) 相对量的变化。假设技术个体群中存在 l 种技术个体，$v_i(t)$ 为 i 技术在技术个体群中的权重；$\bar{g}(t)$ 为技术个体群市场需求增长率的加权平均 [$\bar{g}(t) = \sum_{i=1}^{l} g_i(t) v_i(t)$]。i 技术权重在两期上的平均增长率为

$$\frac{v_i(t+\Delta t) - v_i(t)}{\Delta t} = \frac{e^{[g_i(t) - \bar{g}(t)] \times \Delta t} - 1}{\Delta t} v_i(t) \tag{2}$$

当 $v_i(t)$ 可导且时间间隔 Δt 无限缩小时，根据式（2）即可得到连续时间上的技术选择动力方程为

$$\frac{dv_i(t)}{dt} = \lim_{\Delta t \to 0} \frac{v_i(t+\Delta t) - v_i(t)}{\Delta t} = v_i(t)[g_i(t) - \bar{g}(t)] \tag{3}$$

由式（3）可知，技术个体绝对量和相对量的变迁是相互关联的，绝对量变迁引起了相对量演化。i 技术在技术个体群中的权重变化是由该技术的市场需求增长率 $g_i(t)$ 与个体群平均市场需求增长率 $\bar{g}(t)$ 之间的关系来决定的。市场需求增长率高于个体群平均增长率的技术个体的权重将上升，且增长率最高的技术个体将占领全部市场；反之，技术个体的权重将下降，直至被淘汰为零。

根据技术选择动力方程，技术个体间差异性的市场需求增长率是个体群演化的直接因素，那又是什么决定了技术个体市场需求增长率的？本章认为影响某项技术需求增长的因素来自两方面：①生产者对技术的直接需求；②消费者因产品需求而对技术产生的间接需求。这两种作用力共同决定了市场对某项技术的需求程度，进而也决定了该技术的市场需求增长率。因此本章将技术需求分为供给侧技术需求和需求侧技术需求。

二、供给侧技术选择与技术市场需求增长

首先假设技术个体群中不同技术生产单位产品的成本相同，但所生产的产品质量不同。

供给侧的技术异质性。在生产者看来，不同类型的技术个体所带来的利润水平是不同的。利润水平是由产品价格与成本共同决定的，由于生产成本相同，因此技术对生产者所获得的利润水平的影响仅取决于产品价格。

生产者的技术选择。纳尔逊（1997）认为组织惯例是一个行为规则和知识结构，是一套高度结构化的习惯性反应，决定着一个企业的生产经营行为。组织惯例分为控制惯例、复制惯例、收缩惯例及模仿惯例。企业依据控制惯例支配企业的技术生产活动；根据复制惯例和收缩惯例扩大和缩小企业现有生产规模；按照模仿惯例对企业现有控制惯例进行改变，以寻找更好的控制惯例来获得竞争优

势，体现了一个企业的动态学习能力。企业遵循上述行为范式对差异性的技术个体进行选择。当企业使用现有技术能够获利时，将继续选择该技术并扩大其使用规模；否则，将缩小该技术使用范围和强度甚至淘汰该技术，并通过自主创新或模仿创新寻找其他技术。另外，技术市场完善程度制约着生产者选择不同技术的速度：当技术市场越完善（如技术个体间竞争较完全、技术外溢渠道较多）时，生产者对差异化的技术做出的反应越迅速，越能快速地选择所需要的技术个体，反之，生产者越难以获得自身所需要的技术个体。

供给侧的技术需求增长模型。基于上述分析，并借鉴梅特卡夫（2007）研究方法，本章构建供给侧的技术市场需求增长模型为

$$g_{si}(t) = \frac{1}{-\ln\lambda}\left[p_i(t) - \bar{c}\right] \tag{4}$$

其中，$g_{si}(t)$ 为 i 技术供给侧的市场需求增长率，$p_i(t)$ 为 i 技术生产的单位产品价格，$\bar{c}$ 为不同技术个体生产单位产品的相同成本，且不随时间变化而变化。λ 为技术市场完善系数，取值范围为 0~1。当技术市场完善系数（λ）越大时，技术市场完善程度越高；反之，技术市场完善程度越低。

由式（4）可知，i 技术生产单位产品所带来的利润 $[p_i(t) - \bar{c}]$ 与 i 技术的市场需求增长率成正相关关系。能够创造利润的技术将被继续使用并利用获得的利润扩大其使用范围和规模，反之，将被收缩使用规模并将其淘汰。

三、需求侧技术选择与技术市场需求增长

需求侧的技术异质性。不同技术对于消费者来说，也具有较大差异性。

第一，不同技术给消费者所带来的消费者剩余水平不同。由于消费者剩余是由消费者主观收益和市场价格共同决定的，所以一项技术生产的产品为消费者创造的消费者剩余大小取决于消费者对产品的主观价值判断及产品的市场价格。

第二，不同技术生产的产品满足消费者欲望程度不同。产品质量的差异体现了产品为消费者创造的效用不同。由于提供更多和更优质的使用价值，高质量产品能够满足消费者更多样性的需求和欲望，进而带来更高效用水平，而质量低下的产品提供的效用水平较低。

第三，不同技术需要消费者所具有的知识水平不同。由于基于不同知识体系、不同技术所生产出来的产品所包含的信息、功能及结构具有显著性差异，因此不同的技术要求消费者在使用其产品时具备相应的技术产品知识。

第四，不同技术生产的产品需要消费者付出的使用成本不同。满足同一欲望的不同产品是可以相互替代的，但产品间的使用转换过程并非是完全自由和无成

本的，即消费者因搜寻新产品、使用旧产品的思维定式及对新产品知识的缺失而产生的新产品使用转化成本。因此，不同技术所生产的产品在消费者接受、购买、使用之前，需要使用者付出一定的产品使用转换成本。

消费者技术选择。虽然产品价格和质量是引导消费者选择的最主要因素，但产品的质量和价格信号对消费者的指引作用会受产品市场完善程度的制约：当产品市场完善程度越高（如产品间竞争较完全、产品信息获取方便且充分），消费者获得关于不同产品价格和质量的信息越快速，对市场上不同产品做出的反应越快速；反之，消费者产品选择行为越缓慢。这形成了消费行为的外在约束。同时，消费者自身的知识水平、消费习惯等偏好形成了消费行为的内在约束。基于此，消费者为了在既定的收入水平下实现自身利益的最大化，当面对具有差异性的多种产品时，拥有理性的消费者将结合自身需求偏好选择主观收益最大的产品。

需求侧的技术需求增长模型。基于上述分析，并借鉴现有研究方法，构建需求侧的技术市场需求增长模型为

$$g_{di}(t) = (-\ln\eta)\left\{[\overline{p}(t) - p_i(t)] + [p_i^* - \overline{p^*}(t)]\tan(\pi\sigma - \frac{\pi}{2})\right\} + \overline{g_d}(t) \quad (5)$$

其中，$g_{di}(t)$ 为 i 技术需求侧的市场需求增长率。$\overline{p}(t)$ 为个体群中产品价格的加权平均值。p_i^* 为经过质量调整的 i 技术生产的产品真实价格水平且不随时间变化而变化。$\overline{p^*}(t)$ 为个体群中产品真实价格的加权平均值。$\overline{g_d}(t)$ 为个体群中技术需求侧的市场需求增长率的加权平均值。η 为产品市场完善系数，取值区间为 0~1。当产品市场完善系数（η）越小时，产品市场完善程度越高；反之，产品市场完善程度越低。σ 为消费者更换高质量产品①所获得的净收益系数，取值区间为 0~1。当 $\sigma > 0.5$ 时，消费者更换高质量产品所获得的净收益为正；当 $\sigma = 0.5$ 时，消费者更换高质量产品所获得的净收益为零；当 $\sigma < 0.5$ 时，消费者更换高质量产品所获得的净收益为负。

由等式可知，i 技术需求侧的市场需求增长率与其所生产的单位产品市场价格成负相关关系；产品真实价格水平对 i 技术需求侧的市场需求增长率的影响依赖于消费者更换高质量产品所获的净收益。

进一步扩展需求侧的技术市场需求增长模型。为了刻画技术生产的产品质量水平，假设不同技术生产的产品拥有不同的一组服务特征集合。基于此，将个体群中不同技术生产的不同产品的真实价格定义为

---

① 高质量产品是指由质量水平高于个体群中平均水平 $[z_i - \overline{z}(t) > 0]$ 的产品；而低质量产品是指质量水平低于个体群中平均水平 $[z_i - \overline{z}(t) < 0]$ 的产品。

$$p_i^* = \alpha z_i \qquad (6)$$

其中，α 为单位服务特征的价格，z_i 为 i 技术生产的单位产品中含有的服务特征数量且不随时间变化而变化。此时个体群中产品真实价格加权平均值可表示为 $\overline{p}^*(t) = \alpha \overline{z}(t)$。考虑产品质量水平后，需求侧的技术市场需求增长模型为

$$g_{di}(t) = (-\ln\eta)\left\{[\overline{p}(t) - p_i(t)] + [\overline{z}(t) - z_i]\alpha\tan(\pi\sigma - \frac{\pi}{2})\right\} + \overline{g}_d(t) \qquad (7)$$

由式（7）可见，需求侧的技术市场需求增长是关于产品价格及质量的函数。

四、技术市场需求均衡增长率与技术选择

技术生产的产品定价原则分为两方面：①产品价格要大于其生产成本；②产品的定价应使得技术在产品供给能力与产品市场需求之间实现一种均衡的需求增长。前者保证了技术生存条件，后者保证了某项技术的扩张率既不会造成市场上存在过多的需求，也不会导致该技术存在过剩的生产能力，即一项技术供给侧的市场需求增长率等于需求侧的市场需求增长率 $[g_{si}(t) = g_{di}(t)]$。由此可推出，个体群中供给侧和需求侧的市场需求增长率加权平均值也相等，记为 $\overline{g}(t)$，即 $\overline{g}_s(t) = \sum v_i(t)g_{si}(t) = \overline{g}(t) = \sum v_i(t)g_{di}(t) = \overline{g}_d(t)$。

通过 $g_{si}(t) = g_{di}(t)$ 这一条件，对式（4）和式（7）进行联立，并进行变形转化后，即可得到 i 技术均衡市场需求增长率：

$$g_i(t) = \overline{g}(t) + \frac{-\ln\eta}{1 + (-\ln\eta)(-\ln\lambda)}[z_i - \overline{z}(t)]\alpha\tan(\pi\sigma - \frac{\pi}{2}) \qquad (8)$$

由此可知，式（8）已经将 i 技术均衡市场需求增长率、市场需求平均增长率、i 技术单位产品的质量数量和技术个体群中平均单位产品质量数量联系在一起。

五、技术创新的市场选择

将技术均衡市场需求增长率式（8）代入技术选择动力方程式（3），得到技术个体权重变迁的微分方程为

$$\frac{dv_i(t)}{dt} = v_i(t)\frac{-\ln\eta}{1 + (-\ln\eta)(-\ln\lambda)}[z_i - \overline{z}(t)]\alpha\tan(\pi\sigma - \frac{\pi}{2}) \qquad (9)$$

式（9）刻画出了技术个体的动态竞争变迁过程。

在消费者更换高质量产品所获得的净收益为正（$0.5 < \sigma < 1$）的条件下，消费者使用高质量产品所获得的收益大于为使用高质量产品所付出的成本（搜寻、学习及时间等成本），此时消费者倾向于购买高质量产品。当一项技术生产

高质量产品 $[z_i - \bar{z}(t) > 0]$ 时，消费者认为该技术生产的产品能够为自己带来更大的效用水平，因此纷纷选择该技术所生产的高质量产品，进而导致该产品价格的提高。随之，生产者将采用和扩大该技术生产，引致对该技术的市场需求增多，最终该技术在技术个体群中的权重不断上升。当一项技术所生产的产品质量始终高于技术个体群产品质量平均水平时，该技术的权重将持续上升，直至占领全部市场，而其他技术则被市场淘汰。当一项技术生产的产品质量低于技术个体群平均水平时 $[z_i - \bar{z}(t) < 0]$，消费者认为使用低质量产品所带来的效用低于高质量产品带来的效用水平，因此消费者将淘汰该技术所生产的产品，更换其他技术所生产的高质量产品，生产者也将因为该技术无法带来利润而将其淘汰，最终使得该技术个体的权重不断下降，直至退出市场。

命题1：当消费者更换高质量产品所获净收益为正时，生产高质量产品的技术个体在技术个体群中的权重将趋于上升，且生产产品质量最高的技术个体将最终占领全部市场，而其余技术个体均被市场淘汰。

在消费者更换高质量产品所获净收益为零（$\sigma = 0.5$）的条件下，消费者认为使用高质量产品所获得的收益与为此所付出的代价大抵相当，因此使用低质量产品的消费者没有动力淘汰目前所使用的低质量产品 $[z_i - \bar{z}(t) < 0]$ 而更换高质量产品 $[z_i - \bar{z}(t) > 0]$，将继续使用原有产品。这使得生产低质量产品和高质量产品的技术均锁定部分消费群体，进而导致多种技术并存于市场之中，技术个体群结构呈现出多样化特点。

命题2：当消费者更换高质量产品所获净收益为零时，技术个体群结构不发生任何变化，技术市场将呈现出多样化特征，不同的技术个体并存于市场。

在消费者更换高质量产品所获净收益为负（$0 < \sigma < 0.5$）的条件下，消费者认为使用高质量产品所获得的收益小于为此所付出的代价和成本，因此消费者倾向于选择使用低质量产品。当一项技术生产的产品为低质量产品时 $[z_i - \bar{z}(t) < 0]$，消费者由于淘汰现有的低质量产品而更换高质量产品所付出的成本过高，使用低质量产品能够获得更多效用，因此消费者将继续选择低质量产品而不选择高质量产品。当一项技术生产高质量产品时 $[z_i - \bar{z}(t) > 0]$，消费者认为使用高质量产品所带来的效用为负，因此将不会选择高质量产品。这将引致生产者缩小生产高质量产品技术的使用规模和范围，最终该技术在技术个体群中的权重将逐渐降低直至完全被市场所淘汰。

命题3：当消费者更换高质量产品所获净收益为负时，生产低质量产品的技术个体在技术个体群中的权重将上升，而生产高质量产品的技术个体权重趋于下降。

技术个体群结构动态变迁速率依赖于技术市场完善程度（λ）。当技术市

完善系数 λ 越大，意味着技术市场的完善程度越高，生产者在不同技术类型之间的转换成本和障碍越小。与市场需求相适应的技术个体越容易被潜在生产者所采用，而不适应于市场需求的技术个体越容易被淘汰，进而加速技术个体的均衡市场需求增长率的变动，最终技术个体权重的变迁速率越迅速。当技术市场完善系数越 λ 越小，意味着技术市场的完善程度越低，技术个体的扩散或淘汰速度越缓慢，使得技术在技术个体群中的权重演化速率被大大降低。

同时，技术个体群结构动态变迁速率依赖于产品市场完善程度（η）。当产品市场完善系数 η 越小，意味着产品市场完善程度越高，消费者获取产品质量信息越快速、越完全。消费者对市场中差异性产品质量信号做出的反应越快速，越能迅速选择适合自身特点的产品，进而引致生产者快速淘汰与市场需求不相适应的技术而采用市场需求旺盛的技术个体，这使得技术的市场需求均衡增长率变动更快，最终加速了技术在技术个体群中的权重变迁速率。当产品市场完善系数 η 越大，意味着产品市场完善程度越低，消费者对市场上的产品越难以选择，这将减缓技术个体变迁的速度。

命题 4：技术个体群结构变迁速率依赖于技术或产品市场的完善程度，即当技术或产品市场越完善时，技术个体成员在技术个体群中的权重变迁速率越迅速。

第四节 "优胜劣汰"与"劣胜优汰"的技术选择仿真分析

一、模型及参数设定

（1）模型设定。根据式（9），构建技术个体权重变迁微分方程组为

$$\begin{cases} \dfrac{dv_1(t)}{dt} = v_1(t) \dfrac{-\ln\eta}{1+(-\ln\eta)(-\ln\lambda)} [z_1 - \bar{z}(t)] \alpha\tan(\pi\sigma - \dfrac{\pi}{2}) \\ \dfrac{dv_2(t)}{dt} = v_2(t) \dfrac{-\ln\eta}{1+(-\ln\eta)(-\ln\lambda)} [z_2 - \bar{z}(t)] \alpha\tan(\pi\sigma - \dfrac{\pi}{2}) \\ \vdots \\ \dfrac{dv_{l-1}(t)}{dt} = v_{l-1}(t) \dfrac{-\ln\eta}{1+(-\ln\eta)(-\ln\lambda)} [z_{l-1} - \bar{z}(t)] \alpha\tan(\pi\sigma - \dfrac{\pi}{2}) \\ v_1(t) + v_2(t) + \ldots + v_{l-1}(t) + v_l(t) = 1 \end{cases} \quad (10)$$

在上述方程组中，存在 l、z、v、α 4 个变量和 λ、η、σ 3 个参数。

（2）变量及参数设定。假设个体群中包含 3 种类型的技术个体（$l=3$）：生产产品质量水平最低的传统技术、生产产品质量最高的新兴技术以及生产产品质量水平介于前两者之间的中间技术。首先，假设技术个体所生产的产品质量水平取值范围为 0~1，新兴技术、中间技术、传统技术所生产的产品质量水平分别为 $z_1=0.75$、$z_2=0.5$、$z_3=0.25$。其次，假设产品单位服务特征价格为 $\alpha=0.5$。最后，假设传统技术已获得充分发展，初始权重最高[$v_3(0)=0.6$]，新兴技术刚开始出现于市场，初始权重最低[$v_1(0)=0.05$]，中间技术的初始权重介于前两者之间[$v_2(0)=0.35$]。

二、技术市场选择的仿真结果与分析

（1）技术个体群结构动态变迁过程。首先考察技术市场完善系数（λ）和产品市场完善系数（η）均为 0.5 时的技术个体群变迁过程。

消费者更换高质量产品获得的净收益为正时的技术选择。图 43-1 为消费者更换高质量产品所获得的净收益系数为 $\sigma=0.7$ 时的技术个体群结构变迁过程，纵轴为技术个体的权重（v），横轴为时间（t）。

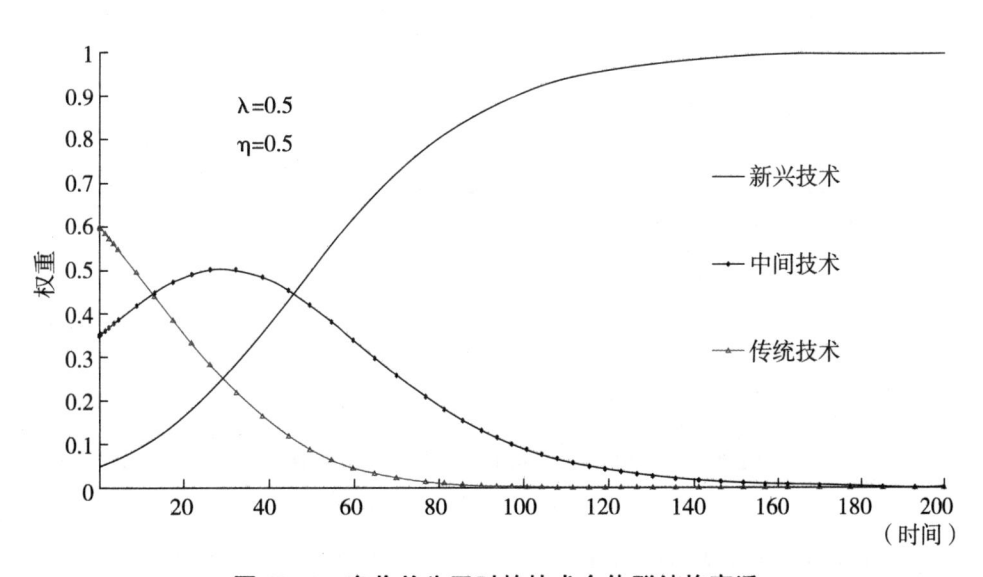

图 43-1 净收益为正时的技术个体群结构变迁

由图 43-1 可知，随着时间的推移，技术个体群结构由多样性向单一性转变；新兴技术的权重不断上升直至占领全部市场，传统技术的权重不断下降直至退出市场，中间技术的权重先上升后下降。

由于更换高质量产品获得的净收益为正，消费者认为使用高质量产品所获得的收益大于为此付出的成本，淘汰低质量产品而更换高质量产品将会获得更多的效用，因此将增加对高质量产品的需求，降低对低质量产品的需求。这引致生产者逐渐淘汰生产低质量产品的传统技术，而采用生产高质量产品的新兴技术，进而导致新兴技术的权重不断上升直至占领全部市场，传统技术的权重持续下降直至退出市场。与新兴技术和传统技术不同，中间技术的权重先上升后下降。这是因为在初始阶段，中间技术生产的产品质量高于个体群平均水平，受消费者青睐，其权重也随之上升。随着新兴技术权重的上升和传统技术权重的下降，个体群中的产品质量平均水平趋于上升，直至超过中间技术产品的质量时，中间技术的产品也随之变为低质量产品。此时消费者将淘汰中间技术生产的低质量产品而选择新兴技术生产的高质量产品，随之生产者将缩小中间技术生产规模，直至其被市场淘汰。

消费者更换高质量产品获得的净收益为零时的技术市场选择。图43-2为消费者更换高质量产品所获得的净收益系数为 $\sigma = 0.5$ 时的技术个体群结构变迁过程。

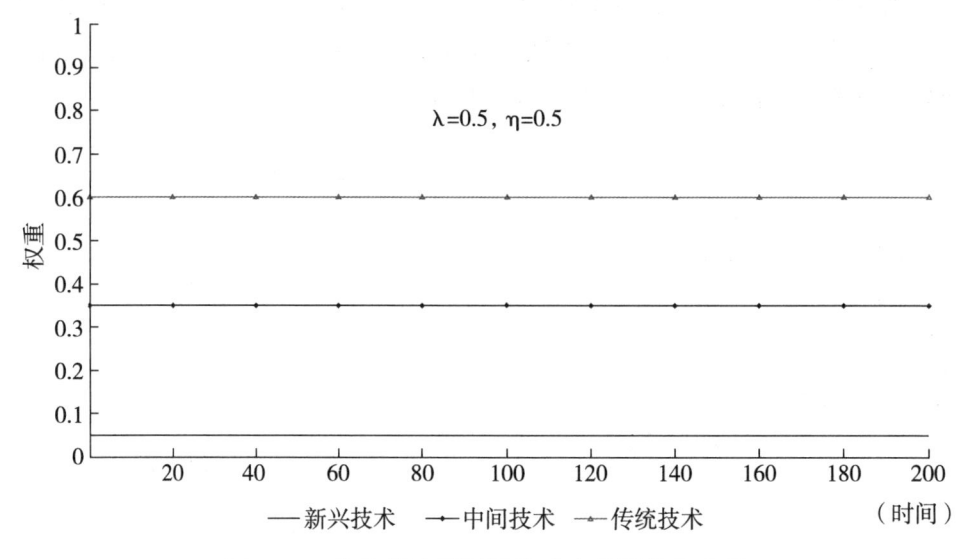

图 43-2　净收益为零时的技术个体群结构变迁

由图43-2可知，技术个体群结构将不发生任何变化，新兴技术、中间技术、传统技术将并存于市场，技术个体群结构呈现多样性特点。这是因为消费者为使用高质量产品所付出的时间、学习新产品知识的代价与使用高质量产品所获得的收益大抵相当，消费者没有动力更换现在所使用的低质量产品。这导致不同技术个体将各自锁定部分消费者，进而引致生产者继续采用现有的技术。最终使得不同技术虽然生产的产品质量存在差异性，但却同时存在于市场上，其各自权重保持不变。

第六篇 技术创新驱动中国中小企业高质量发展的理论与实践
第 43 章 基于演化经济学分析框架的技术选择"格雷欣法则"研究

消费者更换高质量产品获得的净收益为负时的技术市场选择。图 43-3 为消费者更换高质量产品所获得的净收益系数为 $\sigma = 0.2$ 时的技术个体群结构变迁过程。

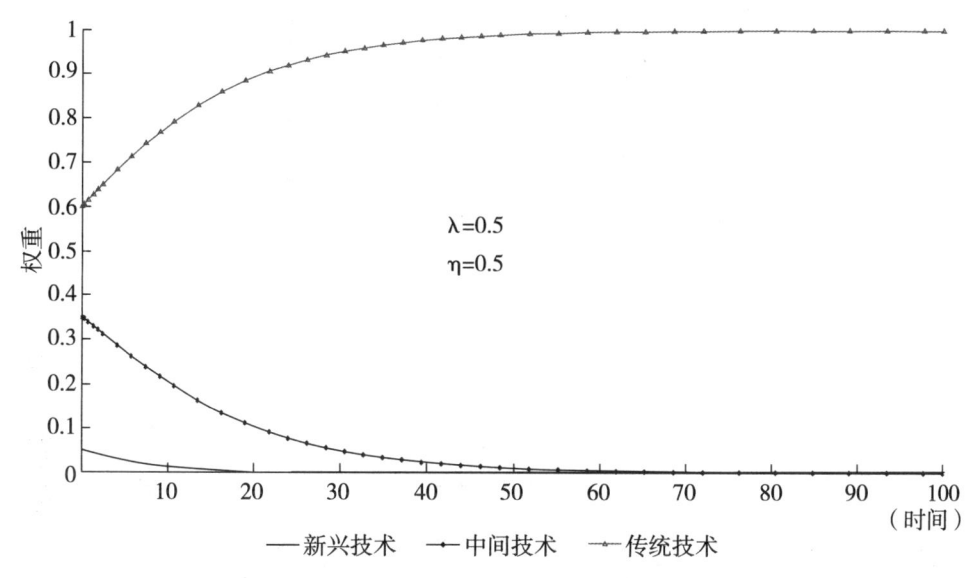

图 43-3 净收益为负时的技术个体群结构变迁

由图 43-3 可知,技术个体群结构变迁趋势为由多样性向单一性逐渐转变。

在图 43-3 中,传统技术的权重持续上升直至占领全部市场,而新兴技术和中间技术的权重不断下降,直至退出市场。由于更换高质量产品所获得的净收益为负,消费者认为使用高质量产品所获得的收益低于为此所付出的成本,使用低质量产品比使用高质量产品能获得更多收益,因此将增加对低质量产品的需求,而降低对高质量产品的需求。这将引致生产者扩大传统技术的生产规模并缩小新兴技术和中间技术的生产规模。最终传统技术的权重将持续上升,并逐渐占领全部市场,而新兴技术和中间技术的权重将趋于下降,直至完全退出市场。

(2) 技术市场完善程度对技术选择过程的影响。考察技术市场完善程度对技术选择过程的影响,意味着在其他条件不变的情况下,仅当技术市场完善程度发生变化时,技术个体的权重变迁过程会发生什么变化。通过对 λ 取 2 个不同数值区分两种不同的技术市场完善状态:技术市场完善程度较高的状态 1 ($\lambda = 0.9$)、技术市场完善程度较低的状态 2 ($\lambda = 0.1$)。不同技术市场完善状态 (λ) 下的技术市场选择如图 43-4 所示。

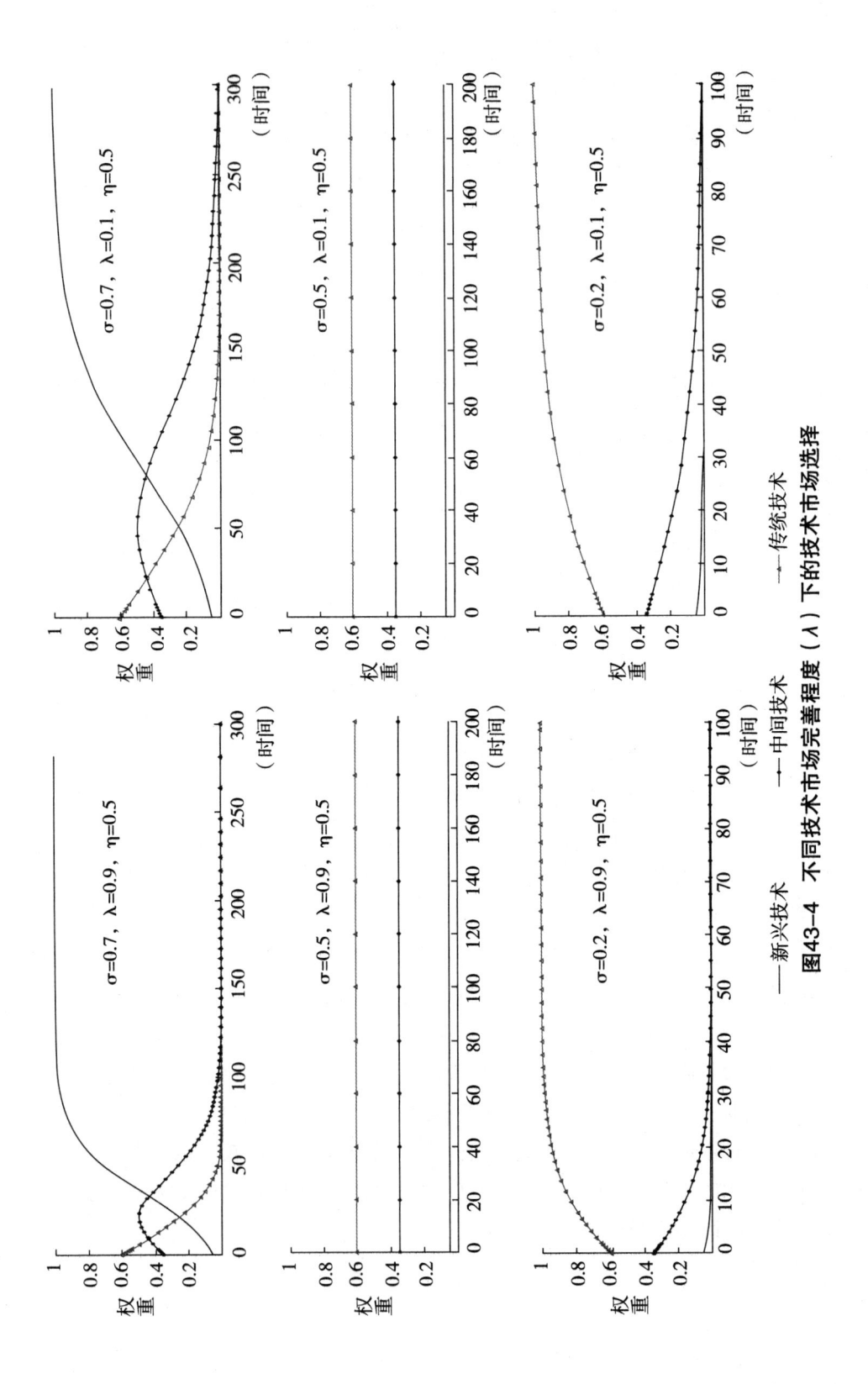

图43-4 不同技术市场完善程度（λ）下的技术市场选择

图 43-4 中的上面左右两图表示的是,在消费者更换高质量产品所获净收益为正条件下,技术市场完善程度的不同对技术个体权重变迁的影响;中间左右两图表示的是,在消费者更换高质量产品所获净收益为零条件下,技术市场完善程度的不同对技术个体权重变迁的影响;下面左右两图表示的是,在消费者更换高质量产品所获净收益为负条件下,技术市场完善程度的不同对技术个体权重变迁的影响。由图 43-4 可知,无论是在技术市场完善程度较高的状态 1 中,还是在技术市场完善程度较低的状态 2 中,消费者更换高质量产品所获净收益为正(或为零、或为负)时的技术个体群结构变迁趋势相同。

通过对比上面或下面左右两图后发现,技术市场完善程度的降低,延缓了在消费者更换高质量产品所获净收益为正或负时的技术个体群结构变迁速度。这是因为即使消费者对不同技术生产的不同质量产品表现出不同的偏好,并引致市场对不同技术的需求旺盛程度不同,但是生产者也会因为技术市场完善程度的降低而难以快速地选择出市场需求强烈的技术,从而导致技术个体群结构变迁速率降低。最后,通过对比中间左右两图可知,技术市场完善程度的变化不会影响在消费者更换高质量产品所获净收益为零时的技术个体群结构变迁过程。这是因为消费者没有动机更换产品,每种技术都会锁定部分市场份额,生产者也不会更换技术。

(3)产品市场完善程度对技术选择过程的影响。同样,对 η 取 2 个不同的数值来区分两种不同的产品市场完善程度:产品市场完善程度较高的状态 3($\eta = 0.2$)、产品市场完善程度较低的状态 4($\eta = 0.7$)。不同产品市场完善状态(η)下的技术市场选择如图 43-5 所示。

图 43-5 中的上、中、下左右两图表示的是,在消费者更换高质量产品所获净收益为正、为零、为负条件下,产品市场完善程度的不同对技术个体权重变迁的影响。由图 43-5 可知,无论是在产品市场完善程度较高的状态 3 中,还是在产品市场完善程度较低的状态 4 中,消费者更换高质量产品所获净收益为正(或为零、或为负)时的技术个体群结构变迁趋势相同。

通过对比上面或下面左右两图后发现,产品市场完善程度的降低会对在消费者更换高质量产品所获净收益为正或为负时的技术个体群结构变迁速率产生抑制作用。这是因为当产品市场越不完善,消费者对不同技术所生产的不同质量水平的产品越难以快速地做出反应和选择,进而延缓了技术选择过程。最后,对比图 43-5 中间左右两图后发现,产品市场完善程度的变化不会影响在消费者更换高质量产品所获净收益为零时的技术个体群结构变迁的结果和速率。

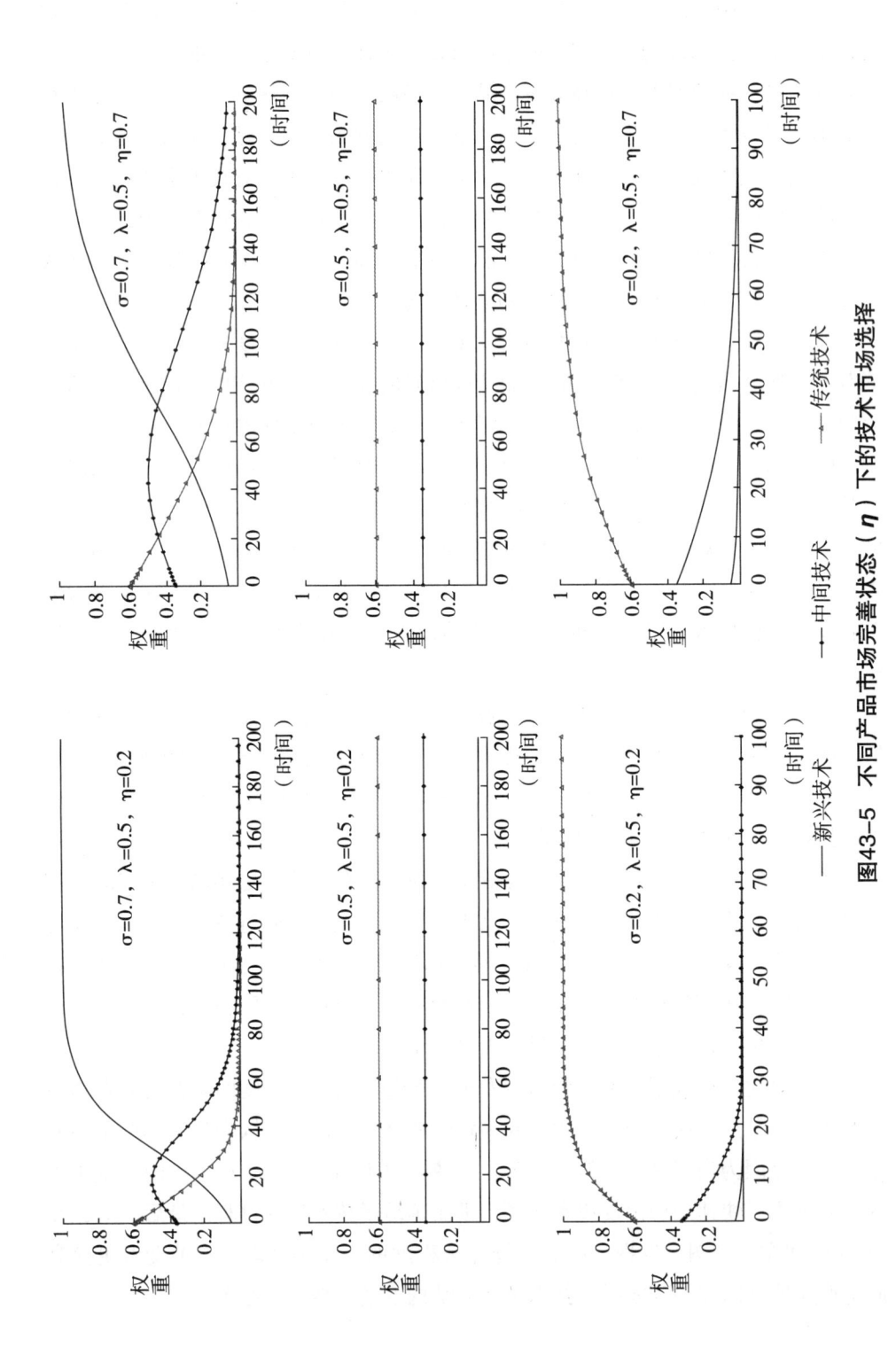

图43-5 不同产品市场完善状态（η）下的技术市场选择

第五节　结论与建议

作为决定技术创新能否成功的关键环节，技术选择不仅关系到经济增长的质量，而且影响着企业的持久竞争力。但是鲜有文献能够在一个统一的分析框架中对技术选择的"优胜劣汰"和"劣胜优汰"并存现象进行合理解释。本章通过构建技术选择动力方程，将技术异质性、消费者和生产者技术需求统一纳入一个分析框架，试图在该框架下探析市场对不同技术选择的过程。研究发现：①当消费者更换高质量产品所获净收益为正时，生产高质量产品的技术在技术个体群中的权重不断上升，且产品质量最高的技术个体将最终占领全部市场，其他技术被市场淘汰；②当消费者更换高质量产品所获净收益为负时，生产低质量产品的技术权重将趋于上升，生产高质量产品的技术权重将下降；③当消费者更换高质量产品所获净收益为零时，技术个体群结构呈现多样性特点；④技术或产品市场完善程度会影响消费者更换高质量产品所获净收益为正或为负条件下的技术个体群结构变迁速率。

基于上文研究结论，本章的政策启示有以下几点：

第一，企业在选择技术之前应充分了解市场需求特点。由上文可知，市场选择技术并非唯质量是从，在不同的消费者更换高质量产品所获净收益条件下，市场对生产不同产品质量的技术反应不同。当技术正好符合于市场需求特征时，该技术将最终占领全部市场，而这无关乎该技术生产的产品质量如何。因此，当企业选择技术时，应通过市场调研等各种途径充分了解市场需求情况。

第二，技术保护应在注重效率的同时兼顾社会效益。如上文所分析，技术市场完善程度影响着技术个体群变迁速率，而技术保护程度是影响技术市场完善程度的重要因素之一。当技术长期被垄断时，那么潜在生产者难以根据市场需求特点选择出合适的技术，社会效益将会受到损害。因此，技术保护应在注重效率的同时兼顾社会效益。

第三，提高产品市场的完善程度。如文中所分析，产品市场完善程度的提高将加速技术个体群结构的变迁速率；反之，将延缓技术个体权重的变迁速度。由于产品信息扩散速度和产品间的竞争程度都是影响产品市场完善程度的重要因素，因此，应通过各种途径提高产品信息传播的速度和产品间竞争程度，以此提高产品市场的完善程度。

参考文献

一、英文部分

[1] Acemoglu D, Zilibotti F. Productivity Differences [J]. Quarterly Journal of Economics, 2001, 116 (2): 563-606.

[2] Acosta P O, Kim N, Melzer I, et al. Business and Human Development in the Base of the Pyramid: Exploring Challenges and Opportunities with Market Heat Maps [J]. Journal of World Business, 2010, 46 (1): 50-60.

[3] Aghion P, Howitt P. A Model of Growth through Creative Destruction [J]. Econometric, 1992, 60 (2): 323-351.

[4] Aghion P, Bloom N, Blundell R, et al. Competition and Innovation: An Inverted-U Relationship [J]. The Quarterly Journal of Economics, 2005, 120 (2): 701-728.

[5] Ahn J B, Khandelwal A K, Wei S J. The Role of Intermediaries in Facilitating Trade [J]. Journal of International Economics, 2011, 84 (1): 73-85.

[6] Akerlof G A. The Market for Lemons: Quality Uncertainty and the Market Mechanism [J]. The Quarterly Journal of Economics, 1970, 84 (3): 488-500.

[7] Almlund M, Duckworth A L, Heckman J, et al. Personality Psychology and Economics [J]. Handbook of the Economics of Education, 2011 (4): 1-181.

[8] Alvarez S A, Barney J B. Entrepreneurial Opportunities and Poverty Alleviation [J]. Entrepreneurship: Theory and Practice, 2014, 38 (1): 159-184.

[9] Anderson J, Markides C. Strategic Innovation at the Base of the Pyramid [J]. MIT Sloan Management Review, 2007, 49 (1): 83-88.

[10] Antonelli C, Colombelli A. The Knowledge Cost Function [J]. International Journal of Production Economics, 2015, 168: 290-302.

[11] Anwar M, Johanson G. Mobile Phones and the Well-Being of Blind Micro-Entrepreneurs in Indonesia [J]. Electronic Journal of Information Systems in Developing Countries, 2015, 67 (1): 18.

[12] Armantier O, Treich N. Social Willingness to Pay, Mortality Risks and Contingent Valuation [J]. Journal of Risk and Uncertainty, 2004, 29 (1): 7-19.

［13］Arthur W B. The Nature of Technology ［J］. Ltaxis Preceedings of Aiia Conventionwashington DC American Industrial Arts Association, 2010, 8 (1): 329-344.

［14］Atkeson A, Burstein A T, Chatzikonstantinou M. Transitional Dynamics in Aggregate Models of Innovative Investment ［J］. Annual Review of Economics, 2019, 11 (1): 273-301.

［15］Atkinson A B, Stiglitz J, E. A New View of Technological Change ［J］. Economic Journal, 1969, 79 (315): 573-578.

［16］Azar G, Ciabuschi F. Organizational Innovation, Technological Innovation, and Export Performance: The Effects of Innovation Radicalness and Extensiveness ［J］. International Business Review, 2017, 26 (2): 324-336.

［17］Baldwin R E, Okubo T. Heterogeneous Firms, Agglomeration and Economic Geography: Spatial Selection and Sorting ［J］. Journal of Economic Geography, 2006, 6 (3): 323-346.

［18］Bardosh K L, Murray M, Khaemba A M, et al. Operationalizing mHealth to Improve Patient Care: A Qualitative Implementation Science Evaluation of the WelTel Texting Intervention in Canada and Kenya ［J］. Globalization and Health, 2017, 13 (1): 87.

［19］Barro R J. Are Government Bonds Net Wealth? ［J］. Journal Political Economic, 1974, 82 (6): 1095-1117.

［20］Basu S, Weil D N. Appropriate Technology and Growth ［J］. Quarterly Journal of Economics, 1998, 113 (4): 1025-1054.

［21］Belussi F, Sedita S R. Industrial Districts as Open Learning Systems: Combining emergent and Deliberate Knowledge Structures ［J］. Regional Studies , 2012, 46 (2): 165-184.

［22］Bernard A B, Jensen J B. Exporters, Skill Upgrading, and the Wage Gap ［J］. Journal of International Economies, 1997, 42 (1-2): 3-31.

［23］Bernard A B, Jensen J B, Lawrence R Z. Exporters, Jobsand Wages in US Manufacturing: 1976-1987. Brookings Papers on Economic Activity ［J］. Microeconomics, 1995, 1995 (1995): 67-119.

［24］Bernard A B, Eaton J, Jensen J B, et al. Plants and Productivity in International Trade ［J］. The American Economic Review, 2003, 93 (4): 1268-1290.

［25］Bhagwati J N, Panagariya A. Why Growth Matters: How Economic Growth in India Reduced Poverty and the Lessons for Other Developing Countries ［J］. Southern Economic Journal, 2014, 81（1）: 263-264.

[26] Biddle E A. The Economic Cost of Fatal Occupational Injuries in the United States: 1980-1997 [J]. Contemporary Economic Policy, 2004, 22（3）: 370-381.

[27] Bloom N, Draca M, Van Reenen J. Trade Induced Technical Change? The Impact of Chinese Imports on Innovation, IT and Productivity [J]. The Review of Economic Studies, 2016, 83（1）: 87-117.

[28] Boisot M, Meyer M W. Which Way Through the Open Door? Reflection on the International of Chinese Firm [J]. Management and Organization Review, 2008, 4（3）: 349-356.

[29] Boldrin M, Montes A. The Intergenerational State: Education and Pensions [J]. Review of Economic Study, 2005, 72（3）: 651-664.

[30] Bonfadelli H. The Internet and Knowledge Gaps: A Theoretical and Empirical Investigation [J]. European Journal of Communication, 2002, 17（1）: 65-84.

[31] Bowles S, Gintis H, Osborne M. Incentive-enhancing Preferences: Personality, Behavior and Earnings [J]. The American Economic Review, 2001, 91（2）: 155-158.

[32] Brandt L, Thun E. The Fight for the Middle [J]. World Development, 2010, 38（11）: 1555-1574.

[33] Brandt L, Biesebroeck V J, Zhang Y. Creative Accounting or Creative Destruction? Firm-level Productivity Growth in Chinese Manufacturing [J]. Journal of Development Economics, 2012, 97（2）: 339-351.

[34] Branzei O, Ursacki-Bryant T J, Vertinsky, et al. The Transformation of Green Strategies in Chinese Firms: Matching Corporate Environmental Responses and Individu[1]al Principles [J]. Strategic Management Journal, 2004, 25（11）: 1075-1095.

[35] Bratti M, Felice G. Are Exporters More Likely to Introduce Product Innovations? [J]. The World Economy, 2012, 35（11）: 1559-1598.

[36] Brown C. Equalizing Differences in the Labor Market [J]. The Quarterly Journal of Economics, 1980, 94（1）: 113-134.

[37] Bruton G D, Ahlstrom D, Si S. Entrepreneurship, Poverty and Asia: Moving Beyond Subsistence Entrepreneurship [J]. Asia Pacific Journal of Management, 2015, 32（1）: 1-22.

[38] Buckley P J, Clegg L J, Cross A R, et al. The Determinants of Chinese Outward Foreign Direct Investment [J]. Journal of International Business Studies,

2007, 38 (40): 499-518.

[39] Burbidge J B. Government Debt in an Overlapping-Generations Model with Bequests and Gifts [J]. American Economic Review, 1983, 73 (1): 222-227.

[40] Buryi P, Lahiri S. Research and Development and Trade Policies for Product Innovation in the Presence of Foreign Competition [J]. Economic Modelling, 2019, 80 (C): 429-40.

[41] Bustos P. Trade Liberalization, Exports and Technology Upgrading: Evidence on the Impact of Mercosur on Argentinian Firms [J]. American Economic Review, 2011, 101 (1): 304-340.

[42] Caballe J. Endogenous Growth, Human Capital and Bequests in a Life-Cycle Model [J]. Oxford Economic Paper, 1995, 47 (1): 156-181.

[43] Cage J, Rouzet D. Improving National Brands: Reputation for Quality and Export Promotion Strategies [J]. Journal of International Economics, 2015, 95 (2): 274-290.

[44] Carthy T, Chilton S, Covey J, et al. On the Contingent Valuation of Safety and The Safety of Contingent Valuation: Part 2-the CV/SG "Chained" Approach [J]. Journal of Risk and Uncertainty, 1998, 17: 187-214.

[45] Casadesus-Masanell R, Ricart J E. From Strategy to Business Models and onto Tactics [J]. Long Range Planning, 2010, 43 (2): 195-215.

[46] Cass D. Optimum Growth in an Aggregative Model of Capital Accumulation, A Turnpike Theorem [J]. Econometrica, 1966, 34 (4): 833-850.

[47] Castellani D, Zanfei A. Internationalization, Innovation and Productivity: How do Firms Differ in Italy? [J]. The World Economy, 2007, 30 (1): 156-176.

[48] Chakraborty P. Judicial Quality and Regional Firm Performance: The Case of Indian States [J]. Journal of Comparative Economics, 2016, 44 (4): 902-918.

[49] Champbers R. Editorial: Responsible Well-Being: A Personal Agenda for Development [J]. World Development, 1997, 25 (11): 1743-1754.

[50] Chang W, Taylor S A. The Effectiveness of Customer Participation in New Product Development: A Meta-analysis [J]. Journal of Marketing, 2016, 80 (1): 47-64.

[51] Charles F M, John V P. Monotone Instrumental Variables: With an Application to the Returns to Schooling [J]. Econometrica, Econometric Society, 2000, 68 (4): 997-1012.

[52] Chen M X Y, Wilson J S, Otsuki T. Standards and Export Decisions:

Firm-level Evidence from Developing Countries [J]. Journal of International Trade and Economic Development, 2008, 17 (4): 501-523.

[53] Chesbrough H W. Business Model Innovation: Opportunities and Barriers [J]. Long Range Planning, 2010, 43 (2): 354-363.

[54] Chesbrough H, Rosenbloom R S. The Role of the Business Model in Capturing Value from Innovation: Evidence from Xerox Corporation's Technology Spin-off Companies [J]. Industrial and Corporate Change, 2002, 11 (3): 529-555.

[55] Chisik R. Export Industry Policy and Reputational Comparative Advantage [J]. Journal of International Economics, 2003, 59 (2): 423-451.

[56] Christensen C M. The Past and Future of Competitive Advantage [J]. MIT Sloan Management Review, 2001, 42 (2): 105-109.

[57] Martincus C V, Castresana S, Castagnino. T ISO Standards: A Certificate to Expand Exports? Firm-Level Evidence from Argentina [J]. Review of International Economics, 2010, 18 (5): 896-912.

[58] Clougherty J A, Grajek M. International Standards and International Trade: Empirical Evidence from ISO 9000 Diffusion [J]. International Journal of Industrial Organization, 2014, 36 (2): 70-82.

[59] Cong H, Zou D, Wu F. Influence Mechanism of Multi-network Embeddedness to Enterprises Innovation Performance Based on Knowledge Management Perspective [J]. Cluster Computing-the Journal of Networks Software Tools and Applications, 2017, 20 (1): 93-108.

[60] Costa D L, Kahn M E. Changes in the Value of Life, 1940-1980 [J]. Journal of Risk and Uncertainty, 2004, 29 (2): 159-180.

[61] Crespi G, Criscuolo C, Haskel J, et al. Measuring and Understanding Productivity in UK Market Services [J]. Oxford Review of Economic Policy, 2006, 22 (4): 560-572.

[62] Crespi G, Crisquolo C, Haskel J. Productivity, Exporting and The Learning-by-exporting Hypothesis: Direct Evidence from UK Firms [J]. Canadian Journal of Economics, 2008, 41 (2): 619-638.

[63] Criscuolo C, Haskel J E and Slaughter M J. Global Engagement and The Innovation activities of Firms [J]. International Journal of Industrial Organization, 2010, 28 (2): 191-202.

[64] Cruz-González J, López-Sáez P, Navas-López J E. Absorbing Knowledge from Supply-chain, Industry and Science: The Distinct Moderating role of Formal Liai-

son Devices on new Product Development and Novelty [J]. Industrial Marketing Management, 2015, 47 (5): 75-85.

[65] Dai M, Yu M J, Zhao C M. Export Tightening, Competition and Firm Innovation: Evidence from the renminbi appreciation [J]. Review of Development Economics, 2018, 22 (1): 263-286.

[66] Dai M, Yu M. Firm R&D, Absorptive Capacity and Learning by Exporting: Firm-level Evidence from China [J]. The World Economy, 2013, 36: 1131-1145.

[67] Dai X, Sun Z, Liu H. Disentangling the Effects of endogenous Export and Innovation on the Performance of Chinese Manufacturing Firms [J]. China Economic Review, 2018, 50: 42-58.

[68] Damijan J P, Kostevc C. Learning from Trade Through Innovation [J]. Oxford bulletin of economics and statistics, 2015, 77 (3): 408-436.

[69] Damijan J, Kostevc Cand Rojec M. Exporting Status and Success in Innovation: Evidence from CIS Micro Data for E U Countries [J]. Journal of International Trade and Economic Development, 2017, 26 (5): 585-611.

[70] DaSilva C M, Trkman P. Business Model: What it is and What it is not [J]. Long range Planning, 2014, 47 (6): 379-389.

[71] David P A and Greenstein S M. The Economics of Compatibility Standards: An Introduction to Recent Research [J]. Economics of Innovation and New Technologies, 1990, 1 (1): 3-41.

[72] Loecker D J. Do Exports Generate Higher Productivity? Evidence from Slovenia [J]. Journal of International Economics, 2007, 73 (1): 69-98.

[73] Loecker D J. Detecting Learning by Exporting [J]. American Economic Journal: Microeconomics, 2013, 5 (3): 1-21.

[74] Dhanaraj C, Beamish P W. A Resource-based Approach to the Study of Export performance [J]. Journal of Small Business Management, 2003, 41 (3): 242-261.

[75] Cintio M D, Ghosh S, Grassi E. Direct or Indirect Exports: What Matters For firms' Innovation Activities? [J]. Applied Economics Letters, 2019, 27 (2): 93-103.

[76] Diamond. National debt in an neoclassical growth model [J]. American Economic Review, 1965, 55 (5): 1126-1150.

[77] Djankov S, Hoekman B. Market Discipline and Corporate Efficiency: Evidence from Bulgaria [J]. Canadian Journal of Economics, 2000, 33 (1): 190-212.

[78] Doz Y L, Kosonen M. Embedding Strategic Agility: A Leadership Agenda for Accelerating Business Model Renewal [J]. Long Range Planning, 2010, 43 (2): 370-382.

[79] Eeckhoudt L R, Hammitt J K. Background Risks and the Value of a Statistical Life [J]. Journal of Risk and Uncertainty, 2001, 23 (3): 261-279.

[80] Eisenhardt K M, Schoonhoven C B. Organizational Growth: Linking Founding Team, Strategy, Environment and Growth Among U S. Semiconductor Ventures, 1978-1988 [J]. Administrative Science Quarterly, 1990, 35 (3): 504-529.

[81] Eisenhardt K M, Graebner M. Theory Building from Cases: Opportunities and Challenges [J]. Academy of Management Journal, 2007, 50 (1): 25-32.

[82] Faccio M. Politically Connected Firms [J]. American Economic Review, 2006, 96 (1): 369-386.

[83] Fahs M C, Markowitz S B, Fischer E, et al. Health Costs of Occupational Disease in New York State [J]. American Journal of Industrial Medicine, 1989, 16 (4): 437-449.

[84] Fassio C. Export-led Innovation: The Role of Export Destinations [J]. Industrial and Corporate Change, 2018, 27 (1): 149-71.

[85] Feder G. On Export and Economic Growth [J]. Journal of Development Economics, 1983, 12 (1): 59-73.

[86] Fisher R A. The Genetical Theory of Natural Selection: A Complete Variorum Edition [M]. Oxford University Press, 1999.

[87] Fisman R, Svensson J. Are Corruption and Taxation Really Harmful to Growth? Firm Level Evidence [J]. Journal of Development Economics, 2007, 83 (1): 63-75.

[88] Fitz-Koch S, Nordqvist M, Carter S, et al. Entrepreneurship in the Agricultural Sector: A Literature Review and Future Research Opportunities [J]. Entrepreneurship: Theory and Practice, 2018, 42 (1): 129-166.

[89] Franck A K. Factors Motivating Women's Informal Micro-entrepreneurship[J]. International Journal of Gender and Entrepreneurship, 2012, 4 (1): 65-78.

[90] Frye T, Shleifer A. The Invisible Hand and the Grabbing Hand [J]. Nber Working Papers, 2007, 87 (2): 354-358.

[91] Montes R G, Siga L. On the Nature of Micro-entrepreneurship: evidence from Argentina [J]. Applied Economics, 2009, 41 (21): 2667-2680.

[92] Galbreath J. Drivers of Green Innovations: The Impact of Export Intensity, Women Leaders and Absorptive Capacity [J]. Journal of Business Ethics, 2019, 158 (1): 47-61.

[93] Ganotakis P, Love J H. R&D, Product Innovation and Exporting: Evidence from UK New Technology Based firms [J]. Oxford Economic Papers: New Series, 2011, 63 (2): 279-306.

[94] Garen J. Self-employment, Pay Systems, and the Theory of the Firm: An Empirical Analysis [J]. Journal of Economic Behavior and Organization, 1998, 36 (2): 257-274.

[95] George G, McGahan A M, Prabhu J. Innovation for Inclusive Growth: Towards a Theoretical Framework and a Research Agenda [J]. Journal of Management Studies, 2012, 49 (4): 661-683.

[96] George G, Zahra S A, Wood D R. The Effects of Business-university Alliances on Innovative Output and Financial Performance: A Study of Publicly Traded Biotechnology Companies [J]. Journal of Business Venturing, 2002, 17 (6): 577-609.

[97] Gertler M S. Best Practice? Geography, Learning and the Institutional Limits to Strong Convergence [J]. Journal of Economic Geography, 2001, 1 (1): 5-26.

[98] Gigler B S. Including the Excluded-can ICTs Empower Poor Communities? Towards an Alternative Evaluation Framework Based on the Capability Approach [C]. Proceedings of the 4th International Conference on the Capability Approach, Pennsylvania State University. 2004: 1-48.

[99] Gkypali A, Arvanitis S, Tsekouras K. Absorptive Capacity, Exporting Activities, Innovation Openness and Innovation Performance: A SEM Approach Towards a Unifying Framework [J]. Technological Forecasting and Social Change, 2018, 132 (7): 143-155.

[100] Gkypali A, Filiou D, Tsekouras K. R&D Collaborations: Is Diversity Enhancing Innovation Performance? [J]. Technological Forecasting and Social Change, 2017, 118 (C): 143-152.

[101] Greenaway D, Kneller R. Firm Heterogeneity, Exporting and Foreign Direct investment [J]. The Economic Journal, 2007, 117 (517): 134-161.

[102] Greenaway D, Yu Z. Firm-level Interactions Between Exporting and Productivity: Industry-specific Evidence [J]. Review of World Economics, 2004, 140 (3): 376.

[103] Grossman G M, Helpman E. Quality Ladders in the Theory of Growth [J].

Review of Economic Studies, 1991, 58 (1): 43-61.

[104] Grossman G M, Helpman E. Trade, Knowledge Spillovers and Growth [J]. European Economic Review, 1991, 35 (2-3): 517-526.

[105] Grossman S J. The Information Role of Warranties and Private Disclosure about Product Quality [J]. Journal of Law and Economics, 1981, 24 (3): 461-483.

[106] Guan J, Liu N. Exploitative and Exploratory Innovations in Knowledge Network and Collaboration Network: A Patent Analysis in the Technological Field of Nano-energy [J]. Research Policy, 2016, 45 (1): 97-112.

[107] Hamel G. Leading the Revolution [J]. Journal of Product Innovation Management, 2001, 18 (3): 212-213.

[108] Heckman J, Matzkin R, Nesheim L. Nonparametric Estimation of Nonadditive Hedonic Models [J]. Lars Patrick Nesheim, 2005, 78: 1569-1591.

[109] Holburn G L F, Zelner B A. Political Capabilities, Policy Risk and International Investment Strategy: Evidence from the Global Electric Power Generation Industry [J]. Strategic Management Journal, 2010, 31 (12): 1290-1315.

[110] Chenery H B. Interactions Between Industrialization and Exports [J]. The American Economic Review, 1980, 70 (2): 281-287.

[111] Holm A B, Günzel F, Ulhoi J P. Openness in Innovation and Business Models: Lessons from the Newspaper Industry [J]. International Journal of Technology Management, 2013, 61 (3-4): 324-348.

[112] Hudson J, Jones R. International Trade in Quality Goods: Signaling Problems for Developing Countries [J]. Journal of International Development, 2003, 15 (8): 999-1013.

[113] Hughes-Morgan M, Yao B E. Rent Appropriation in Strategic Alliances: A Study of Technical Alliances in Pharmaceutical Industry [J]. Long Range Planning, 2016, 49 (2): 186-95.

[114] Hwang H S, Reed W R, Hubbard C. Compensating Wage Differentials and Unobserved Productivity [J]. Journal of Political Economy, 1992, 100 (4): 835-858.

[115] Hwang J L, Ho H N, Yang Y S, et al. The Role of Blocking Factors and Antipaternal Lymphocytotoxic Antibodies in the Success of Pregnancy in Patients with Recurrent Spontaneous A bortion [J]. Fertility and Sterility, 1992, 58 (4): 691-696.

[116] Jones-Lee M W. Personal Willingness to Pay for Prevention: Evaluating the Consequences of Accidents as a Basis for Preventive Measures [J]. Addiction, 1993, 88 (7): 913-921.

[117] Kabeer N. Resources, Agency, Achievements: Reflections on the Measurement of Women's Empowerment[J]. Development Change, 1999, 30 (3): 435-464.

[118] Karnani A. Misfortune at the Bottom of the Pyramid [J]. Greener Management International, 2007, 51: 99-110.

[119] Kennedy P W. Word of Mouth Communication and Price as a Signal of Quality [J]. Economic Record, 1994, 70 (4): 373-380.

[120] Kirmani A, Rao A R. No Pain, No Gain: A Critical Review of the Literature on Signaling Unobservable Product Quality [J]. Journal of Marking, 2000, 64 (2): 66-79.

[121] Kleine D. ICT4WHAT? Using the Choice Framework to Operationalise the Capability Approach to Development [J]. Journal of International Development, 2010, 22 (5): 674-692.

[122] Kniesner T J, Viscusi W K, Ziliak J P. Policy Relevant Heterogeneity in the Value of Statistical Life: New Evidence from Panel Data Quantile Regressions [J]. Journal of Risk and Uncertainty, 2010, 40: 15-31.

[123] Koenig P, Mayneris F, Poncet S. Local Export Spillovers in France [J]. European Economic Review, 2010, 54 (4): 622-641.

[124] Koenker R, Bassett J G. Regression Quantiles [J]. Econometrica: Journal of the Econometric Society, 1978, 46 (1): 33-50.

[125] Krugma N P. The New Economic Geography, Now Middle-aged [J]. Regional Studies, Taylor and Francis Journals, 2011, 45 (1): 1-7.

[126] Krugman P. Increasing Returns and Economic Geography [J]. Journal of Political Economy, 1991, 99 (3): 483-499.

[127] Kylaheiko K, Jantunen A, Puumalainen K, et al. Innovation and Internationalization as Growth Strategies: the role of Technological Capabilities and Appropriability [J]. International Business Review, 2011, 20 (5): 508-520.

[128] Lance E B, Xu K. Product Stereotypes, Strategy and Performance Satisfaction: The Case of Chinese Exporters [J]. Journal of International Business Studies, 2002, 33 (4): 657-677.

[129] Lau AKW, Tang E, Yam RCM. Effects of Supplier and Customer Integration on Product innovation and Performance: Empirical Evidence in Hong Kong Manufacturers [J]. Journal of Product Innovation Management, 2010, 27 (5): 761-777.

[130] Lee S. Endogeneity in Quantile Regression Models: A Control Function Ap-

proach [J]. Journal of Econometrics, 2007, 141 (2): 1131-1158.

[131] Leeth J D, Ruser J. Compensating Wage Differentials for Fatal and Nonfatal Injury Risk by Gender and Race [J]. Journal of Risk and Uncertainty, 2003, 27 (3): 257-277.

[132] Leland H E. Quacks, Lemons and Licensing: A Theory of Minimum Quality Standards [J]. Journal of Political Economy, 1979, 87 (6): 1328-1346.

[133] Leonidou L C, Palihawadana D, Chari S, et al. Drivers and Outcomes of Importer Adaptation in International Buyer-seller Relationships [J]. Journal of World Business, 2011, 46 (4): 527-543.

[134] Leonidou L C, Palihawadana D, Chari S, et al. The Export Marketing Information System: An Integration of the Extant Knowledge [J]. Journal of World Business, 2004, 39 (8): 12-36.

[135] Levchenko A A. Institutional Quality and International Trade [J]. The Review of Economic Studies, 2007, 74 (3): 791-819.

[136] Levinsohn J, Petrin A. Estimating Production Functions Using Inputs to Control For unobservables [J]. The Review of Economic Studies, 2003, 70 (2): 317-341.

[137] Li C R, Lin C J. New Product Adoption and Sales Performance from the Importer Perspective [J]. Industrial Marketing Management, 2015, 44 (1): 98-106.

[138] Lileeva A, Trefler D. Improved Access to Foreign Markets Raises Plant-Level Productivity. for Some Plants [J]. Nber Working Papers, 2007, 125 (13297): 1051-1099.

[139] LIN J Y. Prohibition of Factor Market Exchanges and Technological Choice in Chinese Agriculture [J]. Journal of Development Studies, 1990, 27 (4): 1-15.

[140] Link A N. Market Structure and Voluntary Product Standards [J]. Applied Economics, 1983, 15: 393-401.

[141] London T, Anupindi R, Sheth S. Creating Mutual Value: Lessons Learned From Ventures Serving Base of the Pyramid Producers [J]. Journal of Business Research, 2010, 63 (6): 582-594.

[142] Love J H, Ganotakis P. Learning by Exporting: Lessons from High-technology SMEs [J]. International Business Review, 2013, 22 (1): 1-17.

[143] Mair J H, Marti I. Entrepreneurship in and Around Institutional Voids: A Case Study from Bangladesh [J]. Journal of Business Venturing, 2009, 24 (5): 419-435.

［144］Mair J, Marti I, Ventresca M J. Building Inclusive Markets in Rural Bangladesh: How Intermediaries Work Institutional Voids［J］. Academy of Management Journal, 2012, 55（4）: 819-850.

［145］Matanda M J, Freeman S. Effect of Perceived Environmental Uncertainty on Exporter-importer Inter-organisational Relationships and Export Performance Improvement［J］. International Business Review, 2009, 18（1）: 89-107.

［146］Matsumura T, Kanda O. Mixed Oligopoly at Free Entry Markets［J］. Journal of Economics, 2005, 84（1）: 27-48.

［147］Mcgrath R G. Business Models: A Discovery Driven Approach［J］. Long Range Planning, 2010, 43（2）: 247-261.

［148］Melitz M J. The Impact of Trade on Intra-industry Reallocations and Aggregate Industry Productivity［J］. Econometrica, 2003, 71（6）: 1695-1725.

［149］Mika G. Branding Strategies of Born Globals［J］. Journal of International Entrepreneurship, 2005, 3（3）: 199-222.

［150］Milgrom P, Roberts J. Price and Advertising Signals of Product Quality［J］. The Journal of Political Economy, 1986, 94（4）: 796-821.

［151］Moore M J, Viscusi W K. The Quantity-adjusted Value of Life［J］. Economic Inquiry, 1988, 26（3）: 369-388.

［152］Moreno-MenendezAM. Co-evolution of Innovation Cooperation Activities and Internationalisation Through Exports［J］. Innovation-Organization and Management, 2018, 20（4）: 353-76.

［153］Morschett D, Shramm-Klein H, Swododa B. Decades of Research on Market Entry Modes［J］. Journal of International Management, 2010, 16（1）: 60-77.

［154］Nelson P. Information and Consumer Behavior［J］. Journal of Economy, 1970, 78（2）: 311-329.

［155］Nelson R R. Behavior and Cognition of Economic Actors in Evolutionary Economics［J］. Journal of Evolutionary Economics, 2015, 26（4）: 1-15.

［156］Ojala A, Tyrvainen P. Market Entry and Priority of Small and Medium-Sized Enterprises in the Software Industry［J］. Journal of International Marketing, 2007, 5（1）: 123-149.

［157］Petty W, Kiker B F. Political Arithmetic (1690), The Historical Roots of the Concept of Human Capital［J］. Journal of Political Economy, 1966, 74（5）: 481-499.

［158］Prahalad C K, Hart S. The Fortune at the Bottom of the Pyramid［J］. Strategy and Business, 2002, 26 (1): 55-67.

[159] Prahalad C K, Ramaswamy V. Co-creating Unique Value with Customers [J]. Strategy and Leadership, 2004, 32 (3): 4-9.

[160] Rebelo F, Silva E G. Export variety, Technological Content and Economic Performance: The Case of Portugal [J]. Industrial and Corporate Change, 2017, 26 (3): 443-465.

[161] Reim W, Parida V, Ortqvist D. Product-Service Systems (PSS) Business Models and Tactics - a Systematic Literature Review [J]. Journal of Cleaner Production, 2015, 97 (15): 61-75.

[162] Reynolds P D, Camp S M, Bygrave W D. Global Entrepreneurship Monitor 2001 Executive Report [R]. London: Babson College, 2002.

[163] Romer P M. Increasing Returns and Long-Run Growth [J]. Journal of Political Economy, 1986, 94 (5): 1002-1037.

[164] Rosen S. Hedonic Prices and Implicit Markets: Product Differentiation in Pure Competition [J]. Journal of Political Economy, 1974, 82 (1): 34-55.

[165] Ross S A. The Economic Theory of Agency: The Principal's Problem[J]. The American Economic Review, 1973, 63 (2): 134-139.

[166] Rowlands J. Empowerment Examined [J]. Development Practice, 1995, 5 (2): 101-107.

[167] Salomon R M, Shaver J M. Learning by Exporting: New Insights from Examining Firm Innovation [J]. Journal of Economics and Management Strategy, 2005, 14 (2): 431-460.

[168] Salop S C, Scheffman D T. Cost-raising Strategies [J]. Journal of Industrial Economics, 1987, 36 (1): 19-34.

[169] Salop S. Monopolistic Competition with Outside Goods [J]. Bell Journal of Economics, 1979, 10, (1): 141-156.

[170] Schoar A. The Divide between Subsistence and Transformational Entrepreneurship, Innovation Policy and the Economy [J]. Innovation Policy and the Economy, 2010, 10 (1): 57-81.

[171] Seenaiah K, Rath B N. Determinants of Innovation in Selected Manufacturing Firms in India: Role of R&D and Exports [J]. Science Technology and Society, 2018, 23 (1): 65-84.

[172] Sen G. Empowerment as an Approach to Poverty [R]. New York Human Development Report, 1997: 175-194.

[173] Shalini R T. Economic Cost of Occupational Accidents: Evidence from a Small Economy [J]. Safety Science, 2009, 47 (7): 973-979.

[174] Shell K. Toward A Theory of Inventive Activity and Capital Accumulation [J]. American Economic Review, 1966, 56 (5): 62-68.

[175] Shogren J F, Stamland T. Skill and the Value of Life [J]. Journal of Political Economy, 2002, 110 (5): 1168-1173.

[176] Siebert W S, Wei X. Compensating Wage Differentials for Workplace Accidents: Evidence for Union and Nonunion Workers in the U K [J]. Journal of Risk and Uncertainty, 1994, 9: 61-76.

[177] Silva G M, Gomes P J, Lages L F. Does Importer Involvement Contribute to Product Innovation? The role of Export Market Factors and Intra-firm Coordination [J]. Industrial Marketing Management, 2019, 78 (4): 169-182.

[178] Skarmeas D, Robson M J. Determinants of Relationship Quality in Importer-exporter Relationships [J]. British Journal of Management, 2008, 19 (2): 171-184.

[179] Spence M. Job Market Signaling [J]. The Quarterly Journal of Economics, 1973, 87 (3): 355-374.

[180] Stokey N L. The Volume and Composition of Trade Between Rich and Poor Countries [J]. Review of Economics Studies, 1991, 58 (1): 63-80.

[181] Subrahmanyan S J, Gomez-Arias T. Integrated Approach to Understanding Consumer Behavior at Bottom of Pyramid [J]. Journal of Consumer Marketing, 2008, 25 (7): 402-412.

[182] Taeube F A, Karna A, Sonderegger P. Economic Geography and Emerging Market clusters: A co-evolutionary Study of Local and Non-local Networks in Bangalore [J]. International Business Review, 2019, 28 (5): 1.

[183] Teece D J. Business Models, Business Strategy and Innovation [J]. Long Range Planning, 2009, 43 (2): 172-194.

[184] Teece D J. Firm organization, Industrial Structure and Technological Innovation [J]. Journal of Economic behavior and Organization, 1996, 31 (2): 193-224.

[185] Teece D J. Business Models, Business Strategy and Innovation [J]. Long Range Planning, 2010, 43 (2): 172-194.

[186] Terlaak Ann, Andrew, King. Effect of Certification with ISO 9000 Quality Management Standard: A Signaling Approach [J]. Journal of Economic Behavior and Organization, 2006, 34 (2): 579-602.

[187] Tirole J. The Theory of Industrial Organization [M]. Combridge: MIT

Press, 1988.

[188] Tomiura E. Effects of R&D and Networking on the Export Decision of Japanese firms [J]. Research Policy, 2007, 36 (5): 758-767.

[189] Uzawa H. Optimum Technical Change in An Aggregative Model of Economic Growth [J]. International Economic Review, 1965, 6 (1): 18-31.

[190] Tsekouras K D, Skuras D. Productive Efficiency and Exports: An Examination of Alternative Hypothesess for the Greekcement Industry [J]. Applied Economics, 2005, 37 (3): 279-291.

[191] Viscusi W K, Aldy J E. The Value of a Statistical Life: A Critical Review of Market Estimates Throughout the World [J]. Journal of Risk and Uncertainty, 2003, 27 (1): 5-76.

[192] Walsh J R. Capital Concept Applied to Man [J]. The Quarterly Journal of Economics, 1935, 49 (2): 255-285.

[193] Wang Y Q, Lu B. Exchange Rate Movement, Financial Constraints and Exporter's R&D[J]. The Journal of World Economy, 2018, 41 (7): 75-97.

[194] Wang F. Complementarities Between R&D Investment and Exporting—Evidence from China [J]. China Economic Review, 2014, 31 (12): 217-227.

[195] Wang K, Tao W. Exploring the Complementarity Between Product Exports and Foreign Technology Imports for Innovation in Emerging Economic Firms [J]. European Journal of Marketing, 2019, 53 (2): 224-56.

[196] Wang Y, Hsiao S H, Yang Z, et al. The Impact of Sellers' Social influence on the Co-creation of Innovation with Customers and Brand Awareness in Online Communities [J]. Industrial Marketing Management, 2016, 54 (4): 56-70.

[197] Wheeler C, Ibeh K, Dimitratos P. U K Export Performance Research – Review and Implications [J]. International Small Business Journal, 2008, 26 (2): 207-239.

[198] Wheeler D, McKague K, Thompson J, et al. Creating Sustainable Local Enterprise Networks [J]. MIT Sloan Review, 2005, 47 (1): 33-40.

[199] Wirtz B W, Pistoia A, Ullrich S, et al. Business Models: Origin, Development and Future Research Perspectives [J]. Long Range Planning, 2016, 49 (1): 36-54.

[200] Yalcinkaya G, Calantone R J, Griffith D A. An Examination of Exploration and Exploitation Capabilities: Implications for Product Innovation and Market Performance [J]. Journal of International Marketing, 2007, 15 (4): 63-93.

[201] Yang C H. Exports and Innovation: The Role of Heterogeneity in Exports [J]. Empirical Economics, 2018, 55 (3): 1065-1087.

[202] Yi Lu. Political Connections and Trade Expansion: Evidence from Chinese Private Firms [J]. Economics of Transition, 2011, 19 (2): 231-253.

[203] Zhang J J, Guan J C. The Impact of Competition Strength and Density on Performance: The Technological Competition Networks in the Wind Energy Industry [J]. Industrial Marketing Management, 2019, 82 (10): 213-225.

[204] Zhao X, Huo B, Selen W, et al. The Impact of Internal Integration and Relationship Commitment on External Integration [J]. Journal of Operations Management, 2011, 29 (1): 17-32.

[205] Zott C, Amit R, Massa L. The Business Model: Recent Developments and Future Research [J]. Journal of Management, 2011, 37 (4): 1019-1042.

[206] Tsekouras K D, Skuras D. Productive Efficiency and Exports: An Examination of Alternative Hypotheses for the Greek Cement Industry [J]. Applied Economics, 2005, 37 (3): 279-291.

二、中文部分

[207] 安同良. 中国企业的技术选择 [J]. 经济研究, 2003 (7): 76-84.

[208] 边燕杰, 丘海雄. 企业的社会资本及其功效 [J]. 中国社会科学, 2000 (3): 87-99.

[209] 蔡昉, 王德文, 王美艳. 工业竞争力与比较优势——WTO 框架下提高我国工业竞争力的方向 [J]. 管理世界, 2003 (3): 58-63.

[210] 蔡悦灵, 林汉川. 液晶产业自主创新能力的提升: 组织与技术双重嵌入视角 [J]. 科学管理研究, 2020 (4): 60-64.

[211] 曹建海. 重在完善产能过剩的防范机制 [J]. 求是 2015 (8): 35-37.

[212] 陈传明. 企业战略调整的路径依赖特征及其超越 [J]. 管理世界, 2002 (7): 94-101.

[213] 陈冬华, 范从来, 沈永建, 等. 职工激励, 工资刚性与企业绩效——基于国有非上市公司的经验证据 [J]. 经济研究, 2010 (7): 116-129.

[214] 陈冬梅, 王俐珍, 陈安霓. 数字化与战略管理理论——回顾、挑战与展望 [J]. 管理世界, 2020 (5): 220-236+20.

[215] 陈国青, 吴刚, 顾远东, 等. 管理决策情境下大数据驱动的研究和应用挑战——范式转变与研究方向 [J]. 管理科学学报, 2018 (7): 1-10.

[216] 陈剑, 黄朔, 刘运辉. 从赋能到使能——数字化环境下的企业运营管

理［J］．管理世界，2020（2）：117-128．

［217］陈明明，张国胜，郑猛．技术选择中是否存在格雷欣法则——一个演化经济学分析框架［J］．经济学家，2019（2）：34-46．

［218］陈石，陈晓红．"两化融合"与企业效益关系研究——基于所有制视角的门限回归分析［J］．财经研究，2013（1）：103-111．

［219］陈雯，苗双有．中间品贸易自由化与中国制造业企业生产技术选择［J］．经济研究，2016（8）：72-85．

［220］陈晓红，刘剑．不同成长阶段下中小企业融资方式选择研究［J］．管理工程学报，2006（1）：1-6．

［221］陈勇，唐朱昌．中国工业的技术选择与技术进步：1985—2003［J］．经济研究，2006（9）：50-61．

［222］池仁勇．企业技术创新效率及其影响因素研究［J］．数量经济技术经济研究，2003（6）：105-108．

［223］池仁勇．区域中小企业创新网络的结点联结及其效率评价研究［J］．管理世界，2001（1）：105-112．

［224］崔瑜，焦豪，张样．基于IT能力的学习导向战略对绩效的作用机理研究［J］．科研管理，2013（7）：93-100．

［225］邓向荣，曹红．产业升级路径选择：遵循抑或偏离比较优势——基于产品空间结构的实证分析［J］．中国工业经济，2016（2）：52-67．

［226］杜传忠，杨志坤．我国信息化与工业化融合水平测度及提升路径分析［J］．中国地质大学学报（社会科学版），2015（3）：84-97．

［227］樊纲，王小鲁，马光荣．中国市场化进程对经济增长的贡献［J］．经济研究，2011（9）：4-16．

［228］樊纲，王小鲁，朱恒鹏．中国市场化指数——各地区市场化相对进程2011年报告［M］．北京：经济科学出版社，2011：265-324．

［229］范柏乃，朱文斌．中小企业信用评价指标的理论遴选与实证分析［J］．科研管理，2003（11）：83-88．

［230］干春晖，邹俊，王健．地方官员任期、企业资源获取与产能过剩［J］．中国工业经济，2015（3）：44-56．

［231］耿强，江飞涛，傅坦．政策性补贴、产能过剩与中国的经济波动——引入产能利用率RBC模型的实证检验［J］．中国工业经济，2011（5）：27-36．

［232］郭斌，刘曼路．民间金融与中小企业发展：对温州的实证分析［J］．经济研究，2002（10）：40-46．

［233］郭田勇．中小企业融资的国际比较与借鉴［J］．国际金融研究，

2003（11）：44-48.

[234] 韩先锋，惠宁，宋文飞．信息化能提高中国工业部门技术创新效率吗［J］．中国工业经济，2014（12）：70-82.

[235] 郝项超，梁琪，李政．融资融券与企业创新：基于数量与质量视角的分析［J］．经济研究，2018（6）：127-141.

[236] 何帆，刘红霞．数字经济视角下实体企业数字化变革的业绩提升效应评估［J］．改革，2019（4）：137-148.

[237] 洪银兴．论创新驱动经济发展战略［J］．经济学家，2013（1）：5-11.

[238] 黄茂兴，李军军．技术选择、产业结构升级与经济增长［J］．经济研究，2009（7）：143-151.

[239] 黄群慧，郭朝先，刘湘丽．中国工业化进程与安全生产［M］．北京：中国财政经济出版社，2009.

[240] 黄群慧，余泳泽，张松林．互联网发展与制造业生产率提升：内在机制与中国经验［J］．中国工业经济，2019（8）：5-23.

[241] 江飞涛，曹建海．市场失灵还是体制扭曲——重复建设形成机理研究中的争论、缺陷与新进展［J］．中国工业经济，2009（1）53-64.

[242] 焦豪，焦捷，刘瑞明．政府质量、公司治理结构与投资决策——基于世界银行企业调查数据的经验研究［J］．管理世界，2017（10）：66-78.

[243] 金碚．工业的使命和价值——中国产业转型升级的理论逻辑［J］．中国工业经济，2014（9）：51-64.

[244] 金京，戴翔，张二震．全球要素分工背景下的中国产业转型升级［J］．中国工业经济，2013（11）：57-69.

[245] 康志勇．技术选择、投入强度与企业创新绩效研究［J］．科研管理，2013（6）：42-49.

[246] 寇宗来，刘学悦．中国企业的专利行为：特征事实以及来自创新政策的影响［J］．经济研究，2020（3）：83-99.

[247] 李飞跃．技术选择与经济发展［J］．世界经济，2012（2）：45-62.

[248] 李海舰，聂辉华．企业的竞争优势来源及其战略选择［J］．中国工业经济，2002（9）：5-13.

[249] 李海舰，田跃新，李文杰．互联网思维与传统企业再造［J］．中国工业经济，2014（10）：135-146.

[250] 李坤望，邵文波，王永进．信息化密度、信息基础设施与企业出口绩效——基于企业异质性的理论与实证分析［J］．管理世界，2015（4）：52-65.

[251] 李强．产业政策、技术创新与企业出口绩效——基于不同产业集聚程

度的分析 [J]. 世界经济研究, 2016 (5): 77-86.

[252] 李晓华. 数字经济新特征与数字经济新动能的形成机制 [J]. 改革, 2019 (11): 40-51.

[253] 李志赟. 银行结构与中小企业融资 [J]. 经济研究, 2002 (6): 38-45.

[254] 林汉川, 管鸿禧. 我国东中西部中小企业竞争力实证比较研究 [J]. 经济研究, 2004 (12): 45-54.

[255] 林汉川, 管鸿禧. 中国不同行业中小企业竞争力评价比较研究 [J]. 中国社会科学, 2005 (5): 48-58.

[256] 林汉川, 王莉, 王分棉. 环境绩效、企业责任与产品价值再造 [J]. 管理世界, 2007 (5): 155-157.

[257] 林汉川, 魏中奇. 中小企业的界定与评价 [J]. 中国工业经济, 2000 (7): 12-17.

[258] 林汉川, 夏敏仁, 何杰, 等. 中小企业发展中所面临的问题——北京、辽宁、江苏、浙江、湖北、广东、云南问卷调查报告 [J]. 中国社会科学, 2003 (3): 84-94.

[259] 林毅夫, 李永军. 中小金融机构发展与中小企业融资 [J]. 经济研究, 2001 (1): 10-18.

[260] 林毅夫, 孙希芳. 信息、非正规金融与中小企业融资 [J]. 经济研究, 2005 (7): 35-44.

[261] 林毅夫, 巫和懋, 邢亦青. 潮涌现象"与产能过剩的形成机制 [J]. 经济研究, 2010 (10): 4-19.

[262] 林毅夫. 发展战略、自生能力和经济收敛 [J]. 经济学 (季刊), 2002, (1): 269-300.

[263] 林洲钰, 林汉川, 邓兴华. 什么决定国家标准制定的话语权: 技术创新还是政治关系 [J]. 世界经济, 2014 (12): 140-161.

[264] 刘畅, 曹光宇, 马光荣. 地方政府融资平台挤出了中小企业贷款吗? [J]. 经济研究, 2020 (3): 50-64.

[265] 刘瑞明, 石磊. 中国城市化迟滞的所有制基础: 理论与经验证据 [J]. 经济研究, 2015, 50 (04): 107-121.

[266] 刘诗源, 林志帆, 冷志鹏. 税收激励提高企业创新水平了吗?——基于企业生命周期理论的检验 [J]. 经济研究, 2020 (6): 105-121.

[267] 刘世锦, 刘培林, 何建武. 我国未来生产率提升潜力与经济增长前景 [J]. 管理世界, 2015 (3): 1-5.

[268] 刘淑春, 林汉川. "一带一路"战略下标准化对中国装备制造走出去

的影响 [J]．国际贸易问题，2017（11）：60-69．

[269] 刘淑春．信用数字化逻辑、路径与融合 [J]．中国行政管理，2020（6）：65-72．

[270] 刘淑春．中国数字经济高质量发展的靶向路径与政策供给 [J]．经济学家，2019（6）：52-61．

[271] 刘淑春．三元融合全链路数字化——基于经济运行监测数字化平台的解构 [J]．中国行政管理，2019（11）：60-68．

[272] 刘亚军，储新民．中国"淘宝村"的产业演化研究 [J]．中国软科学，2017（2）：29-36．

[273] 刘亚军．互联网使能、金字塔底层创业促进内生包容性增长的双案例研究 [J]．管理学报，2018（12）：1761-1771．

[274] 刘洋，魏江，江诗松．后发企业如何进行创新追赶？——研发网络边界拓展的视角 [J]．管理世界，2013（3）：96-110．

[275] 刘志彪．重构国家价值链：转变中国制造业发展方式的思考 [J]．世界经济与政治论坛，2011（7）：1-14．

[276] 柳卸林，简明珏．如何通过国际兼并提高技术创新能力——京东方的并购与创新 [J]．中国软科学，2007（12）：73-82．

[277] 卢福财，胡平波．全球价值网络下中国企业低端锁定的博弈分析 [J]．中国工业经济，2008（10）：23-32．

[278] 卢强，刘贝妮，宋华．中小企业能力对供应链融资绩效的影响：基于信息的视角 [J]．南开管理评论，2019（6）：122-136．

[279] 罗勇，曹丽莉．中国制造业集聚程度变动趋势实证研究 [J]．经济研究，2005（8）：106-127．

[280] 吕铁．日本治理产能过剩的做法及启示 [J]．求是，2011（5）：47-49．

[281] 马述忠，张洪胜．集群商业信用与企业出口——对中国出口扩张奇迹的一种解释 [J]．经济研究，2017（1）：13-26．

[282] 梅强，刘素霞．中小企业安全生产规制研究——基于生命价值理论视角 [M]．北京：科学出版社，2011．

[283] 梅特卡夫．演化经济学与创造性毁灭 [M]．北京：中国人民大学出版社，2007．

[284] 纳尔逊．经济变迁的演化理论 [M]．北京：商务印书馆，1997．

[285] 宁光杰，林子亮．信息技术应用、企业组织变革与劳动力技能需求变化 [J]．经济研究，2014（8）：79-92．

[286] 戚聿东，蔡呈伟．数字化对制造业企业绩效的多重影响及其机理研

究［J］．学习与探索，2020（7）：108-119．

［287］戚聿东，肖旭．数字经济时代的企业管理变革［J］．管理世界，2020（6）：135-152．

［288］乔治·J．鲍哈斯．劳动经济学［M］．北京：中国人民大学出版社，2010．

［289］秦雪征，刘阳阳，李历行．生命的价值及其地区差异：基于全国人口抽样调查的估计［J］．中国工业经济，2010（10）：33-43．

［290］邱泽奇，张樹沁，刘世定，等．从数字鸿沟到红利差异——互联网资本的视角［J］．中国社会科学，2016（10）：93-115．

［291］饶扬德．企业技术能力成长中技术选择的机制分析［J］．科学学与科学技术管理，2007（5）：18-22．

［292］申萌，李凯杰，曲如晓．技术进步、经济增长与二氧化碳排放：理论和经验研究［J］．世界经济，2012（7）：83-100．

［293］盛朝迅．化解产能过剩的国际经验与策略催生［J］．改革，2013（8）：94-99．

［294］宋明顺，张华．专利标准化对国际贸易作用的机理研究及实证：基于标准与国际贸易关系研究现状［J］．国际贸易问题，2012（2）：92-100．

［295］宋渊洋，黄礼伟．为什么中国企业难以国内跨地区经营？［J］．管理世界，2014（12）：115-134．

［296］孙才志，汤玮佳，邹玮．中国农村水贫困与城市化、工业化进程的协调关系研究［J］．中国软科学，2013（7）：86-100．

［297］孙楚仁，张楠，刘雅莹．一带一路倡议与中国对沿线国家的贸易增长［J］．国际贸易问题，2017（2）：83-95．

［298］谭顺福．中国产业结构的现状及其调整［J］．管理世界，2007（6）：156-157．

［299］谭智，王翠竹，李冬阳．目的国制度质量与企业出口生存：来自中国的证据［J］．数量经济技术经济研究，2014（8）：87-101．

［300］佟家栋，谢丹阳，包群，等．''逆全球化''与实体经济转型升级笔谈［J］．中国工业经济，2017（6）：5-59．

［301］万倩雯，卫田，刘杰．弥合社会资本鸿沟：构建企业社会创业家与金字塔底层个体间的合作关系——基于LZ农村电商项目的单案例研究［J］．管理世界，2019（5）：179-196．

［302］汪寿阳，敖敬宁，乔晗．基于知识管理的商业模式冰山理论［J］．管理评论，2015，27（6）：3．

[303] 王文甫,明娟,岳超云. 企业规模、地方政府干预与产能过剩 [J]. 管理世界, 2014 (10): 17-36.

[304] 王宇伟,李寒舒. 银行业结构与中小企业融资——来自微观和宏观层面的经验证据 [J]. 会计研究, 2019 (12): 52-57.

[305] 魏江,应瑛,刘洋. 研发网络分散化、组织学习顺序与创新绩效:比较案例研究 [J]. 管理世界, 2014 (2): 137-151.

[306] 魏炜,朱武祥,林桂平. 基于利益相关者交易结构的商业模式理论 [J]. 管理世界, 2012 (12): 125-131.

[307] 沃尔德罗普. 复杂:诞生于秩序与混沌边缘的科学 [M]. 上海:三联书店, 1997.

[308] 邢小强,仝允桓,陈晓鹏. 金字塔底层市场的商业模式:一个多案例研究 [J]. 管理世界, 2011 (10): 108-124.

[309] 邢小强,张竹,周平录,等. 快手科技:追求公平普惠的"隐形"之手 [J]. 清华管理评论, 2020 (2): 136-144.

[310] 邢小强,周平录,张竹,等. 数字技术、BOP商业模式创新与包容性市场构建 [J]. 管理世界, 2019 (12): 116-136.

[311] 邢小强,周平录. 互联网知识付费的商业模式研究 [J]. 管理评论, 2019 (7): 75-85.

[312] 徐朝阳,周念利. 市场结构内生变迁与产能过剩治理 [J]. 经济研究, 2015 (2): 75-87.

[313] 许和连,王海成. 简政放权改革会改善企业出口绩效吗?——基于出口退税审批权下放的准自然试验 [J]. 经济研究, 2018 (3): 157-170.

[314] 许岩,尹希果. 技术选择:"因势利导"还是"适度赶超"? [J]. 数量经济技术经济研究, 2017 (8): 55-71.

[315] 杨蕙馨,焦勇,陈庆江. 两化融合与内生经济增长 [J]. 经济管理, 2016 (1): 1-9.

[316] 杨汝岱,姚洋. 有限赶超与经济增长 [J]. 经济研究, 2008 (8): 29-41.

[317] 杨汝岱. 中国制造业企业全要素生产率研究 [J]. 经济研究, 2015 (2): 61-74.

[318] 姚洋,章林峰. 中国本土企业出口竞争优势和技术变迁分析 [J]. 世界经济, 2008 (3): 3-11.

[319] 叶迪,朱林可. 地区质量声誉与企业出口表现 [J]. 经济研究, 2017 (6): 105-119.

[320] 余明桂，潘红波．政治关系、制度环境与民营企业银行贷款［J］．管理世界，2008（8）：9-21．

[321] 余伟萍，陈维政，任佩瑜．中国企业核心竞争力要素实证研究［J］．社会科学战线，2003（9）：82-89．

[322] 余泳泽，张先轸．要素禀赋、适宜性创新模式选择与全要素生产率提升［J］．管理世界，2015，（9）：13-31．

[323] 詹姆斯·布坎南．成本与选择［M］．浙江大学出版社，2009．

[324] 张国胜，陈瑛，徐琛，等．生命价值、职业伤害成本低估与安全事故［J］．经济研究，2018（9）：182-198．

[325] 张国胜，匡慧姝，刘政．政府采购如何影响产能利用率？——来自中国制造企业的经验发现［J］．经济管理，2018（9）：41-58．

[326] 张国胜，刘政．属地经营、省际市场扩张与产能过剩治理［J］．财贸经济，2016（12）：116-132．

[327] 张杰，芦哲，郑文平，等．融资约束、融资渠道与企业R&D投入［J］．世界经济，2012（10）：66-75．

[328] 张其仔．中国能否成功地实现雁阵式产业升级［J］．中国工业经济，2014（6）：18-30．

[329] 张勋，万广华，张佳佳，等．数字经济、普惠金融与包容性增长［J］．经济研究，2019（8）：71-86．

[330] 中国信息通信研究院．全球数字经济新图景（2020年）——大变局下的可持续发展新动能［R/OL］．中国信息通信研究院官网，2020-10-14．

[331] 周江华，仝允桓，李纪珍．基于金字塔底层（BoP）市场的破坏性创新：针对山寨手机行业的案例研究［J］．管理世界，2012（12）：112-130．

[332] 周平录，邢小强．数字技术赋权与包容性创业——以淘宝村为例［J］．技术经济，2019（5）：79-86．

[333] 朱武祥，张平，李鹏飞，等．疫情冲击下中小微企业困境与政策效率提升——基于两次全国问卷调查的分析［J］．管理世界，2020（4）：13-26．